高橋雅夫 編著

守《もり》貞《さだ》謾《まん》稿《こう》圖《ず》版《はん》集《しゅう》成《せい》 上

普及版

雄山閣

『守貞謾稿』と著者喜田川守貞

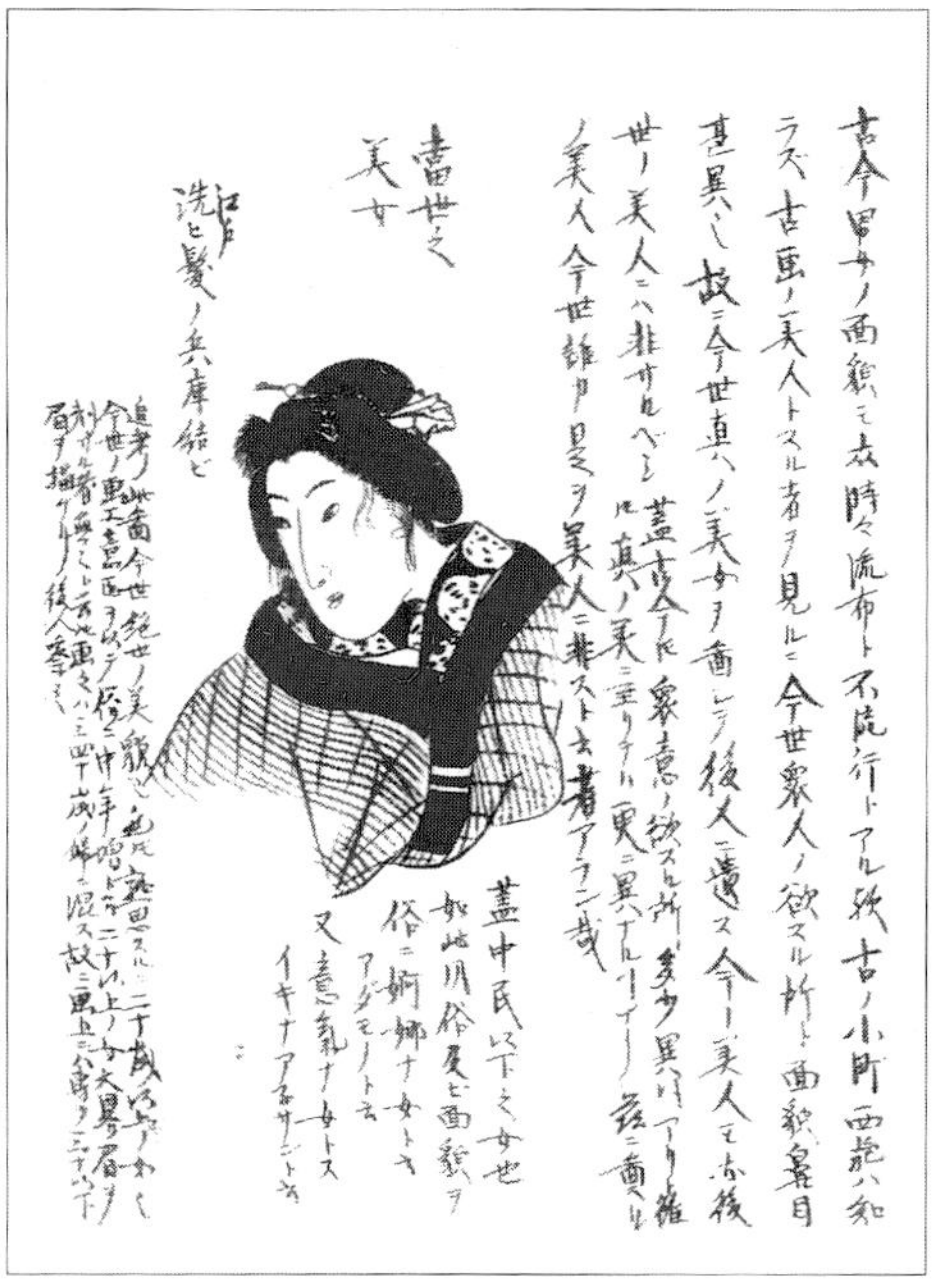

『守貞謾稿《もりさだまんこう》』の価値と婀娜《あだ》な女

『守貞謾稿』巻之十二に「當世之美女」（本書八七頁）として、この絵がある。そして「昔モ今モ、男女ノ顔ニハ、時ニヨリ流布《るふ》ト不流行ガアルカ」という。ここでいう「流布」とは、一般的な、ありふれた顔のことであろう。また「不流行」とは、たとえ時代が変わったとしても、流行するとは、とても思えない、個性的な顔のことを言っているのであろう。ここでいう「今」とは、天保から弘化・嘉永（一八四〇―一八五三）ごろをさしているもので、まさに幕末の天保改革、ペリーの浦賀来航、再来航といった物情騒然《ぶつじょうそうぜん》とした時代である。そういった時代を息衝《いきづ》いている「今世真ノ美女ヲ図シテ後人ニ遺《のこ》ス」のは、将来、美人の顔を通して、その時代の背景や風俗を研究しようとする人のために描き残しておかなければならない、と思ったからであろう。もちろん「今ノ美人モ亦《また》、後世ノ美人ニハ非サルベシ」と承知している。

さらにこの美女の具体的な風俗について「江戸ノ洗ヒ髪ノ兵庫結ビ、タダシ中民以下ノ女デアル。コノヨウナ風俗及ビ面貌《かお》ヲ俗ニ婀娜ナ女ト云。アダモノト云。又、意気ナ女トス、イキナアネサント云」とくわしく説明してくれる。このアダな女については、さらに「巻之十　女扮」で「今世江戸婦女ノ卑《ひ》ナレドモ野《や》ナラザルヲ婀娜ト云、其人ヲアダモノト云。反レ之ヲ不意気或ハ野暮《やぼ》、京坂ニテハ不粋《ぶすい》ト云」と教えてくれる。「あだ」について『広辞苑』は①女の美しくたおやかなさま、②色っぽくなまめかしいさま。洗練されて粋なさま、と解説している。現代のわれわれにはこの方がなんとなくわかったような気もするが、それでも①と②ではだいぶ違う。しかしどう違うのかは説明されていない。江戸時代の風俗は、地域や年代、身分、階層、職業、年令、既婚・未婚によってはっきりちがうことは知られている。おそらく守貞は、彼が取材した「今」という時代、それも江戸下町の中民以下の女を数多く観察し、絵師守貞の目を通して描き出したものであろう。したがって「茲《ここ》ニ図スルノ美人、今世誰カ是ヲ美人ニ非スト云者アラン哉《や》」と自信をもっている。

この絵を見た当初、私は歌川派の誰かの絵から引き写したものと思い、浮世絵の研究者に頼み、自分でも捜してみたが徒労に終った。それは、守貞の執筆にたいする姿勢を理解していなかった、まことに失礼な行為であったと反省している。この美女は、江戸末期の、幾分頽廃《たいはい》的な美意識を象徴する〝婀娜な女〟で、文章では充分表現できないところを、守貞の執念と、美意識を具体的に表現できる絵心が彼にはあったことを教えてくれる。

『守貞謾稿』執筆の動機

もともと守貞には浮世絵師としての素養があった。

守貞は文化七年、大坂の生まれだが、おそらく近所に住んでいたのであろう一歳上の長谷川貞信（文化六〜明治十二）とともに浮世絵を学んでいたと思われる。貞信はのちに上方浮世絵師として名を揚げたが、守貞は天保三年以来、商用で江戸へ出ることが多く、絵を描くことからは遠ざかっていた。しかし見るもの聞くもの、すべてが珍しく、大坂の風俗とは大へんなちがいのあることに驚き、これを記録し、後世に伝えようと決心して絵筆をとりはじめた。

このことは「巻頭の概略」のなかで「――八年（天保）深川ニ間居《かんきょ》シ、黙シテ居諸《きょしょ》（日月）ヲ費サンコトヲ患《うれ》へ、一書ヲ著《あらわ》サント思ヒ筆ヲ採テ几《き》ニ對ス――」とあるのを読んでも窺《うかが》えるように、浮世絵師の目が輝き出したのであろう。

守貞の風俗研究は描かれた浮世絵と現実との比較にはじまった。

「今世、三都トモニ浮世絵師ト云者ハ、常ニ芝居俳優ノ肖像ヲ描クヲ専務トス」るが、芝居の扮装は衣装も派手で、色彩も華やかにつくってあるので、現実とはだいぶ違う。それにもかかわらず、浮世絵師は芝居ではない日常の場合にも芝居の扮装を描くという誤りをおかしている。たとえば「烏帽子《えぼし》、大紋《だいもん》ノ人等、必ズ実ヲ描ズ、皆芝居ノ扮ヲ図ス。其他或ハ芝居扮、或ハ常躰《じょうたい》ト交ル者アリ」。したがって浮世絵で時代を考証するときは誤りをおかすことが少なくないので「後世ノ人、宜《よろ》シク維《これ》レヲ弁別《べんべつ》スベキ也」と注意をうながしている。さらに昔の人は人心も淳朴《じゅんぼく》質素であったから、画図もおのずから真実を写していたが「今世ノ画工ハ或ハ真ヲ写シ、又其真ノ美ナラサルハ意匠ヲ以テ画レ之」と批判している。もっとも浮世絵は商品であるから、美しく、売れるように描くのは当然で、時代考証のために描いたわけではないから、いわゆる「絵空事《えそらごと》」を交えることもあり得る。したがって、その「取捨ハ学者ノ意ニアリ。古画ナルトテモ悉《ことごと》ク信ジテ取捨セズバ誤ルコトアルベシ」と、これは山崎美成の『世事百談』の説を引いて同調している。

たとえば絵空事とは「今、江戸ノ女ノ簪《かんざし》ヲ長ク画クハ意匠ナリ。マタ、素袍《すおう》、大紋等ノ記号《しるし》ヲハナハダ大形ニ描クハ劇場ノ扮ナリ」と例をあげている。一方、浮世絵師には約束事がある。美人を描く場合に「三十才以下、二十才以上ノ婦、今世風、必、眉ヲ剃《そ》ルトイヘドモ、図画ニハ意匠ヲ以テ眉ヲ描ク。是、無眉ノ時ハ画面四十余ニ見ユ。故ニ意匠ヲモッテ如此也。後世據《これにより》レ之テ證スルトキハ必ズ誤ン。今、画工、二三十才ノ婦ヲ画ク、處女《むすめ》ト髷ヲ異ニシ、歯ヲ染ルヲ図スルモ眉アリ。四十才以上ノ者ニハ眉ヲ描カズ、是大略而已《これたいりやくのみ》」（巻之十　女扮）とくわしく書いてくれたので大へん参考になるが、これらは浮世絵を修業した者でないとわからないことであろう。

また、絵画作品にたいする注意だけでなく、物の呼び方にも注意をはらっている。たとえば吉原へ行くとき「大門マテ馬ニテ行モノ稀ナリ。今世ノ四手駕《よつでかご》ハ必ス大門ニ到リ下ル。大門オ、モント訓ス。ダイモント訓ゼズ。今世ノ人、皆知ル所トイエドモ後人ノ為ニ注ス」（巻之二十二　娼家江戸）とこれまた、親切である。

『守貞謾稿』執筆の姿勢

文献を引用するにあたって数多くの随筆類に目を通していくうちに、やはり原本にあたらなければならないことを痛感したのであろう。次第に資料批判をするようになり、この本は誤りが多い、というようなこともしばしば記述している。たとえば『我衣』曰、寛文ノ比男子黒絲ニテ髪ヲ結フコト流布ス。好色者ノスルコト也云々、トアリテ図ヲ載タレドモ、傳写《でんしゃ》ノ誤アル故ニ再写ヲ畧ス」とか「右何レモ図アレトモ写本ニテ傳写誤アル故ニ畧レ之テ再写セズ、後日善本ヲ得ハ補レ之」（巻之九男扮、本書五八頁）。というように、特に『我衣』には慎重である。『我衣』不信を決定的にしたのは編笠の図で「此図右ノ菱川ノ画トハ甚異也。右図是ニシテ此図傳写ノ誤ナラン」（巻之二十九笠、本書二七一頁）。これは天和四年の菱川師宣の画を傍証に誤りを見つけたからであろう。

また、守貞自身が目を通した文献の場合は「安永二年ノ刊本『風俗通』ニ曰」とか「文化十一写本『塵塚談』曰」というように刊年と書名を明記しているが、いわゆる孫引の場合は書名を書かず「或書ニ曰ク」とか「元禄ノ一書ニ曰」というように区別し、学問的な姿勢を崩さない。但し、孫引きについては、本人が何度も書いているようにこの本は、将来刊行することを期待していたメモ書きであるから、決定稿に至るまでの参考に書き抜いておいたわけで、批判されることはないであろう。

また、実際の風俗についても、式正《しきしょう》、礼、晴、褻《け》という区別や、婦、女、處女《むすめ》、娘、少女、稚女などの分類もきちんとしている。

「此書、大畧十三歳以下ヲ稚女ト云、又白歯ニテ眉剃サルヲ處女ト云、廿四五以下フ新婦ト云。又、眉未剃、歯黒メタル者ニモ係ル廿四五以上ヲ婦ト云也。又、婦女ト云、或ハ女ノ惣称ナレトモ、又、婦ハ歯ヲ黒メタル、女ハ白歯、眉未剃者ニ云。然トモ亦、女用女服ト云如キハ老少ノ惣称ニ通ス。上下ノ文意ヲ以テ察レ之」（巻之十六　女服）。このようにまことに正確を心がけている。

式正、礼、晴、褻の女性の服装については「文化文政中巨戸《きよこ》ノ處女褻服ノ図」（本書八一頁）、「今世京阪中民之處女禮晴之扮」（本書八二頁）、「今世江戸小戸ノ婦褻服ノ図」（本書八九頁）など十三例を描き分けて説いている

（巻之十一・十二　女扮）。これなどは絵師守貞でなくてはできない著述であろう。

また『守貞謾稿』を読んでいて、意味不明の語彙に遭遇することがしばしばある。そのようなとき『日本国語大辞典』を引くと、そのほとんどが不詳で、出典として『守貞謾稿』にこう書いてある、とあるだけなので苦笑させられる。

また、これこそ守貞の間違いではないか、と思わせられる語彙もたまにはあるが、よくよく調べると、やはり守貞の記述に間違いのなかったことがしばしばあるので、浅学を恥じるばかりであった。

このように記述も挿絵も信頼のおけることばかりなので、近世末期の上方と江戸の風俗研究には欠かせない貴重な図版資料といえるであろう。くどいようだが守貞の、見聞した江戸時代の正しい伝統文化を後世に伝えねばならないという強い意志は、彼の美意識と秀れた観察力によって裏打ちされたものである。風俗史研究者ともいえる資質が『守貞謾稿』の全篇につらぬかれているからこそ、学問的評価も高く、その記述は文献として引用され、絵図も考証資料として使われているのであろう。

元祖（江戸）住吉講組合員

（江戸）住吉講組合員　自寛政七年四月 至文化三年二月　加入・脱退・其他

寛政七年四月（江戸）住吉講組合創立者・九名

㊂河内屋（菊池）孫左衛門
新和泉町・新和泉町壹番地（明治五年）・第一大區十四小區　壹番組（明治十一年）
寛政七年四月創立者
明治十三年六月休業（薬種店）
又、寛政七年二月、江戸住吉明徳講創立者

伊勢屋榮藏
寛政七年四月創立者
寛政七年九月以降無記録

堺屋喜七
寛政七年四月創立者
寛政七年五月二十日休業除名

伊勢屋新六
本町三丁目
寛政七年四月創立者
文化九年以降無記録

堺屋（横田）五郎吉
堀留壹丁目
寛政七年四月創立者
文化四年脱退

伊勢屋（後藤）長左衛門
本町四丁目・本町四丁目貳番地（明治五年）・第一大區五小區　壹番組（明治十一年）・日本橋區伊勢町二十二番地　後藤長兵衛（明治二十八年）・合資會社後藤商店（大正八年）
寛政七年四月創立者
昭和四年二月二十三日脱退

湯淺屋十（重）左衛門
瀬戸物町重河岸
寛政七年四月創立者
文化三年二月吉日休業除名
文化三年二月江戸住吉明徳講へ加入・文化四年以降無記録

北川儀右衛門（喜田川又は喜多川）
本町四丁目
寛政七年四月創立者
文政四年以降無記録

小西與兵衛
神田鍛治町壹丁目・神田鍛治町二丁目（寛政十年十一月六日）
寛政七年四月創立者
文化四年以降無記録

喜田川守貞の養家は砂糖問屋か

守貞の経歴についてはほとんどわかっていない。わかっているのは、すでに紹介したように巻頭の概略に「余文化七年庚午《こうご》六月浪華《なにわ》ニ生ル。本族石原氏也。天保十一年庚子《こうし》九月東武ニ来ル、時ニ歳三十一、遂ニ北川ノ嗣《し》トナリ（中略）」と「余大坂ニ住スコト三十年、江戸ニ移テ後、今（嘉永六年）ニ至リ、十有四年、粗両地ノ俗ヲ知ル（後略）」ぐらいである。天保十一年に養子になったが「遂ニ北川ノ嗣トナリ」とあるのをみると、以前から懇請《こんせい》されていたのであろう。事実、本文中の各所の記述を集めると、天保三年に大坂から初めて出府し（当時二十三歳）、続いて天保六年、八年にも江戸へ来ている（巻末年表参照）。

この北川（喜田川とも喜多川とも書いている。前頁、寛政七年住吉講創立者名簿参照）については、「余北川祖父、余舅《しゅうと》小島彦兵衛」が池上太郎左衛門に協力して砂糖の種を植える仕事に従事したという守貞の聞き書き（巻末年表、天明八年参照）から、北川屋儀右衛門と推測される。

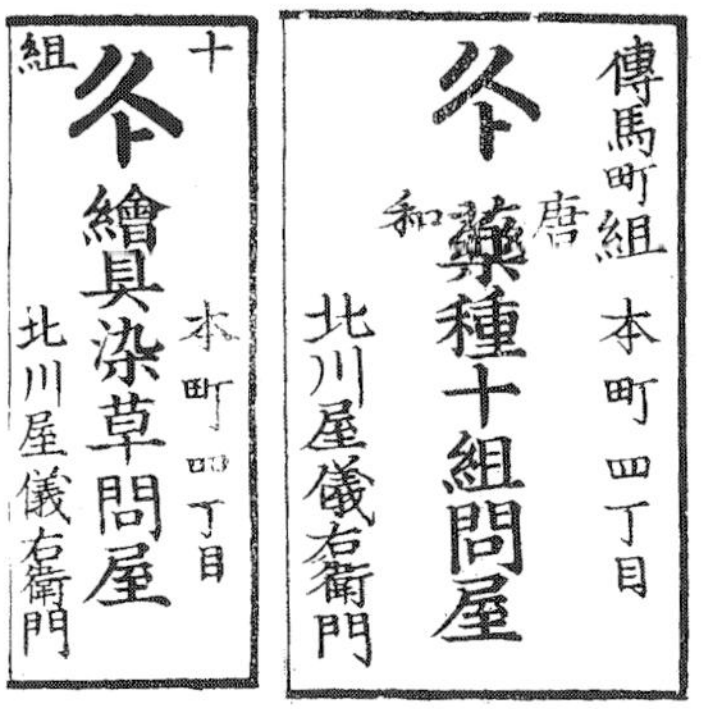

『江戸買物獨案内』より

北川屋は大伝馬町薬種問屋であったが、砂糖の扱い量が増えたので仲間九名とともに、寛政七年に「江戸住吉講組合」という海運同盟を設立し、さらに文化五年には「江戸砂糖問屋組合」を設立したという有力な砂糖問屋である。

正確には江戸十組問屋のなかの大伝馬町組薬種問屋と絵具染草問屋を兼営していた。ところが文化六年の「冥加金千両上納集帳」から北川屋儀右衛門の名前の側に「代　彦兵衛」の名が見うけられるようになった。理由は不明であるが、何か代理を立てざるを得ない事態になったのであろう。その後もしばしば代理に彦兵衛を立てるようになり『東京砂糖貿易商同業組合沿革史』（同組合刊、昭和十三年）によると文政四年から北川屋儀右衛門の名は問屋仲間から消え「これ以降無記録」とある。しかし文政七年刊の『江戸買物獨案内』には薬種十組問屋と絵具染草問屋として北川屋儀右衛門の名が再び掲載されている。同様に天保四年の『江戸十組問屋名鑑』にも掲載されているので、この頃までは健在だったのであろう。ところが、天保九年の『江戸十組株帳』に「北川屋儀右衛門勝手に付、十一月十一日に両方の株式（営業権）を養女北川屋すみ（すめ、とも読める）に譲替を願出、同月二十五日にお聞済になっている（巻末年表、天保九年参照）。このとき、すみ（め）の後見人として彦兵衛の名が見える。この二年後の天保十一年に守貞が養子に入った、というこ

『江戸十組株帳』のうち北川屋儀右衛門の部分
（東京大学蔵「白木屋文書」より）

とになる（「白木屋文書」）。

後見人　彦兵衛―北川屋すみ（め）
北川屋儀右衛門　　養女
　　　　　　　　　養子
大坂　石原氏―喜田川守貞

したがって「余祖父、余舅」の関係が成立し、守貞は砂糖問屋に養子に入ったということがいえると思う。儀右衛門がどうして養女、養子をとらなければならなかったのか、いまのところ不明であるが、今後の研究で解明したい。

守貞が北川屋へ入った翌年は天保改革で、江戸十組問屋が解散を命じられたこともあって、商売は思わしくなくなった。弘化四年には北川屋が頼りにしていた小島彦兵衛が亡くなり、守貞も執筆どころではなくなったわけだが、依然として取材・執筆活動を続けていたらしく、北川屋はついに「太々講」という問屋仲間からも見はなされてしまったらしい。

嘉永四年には諸問屋再興令が出て、薬種問屋も再興したが、北川屋は問屋仲間からはずされたので、「特ニ賈《こ》貲《し》ニ労スガ故ニ」と、あるように、守貞は営業資金の調達に走りまわり、「コレヲ廃シテ誌スコト能ハズ」ということになり、執筆は中断せざるを得なくなった。

嘉永五年「故ニ産ヲ破テ閑居ノマヽ、筆ヲ採テ見ルニ」家業はついに破産の浮き目を見るにいたった。しかし出府してから十三年、ほぼ江戸の風俗がわかってきたときだけに、ここで筆を投げることは堪えられなかったのであろう。暇にまかせて再び筆を採りはじめた。しかし、翌、嘉永六年六月、アメリカのペリーが浦賀に来航したので、ひょっとしたら戦争になるかもしれない、という風聞に、書きためた原稿を櫃《ひつ》に入れて川越の親族のもとに疎開した。幸い翌年の安政元年三月三日に日米和親条約が締結されたので、ひとまず戦乱の危機は回避された、ということで、守貞は川越から疎開荷物を引き取り、再び追書、追考をはじめた。
養子にもかかわらず、家業に身を入れずに執筆に専念したので、ついに養家を破産にまで追い込んでしまったのであるから、恐らくそうとう批難されたことであろう。しかし『守貞謾稿』の学恩を受ける者の一人として、後日、その後の北川家については調査し、報告しなければならないと思っている。

『守貞謾稿』の自筆原稿

守貞は慶応三年まで書き続け、左上のような目録をつくって筆を折っている。

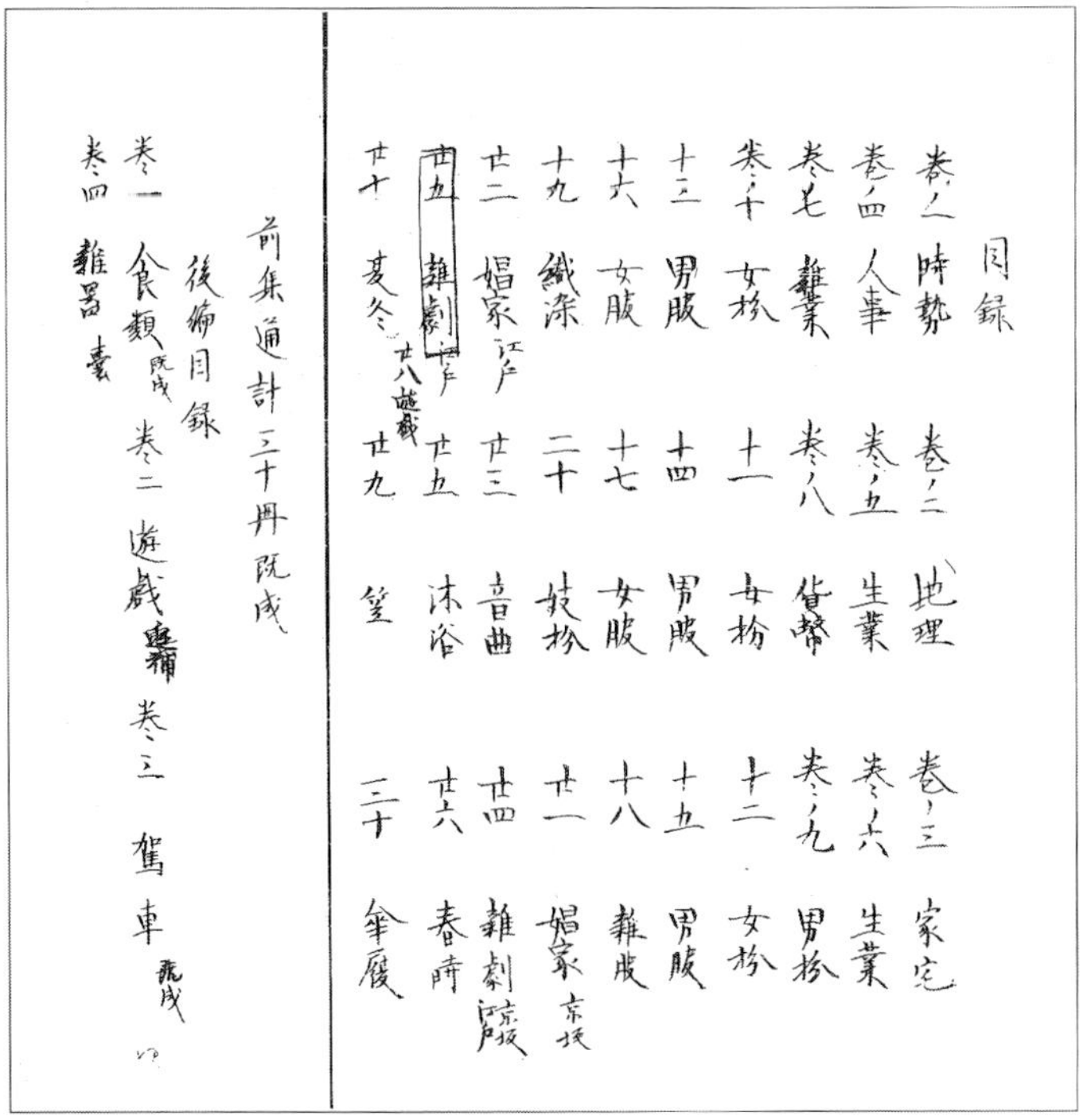

明治に入ってからの守貞の行方は杳《よう》としてわからない。ただ幸いなことに、守貞の自筆稿本三十一冊は、現在、国立国会図書館に収蔵されている。

これについて幸田成友《しげとも》（露伴の弟）が「守貞謾稿」（『小天地』第三巻一号、明治三十六年一月）のなかで「此稀有《けう》の著者は本姓を石原と云ひ、北川家へ養子に行ったので、第一巻の初に喜田川季壮尾張部守貞誌とあるのから推すと、守貞と云ふのは著者の名で、喜田川は北川を同訓の美しい文字に改めたものと思はれる。然らば著者の通称は、或は喜蔵と云ふのを季壮と書いたのかも知れません」と推察している。

幸田氏はさらに補遺で、守貞の著述した本文四丁の小冊子『固根辨《ここんべん》』（文久三年刊、慶応義塾図書館蔵）の表紙に自筆で「のし　愚按　呈　貞信先生江　北川庄兵衛」とあるのを見て「著者の名を庄兵衛といひ、舎山月光庵の號あることを確かめた」と述べ、さらにこの「貞信は長谷川氏、安堂寺町　難波橋筋に住んでゐた浮世絵師で、通称を奈良屋徳兵衛といひ、庄兵衛（守貞）と親交があった」としている。そして「最後に云って置きたいのは『守貞謾稿』三十一冊は自分が上京する二ケ月ばかり前（明治三十四年）浅草の書林浅倉屋（現在は練馬区小竹町）から図書館

（上野公園にあった帝国図書館、現国立国会図書館）に納められたので、代償は八拾圓と云ふことである」とある。その頃から前集三十巻三十冊のうち巻二、巻十七が欠本となっていたので、後編四巻三冊と合わせて三十一冊あったことがわかる。

幸い、守貞の稿本は「空しく筺底《きょうてい》に納められて、徒らに蠹魚《とぎょ》の巣窟に委せられんことを遺憾とし」た室松岩確、古内三千代、保持照次等の熱意によって活字化され、明治四十一年十一月『類聚《るいじゅう》近世風俗志』と題して國学院出版部から刊行された。

本書の価値について編者はその序文で「貞享・元禄前後の事実に関しては材料極めて豊富なれども、文化文政以後に至っては、頗《すこぶ》る寥々《りょうりょう》として暁天《ぎょうてん》の星を望むに似たり――幸いなるかな原名『守貞謾稿』は、文化文政以後の情況を叙すること、頗る詳密を極む、天保以後の記事に至っては、著者の自ら見聞せる所に随ひ、縦横に筆を走らせ――盡し難き所は図畫によって之を補い――事実のいっしか湮滅《いんめつ》し去らむことを憂《うれ》へ、之を後代に傳へむとして、その心血を傾注せしものゝ如し」と賞賛し、紹介している。

事実、守貞が見聞した天保八年以降の記録は貴重であるが、それ以前の考証も『古事記』『萬葉集』『源氏物語』にはじまって厖大な文献を博捜している。図書館の整備されていなかった江戸時代に、よくこれだけの文献に目を通せたものと感心するばかりである。まして複写サービスもないし、コピーもできなかった時代である。商売に専念できるわけがない。

しかし三十年という長い時間、ライフワークともいえる研究に情熱の火を燃やし続け、計りしれない経済的な負担に耐えて大成した『守貞謾稿』は、まさに空前絶後の金字塔といえるであろう。

既刊『守貞謾稿』について

前述の『近世風俗志』の緒言に「誤謬《ごびゅう》、重出、或は前後せるところ等尠《すくな》からず、よりて今、之が訂正を施したれども、なお洩れたるも多かるべし」「本書の誤字は大抵改訂したれども――」とあるが、活字化にあたっての誤読・誤字は数知れない。むしろ原本にはほとんど誤字はない。また、挿絵にいたっては守貞とは比べるべくもない。当時はまだ、書籍に写真製版ができなかったので新たに職人が書きおこしたものらしい。それでも、いま知る限りでは昭和三年、三十九年、四十五年と魚住書店から、昭和五十四年には名著刊行会から、おなじ紙型で続刊されてきた。

この間にも、昭和四十二年には事典形式に整理編集した『近世風俗事典』全一冊が人物往来社から、昭和四十八年には縮小影印本『守貞漫稿』全三冊が東京堂出版から出版されている。東京堂からはさらに合本して一冊にしたものを昭和六十三年、平成元年と続刊したほか、平成四年には活字化し、挿絵を原本からとった五巻本を刊行した。

『守貞謾稿』の価値を近世風俗史の基本文献と評価した岩波書店は『近世風俗志（守貞謾稿）』と題し、翻刻し、岩波文庫（全五冊）に収め、平成八年から刊行を開始した。

守貞は、定めし莞爾《かんじ》としていることであろう。

凡　例

一、本書は、国立国会図書館蔵、喜田川守貞自筆稿本『守貞謾稿』全三十一冊の図版約一八〇〇点すべてと、その解説文を中心に編集したものである。

一、守貞の描いた絵のうち原典の判明しているものは、原典の絵を参考図として載せた。また守貞の絵をより良く理解するために参考となる絵巻や浮世絵、写真などを、スペースの許す限り補完するようにした。

一、図版は、読者に理解しやすいように関連をもたせて編集したので、必ずしも原本所載順ではない。また同様の主旨で、図版の大きさも原本通りではない。

一、守貞の「大きさ図の如く」という説明文には資料的意味があるので、文章は残したが、図の大きさは原本通りではない。

一、見出しは原則として原本所載通りにしたが、明確な見出しのない場合は、読者の理解に役立てるため、内容に即して新しく補った。

一、図版の解説文は、できるだけ原文に忠実に活字化したが、原文にはない句読点を適宜補ない、また、適宜改行を施した。

一、用字は原則として原本に従った。ただし、目次および以下の場合には新字新仮名づかいとした。

啚→図、ヿ→コト、𬼀→トモ、畧→略、乚→也

一、原文中のふりがなは片かなであるが、本書ではできるだけふりがなを多くし、その場合は原本と変えて平がなを用いた。

一、原文中に引用している書名には、『　』をつけ、引用文は「　」で区別した。

一、原文の解説だけでは理解し難い、と思われる項目には編著者注を補い、罫で囲った。ごく簡単なものは文中に（　）で補注した。

『守貞謾稿』関連年表

元号	西暦	関連事項
慶長　十二	一六〇七	朝鮮通信使初めて来日し、江戸に入り、将軍秀忠に拝謁。以後文化八年まで十二回続く。
慶長　十五	一六一〇	大和浜の真川智（すなお・かわち）が中国に漂着。滞在中に製糖の技術を習得し、ひそかに蔗苗を持ち帰ったといわれている。
元和　九	一六二三	琉球の儀間真常（ぎま・しんじょう）、家人を福建に遣わし、製糖の技術を習得させたという。
寛永　十一	一六三四	琉球使節、鹿児島藩主島津家久に伴われ、初めて二条城で将軍家光に拝謁。以後、嘉永三年の江戸上りまで十七回続く。
元禄　初	一六八八〜	真川智の孫嘉和知（かわち）、琉球から製糖の技術を習得し、大和浜西浜原で試製し、砂糖一二〇斤を得。次第に大島中に広まった。
享保　十一	一七二六	幕府、殖産政策の一環として砂糖の国産化奨励。
宝暦　十一	一七六一	本草家（医師）田村藍水（元雄）、甘蔗栽培と砂糖製法の普及に池上太郎左衛門幸豊を推挙する。
明和　三	一七六六	池上幸豊、甘蔗製法伝授の許可を田沼意次と伊奈役所に提出。明和五年、条件付で許可される。
明和　六	一七六九	池上幸豊、甘蔗砂糖伝播の自宅伝法をはじめる。後に守貞の舅になる小島彦兵衛生まれる。
安永　三	一七七四	池上幸豊、廻村伝法をはじめる。
安永　六	一七七七	薩摩藩、奄美大島、徳之島、喜界島三島の砂糖総買入制を実施、さらに琉球、種子島など、すべての産糖を抑え、専売制に持ち込んだ。
天明　八	一七八八	「皇国製糖ノ始ハ官圃ニ此種ヲ傳ヘシヲ池上太郎左衛門ナル者拝受シ、駿遠二洲ヨリ植始メ、復四国ニ傳ヘ植ユ。其創製ノ時、余、舅小島彦兵衛、太郎左衛門ト力ヲ合セ、農人ニ教ヘ弘ム」（後集巻之一　食類・砂糖。このとき彦兵衛二十二歳） 「余北川祖父及ヒ外二三人都テ四人豫之、駿遠ノ間ニ弘レ之」（巻之五　生業、追書） 五月二十八日から七月一日まで、相模・駿河の村々を廻村しているが、実際はこのときあまり製法伝授は行われなかった。守貞が祖父儀右衛門か、舅彦兵衛から聞いた自慢話なので史実とは違う。日記には儀右衛門の名も彦兵衛の名も出てこない（『池上太郎左衛門幸豊』川崎市市民ミュージアム編集・発行、平成十二年）。
寛政　七	一七九五	従来、砂糖は薬種問屋の扱いであったが、扱い量の増加にともない十組問屋を脱し、砂糖問屋になる者が増え、砂糖問屋組合の前身といえる「元祖江戸住吉講組合」（海運同盟）を設立した（四月）。創立者九名中に北川屋儀

		右衛門の名あり（『東京砂糖貿易商同業組合沿革史』）。
文化　三	一八〇六	江戸住吉講と江戸住吉明徳講の二派、合併して江戸住吉明徳講となる（二月）。
文化　五	一八〇八	江戸砂糖問屋設立。官許二十五軒、冥加金千両（実際は十七軒、六百八十両）。北川屋儀右衛門参加。
文化　六	一八〇九	絵具染草問屋連印状に北川屋儀右衛門の名あり（『江戸絵具染草問屋仲間』）。 大伝馬町薬種問屋・絵具染草問屋（江戸十組諸問屋）に北川屋儀右衛門の名あり（慶應大学図書館蔵）。
文化　七	一八一〇	官許十七軒の砂糖問屋にたいする冥加金千両上納集帳に北川屋儀右衛門の分、「五拾九萬貳歩ト銀四匁」とある。 ただし文化六年も七年も代理彦兵衛を立てる（彦兵衛四十一歳）。 菱垣廻船積仲間、仮船方大伝馬町薬種店組に北川屋儀右衛門の名あり（都立日比谷図書館蔵）。 「余文化七年庚午六月浪華ニ生ル。本族石原氏也」（巻頭　概略） 「守貞実家浪華石原氏所蔵」（巻之十一　女扮—文化中鼈甲製櫛） 「大坂南方ニ今宮村ト云アリ……予カ故郷ナレトモ」（巻之二十五　沐浴）
文化　十	一八一三	『江戸御用金上納控』に、一、金千両として十名連名中に北川屋儀右衛門の名あり。 大伝馬町組薬種問屋、絵具染草問屋（江戸十組問屋附）に北川屋儀右衛門の名あり（三井文庫蔵）。
文政　元	一八一八	大伝馬町組薬種問屋、絵具染草問屋（江戸十組問屋附）に北川屋儀右衛門の名あり（三井文庫蔵）。
文政　二	一八一九	『諸問屋名鑑』の大伝馬町組薬種問屋・絵具染草問屋にも北川屋儀右衛門の名あり（三井文庫蔵）。 『冥加上納取集帳』の連名十七名中に北川屋儀右衛門の名あり。 菱垣一手積排斥申合連印に北川屋儀右衛門の名あるも、再び「代彦兵衛」となる。
文政　三	一八二〇	幕府から突然砂糖問屋株の停止令出る。砂糖の江戸積何れも勝手次第と触れる。これにより新規砂糖商を行う者増加し、かえって商習慣が乱れ、価格は暴騰した。 『冥加上納取集帳』は北川屋儀右衛門名儀で「代彦兵衛」ではない。
文政　四	一八二一	問屋仲間から北川屋儀右衛門の名消える。これ以降無記録。
文政　七	一八二四	『江戸買物獨案内』の薬種十組問屋と絵具染草問屋に北川屋儀右衛門健在。
天保　三	一八三二	「守貞、天保三年始テ中山道ヨリ出府シ板橋駅ヲ通リシ時—（この年守貞二十三歳）」（巻之三　家宅）
天保　四	一八三三	大伝馬町薬種問屋・絵具染草問屋（江戸十組問屋附）に北川屋儀右衛門の名あり（三井文庫蔵）。
天保　六	一八三五	「予天保六年木曽路ヨリ出府セシ時板橋駅ノ娼家、皆茅葺ニテ、板葺、瓦屋等更ニコレナシ（この年、守貞二十六歳）」（巻之三　家宅）
天保　八	一八三七	「八年、深川ニ間居シ黙シテ居諸ヲ費サンコトヲ患ヘ、一書ヲ著サント思ヒ、筆ヲ採テ几ニ對スレドモ無学短才云ベキ所ナシ、茲ニ於テ専ラ民間ノ雑事ヲ録シテ子孫ニ遺ス、唯古今ノ風俗ヲ傳ヘテ質朴ヲ失セサランコトヲ欲

天保 九	一八三八	ス」（巻頭 概略） 『江戸十組株帳』に大伝馬町組薬種問屋本町四丁目市兵衛店 北川屋儀右衛門 同町同人店 北川屋すみ（すめ？） 後見 彦兵衛 儀右衛門勝手に付株式両御札共譲替 天保九戌十月十一日願出、同廿五日御聞済（東京大学経済学部図書室蔵白木屋文書。本書『守貞謾稿』と著者喜田川守貞、ページvi参照）
天保 十一	一八四〇	守貞「天保十一年庚子九月東武ニ来ル、時ニ歳三十一、遂ニ北川ノ嗣トナリ」（巻頭 概略）「我北川定紋梅鉢也、礼服ニハ女モ用レ之レトモ、略服ニハ釜敷形ノ梅ヲ用ヒシコトアリ」、「余実家ノ鶴ノ丸ノ如ク密ナルハカケニ染易カラズ—」（巻之十八 雑服）
天保 十二	一八四一	老中水野忠邦による物価引下げ政策（天保の改革）により、江戸十組問屋をはじめ問屋、仲買、小売などの株札組合の制度を全廃（十二月十三日）。この結果かえって商道徳はすたれ、諸貨物は在庫薄となり、諸物価は高騰した。
弘化 三	一八四六	幕府は諸問屋再興の可否を調査。
弘化 四	一八四七	守貞の舅「小島彦兵衛 弘化四年七十九歳ニテ卒ス」（後集巻之一 食類・砂糖）
嘉永 元	一八四八	太々講の定、三十三名中に北川屋儀右衛門の名なし。
嘉永 四	一八五一	諸問屋再興令で本町組薬種問屋三十三戸と大伝馬町薬種問屋三十九戸も再興。
嘉永 五	一八五二	「特ニ去年ノ亥春（嘉永四年）ヨリ聊カ賈道ヲ発シヌレハ、又更ニ閑暇乏ク特ニ賈貨ニ労スガ故ニ、コレヲ廃シテ誌スコト能ハズ」（巻之九 男扮）
嘉永 六	一八五三	「又江戸ニモ住スコト今ニ至テ十有三年、粗、府内ノ風俗ヲ知ル、故ニ産ヲ破テ閑居ノマヽ、筆ヲ採テ見ルニ随ヒ、聞クニ任セテ一枚紙ニ誌シ後ニ集メテ冊トス」（巻之九 男扮） 六月米使ペリーの浦賀来航。七月露使プチャーチン長崎来航。八月品川湾に砲台を構築。 「前ニ云ル如ク散紙ニ書キ蓄ヘテ後ニ集冊ス。此故ニ前日既ニ書ルコトヲモ忘却シテ再書シ、或ハ未タ誌サヾルヲモ、前ニ既ニ記レ之セリト思ヒ誤マリテ必用ノコトヲモ書漏スコトモ有ベシ。訂二正之一ト欲スルニ、頃日賈道ニ復シテ閑暇乏シク加レ之ニ近時ニ夷舶再航ノ状アリテ衆心石上ニ坐スルカ如ク、依之遂ニ訂正セズ。諸財トモニ櫃ニ納メテ今日川越ノ親族ニ托ス、庶幾子孫訂レ之云爾」（巻頭 概略）
嘉永 七	一八五四	ペリー江戸湾に再来航、横浜で和親条約を結ぶ。
安政 元	一八五四	「追書 墨夷来リテ恐ラクハ戦争ノコトアラント思ヒシニ、幕府無事ヲ旨トスルニヨリ無其難、故ニ即時川肥ヨリ復之ヲ、追書追考ヲ筆ス。故ニ巻中 癸丑（嘉永六年）後ノコトヲモ誌之」（巻頭 概略）
文久 三	一八六三	守貞、物価を論じた『固根辨』（本文四丁活字化の小冊子）発行（慶応義塾図書館蔵）
慶応 三	一八六七	「先年閑居ノ日、徒然ヲ患ヘ此書ヲ編シ、今適々閲之スルニ其拙キコト後悔スレドモ及バズ、廃レ之渋紙ニ製セン

		ト欲セシガ、又流石、数日ヲ費シヌルコトナレハ百年ノ遺笑ヲ思ヒナカラ再蔵蓄ス　慶應三年卯五月」（目録）
明治三十四	一九〇一	守貞、この年五十八歳、通算三十年間執筆したことになる。 『守貞謾稿』自筆稿本三十一冊は明治三十四年十月二十八日、当時浅草にあった浅倉屋久兵衛（現在は練馬区小竹町）から帝国図書館が八十円で購求した。
明治三十六	一九〇三	幸田成友『守貞謾稿』を紹介（『小天地』第三巻一号）。
明治四十一	一九〇八	『守貞謾稿』活字化され、挿絵は別人が描き、『類聚近世風俗志（原名守貞漫稿）』と題して國学院出版部から刊行された。以後、昭和三年、三十九年、四十五年と魚住書店から続刊。
昭和四十二	一九六七	事典形式に整理編集した『近世風俗事典』全一冊発行（人物往来社）。
昭和四十七	一九七二	幸田成友「守貞謾稿とその著者」（『幸田成友著作集』第六巻所収・中央公論社）
昭和四十八	一九七三	『守貞漫稿』影印縮小版　全三冊刊行（東京堂出版）。
昭和五十四	一九七九	『類聚近世風俗志』刊行（名著刊行会）。
昭和五十八	一九八三	小室正紀「幕末風俗志作者の物価論・喜田川守貞の『固根弁』について」（『歴史公論』第九巻四号）
昭和六十三	一九八八	『守貞漫稿』影印版合本刊行（東京堂出版）。
平成　四	一九九二	『守貞漫稿』翻刻版　全五巻刊行（東京堂出版）。
平成　八	一九九六	『近世風俗志（守貞謾稿）』全五冊刊行開始（岩波文庫）。

『守貞謾稿図版集成』〈普及版〉　上巻（巻之一～巻之二十）【目次】

『守貞謾稿図版集成』〈普及版〉
下巻（巻之二十一～後集巻之四）【目次】

守貞謾稿図版集成〈普及版〉上巻

守貞謾稿巻之三　家宅

平安宮城図

都城図地理ノ条ニ載ル

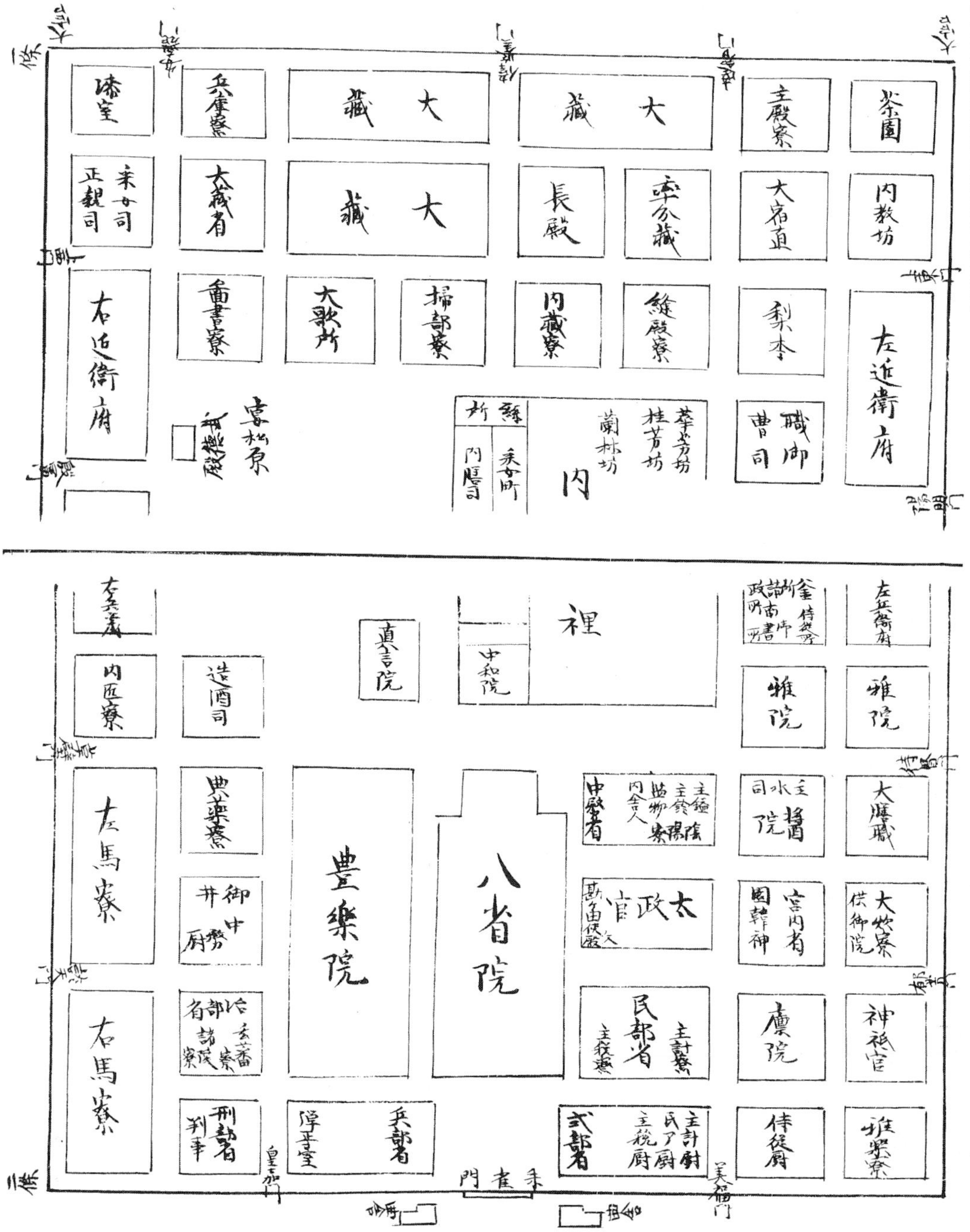

足利等持院殿柳営畧図

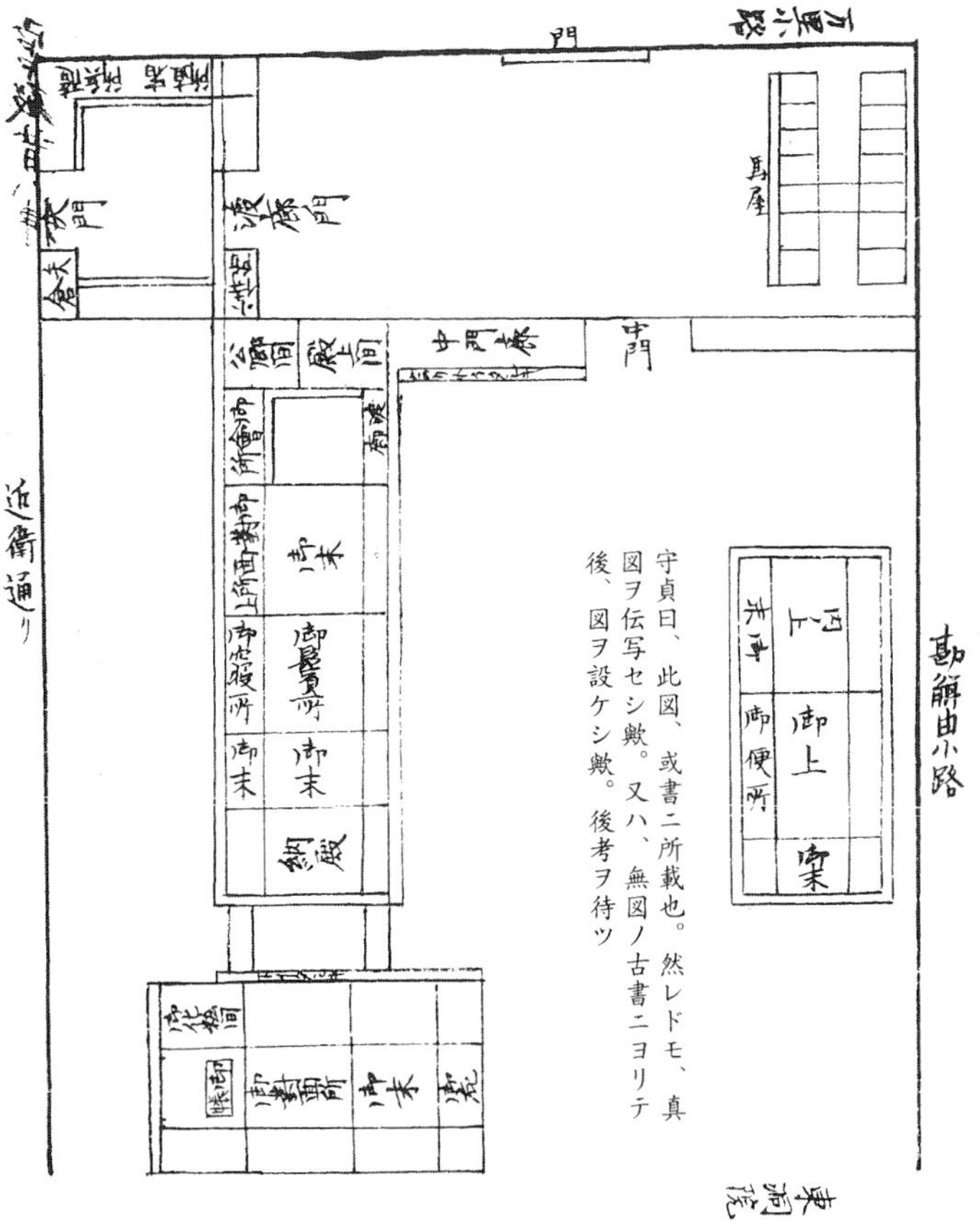

守貞曰、此図、或書ニ所載也。然レドモ、真図ヲ伝写セシ歟。又ハ、無図ノ古書ニヨリテ後、図ヲ設ケシ歟。後考ヲ待ツ

東西市鄽舎《てんしゃ》図

嵯峨芹川氏蔵、『柳葊雑筆《りゅうあんざっぴつ》』所載

守貞云、是ハ東市ノ図也。西市ハ准レ之也。前ノ都城図ニテ知ルベシ。

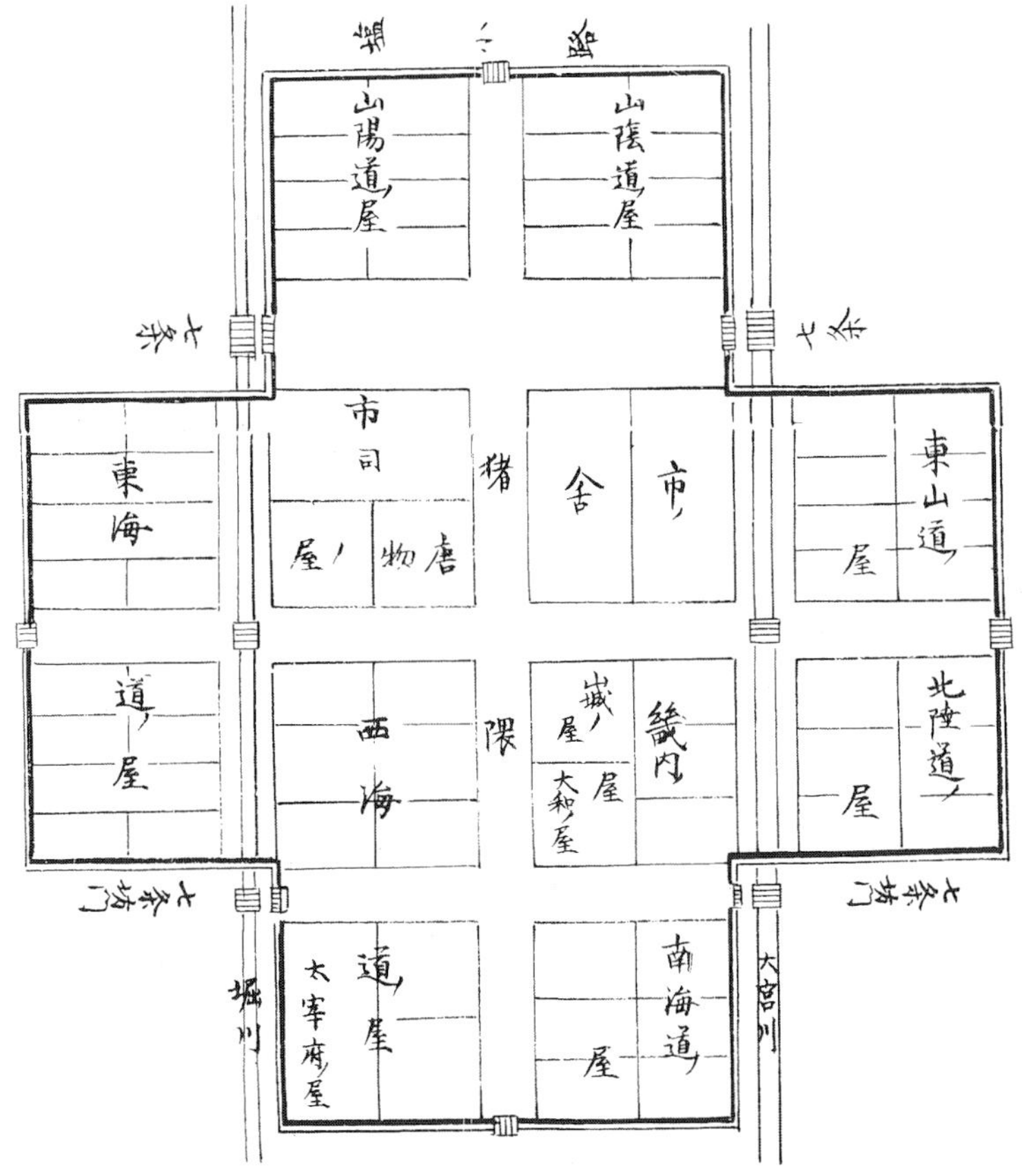

見世棚古図『骨董集《こつとうしゅう》』所載也。

「これハ、鐙わりといふ絵巻に載る所、京四条の町の見せ棚のさまなり。此絵まきの時代、つまびらかならざれども、おほかた文安、宝徳のころの物とおもハるゝ考あり。ことバながけれバ、もらしつ云々。」文安、宝徳ヨリ今嘉永ニ至ル。概《おおむね》四百一、二十年也。

今モ洛外ヨリ、頭ニ戴《いただ》キ物賣ル女アリ

坊門之図

東寺所伝ノ図ニ従フト、『玉石雑誌《ぎょくせきざつし》』記載、武者合戦ノ図也。人物等無用故、略レ之。

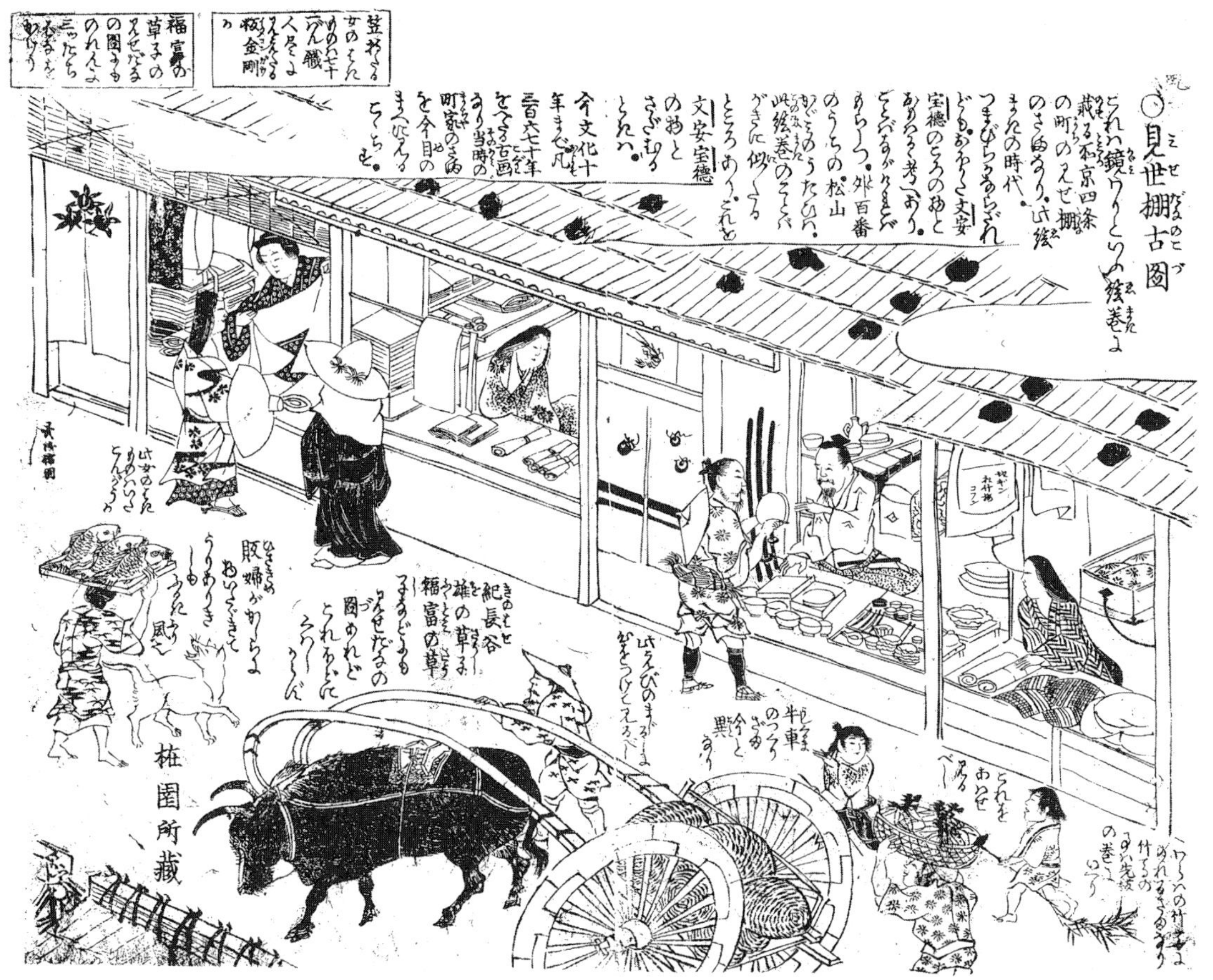

図1　見世棚古図『骨董集』ポーラ文化研究所蔵

図2　七条坊門　三好尼子大内勢合戦坊門の図『先進繡像玉石雑誌』国立公文書館内閣文庫蔵

篝屋図《かがりや》

『一遍上人繪詞』所載。正安元年八月廿三日。円伊法眼画也。建武二年記『二条河原落書』ニ「此頃都ニハヤルモノ―町毎ニ建ツ篝屋ハ、荒涼五間、板三枚、幕引廻ス役所ドモ、其数知ラズ、満々タリ。云々」一本ニ、法量五間横三間トアル者、此図ニ合ヘリ。兵士幾人ヲ置歟。未詳。

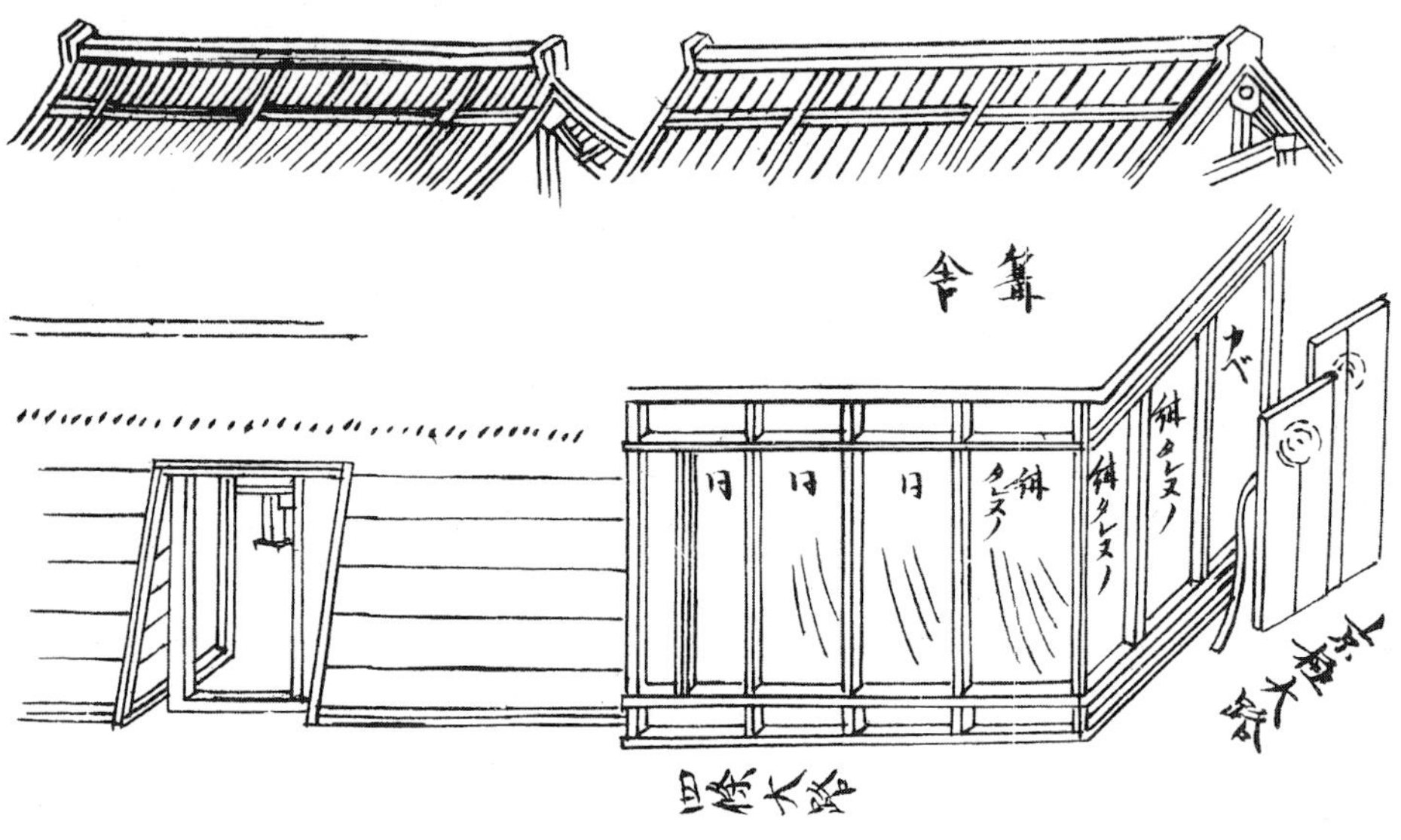

篝屋図は栗原信充著『玉石雑誌』(天保十四年)所載の「一遍上人繪詞所載かゝ里乃舎図」から絵と解説を転載したものである。(編著者注)

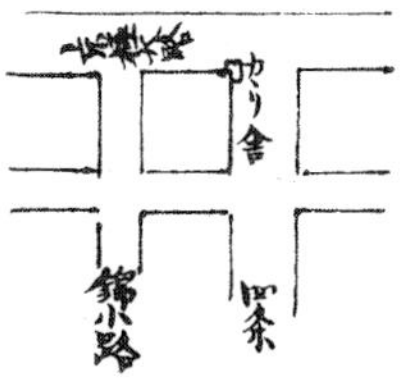

今ノ辻番所ノ權輿《けんよ》(はじまり)ト云フベキ歟

京坂家宅

京坂巨戸《きよこ》図

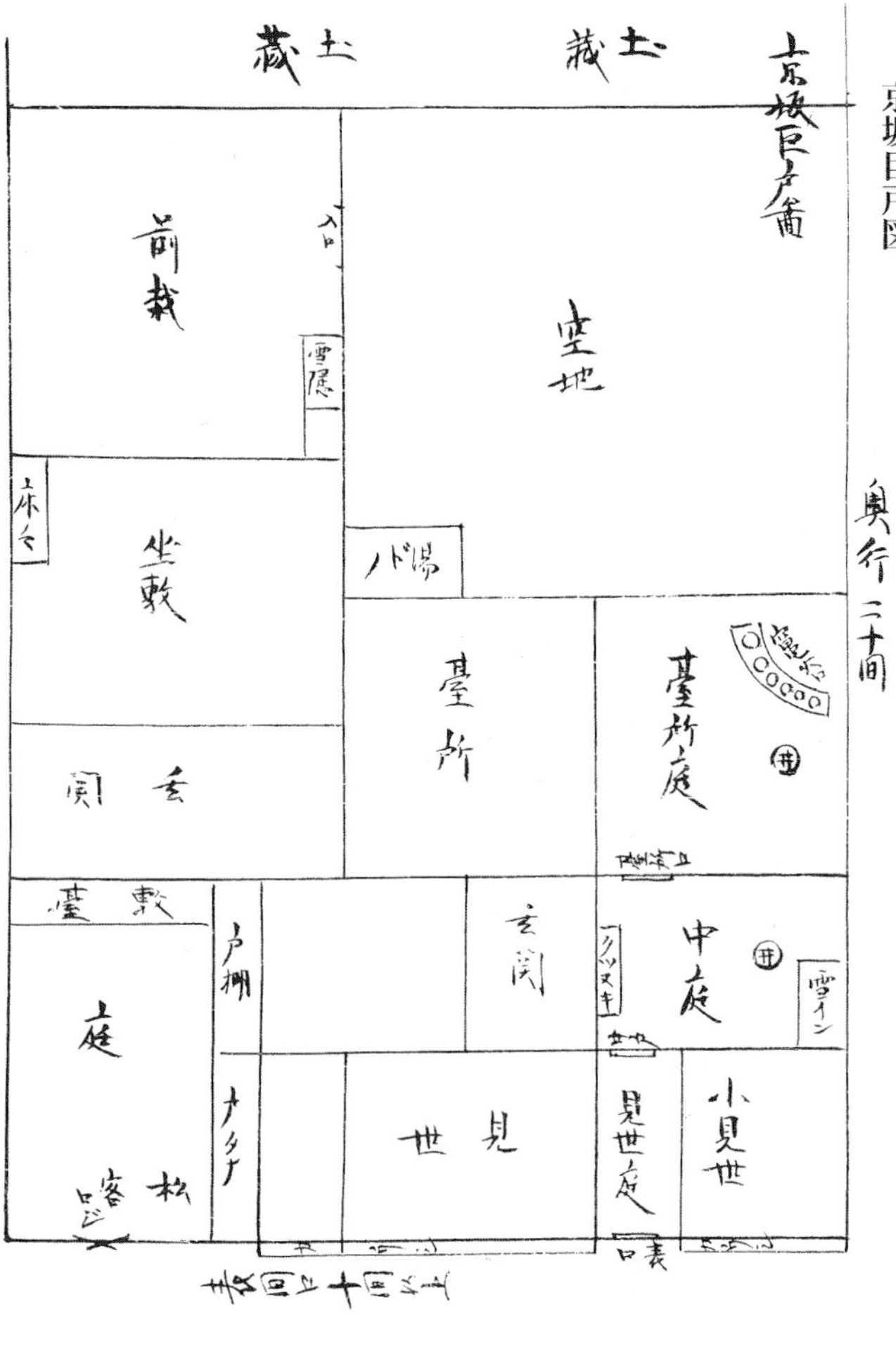

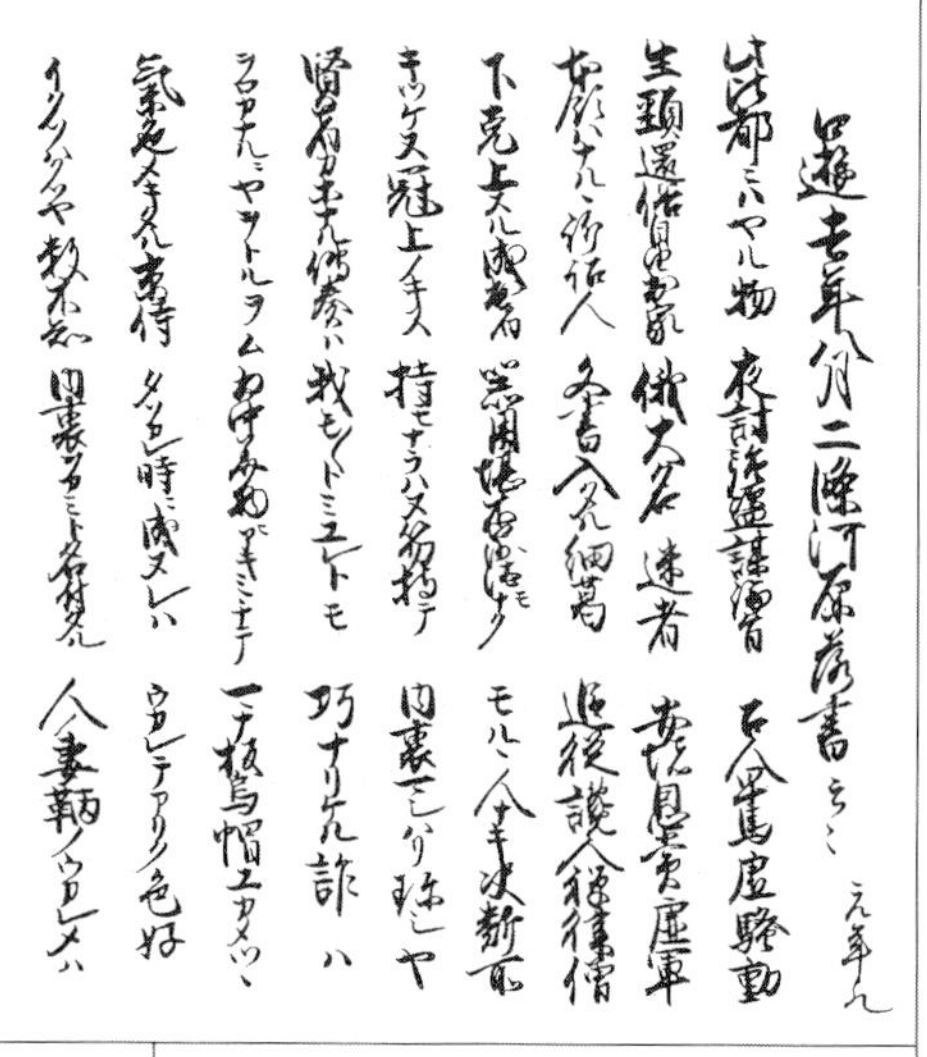

口遊 去年八月二条河原落書云々 元年歟
此比都ニハヤル物 夜討強盗謀綸旨 召人早馬虚騒動
生頸還俗自由出家 俄大名 迷者 安堵恩賞虚軍
本領ハナルヽ訴訟人 文書入タル細葛 追従讒人禅律僧
下克上スル成出者 器用ノ堪否沙汰モナク モルヽ人ナキ決断所
キツケヌ冠上ノキヌ 持モナラハヌ笏持テ 内裏マシハリ珍シヤ
賢者カホナル伝奏ハ 我モ我モトミユレトモ 巧ナリケル詐ハ
ヲロカナルニヤヲトルラム 為中美物ニアキミチテ マナ板烏帽子ユカメツヽ
気色メキタル京侍 タソカレ時ニ成ヌレハ ウカレテアリク色好
イクソハクソヤ数不知 内裏ヲカミト名付タル 人ノ妻鞆ノウカレメハ

図3 『二条河原落書』(建武3) 国立公文書館内閣文庫蔵

中戸之図

此ゴトク、土間ノ表ヨリ背ニ達スルヲ通リ庭ト云。大畧、表二間半以上ノ宅ハ、九通リ庭ニスル也。

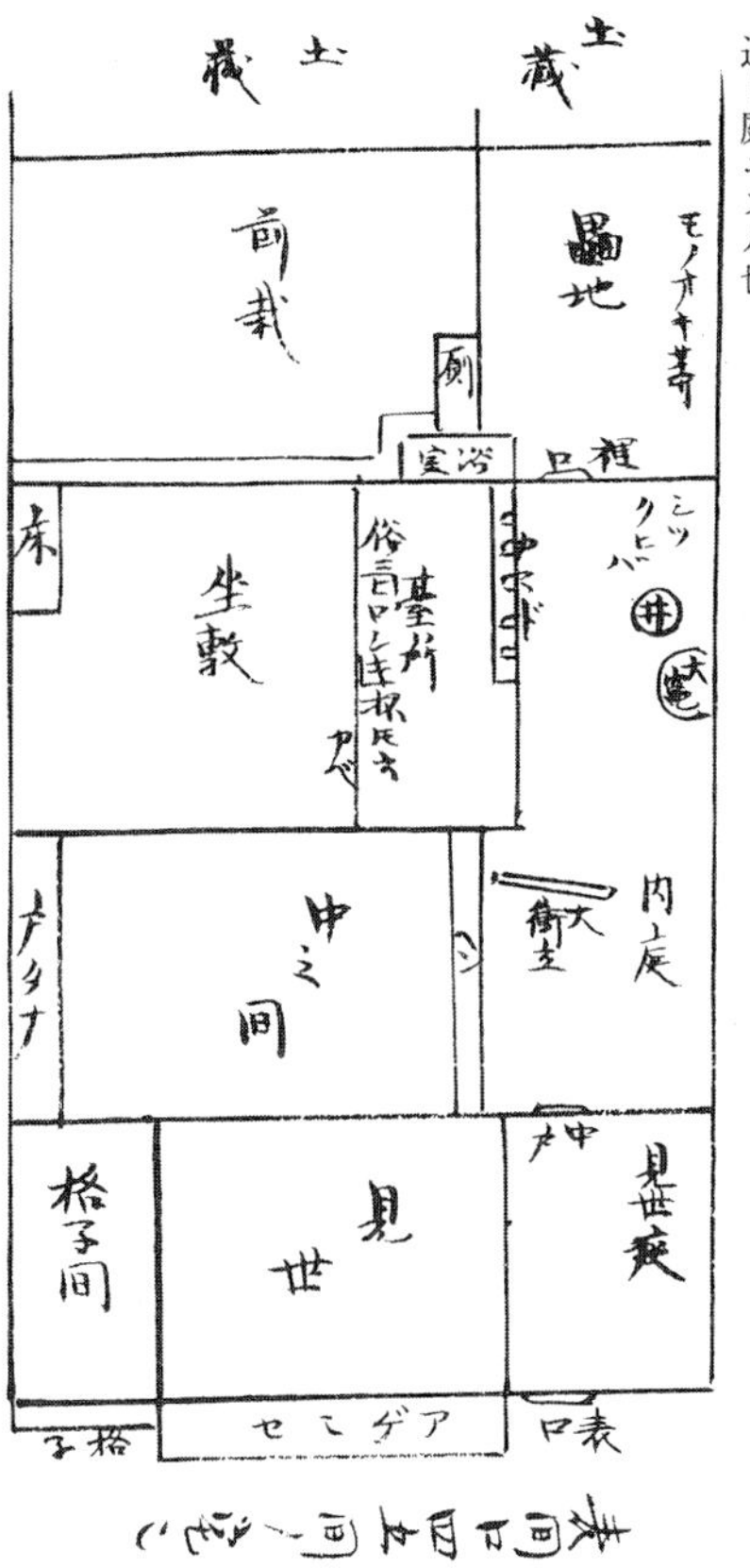

小戸之図

表間口二間以下ノ宅ハ、通リ庭ニ作ラズ。二間口ハ稀ニ通リ庭ニスルモアリ。九尺以下更ニ無之。茲ニ九尺ト云ハ、京間《きょうま》一間半ノ畧也。其実九尺七寸五分アルベキナレドモ、今ハ専ラ減レ之ス者多ク、其餘リヲ路次ニ足ス。路次狭キハ三尺、廣キハ一間モアリ、四五尺モアリ。

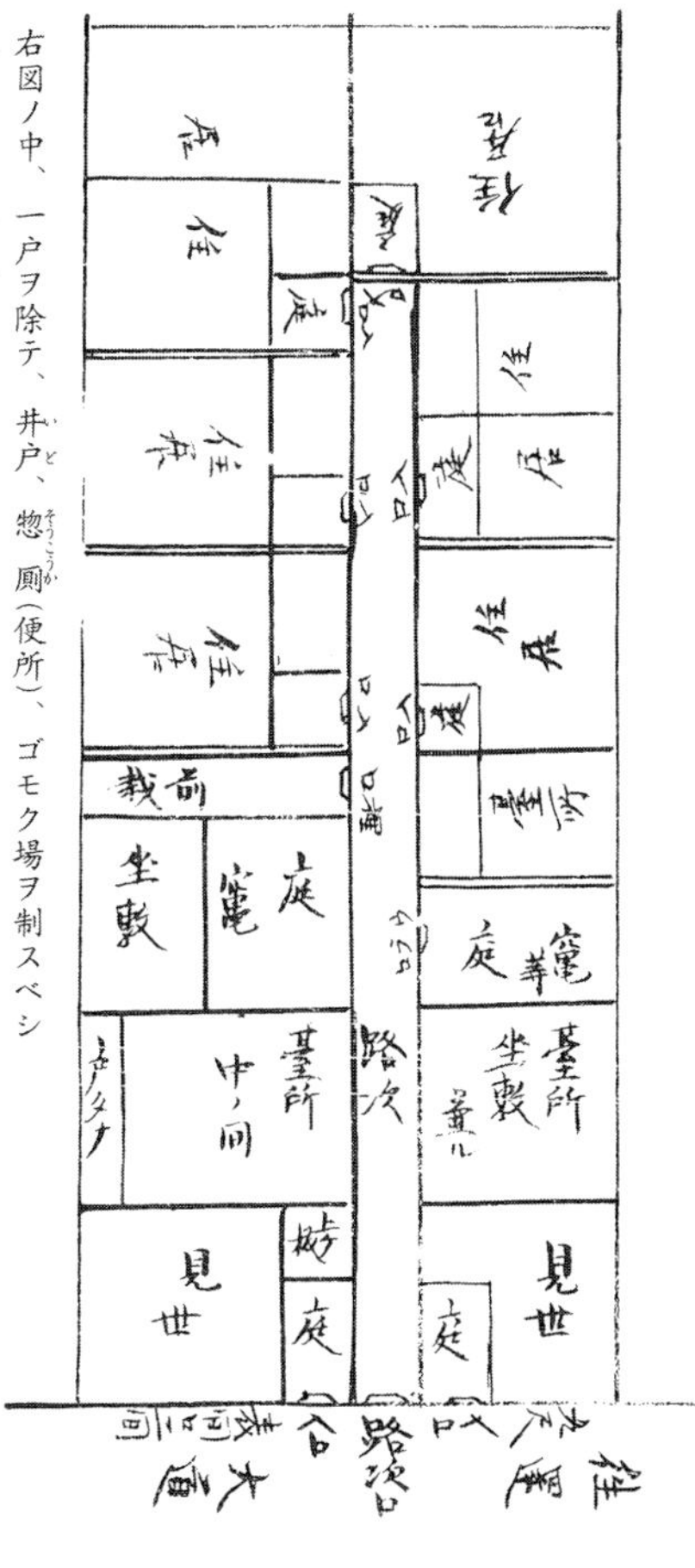

右図ノ中、一戸ヲ除テ、井戸《いど》、惣厠《そうこうか》(便所)、ゴモク場ヲ制スベシ「ゴモクバ」、江戸ニテ「ゴミタメ」ト云

右ノ図、一ト屋敷ト称ヘ、一地面也。此数戸ヲ長屋ト云也。今茲ニ、表借屋、唯二戸ヲ図スハ畧也。一宇数戸ノモノ多シ。又、裡《うら》借屋ハ別宇ナレドモ、凡テ一宇ニ准ジ、一ト長屋ト云也。又、小戸ト雖ドモ、自地自宅アリ。中戸ニモ借宅アリ。又、土蔵一、二、三ヲ附シテ、借宅トスルモアリ。更ニ一定ナシト雖ドモ、其専ラナルヲ図ス。土蔵付ノ借宅モ甚ダ多シ。江戸ニハ、甚ダ稀トス。

大坂高津新地ト云所ハ、困民《こんみん》多キ所也。文政中、下図ノ如ク、一ト屋敷ニ数字《う》(家)ヲ建テ、数戸ヲ開テ貸長屋ニスル者アリ。号《なづけ》テ香ノ図裡ト云。江戸堺町ニモ今世似之制アリ、号テ大裏ト云。

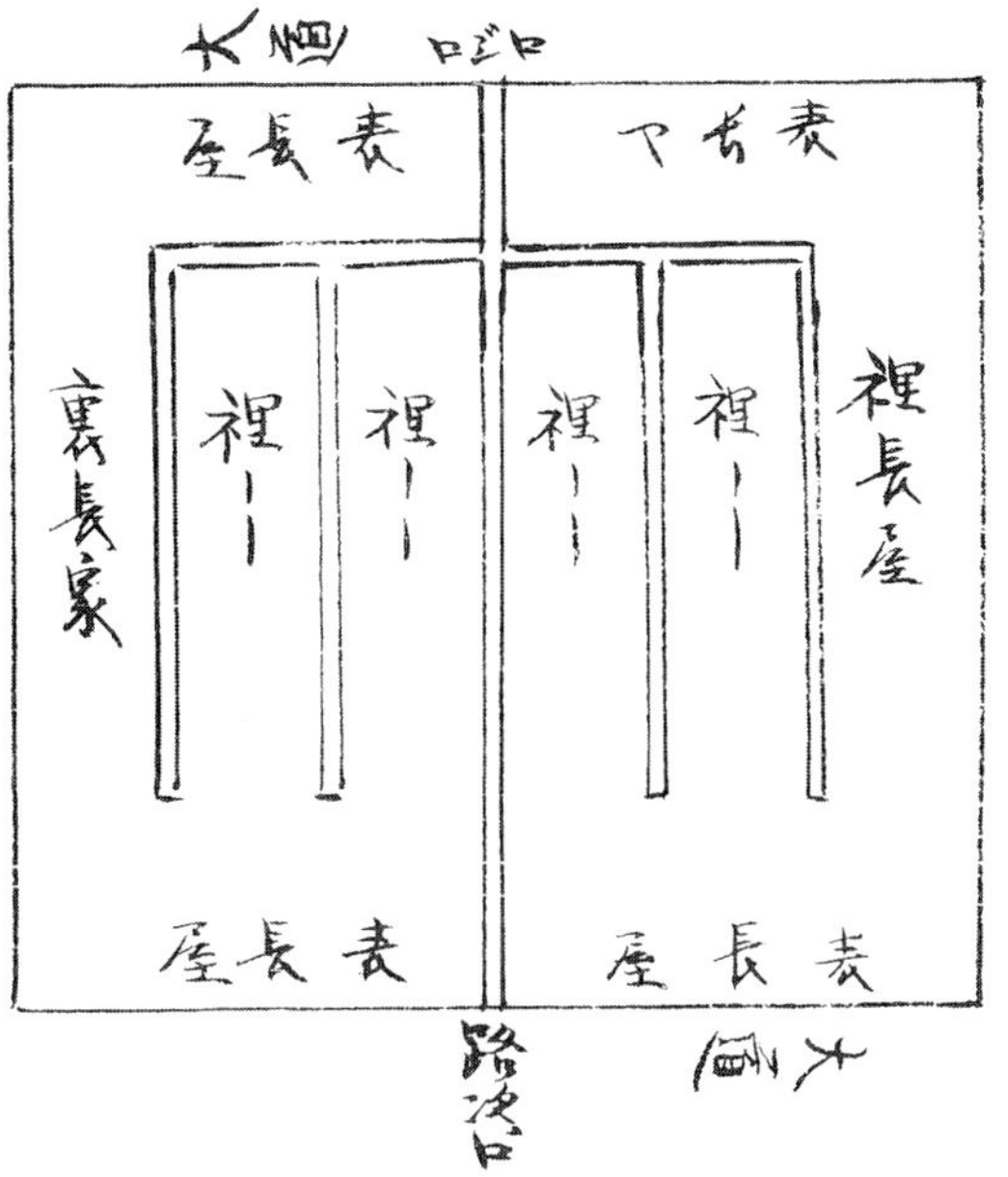

上図ノゴトク、中央ノ路次ノ東西、或ハ南北ノ街ニ貫キタルヲ、京坂ニテ、ヌケロウジト云。抜路次也。江戸ニテハ抜裏ト云。江戸、ヌケウラ甚多シ。京坂、抜路次甚稀也。此ロジト云正字、露路歟。今俗皆、路次ノ字ヲ用フ。

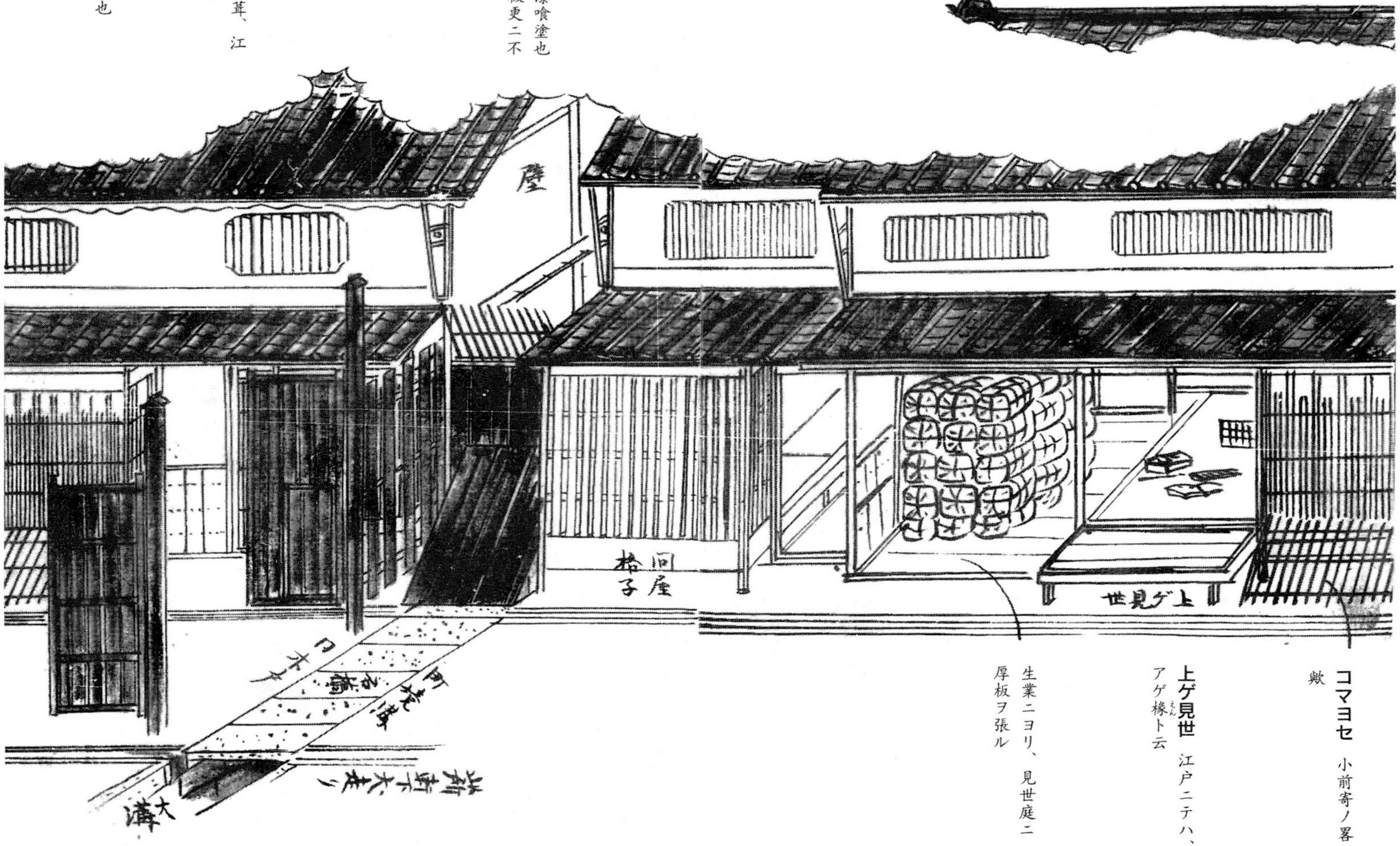

コマヨセ 小前寄ノ畧歟

上ゲ見世 江戸ニテハ、アゲ椽《えん》ト云

生業ニヨリ、見世庭ニ厚板ヲ張ル

屋根庇トモニ本ブキ

鬼瓦《おにかわら》 今モ専ラ鬼面ヲ用フ

同右

屋ノ外面、壁ニテ漆喰塗也 江戸ノ如ク、下見板更ニ不用之也

屋根本葺、庇、勘畧葺、江戸ニ云サンガワラ也

長屋 一宇数戸ヲ云也

京坂巨戸豪民家宅之図

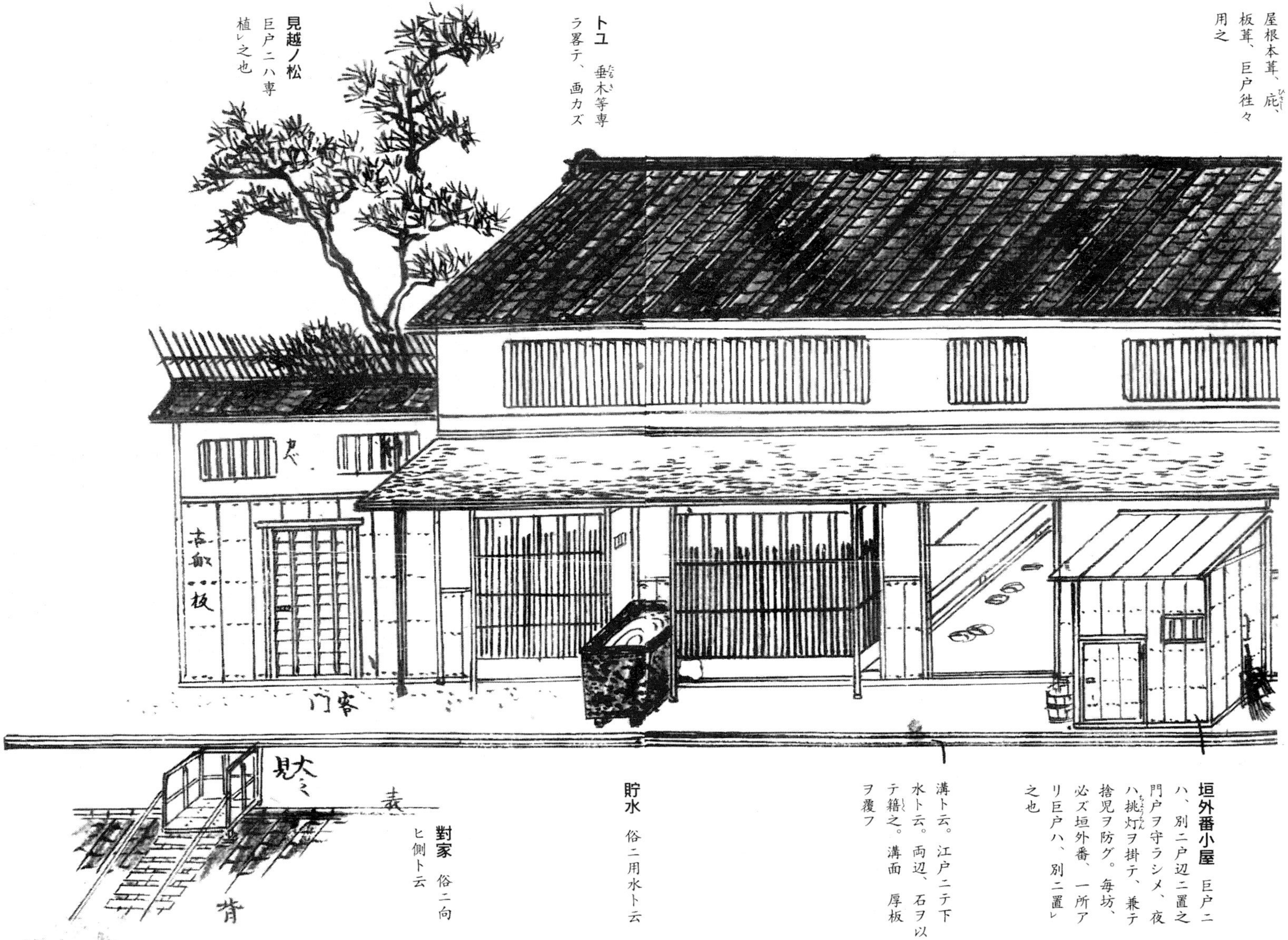
屋根本葺、庇《ひさし》、板葺、巨戸往々用之
トユ　垂木《たるき》等専ラ畧テ、画カズ
見越ノ松　巨戸ニハ専植レ之也
垣外番小屋　巨戸ニハ、別ニ戸辺ニ置之門戸ヲ守ラシメ、夜ハ挑灯《ちょうちん》ヲ掛テ、兼テ捨児ヲ防グ。毎坊、必ズ垣外番、一所アリ巨戸ハ、別ニ置レ之也
溝ト云。江戸ニテ下水ト云。両辺、石ヲ以テ籍《しき》之。溝面　厚板ヲ覆フ
貯水　俗ニ用水ト云
對家　俗ニ向ヒ側ト云
表
背

京坂土蔵図

大小アリト雖ドモ、其製如此也。屋根、必ズ本葺、鬼瓦ニ鬼面ヲ用ヒ、鉢巻挟《せま》ク、新釘ヲ打ズ。窓片扉。京坂ノ土蔵ハ、皆必ラズ本葺也。鉢巻、江戸ノ如ク廣カラズ。棟モ大ナラズ。特ニ、箱棟等、更ニ無レ之、窓片扉也。石垣ヲ塗篭《ぬりごめ》ルコト稀也。

戸前口ハ、江戸ト同製也。必ラズ、両扉常ニ開キアルモノニハ、扉ニ板帒《とぶくろ》ヲカクル也。必ラズ、墨渋ヌリニス。

鉢又不分明故ニ別図ス

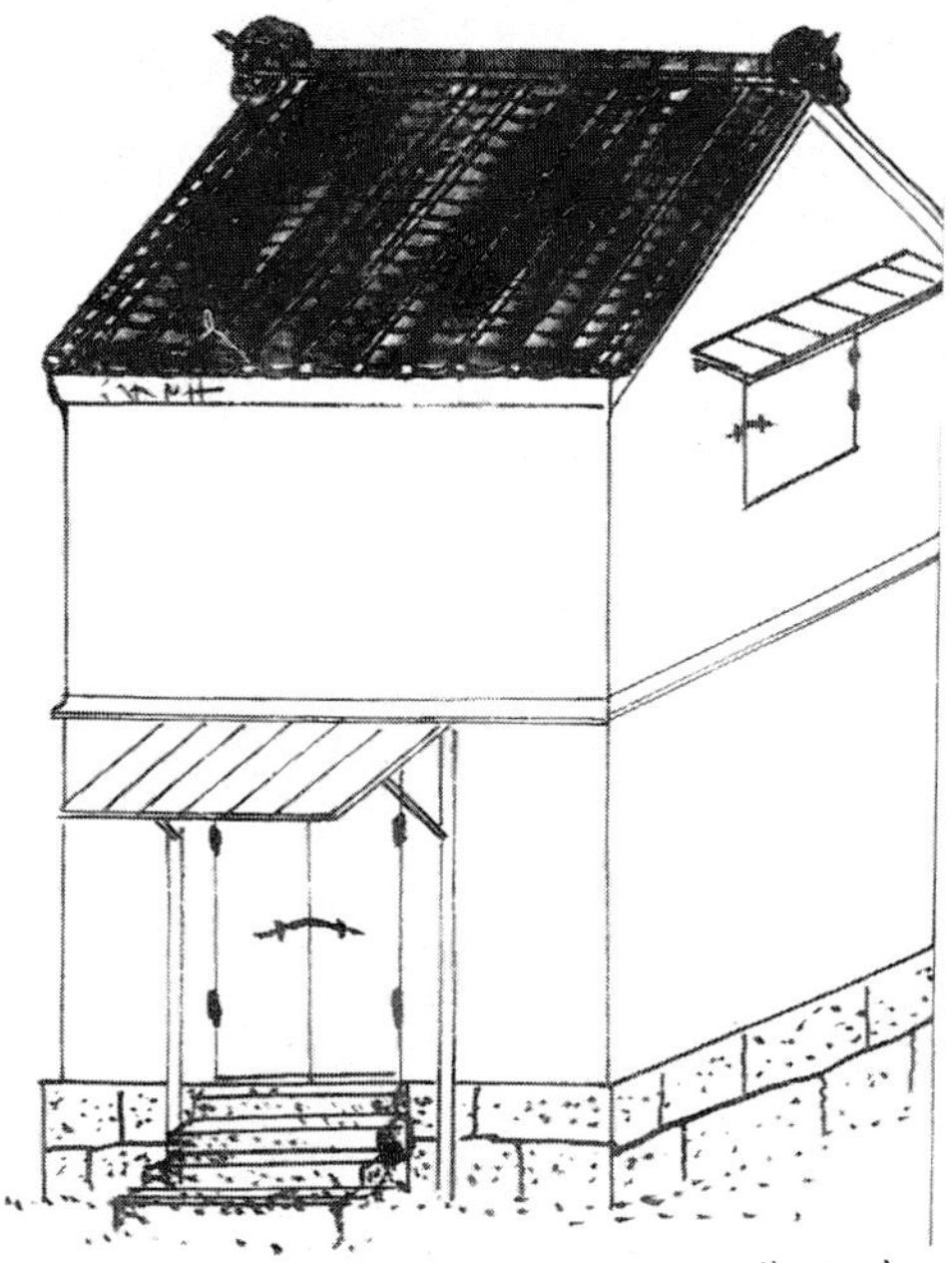

土垣ヲ塗ズ。江戸ニテハ、漆《しっ》クヒヌリナリ

京坂夜、戸ヲ鎖《とざ》ス図

格子内ノ戸ハ竪戸ニテ、繰出シニスル也。表大戸、右或左ニ壁アル見世ハ、片扉ノ如ク開クモアリ。或ハ、上下溝アリテ、押開ルモアリ。其便ニヨル。唯、江戸ノ如ク、大戸上下二枚ニセズ。故ニ潜リ戸高シ。又、大戸ノ幅、半間多シ。中以下ニハ、廣キモアリ。前図巨戸ノ如キハ、幅五尺バカリ、上下溝アリテ押明ル也。

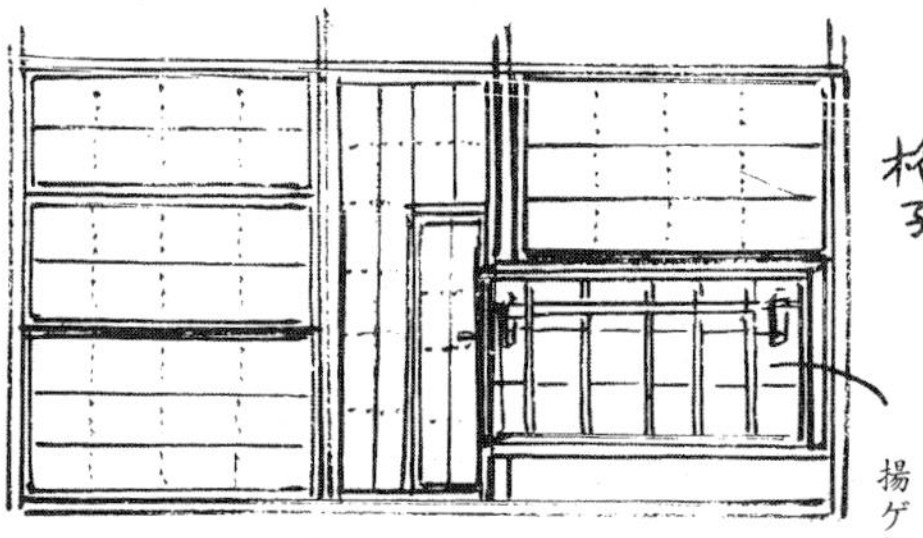

揚ゲ椽也。夜ハ先《まず》、上ノ蔀戸《しとみど》ヲ下シ、次ニ上ゲエンヲ上ゲテ、戸ニ代ル。昼ハ揚ゲ椽ヲ下シ、蔀戸ハ外ヘ刎《はね》上《あ》ゲ、庇ノ裡ニアリ表大戸如此ニハ、セリ上ゲト号テ、竪ニ押上ル歟。或ハ内ヘ刎上ル也見世庭ノ戸、下ハ左右溝アリ。上ヨリ差入ル。上二枚ハ、中ニ蝶番ヲ付ケ、折テ内ヘ刎上ル

図4

葛飾北斎画「富嶽三十六景　江戸日本橋」

江戸の川岸土蔵には商標が記される。

大坂　濱蔵之図

京坂ノ俗ハ、川岸ヲモ濱ト二云也。故ニ、河岸土蔵ヲ、ハマグラト云。

濱蔵ノ列、江戸ニ反《はんし》テ平ヲ専トシ、屋根ノ妻ヲ稀トス。

大坂諸川、陸ヨリハ甚ダ低シ。故ニ、図ノ如ク、土蔵下ヲ石柱ヲ建、石土台ヲ居テ、其上ニ土蔵ヲ建ル也。

此土蔵下ニ住ム非人アリ。所謂《いわゆる》、納屋下ノ非人也。

土蔵間ニ描ク、河ニ下ル路ヲ坂、俗ハ雁木ト云。

雁木、カンギ。

納屋下ナヤシタ訓ス。

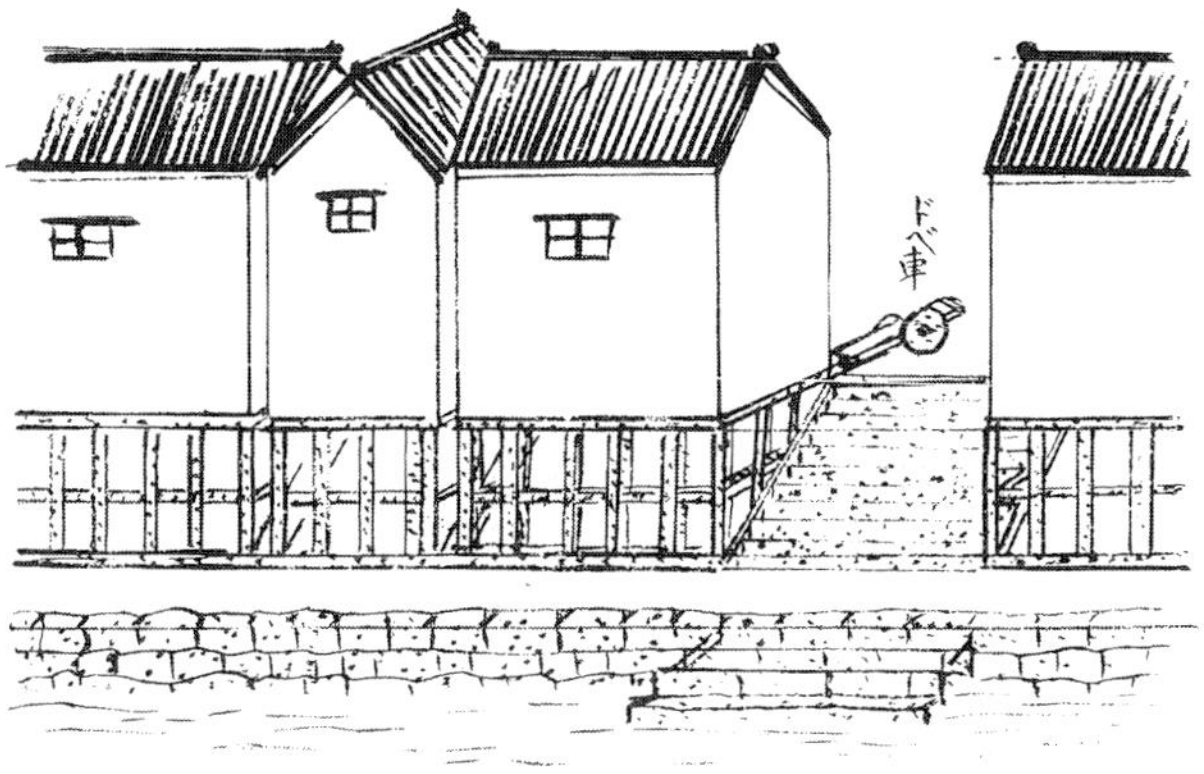

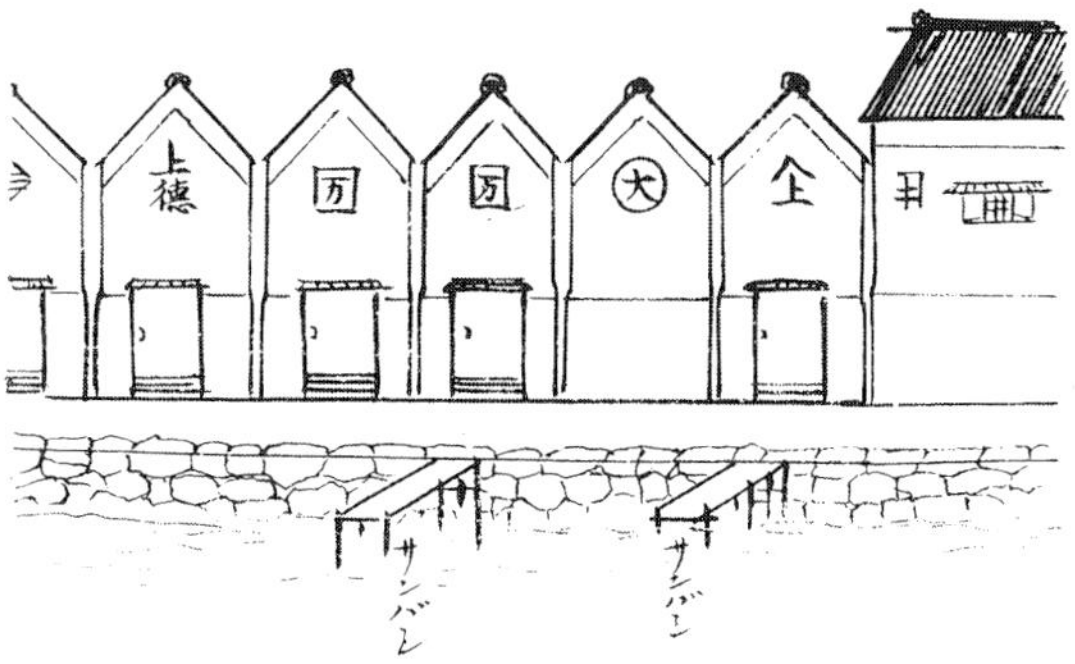

江戸　川岸土蔵図

屋根妻ヲ並ブモノ多ク、平ナルハ稀也。

又、川岸土蔵ニハ、専ラ記《しるし》ト二云假号ヲ描ケリ。黒漆喰《しっくい》ニテ塗リ上ル也。

京坂、土蔵ニ記ヲ描ズ。

川岸土蔵ハ両口ノ制多シ。表口ハ、観音開《かんのんびらき》ト、裏白《うらじろ》ト二重戸ニ、川岸口ハ裏白ノミニテ、観音開ヲ付ズ。

墨ヌリタルハ、戸前ノ袋也

又、戸前ノ裡ニ裡白ウラジロト号《なづけ》テ、塗籠《ぬりごめ》ノ引戸アリ。平日ハ開レ之。火災ノ時、鎖《とざす》レ之。戸前ト二重ニシ、各々目ヌリヲスル也。又、ウラ白ト同溝ニ、格子戸ヲ設ケ、格子裡ニハ銅網《かなあみ》ヲ張ル也。平日ハ此網戸ヲ鎖ス。則チ、錠ヲ設ル也。

又、京坂多クハ、土蔵ト家宅ト多少ノ暇アリ。壁ヲ接スルモノ稀也。又、宅裡ヨリ直ニ倉口ニ出入スルノ制、特ニ稀也。平日、網戸ヲモ塞《ふさ》ガザル出入繁《しげ》キ物ニハ、高サ二三尺ノ板ヲ戸口下ニ横ル也。号テ鼠返ト二云。倉中鼠ヲ入ザルノ備也。上ヲ前ニ、下ヲ背ニ、斜メニスル也。

図5
歌川広重画「江都勝景　よろゐの渡し」
神奈川県立歴史博物館蔵

江戸　城廓図

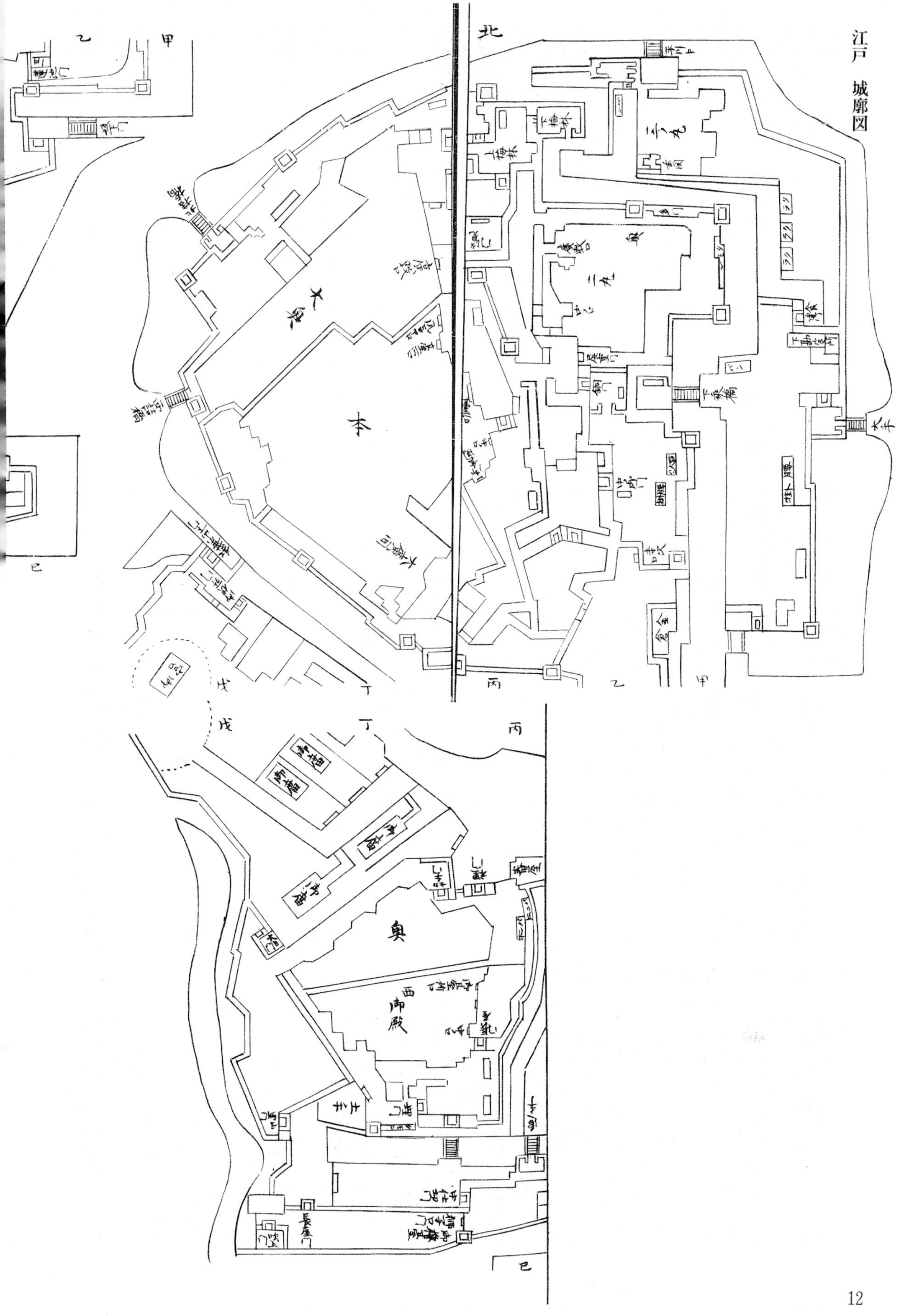

図6
「皇居」皇居外苑保存会蔵

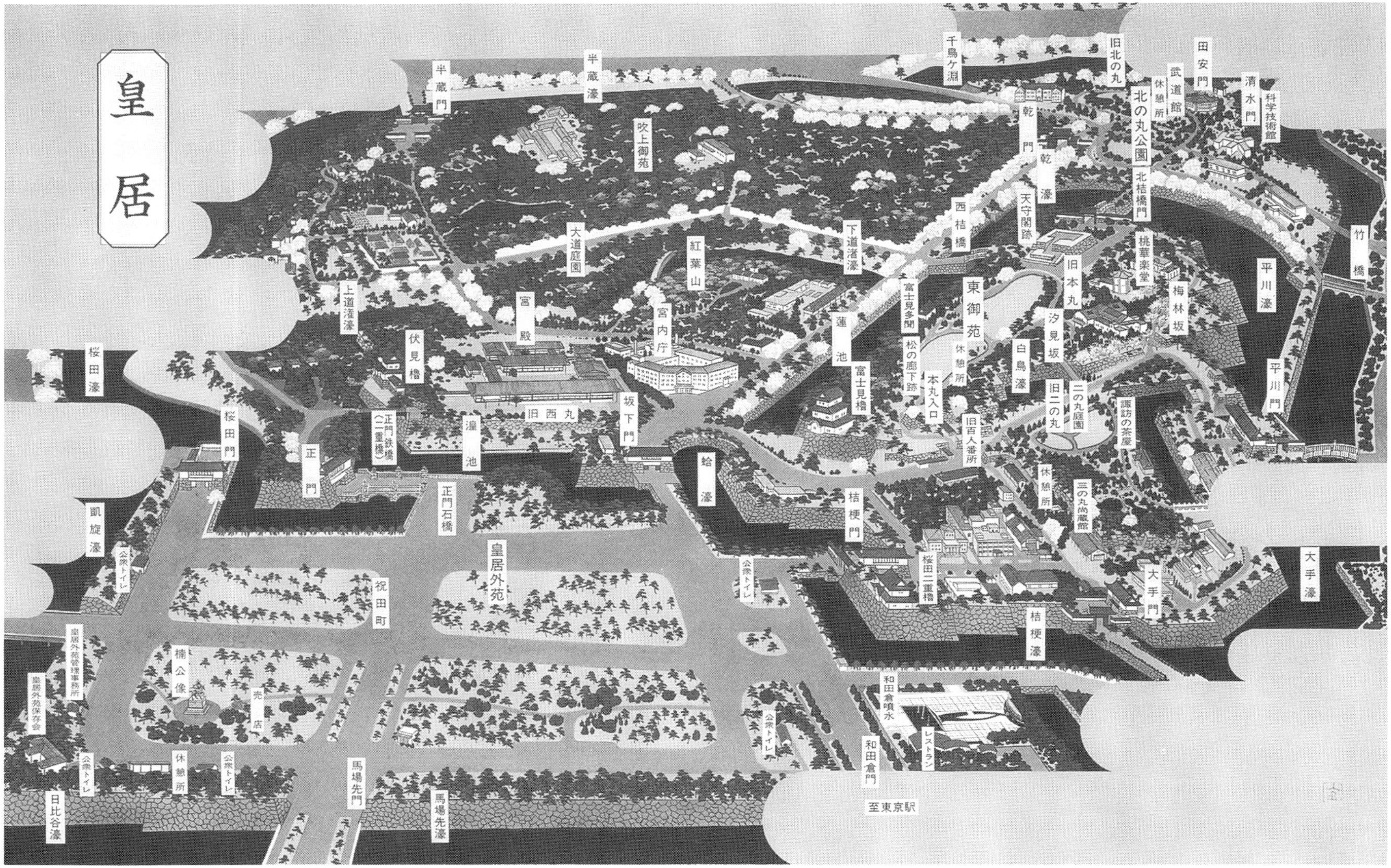

中二階　小民ノ宅

中二階小民宅以下、大略小戸之図、新道ト云モノ此類多ク肆廛《してん》(みせ)稀也

二階屋　柿葺《こけらぶき》、竹ノコシブチ

菜蔬店　八百屋トモ云、表ニ物干アリ

土蔵付二楷屋、板屏構

平家　比良也ト訓ズ
柿葺

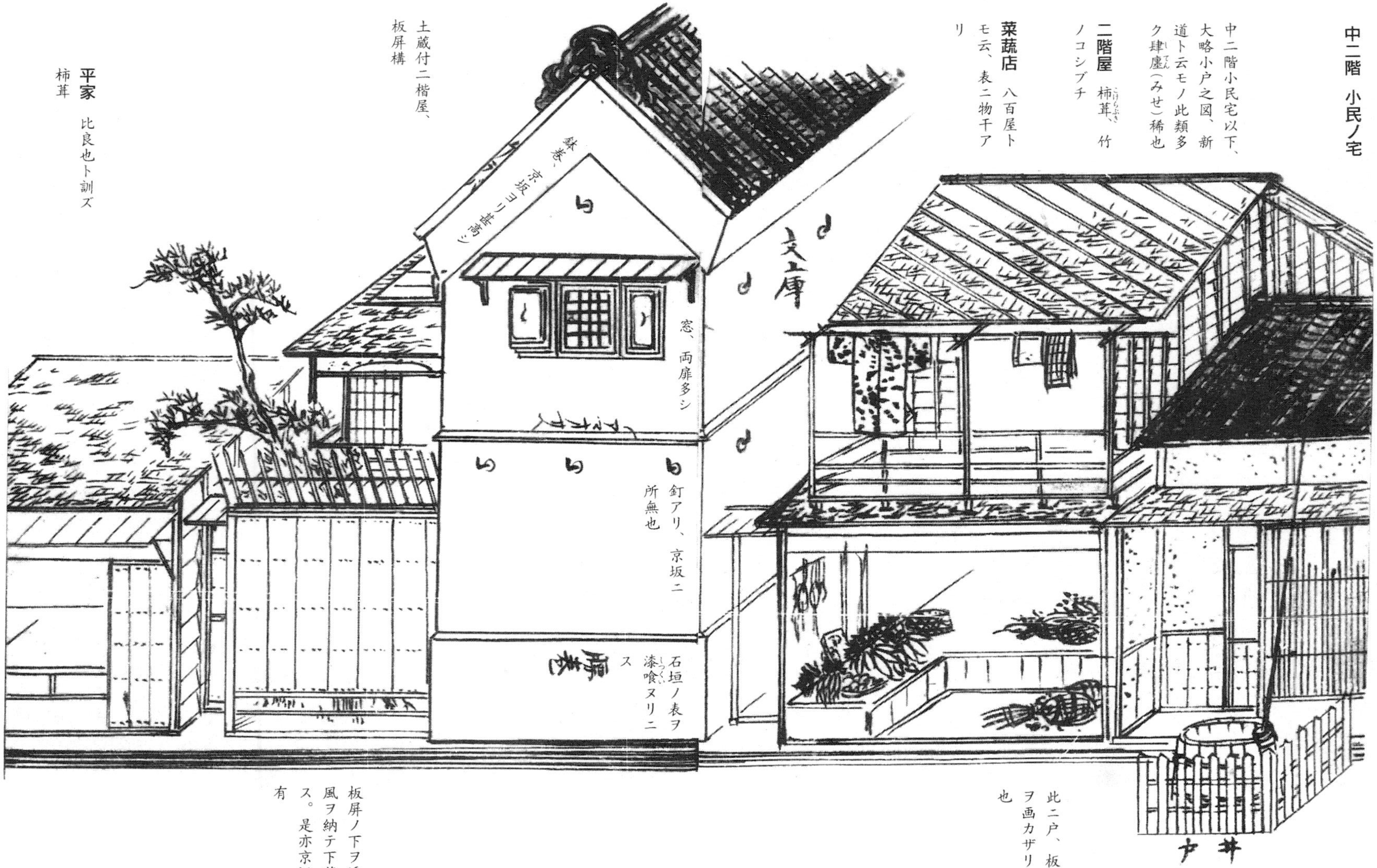

此ニ戸、板ノ孫庇ヲ画カザリシハ誤也

板屏ノ下ヲ透シテ風ヲ納テ下草ヲ育ス。是亦京坂未曽有

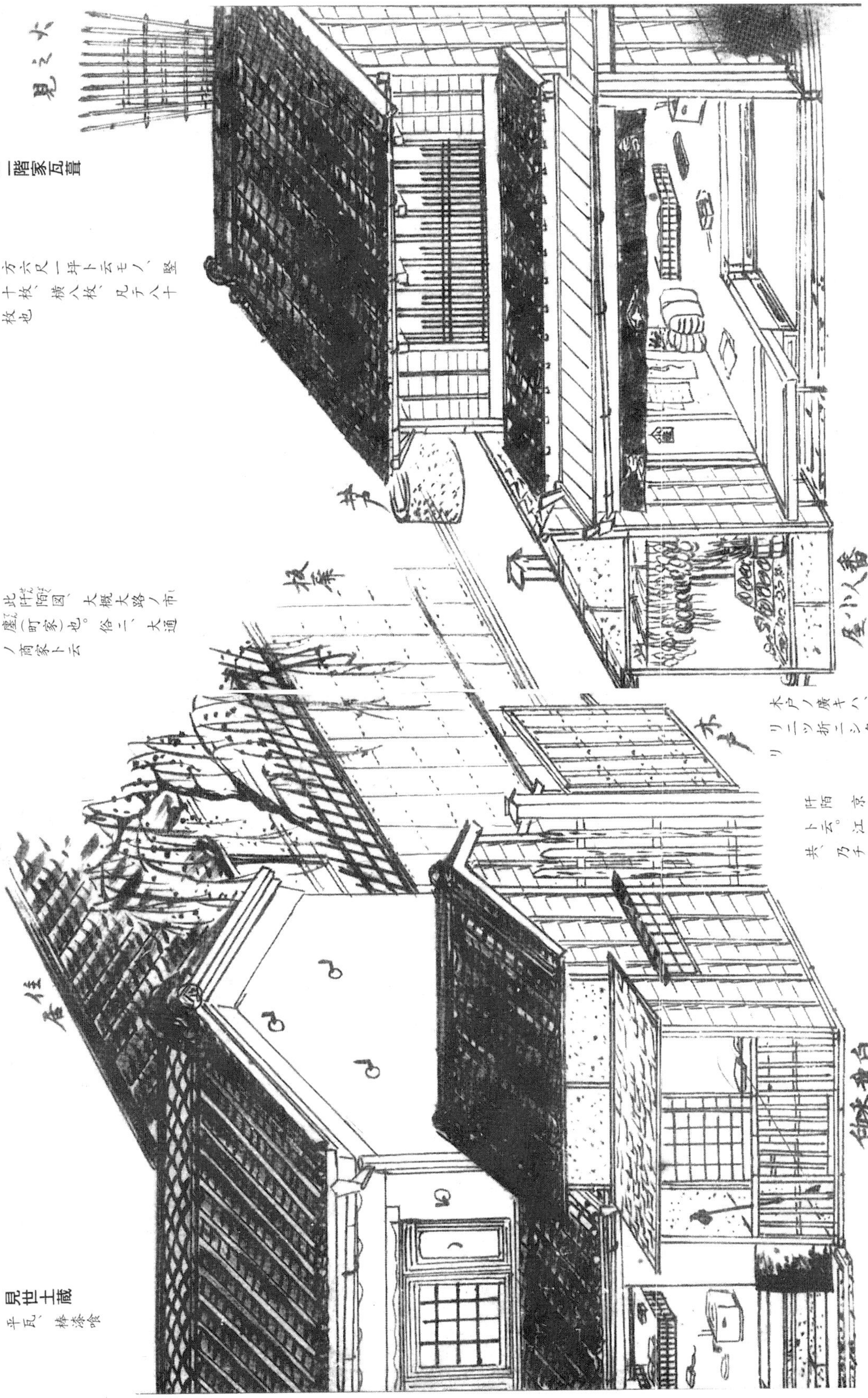

二階家瓦葺

方六尺一坪ト云モノ、竪十枚、横八枚、凡テ八十枚也

此阡《せん》陌《ぱく》図、大概大路ノ市廛《てん》（町家）也。俗ニ、大通ノ商家ト云

木戸ノ廣キハ、扉半ヨリ二ツ折ニシタルモアリ

阡陌　京坂ニ四辻ト云。江戸四ツ角共、乃チ十字街也

見世土蔵

平瓦、棟漆喰

二階家 瓦葺、惣格子、浄瑠璃師匠女等ニ多シ、長屋ニ多シ。

中二階 表勝手図、近年小民専ラ為レ之。表ヲ庖厨トスルノ製也。仕事師等ノ宅ニ多シ。又長屋ニ多ン。

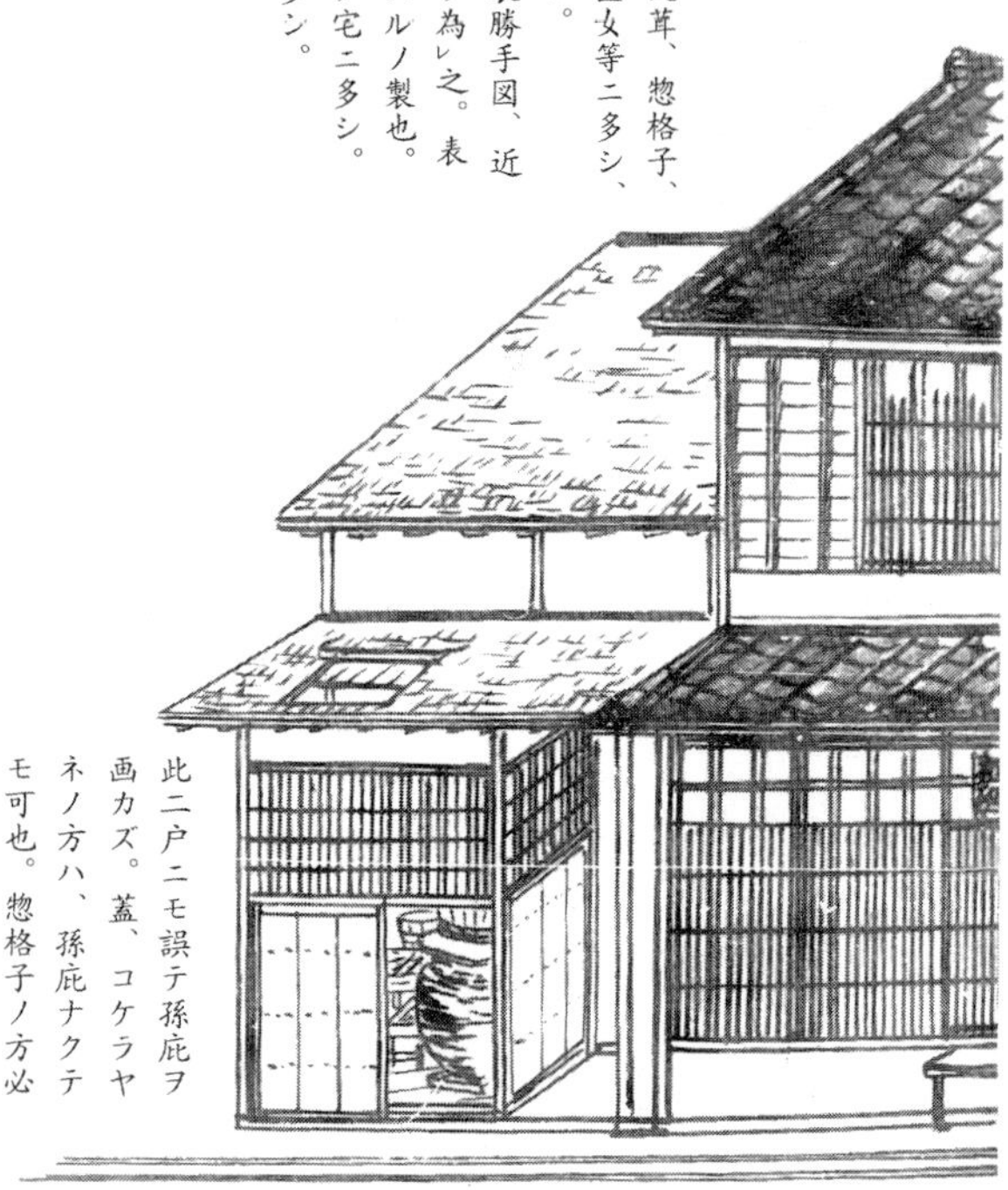

此ニ戸ニモ誤テ孫庇ヲ画カズ。蓋、コケラヤネノ方ハ、孫庇ナクテモ可也。惣格子ノ方必ラズ孫庇アリ

惣格子 京坂所無之。京坂ニハ為半ニシテ、前ノ中ニ楷格子造トスルノ類多シ

表勝手 文政以来行ル、井戸、路上ニ在ル故ニ便トス、京坂所無之

井戸

京坂井 地上ニ出ル井筒。俗ニ井戸側ト云。豊島石ノ全石ヲ穿チ貫キテ制ス。

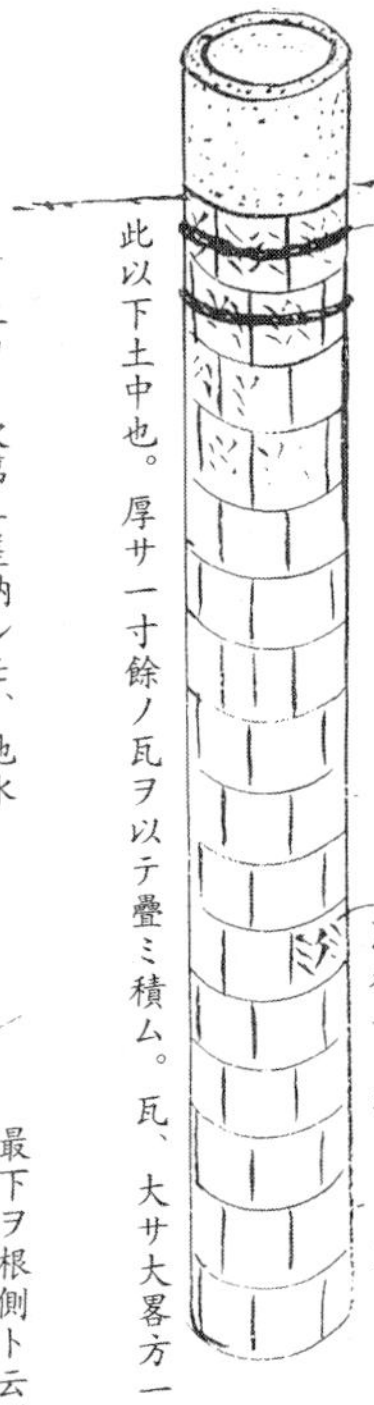

瓦ノ表ニ竹輪ヲカクル也

此以下土中也。厚サ一寸餘ノ瓦ヲ以テ畳ミ積ム。瓦、大サ大畧方一尺

瓦表ニ、此コトク刻目ヲ入ル

江戸井 地上ニ出ル井筒ヲ、化粧側ト云。

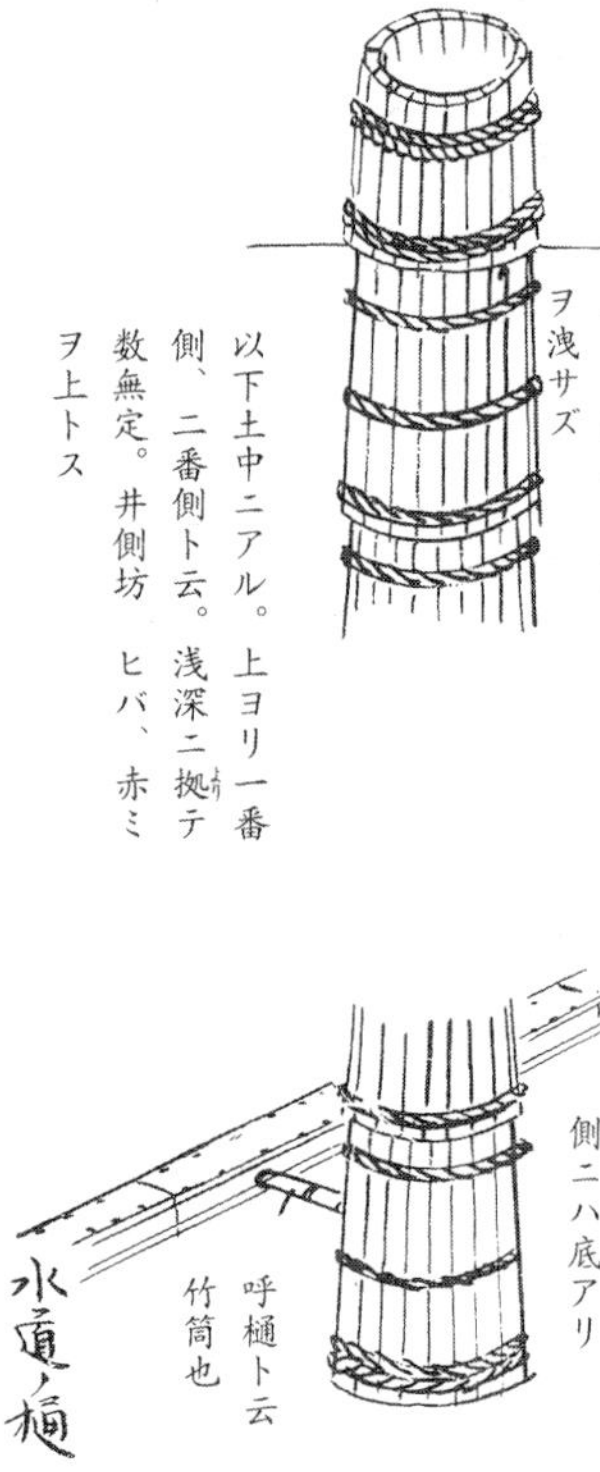

上ヨリ次第ニ差納ルモ、地水ヲ洩サズ

以下土中ニアル。上ヨリ一番側、二番側ト云。浅深ニ拠《より》テ数無定。井側坊 ヒバ、赤ミヲ上トス

最下ヲ根側ト云。根側ニハ底アリ

呼樋ト云竹筒也

厠《かわや》

俗ニ雪隠ト云。京坂、俗ハ常ニ訛テ「センチ」ト云モアリ。婦女ハ「コウカ」、或ハ、手水場ト云也。男モ、人前等ニハ、「テウツバ」ト云也。江戸ニテハ、男女トモニ、常ニ「コウカ」ト云也。又、「テウツバ」トモ云。「セツイン」ト云ハ稀也。

京坂惣雪隠図

江戸惣ゴウカ図

長屋ト号テ、一宇数戸ノ小民ノ借屋ニハ、毎戸ニ厠ヲ造ラズ。一、二戸ヲ造テ、数戸ノ兼用トスル也。是ヲ、京坂ニテハ、惣雪隠ト云。江戸ニテハ、惣ガウカト云。京坂惣雪インハ、皆勘畧《かんりやく》ブキ、周リ及ビ二戸ナルハ、半ノ隔トモニ壁ヲ用ヒ、床アリテ戸モ全クニ長シ。江戸ノ惣ガウカハ、サン瓦ブキ、或ハコケラブキ。周リ羽目板壁、無床ニテ、戸モ半戸也。戸ニ、ヒジツホト云鉄具ヲ用ヒズ。細キ一材ヲ栽テ是ヲ巡《めぐら》シ、戸ヲ是ニ打ツ。図ノ如シ。又、図ノ如キ、一宇二戸ノ厠ヲ、二疋立ト云。一宇一戸ヲ、一疋立ト云。

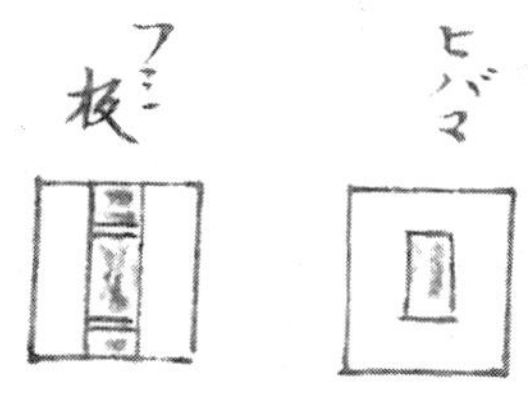

大坂火見櫓之図

必ラズ、図ノ如ク、屋上ニ建、専ラ會所ノ屋上ヲ用フ。内ニ半鐘ヲ釣ル。

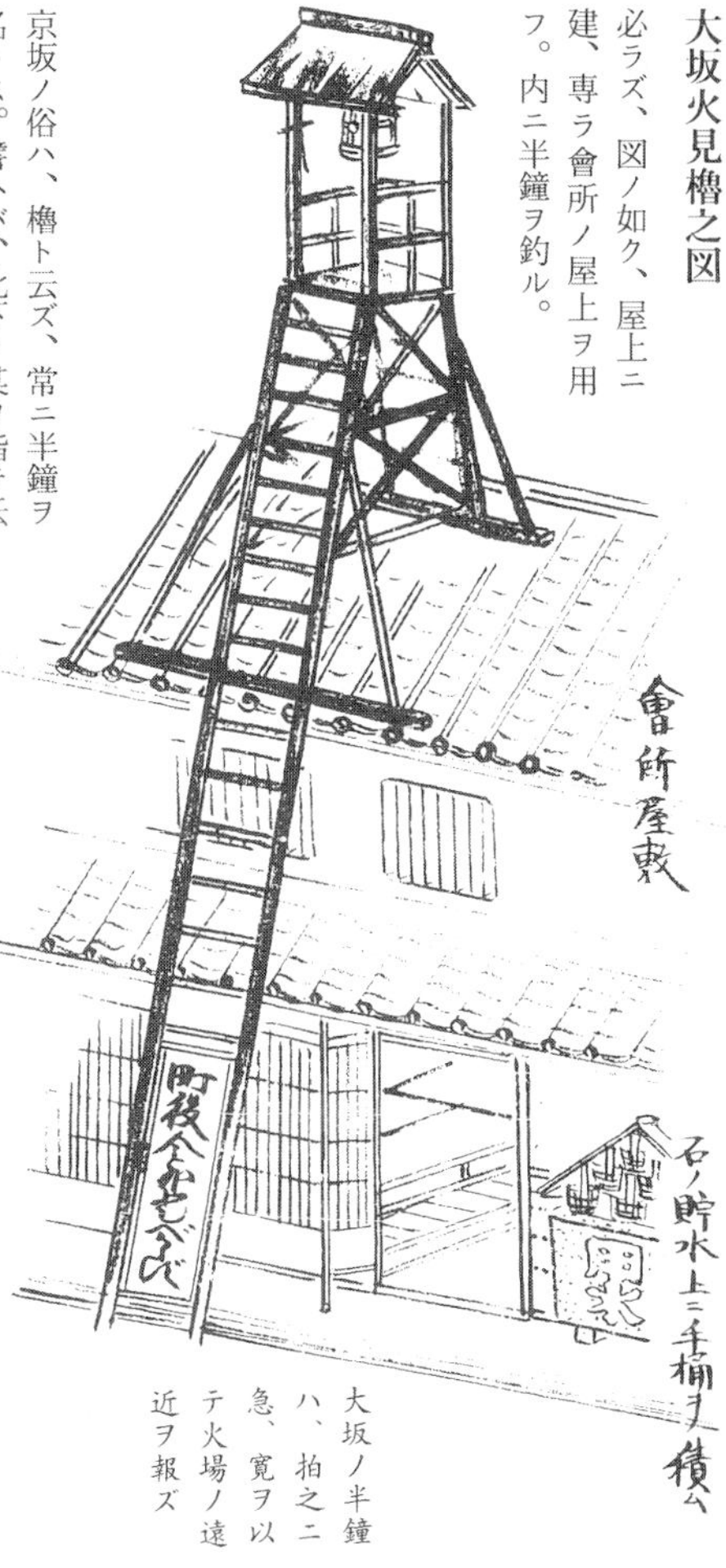

大坂ノ半鐘ハ、拍之ニ急、寛ヲ以テ火場ノ遠近ヲ報ズ

京坂ノ俗ハ、櫓ト云ズ、常ニ半鐘ヲ名トス。譬ヘバ、此下ノ某ヲ指テ云時ハ、半鐘ノ下ノ某ト云也。

江戸ノ俗ハ、常ニモ、ヒノミヤグラト云。其下ヲ指テ、ヤグラシタト云。然ルニ、深川永代寺門前町ニ一所アリ。其所ニ、天保以前娼家アリ。地名ヲ櫓下ト云。火見櫓アル故ニ、俗ニ称之テ、而シテ其半鐘ヲ云ニハ、櫓上ト云ズ、尚、櫓下ノ半鐘ト云。可笑ノ一事也。

下図ノ如キ大火見櫓ヲ不作ノ所ニテハ、毎町ノ自身番小屋ノ屋根上ニ、図ノ如ク作ルモ（ア）リ。

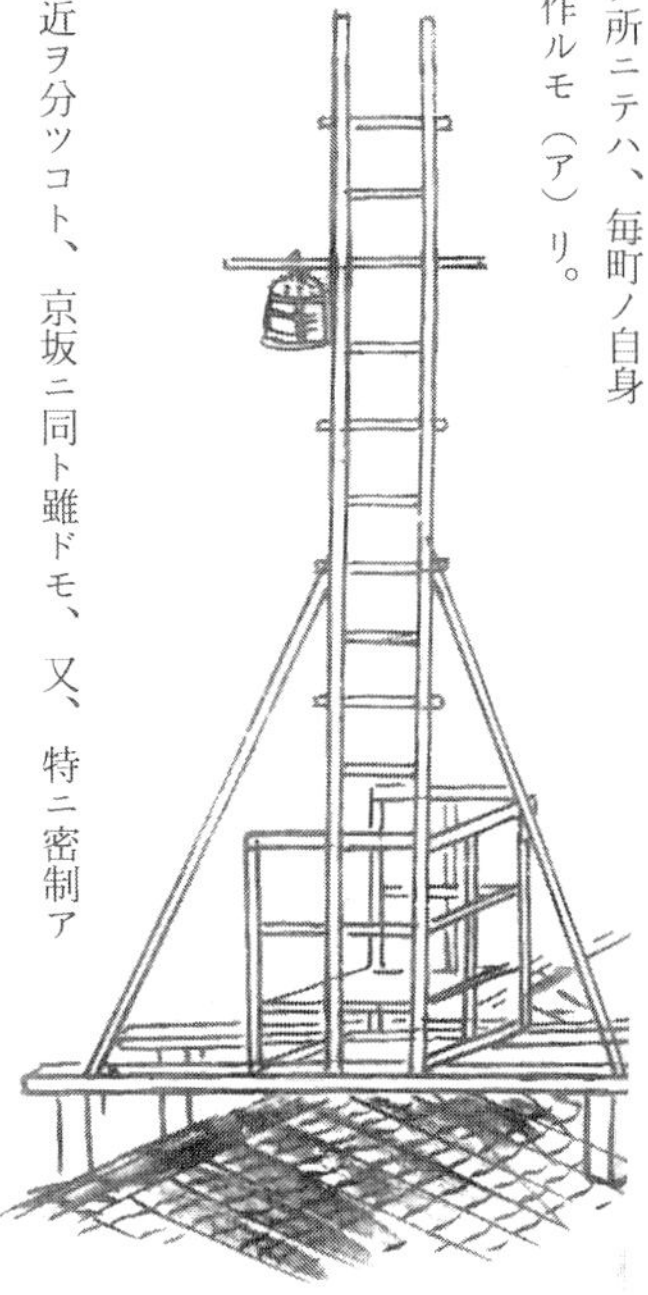

江戸ノ半鐘モ、急寛ヲ以テ遠近ヲ分ツコト、京坂ニ同ト雖ドモ、又、特ニ密制アリ。

遠所ノ火事ニハ一打シテ、又間アリテ、又一打シ、寛ク一ツヅ、打レ之也。既、大火ノ兆アリテ、火消人足ヲ出スベキニハ、二打ヅ、打レ之テ、人夫ヲ促スノ証トス。又、近火ニハ一打ヅ、ヽ、極テ急繁ニ打之。町内及隣町ノ火ニハ、撞木ニテ打チノ摩ル。

江戸火見櫓図

大略十町ニ一所、塁地《るいち》ニ建、費其隣ニ課ス。半鐘柱外ノ隅ニ釣ル。

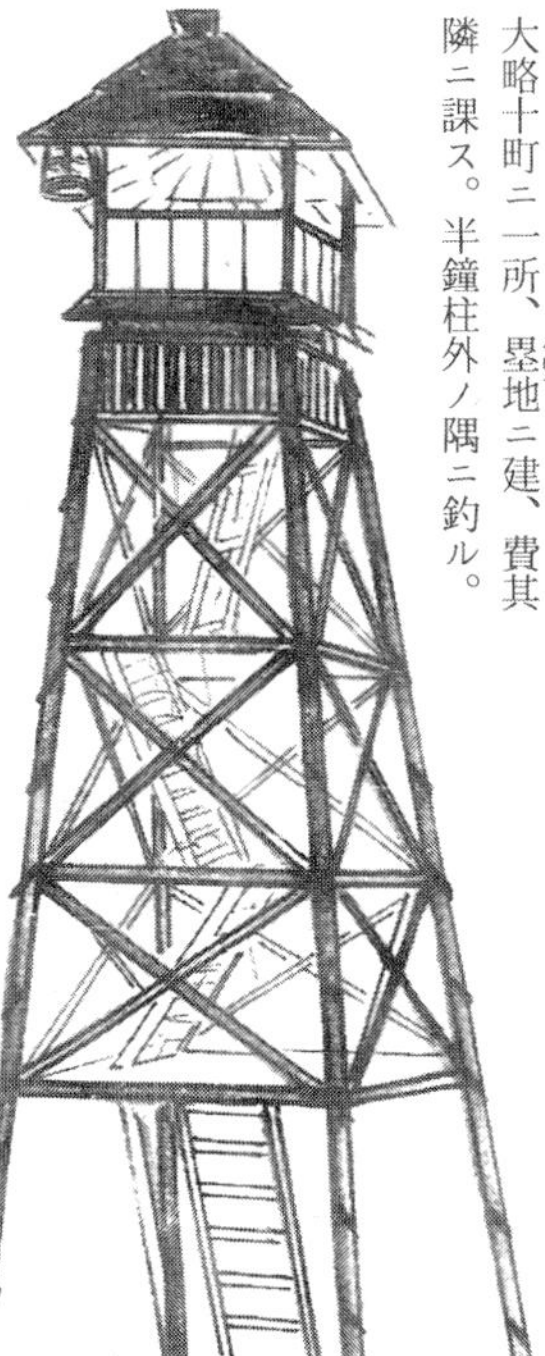

右図ノ如キアリ。表四面トモニ、左ノ図《えが》ク下見板ニテ包ムモ（ア）リ、坊間並用ス。武邸ノ火見櫓ハ必ラズ包之。

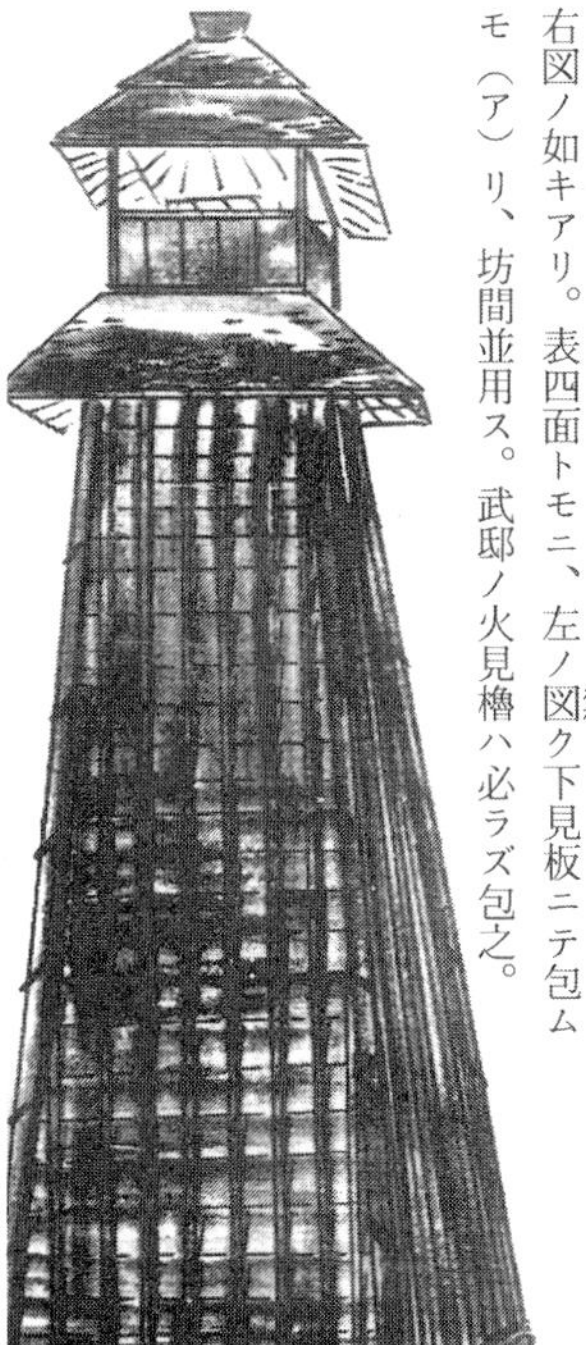

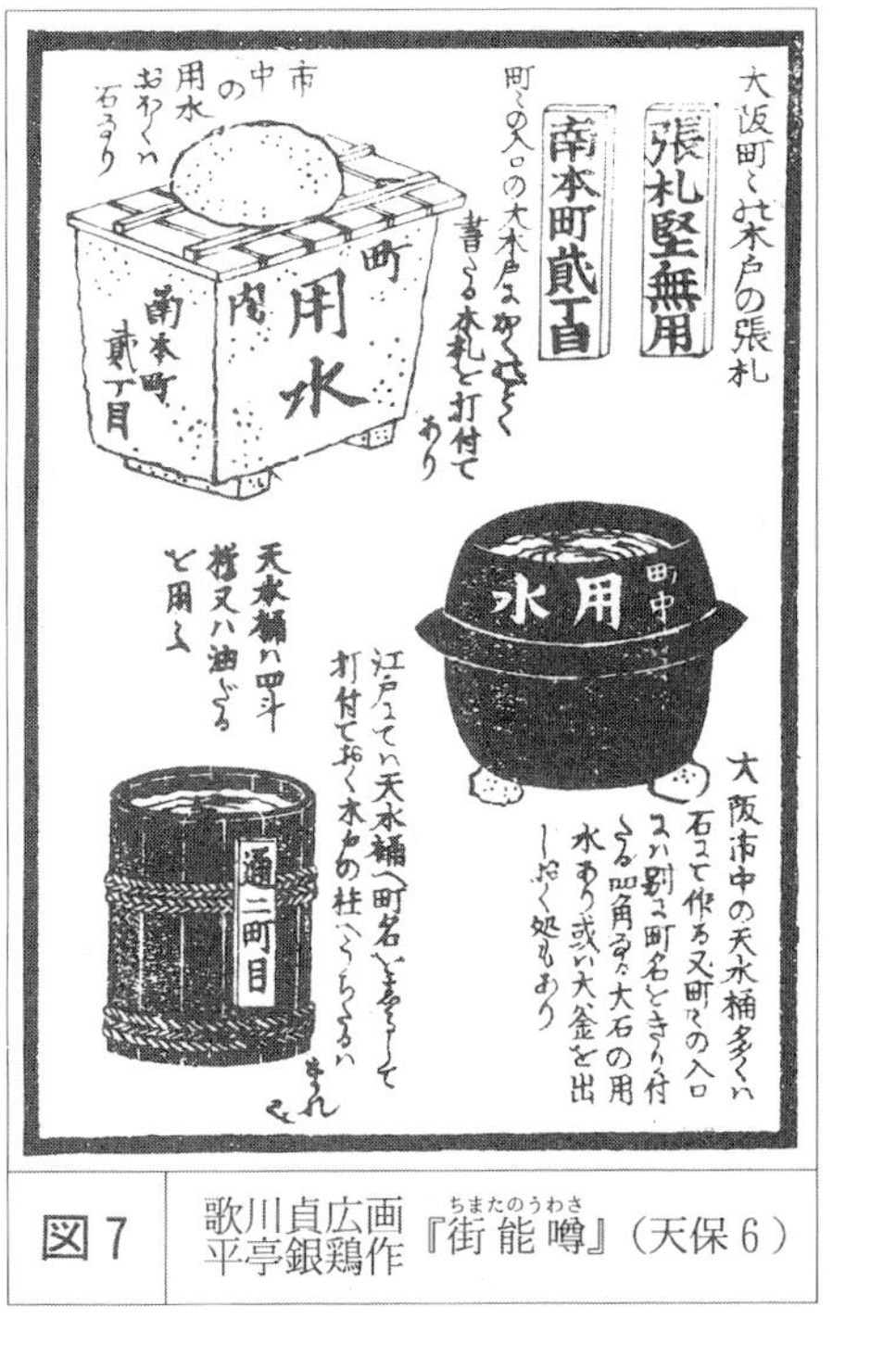

図7　歌川貞広画　平亭銀鶏作『街能噂《ちまたのうわさ》』（天保6）

江戸竈図

俗ニ、ヘツヽイト云。銅竈ヲ銅壷《どうこ》ト云。

京坂竈之図

竈ヲ、俗ニ「ヘツイ」ト云。又訛テ「ヘツヽイ」ト云也。

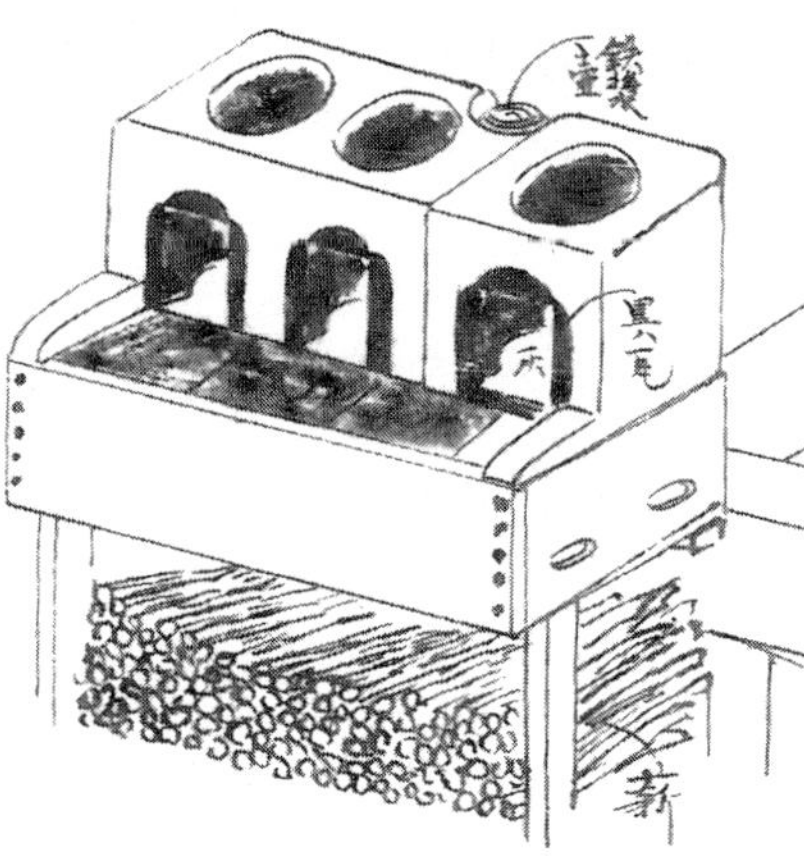

江戸ノ竈ハ、必ズ場ヲ背ニ、床ヲ前ニス。人数二、三人ノ者、専ラ二ツ竈ト云。火口二所、下図ノ如シ。六、七人家内人数ノ家ニモ用レ之アリ。多人数ト雖ドモ、竈口大略三ツ竈也。二十人許以下用レ之。三、四十人ニモ用レ之モアリ。京坂ノ如ク、七、九口等ノ竈アル者、巨戸ト雖ドモ太ダ稀トス。

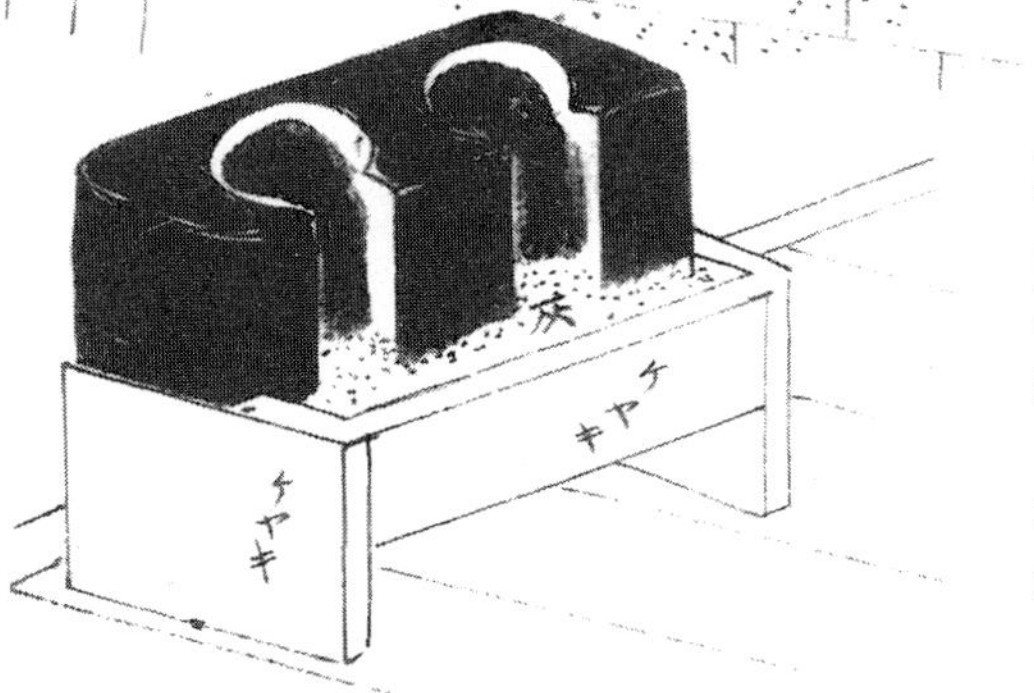

図ノ如キヲ「三ツヘツヽイ」ト云。竈口三アル故也。家内人数三、五口ノ家、大略用レ之。多人数ノ家ニハ、竈口、五口、七口、九口等アリ。五ツヘツヽイ、七ツヘツヽイト云也。竈、土色黄也。黒ヌリ無之、又、銅竈ヲ用ヒズ。

又、京坂ノ竈ハ、場ヲ前ニ床ヲ背ニス、江戸ハ反レ之。

又、図ノ如ク、鉄漿壷ノ坐アルコト、必ズトセズ。不レ製レ之者、亦多有レ之。

又、竈口ノ前及ビ竈底等、平瓦ヲ敷ク。竈口ノ周リモ亦瓦ヲ用フ。

又、竈臺多クハ杉材也。

図9　石川豊信作『絵本江戸紫』（明和2）　江戸の町家の台所

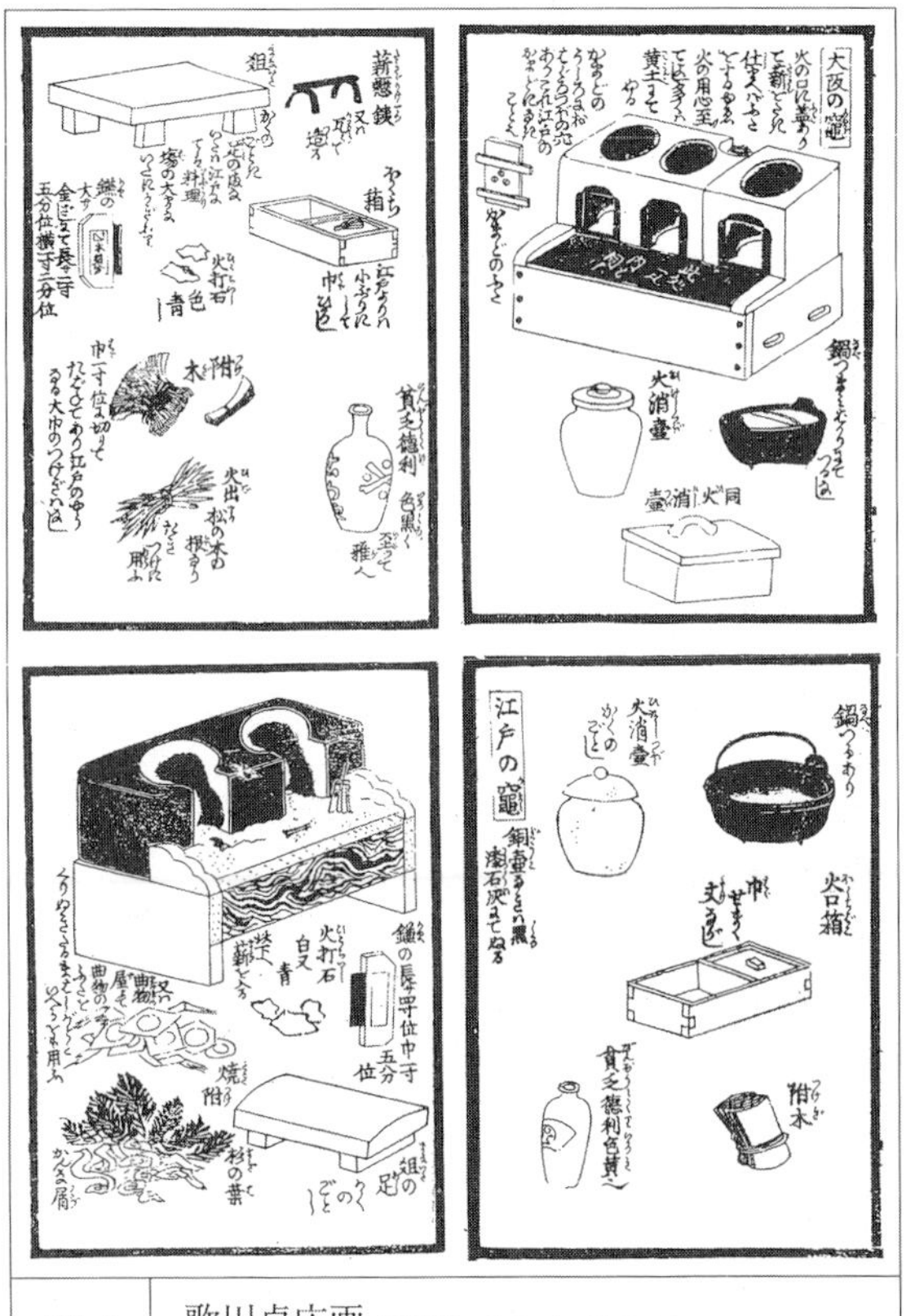

図8　歌川貞広画 平亭銀鶏作『街能噂』（天保6）

外壁

下見板

シタミイタト訓ズ。蔀板《しとみいた》トモ書歟。然ドモ、蔀ニテハ当ラズ。今ノ下見、昔ハ壁ノオ、ヒト云歟。山崎宗鑑ガ、大風ニ壁ノ覆《おおい》ヲ吹取ラレシ時、人ノ許ヘ俵ヲ乞ニ遣ス、トテ讀ル歌アリ。

ササラコ

『源氏物語』等ニ、切懸ト云物歟。オシフチヲサ、ラノ如ク此形ニキリカクル也。下見モサ、ラコモ下ヨリ上ヘ板ヲカサネカケテ此ゴトクニ打テ、押ブチヲモ、其ニ准テ、キリカケタルヲ云。下見ハ、図ノ如ク、板ハ重ネ掛レトモ押ブチニ切目ナク、唯板ヲ細ク割テ押レ之而已。

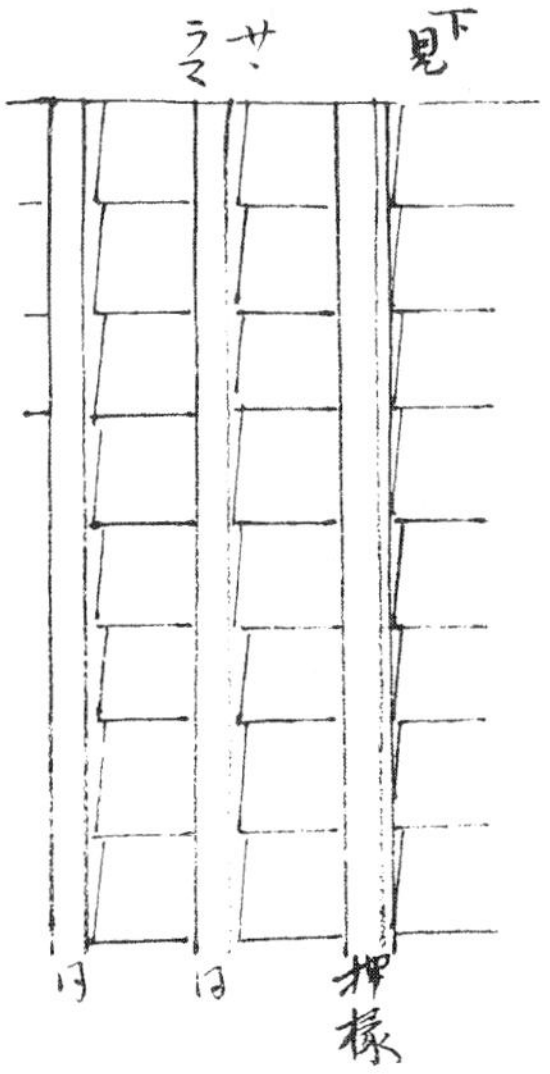

格子連子ノコト

格子ト云ハ、竪横トモ同寸ニ組タルヲ、格子ト云。今俗ハ、是ヲ狐格子ト云。又、竪多ク横ハ少ク、大略竪寸横尺ニ子ヲ用ヒタルヲ云。今俗ハ、是ヲ格子ト云。

格子《カウシ》　今云狐格子

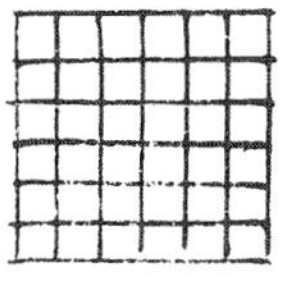

連子《レンジ》　今云格子

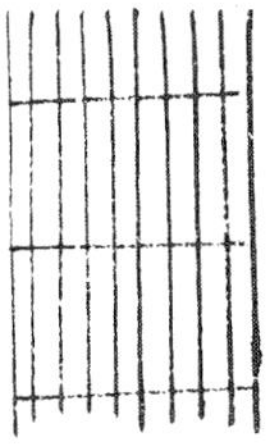

京格子ト云ハ、連子ノ竪子、特ニ細カニ多キヲ云歟。又、竪子ニ貫《ぬき》ヲ通サズ。貫ニ竪子ヲ釘打ニシタルヲ云歟

江市屋格子ハ、連子ノ竪子繁ク、透間細キヲ云。江市屋ハ、江戸市民ノ名。『嬉遊笑覧』云、「江市屋ハ江戸ノ町人也。今モ子孫アリ云々」。守貞曰、今嘉永中ニ至リ、子孫ノ有無ヲ知ラズ。

問屋格子ハ、竪子大略二寸四、五分、角材ヲ以テシ、貫准レ之。竪子ノ間モ竪子ト同寸ニス。是亦連子ノ太キ也。大賈《こ》専用レ之。蓋、賈《こ》（あきんど）物ニ因テ必トセズ。

丸太格子、杉丸太、皮ハダノマ、ヲ二ツ割ニシテ、竪子ニ用フ。皮膚《はだ》ヲ表トスル也。太サ及、子《こ》（格・格子を組み立てている桟）、其制、問屋格子ニ似テ、夢想ト云テ、竪子ノ幅ニ板ヲ格子トシ、コレヲ裡トシ、昼ハ、丸太ニ重レ之テ開キ、夜ハ竪子ノ間ヲ塞グ。此格子ハ、酒醤ノ賈及ビ鍛冶ノ家、専ラ用レ之。

今所用掛鉄

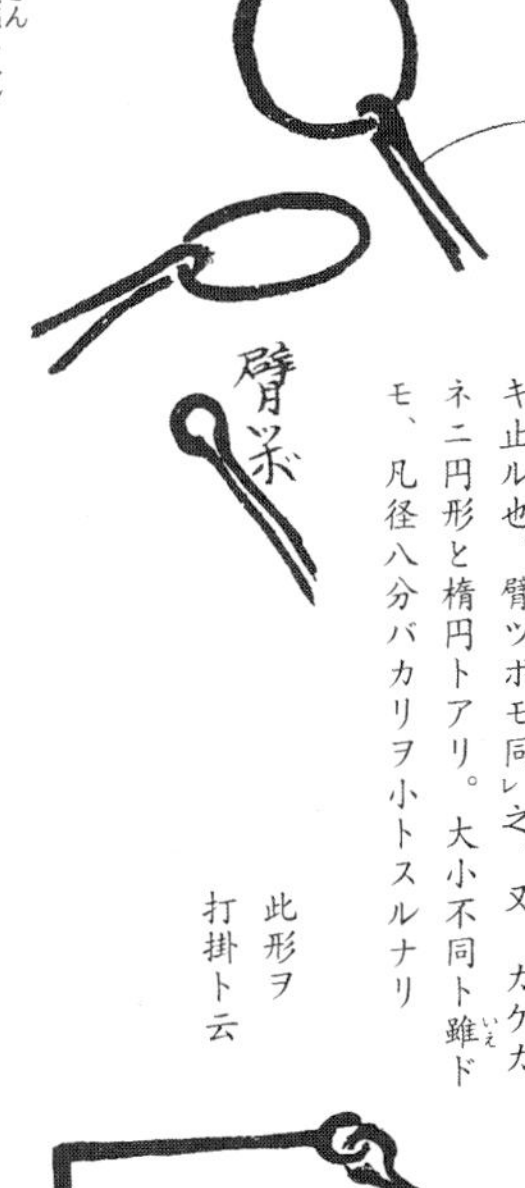

此二本足ヲ戸ニ打込テ、背ニ餘リ出タルヲ、左右ニ開キ止ル也。臂《ひじ》ツボモ同レ之。又、カケカネニ円形と楕円トアリ。大小不同ト雖《いえ》ドモ、凡径八分バカリヲ小トスルナリ

此形ヲ打掛ト云

樞《クロロ》（棧木《さん》）

京坂市民表口ノ戸ニハ、左図ノ如クニ、樞、長短二ツヲ作レリ。コレハ夜中人来レバ、先其名ヲ問ヒ、而テ後、先、長樞ヲ上ゲ、潜《くぐり》ヲ僅ニ明ケ、其面ヲ見テ、可然《しかるべき》人ナレバ、次ニ短樞ヲ上テ裡ニ通ス也。是盗難多キ故也。江戸ハ盗難少キ故ニ、此コトナシ。一樞ヲモ設ルコト稀也。

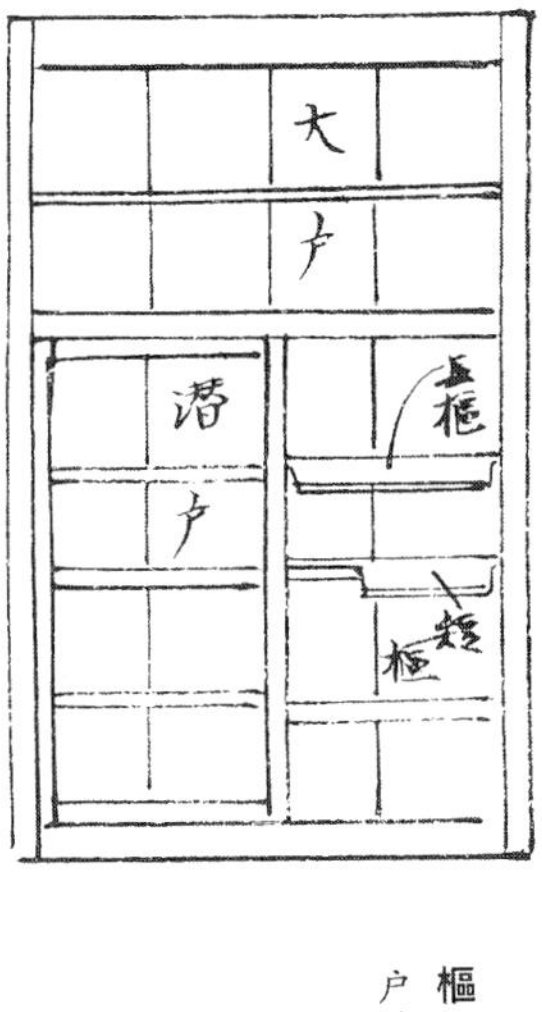

樞　京坂ニテ、クロロ、江戸ノ俗ハサル（猿）ト云。

南蠻樞

京坂ノ名、江戸ニテ、是モ猿ト云。鉄制也。『嬉遊笑覧』ニ云。猿ハ是類歟。

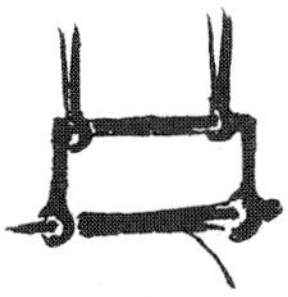

此所従来ノ制ハ、両端細ク、央《なか》太キノミ。近年ノ製ハ、上図ノ如ク羽ヲ付タリ。羽締テ、尻ヘカヘザレバ明ズ。此四、五年、江戸ニ製レ之。京坂モ同レ之製歟、如何。十年前迄京坂ニモ羽アルヲ見ズ。普通大サ竪一寸餘、横二寸五分バカリ也。

守貞謾稿巻之四　人事

江戸市井享保四年、官命シテ其黨ヲ分ツ。是火災ノ時防火夫ヲ役スルニ依ル。同五年、纏《まとい》ニ方城ヲ記シタル吹流シ、及ビ法令ヲ書タル幟《のぼり》ヲ属ス。纏ハ武具ノ馬印ト形相似タリ。是ヲ各黨ノ標トス。吹流、幟トモニ簱《はた》ノ類也。防火夫ヲ俗ニ火消人足ト云。黨ヲ組合ト云。

夜中ニハ高挑《たかちょうちん》灯ヲ以テ代之。其黨ノ纏ヲ画ケリ。今世ハ其黨名ノ国字数字ヲ書ク。字墨、地赤也。

同十五年、四十七組ヲ十二ニ分ツ。従来纏ニ、バレント云物無レ之。当年ヨリバレンヲ付テ馬印ノ形トス。又当年ヨリ吹流ヲ止ム。又従来毎町及ビ巨戸《きょこ》ヨリ夫ヲ出ス者、小幟ヲ用フ。当年ヨリ小形ノ纏ヲ用フ。此時、大纏、小纏トモニ銀鉑《はく》押也。其後小纏ヲ止メ大纏一組一本トス。又白粉塗ヲ用ヒ、銀箔ヲ止ム。今モ武家纏ハ鉑《はく》押也。

其後、大河以東ニモ黨ヲ定メ、夫ヲ役ス。是ニハ数字ヲ用フ。

纏と印半天

い組纏ノ図

人足四百九十六人

如此方円等ヲ上ニス。俗ニコレヲ陀志《だし》ト云。字、後考。出《だし》歟。蓋、ダシハ各黨其形ヲ異ニシテ、以テ標トス。

此細キ物ヲ数《すう》ヶ下ケタル、コレヲ馬連《ばれん》ト云。字、後考、馬連ハ各黨皆必有レ之。其形同キ也。唯千組ノミ、出シニモ、バレンアリテ、二重馬連也。

い組記号

国字ヲ以テ記号トス。呂以下、書風此形ニ准ズ。俗ニ組合ノシルシト云。俗、凡黨ヲ組、或ハ組合ト云。記号ヲ志留《しるし》之ト云コト、防火夫ノミ非ズ。今俗惣テ同レ之。

同

此方円記号ノ如キ纏ノ陀志《だし》ニ因《ちなみ》シ、或ハ無因ノ者モアリ。手挑灯、半天ト云服等ニ、此記号ヲ描ク也。

江戸　自身番　番小屋図　髪結床

通リハ大路、新道ハ小路也。四ツ角ハ四ツ辻也、乃阡陌《すなはちせんぱく》(田のあぜ道) ヲ云。

自　自身番所
バン　番小屋
床　髪結床也

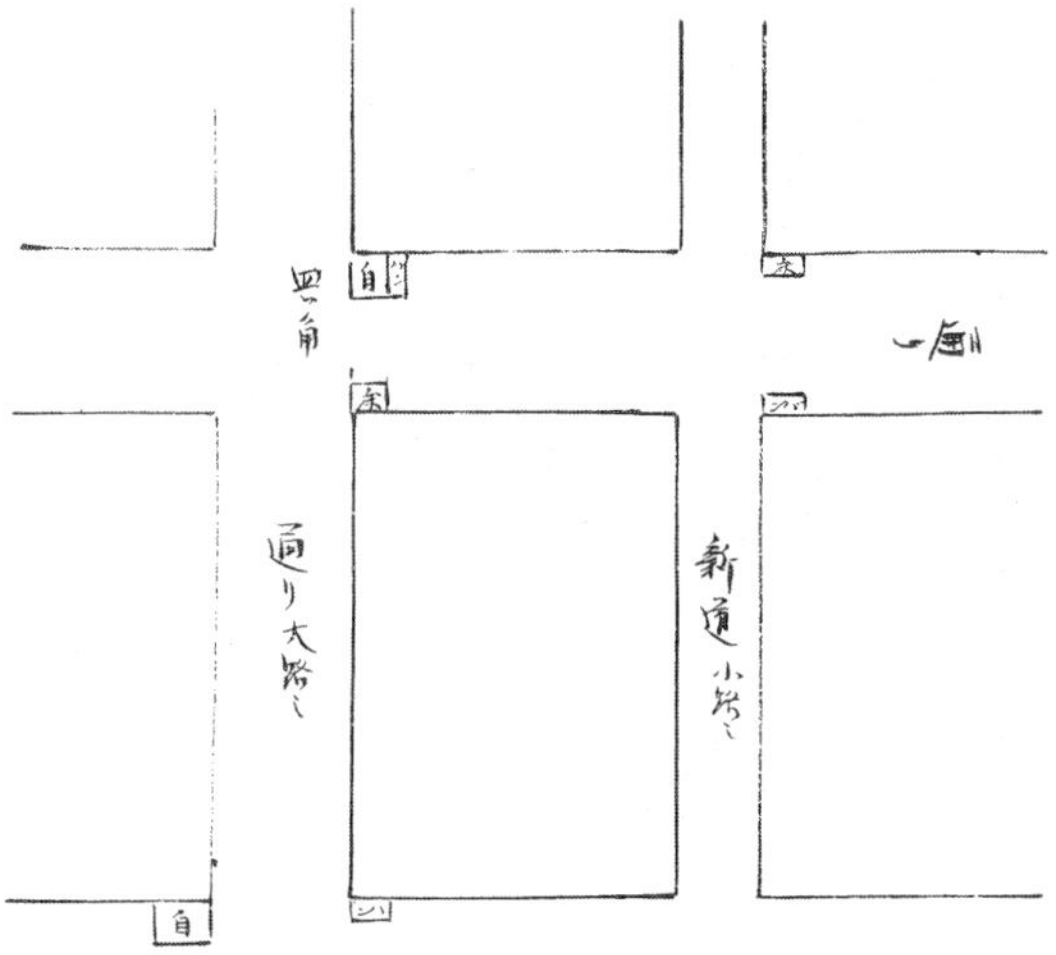

図10　歌川貞広画　平亭銀鶏作『街能噂』(天保６)

い組印半天図

同革羽折図

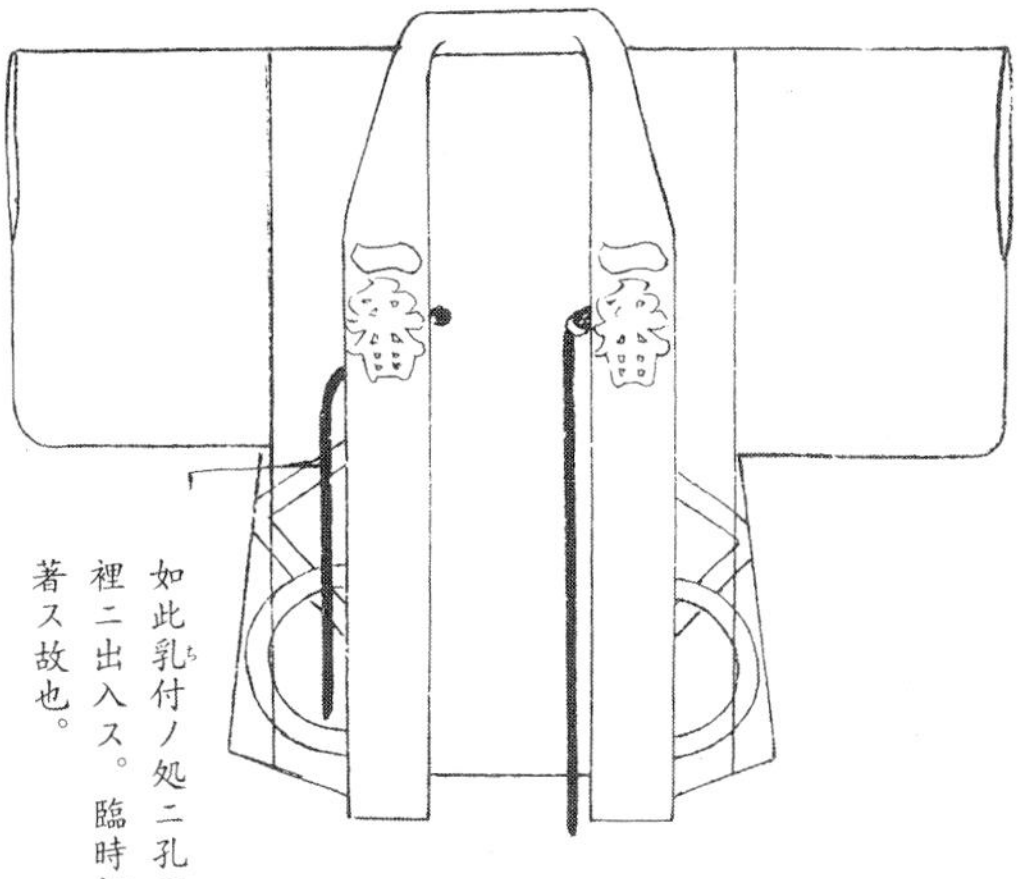

如此乳《ち》付ノ処ニ孔ヲ穿チ、紐ヲ表裡ニ出入ス。臨時裡ヲ以テ表トシ著ス故也。

木綿ヲ以テ制レ之。寸法等、半天条ニ図スルト同制、い組ノ組合印半天ハ、地白ニ紺ノ角ツナギ也。此形ヲ敷瓦《しきがわら》ト云リ。他組ハ鼠地ニ紺紋ノ者ヲ専トス。当組ニモ地鼠ニスルモアル歟。背ノ大紋、衆夫ハい字ノ記号ヲ描キタリ。纒夫ハ纒ノ字ヲ大紋トシ、陛子持《はしごもち》ハ陛字ヲ描ケリ。毎組衆夫ノ大紋ハ国字数字等、又、纒陛等ノ大紋各同制、衿ニハ一番組二番組等ノ字ヲ書ク。地文各異也。

図ノ如キ半天、或ハ雲斎織《うんさいおり》ヲ以テ制ス者アリ。是ニハ棉真田《めんさなだ》織《おり》ヲ以テ笹ベリヲ付ル。又、長半天ト云者アリ。同制ニテ長シ、丈ケ大略三尺二三寸歟。

又、図ノ如キ組合印半天、乃チ《すなは》町抱《まちかかえ》、駈付《かけつけ》等ハ、抱町ヨリ与フ所此也。或ハ自費ニ製シ着スモアリ。

又、半天、長半天トモニ防火ノ時、出役スル夫ハ、木棉糸ヲ以テ縦横ニ刺タルヲ用フ。如此ハ専ラ袷《あわせ》ニス。町抱、店抱トモニ、給ス所ノ半天ハ皆単《ひとえ》也。

又、長半天、常ノ半天トモニ刺タルハ、火場、水ヲ含ヲ要スコト猫頭巾《ねこずきん》ト同意。

又、半天、長半天トモニ、平日生業ノ時モ着レ之。

地薫革《ふすべがわ》、諸紋字白

長ヶ裁縫等、羽折条下ニ記ト同制、背ノ大紋ニハい字又ハ纒陛等ノ字ヲ描ク。

仕事子（師）、冬日他行ニハ、専ラ革羽折ヲ著ス。或ハ、図ノ如キ自黨記号ノ者ヲ着シ、或ハ巨戸得意ヨリ所給ヲモ著ス。蓋、諸黨或ハ自黨會合ノ時等ニハ、必ズ組合印アルヲ専トス。革羽折、價大略《おおよそ》金三両許。

よ組

人足七百二十人

に組

人足三百九十人

は組

人足五百九十二人

万組

人足四十八人

以上**いよはに万**五組ヲ一番組トス。**ろ**組以下纒図略レ之。其陀志ハ異也ト雖トモ大概准レ右之。**よ**組以下記号亦略レ之。

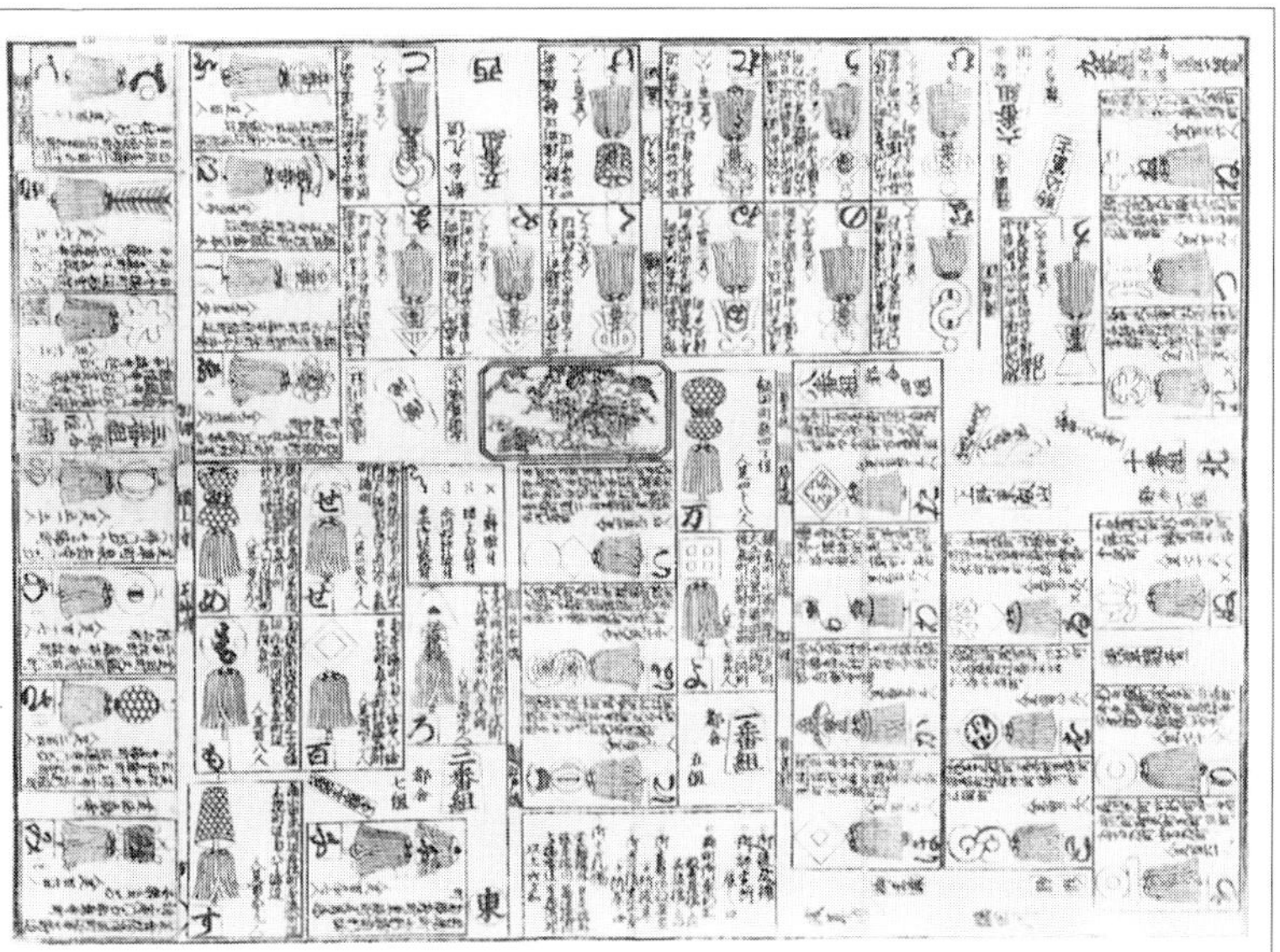

図11	「いろは纏づくし」 東京都立中央図書館蔵	町火消の組・所在地・人足数・纏の形などが描かれる。

守貞謾稿巻之五　生業

屋體見世《やたいみせ》之図

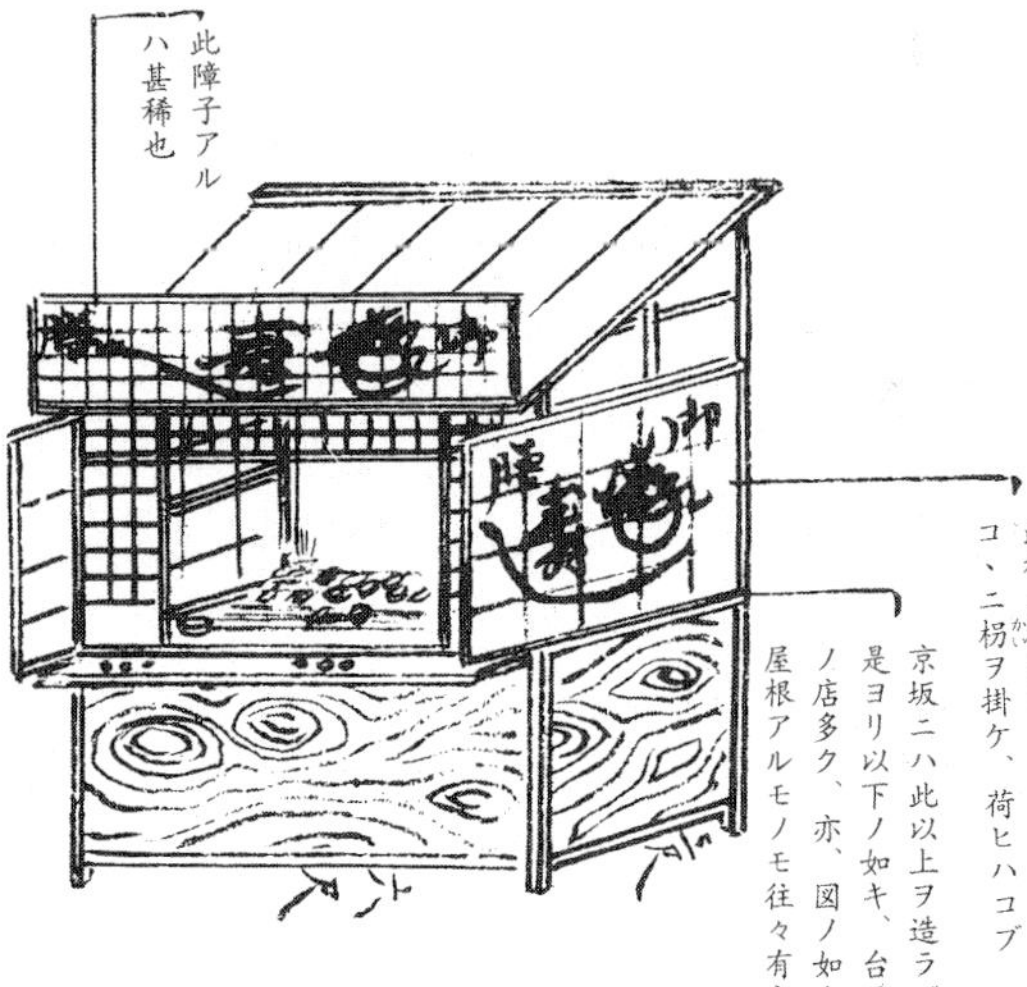

葭簀張粟餅《よしずばりあわもち》店ノ図

水茶屋ノ葭簀張《よしずばり》モ同レ之

下図ノ如キ見世、及ビ、台ノミニテ屋根ナキヲモ京坂ニテハ是亦、出シ見世ト云。江戸ニテハ、ヤタイミセト云テ甚多シ。屋体見世、スヱミセニテ、不用ノ時ハ他ニ移ス。

屋体見世ハ鮓《すし》、天麩羅ヲ専トス。其他皆食物ノ店ノミ也。粗酒肴ヲ賣ルモアリ。菓子、餡餅《あんもち》等ニモアレドモ、鮓ト天麩羅ノ屋体見世ハ夜行繁キ所ニハ、毎町各三、四ケアリ。因云、天麩羅ハ自宅ニテ賣ルニモ必ラズ宅前置レ之。鮓店ニハ、或ハ置之、或ハ置ズ。老店及ビ名アル店。

昔ノ慳貪《けんどん》屋

慳貪ハ悋嗇《りんしょく》ニ近ク、食ヲ強ヒザルノ意ヲ以テ、号シ也。或ハ、見頓ト云ハ假字ナラン。

今世ハ、慳貪ト号クル食類、更ニ無之。唯昔時、慳貪屋ノ他ニ、持運ブ器ヲ入ル提箱ノ蓋、下図ノ如キ物ヲ、今モケンドン蓋ト云。諸具ニ称之、其名ノ元ハ亡ビテ、唯器名ニ存ス。

慳貪蓋之図

図12	喜多川歌麿画『絵本江戸爵《すずめ》』（天明６）	鮓の屋体見世	歌川芳幾画 岳亭春信作『江戸久居計《くいけ》』（文久元）	天ぷら屋の屋台

温飩《うどん》蕎麦屋《そばや》

京師四條川原図　延宝ノ古画也

今世、京坂ノ温飩屋、繁昌ノ地ニテ大畧四、五町、或ハ五、七町ニ一戸ナルベシ、所ニヨリ、十餘所一戸ニ当ルモアリ。

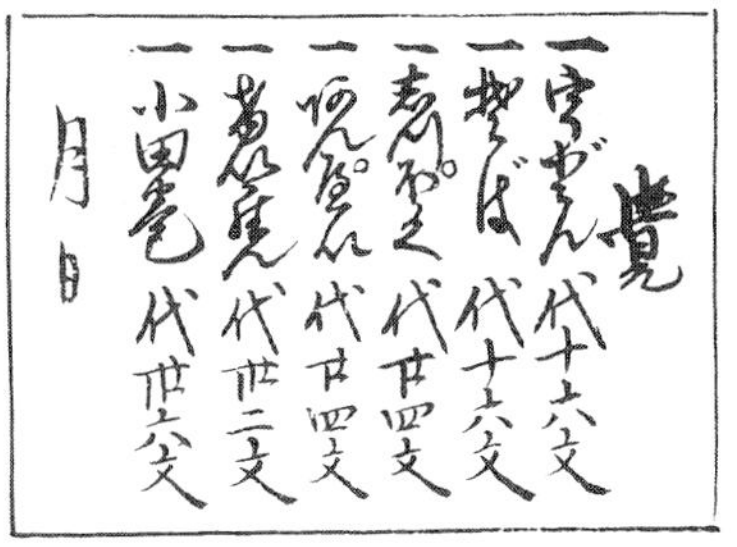

二八ウドン　ダシ汁カケ、湯溜トモニ、図ノ如キ平皿ニ盛ル

シッポコ、安平、鶏卵ノ類平椀ニモル。椀ハ朱或黒ヌリ

行燈《あんどん》　軒ニ釣之テ看板ニ用フ、故ニ昼夜釣レ之

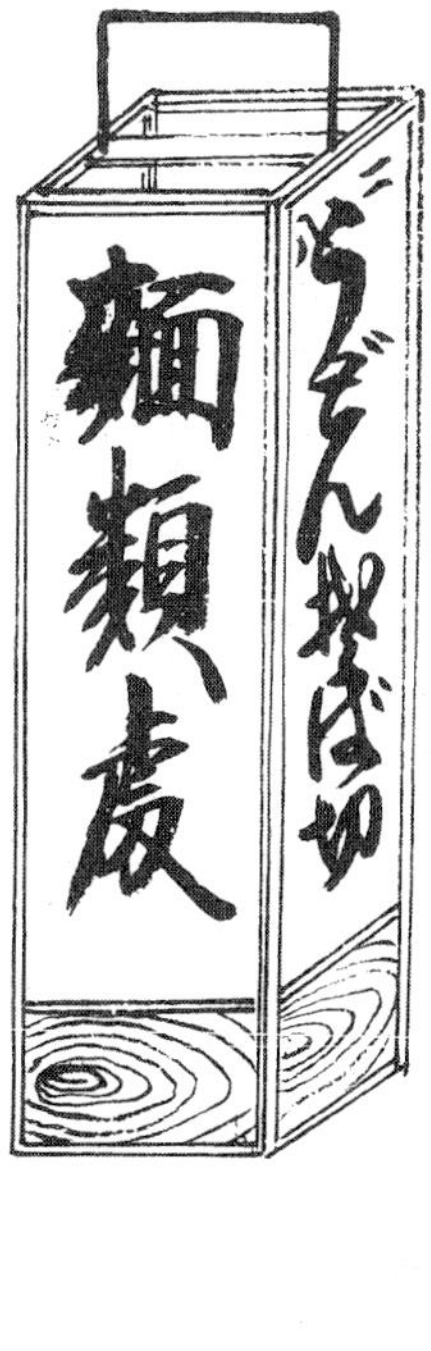

表格子ニ、横長ノ行燈ヲ掛ルモアリ。是ニハ、右図ノ如ク書ス。又、見世ノ壁ニハ、紙ニ図ノ如ク書テ張之、江戸ニモ有之。故ニ次ニハ説ズ。

シツホク　温飩ノ上ニ、焼鶏卵、蒲鉾《かまぼこ》、椎茸、クワヒノ類ヲ加フ。

アン平　右ニ同ク如レ之、葛醤油ヲカケル也。

鶏卵　温飩ノ卵トジ也。

ヲタマキ　シツホクト同キ品ヲ加へ、鶏卵ヲ入レ蒸タル也。

器　十六文ノウドン、ソバ、トモニ、平皿ニ盛ル。常ノ肴皿ノ麁《そまつ》ナル物也。シッホク以下ハ、或ハ平ニ盛ル椀也。小田巻ハ、大茶碗ニ盛ル、蒸ス故也。

図13　三代歌川豊国画「鬼あざみ清吉」名古屋市博物館蔵　二八蕎麦屋の屋台

天和中ノ書ニ所画

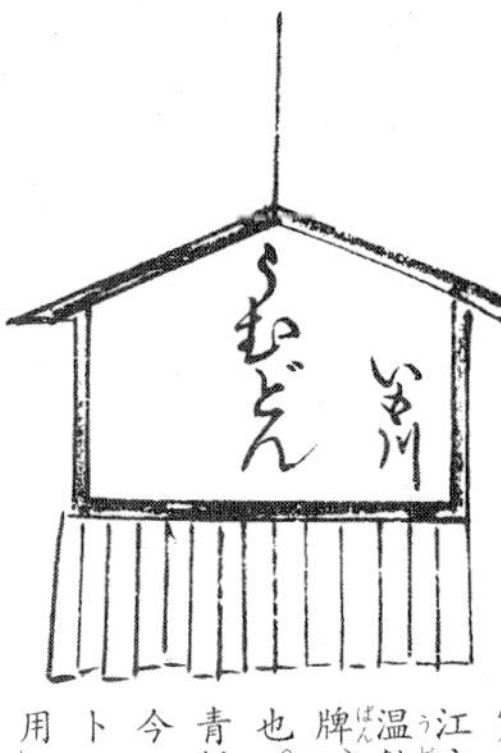

寛文初迄江戸ノ干温飩屋招《うどんやかん》牌《ばん》、此形也。周リ青紙ハリ。今ハ三都トモ不用レ之

元禄及享保ノ図ニ有之。

此紙ヲ下ゲタルハ頭ヲ打ヌ為ナラン

古ハ、三都及諸国トモニ、**温飩屋ノ看板**ニ、右ノ形ヲ用フ。今世、三都ハ不レ用レ之トイヘドモ、他国ニハ用レ之。東海道諸駅ニ、今モ此形ヲ用ヒ、二八ト大書シ、左右ニ、そばうどんト細書スル等多シ。

又、イモ川ト云ハ、昔ノ温飩ノ名物ノ地名歟。或ハ、温飩ニ名アル家名ナルベシ。古図ニ画レ之モノ、往々有レ之。因云。今世江戸ニテ、平打ノ温飩ヲ、ヒモカワト号ク。革製ノ紐ニ似タル故トイヘドモ、切革紐ナラバ、革紐ト云ベキ也。ヒモカハト云ハ、芋川ノ伝訛ナラン。又因ニ云、今江戸ニテ、ヒモカハト云平打ウドンヲ、尾州ノ名古屋ニテハ、キシメント云也。

江戸ハ、二八ノ蕎麦ニモ皿ヲ用ヒズ。下図ノ如キ、外面朱ヌリ、内黒ナリ、底横木二本アリテ竹簀ヲシキ、其上ニソバヲ盛ル。是ヲ盛リト云。盛ソバノ下署也。ダシ汁カケタルヲ上署シテ、掛ト云。カケハ丼鉢ニ盛ル。

天プラ、花巻、シッポク、アラレ、ナンバン等、皆丼鉢ニ盛ル。

万延元年、蕎麦高價ノコトニ係リ、江戸府内、蕎麥店會合ス。其戸数三千七百六十三店、蓋、夜商、俗ニ云、ヨタカソバヤハ除之。

慶應中再會ノ後、官ニ請テ、十六文ヲ二十文トス。他准之テ價ヲ増ス。

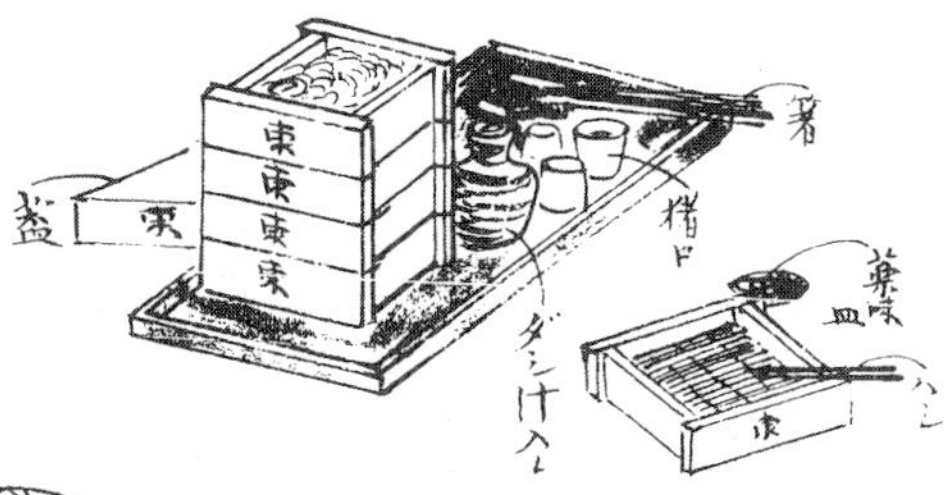

丼鉢

同蓋、黒ヌリ小盆也

今世、江戸ノ蕎麥屋

大略毎町一戸アリ。不繁昌ノ地ニテモ、四、五町一戸也。

江戸、慶應以来増價、蕎麥温飩トモ二十四銭トナリ、霰《アラレ》(蕎麦《そば》・貝柱蕎麦)以下准之テ價ヲ増ス。

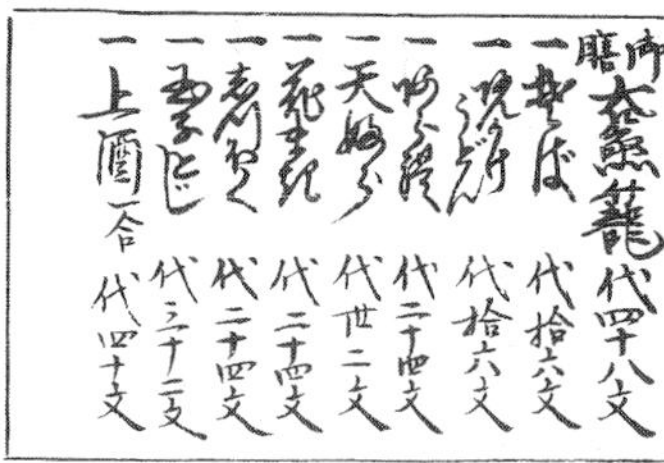

従来二八、後ニ二十四文ノ物ヲ商フヲ、駄蕎麥ト云。駄ハ惣テ粗ヲ云ノ俗語也。駄ニモ、行燈等ニハ手打ト記セドモ、実ハ手打ト云ハ、別ニ精製ヲ商フ店アリ。真ノ手打蕎麥屋ニハ、二八ノ駄ソバハウラズ。

行燈ノ招牌《しょうはい》(かんばん)

壁ノ張紙及格子掛行燈、上ノ如シ。

アラレ バカト云貝ノ柱ヲ、ソバノ上ニ加フヲ云。

天プラ 芝海老ノ油アゲ、三四ヲ加フ。

花巻 浅草海苔ヲアブリテ、揉ミ加フ。

シッホク 京坂ト同シ。

玉子トジ 鶏卵トジ也。

又、鴨南蛮ト云アリ。鴨肉ト葱ヲ加フ。冬ヲ専トス。

又、親子南蛮ト云ハ、鴨肉ヲ加ヘシ鶏卵トジ也。蓋、鴨肉トイヘドモ、多クハ雁ナドヲ用フルモノ也。

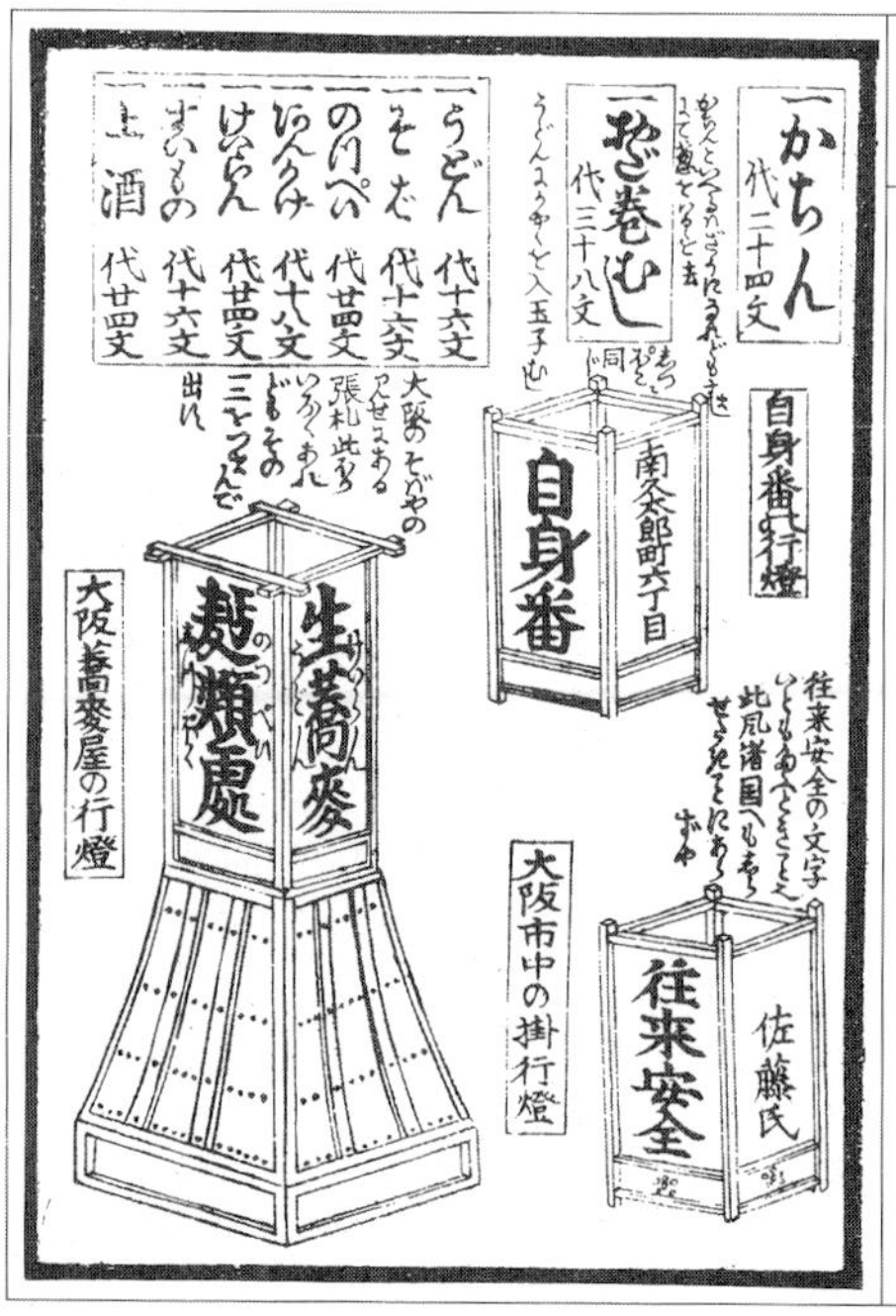

図14 歌川貞広画 平亭銀鶏作『街能噂』(天保6)

鰻屋《うなぎや》

江戸鰻飯

百文ト百四十八文、二百文。図ノ如ク蕣《あさがお》形ノ丼鉢ニ盛ル。鉢底ニ熱飯ヲ少《すこし》ヲイレ、其上ニ、小鰻首ヲ去リ長サ三、四寸ノ物ヲ焼キタルヲ五六ツ並ベ、又、熱飯ヲイレ、其表ニ又右ノ小鰻ヲ六、七置ク也。小鰻骨ヲ去リ、首モ除キ、尾ハ除カズ。

文久ニ至リ諸價頻《しき》リニ騰揚《とうよう》シ、鰻魚モ亦准之ニヨリ、此丼飯ト云物モ、百銭、百四十八銭ヲ賣ル家ハ最稀トナリ、大略二百文ノミトナル。

必ラズ引裂箸ヲ添ル也。此箸、文政以来比《ころ》ヨリ三都トモニ始メ用フ。杉ノ角箸半ヲ割リタリ。食スルニ臨デ、裂分テ用レ之。是再用セズ。浄キヲ證《あか》ス也。然レドモ、此箸亦箸工ニ返シ丸箸ニ削ルト云也。鰻飯ノミニ非ズ。三都諸食店往々用之、却テ名アル貸食店ニハ用ヒズ。是元ヨリ浄キガ故也。

江戸鰻屋ヨリ、諸戸ニ蒲焼ヲ運ブ。多ク図ノ如ク黒塗手桶ニ入レテ携フ。蓋《ふた》ノ下ニ白紙一枚ヲ挟ム。京坂ニテハ、大平椀《おおひらわん》ニテ運ブ。

骨抜 鰌《どじょう》鍋之図

二重土鍋也。上ノ鍋浅クシ、是ニ鰌ヲ入ル。蓋底ニハ、笹掻牛房《ささがきごぼう》ヲ敷キ、其上ニ菊花ノ如ク鰌ヲナラベ、鶏卵閉《たまごとじ》ニスル也。下ノ土鍋ニハ沸湯ヲ入レ、席上、冷ザルニ備ヘ、且、形深ク、外見乏《とぼし》カラザルガ如クスルノ意アリ。

土鍋、外、栗色、内黄、蓋《ふた》、春慶塗也。二重土鍋ヲカサネ、蓋置タル図此ゴトシ。一鍋二百文ヲ専トス

図15 歌川広重画「浄るりまち繁花の図」（部分）江戸東京博物館蔵　鰻屋の屋台

茶見世《ちやみせ》

江戸ニテハ、茶見世トモ、或ハ水茶屋トモ、云也。屋号ニハ源氏（物語）巻名《まきのな》ノ如キ物多シ。掛行燈ニ其名ヲ書シ、或ハ御待合所、又ハ御休所、御休息所ナドト書タルモアリ。毎戸軒下ニ下図ノ如キ茶棚ヲ出ス。

江戸水茶屋 茶棚図

図16 喜多川歌麿画「茶屋冨士見屋」東京国立博物館蔵

諸賈《こ》招牌之事

招牌、俗ニカンバント云、看板也。然レバ、板ヲ用フヲ本トスル也。今世モ、三都トモ板ヲ用フ者多ク、板ハ槻《つき》（ケヤキの古名）ヲ専トシ、墨書或ハ文字ヲ彫テ、墨漆、或ハ金箔押モアリ。又、塗看ニハ杉、檜板ヲモ用フ。塗カンバン、文字必ラズ彫テ他色ヲ入ル。白粉字モアリ。大小長短、更ニ無レ定。皆上ニ鉄具《かなぐ》アリテ鈎《かける》レ之也。

諸賈板招牌ヲ専トスレドモ、京坂俗、板カンバントロ称《こうしょう》スレバ、小賣酒店ノコトトス

又、上、二鐶《かん》、一鐶モアリ

又横ニ、図ノ如キ鉄具ヲ用フモアリ。左右ニ打レ之也

製薬店ノ招牌

諸賈《こ》ノ中ニ、製薬店ハ特ニ看板ヲ精美ニスル也。

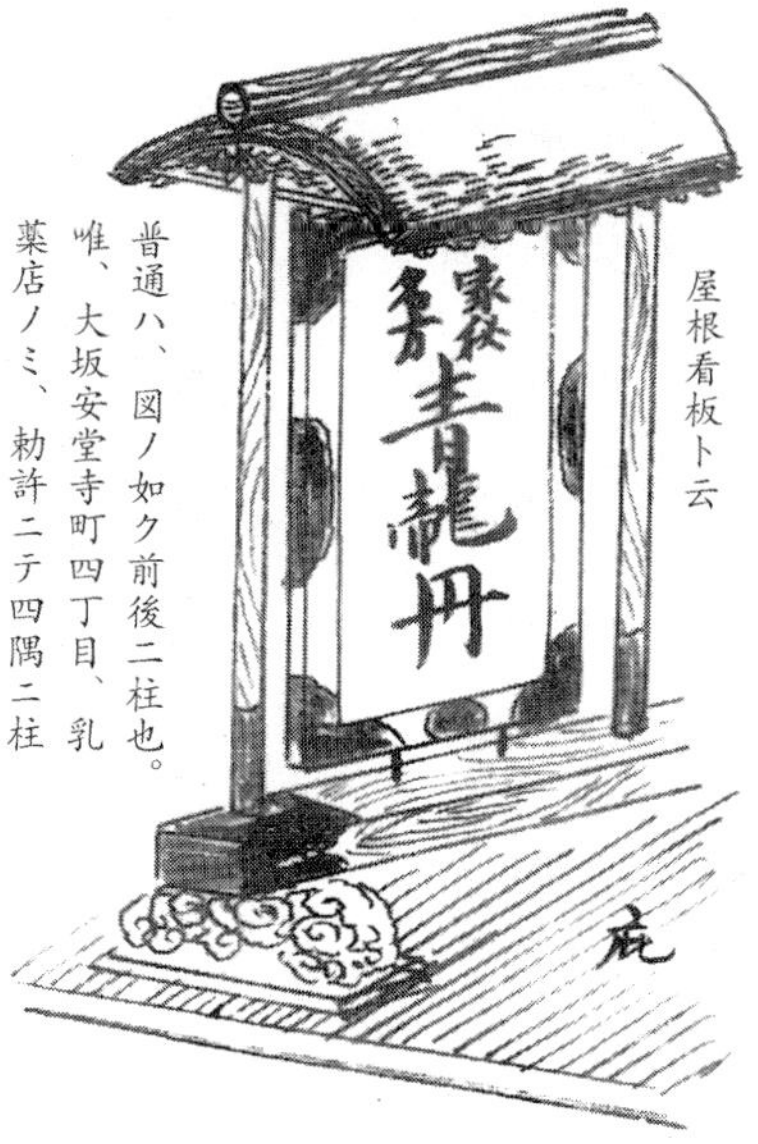

屋根看板ト云

普通ハ、図ノ如ク前後二柱也。唯、大坂安堂寺町四丁目、乳薬店ノミ、勅許ニテ四隅ニ柱アリ

図ノ如ク、庇《ひさし》上ニ看板ヲ造ルヲ、ヤネカンバント云。大坂ハ往来狭キ故ニ、江戸ノ如ク、立看板更ニ無レ之。製薬店専用レ之。京都モ建看板無レ之。又、江戸ニモ用レ之モアリ。又、三都トモニ、製薬ニ非ル他店ニモ稀ニ用レ之。

賣薬専ラ十六葩《は》（葉）ノ菊紋ヲ描ク。此菊、御所ノ文（十六葉八重表菊）也。親王家等ニ因テ、密《ひそか》ニ課銭ヲ出シ、陽ニ宮ノ御用ト唱ヘ、其実御紋ヲ描テ薬ヲ賣ノ一術トス。干海苔《ほしのり》等モ然リ。

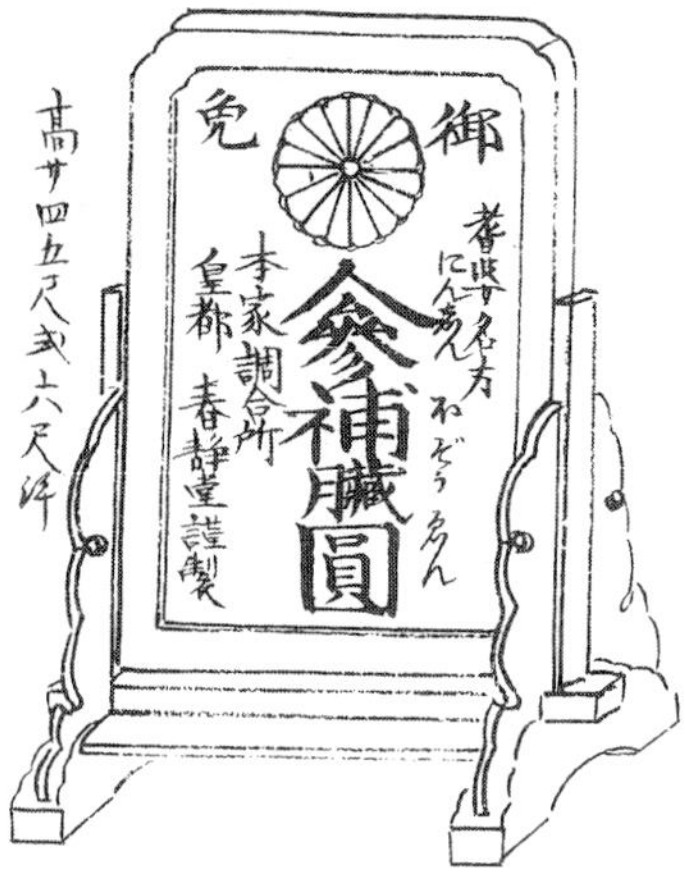

置看板ト云。見世正面ニ居レ之也

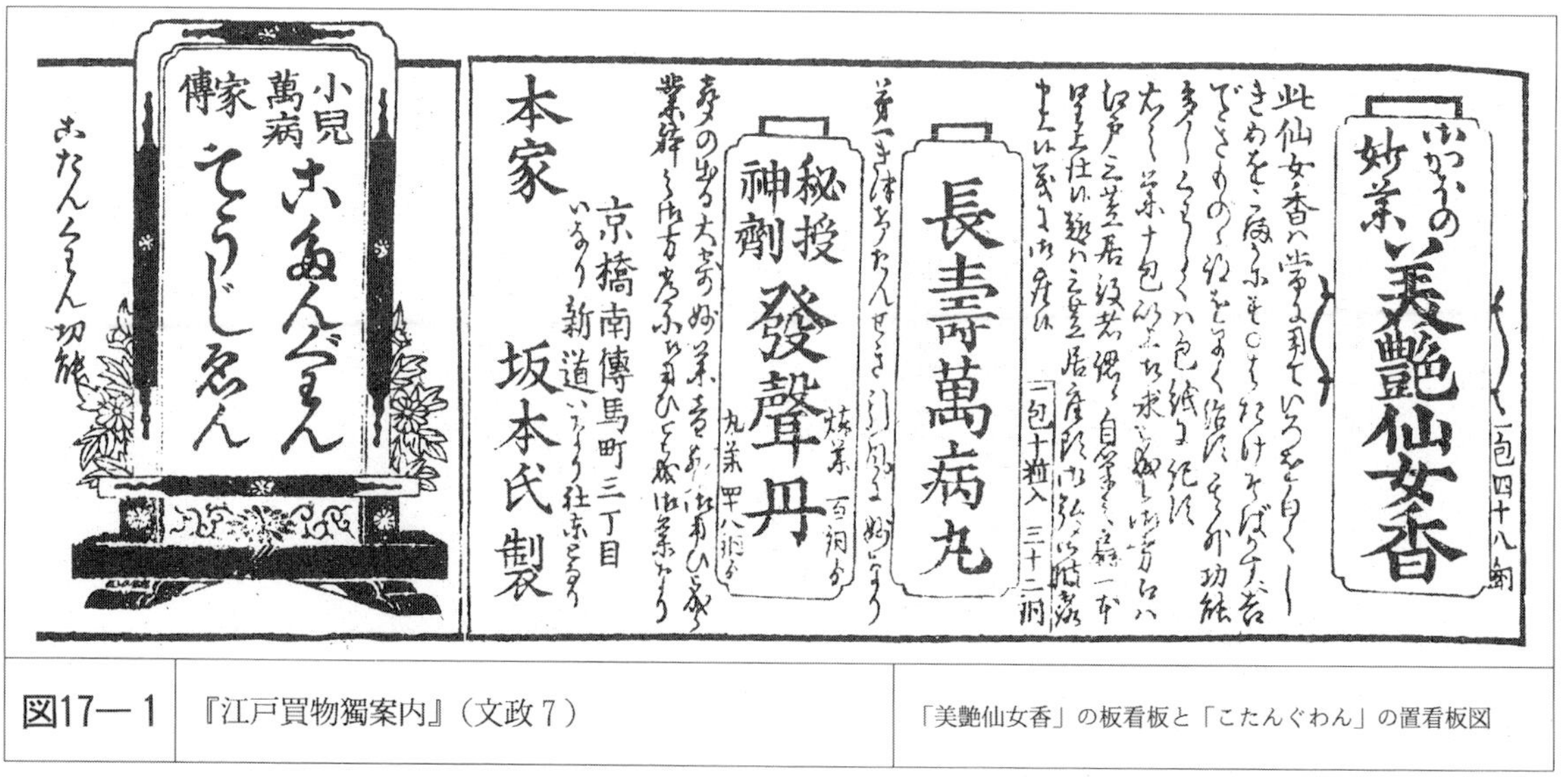

図17―1 『江戸買物獨案内』（文政７） 「美艶仙女香」の板看板と「こたんぐわん」の置看板図

江戸製薬店建《たて》看板図

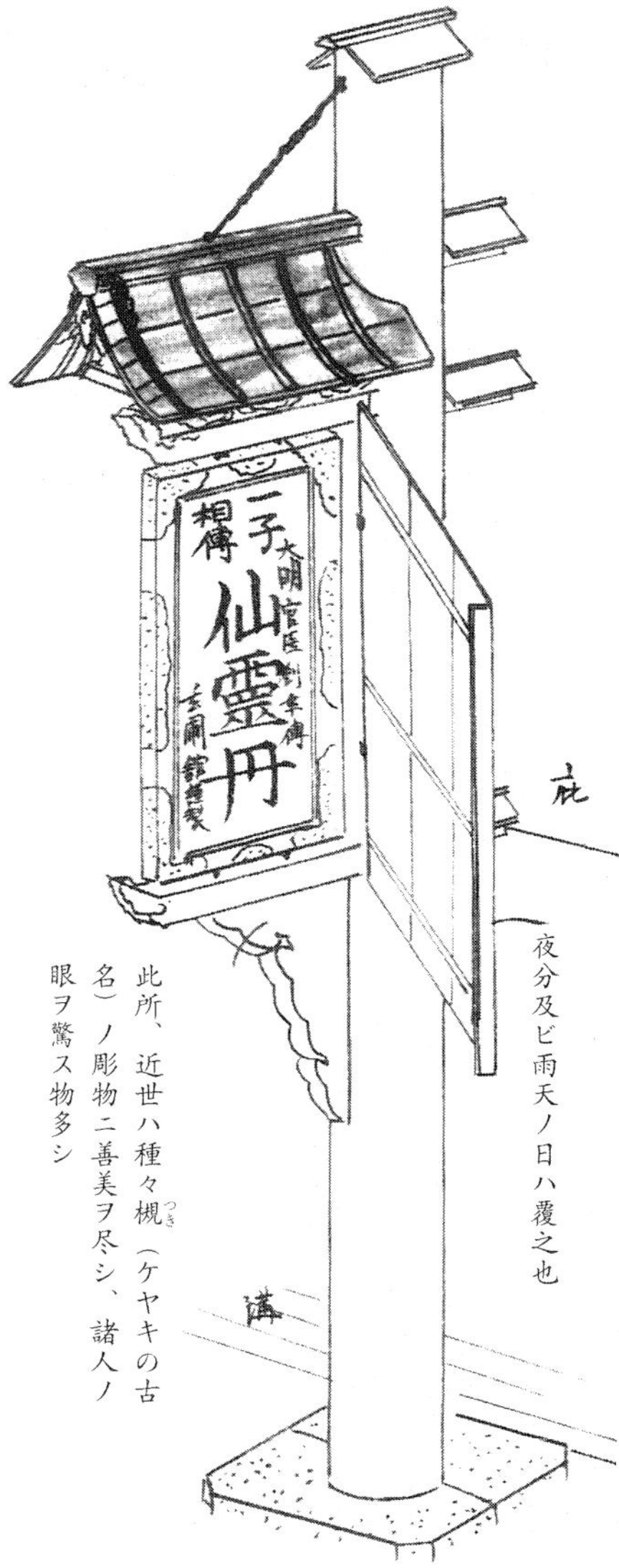

建看板ハ、溝外ノ路上ニ係ルヲ以テ、必ズ官ニ請《こい》、検使《けんし》ヲ得テ裁《たつ》レ之也。京坂ハ路狭キガ故ニ不レ製レ之。江戸諸所有レ之、本町四丁目殊ニ多ク。彫物等甚精美ノ物アリ。看板及柱ノ價ト、官ニ許《ゆるしをこ》ヒ検使ヲ給フ等ノ諸費、其少キ物金七、八十両、多キハ百四、五十両也。

紫海苔ノ看板

紫海苔、俗ニ浅草海苔ト云。昔ハ、浅草ニテ製之コトアリ。其謂一本『本朝食鑑』ニ委《くわ》シ。

三都トモ薬種及砂糖問屋ノ看板。

今世モ猶浅草海苔ヲ諸国通名トシ、江戸ニテモ称之。而テ其産大森村ヲ専トシ、此辺ヲ本場ト云。其招牌、図ノ如ク、然モ襖《ふすま》制ニテ面白紙張、墨書、或ハ、白紙ニ藍紙ノ縁ヲ付ケ、或ハ、字白藍不摺仕立モアリ。皆必ラズ唐紙風ニテ紙張也。又、専ラ宮家ニ因テ菊御紋ヲ描キ、店ニ置ク櫃《ひつ》類モ白紙張菊紋、又、包紙、必ラズ糊入紙ニ菊紋ヲ描キ、新干海苔ト書シ、左右ニ地名、家号ヲ記ス。近年、其包ヲ精ニシ四方包トシ、四ツ手ト唱フ物多シ。江戸ニテ賣ルモ、看板、包紙、其他皆然リ。

図17－2　『江戸買物獨案内』（文政７）　「大徳寺門前油薬」と「團十郎歯磨」の建看板図

白粉屋《おしろい》看板

元禄三年板、『人倫訓蒙図彙《じんりんきんもうずい》』ニ所載也。鷺《さぎ》ヲ画キタルハ、「シロキモノ」ト云判事物《はんじもの》也。

今世　江戸両替町下村《りょうがえちょうしもむら》ト云白粉店ノ看板ノ図

臺、墨渋ヌリ、看板、粉ヌリ。形元禄ノ物ト同ジ。看板ノ上ニ「ビナンカツラ」（美男葛）ヲ束ネタル形、細キ薪ヲ束ネタル如クシテ置之。今世、用之人ナシトイヘドモ、唯此一戸ノミ、古風ヲ改メズ。

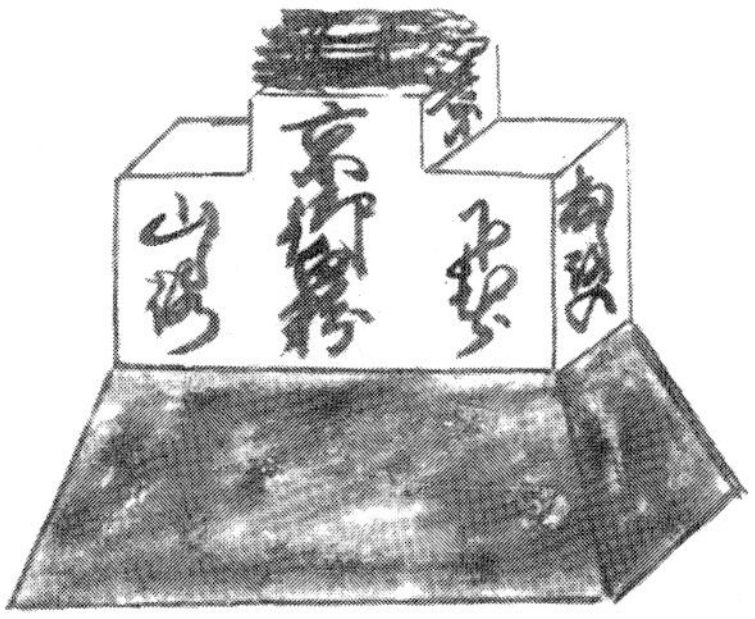

今世　大坂白粉招牌

蓋、釜元ト云ハ製造家ノミ也。釜モトニ非ル小店モ招牌ハ此形ヲ用、大小不同也。

此図ヨリ台ヲ低クスルモアリ。招牌ハ箱ヤウノ表ヲ紙張ニシテ、胡粉ヌリニシタリ。他買ニ用フルモ同製也。江戸ニテハ、白粉ノミニ非ズ。小間物店、嚢物《ふくろもの》店、打物刃物店、櫛、笄、刃物、キセル等、或ハ文字ニテ書シ、或ハ形ヲ描クモアリ。

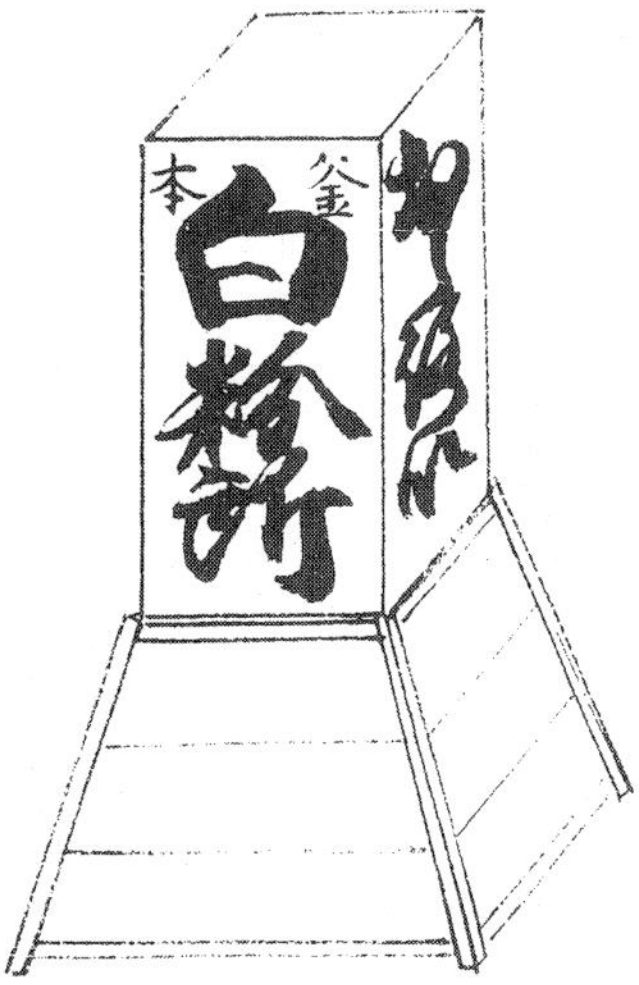

米　屋

三都ニ暖簾《のれん》ヲ用ヒズ。蓋、大坂ハ左ノ如キ長板ニ白紙ヲ張リ、墨書ノ爰板《この》ヲ軒ニヨセカケ、立ルモノアリ。又、白米ヲ大切盤《おおきりばん》ニ盛リ、国名及上下ト、價ノ札ヲ添ル。

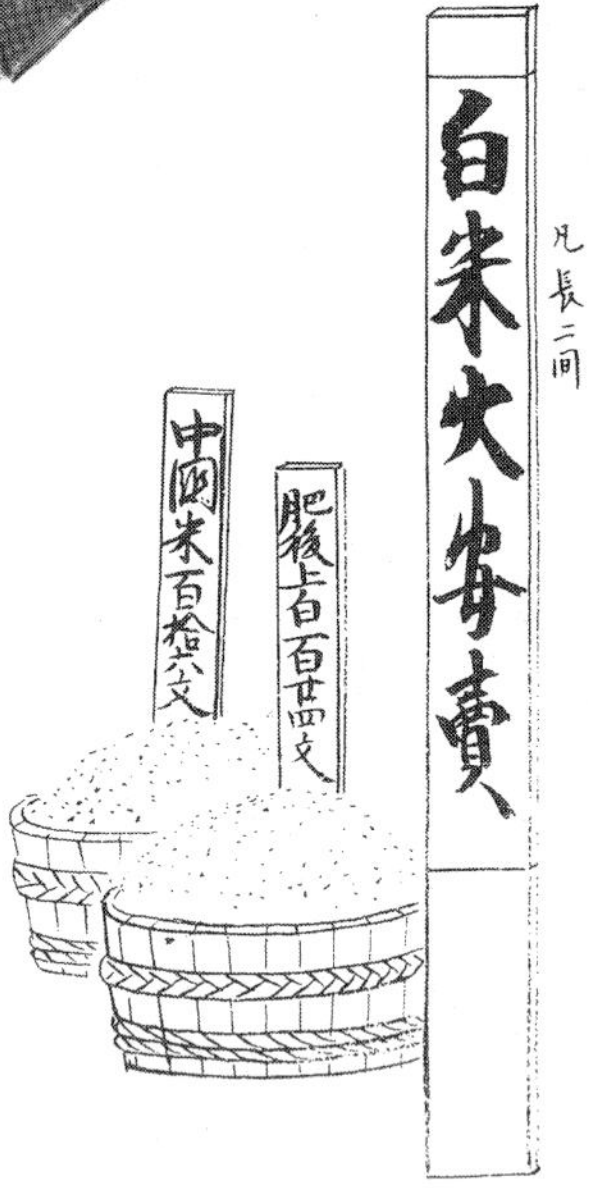

紅店看板

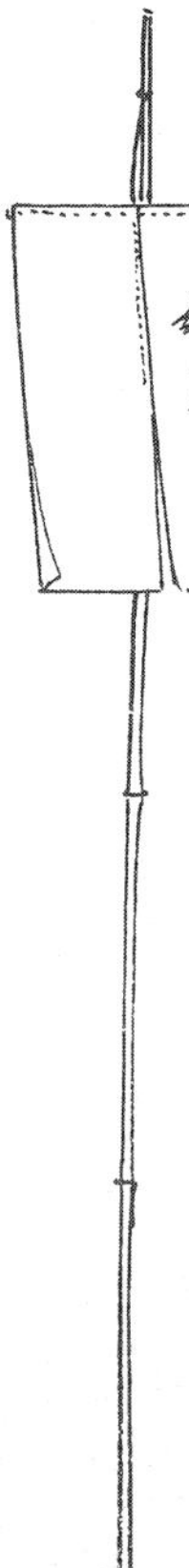

京坂不用之、江戸専用之《もっぱらこれをもちう》。紅染、桃色木綿二幅、小旗《はた》也。多ク竿《さお》ニ付テ立レ之、或ハ、竿ヲ用ヒズ。暖簾ト表ニ、庇ニ釣モアリ。

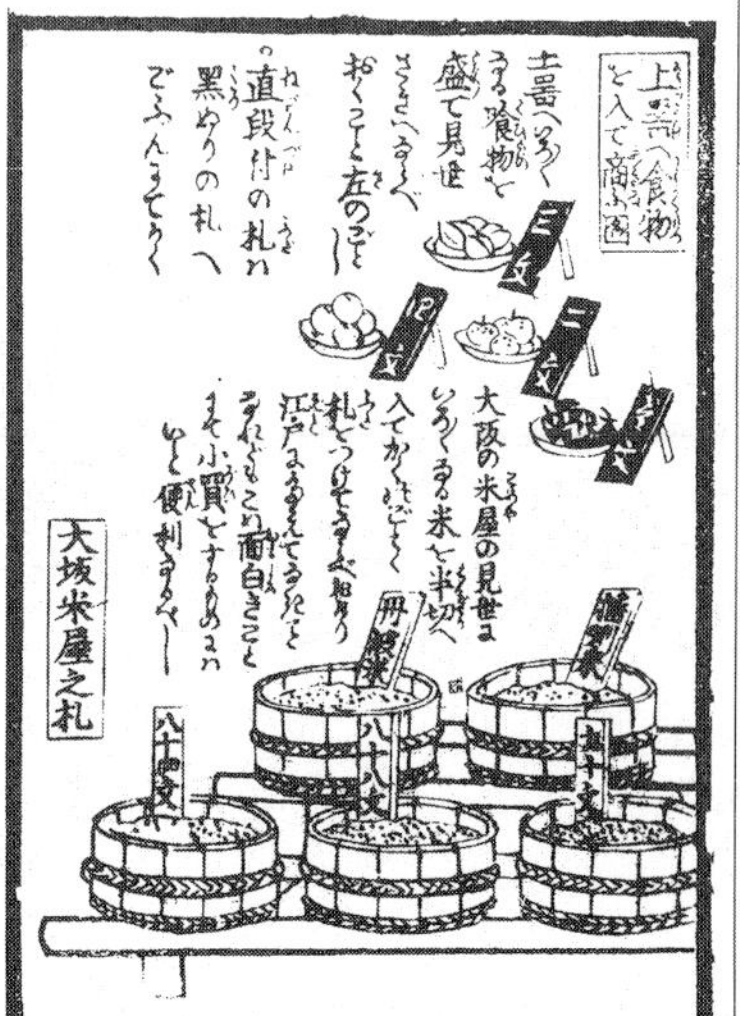

図18　歌川貞広画　平亭銀鶏作『街能噂』（天保6）

図19　歌川広重画「名所江戸百景駒形堂吾嬬橋」ポーラ文化研究所蔵　浅草駒形堂前の紅屋百助の幟看板

京坂紙屋看板

笥《はこ》ヲ白紙張ニシ、糊ヲヒキ、渋ナドヲヒカズ。此笥三ツ四ツヲ以テ上ケ、縁三方ノ端ヲ囲ム。兼テ、屑紙ヲ納ムル也。

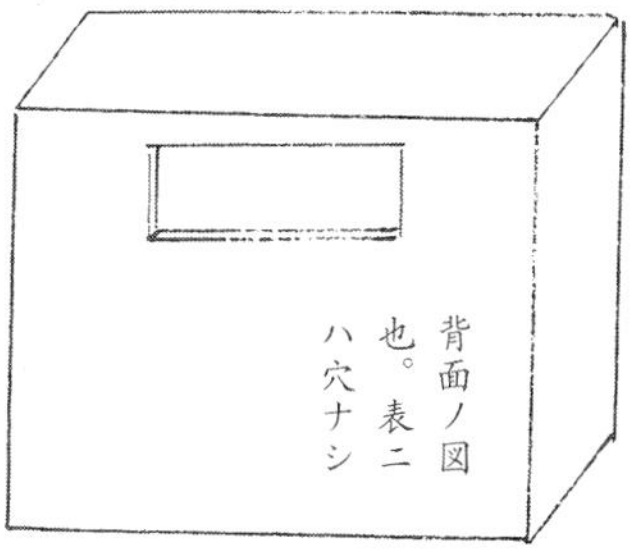

三都トモニ紙ト帳ト兼ル者多シ

江戸紙屋看板

空奉書櫃《からほうしょびつ》ニ草筵《くさむしろ》ヲ巻キ、甚ダ太キ縄ヲ以テ括レ之。店前ニ二ツ累《かさ》ネ二ツ三ツ、凡テ四ツ或ハ八ツ置之。真奉書ビツニ非ズ。別ニ模造シテ精製ナル櫃也。

京坂帳屋《ちょうや》

生竹ヲ看板トス。毎春青葉アルヲ建ル。故ニ、平日ハ枝ノミトナル。

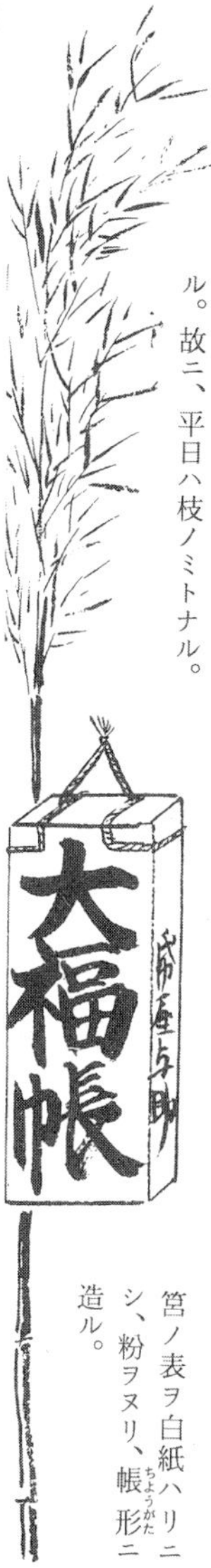

江戸帳屋看板

笥ノ表ヲ白紙ハリニシ、粉ヲヌリ、帳形《ちょうがた》ニ造ル。

菓子店

京坂ハ、看板定ル形無レ之。所欲ノ品名等、板ニ書テ釣之。唯暖簾ハ他店ト異制也。家号及ビ其他ヲ記スモノハ、白木綿ニ墨書シ、間ハ紺無地木綿ヲ以テ、交ヘ縫合スコト図ノ如シ。

江戸菓子店、必、此招牌ヲ路上ニ出ス。京坂無レ之。

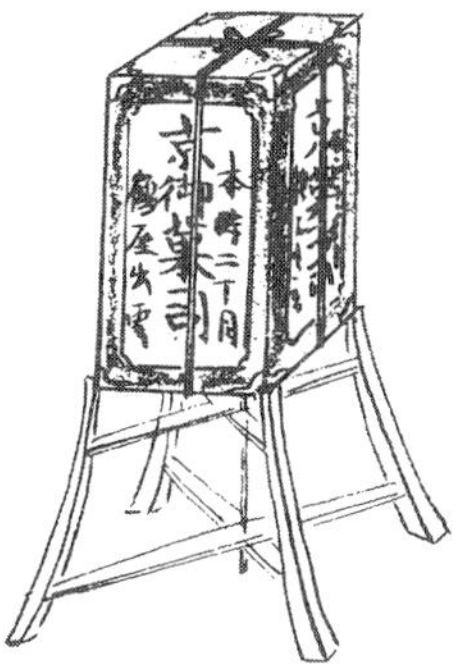

菓子蒸篭《せいろ》ノ形也。周リ青漆《せいひつ》、中朱也。文字黒漆ニテカク。飾積物ニ用フ。蒸篭此台ヲ除キシト、同形ニテ大也。招牌ハ小形也。

江戸菓子店、暖簾モ他店ト同形ヲ専トスル也。蓋、昔ハ某大掾、藤原某等受領ヲ先途トシ、受領ノ店ハ賣ルコトモ多カリシガ、近世此店ニ粗制多キヲ以テ、近来開店ノモノハ、受領ヲ専トセズ。某堂、某亭、某園ナドト、風流ノ号ヲ用ヒ、又、暖簾ヲモ、帆用ノ廣木綿ヲ白ノ儘ニテ粉引トナシ、某堂ナドト墨書スル者多ク、蓋、名アル書家ニ乞テ書レ之等ノ者多シ。是モ招牌ハ右図ノモノヲ用フ。

図20

歌川国芳画「船橋屋前三美人」神奈川県立歴史博物館蔵
船橋屋は志る粉や羊羹で有名。看板に御菓子司深川佐賀町船橋屋織江とあるから出店で、本店は浅草雷神門。

足袋店看板

三都同形也。蓋、京坂ハ、専ラ屋号ヲ書ス者ノミ也。江戸ハ、或ハ屋号、或ハ股引、又ハ大丈夫ト書モアリ。股引、股用ノ条ニ詳カニス。必ラズ、タビヤニテ兼二製之一モノ也。大丈夫ハ久シク堪ヘ、破レザルヲ丈夫ニ比スルノ俗言也。凡テ今俗、物ノ久シク堪ルヲ丈夫、或ハ大丈夫ト云。因ニ云、京坂市民ノ奴婢《ぬひ》等、主人ノ意ニ應ゼズ追放サレルナドヲ、足アガリト云。故ニ、隠語ニテ、タビヤノカンバントモ云也。是足袋ノ招牌ハ、足形ニシテ上ケ釣ルノ意也。

又、江戸ニテハ、万事自己ハ得心ノコトナレドモ、先方ノ未ダ其意ニ應ゼザルコトヲ、方言ニタビヤノカンバント云。其意ハ片方成テ片方未成ト云コト也。

鉑屋《はくや》招牌

三都同形。図ノ如ク、槻《つき》板制ニテ、金箔二ツヲ押ス。金銀箔、鈖泥ヲウル也。

更砂染《さらさぞめ》　華印布《かいんふ》也　唐紙ノ招牌

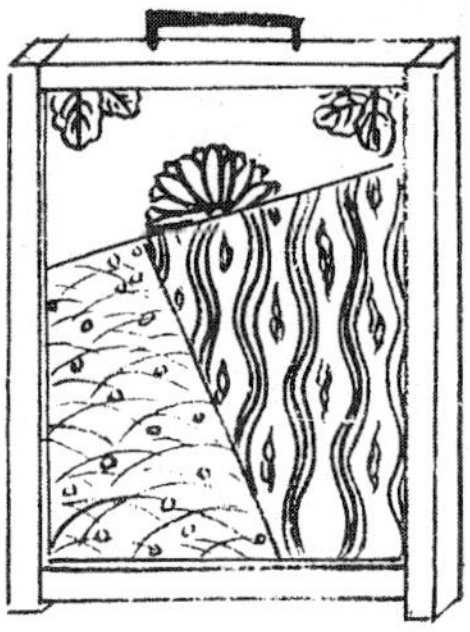

サラサ染ヤハ、華印布ヲ張リ、カラカミ店ハ、カラカミヲハル、掾《ふち》白木篗《わく》也。

又、慶庵《けいあん》ト異名シ、男女奉公人、口入《くちいれ》ヲ、家業トスル者アリ。蓋、男子ノ入口定額アリ。粗大行、女奉公入口、小行多シ。供ニ、看板、此図ニ似テ中紙ヲ張リ、唐紙掾ニテ是ヨリ細シ。

板製也。文字書タル所ハ、黄紙ヲ以テ張レ之タリ。乃チ、合羽ヲ帖シタル形也。三都トモ用之。

桐油合羽之看板

周リ薄墨ノ所、赤、弁柄ヌリ系内《けいのうち》、白ノ所、地黄墨書

地黒、記号黄

図21　菱川師宣画『和国諸職絵盡』（貞享2）

櫛引の看板

図22　西川祐信画　多田義俊作『絵本雪月花』（宝暦7）　たばこと塩の博物館蔵

たばこ屋の聯看板

麻苧《あさお》店看板

三都トモ用レ之、麻苧製也。

漆店看板

江戸ニハ稀也。漆桶ノ形也。渋張桶ニ縄ヲカケ、上ケ掾端ニ、五ツ或七ツ並レ之。

江戸扇子店招牌

京坂扇店看板無之、多クハ槻板《つきいた》ニ字書シ、或ハ扇形、或ハ地紙形描モアリ。無之、又堂号屋号無定。江戸モ屋号ハ勿論、別ニ堂号ヲ称ス者モ、扇看板及ビ暖簾ニハ、必ラズ御影堂《みえいどう》ト書シテ、扇店ノコトトス。又多ク図ノ如キ作リ物ノ招牌多シ。

茶店招牌

見世前ニ柳樹ヲ栽《うえ》ル也。三都トモ用之。三都有之。

糊ノ看板

京坂ハ、小民賣レ之也。曲物《まげもの》カハヲ白紙張ニシ、粉ヲヒキ、図ノ如ク書ク。江戸ハ、専ラ番小屋ニ賣ル物トスル故ニ、看板稀也。或ハ図ノ如ク、又ハ、小板ニ書テ釣モアリ。又番屋ニ非ル小戸ニ賣ルアリ。

旅篭屋《はたごや》招牌

京坂ノ旅舎ニハ、図ノ如ク棒ノ頭ニ種々ノ形ヲ造リ、庇上ニ斜ニ出ス。是、宵ハ行燈アレドモ、深更旅客ノ迷惑セザルニ備フ。江戸旅宿此類稀也。

図23

歌川豊国画「御影堂扇店永寿堂の店先」

扇形の御影堂の看板をかかげた扇屋の店内

紅梅焼《こうばいやき》看板

看板、亘《わたり》二尺餘、木制、紙ハリ白粉ヌリ、縁《へ》リ及ビ匂形ハ丹ニテ描ク。櫻花形ト、二ケ掛タルモ多シ。

幟《のぼり》

看板ニ、幟リヲ立ル生業アリ。紺毛綿《もうめん》一幅、文字白ク染抜ク也。

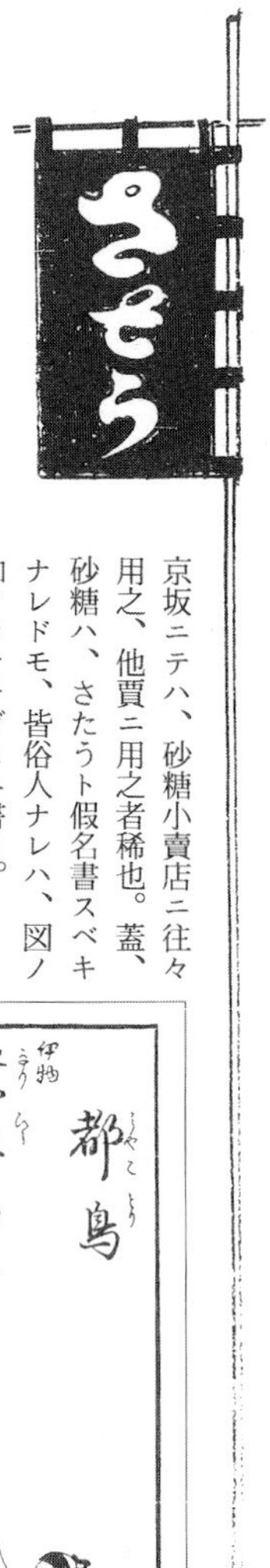

京坂ニテハ、砂糖小賣店ニ往々用之、他賈ニ用之者稀也。蓋、砂糖ハ、さたうト假名書スベキナレドモ、皆俗人ナレハ、図ノ如クカナチガヒニ書リ。

江戸ニテハ、砂糖ニ幟ヲ用ヒズ。鮓屋、蒲焼、汁粉、天麩羅、茶漬。幟左ノ類也。皆紺地ニ白字也。

商家暖簾《のれん》ノ図

暖簾ト訓、ノレン也。専ラ木綿製也。又、地紺、記号及ビ屋号等ヲ白ク染抜ク也。三都トモニ、上ノ短キ物ヲ、暖簾ト云。下ノ長キヲ、京坂ニテハ長暖簾ト云。江戸ニテハ、日除ト云也。蓋、長暖簾モ上ヲ縫合セ、下ハ縫合セズ。日除ハ、上下全ク縫合ス也。江戸ニテモ、下ヲ裂タルハ長ノレント云也。

江戸ハ図ノ如キ物ヲ造リテ、庇ヨケ上ニ暖簾ヲ掛ル店アリ。京坂ニハ無レ之

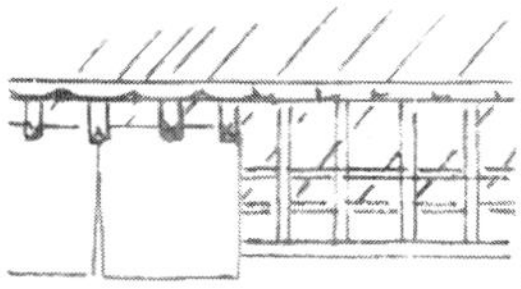

庇ヨリ上ニ掛ルハ、暗クテハ賣物ニ利非ズ。或ハ、平屋ニテ屋根低キ店等也。巨賈ニハ無レ之

図24	長谷川光信画 栗柯亭木端作『絵本家賀御伽《えほんかがみとぎ》』(寛延5)	菓子屋虎屋の長暖簾

行燈

行燈ヲ掛テ、招牌ニ代ルアリ。故ニ、昼夜トモニ掛レ之。

京坂娼家《しょうか》、青楼《せいろう》、割烹店《かっぽう》、旅舎《りょしゃ》、浴戸。

右ノ類、図ノ如キ行燈ヲ、戸辺ノ格子及ビ柱等ニ掛ル。故ニ号ケテ、掛行燈ト云也。娼家、青楼ハ屋号ヲ書キ、或ハ、記号ヲ描モアリ。又、屋号、記号等ノ肩ニ、からざしきト細書スル青楼ハ、男女密會ノ席ヲ兼ル者也。号テ、盆屋ト云也。小青楼ニ在レ之。旅舎ハ、必ラズ屋号ノ者多シ。是旅客ニ知リ易キヲ、要トスル。浴戸ハ扇湯、花王湯ナド湯号ヲ記ス。蓋、紙ヲ中ヨリ張リ、外面、銅網《かなあみ》ヲ張ルモアリ。割烹店モ、専ラ屋号等ヲ書ク。唯、生洲《いけす》(生簀)ト云者生洲ト書、或ハ萬川魚ト記スモアリ。江戸モ、右ノ類及ビ船宿、引手茶屋、駕《かご》屋等用之。

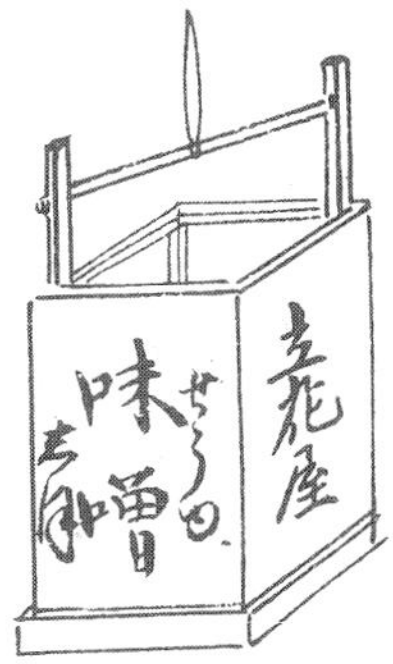

京都諸賈、往々図ノ如キ行燈ヲ、軒ニ釣ル店アリ。蓋、夜ノミ出之也。甚タ古風也。大坂及ビ江戸ニハ、更不レ用レ之。

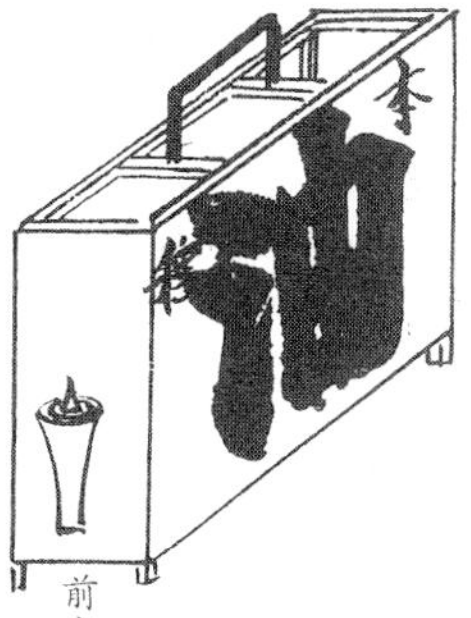

前也

京坂ノ油屋、夜ハ此行燈ヲ軒ニ釣ル。江戸ハ定形無之、多クハ行燈ヲ出サズ。

江戸ニテ「ヨセ」ト号ケ、軍談、落咄《おとしばなし》、浄留里等ヲ以テ銭ヲ募リ、人ヲ集ルノ家、夜行ニハ、此形ノ行燈ヲ庇前出シ掛ケ、舌師、或ハ太夫等、名及ビ其類名等ヲ書ク。雨天ニハ桐油紙ヲ覆ヒテ、燈火ヲ点ゼリ。

薩摩芋《さつまいも》ノ看板行燈

京坂ニテ、薩摩芋、焼キ、或ハ蒸賣ル小戸ノ業也。其行燈ニ、八里半ト書ル者多シ。是ハ蒸栗ノ味ニ似テ、僅カニ劣《おとる》ノナゾ也。又、全形ニテ焼タルニハ○ヤキト書モアリ。俗、万物ノ全キヲ丸ト云、今風也。江戸モ如此ニハ、専ラ○やきト書ク。因云、京坂ニテ、是ニ十三里ト書ルアリシ。栗ヨリ味《うま》キノ謎也。従レ栗《くりより》、九里四里、和訓近シ。

図25　[左] 葛飾北斎画 浅草庵作『画本東都遊《えほんあずまあそび》』(享和2)江戸東京博物館蔵
[右] 春峰外一六人画　方外道人(木下梅庵)作『江戸名物詩』(天保7)佐藤要人氏蔵

左図は地本問屋蔦屋の箱看板。右図は煙管屋住吉屋と袋物屋越川屋の屋号を染めぬいた水引暖簾と日除暖簾。

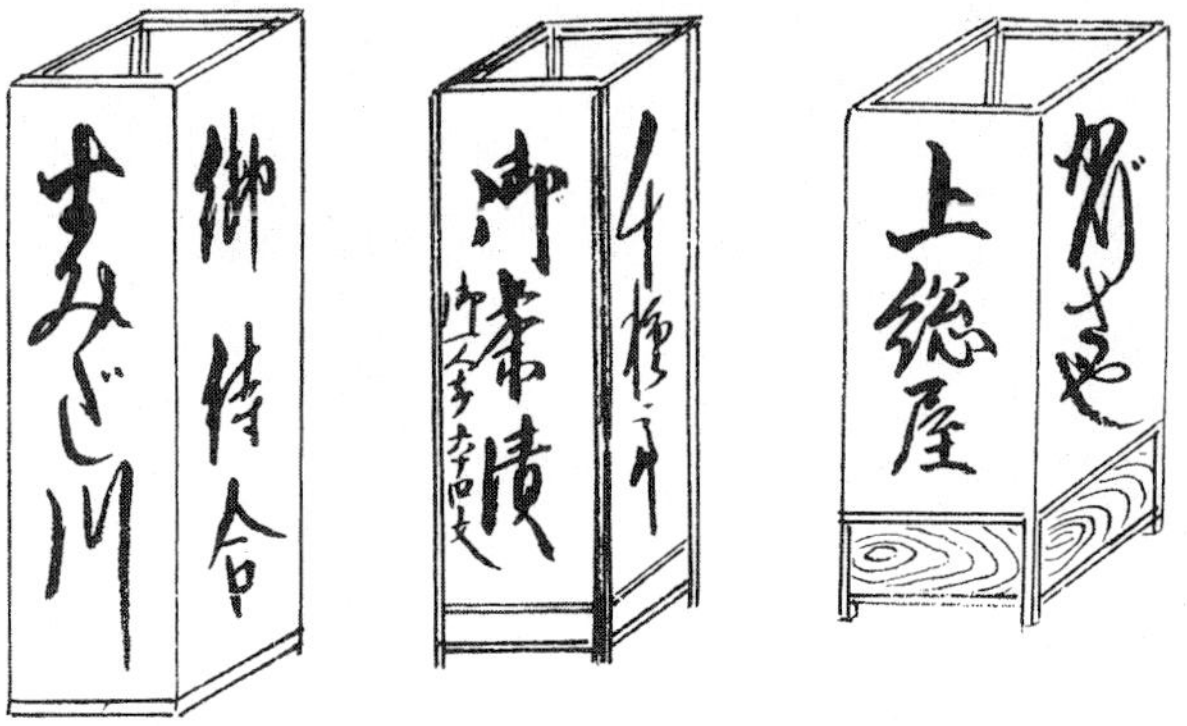

江戸妓院ニハ、行燈ヲ出サズ。**引手茶屋**、**船宿**、**駕篭屋**、**割烹《かっぽう》店**。右ノ類用ㇾ之。京坂ヨリ、行燈竪長キ物多シ。旅舎ニハ、行燈ヲ出ザヽルモ多シ。引手茶屋ハ屋号、或ハ、屋号ニ非ル苗字《みょうじ》ニ似タル別号ヲ記スモアリ。豊本《とよもと》、大相模ナド種々ノ名アリ。割烹店モ屋号、或ハ、苗字ノ如キモノモアリ。

茶漬飯屋等、図ノ如クホソ長キモアリ。

水茶屋ト云賣茶店ハ、特ニ長キヲ専トス。水茶屋ニハ、屋号ノモノ無ㇾ之、必ラズ、風流ノ名ヲ称ス。或ハ、三方ニ右ノ名ヲ記シ、或ハ、一方ニ御待合所、或ハ、御休息所ナド書モアリ。

駕篭屋ニハ屋号ヲ記シ、或ハ正面ニ、図ノ如クカゴヤ、ト国字ニカキ、側面ニ屋号、別号等ヲ書モアリ。

船宿モ、多クハ屋号ノミヲ記ス。稀ニハ、正面ニフネヤド、ト国字ニカキ、側面ニ、屋号ヲ記スモアリ。或ハ、図ノ如ク下ニフネヤド、或ハ屋号ヲ記シ、上ニ所持ノ船名ヲ書クモアリ。屋根船、猪牙《ちょき》船ハ皆アリ。第三ニ荷足、或ハ三挺、或ハ釣船ナド記セリ。又、釣船ノミヲ持ツ宿モアリ。釣舟ト必ズ記セリ。

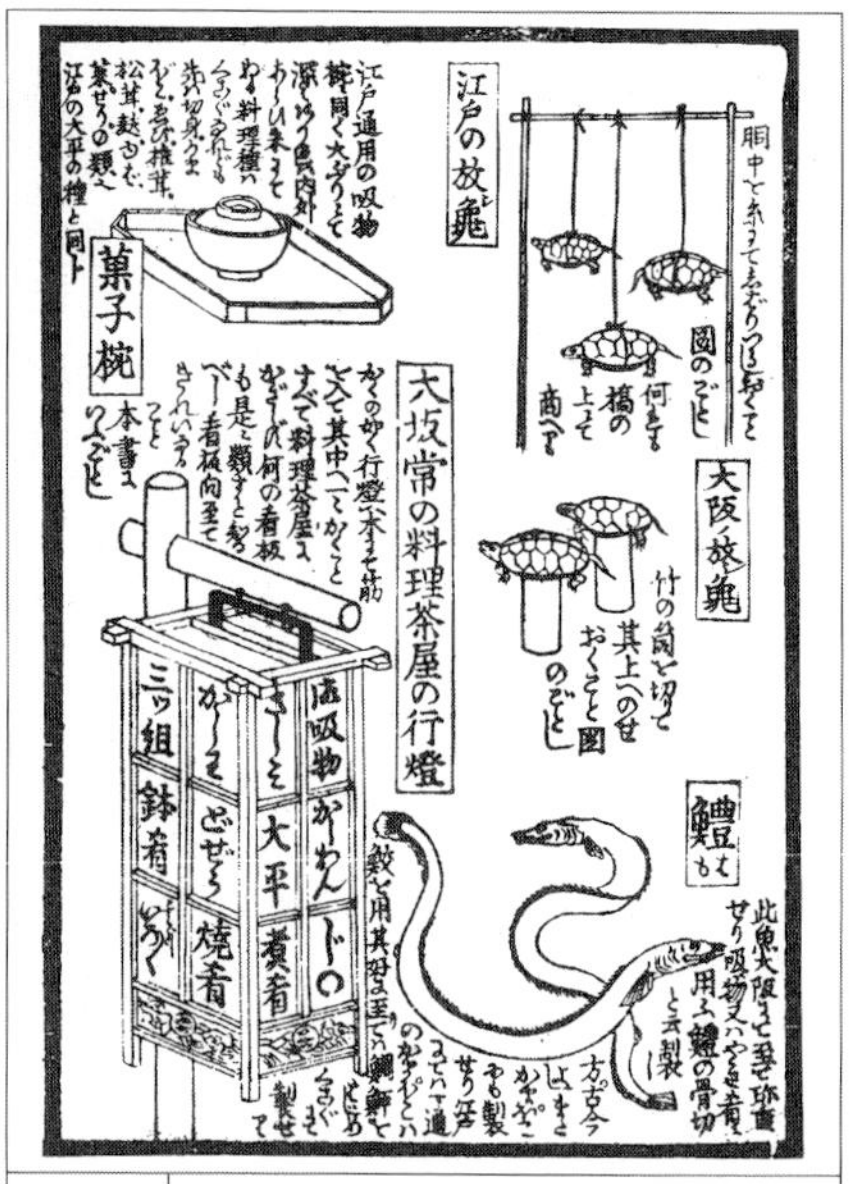

図26　歌川貞広画 平亭銀鶏作『街能噂』（天保6）

町飛脚

町飛脚或ハ町小使ト云テ、従来三都トモ有之。

報帖縮図　原紙、半切紙三ツ切、竪五寸二分、横七寸

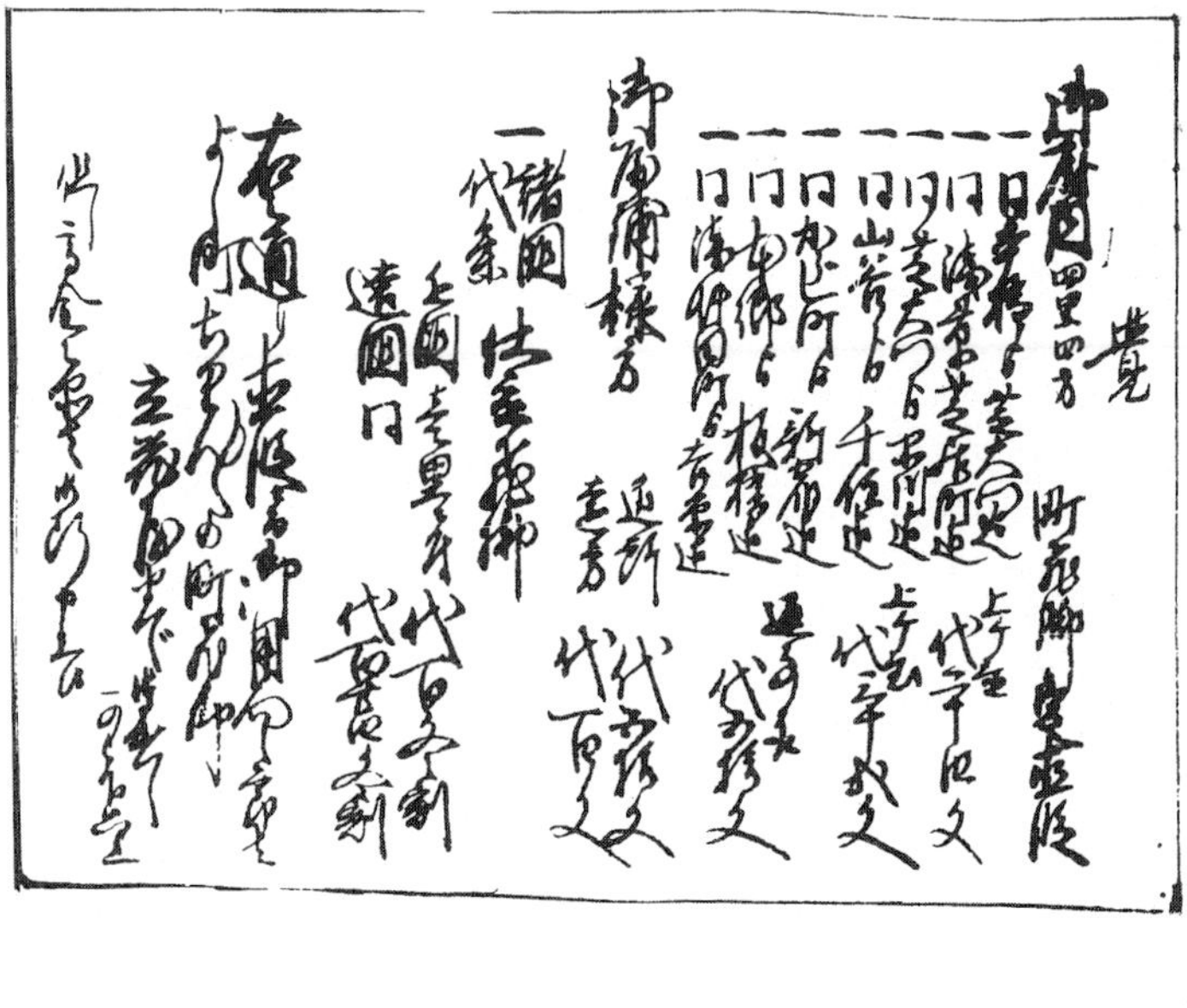

其扮

挟筥《はさみばこ》形ノ張篭ヲ渋墨ニ塗リ、町飛脚及ビ所名、家号ヲ朱漆ニ書キテ、是ヲ背ニシ、棒ノ一端、前ノ方等ニ一風鈴ヲ垂シテ、往来、呼ズシテ衆人ニ報告ス。是ヲ以テ、下ニモ云如ク、チリン／＼ノ町飛脚、等異名ス。

守貞謾稿巻之六　生業

茲ニ図スル者ハ、或人ノ所蔵古屏風ニ所載也。京師、祇園會ノ図中、屏端ノ方ニ繪レ之、画工無名、時世詳ニセズ。
男子ハ呉服買、下ノ二婦ハ小原女ト見ユ。古今其扮ノ異ナルヲ可見也。

呉服買ノ手に携ヘシハ、銀秤ト見ユ。又、此図ノミニ非ズ。諸古画ヲ見ルニ、商工ニ至ル、皆専ラ一刀ヲ佩《おび》タリ。是戦国及ビ未タ昇平《しょうへい》久シカラザルノ故歟。今世、商工産業ノ時、更ニ一刀ヲモ帯ズ。式正ニハ帯レ之。旅行ニモ専ラ帯之。蓋、近世旅行ニモ無刀ノ人アリ。是、昇平ニ浴スガ故也。
今世モ薩摩国民、農、商、工トモニ、平日モ必ズ皆一刀ヲ帯ル。

呉服買

小原女

樒《しきみ》等ヲ賣ル者歟

此手ニ持シハ何物ヲ知ラズ。食類歟

是ハ菊花、分明也

図27　奥村利信画「呉服売」東京国立博物館蔵

図28　西川祐信画『百人女郎品定』（享保8）
八瀬の黒木賣、大原の柴うり

鮮魚《せんぎょ》賣

三都トモ、俗ニ肴屋《さかなや》ト云。

枯魚《かれうお》賣

同、枯魚ヲ俗ニ塩モノ、乾物トモ云。鮮魚ノミウルアリ。或ハ、枯魚ヲ兼テ賣ルアリ。京都ト江戸ノ、魚賣如此。大坂ニモ如此モアレドモ、専ラ鮮魚ノミヲ賣ル者ハ、大坂住ノ者ニ非ズシテ、泉ノ堺ヨリ来ル者ト、摂ノ尼ケ崎ヨリ出ル者也。京坂食用ノ鮮魚ハ、堺ヨリ出ルヲ上品トシ、美味トシ、價モ他ニ陪ス。堺、尼ケ崎トモニ、夜中彼所ニ魚市ヲ行ヒ、未明ヨリ発シテ大坂ニ至リ、専ラ市民得意ノ家ニ弔フノミ。或ハ、得意無之者ハ市中ヲ呼ビ行ク。コレヲ、俗ニ「フリウリ」ト云。他賈モ准之。得意アル魚賣ハ、五節及ビ土神祭祀等ノ日ハ、僕両三人ノ供シテ、魚篭二、三荷ヲ持巡ル。江戸ニハ如此者ハ無レ之。僅ノ魚数ヲ持巡ル。

又、大坂ニ、四月ニハ、鯛及ビ鮹甚ダ多ク、價廉ニシテ味美也。俗、此節ヲ魚嶌《うおじま》（魚のたくさんとれるとき・魚島時）ト云。当節、呼声平日ヨリ華カニ高ク呼ブ。其詞ニ曰「タイヤタイ、ナマダッコ、タヒー」ト呼ビ行也。又、尼、堺ヨリ出ル者、夏月ニハ衆賈一様ノ襦半ヲ着ス。地白木綿ニ紺ノ大名縞也。他色ヲ無二用者一也。

江戸ノ魚賣ハ、四月初松魚《はつがつお》賣ヲ盛也トス。二、三十年前ハ、初テ来ル松魚一尾價金二、三両ニ至ル。小民モ争テ食レ之。近年如レ此昌《さかんな》ルコト、更ニ無之。價一分二朱、或ハ二分バカリ也。故ニ、魚賣モ其勢太タ衰ヘテ見ユ。

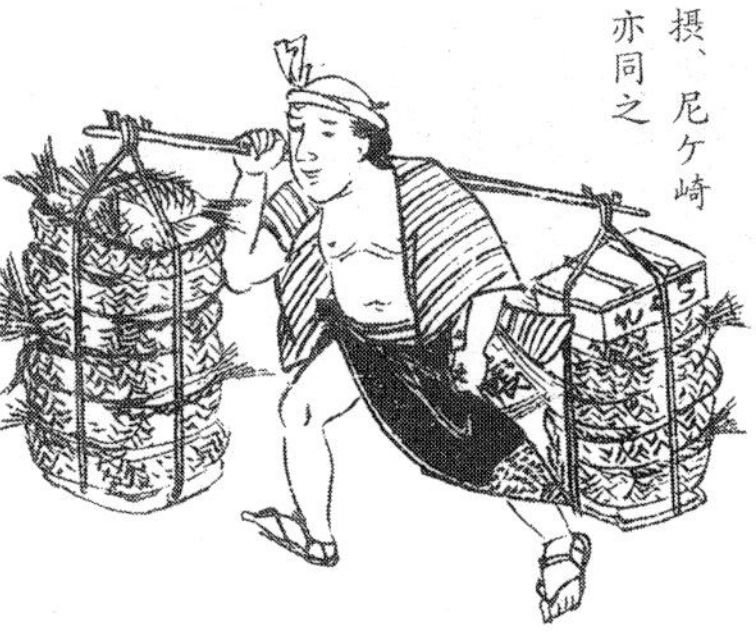

泉堺ノ魚賣

摂、尼ケ崎亦同之

江戸初鰹賣

江戸魚賈ノ荷フ所図

モッコ上ニ篭ヲ置キ、篭ニ半台ヲ置キ、半台ハ桶ノ名也。半台及篭トモニ楕円形也

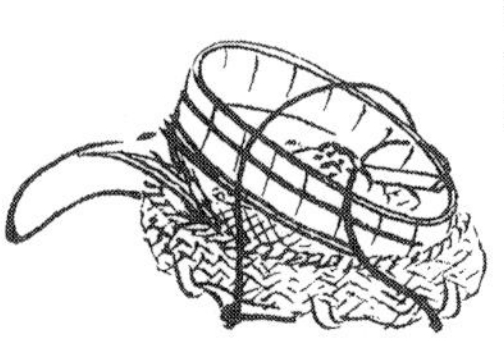

漁村ヨリ、諸魚ヲ三都ノ市ニ漕ス。魚篭、京坂ハ楕円形濶《ひろ》ク、江戸ハ狭シ

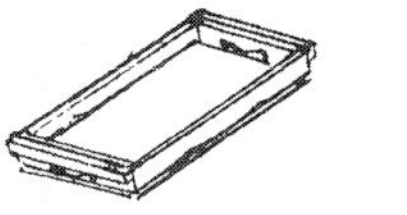

江戸ニテ、白魚及ビムキミ賣ハ、図ノ如キ筥ニ盛リ携フ。右図ノ半台ノ上ニモ置レ之者アリ。掾ノ左右各二所ヲ穿《うがち》テ、水ヌキニ備ヘタリ。

白魚ハ、江戸隅田川ノ名物トス。細カキ網ヲ以テ、救ヒ捕ル。夜ハ、篝《かがり》シテ漁レ之。白魚賈ハ、二十五尾ヲ一チョボト号ケ、一チョボヲ以テ價ヲ唱フ。

後考、二十尾ヲ、一チョボト云。

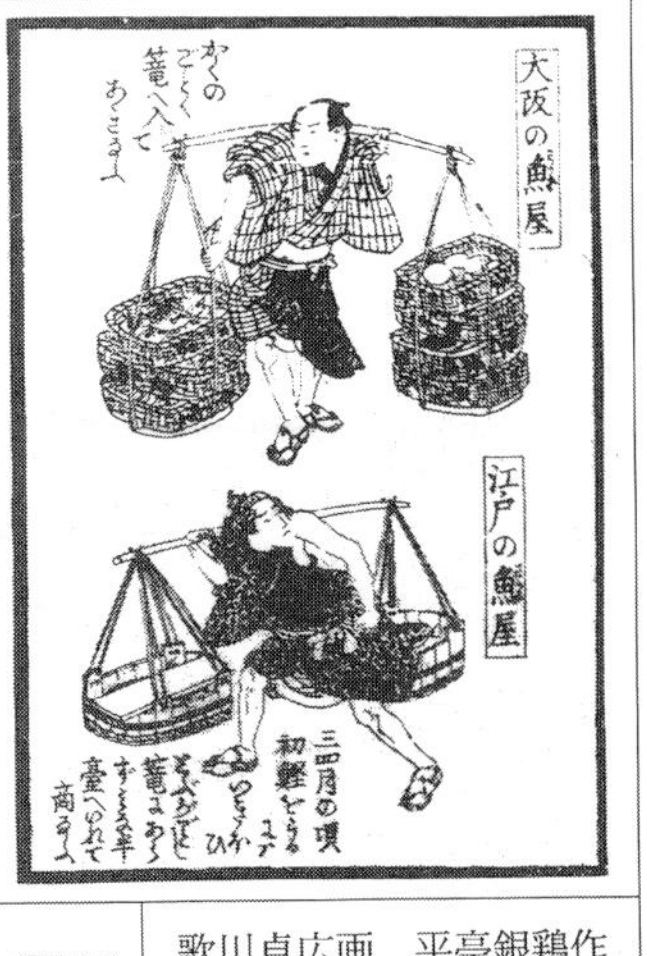

図29　歌川貞広画　平亭銀鶏作『街能噂』（天保６）

菜蔬《さいそ》賣

俗ニ、三都トモ八百屋ト云。ヤオヤト訓ズ。又、江戸ニテハ瓜、茄子等一種ヲ専ラ持巡ル者ヲ、前栽賣ト云。京坂ニテハ、是ヲモ、ヤオヤト云。其扮無レ定、其篭モ三都大同小異也。江戸ノ近村ヨリ、瓜、茄子等ヲ此篭ニ盛テ市ニ贈ル。是ヲ前栽篭ト云。此篭五六ヲ枴《おうこ》（天びん棒）ニカケ擔ヒ賣ルヲ、前栽賣ト云。

江戸、鯉賣ハ此桶二筒ヲ枴ニテ擔フ。詞ニ「鯉ヤコイ〳〵」

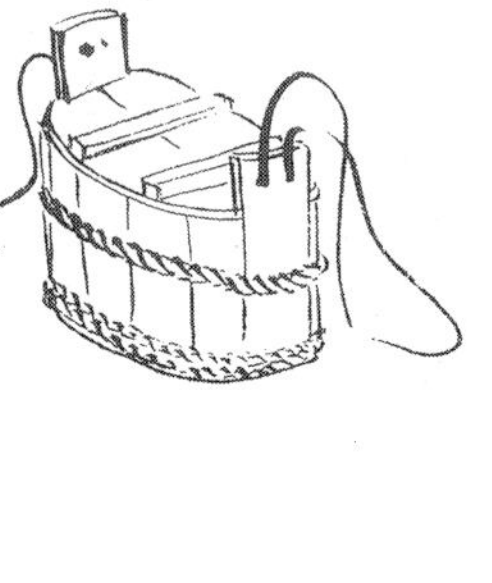

如此縄ヲ輪ニシテ枴ニツケ、息杖ニカケテ釣レ之コト、江戸ノ八百屋ノミ為レ之

昔ハ、前栽賣ト八百屋ト大異、今ハ、粗相《ほぼ》近シ。前栽賣ハ数品ヲ携ズ、瓜、茄子ノ類、或ハ、小松菜等一、二種ヲ賣ヲ云。八百屋ハ数種ヲ賣ノ名ナリ。

三都トモニ、菜蔬ヲ俗ニ青物ト云。因之、賣之賈《これをうるみせ》ヲ青物賣トモ云。菜蔬店、青物見世トモ、八百屋トモ云。

前栽篭、前栽賣、京坂有其業、無此名也

豆腐賣

三都トモ扮《よそおい》無レ異、桶制小異アリ。京坂豆腐一、價十二文、半挺《ちょう》六文、半挺以上ヲ賣ル。焼豆腐、油アゲトウフ、トモニ各二文、江戸ハ豆腐一、價五十餘文ヨリ六十文ニ至リ、豆價ノ貴賤ニ應ズ。半挺、或ハ四半挺以上ヲ賣ル。價、半價、四分一價也。焼豆腐、油揚豆腐各五文。蓋、京坂豆腐小形、江戸大形ニテ價相当ス。又京都ニテハ、半挺ヲ賣ズ。一挺以上ヲ賣ル。因記ス、天保十三年二月晦日、江戸ノ市中ニ令ス。江戸箔屋町、豆腐屋与八、豆腐價廉ニ賣ル故ニ、官ヨリ賞レ之。古来、豆腐筥制、竪一尺八寸、横九寸ナルヲ以テ製レ之。是ヲ十或ハ十一ニ斬分テ一挺ト号ケルヲ例トス。与八ノミ、是ヲ九挺ニ斬テ價五十二文ニ賣ル。他ヨリハ四文廉《やすき》也云々。当時價五十六文ニテ、与八ノミ形大ニシテ五十二文ニ賣ル。故ニ賞レ之也。

油　賣

油賣ハ、三都其扮相似テ、専ラ藍ノ織色綿服ニ、渋染ノ胸アル前垂ヲシタリ。油桶ノ制モ、又三都相同ジ。蓋、京坂ハ樽ノ下ニ筥ヲ用ヒズ。江戸は、桶下ニ箱アリ。故ニ、今図スルニ右擔《にない》ハ江戸、左リハ京坂ノ荷トス。一ヲ以テ両様ヲ示スノミ。又、油賣ノ手に携ルハ油サシ也。銅器アリ。貧戸ニテハ陶器ヲモ用之。

花　賣

三都トモニ、花賣ニハ男子多ク、又、稀ニ老姥《ろうば》モアリ。佛ニ供スル花ヲ専トシ、活花ニ用フル花ハ少シ。京坂ハ、仏供ノ花、價三銭以上ヲ賣ル。三文、或ハ五文モアリ。親鸞宗ハ、大ヨリ十、廿文ヲ供スルモアリ。貴價ノ花ヲ供スルコト三都相似シ。江戸ハ八文以上ヲ賣ル。大約、江戸小價ノ物ハ四文、八文ヨリ、四十八文、六十四文ト、凡テ四ヲ積テ價トスルコト、四当銭ヲ専用スル故也。

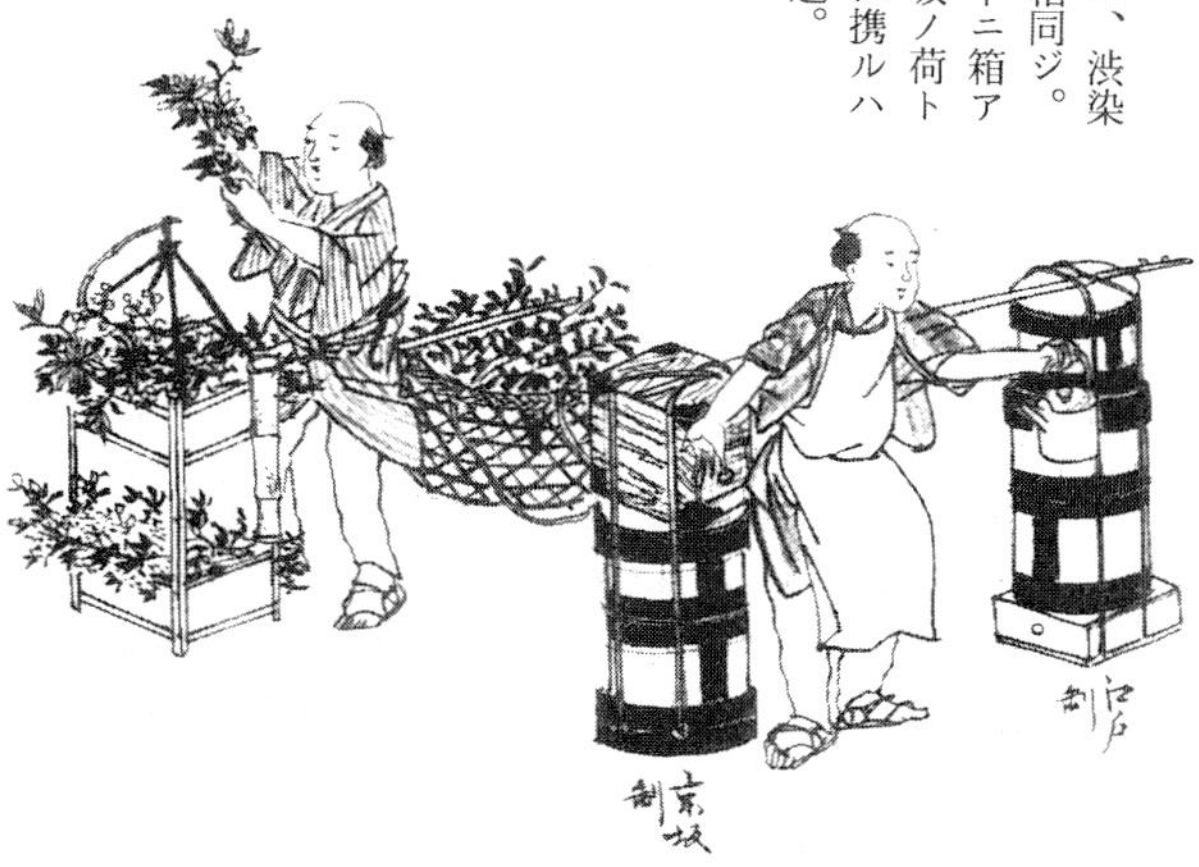

荒神松賣

三都トモニ、竈《かまど》神《がみ》ヲ俗ニ三宝大荒神ト号ス。三都トモ、毎晦頃荒神松ヲ賣ル。買レ之テ釜上ニ供ス。京坂ハ、大約二尺以上ヨリ五六尺ニ至リ、大、中、小戸ニ應テ供レ之。又、榊ヲ副ル。凡二尺松一枝、小榊一枝ノ価八銭計。五六尺ノ松ハ百文餘ニ至ル。大小トモニ花瓶ニ栽テ供レ之。

江戸ハ、戸ノ大小ヲ擇バズ。各尺餘ノ小枝一枝ヲ供ス。又、榊ヲ副ズ。松一枝、價四文。又、江戸ニテハ雞ヲ画ク絵馬ヲ兼賣ル。是亦、荒神ニ供スルノ料也。雞ノ絵馬ヲ荒神ニ供スレバ、油蟲ヲ除ノ呪《まじない》ト、江俗ニ云傳ヘ行レ之。

羅宇屋《らうや》

烟管《きせる》ノ竹ヲ、ラウト云。本字未詳。三都トモニ、普通烟管首尾トモニ長サ八寸ヲ定トス。七寸ヲ殿中ト云。ラウ價八文、長キ物ハ價十二文以上。京坂ニテハ、ラウノシカヱト云。道具ラウ竹等二筥ニ納テ、擔ヒ巡ル。江戸ハ、一筥ニ納テ負巡ル。文久元年ヨリ諸價高直ニ准ジテ、従来八銭ノラウ十銭トナル。

錠前直シ

損錠、失鑰等ノ修補ヲ云也。都《す》テ、今俗ニ修補ヲ、ナホスト云也。是ハ京坂ハ擔ヒ、東武ハ肩上ニ携フ。

鋳鉄師

銅鉄ノ鍋釜ノ破損ヲ修補ス。フイゴヲ携ヘ来テ、即時ニ為レ之。其扮、三都相似タリ。蓋、江戸鋳夫師ノ枴《おうご》甚ダ長キヲ用フコト、京坂ト異也、凡図ノ一陪《ばい》長ナルベシ。

磨　師

挿刀《かたな》、庖丁、小刀等ヲ磨ス。又、鋸ノ歯ヲモ磨ス。蓋、刀剱ハ磨スルコトヲ得ズ。別ニ、刀磨工アリ。俗ニ、此徒ヲ、トギヤト云。トギ師ハ、自刀剣研ノコトトス。

下駄歯入レ

下駄、足駄等ノ歯ノ減ジタルヲ、新歯ト刺カユル也。鋳カケ、磨師、歯入等、其形相似タリ。故ニ、磨師ト下駄歯入ノ図ハ省略ス。

針　賣

針賣男子、或ハ老姥モ賣レ之。又、小間物賈モ兼二賣之一也。縫衣ノ針ヲ賣ル、京師御簾屋《みすや》某ハ針名工トス。故ニ、江戸ニテモ詞ニ「ミスヤハリ、ハヨロシ」云々。

瀬戸物焼接

瀬戸ハ尾張国地名、専ラ陶器ヲ制造ス。故ニ、今俗陶器ノ惣名ヲセトモノト云。此賈ヲセトモノヤト云。昔ハ、陶器ノ破損、皆漆ヲ以テ修二補之一。寛政中始テ、白玉粉（三〇一頁注参照）ヲ以テ焼接《やきつ》グコトヲナス。今世モ、貴價ノ陶器及ビ茶器ノ類ハ、再竃ニ焼コトヲ好マズ。故ニ、漆ヲ以テ補レ之。金鈖ヲ粘ス。日用陶器ノ類ハ焼接ヲ専トス。

蓋其扮、三都相似タリ。唯、所擔篭形、僅ニ異ナルノミ。故ニ一人ヲ図シテ、京坂ト江戸トニ兼ルハ、筆労ヲ省クノミ。前篭ハ京坂、後ロニ荷ハ江戸ノ篭形也。

紙屑買

反故《ほご》、及古帳紙屑ヲ買ヒ、又兼テ古衣服、古銅鉄、古器物ヲモ兼買フ。京坂ノ詞「チンカミクズテン〱」ト云。テン〱ハ古手ノ畧語。古手ハ古着トモ云。古衣服ヲ云也。紙屑古銅鉄ノ類ハ、秤ニカケテ買フ也。京坂は、図ノ如ク低キ丸形、篭上ニ麻布風呂敷ヲ置ク。江戸ハ丸形、方形二種アリ。方形を御膳篭ト云。仕立料理其他ニモ、専ラ用之コト多シ。

古傘買

京坂ニハ、稀ニ銭ヲ以テ買レ之。多クハ土偶及ビ土瓶、土瓶《(ママ)》、行平鍋、又ハ、深草団扇等ヲ以テ交易シ、物少キ方ヨリ銭ヲ添ル。

京坂、此賈詞ニ「土ヒン、行ヒラ、キビショ、ヤキナベ。上ウチワヤ、上人形ト、カヱマスデゴザイ。ナンナリカナリト、カヱ升デゴザイ

上人形ハ精製土偶ノ惣名也。

江戸ハ交易セズ。一古傘、大畧四文、八文、十二文許リニ買レ之。故ニ、此賈ヲ古骨買ト云。詞「フルボネハゴザイ〱、ト云。所荷具、植木ヤ似テ小也。

灰　買

京坂ニテハ、竃下、炉中ノ餘灰ニ、米糠ト綿核《たね》ヲ兼買フ。故ニ、詞ニ「ヌカ、タネ、ハイハ、ゴザイ〱。

又、京坂此徒ニハ、仲仕《なかし》前垂《まえだれ》ヲス。前垂ノ図ハ、男服ノ条下ニ出ス。

江戸ハ灰而已《のみ》ヲ買フ也。是ハ、市民自家ニ綿ヲ操リ製セズ。糠ハ番夫ノ家ニ買レ之。故ニ灰ノミ買之也。因云、三都トモニ畚《もっこ》ヲ荷ヒ巡ル、故ニ一図ヲ以テ兼レ之。

京坂紙屑カイノ篭

臼之目立

磑《ひきうす》ノ目ノ磨滅セルヲ斬ル也。三都、其扮相似タリ。道具ハ、財布ニ似タル岱ニ納テ肩ニス。唯京坂ノ者ハ、仲仕前垂ヲス。江戸ハ無前垂也。

鼠取薬

鼠毒殺ノ薬ヲ賣ル。三都トモニ、其扮相似テ、又、各小幟ヲ携フ。小幟ハ、木綿一幅長五尺許、地紺、字白ニ染タリ。

京坂ニテ賣詞ニ「猫イラズ、鼠トリグスリ、云々。江戸モ、始メハ同詞、今世ハ是ヲ云ズ「イタヅラモノハ居ナヒカナ」ト云。

今俗、破落戸ヲ云テ、イタヅラ者ト云也。故ニ、鼠ヲ破落戸ニ比スルノ戯言也。今ハ、専ラ是而已ヲ云。

箒　賣

棕梠箒《しゅろぼうき》賣也。三都トモニ、古箒ト新箒ト易《かえ》ル。古キ方ヨリ銭ヲソユル。古帚ハ、解テ棕梠縄及ビタワシ等ニ、制シ賣ル。

又、江戸ニハ竹帚、草帚ヲモ擔ヒ賣ル。京坂ニハ棕梠帚ノ他ハ、擔ヒ賣ルコト稀也。竹帚ハ店ニ賣リ、草帚ハ酒造ノ他ハ用フルモ稀也。

銅器賣

三都トモニ、銅及ビ真鍮製ノ鍋、茶瓶、薬クワン等、其他諸銅器ヲ賣リ、又、新器ト古器ヲ交易ス。故ニ、京坂ノ詞「アカヾネ道具シカヱ、云々。又、京坂ニテハ、冬月《ふゆ》ノミ銅ノ餅焼網ヲ肩ニカケ、新古ヲ交易スルアリ。詞ニ「アミヤ、アブリ子《こ》、シカヘ云々」

算盤直シ

ソロバンノ損ヲ修補ス。

京坂ハ、ワクヲ用ヒズ。箒柄ヲ上ニシテ朸ニ掛ル也

炭　賣

古ヨリアル賈歟。季寄ノ書ニモ賣炭翁ヲ載テ、バイタンロウト訓セリ。今世、三都トモ、貧民小戸ノ俵炭ヲ買得ザル者、一升、二升ト、炭ヲ量リ賣ルノミ。是ヲ、ハカリズミト云。俵炭ハ、店ニテ賣レ之ノミ。

醤油賣

前同意。江戸ニテハ、酒モ兼賣ルアリ。

塩　賣

前同意

嘗物賣《なめものうり》

> 嘗物《なめもの》　調味用ではなく副食用味噌。守貞謾稿の食類に金山寺味噌、桜味噌、鯛味噌、寺納豆、鉄火味噌などとある。（編著者注）

漬物賣

京坂ニテ、茎屋、クキヤト訓ズ。昔ハ、大根等ノ茎漬ヲウリシ也。今世ハ、茎ノミニ非ズ。蘿根《だいこん》、蕪《かぶ》、菜等ノ塩一種ヲ以テ漬タルヲ、クキト云。又、大根ノ根葉トモニ、細カニ刻ミテ、塩漬ヲ刻ミ茎ト云。

蘿根全体ノマヽ漬タルヲ、長漬ト云。瓜、茄子等、塩、糠二種ヲ以テ、不日ニ浅漬ト云。大根ノ葉ヲ去リ、乾テ枯テ後ニ、塩、糠ヲ以テ漬タルヲ、香々ト云、香ノ物トモ云。

新粉細工

米粉ニ諸彩ヲ交ヘ、鳥獣草木等ノ形ヲ造リ、方一、二寸ノ薄キ杉板ニ粘シ、小児ノ弄物《ろうぶつ》ヲ専トシ、食レ之児ハ稀也。

飴細工

同前、諸物ノ形ヲ模造ス。蓋、飴細工ハ、皆必ズ葮茎《あしくき》ノ頭ニ粘ス。又飴丸ヲ葮頭ニ粘シ、吹レ之テ中虚ノ大丸トスルアリ。専ラ藍紅等ヲ以テ、彩レ之。諸形トモニ飴細工ハ、製後彩レ之也。

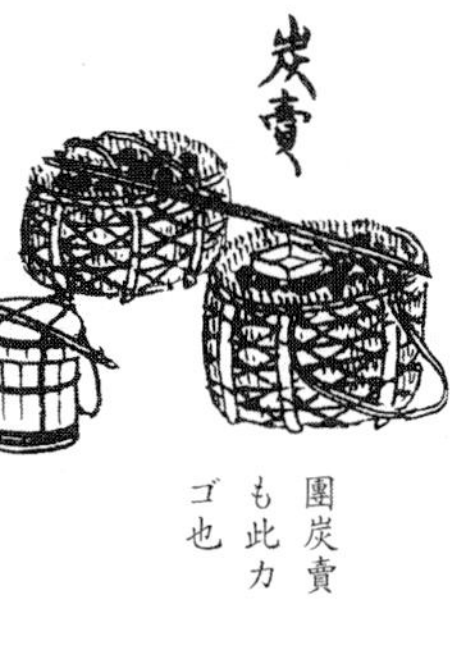

團炭賣も此カゴ也

醤油賣、塩賣、粗相似リ

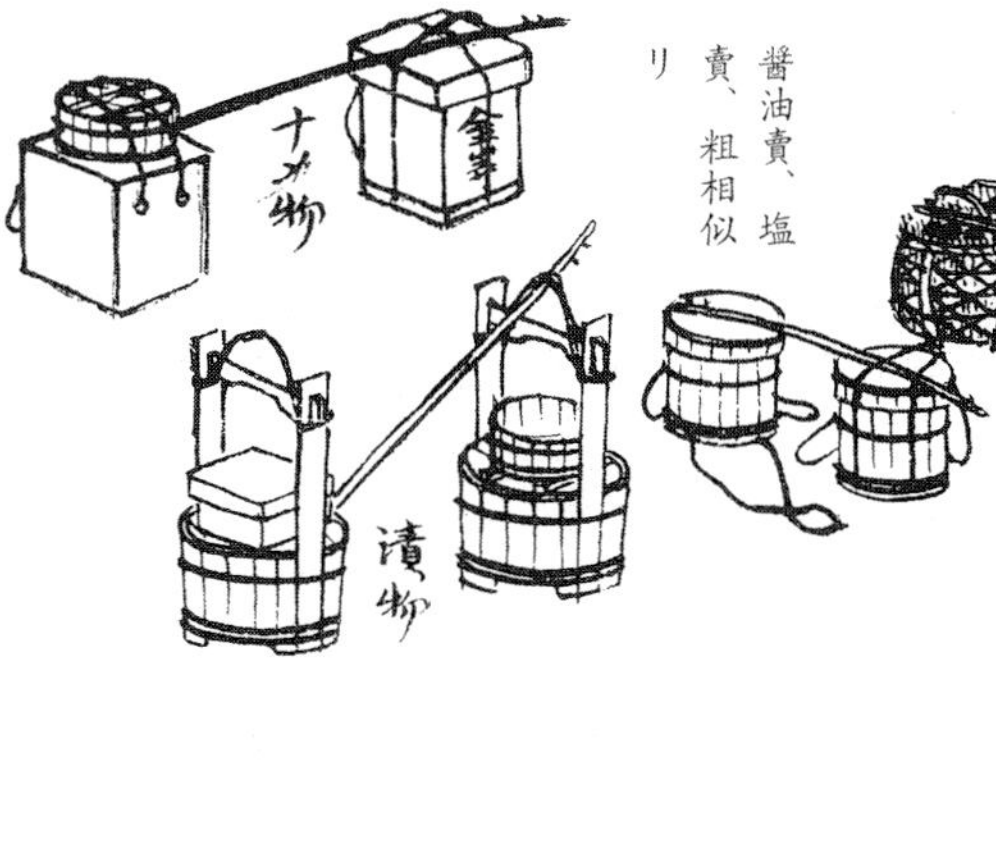

新粉《しんこ》細工、三都トモニ似タリ

飴細工、三都相似リ

飴賣

三都トモニ、其扮定《ふん》ナク、又、飴制ニモ数種アリ。又、毎時種々ノ異扮《いふん》ヲシテ賣之者アリ。故ニ、コレヲ図《ず》スルコトヲ得ズ。唯江戸ニ一種、毎時不易ノ飴賣アリ。今是ヲ図ス。賣辞ニ「下リ〳〵」ト云。原《もと》、京坂ヨリ贈リ下スノ矯《かこつ》ケ歟。又因曰、江戸飴店ニハ、必ラズ渦ヲ描ケリ。今擔賣ニモ描レ之者アリ。

弄物賣

蝶々、風車、其他、種々無際限、又無定扮、故ニ、是亦図スルコトヲ得ス。花簪等ヲ賣ルニハ、竿頭ニ稿《こう》（わら）ヲ束ネタル具ニ挟デ携之。此具ヲ号ケテ辨慶ト云。

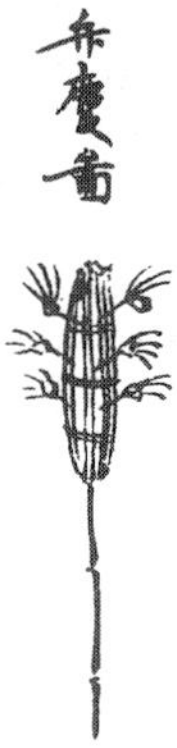

芝居弁慶ニ扮スル者、必ラズ七具ヲ負フ。此具ノ形似タルヲ以テ名トス

蕃椒《とうがらし》粉賣

七味蕃椒《とうがらし》ト号テ、陳皮、山椒、肉桂、黒胡麻、麻仁等ヲ竹筒ニ納レ、鑿《のみ》ヲ以テ突コ刻之ニ賣ル。諸食ニカケテ食フ人多シ。此賈、大坂ニ異ヲナス者一人アリ。甘辛屋儀兵衛ト云。諧謔《かいぎやく》ヲヨクシ、買人ノ求ニ應テ為レ之。或ハ、観物雇レ之テ、演舌ヲナサシム。江戸、又城西、新宿ノ内藤氏邸辺ヲ、蕃椒ノ名産トス。故ニ、江戸ニテ賣レ之詞「内藤トウガラシ」云々。因ニ曰、粉蕃椒ニハ、鬼灯《ほほづき》花ノ実ヲ刻ミ交ユ。辛味強キヲ好ム人、鮮《すくな》キ故也。

小間物賣

昔ハ、高麗《こま》等舶来ノ物ヲ販《ひさぐ》ヲ、高麗物屋ト云。高麗ト小間ト、和訓近キヲ以テ、假字スル歟《か》。今ハ、笄、簪、櫛、元結、丈長《たけなが》、紅白粉、或ハ、紙入、烟草入等ノ類ヲ、賈フヲ云。因云、貸本屋ノ包ミモ似レ之タリ。蓋、貸本ハ、路上ヲ呼ビ巡ラズ、得意ノ家ヲ巡ルノミ。雇銭ヲ以テ、諸書ヲ月貸ニスル也。此月銭ヲ、貸賃或ハ損料トモ云。又、三都トモニ、小間物ヤ貸本ヤノ扮、異ナルコトナキ也。

江戸ノ下リ飴ウリ

大坂唐辛《とうがらし》賣、甘辛屋儀兵衛肖像

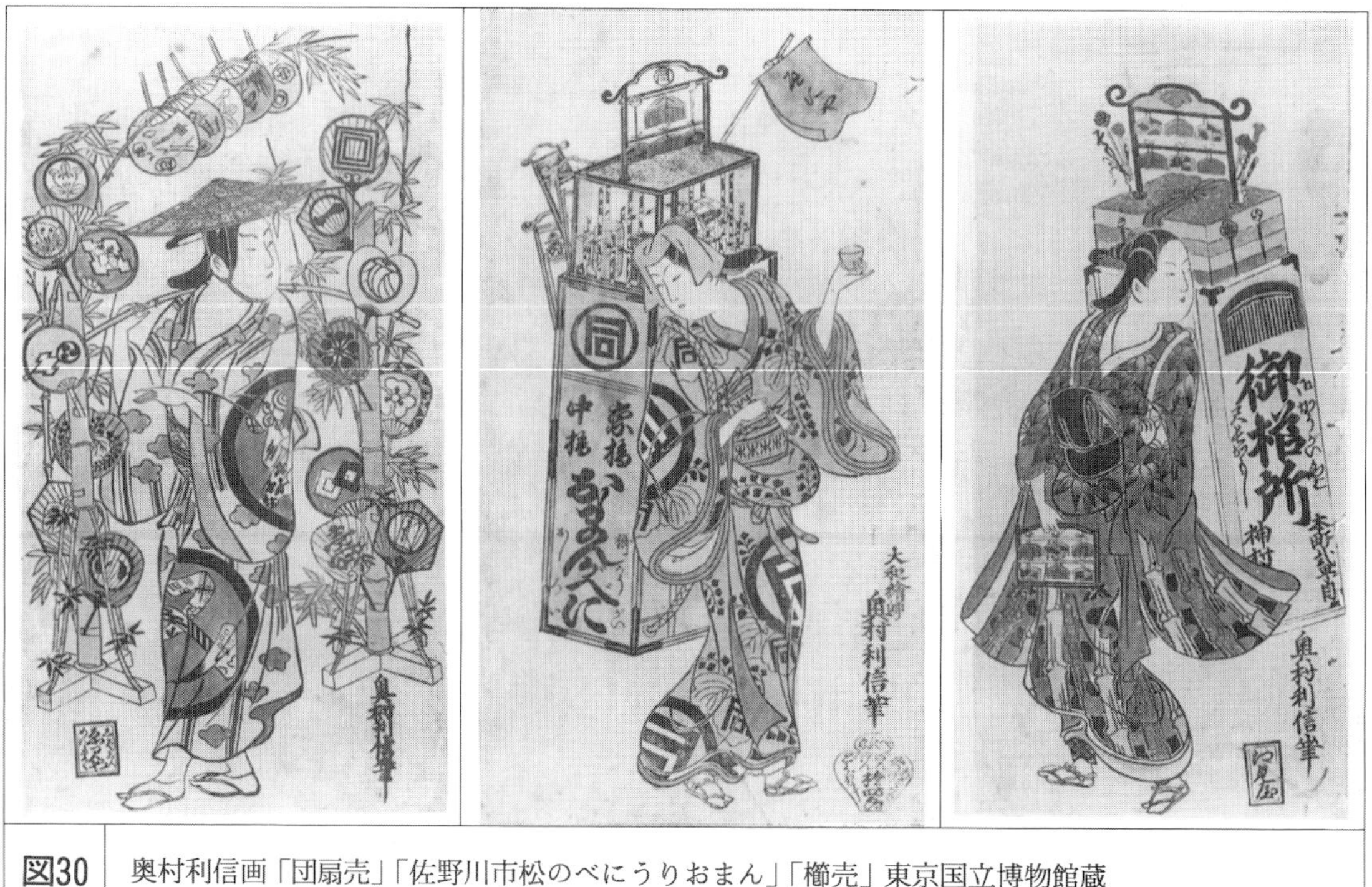

図30　奥村利信画「団扇売」「佐野川市松のべにうりおまん」「櫛売」東京国立博物館蔵

筆墨賣

烟草賣モ、此筥《はこ》ト同形ヲ用フモアリ。又、大坂ニテ、上製菓子ヲ得意ノ家ニ賣リ巡ルモ、此筥ト同制ヲ用フ。江戸ノ上製菓子ヲ、得意ニ巡リ賣ル者ハ、箱ヲ紺木綿風呂敷ニ裹《つつ》ミ負ヘリ。

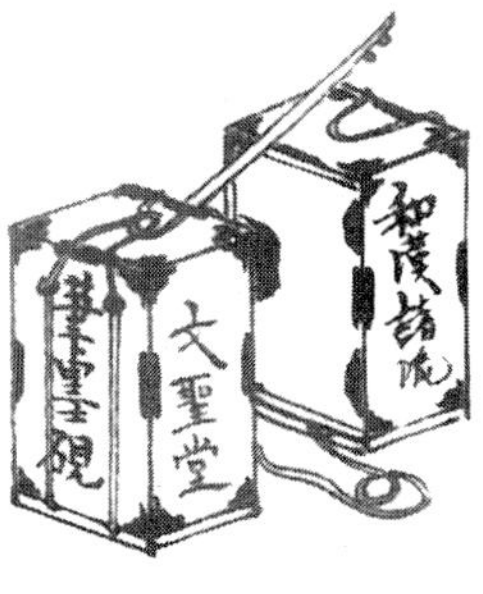

鰻蒲焼賣《うなぎうり》

京坂ハ、諸具トモニ擔ヒ巡リテ、阡陌《せんぱく》（十字路。阡は南北の道。陌は東西の道）ニ、鰻ヲサキ焼テ賣之。江戸ニテハ、家ニテ焼タルヲ岡持ト云手桶ニ納レ、携ヘ巡リ賣ル。蓋、京坂大道賣ノカバヤキハ、大骨ヲ去ズ。一串價六文、江戸ハ、大骨ヲ除キ去テ、一串十六文ニ賣ル。又、江戸上製鰻店ニ非ズシテ、市民ノ擔下等ニ、床等ヲ置キ賣レ之者アリ。是ヲ大道ザキノ鰻ト云。賤價也。

因曰、京坂、鰻蒲ヤキ一種ノミヲ賣店無レ之。唯、大坂淡路町丼池ニ、島久ト云者、此一種ヲ賣ル。蓋、得意ニ非レバ、現金ト雖ドモ賣コトヲ聴カズ。京坂、唯此一戸ノミ。其他ハ、諸肴ト並賣ル。而モ、普通ノ料理屋トハ別ニテ、鯉ノミソシル、鮒ノ刺身等、河魚ヲ専トシ、又、海魚モ交ヘ用フ。然ドモ、掛行燈ニハ、必ズ萬川魚ト記セリ。俗ニ、是ヲ号テ生洲ト云、イケスト訓ズ。

又、大坂ニハ、諸川岸ニ屋根舟二、三艘ヲ並ベツナギ、一艘ニテ割烹シ、二、三艘或ハ一、二艘ヲ、客席トスル者アリ。是ヲ船生洲トス。京都ニモ無之。

又因曰、京坂蒲焼ハ、朱漆ノ大平椀ニ盛ル。大、價銀三匁、小二匁、江戸ハ陶皿ニ盛ル。大一串、中二、三串、小四、五串ヲ一皿トス。各價二百銭。天保府命後、百七十二文ニ賣ル家モアリ。

又因曰、京坂ハ、鱣《せん》ヲサキテ大骨ヲ去リ、首尾全體ニテ焼之。而后、斬テ椀ニ盛、焼レ之時鉄串ヲ用ヒ、串ヲ去テ椀ニ盛ル。江戸ハ、大骨ヲ去リ、鰻ノ大小ニ應ジ、二三寸ニ斬リ、各竹串二本ヲ貫キ焼テ、串ヲ去ズ皿ニ盛ル。江戸ハ、焼レ之ニ醬油ニ美琳酒ヲ和ス。京坂ハ、諸白酒ヲ和ス。諸食トモニ、京坂ニテハ、諸白ヲ交ヘ、江戸ニテハ、ミリンヲ交ユ也。

又、京坂ハ、鰻ヲ腹ヲ裂キ、江戸ハ、背ヲサク也。

挑灯《ちょうちん》張替

火袋ヲ携ヘ来テ、應レ求テ即時記号等ヲ描キ、桐油ヲヒキテ更レ之。又、大坂ニテハ、詞ニ「傘、日カサノ、ツヾクリ、雨障子、天窓ノハリカヱ」、ト呼来ルモアリ。如レ詞、應レ求、補レ之也。ツヽクリハ、補フノ俗語。傘、日傘等、全紙ヲ修補スルニ非ズ。大小ノ破損ノミヲ、修スルヲ専トス。挑灯ハ、三都トモニ、全ク古火嚢ヲ去テ、新灯嚢ニカヱル也。

三都相似タリ

植木賣

都テ草木ノ類、専ラ此具ヲ以テ擔レ之。大樹ニハ不レ用レ之。又、貴價鉢木ノ類ハ、御膳篭ニ納テ擔レ之。御膳篭ノ真図、紙屑買ノ下ニ図ス者ト同ク、深キヲ用フ。又深サ半ナル篭、諸戸ノ専用トス。サクラ草賣、朝顔賣、ヒエマキウリ（稗蒔賣）、瓦器賣、古傘買ノ荷具、各与レ之同制。

図31　[左] 鳥居清長画「風俗東之錦　植木売」 アダチ版画研究所蔵
[右] 鈴木春信画「団扇売」 江戸東京博物館蔵

瓦器《カンテキ》賣

京坂カンテキト、火炉カンテキハ、カンヘキノ訛カ。此炉、忽ニ炭ヲ火トス。故ニ、癇癖《かんぺき》ト云也。江戸ニテハ、七厘ト云。火消壺ハ、ヲキビ（熾火《おきび》）ヲ消ス壺也。京坂ニテハ、カラゲシ壺ト云。火消壺、カラ消、二種アル故也。江戸ハ、水ケシセズ。故ニ、火ケシ壺、或ハ上畧シテ、ケシツボトモ云。其他瓦製ノ諸器ヲ賣ル。蓋、京坂ニテハ、ホウロク（焙烙《ほうろく》）ノ一種ヲ賣ル者、別ニ有レ之。江戸ニテハ、諸瓦及ビ瓦器、浅草郷今戸町ニテ多ク製レ之。故ニ惣名シテ、今戸焼ト云テ、瓦器ト云ズ。

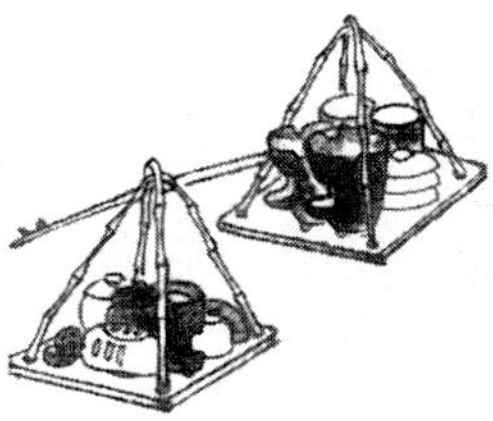

京坂賣詞「火消壺カンテキハヨウ」

生蕃椒賣

トウガラシノ、根トトモニ抜テ、小農等賣リ巡ル。既ニ熟テ、赤キアリ。或ハ、未熟ニテ青実モアリ。京坂ノ賣詞ニ「トウガラシノネビキヨウ」ト、呼ビ来レリ。

サボン玉賣

三都トモ、夏月《かつ》専ラ賣之。大坂ハ、特、土神祭祀ノ日、専ラ賣来ル。小児ノ弄物也。サボン粉ヲ水ニ浸シ、細管ヲ以テ吹レ之時ニ、丸泡ヲ生ズ。京坂ハ、詞ニ「フキ玉ヤ、サボン玉吹ハ五色ノ玉ガ出ル、云々。江戸ハ、詞ニ「玉ヤ〳〵〳〵。

海ホウヅキ賣

海中ノ枯木、及ビ岩等ニ生ル藻ノ類カ。是亦、小児ノ弄物、特ニ女児弄レ之。白アリ、或ハ、蘇坊《すおう》染ノ赤アリ。トモニ、鬼灯《ほうずき》花ト同ク、口ニ含ミ、風ヲ納レ、カミヒシギテ鳴レ之ヲ、弄トス。

勝負附賣

相撲ノ勝負ヲ記シタル印紙ヲ賣ル。京坂興行中、毎宵印レ之、頓《とみ》ニ賣巡之、其速ナルヲ良トス。亦賣レ之夫モ、太ダ趨《はやく》テ箭《や》ノ如ク飛行ス。

詞ニ「勝負ヅケ〳〵、ト云。

又、三都トモ、興行前日、市中ニ太鼓ヲ拍チ、巡リ報ズ。江戸ハ、此太鼓ニ添テ、勝負付賣ノ夫モ、同ク巡リ、更ニ走ラズ。

京坂角力ノ勝負付賣

三都定扮ナシ

按摩

諸国盲人、業レ之スル者多シ。或ハ、盲目ニ非ルモアリ。或ハ、得意ノ招ニ應テ、行クノミモアリ。或ハ、路上ヲ呼巡リテ、應需スルアリ。蓋、三都諸国トモニ、振リ按摩ハ、小笛ヲ吹ヲ標トス。振ハ、得意ニ往ズ、路上ヲ巡リ、何家ニテモ、需ニ應ズヲ、諸賈亦准レ之テ、振賣ト云ニ同ジ。

又京坂、フリアンマハ夜陰ノミ巡リ、江戸ハ、昼夜トモ巡ル。又、江戸ニハ笛ヲ用ヒズ。詞ニ「アンマ、ハリノ療治」ト呼巡ルモアリ。

小児ノ按摩ハ、或ハ、上《かみ》、下揉《しももみ》テ二十四文ナンド呼モアリ。江戸ハ、普通上下揉四十八文也。

又、店ヲ開キテ客ヲ待チ、市街ヲ巡ラズ、足力ト号テ、手足ヲ以テ揉者ハ、上下揉百文也。京坂ニハ、此足力按摩無レ之。又、京坂従来、普通上下揉三十二文、二三十年来、専ラ四十八文トナル。又、三都トモニ、或ハ上ノミ、或ハ下體ノミヲ揉者ハ、價ヲ半ニス。

因云、盲人ハ鍼《はり》治ヲ兼ル。足力等ハ灸《きゆう》治ヲ兼ル。又、別ニ、三都トモ灸スヱ所ト云者アリ。大略百灸以上、千灸以下ヲ一庸トス。銭廿四文許也。

銭緡《ぜにさし》賣

銭差賣、京坂ハ、諸司代邸、城代邸等ノ中間ノ内職。江戸ハ、見附グハヱン及び火消役邸、中間ノ内職ニ製レ之テ、市民ニ賣ル。大畧、十緡《さし》ヲ一把トシ、十把ヲ一束トス。一束價大約百文ヲ与フ。京坂ハ、一把以上ヲ賣ル。一把六文バカリヲ与フ。蓋、三都トモニ、大小戸ニ應ジ、或ハ、生業ニ據《もとづけ》テ、多少ヲ強賣ル。開店ノ家等、特ニ強賣ル。又、二三十年前ハ、毎時争論ニ矯《かこつ》ケテ、銭を貪ル。近年、官ヨリ戒レ之。故ニ、三都トモニ、争論稀ニテ、貪ルコト薄シ。

十人火消屋敷ノガヱントモ、日課アリテ、造之。蓋、自身ニ不賣之。市住ノ小民ニテ、業トスル者アリテ、市店ニ強賣ルガヱンハ、荷之テ、供ニ行クノミ。強賣ヲ業トスル者ヲ、カヱンヨリ呼テ商人ト云。強賣ノ者モ、其屋敷ノ得意ノ者也。

頭書 奴僕ノ一種。ガヱン、字未詳。愚按、外垣歟。垣ノ外ヲ掌ルト云者歟。（ガヱンは臥煙、臥烟。編著者注）

京坂ニテハ自身ニ強販ス

雪踏直シ

革緒、裡革等、其他都テ、履物ノ破損ヲ修ス。京坂ハ、穢多《えた》町ヨリ出テ、市街ヲ巡ル。詞ニ「ナホ、ナホシ〳〵」。直シハ、補理ノ俗語也。江戸ハ、ヱタ町及ビ非人小屋ヨリ出ル。詞ニ「デイ〳〵」。京師ノ扮、粗、江戸ニ似タリ。追テ詳ニシテ、後ニ図スベシ。

追考、京都モ、江戸ニ似タリト思シハ、誤ナリ。大坂ト同扮也。然モ、新造雪踏ヲ齎シ賣リ、修補ヲ兼ル也。デイ〳〵ハ、手入レ〳〵ノ訛言也、ト云リ。

夏用専ラ賣巡者ハ

甘酒賣

醴《れい》（甘酒）賣也。京坂ハ、専ラ夏夜ノミ賣レ之。専ラ六文ヲ一碗ノ價トス。江戸ハ、四時トモニ賣レ之、一碗價八文トス。蓋、其扮相似タリ。唯江戸ハ真鍮釜ヲ用ヒ、或、鉄釜ヲモ用フ。鉄釜ノ者ハ、京坂ト同ク筥中ニアリ。京坂、必ズ銕釜ヲ用ユ。故ニ、釜皆筥中ニアリ。

江戸真鍮釜ノモノハ釜筥上ニ出ヅ

湯出萩《ゆでまめ》賣

三都トモニ、夏月《なつ》ノ夜賣之。特ニ、困民ノ業トス。男子アリ、或ハ、婦アリ。京坂ハ、湯出サヤ〳〵ト云。鞘豆《さやまめ》ト云カ故也。江戸ハ、此萩《まめ》ヲ枝豆ト云。故ニ、賣之詞モ「枝豆ヤ〳〵」ト云。蓋、婦ハ、江戸ニ多シ。又、萩篭ヲ、江戸ハ懐《いだ》キ、京坂ハ肩ニス。

又、江戸ハ、萩ノ枝ヲ去ズ賣ル故に、枝豆ト云。京坂ハ、枝ヲ除キ、皮ヲ去ズ、賣ル故ニ、サヤマメト云。

枇杷葉湯《びわようとう》賣

是亦、消暑ノ散薬也。京師、烏丸ノ薬店ヲ本トス。三都、皆称レ之。又、三都同扮。蓋、京坂ハ巡リ賣ルヲ専トシ、江戸ハ、橋上等ニ擔《にないばこ》筥ヲ居《おい》テ、息《そく》ヒ賣ヲ専トス。

又、大坂元舗天満ニアリ。賣詞ニ曰「御存本家、天満難波橋、朝田枇杷葉湯云々」ト云。

是斎《ぜさい》賣

消暑ノ末薬也。東海道草津駅ノ東ニ、梅木村ト云アリ。其所ニ、此薬舗五六戸アリ。一戸ヲ是斎ト云。其他、定斎等ノ音近キヲ名トス。

蓋、薬名、和中散《わちゆうさん》ヲ本トス。大坂市街ニ賣ル者ハ、住吉社北、天下茶屋某ノ家ニ制ス。夏月《なつ》ノミ、大坂ニ賣巡ル者数夫、各一様ノ襦半《じゆばん》ヲ着ス。地白木綿ニ濃鼠ノ碁器《ごき》ノ形ニ似テ、五分許ノ小紋ヲ染タリ。

江戸ハ、府内三戸アリ。是亦、夏月ノミ賣之。所レ荷薬筥ノ文字記号、筥朱漆、青貝等ヲ以テシ、又、擔レ之夫ハ、歩行ニ術アリテ、薬筥鐶《かん》ノ鳴ヲ良トシ、必ズ鳴レ之テ行ク。又、此徒、炎暑ニモ笠ヲ用ヒズ。又、江戸ノ西、大森村ニ和中散ノ店アリ。薬磨ノ車等ヲ設ケテ、前ノ天下茶屋に似タレドモ、夏月、市中ニ巡リ賣コトヲセズ。

『世事談』曰、定斎薬ハ、大明ノ沈惟敬、本朝ニ来テ、霊薬ヲ秀吉ニ献ズ。茲ニ、大坂薬種屋定斎ト云モノ、俳優ヲ好ミ、秀吉申楽《さるがく》ヲ催ス時、召ニ應テ意ニ合ヒ、彼名方ヲ授ク。定斎業レ之トス。故ニ名トス。今、京東洞院《きょうひがしのとういん》青木屋ハ、定斎ノ裔《えい》也云々。然バ、本名定斎也。

頭書 ○筥朱漆㊅定斎、青貝也。

（東京では定斎屋《じょさいや》とよんで、第二次大戦後も営業していた。　編著者注）

図32　北尾政演画　山東京伝作『四時交加《しじのゆきかい》』（寛政10）国立国会図書館蔵

錦魚賣

金魚ハ、紅色ノ小魚。池中及ビ盤中ニ畜《かつ》テ、観物トス。三都トモニ、夏月専ラ賣レ之。又、金魚ニ異種アリ。形小、尾大ニシテ大腹ノ者アリ。常ニ、尾ヲ上ニ、首ヲ下ニ游グ。京坂、コレヲ蘭蟲ト云。ランチュウト訓ズ。江人、コレヲ丸子ト云、マルツコト訓ズ。腹大ニシテ、形鞠《まり》ニ似タル故ニ名トス。又、マルツト云ハ、江人ノ訛也。

又、大腹ニ非ズシテ、尾大ノ者ヲ、三都トモニ、朝鮮ト云。又、常体、丸ツ了、朝鮮トモニ、各、必ズ尾ハ三尖也。二尖ノ者ハ、鯉ニ類ス、故ニ、緋鯉ト云。緋鯉、金魚三種トモニ紅アリ、白アリ、紅白ヲ交ルアリ、黒斑モアリ。丸ツ子、朝鮮等、貴價ノ者ハ價金三、五両ニ至ル。又、此賈、京坂ハ必ズ各々、白木綿ノ手甲、脚半、甲掛ヲ用フ。江戸ハ、定扮ナシ。又、京坂ハ、金魚桶上ニ柳合利《やなぎごうり》一ケヲ置ク。是皆、旅人ニ扮スル故也。而モ、三都トモ、各畜レ之テ制スル元店アリ。

頭書 錦魚也。金魚ト書シハ、予一時ノ誤ノミ。

心太賣

心太、トコロテント訓ズ。三都トモニ、夏月賣レ之。蓋京坂、心太ヲ晒シタルヲ水飩《すいとん》ト号ク。心太一箇一文、水飩二文。買テ後ニ、砂糖ヲカケ食レ之。

江戸、心太、價二文、又晒《さらしたる》レ之ヲ寒天ト云、價四文、或ハ、白糖ヲカケ、或ハ、醤油ヲカケ食レ之。

京坂ハ、醤油ヲ用ヒズ。又、晒レ之、乾キタルヲ寒天ト云、煮レ之ヲ水飩ト云。江戸ハ、乾物、煮物トモニ、寒天ト云。因曰、江戸ニテハ、饂飩《うどん》粉ヲ團《まるく》シ、味噌汁ヲ以テ煮タルヲ、水飩ト云。蓋、二品トモニ非也。本ハ、水ヲ以テ、粉團ヲ涼シ、食ヲ水飩ト云也。今世、冷シ白玉ト云物、水飩ニ近シ。

簾《すだれ》賣

初夏以来、三都トモニ、竹簀《たけす》、管簾《くだすだれ》、葭簀《よしず》等ヲ賣ル。其扮定ナシ。故ニ、一夫ヲ図ス。又、江戸ニハ、初夏以来、葭戸ヲ賣ル。各必ズ鋸《のこぎり》ヲ携ヘテ、敷居ニ合セ賣ル。京坂ニハ、葭戸賣無レ之。蓋、江戸ニ葭戸ト云、京坂ニハ葭障子ト号ク。

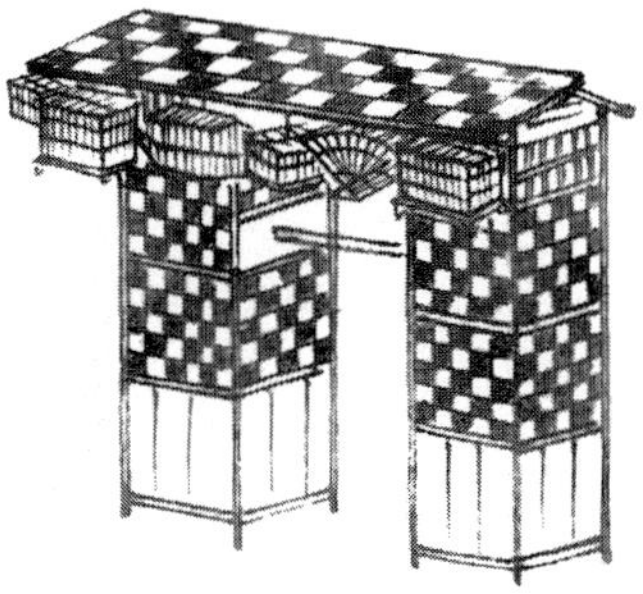

蟲賣

蛍ヲ第一トシ、蟋蟀《キリギリス》、松虫、鈴虫、轡虫《クツワムシ》、玉虫、蜩《セミ》等、声ヲ賞ス者ヲ賣ル。虫篭ノ製、京坂麁《そ》（粗製）也。江戸精製也。扇形、船形等、種々ノ篭ヲ用フ。蓋、虫ウリハ、専ラ、此屋體ヲ路傍《ろぼう》ニ居テ、賣者也。巡リ賣コトヲ稀トス。秋季デハ、当季ノ商人、夏冬ノ如ク多カラズ。

暦賣

京師ノ暦ハ、大経師降屋内匠製レ之。大坂ハ、此暦ヲ、当時、平野町神明前松浦氏伝テ賣レ之。江戸ハ、元禄中府命シテ、十一戸ニ定ム。今モ然ル歟。今世、鱗形屋小兵衛、専ラ賣レ之。三都トモニ、大小略暦モ、他戸ニ賣コトヲ許サズ。トジ暦一冊、價大略三、五十文、大小、一紙八文。

京坂ニテハ、賣詞「大小、柱暦、巻暦」ト云。小板ニ両柱アリテ、巻レ之ヲ巻暦ト云。江戸ニハ不レ巻レ之。

江戸ニテハ「来年ノ大小、柱暦、トジ暦」、閏月アル暦ハ、上ノ詞ニ續テ「閏アッテ十三ケ月ノ御調法」ト云。

又、伊勢社人、毎戸製レ之テ、海内檀越《だんおつ》（施主《せしゅ》）ニ、太麻ニ添テ配レ之。豆州三島明神ノ社人モ製レ之。其他、南都 空字 、奥州會津、薩州鹿児嶌。

因曰、三都トモニ、毎時種々ノ珍説、奇談、或ハ、復讎《ふくしゅう》、或ハ火災図、或ハ、情死等、一紙ニ印シテ、價四文、八文等ニ賣レ之者、此徒ノ生業トス。東都ニテ、役人付、芝居番

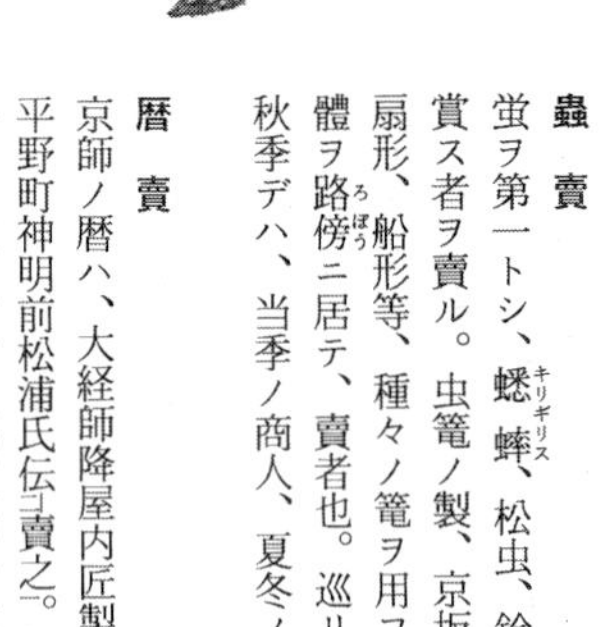

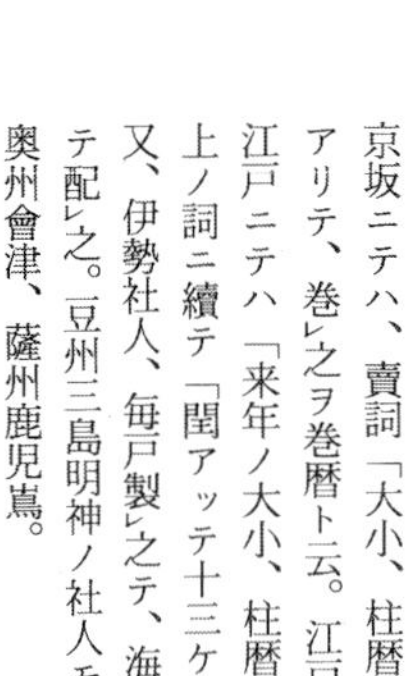

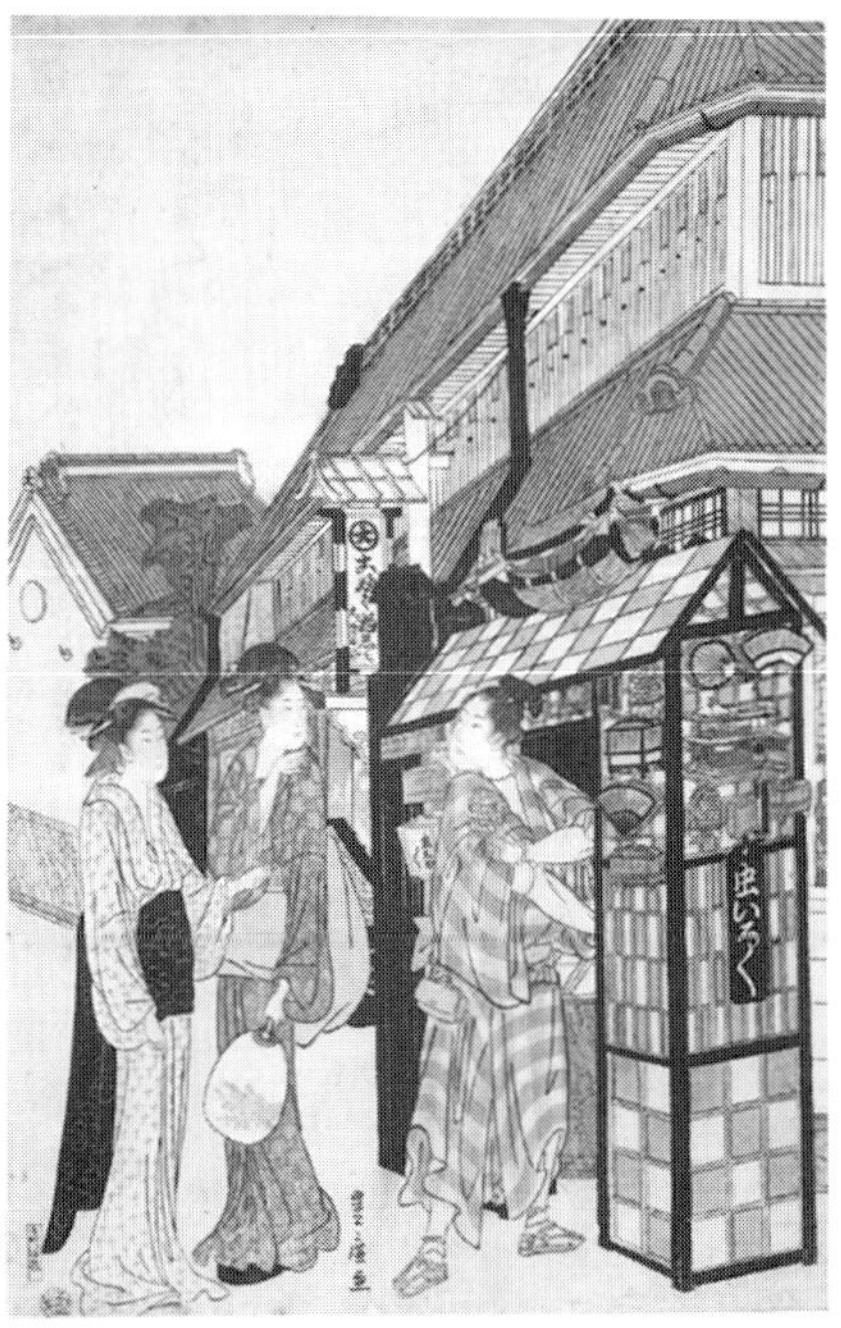

図33　歌川豊広画「大丸屋前」

市松模様の屋台を路傍に置いて商いをする虫売り。

御鉢イレ賣

京坂ニテハ「オヒツイレ」、江戸ニテ「オハチイレ」、トモニ飯器ヲ納ル畚《もつこ》ヲ云。冬月、飯ノ冷ザルニ備フ器也。古クヨリ、アルニハ非ルベシ。

山城国、葛野郡、梅畑、平岡、善妙寺辺ノ婦女子、薪等ヲ戴キ、京師ニ出テ賣レ之。号テ、畑人ト云。左ノ黒木ウリ、乃是也。其薪等ノ下ニ、白布ノ袋ヲ戴ク。号ケテ畑袋、戴袋、片袖袋トモ云。其故ハ、承久《じようきゆう》ノ乱ニ、天皇以下百官トトモニ、此辺ニ隠シ玉フニヨリ、当地ノ夫ハ参集シテ、皇居ヲ守護シ、婦女ハ、諸国ニ往テ物ヲ取リ、供御以下ヲ便ズ。此時御衣ノ片袖ヲ解テ、旗袋形ニ製シ、戴レ之テ、王宮勤仕ノ笠印トスルニ賜フ。據レ之、今世ニ至テモ、戴レ之女ハ、関所、渡船等ノ煩《わずら》ヒ無レ之也。

布一幅、長、鯨尺二尺三寸ヲ二ツニ折リテ、縫レ之タリ。中ニハ藁ヲ納ル也。

京坂ハ飯器ニ應ジテ楕円ニ製造ス

京坂ニ在テ、江戸所無ノ、市街ヲ巡ル生業ニハ、

黒木賣

洛北、八瀬及小原ヨリ出テ、薪柴等ヲ洛中ニ賣ル。必ズ、婦ノ業トス。又、必ラズ頭上ニ載キ巡ル。其夫ハ、朝廷ノ駕輿丁《がよちよう》也ト聞ク。然ルヤ否ヤ。髻形、他氏ト異ニテ、又、皆月代ヲ剃ズ。

又、或時ハ、楷子《はしご》、拍盤《うちばん》、横槌《よこつち》等ヲ戴キ、大坂及ビ諸国ニ行キ巡リテ、賣レ之。或ハ、夏月、忍草又ハ若海布《わかめ》等ヲモ賣ル。蓋、ウチバン、ヨコツチ二品ハ、檮衣《とうい》（きぬた）ノ具也。

躑躅《つつじ》花賣

初夏ノ頃、近キ山家ヨリ来テ賣レ之。四月八日、日天ニ供モ是也。又、蕨《わらび》ヲ兼賣ル詞ニ「花ヤ、ワラビ〳〵」ト云々。

揚昆布賣

春ノ花観等ノ群集ノ所ニ賣ル、昆布ノ油揚也。一ケ價一文。専ラ十餘歳ノ童子賣レ之。詞ニ「コブヤ、アゲコブ」。

艾《もぐさ》　賣

近江伊吹山ヲ艾ノ名産トス。同国柏原駅ニ艾店多シ。特ニ、亀屋左京ト云店ヲ古戸トス。賣レ之者、皆旅人ニ扮シテ、彼賣子ニ嬌ル詞ニ「江州伊吹山ノフモト柏原本家亀ヤ左京、薬艾ハヨウ」蓋、京坂ハ袋艾ノミヲ用フ。江戸ハ、専ラ切艾ヲ用フ。灸ス時、大小意ニ随ヒ、捻テ用レ之。江戸ハ、小網町ニ、釜屋ト云艾店四五戸アリ。名物トス。

因ニ云、京坂ハ、モグサト云。江戸ハ、キウト云。然シ、切艾ハ、キリモグサト云。

乾物賣

椎茸、木茸、干瓢《かんぴよう》、大豆、小豆、ヒジキ、ゼンマイ、刻海布、昆布、カヅノコ、ゴマメ、干鱈等ヲ賣ル者、江戸ニハ店買アルノミ。京坂ハ店アリ。又、擔ヒ巡リテ、賣モアリ。又、ヒジキ、ゼンマイ、棒鱈、鯡《にしん》、数ノ子、ソラ豆等ヲ、浸シ賣ルモアリ。トモニ、江戸ニ無レ之也。江戸モ、数ノ子ノ、ヒタシタルハ、冬月《ふゆ》等、魚賣、稀ニ擔ヒ賣ル。

鯡《ニシン》昆布巻賣

鯡、江戸、食之者稀也。専ラ、猫ノ食トスルノミ。京坂ニテハ、自家ニ煮レ之。或ハ、昆布巻ニス。唯、陌上《はくじよう》擔ヒ賣ハ、昆布マキヲ製ス。所レ擔ノ箱及ビ鍋等、前図ノ甘酒賣ニ似テ、唯、是ハ鍋、甘酒ハ釜ヲ用フノ異ナルノミ。

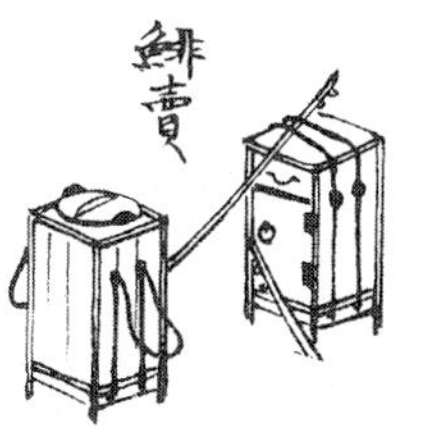

岩起賣

粔粋《きよじよ》ノ一種也。粔《きよ》粋、オコシコメト訓ズ。故ニ、假字シテ、起ト云。岩ハ剛堅ヲ云ナリ。

大坂道頓堀二井戸《ふたついど》西ニ、津ノ国屋清兵衛専ラ製之賣テ、今世名物トナリ。冬月、毎日所用ノ黒糖大約二三百斤、黒糖ヲ用フルコト、概、海内一トス。製レ之場、粗造酒ニ似タリ。丈夫数人ヲ以テ製レ之。京以西諸国ニ漕《そう》ス。始メ、極テ貧民製レ之、漸レ富、当主、僅二世、又、他店ニテ贋ニ製レ之一者甚多シ。トモニ津清ニ擬テ、筥ニ梅鉢ノ記号ヲ描ケリ、價真偽トモニ小形二文半、大形四文ニ賣ル。伝賣者ニハ、價ヲ減ジ賣ル也。伝賣甚多ク、陌上ヲ賣ハ、皆伝賣ノミ。因曰、伝賣、俗ニ受賣ト云。

羽織紐直シ

天保中、始テ一夫、大坂ノ市街ヲ巡リ、羽折ノ組紐ノ損シタルヲ、即時ニ修補ス。其人老夫也シカ、今ハ没テ、其男継テ行レ之由ヲ聞ク。詞ニ曰「阿波橋、羽織紐ナホシ、直段下直ニ、早速直シ差上升」

焙烙《ほうろく》賣

京坂所用ノホウロク鍋ハ、大和製ヲ良トス。彼国ヨリ来リ賣レ之。詞ニ「大和ホウロク〳〵」ト呼ブ。蓋、冬専ラ賣来ル。江戸ニテハ、瓦器賣兼二賣之一テ、別ニ此賈ナシ。

薄板製ノ燈篭賣

夏月、黄昏賣レ之。薄ク紙ノ如ク削リ成ル杉板ヲ、薄板ト云。以レ之小燈籠ヲ造リ、裡ニ赤紙ヲ張リ、コレヲ火袋ニシ、又屋根板ニ、竹ヲ曲テ手トシ、小蛤殻ニ油ヲイレ、木綿ヲヨリテ、コレヲ油中ニ置キ、コレニ燈ヲ点ス。其形、種々アリト雖ドモ、下図ノ物ヲ専トス。所荷ノ筥形、飴細工ニ似タル故ニ、畧シテ図セズ。

江戸ニ在テ、京坂ニ無キ陌上ノ賈人。

蓋、三都、各互陌上賈在テ、市店ニ無之。或ハ、市店ニ在テ、陌頭《はくとう》（みちばた）賈ニナキ、或ハ、市店擔賈トモニ無レ之者アリ。京坂ニ店賈アリテ、行賈無レ之者ニハ。

竹馬古着屋

竹貝ノ四足ナルヲ擔フ。故ニ、竹馬ト云。古衣服及ビ古衣ヲ解分《ときわけ》テ、衿、或ハ裡、其他諸用ノ古物ヲ賣ル。専ラ小戸ヲ専ラ巡ル也。天保以前、京坂更ニ古着擔賈無レ之、天保以来、江戸風ヲ伝ヘ、一、二夫行レ之者アリ。諸事、近世ハ、江戸ヲ京坂ニ伝ヘ学ブ也。

冷水賣

夏月、清冷ノ泉ヲ汲ミ、白糖ト寒晒粉ノ團《だんご》トヲ加ヘ、一碗四文ニ賣ル。應求テ八文、十二文ニモ賣ハ、糖ヲ多ク加フ也。賣詞、ヒヤツコヒ〳〵、ト云。京坂ニテハ、此荷ニ似タルヲ、路傍ニ居テ賣ル。一碗大概六文粉團ヲ用ヒズ、白糖ノミヲ加ヘ、冷水賣ト云ズ、砂糖水屋ト云。

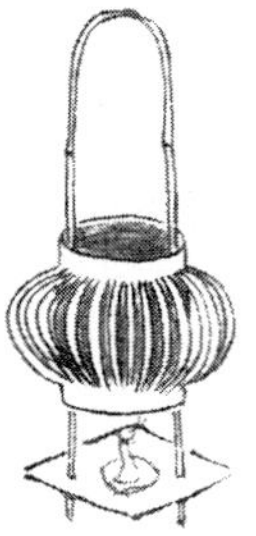

笊味噌漉賣

笊《ざる》篭、味噌コシ、柄杓《ひしやく》、杓子《しやくし》、水嚢《すいのう》（水切り用篩《ふるい》）、帚《ほうき》等ノ類ヲ賣ル。詞ニ「ザルヤミソコシ」ト云。或ハ、柄杓一種ヲ賣ルアリ。又、水嚢一種ヲ携ヘ、或ハ賣レ之。或ハ損ヲ補フ者アリ。

附木《つけぎ》賣

金石ヨリ火ヲ出シ、火口《ほくち》ニ伝ヘ、再亦、コレヲ附木ニ伝フ。則チ、薄キ板、柿頭《コケラ》ニ、硫黄ヲ粘シタル物也。詞ニ、大坂附木ト云。而モ、大坂ト同製ニ非ズ。彼地ノ製ヨリハ、柿幅廣ク、長ケハ五六寸也。

因云、江戸ニテ、是ヲツケギト云。京坂ニテ、イヲントス。硫黄木ノ略歟、訛《なまり》歟。蓋、七十一番歌合ニモ、ユワウウリ（硫黄売り）アリ。帚ヲ兼賣ル。詞曰「ユヲウ、ホウキ〳〵。」然ラバ、京坂ハ、昔ヨリ、ツケギト云ズ、ユワウ、ト云シ也。

苗　賣

季春（陰暦三月）ノ頃、瓜、茄子《なす》、菽《まめ》、芋、トウモロコシ等、諸苗ヲ、畚七八ケニ納レ、擔ヒウル。詞曰空欄

図34　歌川豊国画「江戸両国涼みの図」　盛り場の冷水売り

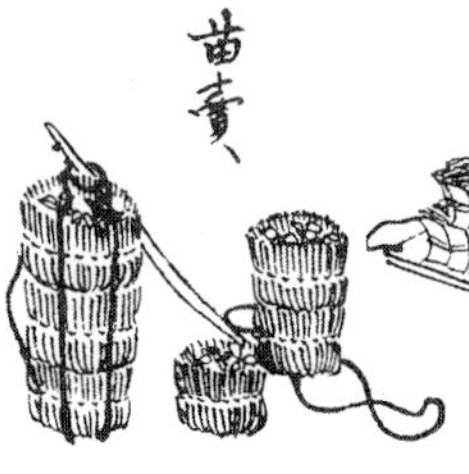

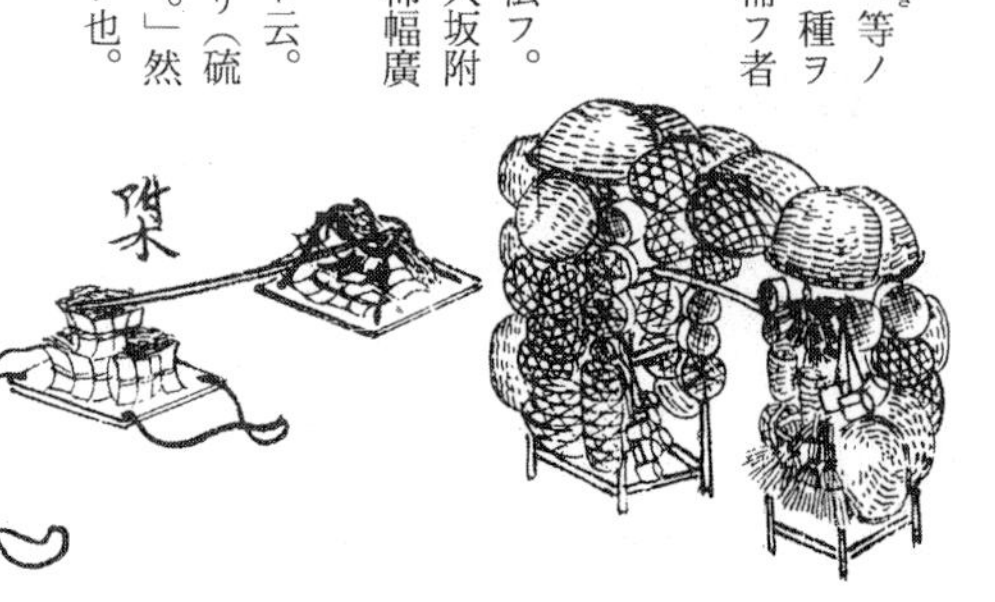

鮨賣

三都トモニ、自店、或ハ屋体見世ニテ賣レ之アリ。唯、京坂ニ巡二賣之一者無レ之。江戸ニテモ、或ハ、重子《ね》笥ニ納テ肩レ之、或ハ、御膳篭等ヲ擔《かつ》キ賣ルモアリ。初春ニハ、専ラ、小ハダノ鮨ヲ呼賣ル。因曰、京坂ニテハ、方四寸許ノ箱ノ押ズシノミ、一笥四十八文ハ鳥貝ノスシ也。又、コケラズシト云ハ、鶏卵ヤキ、鮑、鯛ト、並ニ薄片ニシテ、飯上ニ置ヲ云。價六十四文、一笥凡十二ニ斬テ四文ニ賣ル。又、笥ズシ、飯中椎茸ヲ入ル。飯二段ニナリタリ。又、浅草海苔巻アリ、巻ズシト云。飯中、椎茸ト独活《うど》ヲ入ル。京坂ノ鮨、普通以上、三品ヲ専トス。而モ、異製美制ヲナス店モ、稀ニ有レ之。又、鮨ニハ、梅酢漬ノ生姜《しょうが》一種ヲ添ル。赤キ故ニ、紅生姜ト云。

又、江戸ニテモ、原ハ京坂ノ如ク笥鮨、近年ハ廃之テ、握リ鮨ノミ。握リ飯ノ上ニ、鶏卵ヤキ、鮑、マグロサシミ、海老ノソボロ、小鯛、コハダ、白魚、蛸等ヲ専トス。其他、猶種々ヲ製ス。皆、各一種ヲ握リ、飯上ニ置ク。巻鮨ヲ海苔巻ト云。干瓢《かんぴょう》ノミヲ入ル。新生姜、古同、トモニ梅酢ニツケズ。弱蓼ト二種ヲソユル。

又、毛ヌキスシト云ハ、握スシヲ一ツツミ、クマ笹ニ巻テ押タリ。價一六文バカリ。毛ヌキスシノ他ハ、貴價モノモ多ク、鮨一ツ價四文ヨリ五、六十文ニ至ル。天保府命ノ時、貴價ノ鮨ヲ賣ル者、二百餘人ヲ捕テ、手鎖ニス。其後、皆四文、八文ノミ。府命紕《ゆる》ミテ、近年二三十文ノ鮨ヲ製スモノアリ。

又、因曰、京坂押レ之時、及ビ、コレヲ器ニ盛ル、必ズ葉蘭《ハラン》ヲ用フ。

又、音物《いんぶつ》(贈り物)ニ用フ時、鉢重笥等ハ、三都トモ用、或ハ、京坂籜裏(竹の子の皮裏)ニス。江戸自食ニハ同レ之。音物ニハ、麁折《そおり》ヲ用フ、白杉板制ノ折也。俗ニ、サヽオリト云。

水弾賣

水弾、俗ニ水鉄炮ト云。平日モ、稀ニ賣巡ルト雖ドモ、特ニ烈風ノ日、或ハ、火災後等、愈、賣巡ル。因曰、路上賣巡ル賈ハ、大約小戸群居ノ所ヲ、専ラトスル者多シ。此器ハ、中民以上ヲ専トス。小戸ハ、コレヲモ用フコト稀故也。

衣紋竹賣

夏月賣レ之、短竿也。或ハ、木ヲ削リ、黒漆ニシタルモアリ。夏衣ノ汗ヲ乾スノ具也。或ハ、竹制ノ物ハ、笊ミソコシ賣リ、携ヘ来ル也。

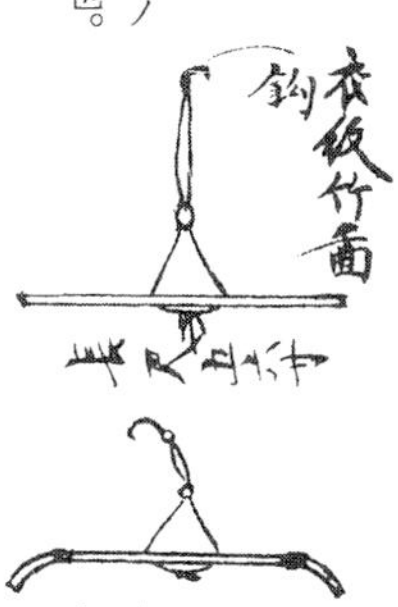

流行ノ語ニ曰、「撫角《なでかく》ノ衣紋竹《えもんだけ》」是也

納豆賣

大豆ヲ煮テ、室ニ一夜シテ賣之。昔ハ冬ノミ、近年、夏モ賣二巡之一。汁ニ煮、或ハ、醤油ヲカケテ食レ之。京坂ニハ、自製スルノミ。店賣モ無レ之歟。蓋、寺納豆トハ異也。寺納豆ハ、味噌ノ属也。

再出　納豆賣　此賣リ巡ルモノハ、濱名納豆、及び寺納豆ト云テ、毎冬三都トモ、寺ヨリ曲物ニ入テ、檀家ニ贈ル。納豆トハ別製也。

白酒賣

春ヲ専トス。又、此賈ノ所荷、必ズ山川《やまかわ》ヲ唱ス、桶上ノ笥ハ、硝子トクリ(徳利)ヲ納ム。

路上ニ賣ル白酒ハ、小児ノ食用ヲ専トスルノミ。

白玉賣

米粉ヲ曝《さら》シ製シタルヲ、寒晒《かんざら》シト云。乾テ⬡此ゴトク刻メリ。是ハ三都トモニ、乾物店等ニテ賣レ之也。白玉ハ、寒晒粉ヲ水ヲ以テ煉レ之、丸レ之テ、湯烹《に》ニシタルヲ云。白糖ヲカケテ食レ之、或ハ、冷水ニ加レ之。又、汁粉ニモ加レ之ト雖ドモ、陌上賣ハ、冷水ニ用ヲ専トシテ、夏月賣レ之。昔ハ、全白ヲ専トスル歟。今ハ、紅ヲ交ヘテ斑玉ヲナス者アリ。價百顆《か》二十四文バカリ。

歯磨キ賣

三都トモニ、小間物賣ハ、兼二賣之一ト雖ドモ、此一種デ巡リ賣ハ、京坂ニ未レ見レ之也。

図35　嵐璃珏《あらしりかく》扮する
大恩寺前歯磨売百眼米吉《ひやくまなこよねきち》

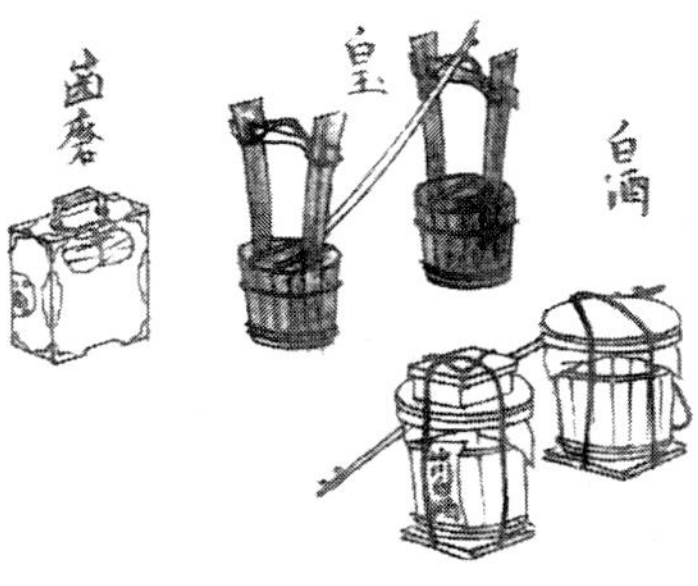

経尺余ノ笊《ざる》ニ納レ、前後ニツヲ拐ニカケ擔フ

麹　賣

米製ノ麴ヲ賣ル。専ラ、中秋以後、冬ニ至リ賣レ之。是、当季茄子ノ糀漬《こうじづけ》ヲ製ス家、多キヲ以テ也。麴筥、京坂ヨリ小形ニシテ粗製也。

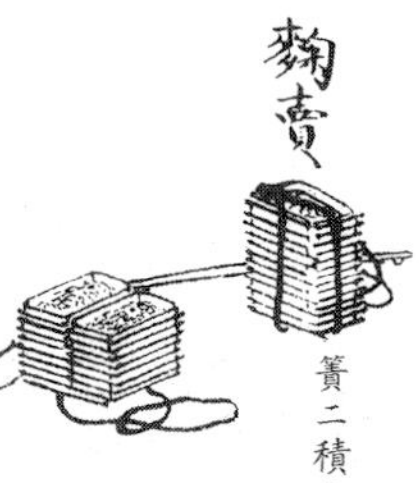

簀ニ積ム

乾海苔賣

大略、中冬以後春ニ至リ賣之、乾海苔ハ、今世大森村ヲ昌《さかん》トス。然ドモ、尚、浅草海苔ヲ通名トス。又、賣之者、江人稀ニシテ、多クハ信人（信州人）也。彼国雪深シテ、冬季産ニ煩シキヲ以テ、出府シテ賣ヿ巡之。図ノ如キ筥ヲ、拐ヲ以テ擔賣《にないうり》アリ。或ハ、張篭ニ納テ、風呂シキ裹《つつ》ミニテ負モアリ。又、冬春ノ間、店賣モ多シ。蓋、他賈ノ兼賣多シ。干物店、鰹節店ヲ専トシ、其他ノ店ニモ賣レ之。店賣ノ者ハ、筥ニ十六葩ノ菊ノ記号ヲ描ク。是、官家ニ調進ヲ矯《いつわ》ル也。

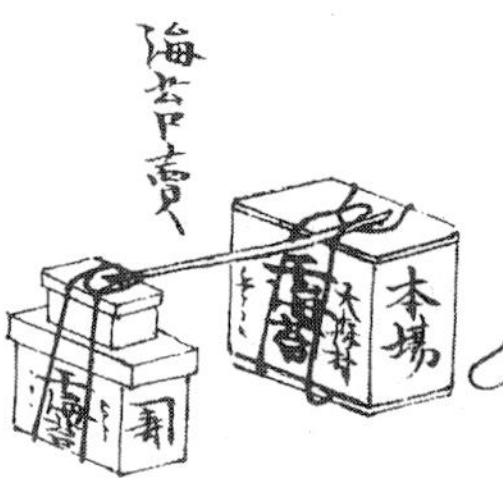

墨渋屋

是ハ、専ラ得意ノ家ノ求ニ應ズ。或ハ、巡テ問レ之モアリ。桶二ツニ納レ擔ヒ、又、小桶一ツト、刷毛トヲ携ヘ来テ、板屏《いたべい》及ビ塀《へい》ノ腰板、又、板庇《いたびさし》等ヲ塗ル。夏月ハ、速ニ乾キ、渋気《しぶけ》去ザルヲ以テ、専ラ塗レ之。又、武家ハ冬ヲ専トス。新正ヲ飾ル故也。又、火後、新宅ノ処ヲ巡リ問フ。價ハ坪数ヲ計リテス。

頭書 安永天明ノ比、江戸中十七人也。文化ニハ、三四百人トナル。

蚊帳賣

近江ノ冨賈ノ、江戸日本橋通一丁目等、其他諸坊ニ、出店ヲ構フ者アリ。専ラ、近江産ノ畳表、蚊帳ノ類ヲ賣ル店也。此店ヨリ、手代ヲ賣人ニ市街ヲ巡ラシム。幮《かや》ハ、雇夫ヲ以テ擔レ之也。其扮、図ノ如ク、二人ノ菅笠、雇夫ノ半天、及、蚊帳ヲ納ル紙張ノ篭、トモニ、必ズ新製ヲ用フ。又、此雇ニハ、専ラ美声ノ者ヲ擇ブ。雇夫、数日習レ之テ、後ニ為レ之、賣詞「萌木《もえぎ》ノカヤア」。僅ノ短語ヲ、一唱スルノ間ニ、大畧半町ヲ緩歩《かんぽ》ス。声長ク呼ブコト、如此也。

竹帚賣

京坂ハ、荒物店デ賣之ノミ。江戸ハ、荒物店、及ビ番太郎ニモ賣レ之。又、簀ニ積テ荷ヒ賣巡ル。三都トモニ、價大略三十六文許。

草帚賣

ハヽキヽト云、草ヲ以テ造ル。江戸ニテ賣レ之コト、竹帚ト同ク、荒物店以下、並賣レ之。

京坂ハ、荒物ニモ不レ賣レ之。況ヤ、擔賣専ラ無之。彼地用レ之ハ醸酒戸、醸醤戸等ノミ。蓋、酒、醤トモニ製レ之。家各巨戸《きよこ》、故ニ、多クハ垦地《あきち》ニハヽキヽヲ植テ用レ之、故ニ、賈物ニ無レ之。

竹帚、草帚ト兼賣ス。今各片簀ヲ図スハ略ノミ

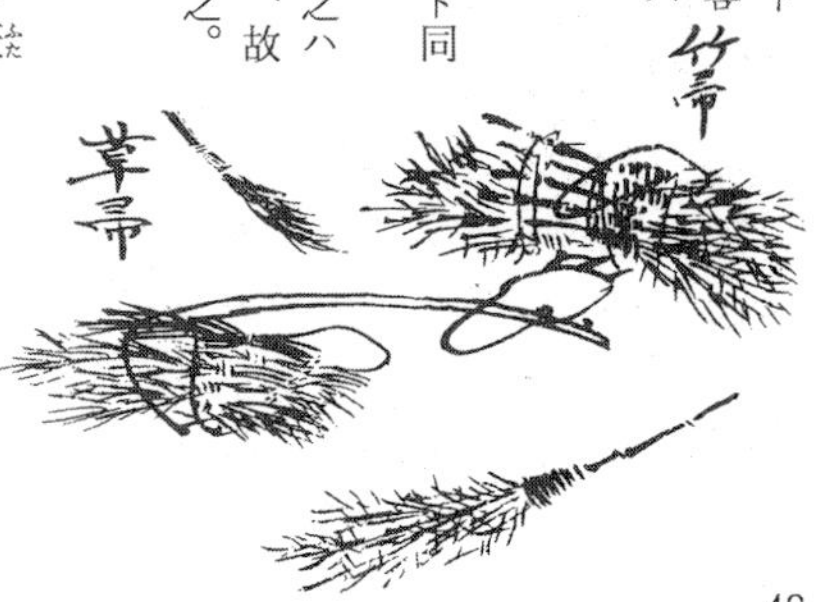

蘧蒢蓋《きよちよがい》賣（竹製の蓋賣）

夏《なつ》月賣レ之。蓋、江戸ハ、専《もっぱら》円形ノ飯器ニシテ、鐶輪《かなわ》ノ桶ニ、蓋《ふた》モ掾アリ。夏ハ、網代蓋ヲ以テ代レ之。因云、京坂不レ用レ之。夏月、小簾ヲ以テ代蓋ス。飯器、亦楕円形ノ桶、蓋ニ掾ナク、サンブタ也。今世諸国、楕円ヲ、俗ニ飯櫃形ト云。是古来、楕円ヲ本トスル故也。又、因曰、京坂桶ノ飯器ヲ、俗ニ「オヒツ」或ハ「メシビツ」ト云。黒漆ノ物ヲ「オハチ」ト云。江戸ハ、都《すべ》テ「オハチ」ト云。

店ニモアリ
塩辛賣

鰹《かつお》、網《あ》海老《み》、烏賊等ノ塩辛漬、及ビ烏賊、鮑《あわび》等ノ粕漬ノ類ヲ賣ル。蓋、此類ハ相州《そうしゅう》（神奈川県）小田原ノ名産トス。又、京坂塩魚店ニテハ、網《あみ》塩辛ノミ賣レ之歟。其他、塩辛、粕漬等稀也。網《あみ》塩辛ハ備前（岡山県）ヲ名産トス。極テ小細ノ鰕《えび》ヲ網《あみ》ト云、網《あみ》ヱビノ下畧也。

樽ノ全體ニ細縄ヲ巻リ

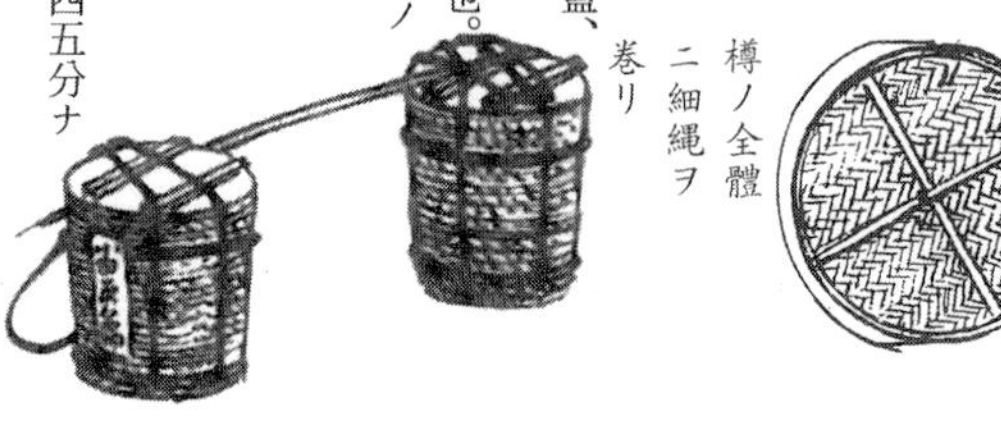

稗蒔《ひえまき》賣　櫻草賣

サクラ草ハ、季春ノ比《ころ》賣レ之。瓦鉢ニ植ル。ヒヱマキハ、初夏ノ比《ころ》賣レ之。是又、瓦盆ニ稗種ヲマキ、芽ヲ出シテ、四五分ナル物ニ、田家、人、畜ノ製物《つくりもの》ヲ置ク。

銭蓙賣《ぜにござ》

ゼニゴザハ、反故紙ヲ捻《ひねり》テ、莚《むしろ》ニ編ミテ賣ル。大サ畳ト同ク、或ハ、半畳ノ大サモアリ。市中ノ工ハ、無㆑之。内職ト号《なづけ》テ武家奴僕《ぬぼく》ノ私業也。足軽ノ内職也。

用之ハ、両替店ハ必用ス。其他モ、銭ヲ多少、店ハ用之、銭筥ヲ開テ緡《さし》ニサス時等、専ラ用㆑之。

蓋、賣巡ル物ハ、未渋ヲ用ヒズ、買得テ後ニ、柿渋ニヒタシ、乾《かわかし》テ用㆑之ハ、甚ダ久シク損ゼズ。

又、三都トモ有テ、夜而已《にのみ》市街ヲ巡ル生業ハ、蓋、二更（夜の十時）以前ハ日賈モ行巡ルアリ、夜賈ハ、二更以後ノミ出ル。五更（四時）ニ止。

温飩屋

京坂ハ店賣、擔賣トモニ、温飩ヲ専トシ、蕎麥ヲ兼賣。

蕎麥屋

江戸ハ、蕎麦ヲ専トシ、温ドンヲ兼賣ル。蓋、此擔賈ヲ京坂ニテ、夜啼温飩《よなきうどん》ト云。江戸ニテハ、夜鷹蕎麦ト云。夜タカハ、土妓ノ名、彼徒専ラ食㆑之ニ喬ル。又、江戸、夜蕎麦ウリノ屋體ニハ、必ズ一ツ風鈴ヲ釣ル。京坂モ、天保以来釣㆑之者アリ。又、三都トモ温ドン、ソバ、各一椀價十六文、他食ヲ加ヘタル者ハ二十四文、三十二文等也。

茶飯賣

京坂ニ無㆑之、江戸ニテ、夜二更後賣㆓巡之㆒。茶飯ト餡掛豆腐《あんかけどうふ》ヲ賣ル。蓋、此類ニ用フアンハ、葛粉醬油烹ヲ云也。

天保以来、江戸ニテ、稲荷鮓ト号ケ、油アゲ豆腐ノ中ヲ裂キ袋ノ如クナシテ、内ニ、飯ヲ詰メテ、ウルコトヲ始ル。是モ茶飯ト同ジ荷也。

図36	歌川広重画「名所江戸百景 虎の門あふひ坂」（部分）	夜の町を流す夜蕎麦売り	歌川広重画　天明老人尽語楼内匠編『狂歌四季人物』（安永２）国立国会図書館蔵	手代と雇人が二人連れだって行商した蚊帳売り

図37　［左］旬癡叟默老稿　文亭梅彦判『近世商売尽狂歌合《きんせいあきないづくしきょうかあわせ》』（嘉永５）
［中］鈴木春信画　大田南畝作『売飴土平伝《あめうりどへいでん》』（明和６）［右］鈴木春信「水売り」　東京国立博物館蔵

［左］伍重軒露月編『名物鹿子』（享保18）［中］春峰外一六人画　方外道人（木下梅庵）作『江戸名物詩』（天保７）
［右］谷了閑著『養生《ようじょう》一《ひと》言艸《ことぐさ》』（天保２）たばこと塩の博物館蔵　　いずれも居合抜きの歯磨売り、松井源左衛門。

［左］伍重軒露月編『名物鹿子』（享保18）
［右］長谷川雪旦画　斎藤月岑編『江戸名所図会』（天保５～７）吉田文夫氏蔵

左図は独楽廻しの歯磨売り、松井源水。
右図は源水が出店をした浅草奥山。

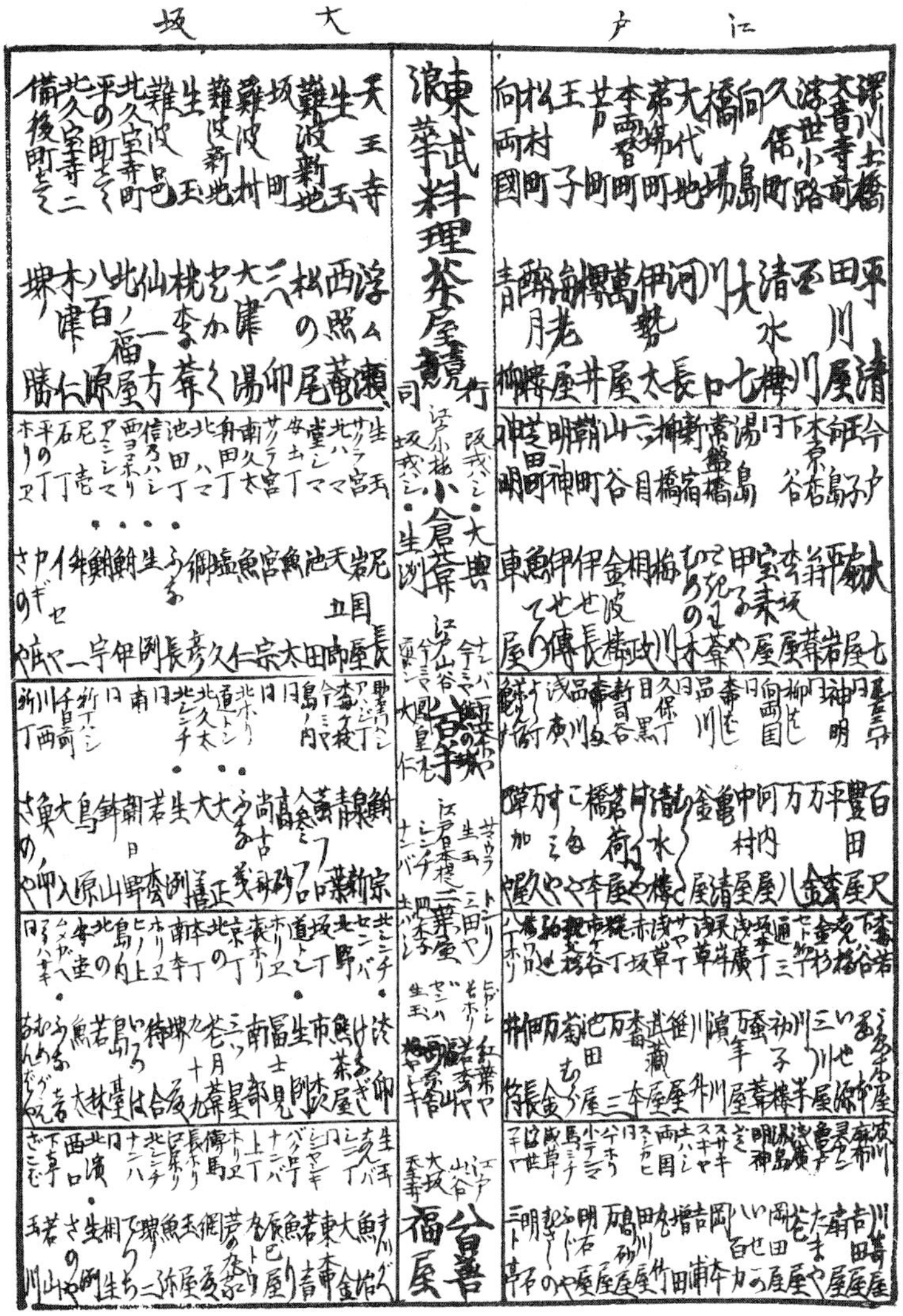

料理屋の番付

左ニ写ス料理屋ノ番付ハ、嘉永中ニ刊スル所也。大略《おおよそ》、上楷《じょうかい》ヲ有名大戸トスレドモ、亦、甚ダ順序ナラザル者モ少ナカラズ、且、両地トモニ漏シタルモ亦多シ。江戸「両替町小櫻、玄治店《げんやだな》ノ杉板」等トモニ上段ニ入テ可ナル者、猶此他ニモ多シ。

大坂モ亦、不ニ次才及、洩タルモ多カラン。余、国ヲ辞テ今十六年ニ至ル。故ニ、其可否ヲ弁ジ難シ。蓋、●印スル者ハ、鰻及ビ川魚ヲ専トスル者也。江戸ハ、鰻店ハ唯一種ヲ売テ、他物ヲ製セズ、故ニ、此番付ニ更ニ載ズ。●印ヲ加フハ、守貞ノ注意ノミ。

図38

歌川広重画「江戸高名会亭尽深川八幡前平清」神奈川県立歴史博物館蔵

深川八幡社の東側にあった料理茶屋、平清。

守貞謾稿巻之七　雑業

鹿島《かしま》ノ事觸《ことぶれ》

守貞幼年ノ頃、（鹿島の事觸れ）大坂ニ来ル。従来毎時来レリト聞ク。近年ハ不来歟。

折烏帽子ニ、狩衣着セル神巫《みこ》一人、襟ニ幣帛《へいはく》を挾ミ、手ニ銅拍子ヲ鳴シ、鹿島大明神ノ神勅ト称シ、当年中ニ某々ノ天災アリ、或ハ某々ノ疾病流布ス、免レ之ト欲セバ、秘符ヲ授クベシ等ノ妄言ヲ以テ、愚民ヲ惑シ、種々ノ巧言ヲ以テ、頑夫ヲ欺キ、金二朱或ハ一分、或ハ二三百文ノ銭ヲ貪リ取ル也。実ニ、鹿島ヨリ来ルニハアルベカラズ。

又、昔ハ鹿島躍《おどり》ト云者アリシ由、『世事談』曰、寛永ノ頃、諸国ニ疫病アリ。常陸国鹿島ノ神輿ヲ出シテ、所々ニ渡レ之、疫難ヲ祈ラシメ、其患ヲ除ク。因テ是ヲ謹テ躍ラシム。世俗、鹿島オドリト云テ、諸国流布ス。是始也云々。

駒込神明宮祭祀ニ、鹿島オドリ例ニテ出タルコト、『塵塚談』ニ云リ。此神明ノ渡リ祭祀、宝暦中ニ廃ス由、同書ニ云リ。

虚無僧

コモソウト音読ス。故ニ或ハ菰僧ト書歟。普化禅師ヲ祖トス。故ニ普化僧トモ云。或梵論寺《ぼんろんじ》（字）トモ、又ハボロ〳〵トモ云。

京師ニ出ルハ、明暗寺ノ部下歟。江戸ノ出ル者ハ、下総小金村一月寺ノ部ニテ、浅草ニ一月寺ノ役所ト云アリ。

此宗門、種々ノ定制アリト聞ク。予ガ知ルベキニ非ラズ、記サズ。又僧ノ託鉢修行ノ者甚多ク、諸宗皆行之トモ、唯普化僧ノ扮ノ異ナルヲ以テ記レ之。餘ハ皆畧レ之。

三都虚無僧ノ扮、大同小異アリ。頭ニ天蓋ト号ス編笠ヲカムリ、尺八ト云笛ヲ吹ク、袈裟ヲ掛テ、法衣ヲ着セズ。藍或ハ鼠色ノ無紋ノ服ヲ着ス。粗ナルハ、綿服多ク、稀ニ美服ヲ着スモアリ。三都如斯也。蓋、京坂ハ、平絎《ひらぐけ》ノ男帯ヲ前ニ巻結ニシ、三衣帒ヲ首ニカケ、施米、施銭ヲ是ニ納ム。帯ノ背ニ、尺八ノ空嚢ヲ挾ミ垂シ、別ニ袋ニ納タル尺八ヲ、刀ノ如ク腰ニサシ五枚重ノ草履ヲハク。

幣帛ニ付タルハ三足ノ烏画タル日ノ丸也

『世事談』所載、同レ之者三人ヲ画ク

江戸菰僧《こもそう》図

前ニ三衣嚢《さんえぶくろ》無レ之。

三衣袋は、僧尼の着る三種の袈裟《けさ》、大衣（僧伽梨《そうかり》）、七條（欝多羅僧《うったらそう》）、五條（安陀会《あんだえ》）を入れて持ち歩く袋。（編著者注）

出典『八十翁疇昔語《やそおうむかしばなし》』二ウ三オ

太楽神

『八十翁昔語』曰、七十年以前ノ昔ハ、太楽神、御楽神太神楽トテ、毎日江戸中徘徊シアリク有様、先、規式《きしき》正クテ、マツ先ニ鼻高キ面ヲカムリタル者、直垂ヲ着、白袴着、御幣捧ケテ立、其次ニ十四、五歳斗ノ男子ヲ美ク作リ、瓔珞《ようらく》ヲカブリ、長絹《ちょうけん》ヲ着セ、白袴着、中啓ノ扇子、右ノ手ニ鈴ヲ持、三番目ニ麻上下着ル男、箱ヲ持、四番目ニ布衣《ほい》ノ装束着ル男、其次ニ四ツ足付タル大長持、蓋ヲ取テ仰ケニシテ置キ、其次ニ獅子ノ頭ヲ直シ、中ニ大太鼓ヲ置キ、一万度の御秡《おはらい》、真中ニ立テ御幣ヲ立、此長持四人カ六人テ、カヅク者ドモ、皆烏帽子白張《はくちょう》（丁《ちょう》）白キ括リ袴ヲ着、囃子方ハ、左右ニ附キ、笛、小鼓、大太鼓ト拍子打合セタル時、右ノヤウラクカブリタル、舞子、神楽舞フ、序、破、急ノ拍子、次オニテ誠ニ森々トシテ、感ニ堪ル斗リ也。其内ノ興ニ人ヲ笑ハスル為、大太鼓ウチ、烏帽子ヲ左右ヘスジカヒニ、カブリ、時々揆《ばち》ヲモチ、投ナンドスル。是ヲ大ナル童戯ニシテ、見物興ニ入ルコトニゾアリケル。扨、近年ノ江戸中徘徊ノ太神楽《だいかぐら》ト云ハ、人柄至極浮気ニ見ヘタル、歌舞妓者ドモノ如ク、装束ノコトハ思モヨラズ。大白衣、大廣袖ナド、木綿布子、幅廣ノ帯、尻ノシハナクシテ、大ジタラクノ浮気者トモ、大脇差、尤、太鼓、小太鼓、笛ヲ吹ケドモ、笛ノ唱歌ニハ、小唄節ニ合セテ吹キ、獅子頭ハ持トモ、是ヲカブリテ、色々ノ好色ノ興ニ、小唄、狂言バカリニテ、獅子ヲ馬ニシテ、悪所通ヒノ狂言ナドニウツシ、若キ男女ノ気ヲソソリ立ル容子、下女、下男ニ、面白ガラセルヤウニ、仕組、タハ言（戯言《たわごと》）、不道《ふどう》ノ詞ヲ尽ス。是ニテ神楽ノ詮有ベキヤ。神モ御悦有ベキヤ云々。八十翁ハ、享保中ノ筆記歟、大約延宝以前ヲ指テ七十年前ト云也。

今世、大神楽、土御門殿配下ニテ尾州……郡繁吉村ニ住ス井原金吾ト云ヲ長トシテ、其下ヲ十二組ニ分ツ。熱田方ト云。然ラバ、是ハ熱田社ニ神楽ヲ奉ルヲ、本意トスル歟。又武府寺社奉行支配ニテ、江戸浅草田町壱丁目ニ住ス佐藤斎宮ト云ヲ長トシテ、其下モ亦十二組ニ分ツ。コレヲ伊勢方ト云。

宝暦ノ刊本所載
太神楽《だいかぐら》図

今世太神楽図

図39
一勇斎国芳画「当世流行見立」
右より住吉踊り、大神楽、越後獅子。

昔ノ住吉踊　『一蝶画譜』所載

五人同扮也。蓋、前垂ノ模様ハ各異也。五人ノ内、一人長柄傘ノ上ニ、幣帛ト大麻ヲ付ケ、又傘ノ周リ、菊唐草等ノ有紋ノ帛《はく》（絹布）カ木綿歟ヲ、一幅横ニ巡ラセタリ。此人ノ巡リヲ、四人踊リ巡ル図也。前文如クニ書レド、恐ラクハ前垂小紋ハ実事《じつじ》ナルベシ。今世、京坂ノ住吉踊リモ、一人長柄傘ノ頂に幣帛ヲ立テ、周リニハ茜染無地木綿、横ニ一幅を巡ラシ、此傘柄ヲ長五寸、幅一寸餘ノ割竹ヲ以テ、拍《うつ》ㇾ之テ唄フ。三、四人巡ㇾ之踊ルコト、昔……相テ、踊風モ聊カ異ナル歟。五人共、図ノ如キ菅笠ノ周リニモ、茜木綿ヲ巡シ、正面四、五寸ヲ除ケタリ。白木綿単衣服、帯、浅木地小紋等ノ木綿前結ビ、蓋、衣服図ノ如ク帯下ニテ前後ヒトシクカカケ、茜木綿二幅、前垂ニ白木綿、手甲、脚半、甲掛也。白無画ノ深草團扇（京都深草の産）一ツヲ手ニ持チ、又一ツヲ背ニ挟ム。傘ノ一人モ背ニ挟ㇾ之。

昔ハ、前垂小紋染等ヲ用フ歟。蓋、墨画ノ印本故、茜染ヲ画クコト能ハズ。白ノ侭ニテハ衣服ト混ズ、故ニ紋ヲ画歟

前垂三幅《みの》歟、背ニテ合セリ。今ハ二幅《ふたの》故ニ背合ズ

團扇画モ各異也。傘ヲ持タル一人ハ團扇ナシ

獅子舞

越後国ヨリ出ル。故ニ、京坂、コレヲ越後獅子ト二云。江戸ニテコレヲ、角兵衛獅子ト二云。或人曰、武蔵国氷川神社ニ古キ獅子頭ヲ伝ヘ秘ス。近村ノ農夫、獅子舞ヲ行フ時ハ、假ㇾ用之。蓋、田楽ノ遺風歟。其獅子頭ノ角ニ菊ノ御紋アリ。銘曰、御免天下一、角兵衛作之ト彫タリ。角兵衛ハ古代獅子頭ノ名工歟。

又曰、角兵衛獅子ノ詞ニ「シチヤ、カタバチ、小桶デ、モテコヒ、スッテンテレック、庄助サン、ナンバンクツテモ、辛クモネヘ云々」。其謂心ヲ知ベカラズ。

獅子舞、三都ニ来ル者、皆同扮、十歳前後ノ童子舞ㇾ之。一夫シメ太鼓ヲ拍チテ、詞ヲ二云也。

女太夫図

平日、菅笠、正月十五日前、編笠ヲ着ス。衣服帯トモニ、表裡木綿也。襦袢、襟、袖口、腰帯等ハ絹縮緬ヲモ用ユ。手甲ハ、縞木綿ヲ用フ。

今世大坂ニテハ、四ケ所長吏、部下ノ者得意ノ町アリ。其中以上ノ民戸ヨリ、銭四、五百文与フ時ハ、下図ノ札ヲ報フ。是ヲ、戸内、見易キ壁柱等ニ張ル家、他ノ者来テ銭ヲ乞《こわ》ズ、不ㇾ張ㇾ之ニハ、平服ニテ四ケ所若イ者、大黒舞ト二云テ、一文等ヲ乞フ。

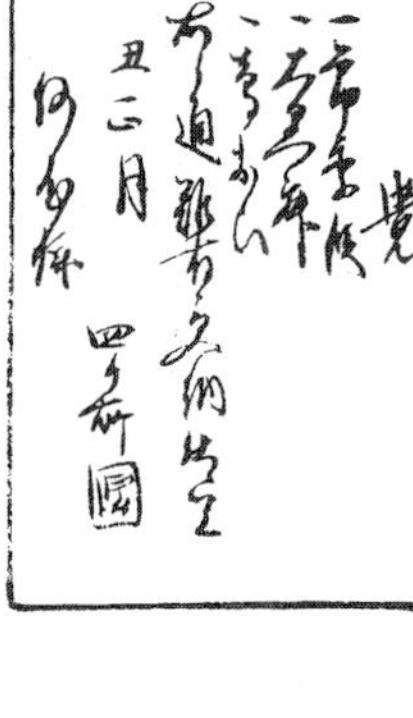

図40

歌川広重画「名所江戸百景　日本橋通一丁目略図」

目抜き通りを行く住吉踊りの一行と後につづく女太夫。

守貞謾稿巻之八　貨幣

通貨と富礼

元文中、金銀幣改造ス。小判重サ三匁五分、慶長ヨリ軽キコト一匁三分也。他准。金品元禄ヨリ勝リ、慶長ヨリ劣ル。今制ノ金銀文字ヲ印ス。

明和五年、大銭ヲキル。一文ヲ以テ、寛永銭四文ニ当ル。銭文《せんもん》、明和ヲ用ヒズ。強テ寛永通宝トアリ。背ニ波文アリ。波数二十二也。経《わた》リ（直径）九分也。銅ニ鈕丹《トタン》（亜鉛）ヲ雑ユ。故ニ、真鍮銭ノ名アリ。俗ニ四文銭ト云。今世ニ至リ、江戸ニ多ク、京坂ニ少シ。

同六年、追鋳ス。波文十一也。此時ハ、京師ニモ鋳レ之ト也。

安永二年、南鐐《なんりょう》ヲ造ル。乃チ二朱銀也。重サ二匁七分也。八ツヲ以テ小判一両ニ当ル。是、銀ヲ以テ金幣ニ准スノ始ナリ。

文政七年改造レ之、形及文字、如故小形、重サ二匁也。旧制ヨリ七分ヲ減ズ。

嘉永七年、春ヨリ再ビ一朱銀ヲ製ス。其形、文政中ノ銀一朱ニ似テ、其文下（左）図ノ如シ。従来、新幣製造ノ時ハ、其座ニ工人ヲ夥ク雇ヒテ、一日ニ数万ヲ製スコトナリシガ、速ニ成功ノ後、又、空手ニテ日ヲ送ルヲ以テ、此度ノ行ニハ、工夫ヲ多ク役セズ。一日数千ノミヲ製シテ、数月数年ニテ成功セントス。

大坂両替屋會所、北濱町二丁目ニ在リ。毎朝、大坂中両替ノ戸主或ハ手代、爰ニ會テ三幣ヲ賣買ス。午ノ刻過ギ、当日ノ時價、俗ニ云相場ヲ、得意ノ諸戸ニ報ズ。得意毎戸、中戸辺ニ一冊ヲ掛ケ、金銭相場帳ト表題ス。近年、金一両、價銀六十三四匁、毎日差アリ。銭一貫文、價銀九匁某分、皆必ラズ銀價ヲ唱フ。他物、亦銀價ヲ専トス。毎日、金銭ノ相場ヲ、彼小冊ニ筆シ巡ル。其時、餘財アル者ハ、其使ニ与レ之テ、乃チ通帳ニ記ス。或ハ、得意ヨリ使ヲ以テ、両替ニ収ムモアリ。又、取ント欲ス者ハ、使ヒニ通ヒヲ齎《もた》シテ、三幣中欲スル所ヲ取ル。皆必ラズ、通ヒヲ證トス。

頭書 相場、相庭、トモニ、サウバト訓ス。

又、前ニ云如ク、餘財必ラズ皆、両替ヤニ預ケ、而テ諸價ヲ与ント欲ス時ハ、縮図ノ如キ契券ヲ与フ。是ヲ振リ手形ト云。

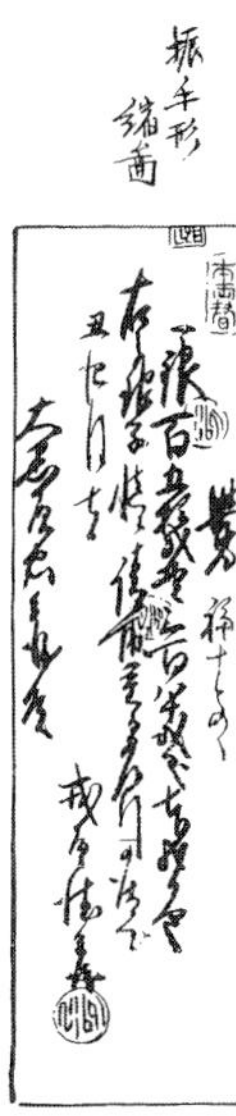

大坂ノ両替店ハ、表全クニ、紺無地麻布、長三尺許ノ暖簾ヲ掛ル。記号《しるし》、屋号等不記、又、看板無之。唯銭小賣ノミ看板アリ。江戸モ無招牌也。

古ノ質店ノ招牌

古今トモニ形異ナレドモ、各々質礼ト云。小券ノ意也。又棊《き》子《し》（一般には碁石のことであるが、ここでは将棋の駒のこと。編著者注）ハ金銀ニ成ルノ意也。

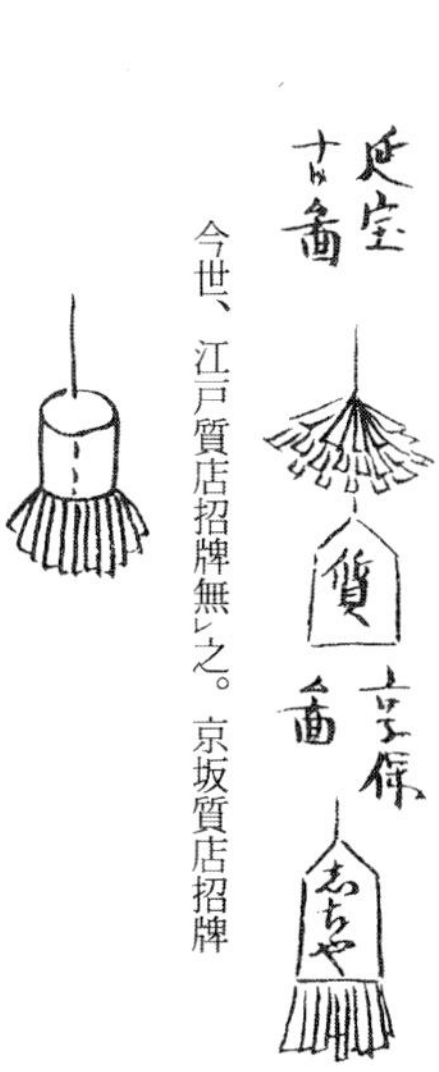

今世、江戸質店招牌無レ之。京坂質店招牌

右ノ餘徳ヲ以テ堂社ヲ修補スル也。

右ノ行レシ時ハ、坊間諸所ニ富札店アリ。譬ヘバ、催主ヨリハ、紙札一枚ヲ銀十二匁ニ賣出ス。札屋ヨリ諸人ニハ、十三、五匁ニ賣ル。催主ヨリ出ス直段ハ、官ニ告テ定價アリ。札屋ヨリ諸人ニ賣ルハ、定ナシ。

又、割札ト号シテ、本札ヲ札屋ニ止メ、一札二頒《はん》或ハ四頒等ノ假札ヲ以テ、頒チ賣ルモアリ。二頒ヲ半割札、四頒ヲ四人割ト云。

又、突止メ、千両ヲ得ル者ヨリ、其一分百金ヲ修補ノ料ト号シテ、催主ニ止メ、又百両ヲ札屋ニ頒チ、其他諸費ト号《なづけ》テ四、五十両ヲ除キ、千両富、其実ヲ得ル所、大畧七百餘金也。平ノ当リニ至ル迄、各准レ之。

京坂ニテハ、当リ富ノ番ヲ大幟《おおのぼり》ニ記シ、札店ノ軒前ニ載ル、当リ札無之店ニモ、模二造之一テ建ル。

富札

諸人ニ所沽紙牌《こしはい》也。長大畧五寸許。割札《わりふだ》モ似レ之。幾割ノ印ヲ押シ、又札店ノ姓名等ヲ印ス

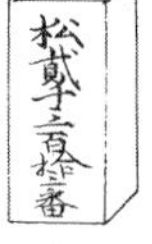

筥中《はこちゅう》ニ納ル。桐材小札大サ如図

上ノ桐札若干万枚ヲ此大方筥二納メ、二番毎筥ヲ轉倒セシメ異ロヨリ突レ之

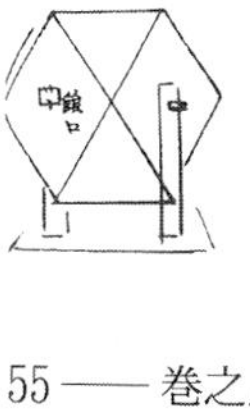

守貞謾稿巻之九　男扮

男子の髪型

古之髻図

『貞丈雑記』所載

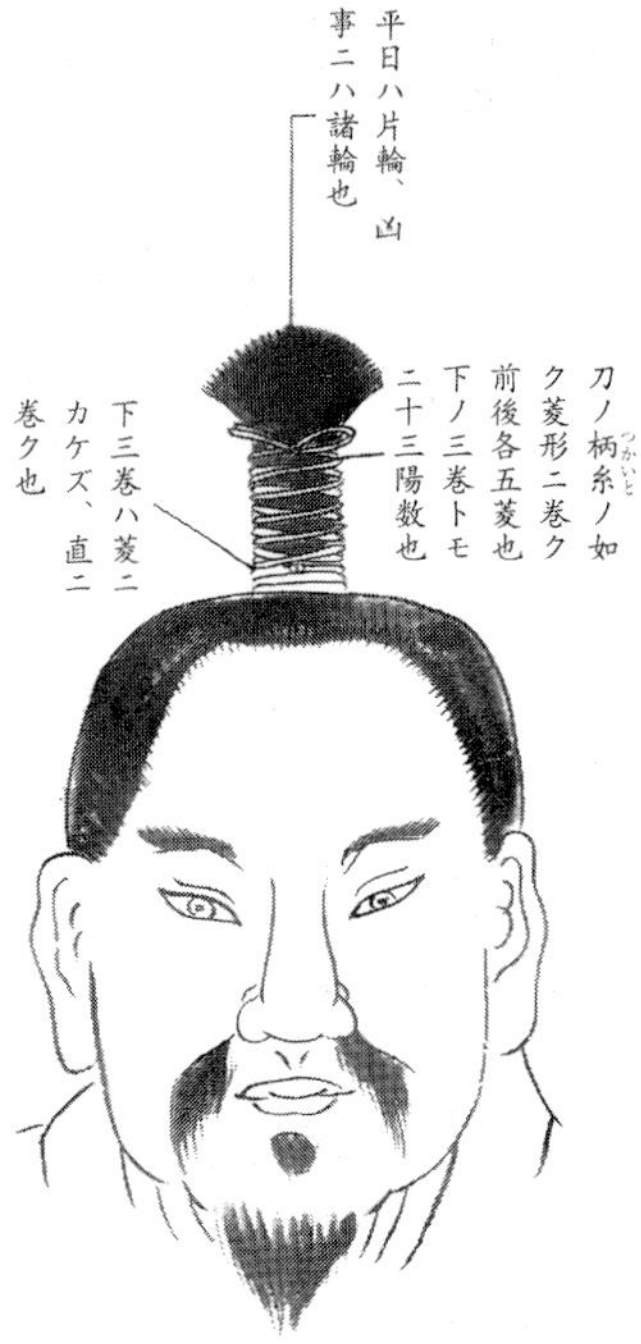
平日ハ片輪、凶事ニハ諸輪也
刀ノ柄糸《つかいと》ノ如ク菱形ニ巻ク前後各五菱也下ノ三巻トモ二十三陽数也
下三巻ハ菱ニカケズ、直ニ巻ク也

古之士民丈夫図

古ハ、士民トモニ今ノ如ク、月代ヲ剃ルヲセズ、元服ト云者、図ノ如ク髻《もとどり》シテ、始テ烏帽子ヲ着スヲ元服ト云也。元ハ始也。又、首也。烏帽子ハ首ノ服也。首服ヲ始テ着ス、故ニ、元服ト云也。中昔ハ、此形ヲ茶筌髪《ちゃせんがみ》ト云歟《か》。今世、夫《おっと》ニ後《おく》レタル婦ノ茶筌髪ト云ハ、異レ与之也。

戦国ノ末ヨリ、今此昇平《しょうへい》（平和）ノ始ノ間ハ、士民トモニ、或ハ月代ヲ剃リ、或ハ剃ラズ。今世ノ士民ハ、十四、五歳ニテ専ラ前髪ヲ剃除クヲ、元服ト云リ。蓋、十歳未満ニテ剃ルモアリ。二十歳ニ向トシテ剃ルモアリ。月代スルニ定年ナシ。今世、月代ヲ剃ザル人ヲ、惣髪ト云也。今世ノ修験者ハ、右図ノ如ク髻リス。又、武家ニ、胴朋《どうぼう》（同朋）、或ハ坊主ト云者、童形ノ時亦似レ之。又、武家及ビ京坂ノ医師モ、惣髪ナレドモ、髻ヲ髷《まげ》ニスル也。蓋、今世ハ、修験者以下、皆必ラズ鬚《ひげ》ハソルナリ。

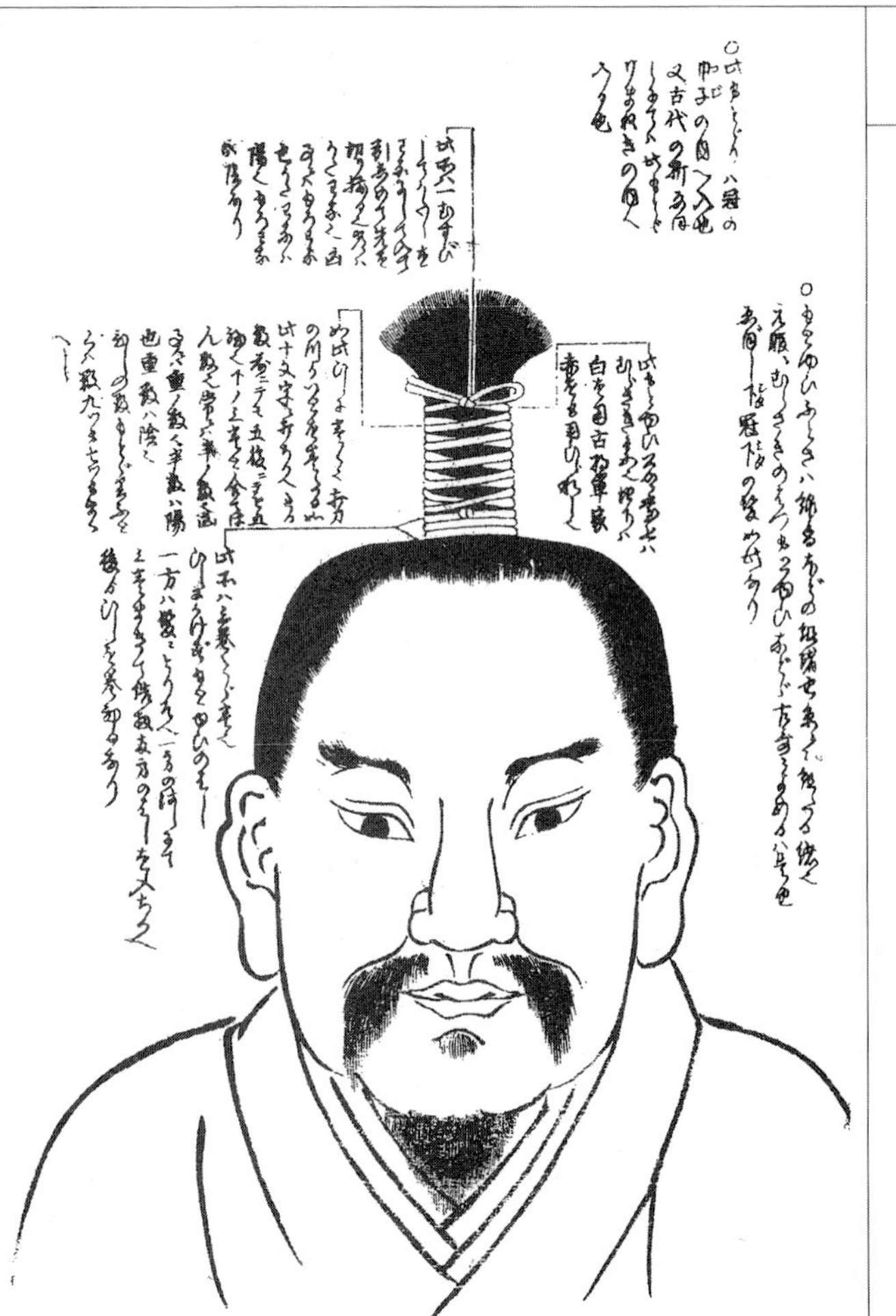

図41　伊勢貞丈著『貞丈雑記』（宝暦13以降）国立国会図書館蔵

又、昇平ノ初頃ノ武士ニハ、月代長シタル、或ハ惣髪ニテモ髻ヲ曲ケズ、図ノ如ク、髻ニ元結ヲ多ク巻タル者アリ。蓋、武士モ侠ヲ好ミ、或ハ、烟花《えんか》（遊里）ニ遊ブノ人ナリ。市民ニハ無此風、専ラ髷タル也。

此如ク、髻ニ元結多ク巻立、五分月代ニテ、額際ヲ抜タルハ侠客風ニテ、俗ニ丹前風ト云シ也。今ハ、此風更ニ廃シテ、唯劇場ニ扮スノミ。今モ、劇場、名古屋山三《なごやさんざ》、不破伴左ヱ門ト云ニ扮スル者、必ラズ如此也。

寛永正保

『骨董集』ニ所載、銭湯風呂ノ客ノ、帰路ノ躰也。

『一代男』云「五服《ごふく》ツキノキセル」ト云、是也。是寛永中ノ書

同書云、当時ハ、常ニハ烟管ヲ持ズ、適、遊行ノ時ハ、自ラ懐中セズ、奴僕ニ持ス。故ニ丈長シ、火皿甚大也。

奴僕ノ頭髪、今ト異也。又、此奴僕ノ持ルハ、所謂風呂敷也。当時ハ、風呂ノ敷物ヲ包ム料トナリテモ、風呂敷ノ名目ハ残レリ

此所ニ、女子二人アリ、女子ノ条ニ図ス

同書曰、当時ハ、男女トモニ、鬢付《びん》油ヲ用フ者稀ニテ、美軟石《びなんせき》（サネカズラの茎から出た粘液）ニテ毛ヲ付シ也。埃《ほこり》カカリテ、ヨゴレ易キ故ニヤ、風呂ニ入ル毎ニ、髪ヲ洗ヒシ也。風呂入スル者、乱髪ナルハ此故也云々。

右ノ續キ

此二人ハ月代剃タリ

此一人ハ裸躰ニテ、褌《ふんどし》ヲシタリ

当時ハ、入浴ニモ必ラズ褌ヲ放タズ、名付テ風呂褌ト云

此図ノ婦人モ女ノ条ニ図ス

図42

岩瀬京山・喜多武清・歌川豊広画　山東京伝著『骨董集』（文化10）ポーラ文化研究所蔵

寛永正保ノ風

『骨董集』ニ所載、毬打ノ図

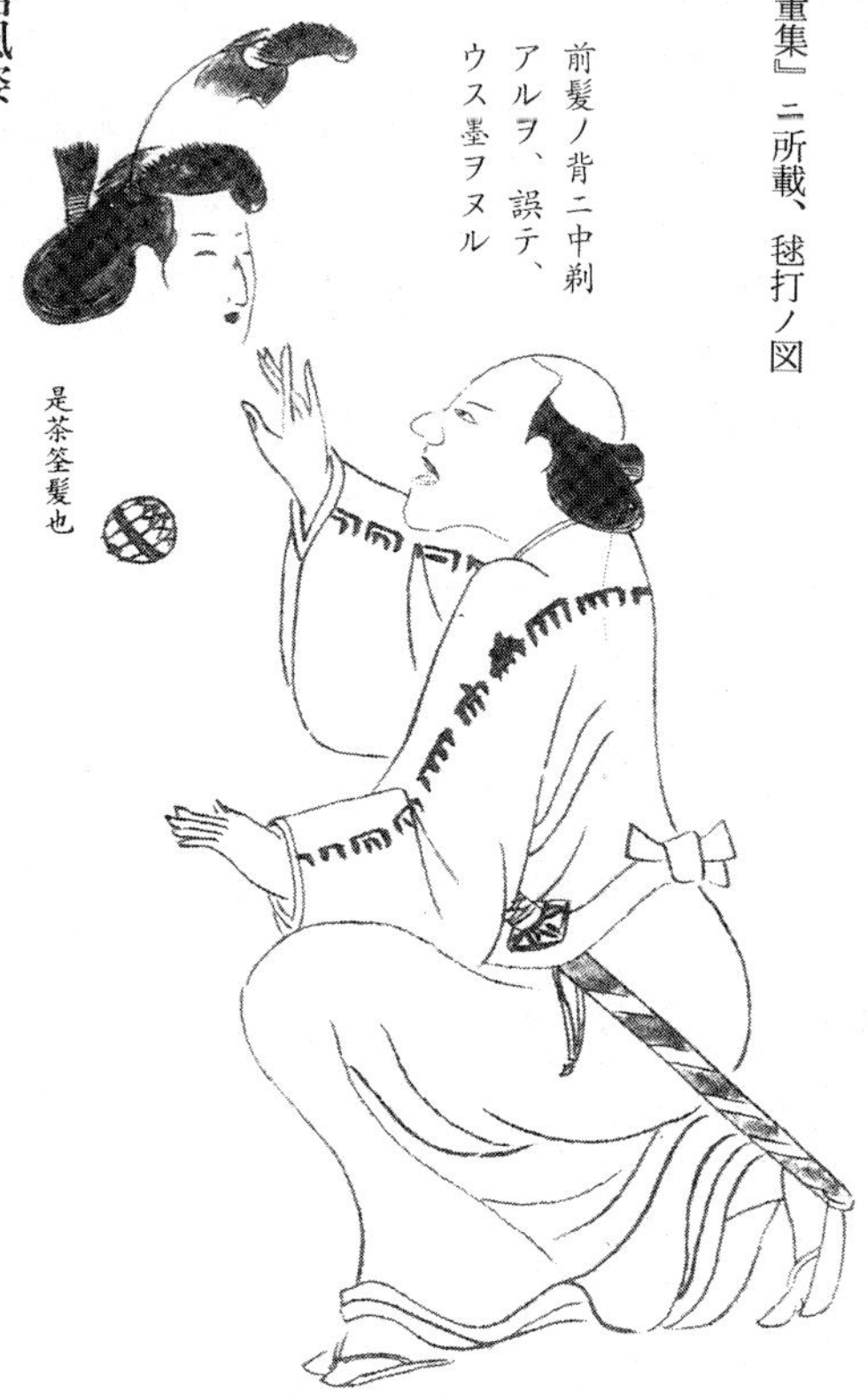
前髪ノ背ニ中剃
アルヲ、誤テ、
ウス墨ヲヌル
是茶筌髪也

萬治風姿

『我衣』曰「寛文ノ比、男子、黒絲ニ髪ヲ結フコト流布ス。好色者《すきもの》ノスルコト也云々」ト、アリテ、図ヲ載タレドモ、伝写ノ誤アル故ニ、再写ヲ畧ス。

元禄ノ風姿

当時、羽折丈ケ中也。今ト相似タリ。蓋、梅ノ散紋ハ、必ズ当時ノ風ニモ非ズシテ、唯、筆労ヲ省キテ、此粗文ヲ画クナラン。前ノ寛永正保ノ風姿ノ折、鞠《まり》ノ男ノ肩ニ、横筋ノ如ク、篆書《てんしょ》ニ似タル物ヲ連ネ画キシハ、当時ノ衣服ノ風也。筆労ヲ省ク物ニ非ズ。

『我衣』曰、貞享ノ比、梳《す》キ油ニテ梳キ、毛筋ヲ通シテ、奇麗ニ結フ、無二中剃一。又無二入髪一。元禄迄ハ、御籏本ハ何レモ、合セ鬢也云々。

又曰、元禄ノ初、中村伝九郎、絲鬢《いとびん》、此風ヲ好ム、後、甥ニ伝七ト云者「ナマジメ」ト云風ニナオス。江戸半太夫ガ風ヲ、少シノヲシタルモノ歟云々。

是亦、図ヲ再写セズ。

又曰、元禄ノ比、江戸材木屋風也。突ッ込ト云中剃アリ。是モ図アリ。今畧之。

同少年風

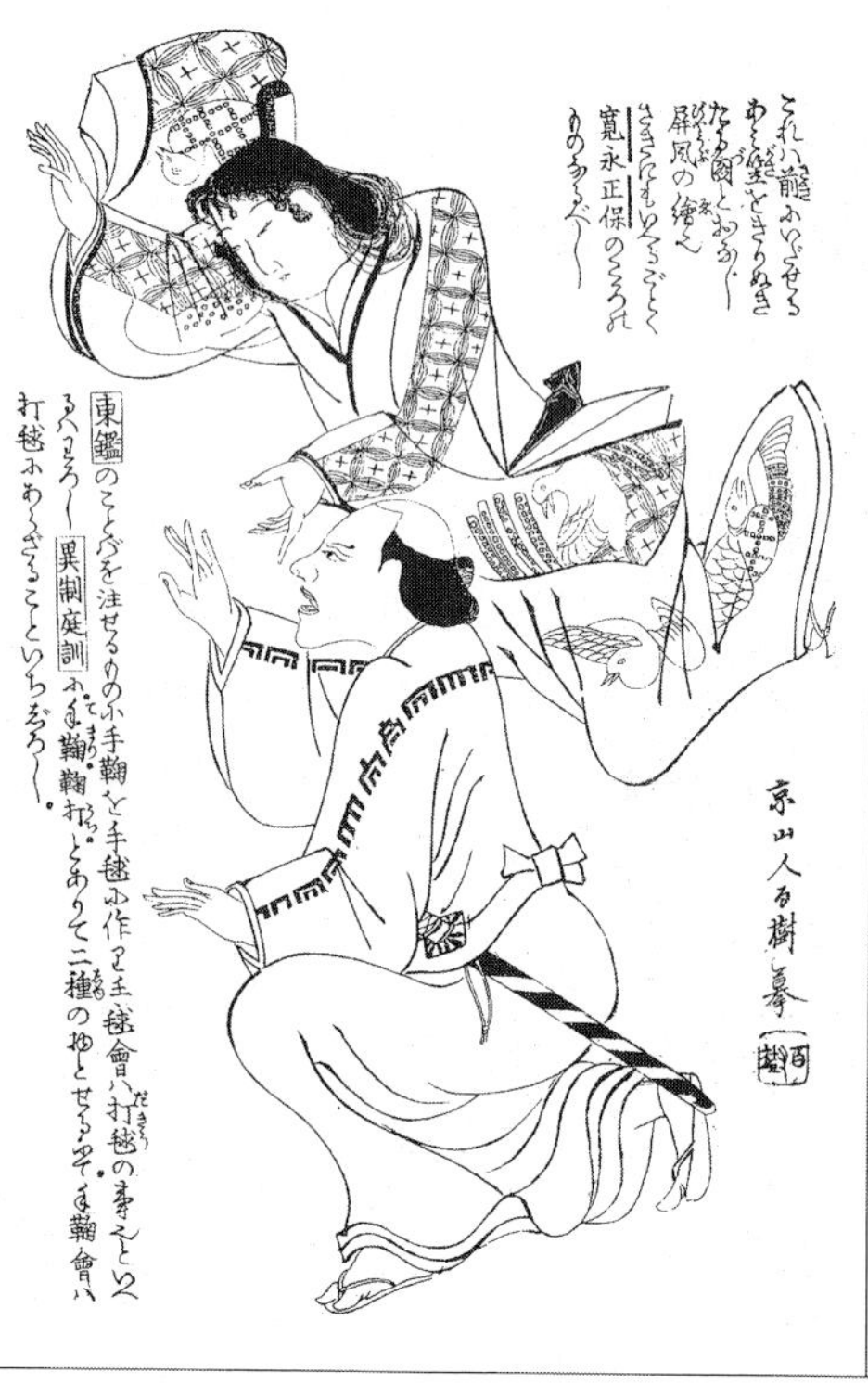

図43　岩瀬京山・喜多武清・歌川豊広画　山東京伝著『骨董集』（文化10）ポーラ文化研究所蔵

元文中、古本所画也。当時ノ男女、髷皆各太ク短シ。或ハフトク、或ハホソク、今世此ゴトク髮ノ低キヲ京坂ニテバチビン、撥髪也、江戸ニテ糸鬢ト云。形異同アレドモ長キ者無レ之。

前髪ハ、長髷、短曲トモニ有之。蓋、武家ノ息、又ハ坊間モ息子前髪ハ髷長ク、丁児ハ短髷也。

如此、裾ヲカ、クルヲ、今俗京坂ニテ、オチヨボカラゲト云。江戸ニテハ、チンバシオリト云。惣テ裾ヲカ、グルヲ、京坂ニテハ、シリカラゲ、江戸ニテハシオリト云。昔ノ男子、専ラ図ノ如クカ、グ。今モ京坂ニハ、稀ニ如此。江戸ニテハ、更ニ為レ之コトナシ。皆必、背裾ノ端ヲ帯ニ挾ム、故ニ、端折ト云

元文中少年風

寶暦中　同時印本『諸藝錦』所載

武家ト形相似テ、曲僅ニ小歟

此武家前髪図、『塵塚談』ニ云ル搔鬓也

天明　寛政

享和

今世　男子髪

大概如此也。

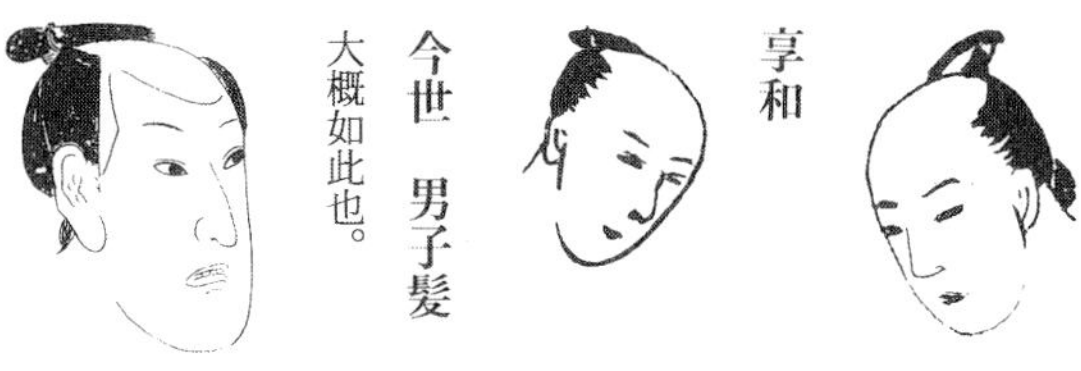

男子髪風、宝暦、明和、安永、粗《ほぼ》相似テ、大同小異アル歟。画面、概同キ也。
或書曰、安永ノ頃、下主《げす》（司）ナドハ髪ノ中ヲ剃廣ゲテ、曲ヲ鼠ノ尾ノヤウニシ、眉サヘ剃細メテ、額イカメシク、ヌキアゲタリ。今ハ、髪ノ中多クモ剃ズ。額ナドヌク人稀也云々。今ト云ハ、文化七年也。
安永以前髷短ク、天明以来長クナル歟。安永ノ髷風、末ニ追書ス。

蓋、月代ヲ多ク剃テ、髪ヲ少クスルアリ。又、月代ヲ少クシテ、髪多キアリ。鬢《びん》ノ高低アリ。髱《つと》ノ寛急アリ。髷ノ大小長短アリ。其形種々数十種アリ。図シ尽スベカラズ。

貴人ハ、髪多ク月代少ク、鬢高ク髷大也。下輩ハ反レ之者多シ。

今三都トモ、市民ノ髷ニ銀杏形ト云モノ多シ。大イテウ、小イテウ、銀杏崩シ、清本《きよもと》（清元）イテウ等、種々ノ名アリ。

髷名、大畧四五十種モ至リ、然モ大同小異ノミニテ、大畧ハ如図也。先年ハ、本多ヲ以テ名ル形多ク、今ハ銀杏ヲ以テ名トスル多シ。

髷ノ元結以《より》、背《うしろ》ヲ一ト云、イチ、ト訓ズ。以《より》、前《まえ》ヲ、ハケト云、刷毛也。髪末ヲ、ハケサキト云。

髻ニ、摺元結《こきもとゆい》ヲ巻クコト、三重ヲ普トス。武士ニハ、立巻モアリ。又、士民好色ノ徒、及び劇場ノ俳優等ハ、二巻モアリ。二巻ノ者ハ、髻《もとゆい》ノ細キヲ好ム。是、昔ノキンカ髻ノ類也。五巻ニモスル人ハ、却テ太髻ヲ用フ。

図44　北尾重政画『絵本世都濃登起《えほんよつのとき》』（安永4）
道行く武士、町人、相撲取りの髪型

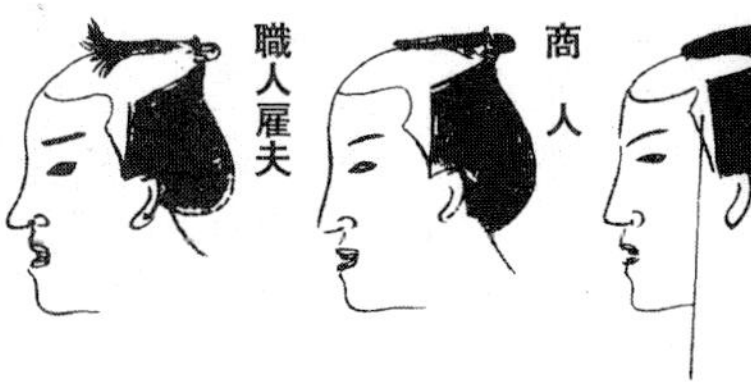

武士

髪多ク、髷太ク、前後低ク、半バヲ高クス。

此所ヲ、京坂ニ出額ト云〔デビタヒ〕、江戸ニテ小鬓ト云、〔コビン〕。工商ハ必ズ剃ル。武士ニハ、稀ニ出額ヲ剃ザル人アリ

商人

髪スクナク、髷前後中トモニ直グ。

職人雇夫

同前ニテ、髪末ヲ分ツ、号テ、刷毛ヲ散スト云、今俗、工人ヲ職人ト云也。

江戸ニテ、今世、髪多ク髷フトキ者ヲ、異名シテ「クソブネノタワシ」ト云也。船（糞船）ヲ洗フ具、竹ニワラヲ付テ、箒ニ似タルアリ。

大坂ニテハ、男モ髷心ヲ入ル人アリ。江戸ニテモ、武士ニハ用レ之人モアル歟。市民ニハ、更ニ不レ見レ之。

紙ヲ捻テ此コトクニシ、髷裡《うち》ニ納ル也。又、妻楊枝ノ如キ竹ヲ用フモアリ。京坂ニテモ用レ之ハ、古風ノ人歟。察スニ、京坂トモニ、今ハ用レ之人稀ナルベシ。又、京坂ハ梳畢《すきおわり》テ後ニ、髷、鬢《びん》、髱《たぶ》トモニ、刷毛ヲ以テ水油ヲヒク、江戸ハ、コレヲヒカズ。

安永二年、『當世風俗通』ニ所載、本多髪八體

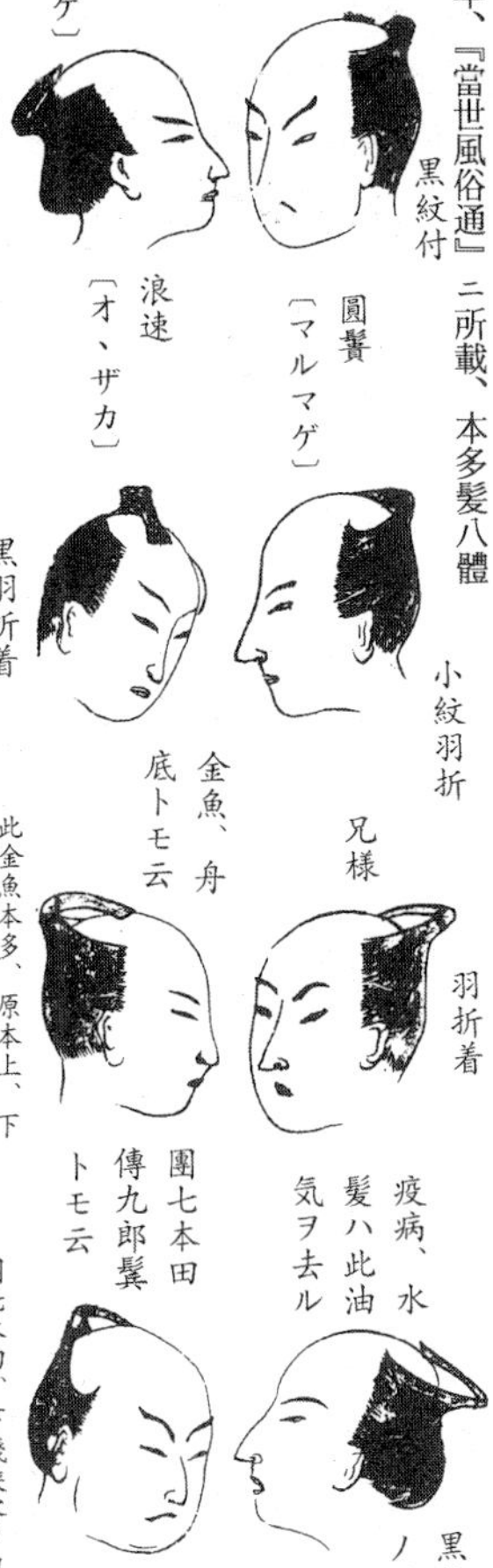
古来之本多
五分下〔ゴブサゲ〕
島衣服着
黒羽折着
此金魚本多、原本上、下着ス。上品息子ノ風ト見ユ
黒紋付ノ服
團七本田、下賤侠客ノ風ニ見ユ。原本、格子島衣服肩ニ手巾ヲ拭タリ

或冊子云、本多髷ノ古風ハ、前七分、後ロ三分ノ定メ也云々。元結ノ前後ヲ、七分三分ニセシ也

図45 恋川春町画 金錦佐恵流（朋誠堂喜三二）作『當世風俗通』（安永2）佐藤要人氏蔵

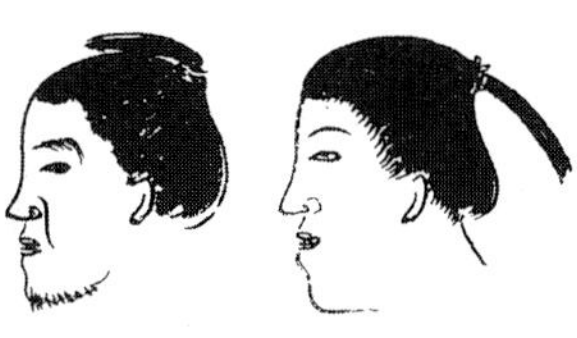

惣《そう》髪《はつ》

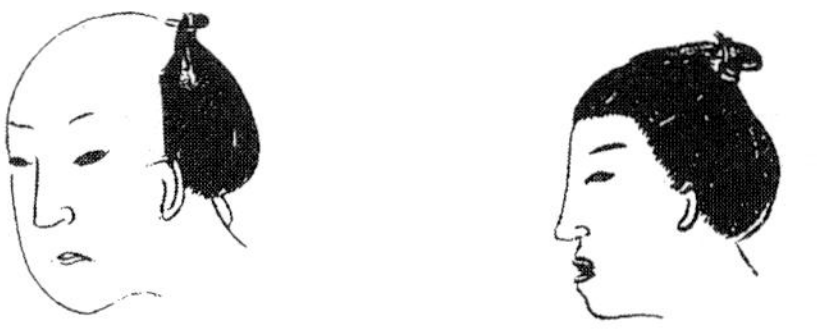

是ハ、古ノ茶筌髪《ちやせんがみ》ノ遺風歟。若年ノ坊主、卜職《ぼくしよく》（えきしゃ）ハ皆此風也。山伏ニハ、前ニ髻ヲシテ押平目《おしひらめ》タルモアリ。撘髻《こきもとゆい》、白ヲ用フ。男子黒髻ヲ用フ者、三都トモニ更ニ無之。江戸方言ニ、此髪風ヲ「クワヒノトッテ」ト云。慈姑《くわい》ノ芋ニ似タル故ノ名也。

山伏ニハ此風モアリ、又、髷ニスルモアリ。

惣髪モ、白撘髻《こきもとゆい》也。縉紳家《しんしんけ》ハ、髻ノ上ニ紫ノ八ツ打組緒ヲカクル也。

髷上ニ此ゴトク結ブ。其他、惣髪ノ者ハ、京坂ノ医師、山伏也。江戸ハ、山伏ニモ往々有レ之、医師ハ惣髪稀ニテ、大畧薙髪《ちはつ》（もとどりを残して切る髪型）也。

今世、芝居俳優ハ鬢低ク、小鬢多ク剃リ、髪毛少クスル也。是ハ、種々ノカヅラヲ用フ故ニ、自髪多キハ扮ニヨリ不便故也。

又、正民ハ髻《もとどり》ニコキ元結ヲ三重巻ヲ普通トスルニ、俳優ハ大概二巻也。髷モホソク、少クスル也。又、京坂ノ役者ハ、天保頃、専ラ図ノ如ク、髷ヲ或ハ左リ、或ハ右ヘスル也。正クスレバ、髷下ノ脳ノ凹ニナルヲ厭フ也。曲下ノ脳ハ聊カナレドモ自然ト凹ニナル物也。

又、幇間《ほうかん》モ、京坂ノ幇間ハ、専ラ俳優ニ擬扮スル故ニ、彼徒ハ、カツラヲ用フコトハ、ナケレドモ、曲《まげ》ヲ斜ニシ、眉モ大方抜去テ僅ニ残ス也。俳優ノ、眉ヲ抜テ僅ニ残スハ、是亦扮ニ應ジテ、眉ヲ種々ニ画ク故也。

又、根付彫工、蒔画師等ノ工人、若輩ニ扮、擬レ之者アリ。江戸ハ、幇間、工人トモニ、此扮ヲセズ。俳優ハ大畧同キ歟。因ニ云、京坂ノ若輩ハ、俳優ニ擬扮スル者多ク、江戸ハ、鳶《とび》ノ者ニ擬扮スル人多シ。是自然ノ人意ニテ、京坂ハ、ニヤケト云、弱気也。江戸ハ、イサミハダト云テ、勇烈ヲ好ムノ意アル故也。

鬚

万治刊本ニ所載図

図中、数夫、貴賤トモニ、如此鬚《あごひげ》ヲ画ケリ。

当時髷形、如此

元禄印本ニ所載図、是亦図中、数人貴賤トモニ髭《くちひげ》ヲ画カズ。元禄以後ノ物、皆鬚ナシ。然バ、鬚ヲ好ザルコト、万治後也。悉ク追考スベシ。

当時髷形、如此大ニ、又元結ヲ多ク巻タリ

文化頃迄ハ、下賤ニテ頤鬚《あごひげ》多キ者ハ、往々図ノ如クニ、抜ソロヘタレドモ、髭ヲ長スコトナク、月代ト同ク、四五日毎ニ剃ル也。頬髭ハ抜去リ、頤髭ノミ、ヌキソロユ、是モ、文政頃ヨリ更ニ廃テ、頬、頤髭トモニ剃ルノミ也。

図46	石河流宣画『大和耕作絵抄』（元禄前後）	髭の奴達

童形《どうぎょう》ノ髪

古ノ縉紳家、童形ハ、髪ヲ長ク背ニ垂レテ、入元結ヲ以テ結レ之。是ヲ児風ト云。入元結ノコト、御殿女ノ条ニ図ス。又、或曰、児髪ノ結ヒヤウ、髻ハ薄様《うすよう》紙、或ハ鉑檀《はくだん》紙也。元結ノ左ヲ上ゲ、右ヲサゲテ、右仰ギ、左俯《うつむ》キ、髪ハ左ノ脇ニ垂ル。紙捻《こより》ヲ以テ一、二所ヲ結ビ、髪結形ハ鴛鴦《えんおう》（オシドリ）ノ羽形ヲ常体トス云々。守貞曰、是ハ皇子等ノ童形也。又、古ノ児ハ、眉ヲ剃リテ画眉《かきまゆ》ヲ造リ、白粉及ビ鉄漿《かね》ヲ染ルトモ云リ。

下ニ図スル物ハ、元文中刊本ニ所載、画工ハ京師ノ祐信也。当時ノ風ニ非ズシテ、粗前ニ云チゴフウ（稚児風）ニ近シ。

古ノ庶人ノ童形ハ、前ヲ背ニ垂レ、肩ノ辺ニ結ヒ上ゲタルコト、婦女トモニ相似テ、男童モ如此スル歟。

童子、印地《いんぢ》打《うち》ノ体也

此図、土佐刑部大輔光長筆ニテ、『稲荷祭ノ繪巻』ニ所載。順徳帝御宇ノ古画ニテ、今ヨリ逆算スレバ大畧六百年前、童形也。

貞享印本、『一代男』曰、「此四十年跡迄ハ、女子十八、九迄モ、竹馬ニ乗テ門ニ遊ビ、男ノ子モ、定ツテ廿五ニテ元服セシニ、斯モセワシク変ル世ヤ云々」。四十年前ハ、乃チ正保中ニ当ル。当時、男子元服二十五歳ヲ例トセシ歟。今世ハ、十五、六歳を例トシ、十九ヲ晩《おそし》トス。

又、享保中、既ニ早クスト雖ドモ、今ノ如ニアラズシテ、漸クニ、早クナリタルナラン。末世ニ至ラバ。十歳未満ニテ元服スルコトニ至ルベシ。

前ノ稲荷祭ノ童形ト甚ダ異也。前ノハ、田家《でんか》等ノ童、是ハ京童歟。又、袴着タルハ民間ノ児ニハ非ル歟。兎角、其風姿ハ異ナレドモ、童遊ノ情態ハ異ルコトナシ。

『圓光大師伝』ニ所載

正和中ノ古画ヲ模シテ、元禄十三年印本トス。然ラバ、五百年餘ノ童形也。

古の上層階級の童

昔ノ竹馬ハ、生竹ニ乗リシ也。今ハ、竹竿ニ馬頭ノ造リ物ヲ付リ

寛永、正保頃ノ古画ニ所載也。

二図トモ、少年ト見ユ。乃、男服ノ蝙蝠羽織着タル図也

髷也。又、当時、鬟髪ノ、図ノ如ク乱テ、垂タル者多シ

下ノハ、茶筌髪也。又、前髪ヲ平元結ニテ結ベリ

或書云、昔ハ、寛永、正保ノ比迄ハ、男ハ大方二十四、五歳迄ハ、童姿ニテ有シ。是ヲ大若衆ト云ケル。二百年前ノ古画ニ、童姿ノ夥多《かた》（おびただしくおおく）見ユルハ、則チ此大若衆也。コハ、全ク男色ノ盛リ成リシ故也。天正比《ごろ》ノ戯作、『古今若衆』序云、是ヨリ先ノ人々ヲ集メテナン、大若衆ト号ケラレタリケル云々。

右ノ二図、面貌自ラ十餘歳ノ者ニ非ズ。乃チ彼オ、ワカシユ也。

少年の髪

寛永、正保古画トシテ、前図トトモニ、『骨董集』ニ所載也。同書ニ、美少年ノ男子也ト云リ。愚《ぐ》、按《あんずる》ニハ、当時ノ男色ノ類也。

三線海老尾《えびお》ノ形、今ト大異也。

蓋、当時ハ、近世ノ如ク、別ニ男色ヲ賣ル家ナクテ、士民ノ少年ヲ通ズル而已歟《のみか》。

寛文中少年之図

延寶、天和、貞享、元禄等ノ少年、大畧同レ之也。蓋、或ハ、振袖ヲ着シ、或ハ、振袖ニ非ルヲ着セリ。

元禄ノ髪、大畧同之ト雖ドモ、髷ノ元結ヨリ以背長ク以前却テ短ク、髱《つと》甚ダ長ク低シ。

今俗、元結ヨリ背ヲ一《いち》ト云、前ヲ刷毛ト云也。

万治
『女教秘伝』所載

元禄
『好色尾長鳥』所載

享保

刊本所載、**武家若衆**

当時、美少年及び處女《むすめ》ニモ、此曲《まげ》ニ結フ歟。

妓女、野郎トモニ此曲也。蓋、野郎ハ、額帽子ヲ当テタリ。野郎ハ冶郎、乃チ今俗ノ云、蔭子カゲマ、男色ノ妖童也。又、女形ノ俳優也。武家若衆、袴ニ黒紋付、振袖、羽折、大小ヲ着リ。町方若衆ハ、横島羽折ニ一刀。野郎ハ、黒ノ振袖、羽折ニ一刀。

町方若衆ノ髷モ、此図ト無レ異也。又、妓女ニ、マヒコ、ト、カナヲ付リ。今ノ幼妓ノ類也。十三才バカリ以下之妓也。

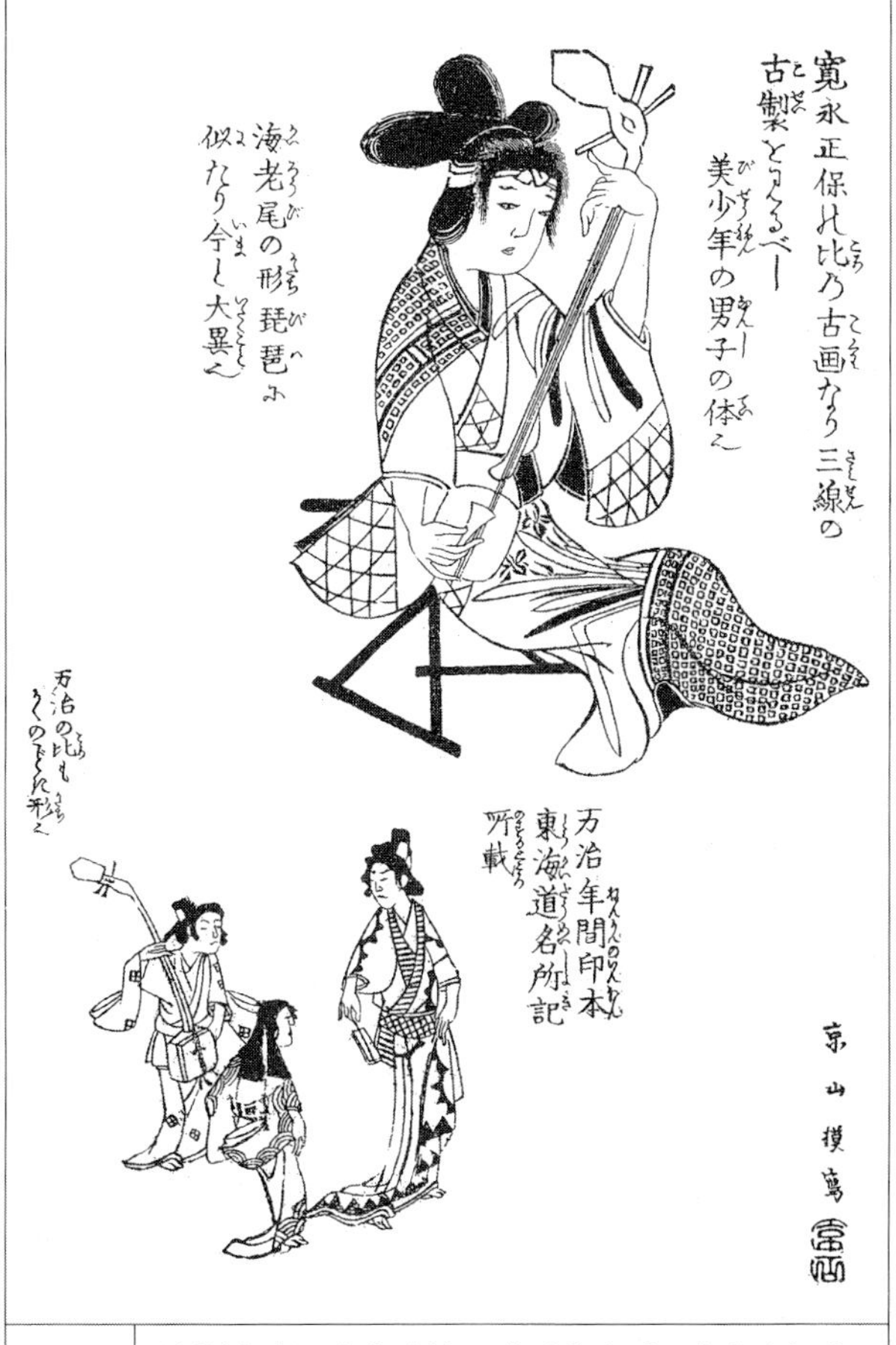

図47　岩瀬京山・喜多武清・歌川豊広画　山東京伝著『骨董集』（文化10）ポーラ文化研究所蔵

元文

武家若衆ハ享保ト相似タリ。

宝暦

文化、文政

茶瓶《ちゃびん》前髪

文化、文政頃ニハ、京坂中以上ノ市民ノ息子ハ、前髪ヲ髻結《もとゆい》セズ。甚ダ高ク、又、前ニ押出セリ。其形チヤビンノ手ニ似タルガ故ニ名トス。文政末ヨリ廃シテ、天保中ニハ更ニ不レ見レ之。江戸ニハ従来不レ為二此風一也。

因云、茶瓶ハ、茶ヲ烹《いれ》ル銅器也。形、下図ノ如シ。此周リニ歯ノナキヲ薬鑵ト云。江戸ニテハ、歯ノ有無ニ薬鑵ト云。又、ヤクワンヲ江訛《えどなまつ》テ、ヤカント云。故ニ、老夫ノ頭ノ赤ク兀《はげ》タルヲ、江戸ニテ「ヤカンアタマ」、京坂ニテハ「ハゲチヤビン」ナド云リ。昔ハ「キンカアタマ」ト云リ。

金革ノ畧ト云リ。

今世、士民ノ男女児出産シテ、第七日ニテ初テ髪ヲ剃《そ》リ。

芥子坊《けしぼう》

盆之窪《ぼんのくぼ》

江戸ニテ、オケシト云。百會《ひやくえ》ニ、髪ヲ残スヲ芥子ト云。七日ニ全髪ヲ剃リ、後日ニ残ㇾ之アリ。或ハ、産毛《うぶげ》トテ、不剃シテ初ヨリ残ㇾ之モアリ。此風、京坂ニ少ク、江戸ニ多シ。

京坂ニテ、ボンノクソト云ハ訛也。産髪ヲ剃テ、後日ニ残ㇾ之者多シ。江戸ニテハ「権兵衛」ト云。年長ズニ應テ大形ニス。

ヤツコ

小児漸ク長ズニ應ジテ、或ハ、如此ニ残之。三都トモニ、コレヲ、ヤツコト云。男子ニモ、稀ニ唐子《からこ》ニスルモアリ。

芥子坊

又長ジテ、芥子奴、ゴンベ、トモニアルナリ。芥子ノ髪長ジテ、髷ヲ結フ也。

ガツソウ

ガッソウ、昔ノ喝食《かつしき》ヲ、喝僧ト云ナルベシ。初、芥子ヲオカサル小児、七、八歳ニ至リ、髪ヲ長ス風也。前ニ中剃ヲソル。

初芥子アル者ハ七、八歳ニテ、髪ヲ長スレバ図ノ如シ。髷ノ中ニモ、中剃アルモアリ。又、初芥子ナキ者モ、髪長スルニ及ンデ、先如此ニ髷ヲ結フ也。

漸ク髪ノ長シテ、四方ニ散乱ス。故ニ百會ト、前後左右、五所ニ結フ也。蓋、中ト背ハ曲ニシ、左右ハ曲ザルモアリ、曲ルモアリ。如此ヲ、江戸ニテ異名ヲ角大師《つのだいし》ト云。ツノ大師ノ像ニ似タル故也。

江戸、男女児トモニ、五六歳以下ノ間ハ、必ラズ眉ヲ剃ル也。是愛アル故也。京坂ハ、従来、更ニ此風ナカリシニ、弘化以来、江戸風ヲ伝ヘ学ビテ、近年ハ男女幼児ノ眉ヲ剃ルモアリ、又、剃ザルモアリ。

武家前髪

三都トモニ、武家ノ息男、及び京坂豪富ノ息ハ、曲太クシ、又、前髪末ヲ左右ニ分ケ、髻ノ背《うしろ》ニ出ス。京坂ノ俗ニ、振分ト云。

江戸ハ、豪賈《ごうこ》ト雖ドモ坊間《ぼうかん》ニハ不ㇾ為ㇾ之。

坊間

今世、三都トモニ、士民ノ息子ハ、必ラズ前髪ニ髻《もとゆい》 結《むす》ビス。江戸ハ、丁児《でっち》モ同ㇾ之。京坂丁稚ハ、前髪ヲ結ハズ。

下タ撫《なで》

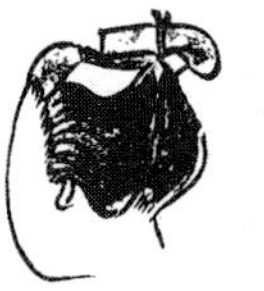

先年ハ、三都トモ、豪賈ノ息、丁稚トモニ、下タ撫鬢ニス、如図。今ハ廃シテ、唯大坂ノ豪冨、天王寺屋五兵衛ノ息ト、丁稚ノミ此風ヲナス。

京坂丁稚

京坂ノ丁児ハ、前髪ヲ結ハズ、堅ク引付ケ、両鬢ハ少シ弛《ゆる》メテ、図ノ如クシ、息男ト髪風ヲ差別ス。

江戸丁児

江戸丁児及び小戸ノ息ハ、十一、二歳ノ間、前髪ト髷先キトヲ重ネ、ココニモ髻《もとゆい》 結ビス。故ニ、髻《もとどり》ト前髪ト中ト三所ニ、元結ヲ用フ。此稚《おさな》キ時ハ、曲ノ損易キヲ厭ノミ、差別スルニ非ズ。

角前髪《すみまえがみ》

又、半元服ト云。

三都トモ、息男、丁稚トモニ、元服一、二年前ニ、額際ヲ僅ニ剃ル。俗ニ、スミ(角《すみ》)ヲ入ルト云。此風ヲ、スミ前ガミト云。

半元服ト云也。

武家ハ、角ヲ入レズ、直ニ元服ス。市民モ、半元服ヲセズ、直ニ元服スルモアリ。

図48

北尾重政画『絵本世都濃登起《えほんよつのとき》』(安永4)

辻宝引の子供達

随筆『世のすがた』に「辻宝引《つじほうびき》とて、寛政の初までは、元日より中旬ころまで、辻町にて麻縄、長《たけ》三尺計《ばかり》なるを数十本よせ、本《もと》をくりて、其内、壱《ひと》すぢにだいだいを結付――――其縄に当りたるを勝とし、錦絵、かんざし、双六《すごろく》、鞠《まり》の類、其余、種々の品をとらす」とあるように、銭をとって宝引をさせる正月の商売があった。子供達のいろいろな髪型が描かれている。(編著者注)

今世所用梳櫛

三ツ櫛

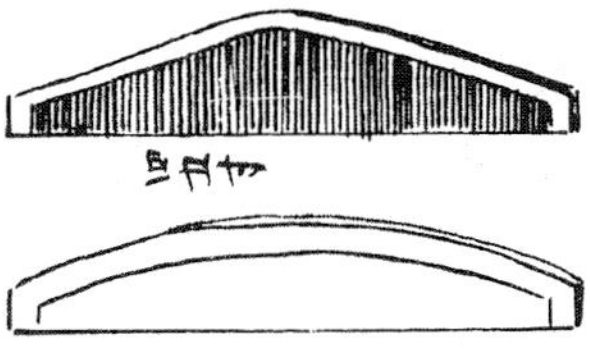

梳櫛、先、此粗歯《あらば》ノ櫛ヲ以テ、髪ヲ梳《けず》ル。是ヲ俗ニ、アラクシト云。荒櫛歟。粗ナル物、大略一寸ノ間ニ十歯バカリ、大サ櫛横四寸五、七分、高《たかさ》、央《なかば》ニテ一寸バカリ、蓋、大小不同アリ。

次ニ、中ヲ用テ梳ル。俗ニ中櫛ト云。中ナル物一寸ニ大略二十歯。

密ナル物、一寸ニ大略三十歯以上ヲ三ツ櫛ト云。然ドモ、近世ハ此櫛ヲ省キテ、中櫛ノ次ニ透櫛トス。

三ツ櫛形、右図ノ如ク大概二形、蓋、三櫛トモ上図ノ物、下図ノ物、トモニ同形也。唯、歯ニ粗、中、密三品アルノミ。必ラズ、皆黄楊製也。男女トモ用レ之テ、梳ル也。指櫛ニハ不レ用レ之トモ、先年ノ櫛巻ト云、髪用ニハ用レ之也。

刷毛コキ

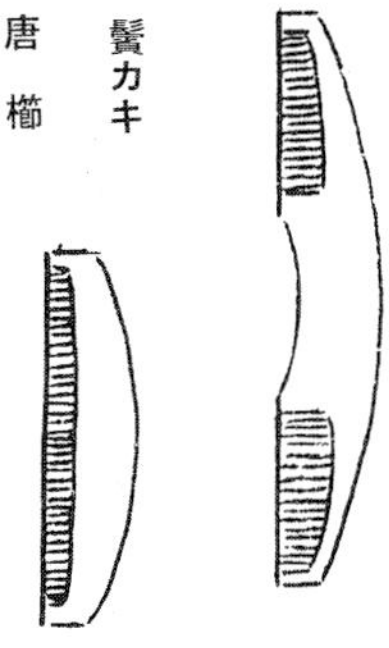

男髷ノ鬠以前《より》ヲ、俗ニハケト云、用レ之。故ニ、ハケコキト云。一櫛ニ歯二様、中間無歯也。歯ハ粗密アリ。粗ナル物三ツ櫛ノ中歯ニ同ク、密ナル物、准レ之。大サ大略三ツ櫛ニ同ク、聊低シ。此櫛ハ、男用ノミ。女子ニハ不レ用レ之。又京坂不レ用二此櫛一、三ツ櫛、唐櫛ハ、三都トモニ異ナルコトナク用フ。

鬢カキ

大サ四寸バカリ、高、寸餘、歯、中也。而モ浅ク挽ク。女用ノ鬢搔《びんかき》ハ形略也。女粧ノ条ニ図ス。

唐櫛

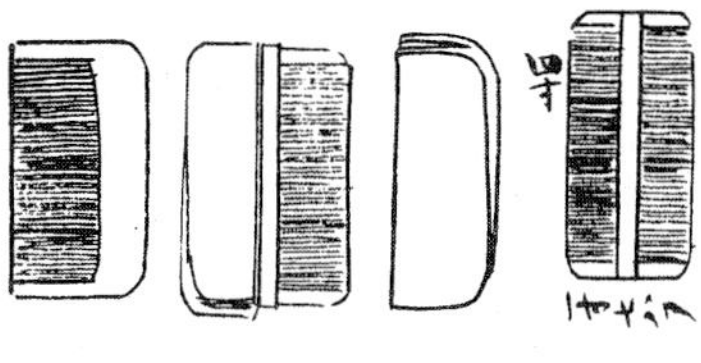

唐櫛、タウクシト云。全ク竹製也。歯ハ極テ細《こまか》ニ割リ、密ニ寄テ、両辺ニハ廣キ身竹ヲ置キ、両面ニハ、皮付ノ竹ヲ以テ図ノ如ク挾之。

唐クシノ鞘《さや》也。木ヲ以テ製レ之。唐櫛ヲ、コレニ挾ミテ用レ之。一片損レバ、初メ鞘ニ挾ミシ方ト代テ用之。

唐櫛、鞘ニ挾ミタル図也。タウクシ、即チ、スキグシ也。

又、木製ノ透櫛モアリ。大サ唐櫛ニ似タリ。唐櫛、及此櫛トモニ、極細密ノ歯也。用レ之ニ髪垢ヲ梳去ル故ニ、スキクシト云。

元禄印本、『人倫訓蒙図彙』云「唐櫛ハ唐ヨリ渡ス。其外、大坂長町ニテ造ル云々」。昔ハ、来船物故ニ、名トスル歟。今ハ、来船アルコトヲ聞ズ。而モ、唐櫛ノ名ノミヲ存ス。又、今ハ、長町ノミニ非ズ。三都トモ諸所ニテ製之、男女トモニ用レ之。

鬢刷毛図

江戸ニテ不レ用之。京坂用之。梳畢《すきおわり》テ後ニ、曲《まげ》、鬟《びん》、髱《つと》トモニ、此刷毛ヲ以テ、聊カ水油ヲ引ク也。是髪ニ光沢アルヲ良トスル故也。然モ古風ニ似タリ。愚、按《あんずるに》、京坂トモニ、漸ク古風ヲ廃シ、江戸風ヲ学ブコト、昔、江戸諸事未熟ノ時ハ、京坂ノ風ヲ学ビシニ、却テ今反レ之ト雖ドモ、万ノ善美、江戸ハ海内《かいだい》ニ冠タル故也。然モ、京坂ノ昔ヨリ、今ノ粗ナルニ非ズ。往日ヨリハ、善美也ト雖ドモ、江戸ハ、諸大名群居シテ、加レ之ニ、昇平、日久ク、奢侈日夜ニ増長シ、古風日々ニ廃シ去テ、時様《じよう》、瞬息ノ間ニ沿革シテ、工商心ヲ尽シテ善美ヲ賣ル。故ニ、自ラ寰宇《かんう》（世界）ニ甲《かん》（冠）タリ。万国学レ之、亦宜也。因レ之思レ之ハ、此鬟ハケニテ油ヒク等モ、漸廃セン歟ト欲ス也。今此一小器物ニ因テ、非レ論レ之。小事如此、況ヤ大事ヲヤ。

江戸ニテマゲボウト云、髷棒也

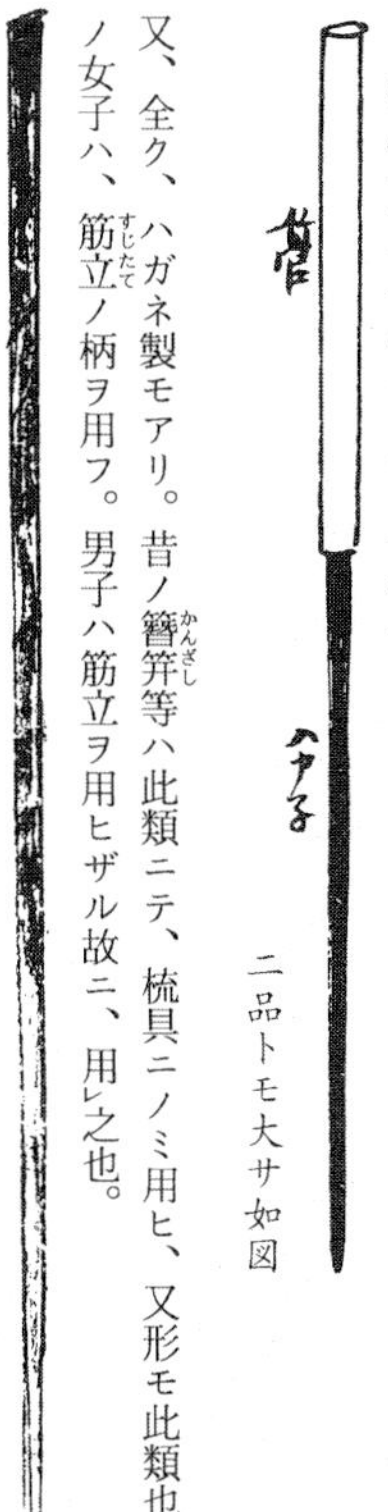

二品トモ大サ如図

又、全ク、ハガネ製モアリ。昔ノ簪笄《かんざし》等ハ此類ニテ、梳具ニノミ用ヒ、又形モ此類也。今ノ女子ハ、筋立《すじたて》ノ柄ヲ用フ。男子ハ筋立ヲ用ヒザル故ニ、用レ之也。

天保中以来、男髪結ハ、研ギ拭シタル剃刀《かみそり》ヲ以テ、鼻穴ト耳トニ入レ回シテ、鼻中、耳中ノ毛ヲ剃ルコト、昔ハナキコト也。研減リタルニ非レバ、鼻穴ニ入ラズ。

文政末年歟、天保ノ初頃歟。大坂ノ小禄ノ武士ニテ、狂人アリシ。此狂人、外ニ乱ヲ為ス。衆人對レ之テ、玉ガ出ル〱ト云ハ、彼狂人、仰テ息ヲ吹クヲ癖トスルノミ。又、衣服、羽折、大小トモニ常躰也。唯、其髷太ダ大形也。髷ヲ多ク加ヘテ、髻セシ也。故ニ、異名ヲワケサントス、髷様《わげさま》也。

大髷ノ狂人

烏帽子ノ如ク、紫ノ組緒ヲ掛タリ

守貞謾稿巻之十　女扮

今世ノ鬘《かつら》

和訓、加都良ハ、劇場ノ具也。落髪《おちがみ》ヲ、簑《みの》ノ如ク編並ベテ、是ヲ、銅制ノカムリ物ニ、植ル也。

銅ノカムリ物、図ノ如ク、是女扮ノ形也。数ノ小孔ヲ穿チテ、髪ヲウユル也。髷、髩、髱《つと》、等、扮ニ應ジテ結レ之。老嫗ニハ白髪モアリ。

同男扮ニハ、下図ノ如ク、月代《さかやき》ノ所ヲ除キ、月代ニハ青黛《せいたい》ヲヌリテ後、カツラヲカクル也。

同老夫ニハ、月代ノ所ヲ除カヅ。年老タルハ、銅ノ如ク禿ル故也。髪、白ヲ用フモアリ。

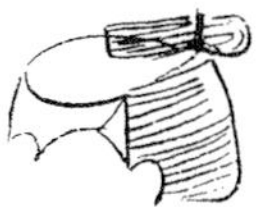

女形ノカツラ、鬢、髱《たぼ》、髷トモニ、其扮ニ應ジテ、大略、其時様ヲ用フ。然レドモ、亦時様ト異ナル物モアリ。又、男女トモニ、真ヨリ大形ニ結フ也。櫛、簪モ准レ之。又、女形ノカツラ、多クハ前髪ナシ。代レ之ニ、紫ノ額帽子ヲ以テス、不レ用レ之、真ノ額ノハヘギハノ如ク、髪毛ヲ、植タルヲ羽二重カツラト云、貴價也。稀ニ用之。

上古婦人之図

『一遍上人繪詞』所載　正安元年八月廿三日、繪工ハ圓伊法眼筆也。今、嘉永ニ至リ、五百五十年前ノ風姿也。

二人トモ、笠ハ市女笠也

此五人ハ、中人ノ婦也。左ノ一婦ハ、困民ノ妻ト見ユ

図49

『遊行上人絵巻』（部分）光明寺蔵

絵巻中の人物を抜き出して守貞は描いている。

此二人ハ、『俵藤太繪詞』所載
應永前、京師ノ風姿也。

此履物ハ、檳榔ノ裏ナシ也。其他ハ、皆板金剛ト見ユ

困民ノ婦ナルベシ

此一人ハ『ナヨ竹物語』所載
此女房ノミ、袖ノ廣キヲ被衣《かづき》セルハ、官家ノ女房歟。

『七十一番職人盡歌合』ニ所レ載也
帯賣ノ女ナリ。如レ此、賤キ婦ノ、専ラ下ゲ髪也。眉モ茫眉《ぼうまゆ》ヲ画ク歟ト見ユ。

是小袿歟

機織《はたおり》也
機ヲリ等、手業ヲスル時ハ、図ノ如ク、頸ノ辺ニ結ヒ上ゲシナリ。

紺掻《カウカキ》也、染工也
是亦、手業スル故ニ、頭上ニ髪ヲ上ゲ、白布ヲ以テ包ミタリ。此女ノ外ニ、酒造リ、小原女、米賣、豆賣、索麵賣《そうめんうり》、麹賣、燈心賣、畳紙《たとう》ウリ、綿賣等ノ女、皆白布ヲ以テ包メリ。蓋、小異アリ。背ニ、結ビタルモアリ。

『遊行上人絵巻』（部分）　光明寺蔵

『玉石雑誌』に〈一遍上人絵詞所載女房装束〉としておなじ絵があり「土岐頼春の妻、父の許へゆく体」とし「此五人ハ大かた中人の妻としらる」とある。さらに〈俵藤太絵詞所載女房装束〉として「これは賤しき人の妻と見ゆ」、「此はきものハ檳榔の裏なしなり」とある。また〈なよ竹物語絵巻女房装束〉として「此女房のかつきハ袖ひろし、官位ある人の妻なれハなるべし」とある。少しずつ表現を変えているが、恐らく守貞は原資料に当ったのではなく『玉石雑誌』から転載したのだろう。（編著者注）

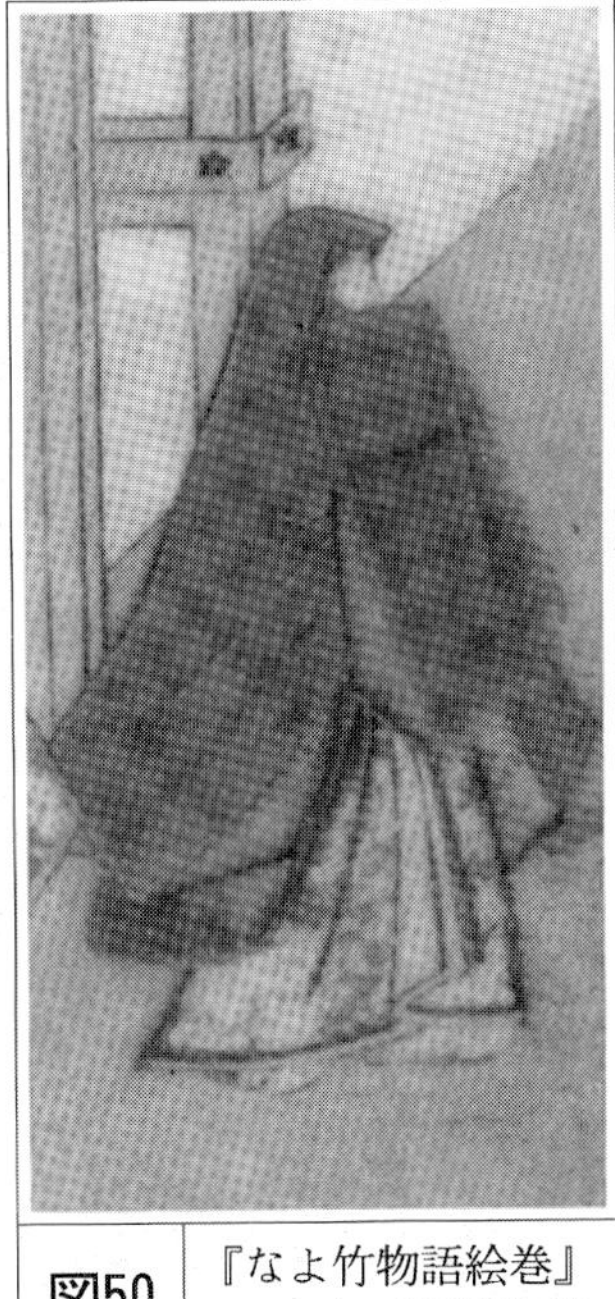

図50　『なよ竹物語絵巻』（部分）金刀比羅宮蔵

寛永～元文の女子の風姿

寛永之古画

『骨董集』所載

同書曰、昔ノ民ノ女ノ質素ノ風ハ、今ノ田舎ノ女ニ自ラ残ルヲ、此古画ニテ可知也。

日傘ハ、傘ノ条ニ図ス

同書、承應、明暦ノ頃迄ハ、女ノ髪、如此結ビタルノミニテ、髱モ鬢モ出サズ。櫛、笄ノドモ、ササザリキ云々。髱、タハ、今云タボ。

同前、同書ニ所載、**銭湯風呂ニ入テ、皈《かえ》ル躰也。**

同書曰「古老曰、寛永ノ頃ノ婦女ノ帯ハ、廣、僅カニ鯨尺ノ二寸バカリ、紙ヲ心トシテ、綿ナド入ルコトナシ。古老又曰、昔ノ婦人ハ、髪多ク長キヲ、丈ケ餘ルナド云テ賞《めで》タリ」カク云ルコト、此図ニ能合ヘリ云々。

万治ノト同形也

同書云、此婦人ノ髪イト長シ

又曰、婦人髪ノ結ブ事、大異ヲ可見

図51

岩瀬京山・喜多武清・歌川豊広画　山東京伝著『骨董集』（文化10）ポーラ文化研究所蔵

明暦ノ印本ニ、下図ヲ載タリ。蓋、上ノ童女ハ、市民ノ女、下ニ図スルモノモ亦、貴人ニ非ズ。老母ト二人、薬師寺ニ詣ズル図ニテ、更ニ奴婢等ヲ供セズ。是賤民ノ體也。蓋シ、元結ヲ用ヒズ。髪末ヲ切リタルハ禿《かむろ》ト云、是也。古ク禿ト云ハ、髪形ヲ云也。今ハ、太夫ト云遊女ニ仕フ童女ノミヲ、禿ト云ハ非也。下右図ノ女童ノ髻名未詳。

同本ニ、下ノ図アリ。是漸ク成長ノ風歟。或ハ、僅ニ賤カラザル人ノ女等歟。

万治ノ印本ニモ、同ジ髪形ヲ描ケリ。トモニ、大約《およそ》十二、三歳ノ處女《むすめ》ト見ユ。前ノ二図ハ、十歳未満ト見ユ。此図、平髻ヲ以テ結ヒ垂ルト雖ドモ、其髻《もとどり》百會《ひゃくえ》ニアリ。当時《コノトキ》既に如斯。

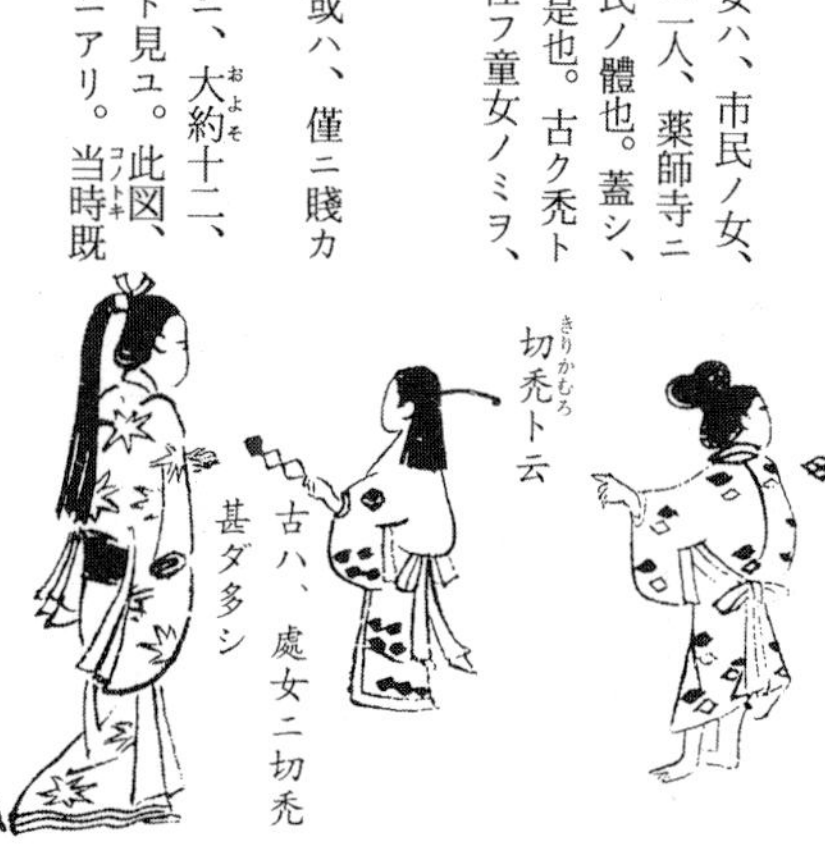

切禿《きりかむろ》ト云

古ハ、處女ニ切禿甚ダ多シ

萬治中　處女《むすめ》風姿

当時、市民ノ女モ、處女ハ、専ラ下図ノ如キ、下ゲ髪ナリ。

蓋、老少トモニ、下ゲ髪ニテ異ルコトナキ也。

下ケ髪、武家ノ娘也。
袿《ウチカケ》手着タリ

下婢《かひ》ハ亦、老女トモニ角《つの》グル髷也。

小婢也

萬治二　**島田髷**

萬治中　婦人ノ風姿

元禄中ニ至リ、同風下髪、角グル等也。

当時老少トモニ、下ゲ髪也。武家士民ノ妻女等トモニ、下ゲ髪也。

当時、男女衣服、肩ノ行《ゆき》、甚ダ短ク、今ノ京坂ニ似タリ。

此二女トモニ殿上眉ヲ描ケリ。江戸ニテ、茫々眉ト云。

下ゲ髪ノ婦、切前髪、切鬢《きりびん》ヲ前ニ垂タリ。此風、明暦ヨリ行レ、万治末ニ廃ス。又、鬢ヲ切ラズ、前髪ノミ切リタルモアリ。前髪ハ切ザル者ナク、必ズ切ル。


下婢、及ビ坊間《マチ》モ、小民ノ妻女等、角曲《ツノグル》也。

ツノグルノ女モ、前髪ヲ切テ前ニ垂ル。大畧、延宝以前如此、前髪ヲ切テ、左右ニ垂レ、延宝以後一ツニ聚《あつめ》テ髻《もとゆい》ニテ結ブ。

当時ノ画、前後ニ帯ノ結形ナシ。今世ノ巻帯ノ如ク、一片ヲ挾ム歟。

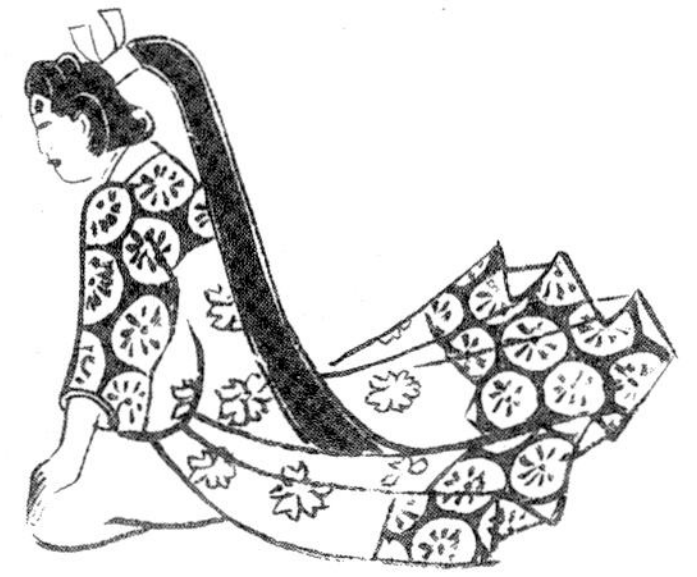

貞享中　**笄髷ノ図**

『女用訓蒙図彙』所載楴枝曲《こうがいわげ》トアリ
楴枝曲カウガヒワゲト訓ゼリ。笄曲ノ名、是ヲ古トス。
今ニ至リ、其形ヲ異ニスレドモ、其名存シテ、京坂婦人ノ専用トス。
此笄、形、楊枝ニ似タリ。或書云、銀ノカウガイヲ、ヤウジニサシカヘ云々。

櫛ハ古ヨリ有レ之

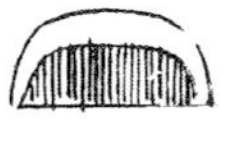

『我衣』所載
上古ツゲノ櫛、上品也。甚小形也

『延喜式』弾正式ニ「凡、命婦三位以上、聴用、象牙櫛―トアリ。又『延喜式』ニ「梹榔ノ櫛」云々。

中古以来、木ノ薄櫛、流布ス。明暦中迄ハ、諸侯《しょこう》ノ室《しつ》ナラデハ、鼈《べっ》甲《こう》ヲ用ヒズ。遊女ト雖ドモ、黄楊櫛ニ鯨ノ棒笄也。元禄頃ヨリ、世上活達ニナリ。鼈甲モ、ハヤ、アキテ、蒔絵ナドカヽセ、甲《べっこう》モ上品ヲヱラビ、價ノ高下ニ拘ルト雖ドモ、金二両ヲ極品トス。享保頃ヨリ、上品ハ五両、七両トナル。依之、平常ノ女、買コト能ハズ。木櫛ニ、色々ノ蒔繪、切金等ヲカヽセ、價百疋二百疋ニテ求ム。夫故、寛保中ヨリ云々。寛保中ヨリ云々、此文ノ継キ、下巻ノ首ニ出セリ。此図ニ、上古ト云ル。何レノ頃ヲ指ニヤ。恐クハ三百年ヲ出ザル歟。然バ、上古ト云ハ非ナラン。又、此図恐クハ差櫛ニテ、梳櫛ニ非ルベシ。

『女用訓蒙図彙』ニ所載笄ノ図　貞享四年印本

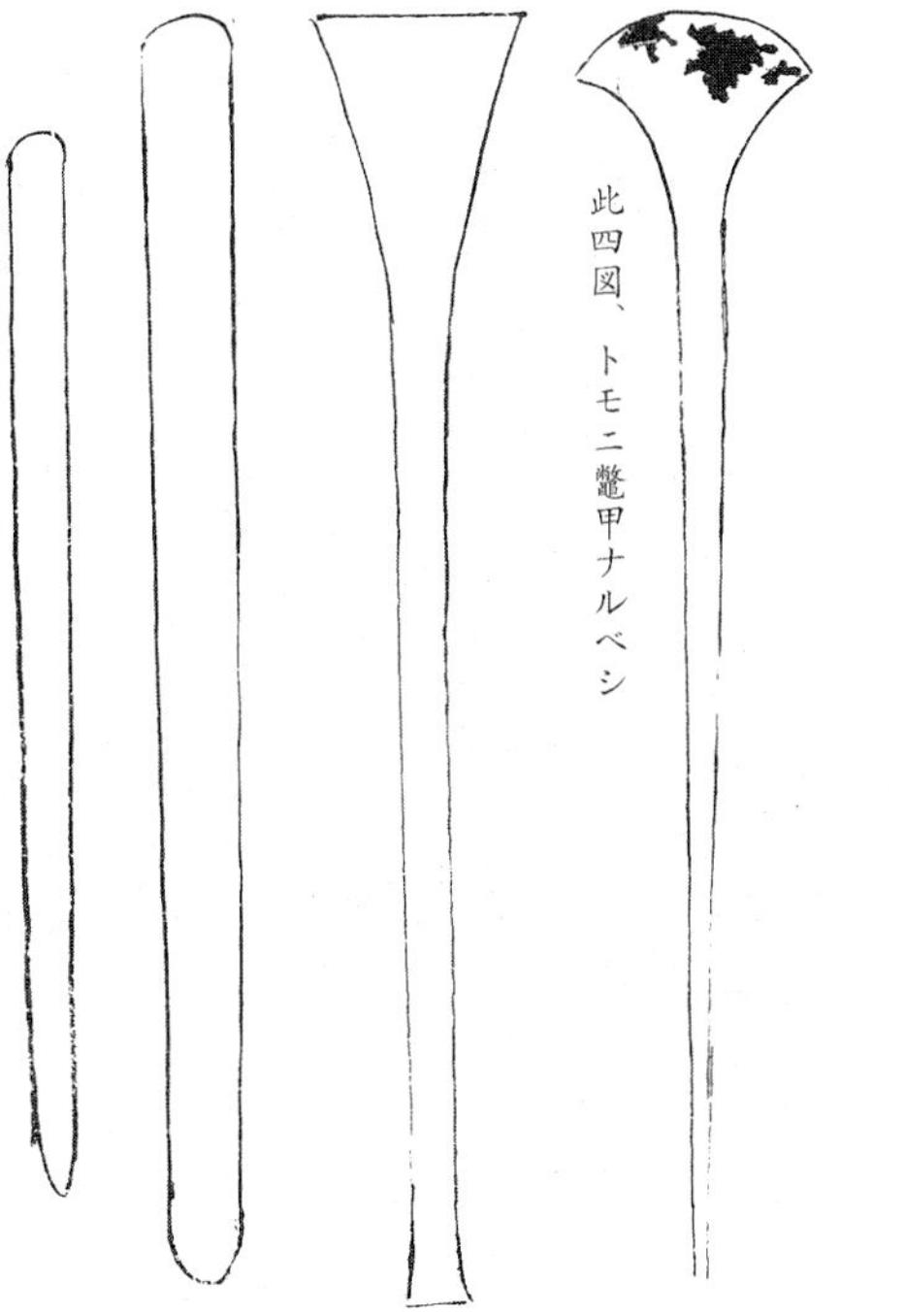

此四図、トモニ鼈甲ナルベシ

菱川師宣、天和貞享頃ノ江戸浮世繪師。『和国百女』ニ曰、「町人ノ娘ハ、餘リ風俗ニモカマハズシテ、軽々敷《カルガルシク》シヤント見ユル。素ヨリ、衣服ノ模様モ、シホラシク、人ノ目ニ立テ端手《ハデ》ナルハ、大カタ嫌フ也云々」ト頭書シテ、下ニ三女ヲ図ス。トモニ其扮、相似タリ。蓋此一女、帽子ヲカムリ、外二女ハ不レ冠レ之。「人目ニ立テ花手《はで》ナルハ大方キラトカキテ、此図今世ニ比スレバ、太ダ苍手《はで》ナリ。今世浴衣ノ他、如此大紋ノ服ヲ着ズ。

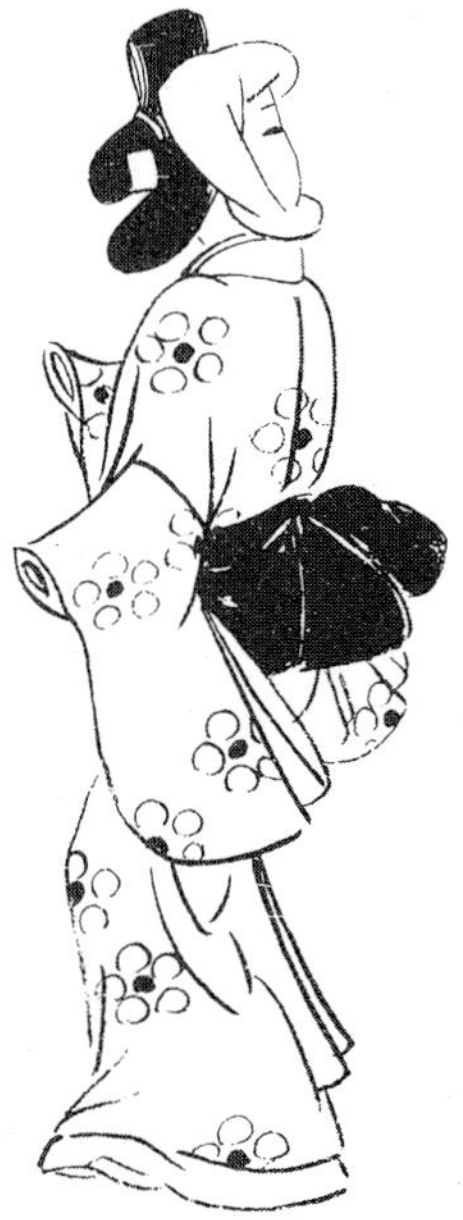

同書曰、町人ノ女房、其身、顔形、能ク生レ付、宜キ方へ縁付シテノ後、親ノ方、又ハ其外親類ノ所へ徃ク時《トキ》ニハ、顔モ綿ニテカクサズ。底至《そこいたり》リノ風俗シテ、人ニ誉ラレタク想ヒ、態《わざ》ト陸《ろく》（ゆったりした様子）ニテオモワクラシク、静カニ行也云々。底至リト云ハ、外見華ニ非ズ、又、美ナラズ、而モ、麁《そ》ニ似テ、其實ハ精制善美ヲ云。今モ此言アリ。江戸ノ方言也。

図52
菱川師宣画『和国百女』（元禄8）

『女重宝記』云、額ノ作リヤウ、大額、小額、丸額、瓦燈口《かとうぐち》、摺上額《すりあげびたい》、皆人ノ生レ、質ニ應ジテ、大顔、小顔、丸顔、長キ顔、短キ顔ヲ計リ、作リ玉フベシ。墨ハ、ナルホド淡クトキ、小額ヨリ上ニテ、引捨消スベシ云々。左ノ二図トモニ、『女用訓蒙図彙』ニ所載也。『訓蒙図彙』、『重宝記』トモニ、貞享ノ書也。

丸額
火燈口《かとうぐち》
今世、専ラ如此ニ額ヲ作ル

元禄頃ノ処女ノ風姿

当時皆平髷也。越前ヨリ、粉紙ニテ元結ヲ造リ出、ト『独語』ニ云、是也。延宝以後、女専ラ、前髪ヲ結ブ。

嶋田髷
是、シメツケ島田ト云歟
玉結ビ
玉結ノ背図
勝山曲　歟
島田曲
下婢也、島田曲
少婢也

元禄頃処女ノ図ノ二

元禄中　処女之扮

守貞曰、是遊女ノ扮歟ト思ニ不然、坊間ノ娘ナルベシ。図ハ略ナリヲ以テ、再ビ出レ之。

差櫛、白檀ノ木地ニ、珊瑚ノ切入レ、梅ノ折枝
メ付島田、髷前後無長短、中ニ平元結ヲカクル
メ付島田、此図誤リ歟。一本ニ、図ノ如ク凹也是ヲ是トス
此頭ツキ、少ク俯《うつむ》キテ、格好ヨロシ
此前髪、鯨鰭《ひれ》ノ曲リタル物ヲ納レテ、髪ノ不動ヲ要ス
付ケ肱、手先ヲ以テ、袖口ヲ上ル
反シ褄。衽《おくみ》先キヲ少シ引上テ、帯ニ挟ム
浅葱ノ金剛（草履）
白キ合セノ脚布、裾ノ四所ニ鉛鎮《なまりのしづ》ヲツケル
帯、天鵞絨ノ石ダタミ、袖下二尺三寸
下着、碁盤島《ごばんじま》ノ裡、藤色ノ表
中（着）、瑠璃紺《るりこん》、同裡
上着、玉子色、同裡、模様、秋草ニ翠簾《すいれん》

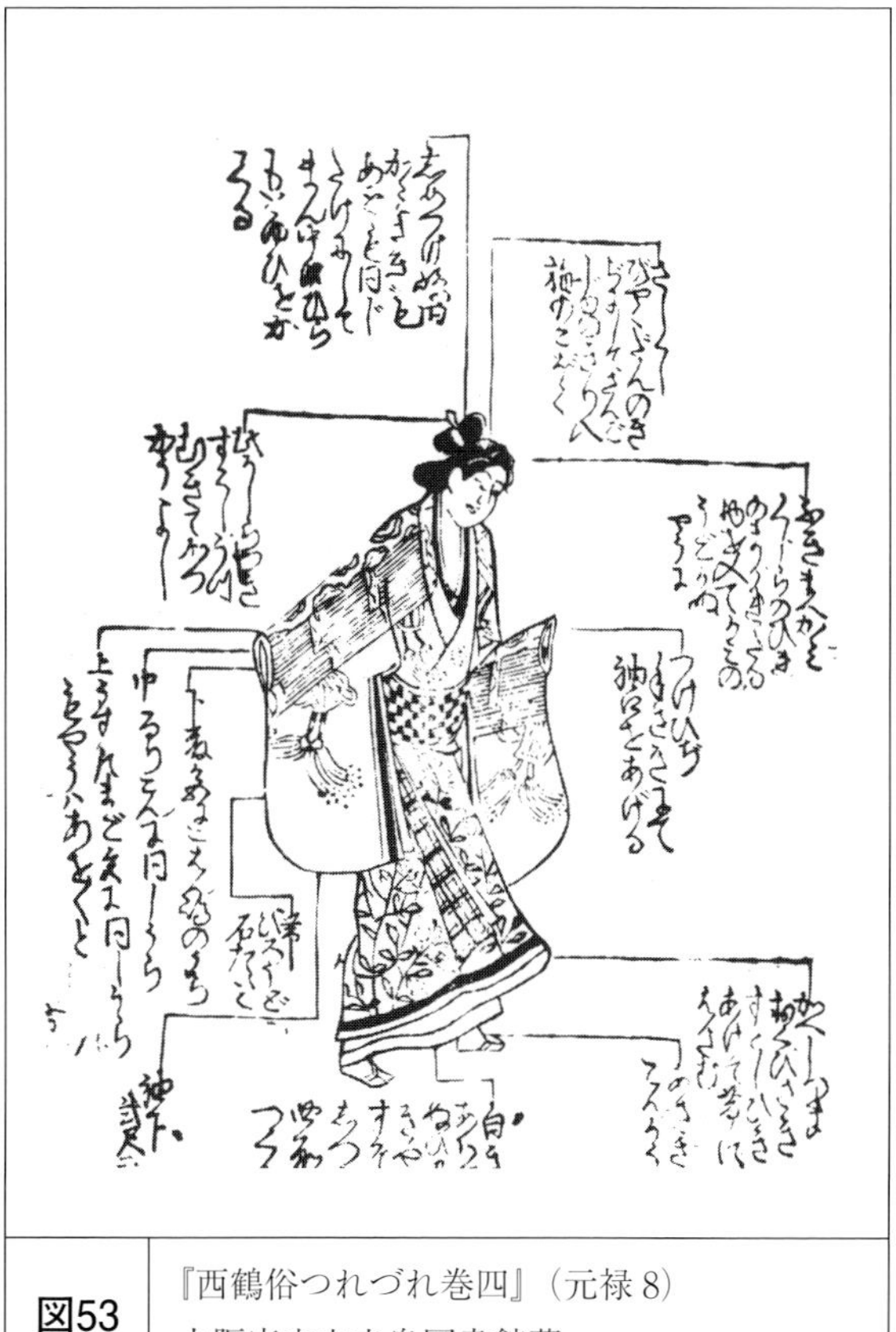

図53　『西鶴俗つれづれ巻四』（元禄8）
大阪府立中之島図書館蔵

元禄中　婦人ノ風姿

当時ノ婦人、他出歩行ノ時ハ、図ノ如ニ髷ル。家ニ在テハ、専ラ下ゲ髪也。婢ハ、家ニアリテモ角グル也。下ノ図アリテ、其風姿ヲ云ル詞《ことば》ニ、桐屋ノ内義於花《おはな》ハ、年の齢三十七近ク、中畧、浅黄紐ノ塗笠ニ、櫻色ノ海気《かいき》ノ小袖、中幅ノ黒繻子ヲ前結ビニセシモ、イトシオラシク云々。黒繻子ハ帯也。ヌリ笠ト、文ニアリテ、コレヲカムラズ。此婦ニ従フ下婢ハ、乃チ前ノ元禄處女ノ風姿ノ条ニ、笠携タル小婢是ナリ。其笠白シト雖ドモ、ヌリカサ歟。恐クハ、画ト文ト異同アルノミ。

元禄中　婢ノ風姿

婢ヲ、厨女《ちゆうじよ》トモ、炊婢《すいひ》トモ云。俗ニ、下女ト云。蓋、豪賈《ごうこ》ノ家ニハ、婢ニモ二階、或ハ三、四階ノ品ヲ制ス。大概二品ハ、アル也。二品ノ上婢ヲ、京坂ニ上ノ女子ト云。下ヲ、下ノ女、或ハ、飯焚女《めしたきおんな》ト云。江戸ニテ、上婢ヲ中働キト云。下ヲ飯焚女ト云、オマンマタキ、ト云也。則チ、炊女也。京坂豪富ノ、三、四品ニ別ツモノハ、上婢ヲ腰元ト云。乃チ媵《よう》也。次ヲ、中通リト云。下ヲ、下ノ女ト云。下図ノ髪形、乃チ角曲髷ツノクルマゲ也。笄ダルトモ云、グルくヽ曲タル故也。

元禄婦人ノ二

当時、褻《け》ノ時、髪ヲ図ノ如ク、背《うしろ》ニ結ベリ。是玉ムスビ歟。下図ノ詞ヲ見ルニ、越谷駅ノ旅宿屋ノ後家也。当時、如此生業ノ婦、平日モ、裲《うちかけ》ヲ着タル也。此図ノミニ非ズ。他図、此風多シ。

同時、礼、晴ニハ、必ズ下ゲ髪、下図ノ如キ歟。又、褻ニモ、下ゲ髪ナキニ非ズ。人品ニモヨル歟。又、下ゲ髪ノ婦ノ、裲ヲ不レ着者モアリ。必ズ、ウチカケヲ着スニ非ズ。是ハ、晴ニ応ズル歟。

図54

菱川師宣画『岩木絵づくし』（天和3）

菱川師宣画『和国百女』（元禄8）

『和国百女』ニ所載
菱川師宣ノ画也。粗《ほぼ》、元禄前後ノ風也。蓋、図中ノ、貴人ノ家ニ居ル者、下ゲ髪也。他ニ出デバ、貴人モ此風歟、ト見ユ。是、下ゲ髪ヲ直ニ上ゲテ、曲タルナルベシ。賎婦ハ、初メヨリ、其形ニ結ブ歟。上図ハ、機織也。下図ハ、花見女也。此髷、今世、京坂ノ両輪曲ノ原歟。

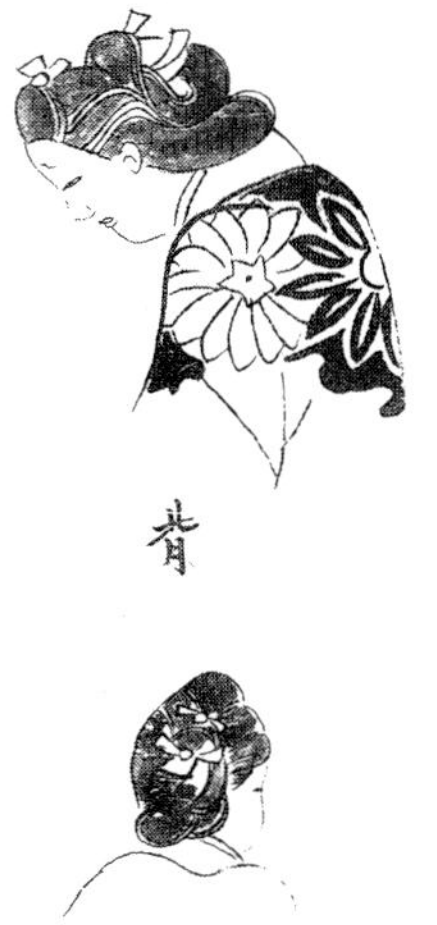

宝永中

『我衣《わがころも》』云、宝永頃ヨリ、カンザシ「簪也」ト号ル物、上、耳掻、下、髪掻、銀ニテ作ル云々。左ノ如ク図セリ。一本、『我衣』ニハ、享保頃ヨリ云々ト云リ。

簪ノ図

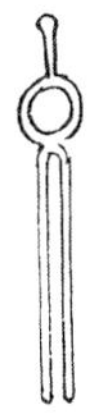

上、耳カキ、下ハ、髻《もとゆい》カキニ作リタル簪《かんざし》ハ、此形ヲ始トス

是「抛《なげ》島田」

『睡餘小録《すいよしょうろく》』所載、名妓濃紫《こむらさき》遺物、黄金ノ釵《かんざし》

濃紫モ数人アル歟。蓋、高名ハ平井権八ノ情妓ナルベシ。江戸、目黒比翼塚ノ事、及ビ劇場狂言、世人普ク知ル所也。『武江年表』ニ、延宝七年十一月三日、浪人平井権八、品川ニ於テ刑セラル云々トアリ。然ドモ、此形ノ簪、当時未ㇾ可ㇾ有ㇾ之コト、前文、『我衣』ヲ以テ知ヌ。恐ラクハ、同名別妓歟。

正徳中

『我衣』曰、正徳ノ頃ヨリ、下女モ鼈甲《べっこう》ヲ用ヒ、グル〱結也。此頃ヨリ、笄ノ先ヲ反シツノクルニ結ブ。
守貞云、下女ハ、民間ノ婢ヲ云也。グル〱結ヒハ、クル〱巻タル髷名也。笄ノ先ヲ、反スハ、同書ニ図アリ。又曰、正徳ノ頃、若キ女バカリ、如此笄ヲ用フ。

笄図

図55 菱川師宣画『和国百女』（元禄8）

『世事百談』曰、此竹の簪は、関氏に伝る所にして、其家の女子、享保年間、やんごとなきあたりに宮仕せし頃、拝領の物といへり云々。

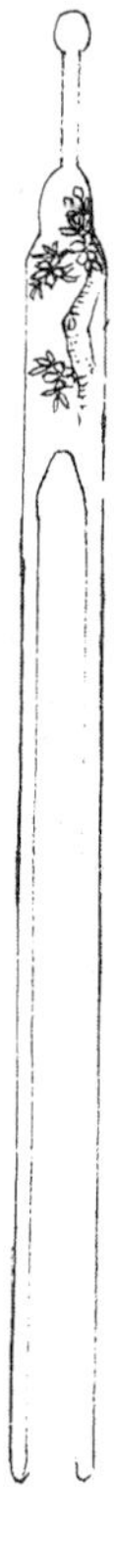

守貞云、右ニ、ヤンゴトナキアタリト云ルハ、大名ノ奥ナドナルベシ。宝永頃より、銀釵ハヤリテ、又、竹製ナドモ並用ヒシナラン。今モ、竹簪ナキニハ非ズ。花簪ノ類ハ、竹串ノ如キニ縮面製ノ造花ヲ付ル也。

又曰、享保ノ頃ヨリ、片髷下ヘ結ビ下ル。或ハ、内ヘ結ブ。

守貞云、『我衣』ニ、下図ヲ出セリ。平髻《はねもとゆい》ヲ結ヒ下シ也。此書写本故ニ、諸図非ナル物多シ。

又、此図ヲ描ケリ。享保前、反元結也。

享保 刊本所載

此本ニ姶人《はくじん》ヲ載タリ。白人ハ、大坂島ノ内、及、曽根崎ノ遊女ノコトニテ、江戸ニ、白人ト云者無レ之。然ラバ是、大坂ノ画工、大坂ノ刊本ナルベケレバ、武家ト云モ、慥《たしか》ナラズ。坂人ハ、武家ノ風姿ヲ知ザル者、多キ故也。猶、当時ノ武家風追考スベシ。

武家娘　下ケ髪

櫛《くし》、笄《こうがい》等ヲ髪飾トスルコト、享保以来歟《か》。先レ之ノ古画ニ所見ナシ

島田髷

前ニ云如ク、宝永頃ヨリ中《なか》剃《ぞり》スル、故ニ髷細シ

髱差《つとさし》ハ、大略、延宝以来用レ之歟。延宝以来、髱長ク、或ハ高クス。此物、無コト能ハズ。左図ノ物ハ、二ケトモニ、鯨ノ鰭《ひれ》ヲ以テ製レ之。上図ノ物ハ、甚ダ薄ク、下図ノ物ハ、漸ク厚シ。

享保前 髱差図

享保後 髱《たぼ》差図

享保初年ハ、笄幅廣、薄ク短シ。
同末年ヨリ、長ク幅セマシ。

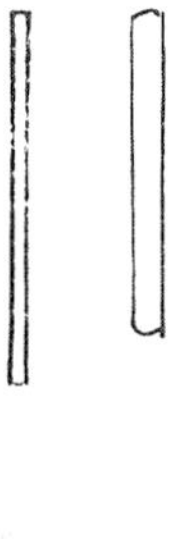

『我衣』ニ所載図

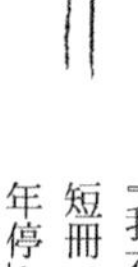

『我衣』曰「元文、寛保ノ頃ニハ、舞子、金銀ニテ梅ノ枝ニ、色紙短冊ヲ付テサス。往来スレバ、音ノスルヤウニ、拵ヘタリ。延享元年停レ之云々」。

守貞云、是、近世花簪ノ初トモ、又、中興トモ云ベシ。『源氏物語』若菜上「四十賀」ニ云、「カザシ（挿頭《かざし》）ノ台ハ、沈ノケソク（花足《けそく》）民、マカネ（黄金）ノ鳥、銀ノ枝ニ居タル、心ロバヘ云々」。古ハ、高貴ノミ用レ之。近世ハ、下賤用レ之。今世ハ、銀ヲ却テ賤トシ、滅金等ヲ用フコト多シ。又、江戸モ、昔ハ舞子ト云シ歟。今世モ、京坂ハ舞子、江戸ハ踊リ子ト云也。

『我衣』云、「元文年中、三線ノ根緒ニテ、華曼結《けまんむすび》ニシテ、笄ニサス。其外、錫ノ類ニテ此ゴトク拵ヘ、笄トス。又、元結ヲ糸ニテ製ス」。

守貞云、右ニ笄ト云、乃、今ノ簪也。其頃ハ、簪ト云ズ。惣テ笄ト云歟。

『我衣』ニ「天和貞享以前、鶴ノ脛骨ノ笄ヲ、最上トス云々」。「元文ノ頃ハ、馬ノ骨ヲ、鶴ノヤウニ拵ヘ、價十銭位ニ賣ル。田舎出ノ下女ナド用ル。降神香《こうしんこう》（ヘンルウダ科の香木の一種）、或ハ竹ニ銀箔ヲ置タル笄モ、此時也。下蒔繪櫛、笄ノ類、享保ヨリ延享迄ニ、多ク仕出タリ云々」。享保、元文、寛保、延享也。

同前所載
町方娘、同娍《コシモト》、妾、姶人《はく》トモニ、髪風同製ニテ、異ナルコトナシ。又、娘ト娍ト、衣服モ相似タリ。帯同黒、結形亦同。
若詰、腰元、妾モ、娘ト衣、帯トモニ相似、帯結形モ同キ也。唯詰袖ト云テ、振袖ニ非ズ。又、妾ハ輪帽子ヲ被レリ。是、他出ノ體故、女帽子ハ妾ノミニ非ズ。娘、娍モ、他行ニハ用レ之也。

町方娘　今ノ島田崩曲也

此帯ノ結ビヤウ、水木結也。今ハ、文庫結ト云。中昔、ムスビサゲト云モ、是ナルベシ

若詰腰元

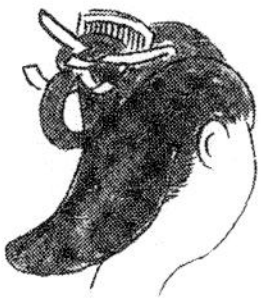

若詰《わかづめ》、滕《よう》ト中居《なかい》ト、同髷也。今京坂ニテ、婢女ノ結フ丸輪ノ原歟。又、愚《ぐ》按《あんずるに》、今ノ片外《かたはず》シ、両輪丸輪トモニ、此曲ヨリ変ジ来ル物ト思ワル

当時ノ笄、直ナラズ、上ニ反リタリ

元文中　京坂處女《むすめ》ノ風姿也

島田髷也

母衣《ほろ》蚊屋《がや》ノ竹也

元文中　京坂婦人ノ風姿

公家ノ婦也。内室歟、婢歟、未詳

此二図トモニ、自家《け》ノ庭中ニ立ノ図也。故ニ褻也

市民ノ妻也。昔ノ笄髷也

民間、当時ハ、此髷ヲ正風トスル也。礼、褻トモニ、髷形異ルコトナク、片ハヅシヨリ、変ゼル風ナルベシ。又、正シク片ハヅシ歟

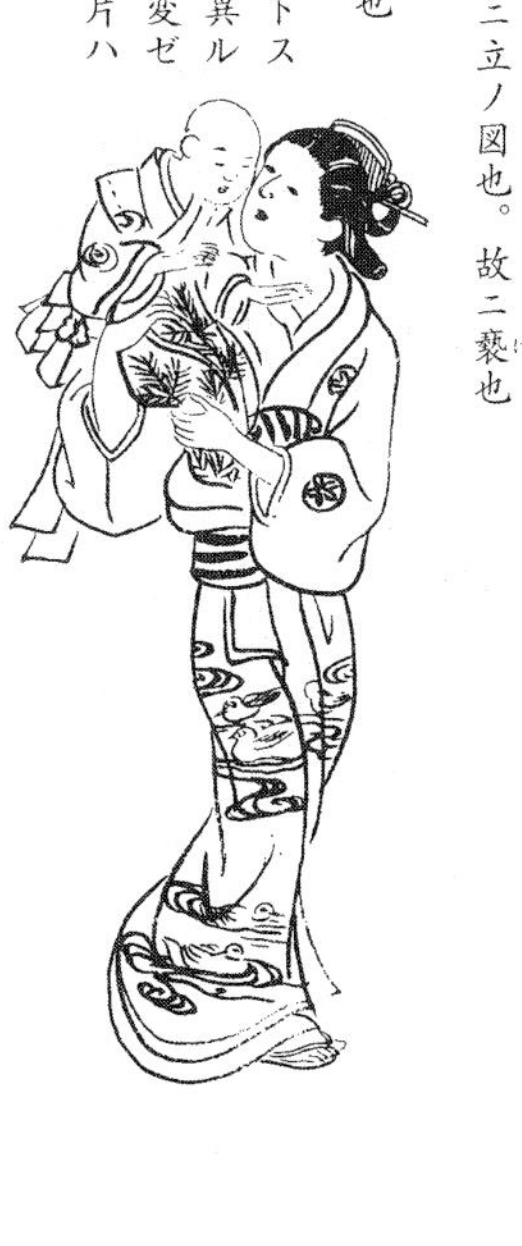

元文中　半元服婦人也

既ニ歯ヲ染テ未レ剃レ眉ノ新婦也。

此図ノ帽子ハ輪帽子、一名アゲ帽子也。

当時、老少トモニ、他出専ラ用二此帽子一也。

髷ハ島田崩シ也。島田髷ノ前ノ方ニ、横ニ髪ヲ巻タル也。今世モ有之。今世ハ、江戸老婦ノ風トス。京坂ハ、今モ新婦ノミ、コレニ結ブ。サキ笄髷ト云。古今、形異ナリ。

右三婦、トモニ笄髷也。年齢ト人品ニヨリテ、形聊カ異也。

下ノ二図ハ、元文中ノムスビ髪ナリ。京坂ニテ、スキ髪ト云也。今、江戸ニ云、兵庫ムスビノ古風ナルベシ。

同背

是ヲ、櫛巻ト云、ムスビ形也。江戸文政頃マデ、専ラコレニ結ブ。近年、コレニムスバズ。今世モ、御殿女中、ムスビカミ（結髪）ノ時、必ズ櫛巻也。内々ノコトナレドモ、他ノ形ニ結バズ。

守貞謾稿巻之十一　女扮

宝暦〜文化の女子の風姿

宝暦六年印本ニ所載　少女図
原本、江戸画工也。

如此、髪髻ヲ制セザルハ、大凡十二、三ノ少女ト見ユ。然ルニ、笄ヲ用ヒタリ。是、今世ニ為ザル所也。

其二処女之図

島田曲
当時ノ笄、或ハ直、或ハ上ニ反ル

此處女ノ所為ハ、筆軸ノ如キ管末ヲ割リ廣ゲ、以レ之テ鬼灯《ホオズキ》ヲ弄スル体也。今世モ、少女弄レ之。

鬼灯実ノ種ヲ去リ、空トシテ弄レ之。又、今世ハ、専ラ此空鬼灯ニ風ヲ含マセテ、歯ト舌頭トニ、押シ鳴スコト也。風ヲ納ルヽ、舌頭ヲ働カセ、気フ曳テ為レ之也。

宝暦十三年印本所レ載　少女也
是亦、原本画工江戸

左ノ二女ノ所為《すること》ヲ、江戸ニテ「アヤトリ、京坂ニテハ、糸取ト云戯也。図ノ如ク、手クビニ繞《まと》ヒ、琴形、鼓《つづみ》形、目鑑《めがね》形等、二女、各互相譲リテ為レ之ノ戯也。近年ノ小児、稀ニ弄レ之ト雖ドモ、不流行也。文化前等ハ、専ラ弄レ之セリ也。今ノ小児ハ、都《すべ》テ心成長ノ人ニ似タリ。

今云
男髷
島田髷
島田髷、宝暦六年ノ図ト僅ニ形異也
男髷ノ小女、鹿子《かのこ》ノ腹掛ヲ用ヒタル図

大略宝暦頃　髱差ノ図

鯨髭制也。上品ハ、水牛角ヲ以テ制レ之。当時、髱ヲ高クス。故ニ、此物ノ制ヲ更メ制ス。

宝暦六年刊本所載　婦人図

原本、画工江戸

頭ノミ図ス。三婦、半元服ノ新婦

此髷、今云片《かた》外《はず》シノ原歟。今ノ京坂ノ、片笄ニ似タリ

笄髷歟

今云　**島田崩**

兵庫髷

髷名、今世ノ名ヲ記ス。宝暦ト今世ト、其異同ノ有無ヲ考ヘズ

当時鼈甲、或ハ無斑《ふなし》、或ハ黒斑ヲ交ヘ描ケリ

宝暦中婦人ノ風俗

宝暦十三年刊本ニアリ。原本画工江戸

此婦女等、髪ヲ結ベル、髻《もとゆい》、当時平髻ト云歟。丈長《たけなが》ト云歟。何レニテモアレ。愚按ニハ、擦髻ノ上ニ飾ルノミ歟

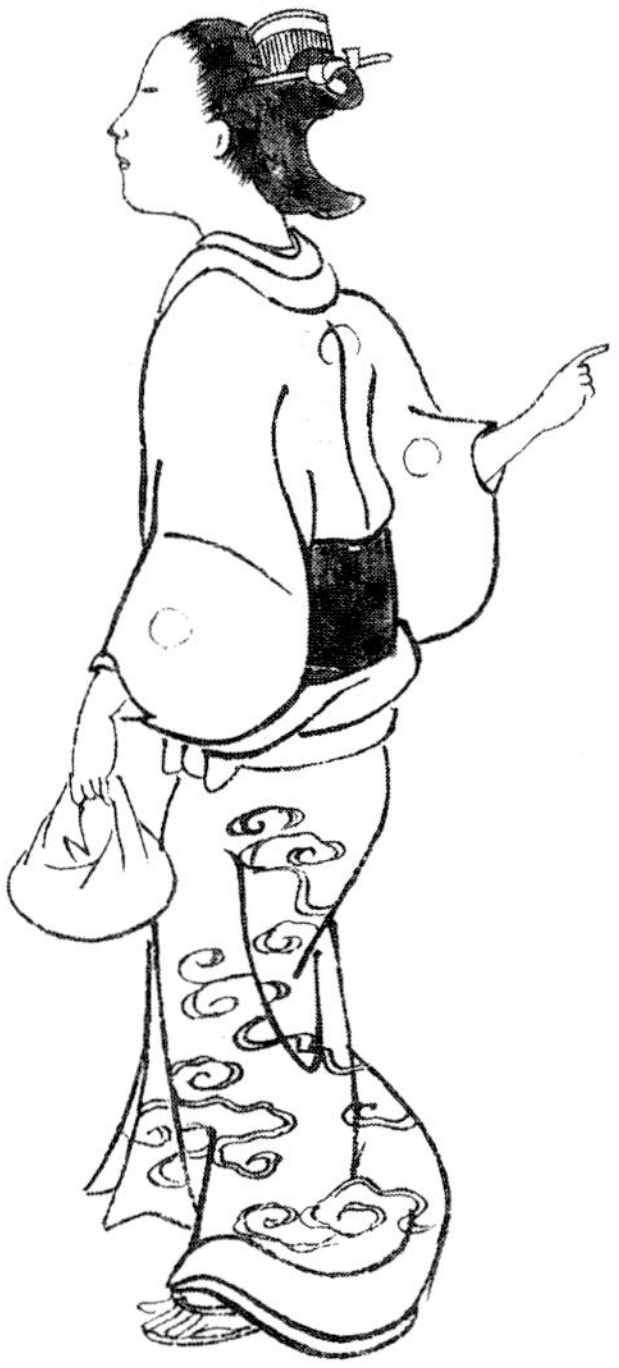

島田崩曲歟

唐木《からき》数品ヲ以テ、造レ之。中央、鼈甲ヲ張ル等ノ製也。是ヲ、生田流ノ琴ト云テ、今世、江戸更ニ廃之。今江戸デハ、山田流ノ琴ヲ用フル也。山田流ハ、不レ造レ之。素材、或ハ蒔繪ヲカク。菖蒲ヲ描ケルヲ、アヤメ琴ト云

此二婦ハ、既ニ歯ヲ染テ、未ダ眉ヲ剃ザル者也所謂、今江戸ニ云、半元服ノ新婦

図56　石川豊信画　禿帚子作　『絵本江戸紫』（明和２）

安永中　江戸処女ノ容貌

島田髷

今世、江戸ニテ云、高髷島田也。京坂ニテ、ヤツコト云ノ形ニ似テ、央高《なかたか》シ。鬢《びん》、耳ニ離レテ、高シ。帯、文庫ニ結ビ、垂レズ。

安永中　婦人ノ風姿

原本、画工江戸

此髷名未考、蓋、今世ノ片外《かたはづ》シノ原ナルベシ。然リト雖ドモ、片ハズシノ名ハ、古ク聞ヘザル歟。是ヲ笄曲《こうがいまげ》ト云歟。又、今ノ丸曲ハ、是等ヨリ成ル者歟。又、如図、鬢高ク、耳上ニ放レタル形、京坂ニモ有レ之、髷形モ相似タリ。

又曰、三都トモ、大略、安永以前、婦人髪形種々ニ沿革シ、天明以来、丸髷ヲ正風トシテ、今ニ至ル歟。安永、以前更ニ丸髷ヲ見ズ。

其二

今云
島田崩

今云、**櫛巻ムスビ**

大略、文化以前ノ假髻《かりもとどり》ハ、此櫛巻ヲ専トス。今人、ジレツタムスビ等ニ、スルガ如シ。

蓋、今世モ、御殿女中ハ假髻、必ズ櫛巻ノミ、他形ノ假髻ヲ許サズ。

髷形、紙表、図スル者ト同ク、而モ、此図、鬢ヲ出シテ髱ヲ出サズ。此原本、所々ニ有之。其他ニハ未レ見レ之。

寛政末ヨリ　享保及ビ文化ニ至リ　婦人図

原本、画工、二図並江戸

寛政末年　丸髷

是今製丸曲ノ始メ也。

当時、江戸、未ダ鬢刺ヲ廃セズ。左右トモニ、寛政髷形同風也。然モ、左ノ文ニヨレバ、是、勝山也。今京坂ノ勝山似レ之。江戸、何比《いつのころ》ヨリ此形、丸曲ト云、勝山ノ名廃ス歟。

文化初年　丸曲

寛政七年、十返舎一九作本ニ、所載、吉原、花魁也。詞書上畧。ワザト、ナクマネヲシテ、客ノ膝ヘ、アタマヲスリ付ル。心ハ、其客ノ文殻《ふみがら》ニテ、勝山ノ下ガ結ンデアルヲ見セルツモリ。客ハ、心ニ扨《さて》コソト云。

生川《なめかわ》春明ノ『近世女風俗考』ニ、下図ヲ出シテ、明暦ノ丸曲トス。今、江戸ノ丸髷トハ形大異ニテ、京坂婢《ひじょ》女ノ丸輪ト云ニ似タリ。両輪ト云ヲ、笄曲ノ一名トス。故ニ、丸輪ト云ハ、丸曲ノ変名歟。

守貞云、延宝頃、寛政ノ如キ丸髷、無之コト勿論也。

丸曲ハ、丸輪同形也。

図57　喜多川歌麿画「御せんべい」(部分)　寛政末頃の丸髷

仮鬘

享和三年刊本、『芝居訓蒙図彙』所載、

假鬘《かつら》

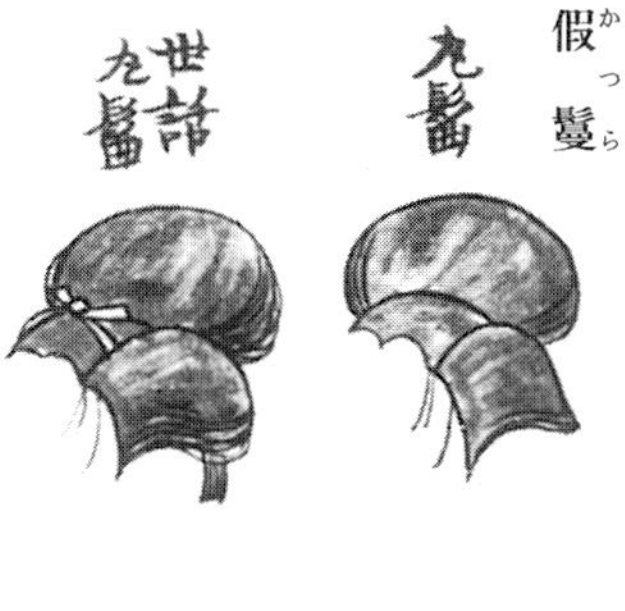

今世、丸曲ノ婦、武人ノ妻、婢《ひ》ハ、前髪ヲキラズ。コキ元結ニテ結之。市中ハ結バズ、然モ、切前髪也。昔ニ反スニ似タリ。

世話丸曲ト云曲形、アルニ非ズ。狂言ニハ、世話時代ノ二種アル故ニ、世話女房ニ用フル、丸曲カヅラト云義也。

当時市中ノ丸曲ハ、専ラ平元結ヲ以テ、前髪ヲ結ビシナルベシ。

或人曰、鼈甲、享和中、價次第ニ尊クナリシニヨリ、馬爪《ばづ》ニテ、櫛、笄等ヲ贋造スト也。当時、馬爪製ノ始メカ。

『芝居訓蒙図彙』ニ所載。鬘《かつら》ナレドモ、粗、当時ノ風ヲ見ルニ足ル。

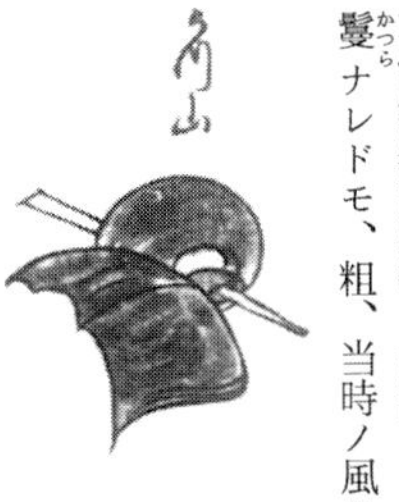

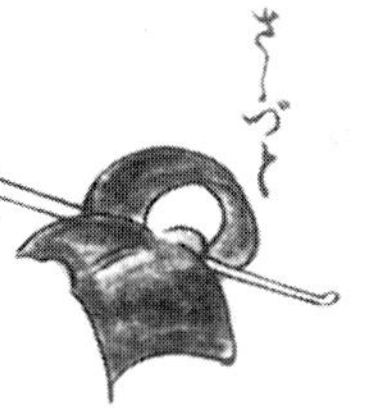

此、勝山、差髷ノ二ツハ、今ノ吹髷ニ似タル歟

傾城ノ横兵庫ト二種、並ビ行ヘル歟

雀、三ツ髷、竹ノ節等、未詳

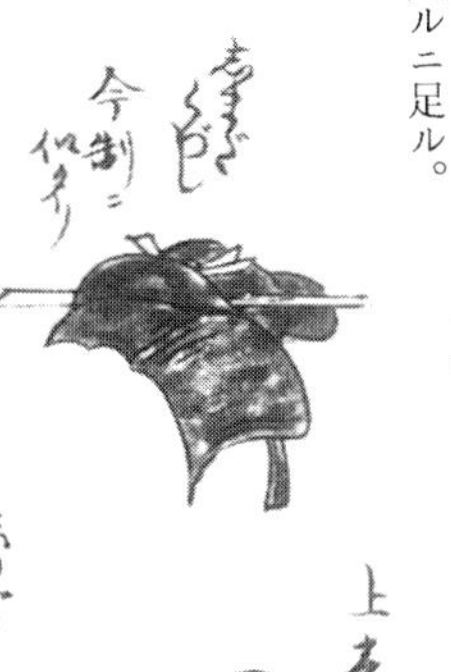

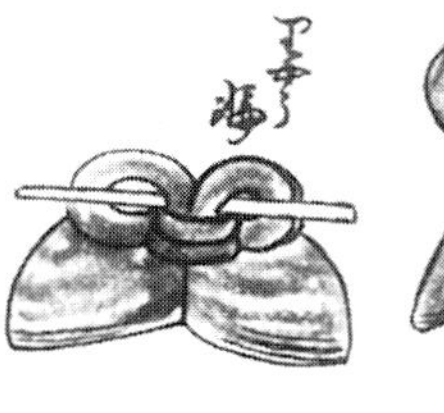

上巻 揚巻《あげまき》、忍《しのぶ》、愛子《あいご》ハ、其扮スル人名ニテ、当時ノ婦女ノ曲風《まげふう》ニ非ル歟。未考

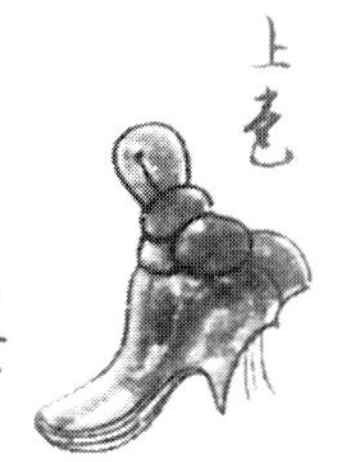

忍ハ百石噺、アイゴハ……。上巻ハ助六ノ情人也

当時、江戸ニモ、両輪ノ名アリシト見ユ然モ、今世ノ割ガラコ、ト云形ニ似タリ京坂ノ両輪トハ、大ニ異也

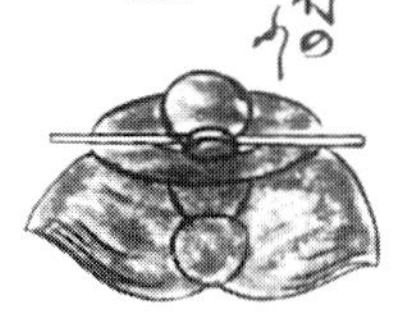

此三図ハ背面也

『芝居訓蒙図彙』所載、島田曲髪《かつら》、じびたい、じびたい、はぶたい。じびたい、自額ニテ、他ノカツラノ如ク、額帽子ヲ用ヒズ。自髪ノ額ノ如シト云意也。此製ヲ、羽二重カヅラトモ云也。今世モ然リ。

『芝居訓蒙図彙』は元禄五年刊の役者評判記『役者大鑑』の別称で、ここに転載の内容は享和三年刊、式亭三馬作、勝川春英・歌川豊国画『戯場訓蒙圖彙《しばいきんもうずい》』である。おなじ読みだから『芝居——』としたのであろう。（編著者注）

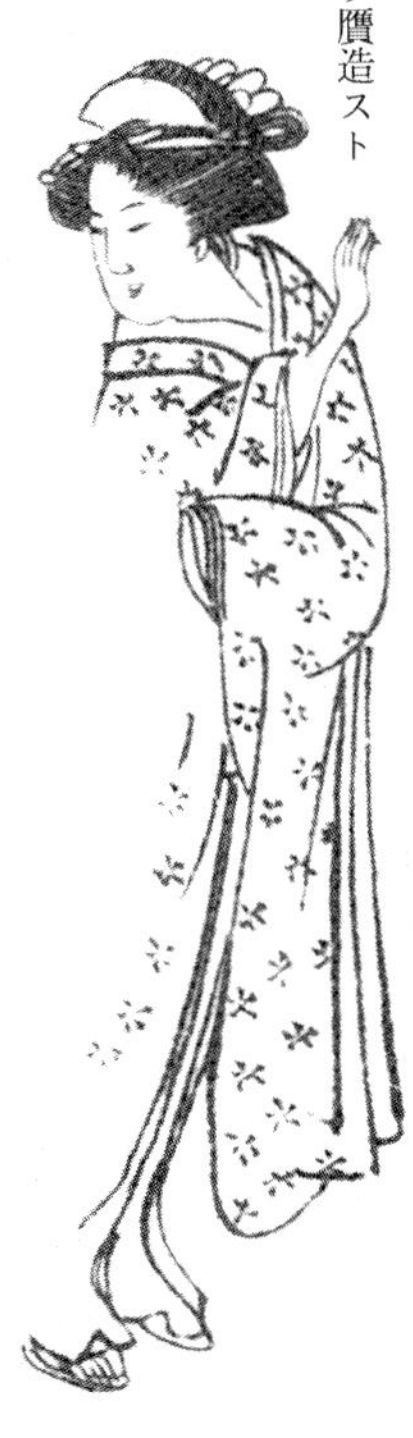

享和及ビ文化初年處女扮《むすめのふん》

原本、画工江戸

島田髷

当時、江戸未レ廃二髪差一也。

図58

勝川春英・歌川豊国画　式亭三馬作『劇場訓蒙図彙《しばいきんもうずい》』（享和3）ポーラ文化研究所蔵

文化・文政の髪飾り

文化中鼈甲製

櫛笄、トモニ大形也。京坂ハ、文政中以来、僅ニ厚ク、又、僅ニ小形トナリ、江戸ハ、文化末ヨリ薄キヲ廃シテ厚ク、今世ハ、大畧厚キコト四分。守貞実家、浪華石原氏所蔵。図ノ如ク黒点アリ。蓋、今製、白甲ノ物ハ、数片ヲ合テ製レ之。此櫛ハ、全甲ヲ似テ製セリ。文化中ト雖ドモ、黒点アル物ノミニ非ズ。全ク、白甲ノ物モ多シ。白甲製ハ、黒点ヲ斬去リ製ス也。

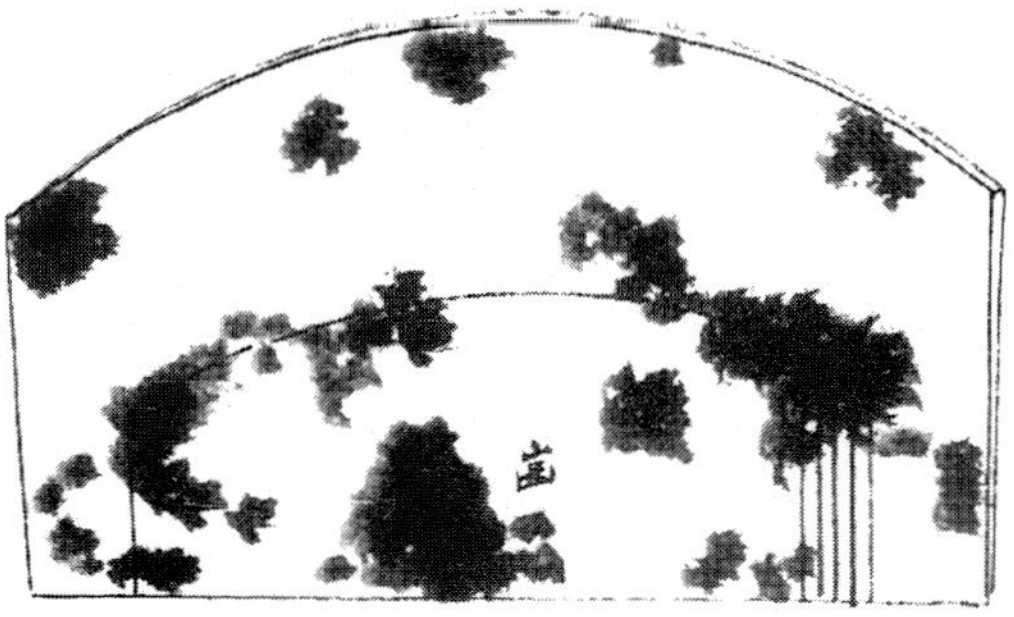

京坂文政中所用　鼈甲製

京形簪ト云。

三具トモ、厚サ一分半バカリ、大サ図ノ如ク、蓋、大小アレドモ、其大畧ノミ。又、図ヲ見ルト真物トハ、異ル処アリ。図ニテハ、甚ダ大形ニ見ユル也。

鼈甲具、三都トモ稜、厳ナラズト雖ドモ、図レ之ニ煩シ、観官察レ之。譬ヘバ、笄ニテモ、小口ヨリ見レバ、下ノ如キ也。包ミ贋造ノ物、始メハ表裏二面ノミヲ包ム。近来、表裡及小口トモニ、真玳瑁《たいまい》ノ、紙ノ如キ薄キヲ以テ、包ミ製ス。故ニ、四方包ノ櫛笄等云。

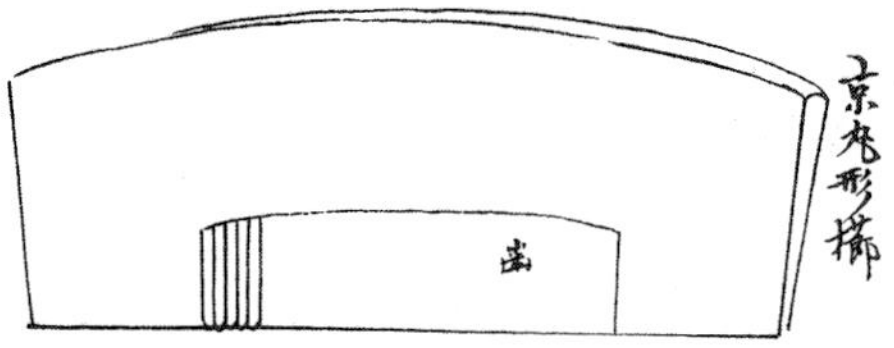

他図倣レ之

笄

文化前、笄長、大畧一尺二寸、幅五分、両端漸ク廣ク、薄ク、耳円也。中央、漸クニ厚ク、狭シ。央ニテ、四分餘バカリ。

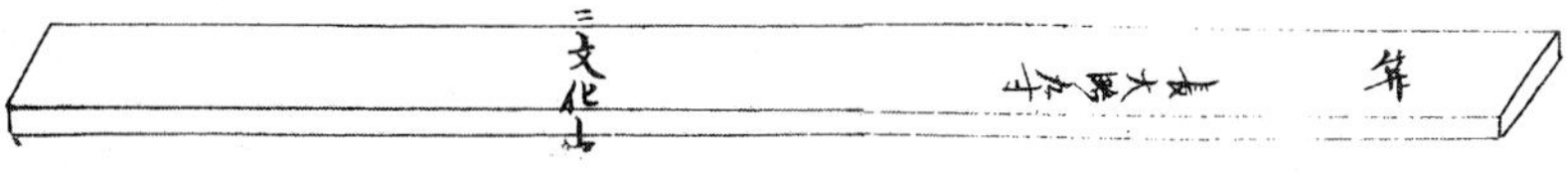

又、右ト同形ニテ、象牙製笄、端ヨリ一寸バカリ下テ、唐花《からはな》ノ定紋ヲ、漆書《うるしがき》ニシタル、両端両面トモ四紋アル物、余、近年帰坂ノ序、洛ニテ買ヿ得之ニテ、今モ蔵セリ。

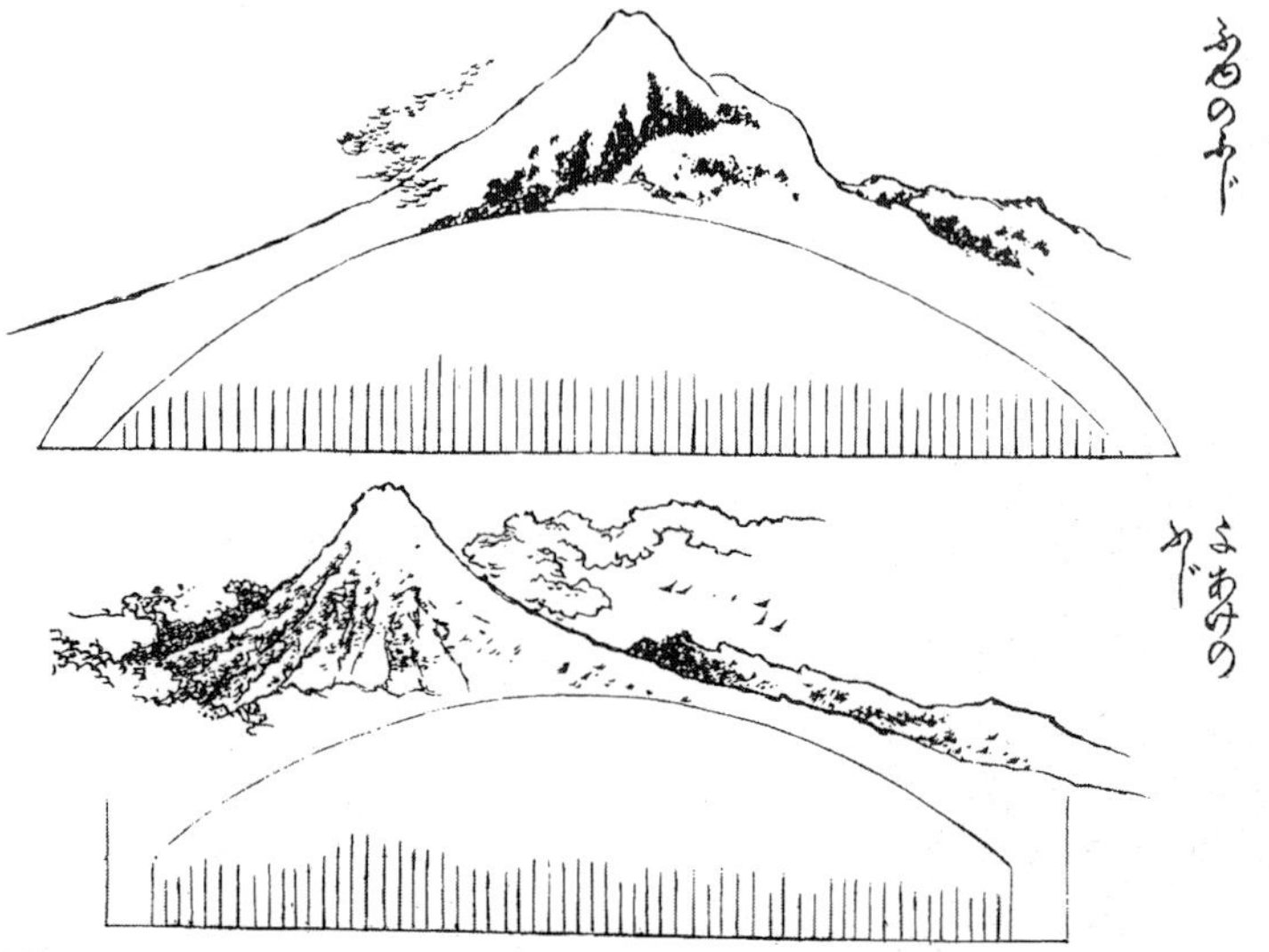

図59　葛飾北斎画『今様櫛箞雛形《いまようせつきんひいながた》　くしの部』（文政５）

追書ス。或書ニ、文化中、江戸ニテモ、女粧専ラ京坂ヲ学ビ、目ノ周リニ淡紅ヲサシ、鼻ヲ濃粉ニシ、髪ノ結ヒ風モ、上方ヲ学ブコトヲ、書載タリ。

京坂両差簪

リヤウザシハ、文化文政頃迄、用レ之。蓋、三都トモニ、婚、褻ノ時ニ笄ニ代テ用之、江戸ハ、京坂ヨリ僅ニ前ニ廃ス。全ク銀製也。両端ニ定紋、又ハ種々花形等、定リナシ。両差《りょうざし》、三都トモニ、今モ稀ニハ用フ人アリ。

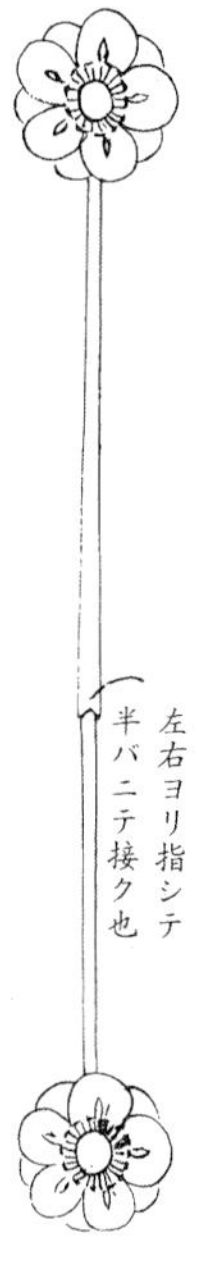

左右ヨリ指シテ
半バニテ接ク也

文化文政中　巨戸ノ處女褻服ノ図

今俗、褻ヲ不断着ト云、フダンギト訓ズ。

京坂ハ、今ニ至リテモ、簪等数ケヲ挾テ、髪飾最モ華也。蓋、近年僅ニ不レ華。

江戸モ、文政以前ハ、此図ノ如ク、両天釵《りょうてんざし》ビラ〳〵簪、前刺、背口刺《うしろざし》、前後差ハベツカウ、櫛等ヲ挾ミ、紅丈長《べにたけなが》等ヲ用フ。如此飾、今、江戸、更ニ廃テ、處女ト雖ドモ、櫛一、中刺簪一、婦ノ笄ノ所ニ用フ、前差簪一、銀ノ頭掻簪、ホソキ小形ヲ用ヒ、其他ヲ挾ス。

此図、京坂トス。
京坂ニテ、両刺ト云、江戸ニテ、両天ノ簪ト云。銀釵両頭ノ者也
掛オロシト云。紅丈長三五枚ノ両端ヲ、背ニ出セリ
前髪ノ末ヲ、髷ノ左右ヨリ背ニ出ス。京坂ニテ、振分或ハイタヅラト云
鼈甲ノ前差簪
島田髷
衣服表紬縞、裡黒サヤ也。黒繻子《しゅす》半衿アルハ、褻ノ証、帯黒繻子ニ緋鹿子縮メンノ細物ヲ、継タリ。同、文庫ムスビ也

銀ノビラ〳〵簪

文化文政頃ハ、三都トモニ流布ス。京坂ハ、是亦両差ト同ク、江戸ヨリ後ニ廃シ、三都トモニ、今ハ極テ稀ニ用フ者アリ。蓋、以前ヨリ、新婦、處女ノミ用レ之。年長ハ用ヒズ。前ノ文化文政中、巨戸處女褻服ノ図ニ、両差モ、ビラ〳〵簪モ差リ合セ見ルベシ。文久中ニ至リ、ビラ〳〵簪等全ク廃ス。

銀グサリ長短アリ。又、三アリ
五アリ、七筋モアリ

※白硝子ビラ〳〵簪、図ノ如ク大同小異、硝子グサリ、七筋、或ハ九筋許リ。天保一二年ノ頃、京坂ニテ流布ス。處女ノ用之

図60　渓斎英泉画「当世好物八契　人形」　ビラビラ簪

今世京坂女子の風姿

今世　京坂中民之處女　禮、晴之扮

衣服ハ、縮緬ノ裾模様、下着ハ白綸子、或ハ緋縮緬、襦半ノ衿ハ白リンズ、帯ハ段織ノ純子《どんす》也。

櫛ト前差簪ハ、鼈甲、ウシロザシハ銀釵。

島田髷、蓋、島田曲ハ、江戸ト其形異ナルコトナシ、ト雖ドモ、鬂ニハ鬂張ヲ用ヒ、髱ヲ高クス。

又京坂ノ島田曲ニ、縮緬裁ヲ掛ル者、必ズ髷上結レ之。江戸ニテハ、或ハ曲上ニ結レ之。或ハ髻ニ巻テ背ニ結レ之。髷上ニ不レ至者アリ。

又、三都トモニ、禮、晴ニハ鼈甲簪、櫛ヲ用ヒ、略、褻ニハ、木制漆櫛ニ蒔繪ノ物、簪ハ銀鍮等ヲ用レテ、鼈ヲ用フ者稀也。婦人モ准之。

島田髷

京坂ノ少女、十三、四歳以下ノ者ハ、必ラズ、図ノ如クニ、緋縮緬《ひぢりめん》裁《ぎれ》ヲ以テ、前髪ヲ結フ也。江戸モ、文政以前ハ同前、近年少女ト雖ドモ、前髪ニ縮緬等ヲ結ブコト、更ニ廃セリ。

文政頃、處女島田曲ノ髻背ニ、用レ之。白、青、赤、紫等ノ縮緬小裁ヲ交ヘテ、菊花或ハ鶴等ヲ製シタリ。小裁ヲ以テ此ゴトク、六ツ折ニシテ、コレヲ紙ニ貼ジ、背ニハ千種紙《ちぐさがみ》ト云ヲハリ、又、針ノ如キ足ヲ付テ、髻ニ刺テ飾トス。江戸ハ不レ用レ之。京坂モ、今ハ廃セシナルベシ。

勝山曲

勝山ハ、前後長ク、背ノ方高クス。又、勝山曲ノ新婦、鼈甲ノ櫛、笄、簪ヲ用ヒ、或ハ又銀ノ両差釵ヲ似テ、専ラ笄ニ代ル。寛政ノ条ニヨレバ、江戸ニテモ、勝山ハ今ノ丸曲ニ似タリ。

勝山髷古図

明暦万治中、江戸吉原町ノ名妓勝山ナル者、始テコレニ結ブト云リ。勝山ハ、其始ハ湯屋賣女《ばいた》也。後ニ、吉原ノ妓トナル。此妓、専ラ異風ヲ好メリ。或書ニ、考古シテ此図ヲ、勝山曲トス。其当否ヲ未考。

今時京坂市民之少婢　晴服ノ扮

衣服ハ、空色紬ノ紋付、同裡縹《はなだ》サヤ、或ハ縹絹、帯、黒繻子等也。蓋、豪富ノ少婢。礼晴ニハ、振袖ヲ着ス也。是亦、絹、紬《けんちゅう》等ニテ、縮面等ヲ許サズ。

三都トモニ、處女及ビ娼妓モ、往々コレニ結フ。近年、江戸ニテハ、更ニ廃セリ。京坂ノ少婢ハ、必コレニ結ビテ、他形ヲ聴サズ。又、白元結、或ハ白紙ヲ髷上ニ結ビ、色染紙及ビ縮面等ヲ許サズ。

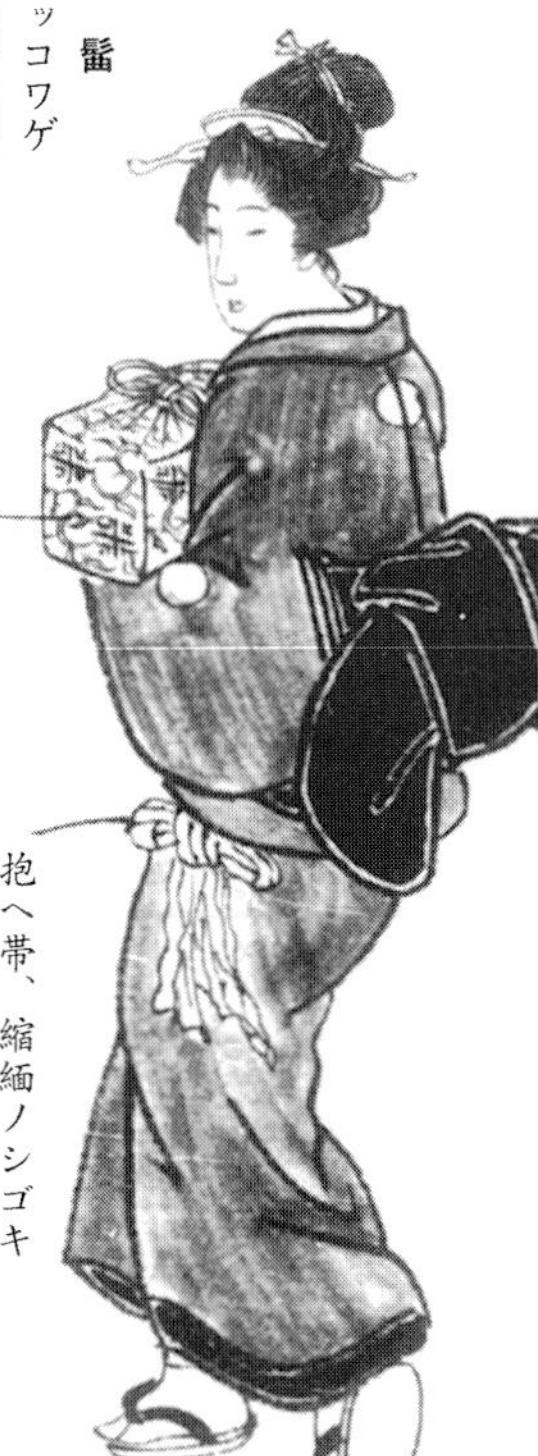
ソウフクロト云。粧袋歟。惣裹歟。主人ノ妻娘ノ粧具ヲ納ム所ノ筥ヲ、錦ノ裹ニ納レ、組緒ヲ結ビ、禮晴ノ時、少婢長婢ヲ撰バズ、携レ之テ従フコト、京坂古風ヲ存ス、一ナリ。江戸ニハ、従来不レ用レ之

奴髷

ヤッコワゲト云。江戸ニテハ、高島田ト云。

今時　京坂ノ婦人、禮、晴之扮

中民以上ノ婦也。上衣、鮫小紋、一名憲法小紋ト云。蓋、其実ハ、地ヲ染テ、小星ヲ白ニスル也。都テ、画レ之者、筆労ヲ省テ、白地黒点ニスルノミ。看人勿二思誤一焉。中以上ノ婦、式正ノ時ハ、専ラ丸帽子ヲカムル也。

京坂ノ婦、皆、必ズコレニ結フコト、江戸ノ丸曲ニ比ス。因云、髷之字、京坂ニテ、ワゲト云。江戸ニテ、マゲト云。

両輪曲　リヤウワト訓ズ。一名笄曲。

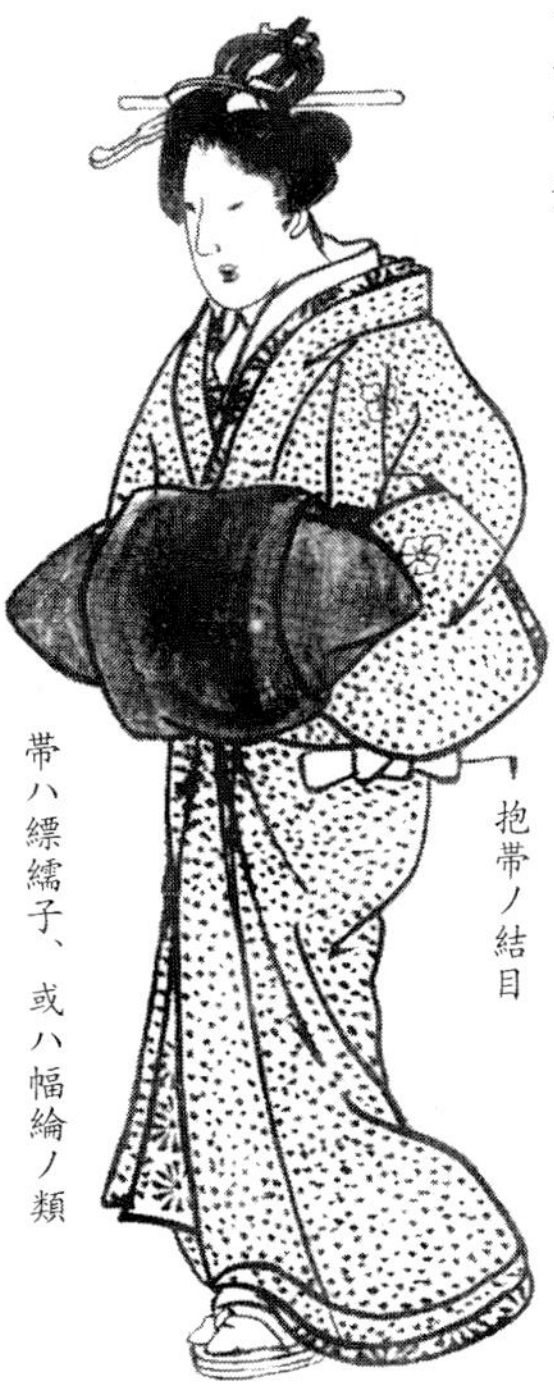

京坂ノ婦女トモニ、前髪図ノ如ク、円形ニ分チテ而モ大也。近年、漸クニ小形。又、老少トモニ、前髪ヲ斬ズ、コキ元結ヲ以テ、結レ之也。江戸ハ、大約、廿三、五才以後、斬レ之。又、京坂ハ、前髪ヲ前ニ押出シ、又、高ク立リ。追書云、嘉永初ヨリ、京坂モ、前髪、先年ノ高ク前ニ押出サズ、ト云リ。

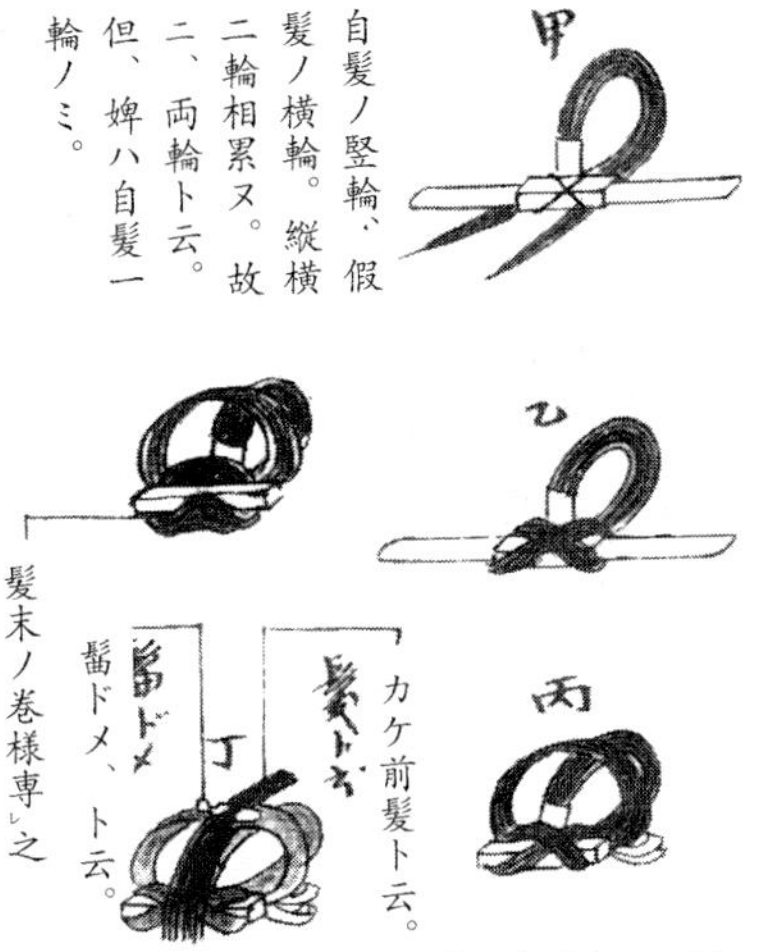

自髪ノ竪輪、假髪ノ横輪。縦横二輪相累ヌ。故ニ、両輪ト云。但、婢ハ自髪一輪ノミ。

カケ前髪ト云。

髷ドメ、ト云。

髪末ノ巻様専レ之

両輪曲ハ、先ヅ、髻前ニ笄刺ト云ヲ、結ヒソヘル。笄ハ、厚紙ヲ以テ筒ニ制ス。江戸ニハ不レ用レ之。次ニ、髪ヲ背ニ曲ゲ、髪末ヲ二ツ分ケ、笄挾ニ巻キ収メ、次ニ、両端細キ假髪《カモジ》ヲ曲上ニ累《かさ》ネ、横へ輪トナシ、其端モ亦、再ビ笄刺ニ、巻収ム。又、其次ニ、短キ假髪以テ前ヨリ上ニ累ネ、小簪ヲ以テ、二輪相累《かさね》ル上ニ留ル。小簪ヲ、曲止《わげど》メト云。短キ假髪ヲ、掛前髪、又付ケ前カミ、トモ云。又一《いち》ト云。

両輪髷背面図

嘉永初以来、前髪如此高ク、前ニ押出サズト聞ク。

ツトイレ　ツトイレハ、江戸ノタボサシト同ク、髻ノ背ニ当テ、燈心《とうしん》押《おさえ》ノ手ノ如キ物ヲ、髻ニ結ヒ付ル。

二図トモニ、亘凡三寸、鉄線紙巻、黒ヌリ也。京坂、髱ヲツトト云。故ツト、甚ダ高クス。故ニ、江戸ノタボサシトハ形異也

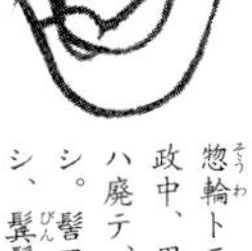

惣輪《そうわ》ト云。文化文政中、用云之、今ハ廃テ、用フ人ナシ。髻ヲ小輪ニ通シ、鬢《びん》髱ヲ此上ニオフ、

鬢張

京坂ニテ、ビンハリ、江戸ニテ、ビンサシト云。鼈甲、或ハ銀製モアリ。普通ハ、針銅《はりがね》紙巻、黒漆也。京坂ハ、今モ、式正、晴、褻、褻トモニ、専ラ用レ之。近年ハ、江戸ニ倣フヲ不用モアル由ナレドモ、不レ用人稀也。

前笄髷　サキカウガヒ、ト訓ズ。

前笄《さきこうがい》ハ、専ラ新婦コレニ結フ。歯ヲ染メ、眉ヲ剃ルト雖ドモ、大約《およそ》三十未満ノ婦ハ、往々、或ハ両輪、或ハ前笄ニ結フ。島田曲ノ前ニ、假髪《かもじ》ヲ巻タルノミ。大概、江戸ノ島田崩《くずし》ニ似タリ。島田崩ハ、掛前髪ヲ用ヒズ。前笄ニハ、両輪ト同ク用之。又、江戸ノ島田崩ハ、新婦コレニ結ハズ。専ラ、賎業ノ家婦ノ、四十以上ノ者コレニ結フ。

又、京坂モ、武家及ビ巫《ふ》、醫等ノ婦ハ、往々、江戸ト同ク丸髷ナル者アリ。蓋、鬢《びん》、髩《つと》等ハ、両輪ニ同ク、唯曲ノミ丸ニス。又、工商ノ妻ハ、更ニコレニ結ズ。又、京坂ニモ片笄曲《かたこうがいわけ》アリ。江戸ノ片ハヅシト同意ニシテ、其形異也。江戸ノ片ハヅシハ、左ヨリ右ニ回リテ匍匐《ほふく》シ、京坂ノ片笄ハ、匍匐セズシテ立ツ。蓋、此片笄曲、市民異風ヲ好ム者、或ハ巫、医等ノ婦、極テ稀ニ結者アルノミ。只、京坂ニモ、此形非レ無コトヲ記ス。

片笄髷

又、京坂士民、夫ニ後《おく》ルノ後家、豪冨ハ茶筌髪、中以下ハ島田曲也。島田モ、形自ラ處女ニ異ナル所アリ。又、後家ハ、縮メン彩紙等ヲ用ヒズ。白紙ヲシゴキテ、曲ノ元結上ヲ、結ビカクスノミ。又、喪中ハ、處女、老婦トモニ、島田曲ニ白紙ヲカクル而已。

茶筌髪

後家島田

後家ト喪中ノ婦女ハ、笄及ビ笄ニ代ルノ簪ヲ用ヒズ。櫛簪ハ用フ。蓋、簪モ銀釵ノ髪搔ノミ歟。

又、京坂ノ老婦、處女、トモニ鬢髩《びん、つと》ヲ出シ、両輪以下、種々ノ曲ニ結ザル時ハ、鬢髱《たぶ》ヲ製セズ。唯、前髪ノミヲ別チテ、左図ノ如ク假結ス。号《なづけ》テ「スキ髪」ト云。京坂ハ、沐スルコト稀ニテ、匂油等ヲ付テ、精梳シテ垢ヲ去ル。故ニ、先為レ之テ、或ハ時歴テ後ニ、両輪以下ニ結レ之。其暫時ノ假髪ナレドモ、或ハ常ニ、コレニノミ結フハ、粗小戸ニ婦ノミ。其意、江戸ノ櫛巻、或ハ、ジレツタムスビニ同クス。又因云、京坂ニテ、鬢髱ヲ出サザルヲ都《すべ》テ「ヒツコキ髪」ト云。

モタセ髪図

京坂ハ、毛巻ヲ忌ズ。此モタセ等毛巻也

『街噂《ちまたのうわさ》』ニハ、イテウヲ載ス。京坂デモ、銀杏トモ云ナルベシ

髷ヲモタセト云。鬢髱ヲ不製ヲ、ヒツコキト云、如此、假髪ノ惣名《そうな》ヲ、透髪ト云也。モタセハ、江戸ノ「イテウ曲ニ、形同クス。蓋、江戸ノ銀杏曲ハ、十一、二歳以下ノ少女ノミ、今モコレニ結ブ、婦等ハコレニ結バズ。因云、京坂ノ處女ノ江戸ニ来ル者モ、両地トモ島田曲、故ニ其形ヲ改メズ。婦ノ適《まま》、江戸ニ来ル者ハ、両輪ト丸曲ノ大異ナルガ故ニ、其形ヲ改ルコトヲ得ズシテ、専ラ、此モタセ曲ニ結ブ。蓋、江戸永住トナル者ハ、丸曲ニ更メ結フ也。

丸輪髷

櫛ハ、イスノ木櫛等、専用トス

近年、襦半衿ニ黒ノ繻子、或ハ縮メンヲ用フコト流布ス

妻婢トモニ、褻ニハ、黒ビロウド衿ヲ専用ス。久シク堪《たゆる》ガ故也。蓋、天保府命後、暫ク止レ之タリ。今又、復故スル歟。江戸ニテハ、ビロウド衿更ニ不レ用レ之シテ、或ハ厨婢等、黒八丈ヲ用フ

前垂、棉三幅ニテ、背ニ合ス。前垂ノコト、男服ノ条ニ委クス。携ル具ハ、京坂ニテ提桶、江戸ニテ岡持ト云

丸輪曲ハ、両輪曲ニ似テ、横輪ヲ除キ、自髪ノ縦《タテ》輪一輪ノ上ニ掛、前髪ヲ累《かさ》ネタリ。又、鬢及髱ノ形チ、両輪ニ異ナルコトナク、又、平日鬢張ヲ用フ。京坂、厨婢《ちゅうひ》ノミニ非ズ。惣テ、眉ヲ剃リ、歯ヲ染ルノ媵婢《ようひ》ハ、必皆此形ニ結ビテ、妻、妾ト制ヲ別テリ。江戸ハ、坊間妻、妾、媵婢トモニ、丸髷同形ニシテ無レ有ニ差別一也。

三都トモニ、髻ノ中ヲ剃ル、図ノ如ク円形也。蓋、江戸ノ近年、髻ヲ高クス。故ニ、此中剃モ、先年ヨリハ前ニ剃ル也。

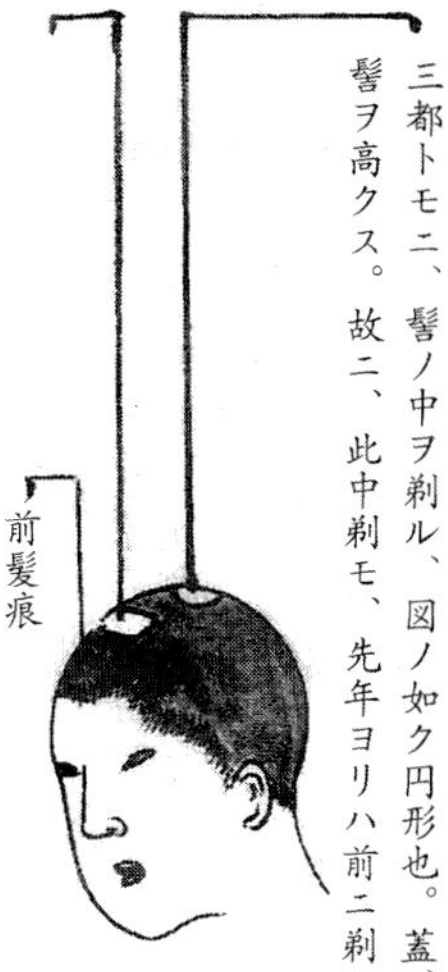

前髪痕

京坂小民ノ婦ハ、往々図ノ如ク、前髪ト髻ノ間ヲ、横長ノ方形ニ剃ル者アリ。江戸ニ、此所ヲ剃ルコト更ニ、無ㇾ之ト思ヒシガ、稀ニハ剃ㇾ之者アル。江戸ハ楕円也。

今世、京坂ノ婦女、唇紅《くちべに》、白粉《おしろい》ヲ粧フコト、大概、江戸ヨリモ濃シ。然モ、白粉ハ三都トモニ、顔ヨリ頸、顋下《あごした》ヲ濃スヲ、常トス。又、京坂ノ娼妓、俳優ハ、坊間婦女ヨリ、イヨ〳〵濃クス。蓋、近世ハ三都トモニ、坊間ノ婦ハ、専ラ素顔モアリ。平日、素顔、他出ニ白粉スルモアリ。處女ニモ、往々有ㇾ之。文化文政頃迄ハ、炊婢ニ至ル迄、平日モ白粉濃粧セシト云リ。

又、京坂ハ、白粉ヲ濃クシ、額際及頸《くび》ヲモ、際立テヌル。江戸モ、先年ハ如此、今ハ際立ト雖ド、十人ニ五人宛ナラン。

頸ヲ際立ヌルニハ、二本足、三本足ト云形アリ。江戸ニテハ、二本ヲ一本足ト云。三本ヲ二本足ト云。京坂ハ、淡粧ノ人モ際立ヌル。

二本足
白粉粧
両輪曲背

三本足
白粉粧
島田背

二本、三本トモニ、婦モ女モ通用スレドモ、両輪ニ三本ハ稀也。元ヨリ、二本ヲ専トシ、處女モ三本足ハ稀也。

額モ准ㇾ之。際立テヌル。

又、唇紅、文化文政頃ハ、三都トモニ極濃クス。故ニ、青色ニナル、号テ笹色紅ト云。婢ナドハ、下ニ墨ヲヌリ。上ニ紅ヲヌレバ紅多ク費ヘズ。青色ニナル。

今世京坂の髪飾り

利休形之櫛　京丸トハ、棟僅ニ異也

今世　嘉永中也　京坂、式正所用鼈甲製

式正時、髪トモニ、櫛、笄、髷止《まげどめ》、以上三具ハ各一個ヲ用ヒ、簪ノミ應時テ、数ヲ異ニス。

式正ニハ、専ラ前後、左右各一ケ、凡テ四固ヲ用ヒ、髪カキニハ銀釵等一ヲ加フ。

䯼ニハ、簪前後、各一ケ、都テ二箇ヲ用フ。或ハ、前ノミ一ケヲ用フ。背ニハ銀釵サス。

江戸ハ、近世、式正ニモ、背ニ簪一ケヲ用フ。文政前ニハ、前ニモ挾《さし》之シガ、天保以来廃ス。

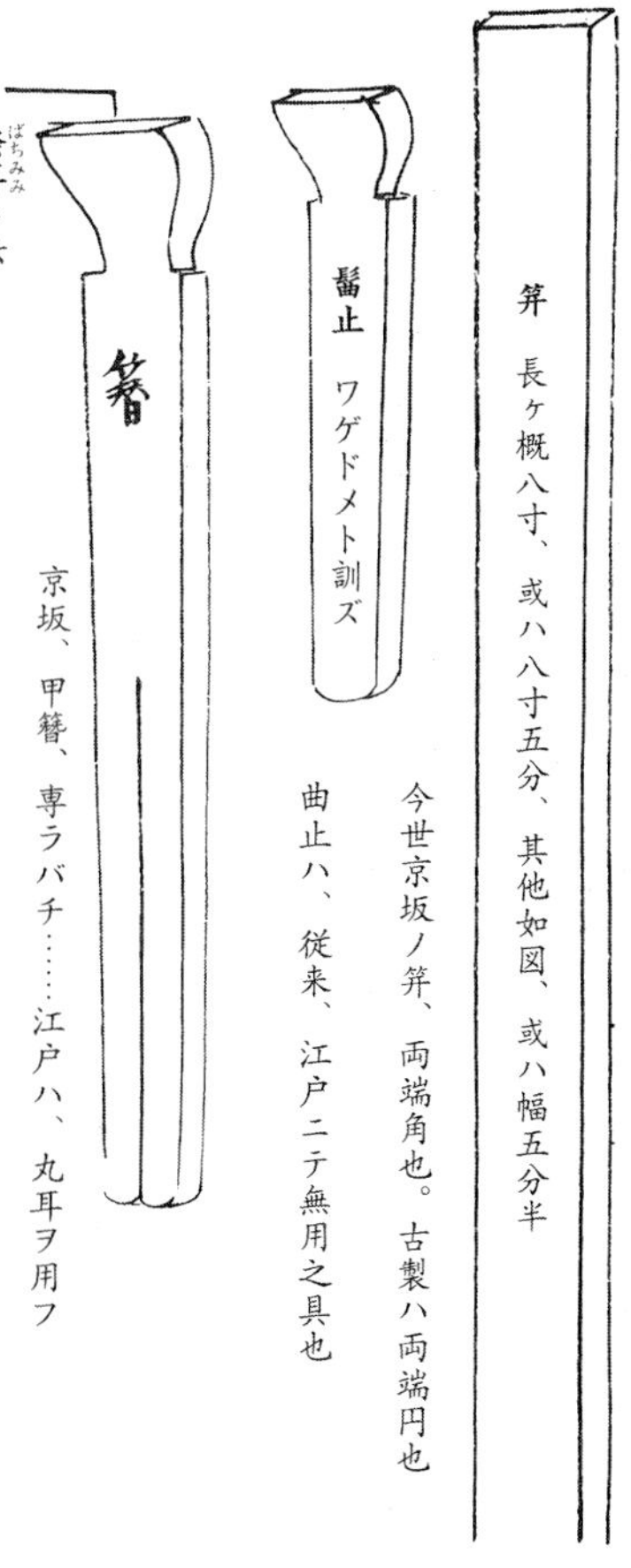

笄　長ケ概八寸、或ハ八寸五分、其他如図、或ハ幅五分半
今世京坂ノ笄、両端角也。古製ハ両端円也
髷止　ワゲドメト訓ズ
曲止ハ、従来、江戸ニテ無用之具也

揆耳《ばちみみ》ト云

京坂、甲簪、専ラバチ……江戸ハ、丸耳ヲ用フ

図61　喜多川歌麿画「姿身七人化粧」　二本足の衿足（京坂）

櫛以下四具トモニ、極上製ハ白甲ノミヲ以シテ、中品ハ、黒点アル物ヲ交ヘ用フ。蓋、古製ハ全体黒点アル物ヲ用ヒシガ、今ハ稀ニシテ、黒点ヲ交ルニモ、櫛ハ歯ノ所ノミ、笄ハ、中央髪ニ挾テカクルル所ノミ。簪モ下ノミ、曲止、中央ノミ。皆専ラ髪ニ入テ、不見所ノミニ黒点ヲ交ヘ、極上製ハ全ク白甲也。

同京坂所用

月形櫛

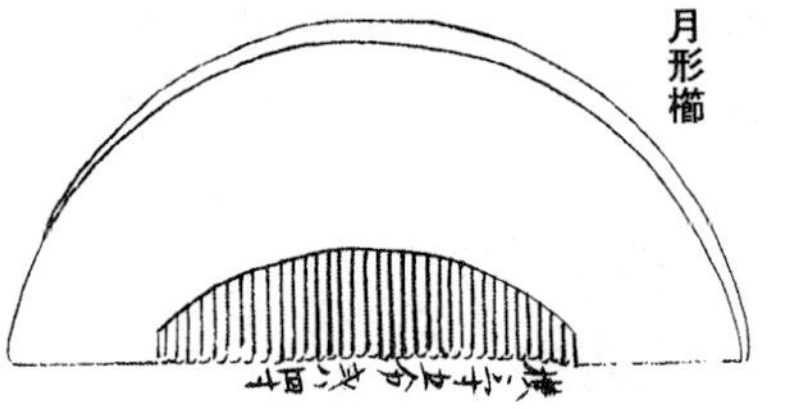

俗ニ鎌倉形トモ云。鎌倉形ノ謂《いわれ》、其拠《よりどころ》ヲ知ラズ。鼈甲製ノ此形ハ、専ラ全體黒点アル物ヲ以テ製ㇾ之。黒点アル物ヲ、今俗、杢入《もくいり》ト云也。新婦ノ二十歳ヨリ三十以下ノ間、専用ㇾ之、三十以後用ㇾ之稀トス。三十以上ニテ用之者ハ、其大形ヲ用フ。横四寸ナル物也。又、處女《むすめ》ハ、平日、朱塗木櫛ニ製シ用ㇾ之、無蒔繪也。

深川形櫛

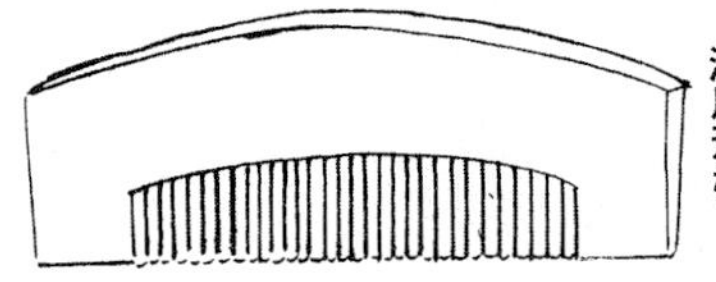

京坂ニテノ名也。鼈甲ヲ専トシ、又、木櫛ニ蒔繪モアリ。

如図、耳掻ノ円ナルヲ、京坂ニテ江戸耳ト云。

此形、簪鼈甲製ハ、風流ヲ好ム婦女、用ㇾ之。風流女、俗ニ粋《すい》ト云也。又、木製モアリ。三都トモ、櫛、簪、木製ハ伊須《いす》材也。蒔画ヲ描キ用フ。蓋、木製ヲ署、嫠ノ用トスルコト、三都同風也。

髷止

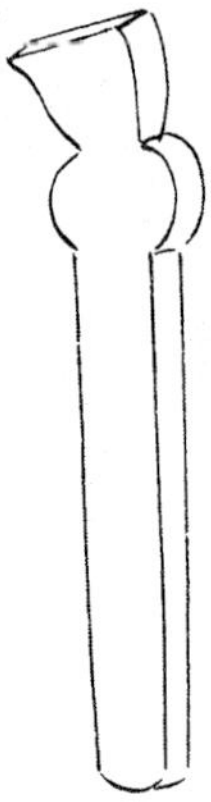

穀餅《こくもち》形ト云。中年以上ノ婦、此髷止ヲ用フ。此形ノ耳掻ヲ、撥耳《ばちみみ》ト云。

撥耳　琴柱《ことじ》形

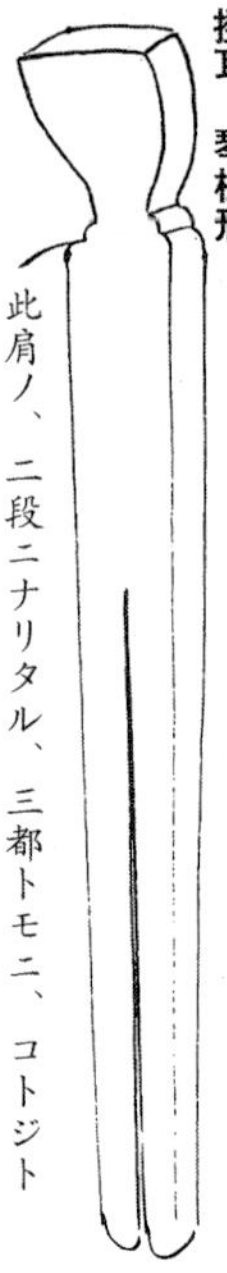

此肩ノ、二段ニナリタル、三都トモニ、コトジト云。江戸モ、先年ハ有之。今ハ廃シテ稀也

今世京坂所用木製蒔繪物也。蓋、署、嫠専用之。木製蒔絵笄、簪ヲ用フ時ハ、同製月形櫛ヲ用フ也。或ハ、他形ノ蒔繪櫛ヲモ用フ。笄、簪、曲止トモ、大サ如図。木製、多クハ伊須材、金粉繪、花鳥山水等種々。

具形《カヒナリ》ト云

蒔繪物ハ、簪モ一ケヲ用フ。月形櫛、笄、簪、曲止、各一ケヲ四ツ揃ヒト云。木製ハ、笄以下三貝トモニ無ㇾ稜シテ、◯如此マルミ也

京坂ノ銀釵《ぎんさい》

京坂ノ銀簪、古製六寸餘、今世同ㇾ之、或ハ五寸餘。天保中ヨリ、銀釵ノ表ヲ滅金ニ製シ、コレニ珊瑚其他ノ珠玉ヲ付ケ、或ハ、銀紋、或ハ玉モ紋モ無ㇾ之物ヲ用フ。滅金ヲ流金《りゅうきん》トモ云。銀ヲ素ニテモ用フレドモ、流金ヲ流布トス。

此丸、天保前、珊瑚流布、年給銀百二三十目ノ炊婢モ用ㇾ之。江戸モ同ㇾ之、今モ用ㇾ之トモ、又近年金水晶玉ヲ流布トス。江戸モ又、コレヲ流行トス。又、砂金石、甚流布ス。重サ一匁價金三両餘、珊瑚下品小丸、價十五双重サ一匁、銀十五匁ヲ云

京坂、耳カキ長ク、江戸ハ短カシ

守貞謾稿巻之十二　女扮

稚女髪ノ事

今世、嬰児ノ間、男女大畧異ナルコトナク、漸ク長ズルニ随ヒ、髪形ヲ異ニス。然モ亦、京坂ト江戸ト、大同小異アリ。

盆ノ窪

芥子坊

奴

唐《から》子《こ》

芥子坊ノ銀杏曲

銀杏曲

男女児トモニ、出生シテ第七日ニ産髪《うぶがみ》全ク剃之。其次ニハ、頂ニ上図ノ如ク、聊カ髪ヲ残ス。是ヲ、京坂ニテ、ボンノクボト云。或訛《あるいはなまつ》テ、ボンノクソト云。江戸ニテハ、ゴンベイト云。又、稀ニハ、八兵衛、或ハジジツ毛トモ云。

又、百會《ひゃくえ》ニ、図ノ如ク残スモアリ。芥子坊主ト云。京坂ニテ略レ之、ケシボント云。江戸ニテ、オケシト云。

三歳ニテ髪置《かみおき》ト称ヘ、賀スルコトアリ。多クハ、此比《ころ》ヨリ耳上ニ髪ヲ残ス。三都トモニ、是ヲヤッコト号ク。或ハ、三才以下ニテ残之モアリ。又、以上ニテ不残之モアリ。

右ノ奴ヲ残サズ、奴ヨリ上ノ方ニ、円形ニ残シタルアリ。三都トモニ、カラコト云。三歳以下ニテ、残之モアリ。江戸ニテハ、或ハ、是ヲチヤン〳〵トモ云。三都トモ、男児ハ奴多ク、子女児ニハ唐子多キ歟。又、必ラズトセズ。

五六歳ニ至レバ、芥子坊及ビ奴、盆ノ窪等ノ髪ヲ長シテ、其痕《あと》モ漸ク大形ニ残シ、卒《おわり》之、曲ヲモ結ヒ、女児ナラハ、簪及ビ裁ヲモ用之也。

則、女児也。男児ニハ、男髷ニ結フ。又、女児ニモ、男曲ニスルモアリ。男児ニハ、必ラズ銀杏曲ニユワズ。

七八歳ニ至レバ、奴、盆ノ窪等ノ形、弥々大ク、又長クシ、惣テ、是ヲ取上ゲ、男子ハ男曲、女児ニハ銀杏曲ニ結フ。

図62　三代歌川豊国画「今様見立士農工商　商人」（部分）　唐子の女児

銀杏髷

撥元結ヲ以テ、下結ヒヲナシ、其表ニ、銀磨キノ大長紙ヲ巻テ、鬂附曲ヲ以テ端ヲ止ル

凡、男女児十歳計リニ至レバ、額及ビ眉ヲ剃ラズ。男童ニハ男曲、女童ハ図ノ如ク銀杏曲也。江戸ノ銀杏ハ、京坂ノモタセ髪ニ似タリ。モタセハ、婦ノ假髻也。江戸ノイテウハ、稚児ノ専トスル所也。江戸ニテ、婦ノ此形ニ結フモノハ、踊ノ師ノミナリシガ、嘉永五、六年、他ノ婦モ往々コレニ結フアリ。

十二三歳ノ女童、或ハ前図ノイテウニユヒ、或ハ、此イテウクヅシニ結フ。是、銀杏曲ノ一変セルモノ也。十四、五以上ハ、島田曲ヲ専ラトス。

銀杏崩シ

緋鹿子裁等也

古今男女ノ面貌モ、亦、時々流布ト不流行トアル歟。古ノ小町、西施《せいし》ハ知ラズ。古画ノ美人トスル者ヲ見ルニ、今世衆人ノ欲スル所ト、面貌鼻目、甚異也。故ニ、今世、真ノ美女ヲ図シテ、後人ニ遺ス。今ノ美人モ、亦、後世ノ美人ニハ非ザルベシ。蓋、古今トモ、衆意ノ欲スル所ノ多少異同アリト雖ドモ、真ノ美ニ至リテハ、更ニ異ナルコトナク、玆ニ図スルノ美人、今世、誰カ、是ヲ美人ニ非ズト云者アラン哉。

蓋、中民以下之女也。如此風俗、及ビ面貌ヲ、俗ニ婀娜《あだ》ナ女ト云、アダモノト云。又、意気ナ女トス。イキナアネサン、ト云。

當世之美女

江戸洗ヒ髪ノ兵庫結ビ

追考　此図今世絶世ノ美貌也。然レドモ熟思スルニ、二十歳以上ノ女也。今世ノ画工意匠ヲ以テ、俗ニ中年増《ちゅうどしま》ト云。二十《はたち》以上ノ女、大畧、眉ヲ剃サル者無之ト云ドモ、画之ハ二、三、四十歳ノ婦ニ混ス。故ニ画上ニハ専ラ三十以下、眉ヲ描ケリ。後人察之。

今世江戸女子の風姿

天保頃ノ島田風也

此島田曲ヲ、江戸ニテ、ツブシ島田ト云。中央ツブシタル如ク、凹故也

鹿子絞リノ縮緬ヲ、髻《もとどり》ニ繞《まと》ヘリ。髻ヲ、俗ニ根ト云。江戸ニモ、京坂ノ如ク、髻ト髷上カクルモアリ。又ハ、此ゴトク、髻ノミニ巻モアリ。京坂ニハ、此風ナク裁ヲ用フ者ハ、必ラズ髷上ニカクル也

此島田ヲ、江戸ニテ高島田ト云。京坂ニテ、ヤツコ、ト云ト同髷也

今世、京坂トモニ、ツブシ島田ハ流行シ、高曲ハ廃セリ。御殿女中ノ島田ト、京坂坊間ノ小婢ハ、今モ高島田也。

弘化比、**江戸藝者**ト云、弾妓《だんぎ》、多ク、此島田曲ニユフ。髻以《もとゆいより》前ハ廣ク、以背《よりうしろ》ハ細ク長ク、背高ナリ。

近世吉原町ノ遊女ハ、島田曲背高也。是、見世ヲ張ル時、正面ヨリ見テ立派ヲ専トスル故ナルベク、特ニ簪、櫛モ数多ク、大形ナル故ニ、曲低ナレバ、隠ルルガ故ナルベシ。今、嘉永ニ至リ、江戸市中等ノ處女、曲尻ヲ高キ物、廃スト雖ドモ、吉原ハ、今モ尻ヲ高クス。

今嘉永中、**江戸坊間《まち》ノ處女《むすめ》**、**及ビ藝者**、**或ハ三絃ノ師ヲ業トスル娘**トモニ、多クハ異ナルコトナク、此風ナリ。蓋、人々大同小異、勿論也。

今世、**三絃ノ指南スル娘**モ、多クハ右図ノ形ナレドモ、又或ハ此形ニ結モアリ。然モ、武家市中トモニ、常ノ處女ニハ此形罕《まれ》也。

今世ノ島田、其形種々、又其形ニヨリ、何島田、某島田ト小名異也ト雖ドモ、皆必ラズ、曲ヨリ髱《つと》ノ方背ニ出タリ。然レドモ、今世ノ浮世繪ト云俗画ヲ首《はじ》メ、其他ノ繪図等ヲ見ルニ、多クハ、髱ヨリ髷ノ背ニ押出セリ。甚シキハ、曲半、繪後ニ餘レリ。是、真ト異ナルノ一也。後人、今世ノ繪ヲ見テ、勿レ謬《あやまることなかれ》矣。蓋、今世ト雖ドモ、丸曲一変シテ、ノメシト小名ヲ付テ、特ニ、髱高ク曲前ニヨレリ。准レ之テ、島田モ自ラ小髷形トナリテ、前ニヨル故ニ、髱ヨリハ髷尻前ニアリテ、髱背ニ出タリ。

形不レ好也

島田曲形、是ヲ好トス。天保末以来ノ形、曲大署前後高低ナシ

再云、天保府命ノ比ヨリ以前ハ、曲大ニ髱小ク、髻リ背ニヨルガ故ニ、髱ヨリ曲ハ背ニ出タル也。然モ、浮世画ハ、甚シキニ過ル也。府命後ト雖ドモ、画ニハ曲ヲ背ニ出シ画ク。安政中ニ至リ、江戸島田髷、根低ク、髻《もとゆい》ヨリ背ヲ低ク、前ヲ高クス。鬢髱ハ、御殿ノ風ニ異也ト雖ドモ、曲ハ粗御殿風ニ近ク、又、古、元禄比ノ風ニ似タリ。丸曲モ背低ニナル。安政方言ニ、野卑ニテ侠風ノ者ヲ、髷風ニモ履物ニモ、其他ニモ、イナセ、ト云、人風ヲモ云。

鯔背《イナセ》風島田ト云。

螺蛳《イナ》本字歟

髷ノ前、扁平ニスル故、左ノ如ク髪ノウラ見ユル

今世中民、處女、褻之扮

今世、浮世画名工、歌川国芳所画也。当世ノ風姿ヲ能ク写シ得ル、ト云ベシ。褻ニハ、縞衣服ヲ専トシ、小紋等稀ナレドモ、又、ナキニ非ズ。帯ハ、緋カ、紫ノ絞リ縮緬ニテ、處女ノ専用也。又、前垂ハ幅廣ノメヒセン織也。是亦今様也。

前垂ノ紐也。腰帯ニ非ズ

今世江戸巨戸之處女、禮、晴之扮

三都トモニ、礼服ニハ黒縮メンヲ専用トス。而モ、京坂ハ、紫等ヲモ用フ。江戸モ用ト雖ドモ、先黒ヲ専トス。但、三都トモニ、婚ニハ紫色ヲ忌ム。又、江戸中民以下ノ處女礼服ニモ、振袖ヲ着者、京坂ヨリ鮮《すくな》シ。

島田髷

京坂ト、髷形相似タリ。蓋、髩差《びんさし》ヲ用ヒズ。髱《たぼ》低シ。但、婚姻ノ日ハ、婦ト同ク、小女ト雖ドモ、髩差ヲ用フ。

又、三都トモニ、礼、晴ニハ鼈甲ヲ用フ。今世、櫛一、簪一無花、同一花アリ、上方ニ云サシ込ノ類、小形銀釵一ケヲ用フ。前差簪ヲ不ㇾ用コト、天保以来也。

江戸小戸ノ處女及ビ小婢ノ褻服ノ扮

衣服、縞木綿也。處女ハ、メンセン等ヲモ用フ。或ハ、玉紬ノ類乎。帯ハ黒繻子、裡《うら》紫縮緬ノ纐纈《きょうけち》等也。表裡異ナルヲ、江《えど》俗《ぞくに》鯨帯ト云。結形ハ密夫結《まぶむすび》也。前垂廣桟ノ類、紐ハチリメン絎紐《くけひも》也。蓋、腰帯ヲ用ヒズ。前垂ヲ以テ兼ㇾ之ル。

島田髷

江戸ハ、處女、小婢トモニ、髪飾ニ彩紙《いろがみ》縮緬ヲ用フコト無差別、京坂ハ、處女用ㇾ之。婢ハ白紙ノミ、又、江戸ノ婢モ、家風ニ因テ、白紙ノ外ヲ許サヾル者アリ。

江戸ハ、大、中、小民トモニ、婦女、略、褻服ニテ、他行ノ時、晴雨トモニ下駄ヲハク、晴天ニハ、日和下駄ト云テ、低キヲハク。

今世江戸中民以上ノ婦、禮服ノ扮

礼服、専ラ縮緬紋付色不定ト雖ドモ、黒ヲ専トス。裡、同色同品、老婦ハ無模様アリ。新婦等ハ、必ラズ裾模様アリ。下着一、二領トモニ、白絹或ハ白リンズ等、襦半衿《えり》、白リンズ、帯ハ純子《どんす》ノ類也。

礼服ノ時ハ、櫛、笄、簪鼈甲、近年甚ダ太キヲ用フ。櫛厚ク、笄厚ク短シ。

丸髷

禮、礼ニハ、雪駄ヲハク、雨天ニハ下駄也。

中以上ハ髷形、小ナル者稀也。又、上下トモニ、前髪ヲ斬ル。又、婚席ノ外ハ髩差ヲ用ヒズ。

又、江戸モ、大略、三十歳以上ハ、他行前帯ニス。蓋、小戸ノ婦ハ、年長ズレドモ、背ノミニ結ブ者アリ。時ト生業等ニ同カラズ。

今世江戸小戸ノ婦、褻服ノ図

縮緬蠒繊織《めいせんおり》、或ハ結城《ゆうき》木綿等ノ服也。裡ハ藍染、真岡《もおか》木綿、或ハ寒風ニモ下着ヲ用ヒズ。縮緬ノ半天等ヲ着テ、寒ヲ防グ。

蓋、近年ハ、半天ヲ外見ニ着スニ至ル。

又、此図、男帯ヲ假用セリ。是、小戸ニテモ稀ニアルノミ。蓋、隣家等ニ往ク時ノミ。他坊ニ出ル時、如此者甚ダ稀トス。天保中、専《もつぱら》賤婦ハ木櫛ヲ脇ニ差ス。近年ハ稀也。

丸髷小形
如此、前ニ髻シテ小形ナルヲ「ノメシ」丸曲ト云。

畧、褻ノ時ハ、晴雨トモニ、下駄ヲハク。又、寒風ニモ、素足ニテ足袋ヲ用ヒズ。是近年、江戸ノ風俗ナリ

今世江戸婦人、褻ノ扮

家ニ在テハ綿服、又ハ玉紬、璽織、太織《ふとり》等古キ物ヲ着シ、近隣ト雖ドモ、外出ニハ其新シキヲ着ス。江戸ノ婦女ハ、銭湯ニ行クニモ、衣服ヲ着ガユルコト、大畧如右也。是、銭湯往来ノ躰《てい》也。斯図スト雖ドモ、近年ハ浴衣ヲ携ヘ往ク人稀也。

曲ハ
島田崩

如此ノ外出ニハ、帯専ラ間夫結《まぶむすび》ヒ也。在ニ于家《いえに》一モ、又此躰也

前垂ノ事、男服ノ条ニ委クス

江戸婦人、略衣ニテ他行之扮

式正ニ非ル時ハ、専ラ御召縮緬ノ縞ヲ着ス。又、南部、結城等、縞チリメン、或ハ紬ノ類、又ハ上田糸織ノ類、麁《そ》ナルハ、メイセン等也。帯ハ、紺ノ博多織ヲ専トスレドモ、又、純子等ヲモ用フ。今世ハ、純子モ、紺地ニ紺紋ヲ流布トス。

画図ニ、縞服ヲ描ク時ハ、甚粗服ト見ル。故ニ、縮緬類ノ服ヲ着ス。人品ニハ、専ラ、紋付模様ノ扮ニスレドモ、此図ハ、真ヲ縞ニ画ケリ。縞ナレドモ、麁服ニ非ズ。粗服ニハ、他出ニモ、帯、間男結《まおとこむすび》ヲ専トス。又、京坂ハ、粗服ニモ此図ノ結形也。又、京坂ハ、縞縮緬等ノ服ニハ、黒衿ヲカケズ。

右、江戸婦人四図ノ如キヲ、江戸ニテ「トシマ」ト云。年増ノ字ヲ用フ。又、右ノ扮ニテモ、大畧、廿八、九ヨリ以下ヲ中年増トモ云也。因云、處女ノ扮ヲ、新造ト云也。處女ノ扮ニテモ、又ハ丸曲ニテモ、眉ヲ剃ラズ、歯ヲ染タルヲ、半元服ト云也。坊間ニハ、稀ニテ、武家ノ家中ノ新婦ニ多ク有レ之、皆丸曲ニテ、歯黒スル者多シ。

天保半以前　江戸丸髷　背ニ長ク、髱今ヨリハ僅ニ高クス。

同図

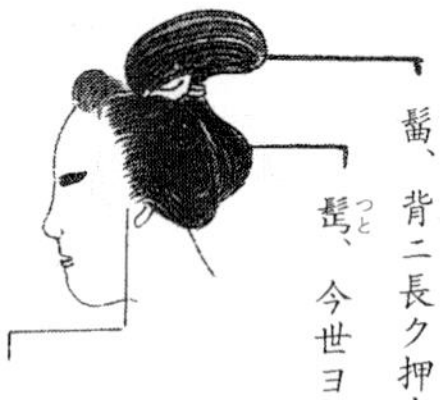

此図側面ナルカ故ニ櫛笄ヲ描ザル而已。必並ニ用レ之也。当時既ニ鬢差ヲ廃シ唯婚席ニノミ用レ之。京坂平日モ不レ廃レ之。而今ニ至ル此所ヲ、京坂ニテ、ハヘサガリ（生え下り）、江戸ニテ、モミアゲト云。昔ハ、揉上ゲノ長ク、耳ノ前迄生ヘタルヲ、良トス。今ハ不レ好レ之シテ、長キ物ハ剃リ上ル也

今世丸髷　弘化末ヨリ嘉永ニ係ル。髷根高ク、又前後短ク、髱ハ却テ長ク低シ、号ケテ「ノメシマゲ」ト云。又、蔵前風ト云。浅草官倉辺ノ婦女ヨリ始ム、故ニ名トス。此形、嘉永末ニ廃シ、背ニ出シタレドモ、右ノ天保ノ曲ノ背ニ出ルニ及バズ。大畧、此二図ノ中間ナルベシ。

側面

銀簪、髱ニサスヲ専トスレドモ、島田、丸曲トモニ、又、稀ニハ、前ニサスモアリ。左或ハ右ノ方ノ、少シヨセテ、前ヨリ背《うしろ》ヘサス也。昔ノ前差トハ異也。前サシハ、左ヨリ右或ハ右ヨリ左ヘ、横ニサスヲ云。亦、鼈甲ハ図ノ如クニサヽズ

同背

安政ニ至リ、丸髷扁平ニ、髻低ク、曲背下レリ。髱、嘉永ノ風ヨリハ小サシ。但、此二図、同形抽《ぬきんで》テ当世ヲ好ム風ナリ。流行ヲ強テ好ザルハ、曲前後ヲ平ニス。

鰡背《イナセ風也》、イナセ、当時様ニシテ、俠《きやん》ト野卑ナルコトヲ云方言。

女子の髪型と小道具

丸髷ヲ結フ次才。先ヅ前後分チ結ヒ、次ニ、両鬢ト髩ヲ分チ央ニ餘ル、其中ニ中剃アリ。其所ヲ、小枕ヲ納レ結ヒ、次ニ、髱ニハ髩刺ヲ納レ、コレヲ加ヘ仮結ビシ、又、両鬢ヲ加ヘ、又前髪ヲ加テ、元結結ビニス。曲亭翁ノ随筆ニハ、小頭座ヲ、コマクラト訓セリ。

小枕付加文字図

小枕図　大サ如此

小枕楕円也

小枕ハ、加文字根ヲ堅ク束ネ、紙ヲ以テ形ノ如クシ、表ニ絹ヲ以テ包レ之、上ノ方絹端ヲ折入レ、尻ハ図ノ如ク、聚メ縫タリ。髪毛少キ者ハ、加文字付ヲ用ヒ、多キ者ハ小枕ノミヲ用フ。二品トモニ、中剃ノ所ニ当レ之。髷根ヲ高クスルニハ、小枕ヲ長クスル也。当時ハ、図ノ如キヲ専トス。今世、江戸前髪ヲ分ツコト図ノ如クス。幅一寸バカリ、上僅ニ狭シ。天保中ハ同形ナレドモ、幅二寸、江戸ハ方形、京坂ト御殿女（中）ハ円形也。

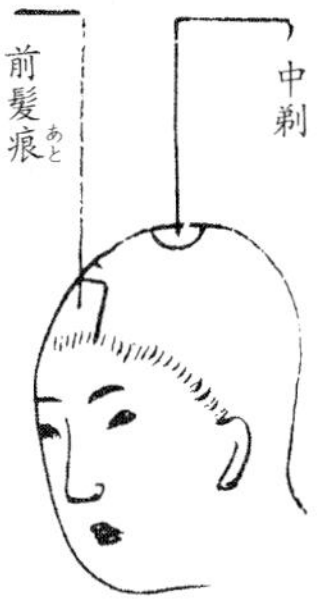

前髪ヲ分チ、其額ノ方半ヲ、大概二寸許ニ斬ル斬前髪《きりまえがみ》ト、髻ノ間ノ髪ハ斬ラズニ、髻ニテ結ヒ、或ハ不レ結レ之トモ、髪末ヲ、髻ニ加ヘ束ヌ

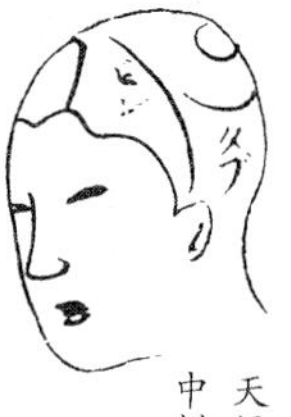

天保前、髻低キ故ニ中剃、背ニアリ

今世、髻高キ故ニ、中剃、真中ニアリ。髩ノ分形モ異也

髷入《マゲイ》レ　丸曲ノ心也。

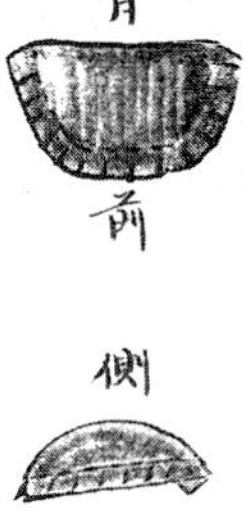

紺ノ厚紙ト附木ヲ以テ、製レ之シ、綿ヲ入レテ肉トス。周リハ、綿糸ヲ以テ縫。附木ハ、ウスキ板也。小、大、長、短、肉ノ厚薄、随意也。或ハ自製シ、或ハ、小間物店ニ賣ル。

髱《タボ》差《サシ》

線鋏《せんてつ》ニ紙ヲ巻キ、黒漆ニシ、其上ニ、黒木綿ヲ以テ、図ノ如ク縫ヒ付ケ、綿ヲ肉トス。

同別製

俗ニ、剣術ト異名ス。剣術ノ稽古ニ用フ面ニ、似タル故也。鉄線紙巻、黒漆也。下ノ小輪、頭ニ当テ尾ヲ高クスル。

島田曲形

紙張ノ島田曲入レ也。表ヲ、藍紙ニテハル。形、大同小異アリ。昔ハ用之、今ハ廃シテ不レ用レ之、製異也。

髷入ト云。前図ノ物ヲ此所ニ納テ、髪ヲ前ニカムセ而《しかして》后《のち》ニ、櫛ヲ以テ髷入レノ幅ニ掻《かき》ヒロゲ、髷入レヲ包ム也。

髱差此中ニ納ル。

髻《もとゆい》ノ餘リ也。髷心ヲ入レ、髪ヲ前ニカムセ、此髻以テ髻《もとどり》ニ結ビ加フ髪末ヲ、図ノ如クニ輪トシ、コレニ絹縮緬等ノ裁ヲ巻ク。新婦ニハ、緋絞リチリメンヲ用ヒシ歟。今ハ、稀ニアルノミ。其他、革色紫等種々、年長ハ黒ヲ用フ。後家ハ、コレヲ用ヒズ。或ハ、黒繻子ヲ用フハ、黒髪ニ紛《まが》フ故也。此所ヲ手柄ト云也。結畢《ゆいおわり》テ后ニ、此所へ笄ヲサス。

江戸ハ、丸髷ヲ婦ノ正風トス。又、其他ニ、髷髷、假髻種々アリ。其一、二ヲ図ス。

島田崩

京坂ノサキ笄ニ、粗相似タリ。盖《けだし》（蓋の俗字）、是ニハ、掛前髪ヲ用ヒズ。又、サキ笄ハ、専ラ、新婦ノ所結。島田クヅシハ、大畧四十以上、賎業ノ婦ニ、多カリシ歟。嘉永ニ至リ、頃日《けいじつ》ハ甚稀也。

姨子《おばこ》ムスビ

ヲバコハ、畧中ノ正トス。

江戸喪中ノ婦、先年ハ、京坂ト同ク、島田ノ毛巻ナリシガ、今世ハ、皆、此曲ノ毛巻也。今モ、御殿女中ハ、喪中、毛巻島田、町家ハオバコ。

平日コレニ結フ。金糸、或ハ、チリメンキレヲ用フ。唯、喪中ニハ、髻《もとどり》ノ髻《もとゆい》上ニ毛ヲ巻ク。故ニ、平日ハ毛巻ヲ忌ム。江戸モ、處女、喪中モ島田ナレドモ、是亦毛巻也。

因云、喪中ニハ、白粉ヲ粧ヒ、唇紅ヲツケズ。

天神髷

是ハ、婦モ處女モ、コレニ結フ。蓋、島田崩以下トモニ、皆櫛ヲサスベシ。蓋、畧風故ニ、笄ヲ用フ人稀ニテ、是等ノ風ニハ、中差《なかざし》簪《かんざし》ヲ以テ笄ニ代ル者多シ。中差ヲ差トモ、鼈甲背《うしろ》差《ざし》、及、髪カキ簪ハ別ニサス也。

長《おさ》船《ふね》

糸巻

イトマキ、一名、タラヒムスビ、又名、ヤリテムスビ。

此糸巻ト、オバコ結ビニハ、丈長紙、又ハ浅黄、或ハ緋縮緬ヲ、幅三、五分ニ帖《ちょう》ジ（折り）、背《うしろ》ヨリ中差両端ノ下ヲ潜リテ、前ニ結ブ。

此ゴトクス

図63

安部玉碗子画『當世かもじ雛形』（安永8）

割唐子

是亦、婦女トモニ、ユフ。此曲ニハ、曲ノ中、姨《おば》ハ浅黄、處女ニハ緋鹿子チリメンヲ用フ。

銀杏崩

イテウクヅシハ、従来、江戸稚女ノ髷風ナルヲ、今嘉永五年、此銀杏クヅシ、婦人畧、褻、専ラ結之。蓋市民ノ妾或ハ時様ヲ専トスル者ノミ也。髷内ニ浅葱或ハ紫ノ無地ノチリメンヲ巻ク。三十以前ニ多ク、夫ヨリ長年ニハ稀也。然ルニ、只一年ニテ、同六年ニハ廃セリ。

銀杏曲

此形ヲ是トス。

イテウ曲ハ、形京坂ノモタセニ相似タリ。江戸ニテハ、此曲十二、三以下ノ小女ノミ、婦ニハ踊師匠ノミナリシガ、嘉永六年許《ばかり》ニ、江戸ノ婦女、往々コレニ結フ者アリ。

右ノ図ノ、江戸小女ノ銀杏曲ニ近シ。婦ト小女トハ、銀杏曲ノ形僅ニ異也。此図ヲ良トス。

切リ髪

大名ノ後家、コレニ結フ。大名旗本トモニ、夫ニ後《おく》ルル者ハ、既ニ非丘尼《びくに》ニナリタル意ニテ、コレニ結ビ、乃チ院号ヲ唱フ。次の茶筌曲モ、同意ナレドモ、院号ヲ称スルニ及バザル者多キ歟。

此切髪ニハ、コキ元結ニテ髻《もとどり》リシ、其上ニ、紫ノ八ツ打紐ノ両端総《ふさ》アル物ヲカクル。次ノ茶筌曲ハ、紐ヲ用ヒズ。元結表ニ髪毛ヲ巻ク。故ニ、毛マキト云。京坂ハ、元結ノママ、毛ヲ巻ズ。

茶筌髷《ちゃせんまげ》

三都トモニ、夫ニ後レシ寡人《かじん》、コレニ結フ。京坂市民ノ中以上結フ。江戸ハ、武家及ビ市民巨戸ナル者、コレニ結フ。中以下ハ、コレニ結ズ。

図64　速水春暁斎画『都風俗化粧伝《みやこふうぞくけわいでん》』（文化10）編著者蔵　文化文政頃に流行した髪形

イツノ頃ヨリカ、箱鬢《はこびん》ト云形、流布ス。鬢形方《ほう》（四角）ナル故ニ、名トス也。是、箱鬢《はこびん》、文化ノ初ヨリ、廃シテ、鍋ヅルト云鬢指ヲ用。

箱鬢差図

中民以上ノ婦女、長、少トモニ鼈甲製、小民及ビ婢等ハ、針銅ニ紙ヲ巻キ、黒漆ヌリ也。文化初年ヨリ、鍋蔓鬢差《びんざし》ヲ用フ。

鍋蔓鬢差ノ図

中以上ハ、銀ヲ用ヒ鼈甲廃ス。中以下ハ同前、針銅製ニテ此形ニ更ル。蓋、銀製ノ物ハ左右二片トシ、半ニテ銀鋲ヲ以テ継レ之。臨時髻ヲ解ズシテ、鬢差ヲ抜去リ、撫櫛ヲ以テ鬢ヲカキ理《おさ》ム。是ヲ茶釜鬢《びん》ト云也。其意ハ、小児ノ弄《ろう》物ニ紙ヲ帖テ、茶釜ノ形ヲ作リ、央《なか》ヲ押返セバ、或ハ茶台、或ハ杯台ノ形ト、変ズル者アリ。鍋ツル鬢差ヲ去テ、忽チ形ヲ変スルヲ、弄物ノ変化ニ比シテ名トス也。臨時抜去テ、懐中スルニ弁トシテ、中鋲継製二ツ折ニ備フ也。

紙製茶釜ノ弄物

此弄物、近年迄観レ之、今モ有レ之歟、否哉。

根掛図　俗ニ髻《もとどり》ヲ根ト云。

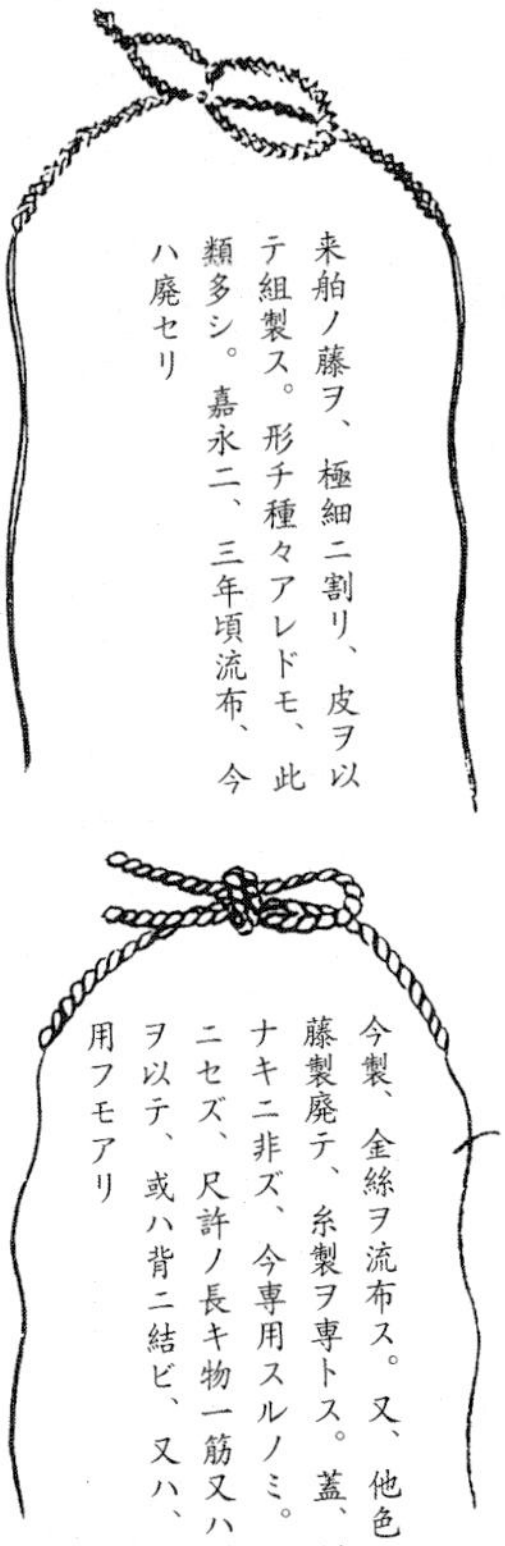

来舶ノ藤ヲ、極細ニ割リ、皮ヲ以テ組製ス。形チ種々アレドモ、此類多シ。嘉永二、三年頃流布、今ハ廃セリ

摎元結《こきもとゆい》ヲ両端ニ結ビ接ギ、以之髻ノ前ニ結ブ

後家ハ、此類ヲ不用ヲ本トスル也

今製、金絲ヲ流布ス。又、他色モアリ。藤製廃テ、糸製ヲ専トス。蓋、従来糸製ナキニ非ズ、今専用スルノミ。又、此形ニセズ、尺許ノ長キ物一筋又ハ、二三筋ヲ以テ、或ハ背ニ結ビ、又ハ、前ニ結ビ用フモアリ

コキ元結同上

又、根ガケニ、従来新ワラヲ用フ也。是ハ、今モ廃ゼズ。シンワラト雖モ、実ノ稲草ニ非ズ。草名、未不レ知レ之。後日聞テ、可レ誌也。草ノ青乾也。（よく生育した早苗に熱湯を注いで乾かしたもの）。

縮緬以下根掛ハ、飾ノミニテ、摎元結ヲ以テ、髻シ、其表ニ巻ク也。近年、藤糸製ノ如キ、ホソキ物流布シ、白元結見ル。故ニ、黒元結ヲ用テ、髻スル人モアリ。

江戸婦人、式正丸髷、又、白丈長紙《しろたけながかみ》ヲ用フ。式正ニ非ル時モ用レ之。或ハ、他物ヲモ用フ。畧ニハ、随意他物ヲ専トス。

マワシガケ

式正ノ時ハ、白丈長ヲ、マワシガケニ結ブ。

廻シ掛、於七掛トモニ、幅七、八分ノ白紙ヲ、四ツ折ニシ、図ノ如ク、髻ノ摎髻《こきもとゆい》、表ニ三廻リシテ、両端ヲ背ニ出ス。蓋、是ハ真ヲ以テ示サザレバ、図ニハ詳カニシ難シ。

此如ク、両端ノ合スヲ、拜ムト云。

御殿女中ハ式正、畧、褻トモニ更ニ他ヲ用ヒズ。白ノ廻シ掛也。

於七掛《おしちがけ》

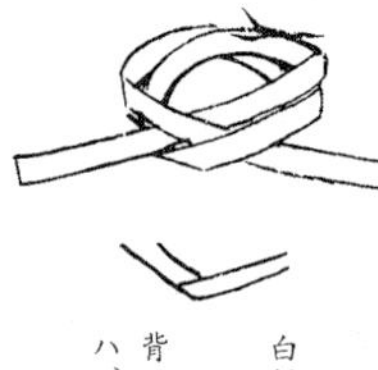

白紙四ツ折同前、二廻リ也

背ニテ、此如ク折反セリ。又、今世褻ニハ、下図ノ如ク結ブヲ専トス

是ハ、式正ニ用ヒズ、畧製也。此名ノ據《よりどころ》ヲシラズ。芝居ニ八百屋於七ト云、色情溺《おぼ》レ罪ヲオカシ、火罪ニナリシ處女、皆人ノ知ル所也。是ヨリ始歟。蓋、彼娘、罪ニ行ルル時ニ、浅木縮緬ノ振袖ヲ着スト云傳ヘ、又、芝居ニ白木屋於駒、其実ハ、白子屋於熊ハ、罪ニ行ル時、黄八丈島ヲ着セシト云テ、昔ハ不レ着レ之、ト云傳ヘリ。其罪人ノ於七ノ風ヲ、傳ヘ学ブニハアラザル歟。

又、吉野紙、一名漆《うるし》漉《こし》ト云薄紙ヲ、背ニ結フモアリ。下図ノ如シ。

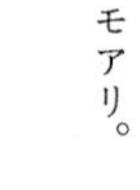

梳《すき》櫛《ぐし》　三ツ櫛、黄楊製也。男用ト無レ異也。男子条ニ図ス。

筋立　京坂名
毛筋立　江戸名

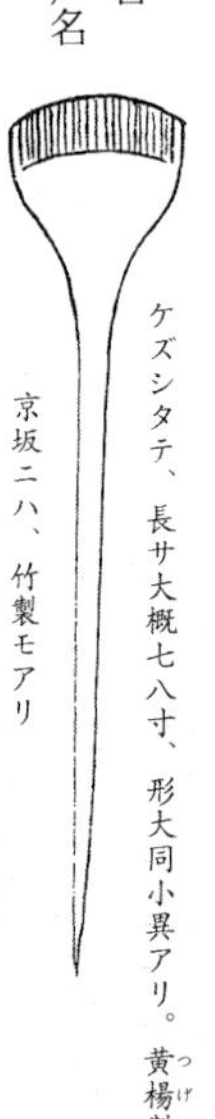

ケズシタテ、長サ大概七八寸、形大同小異アリ。黄楊《つげ》製也

京坂ニハ、竹製モアリ

鬢《びん》搔《かき》櫛《ぐし》

此櫛、江戸ニアリ。京坂ニ無之。京坂、タマタマ此鬢搔ヲ得ル者モ、用レ之コトヲ知ラズ。唯、差櫛ニノミ用レ之。

※二形大小アリ。歯ニ粗密アリ。大畧三櫛中歯也

黄櫛製也。幅大畧四寸一端太ク一端細シ、細キ方ヲ上ニシテ用フ。梳リ畢《おわり》テ後、以レ之鬢ヲ搔修《なお》ス也。一片細クスルハ、鬢ヲ搔テ、髷ヲ損シセルニ備フ。又褻ニハ、差櫛ニモ代ヘ用フ

近世、江戸ノ婦女ハ、毎月一、二度、必ズ髪ヲ洗ヒテ、垢ヲ去リ、臭気ヲ除ク。夏月ニハ、特ニ、屢々沐《しばしばもく》シテ除レ之。蓋、近年、匂油ヲ用ヒルコトヲ好マズ。又、更ニ、髪ニ香ヲ焚キ染《しむ》ルコト、久シテ廃テ不レ聞レ之也。

洗ヒ髪

前垂ヲ假用ス

此扮、浴衣、形染ニ描クハ、画ノ誤、形染、近年稀ニ用レ之。絞リ染ヲ専用ス。又、前垂ヲ背ニ披《かけ》テ、髪垢ノ衣服ヲ穢ザルニ備フ。

江戸ノ婦女、洗髪、披髪《ひはつ》（洗ったままの髪）ニテ、近郊ニ往ク者アリ。京坂、路上ニ散髪ヲ見ズ。

又、江戸ノ、沐後未潤《まだかわかざる》ノ間ハ散髪シ、既ニ涸テ後ハ、左図ノ如クニ仮結ス。蓋、未ダ油ヲ用ヒズ。

ジレッタ結ビ図

ジレッタ、字未レ詳。悶《もだえる》レ心ノ意ヲ云。江戸ニテ、今ノ方言也。

今世、略髷ノ極トス。然テ、自ラ古風ニ合セリ。古ノ玉結《たまむすび》ニ同キ也。

是モ、未ダ油ヲ用ヒズ。

竪兵庫《たてひょうご》結ビ

ジレッタ結ビヲ、前ニ反シテ簪スルノミ。蓋、兵庫曲ハ、摂ノ兵庫、津ノ遊女ニ始ル。寛永以来、古ク諸国ノ遊女、専ラ是ニ結ビ、其後、坊間モ学レ之ベリ。

又別ニ、横兵庫曲アリ。妓扮ノ条ニ図ス。

達磨返シ

前図ノ、ジレッタムスビヲ、髻ノ裡ニ押入レタル者也。

今世、稀ニ有レ之。極野卑ヲ、好ムノ婦ノ所為也。

図65

三代歌川豊国画「模擬六佳撰　小野小町」ポーラ文化研究所蔵

洗い髪の女

歌川国芳画「大願成就有ケ瀧縞　文覚上人」東京国立博物館蔵

ジレッタ結びの女

今世江戸の髪飾り

今世　江戸市中所用　鼈甲製図

笄

笄　極上製ハ全白甲ナレドモ、稀也。多クハ、上製ト雖ドモ、央ニ黒甲ヲ交ル。黒甲、江戸ニテ、バラフト云。京坂ニテハ、モクト云、或ハ、フ、ト云

簪

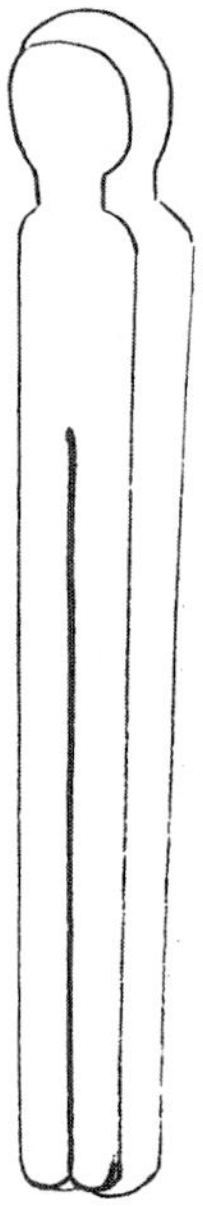

簪、文政前ハ前差ト号テ、此コトキヲ髷前ニサス。今ハ、廃ス。今ハ、背ニノミ挟レ之

簪、櫛、黒点アル物甚ダ稀也。全白ヲ専トス

利休形櫛

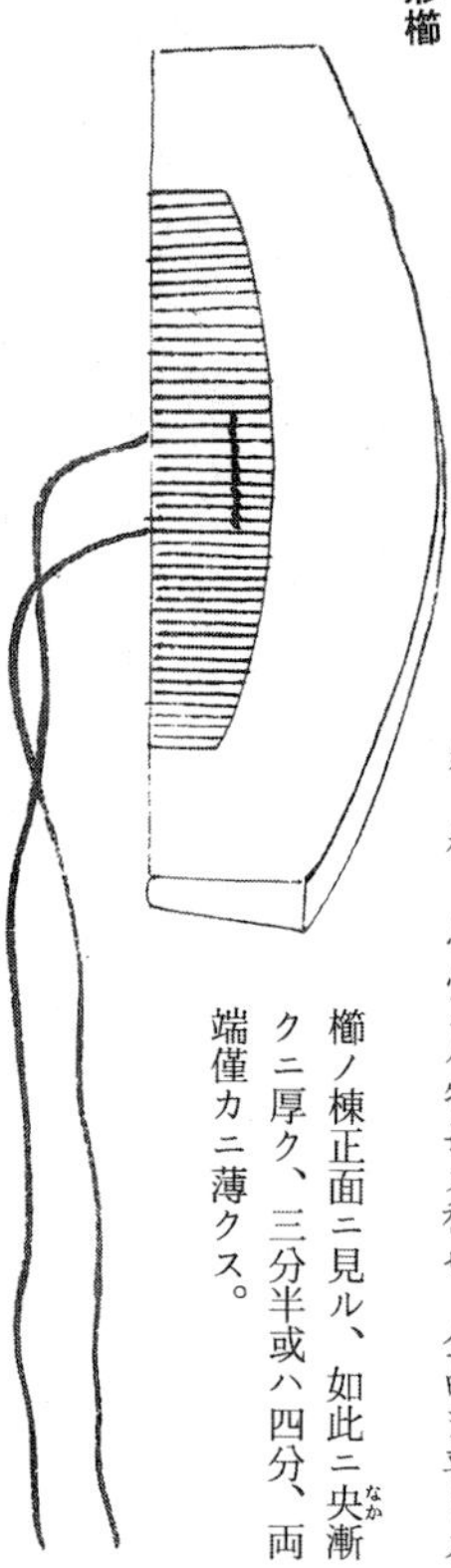

櫛ノ棟正面ニ見ル、如此ニ央《なか》漸クニ厚ク、三分半或ハ四分、両端僅カニ薄クス。

江戸近世ノ櫛形、小ト雖ドモ、太ダ厚ク重キ故、実ニ髪ニ挟ムコトナク、図ノ如ク、黒或紺ノ、細キ八ツ打緒ヲ、歯ニ縫付テ、此緒ヲ以テ髷背ニ結ブ也。

嘉永、又頃日《けいじつ》、江戸ノ婦女ノ、前髪止ト云テ、小サキ木櫛ヲ前髪ニ差ス者アリ。常ノ櫛差スニハ前髪ヨリ上《あげ》ミ、髷ノ前ニ差スヲ通例トスル也。然ルニ、江戸婦人ハ、切前髪ナルガ故ニ、前髪ノ散リ垂ルヲカキ上ゲ、前髪ノ半バニサス。倣レ之テ、稀ニハ島田曲ニモ為レ之アリ。島田ニハ、切前髪無レ之故ニ、前髪ニ櫛サスハ理ナラズ。

右図小ナル故ニ、前髪ノミヲ再図ス。

安政ノ始、江戸小民ノ婦女、黄楊ノ小櫛ヲ前ニ挟ズ、髻ニ挟スコト流布セリ。則チ、次ニ図アリ。又、同安政四、五年ニ至リテ、江戸小民ノ女、黄楊ノ小櫛ノ棟ヲ背ニ、歯ヲ前ニ、前髪ノ裡ニ挟ス者アリ。婦ハ、前髪ヲ切ル故ニ、此如ニ櫛ヲ納レズ。

今世、婦ハ、正ニハ、必ラズ笄ヲ用ヒ、晴、畧、褻ニハ、中差簪ヲ以テ代レ之也。畧、褻ニモ、笄不用ニ非レドモ、用レ之ハ稀也。晴ニハ、笄ヲ専トシ、中差ハ稀、又中差モ鼈甲ハ晴ヲ専トシ、木製ニ金蒔絵ノ物ハ、畧、褻ニ専用トス。

中差簪

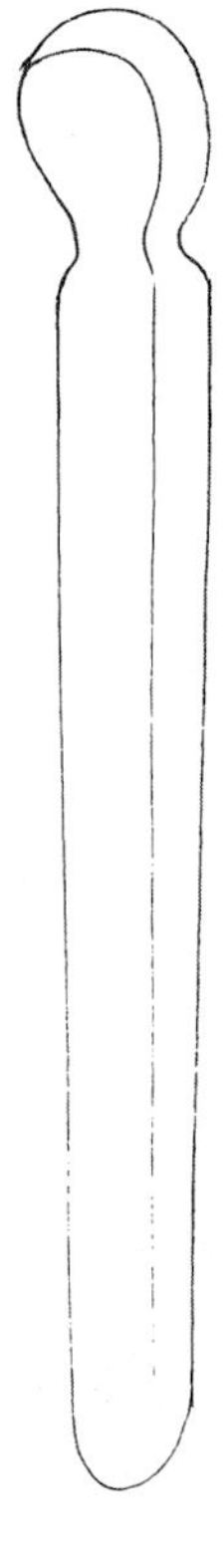

同　白魚形

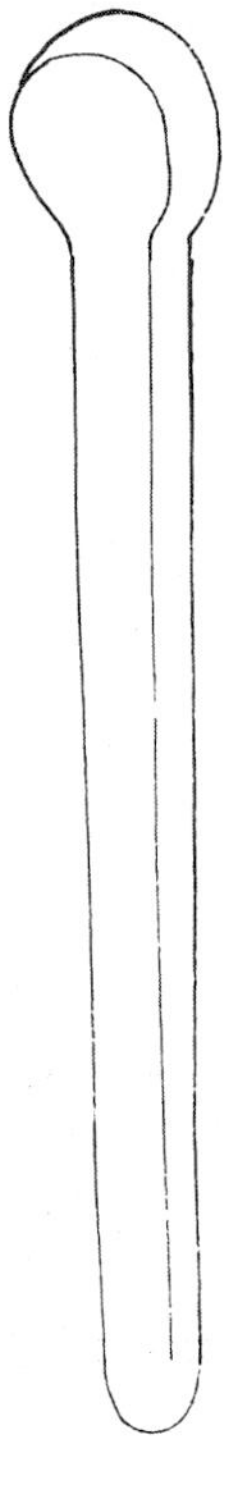

同　同形

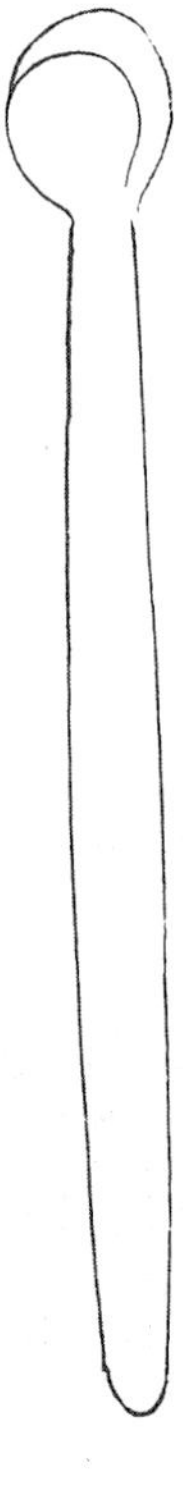

同　徳利形

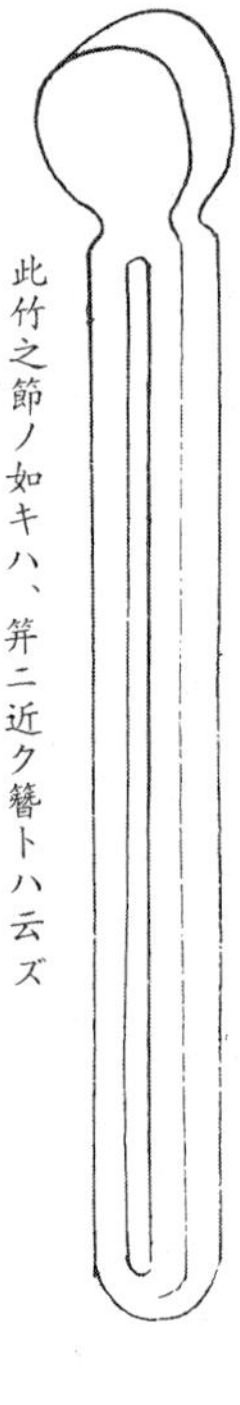

此形、江戸ニハ従来有レ之、京坂未レ見レ之

竹之節

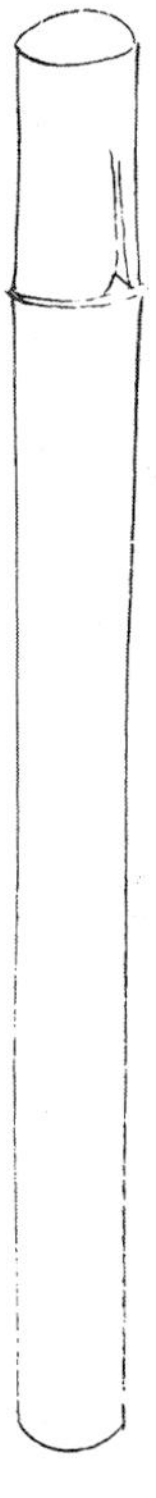

此竹之節ノ如キハ、笄ニ近ク簪トハ云ズ

是等、形笄ナレドモ、江戸今俗ハ、専ラ中差ト云也。此二品、金無地ノ上ニ、再ビ金フンヲ以テ蒔繪シタルモアリ。又、杵形、両端丸形ヲ図セドモ、角形モアリ。丸形並行ル。

全躰、如此楕円也

地黒漆、金蒔繪ヲ専トシ、近世用之。此形モ、全ク無地金ノ上ニ蒔ヱスルモアリ。又、央《なか》黒ニテ両端ノミ無地金、或ハマキヱモアリ

此形ニテ丸モアリ

両端象牙ニテ、中紫檀也。今、嘉永中、大ニ流布シ、婦人褻ニ用之。嘉永末、象牙廃シテ、中ハ紫タン、或ハイス、両端無地鈖ト云テ、無地ニ金フンヲ蒔ク。無地金、或ハ金《キン》ダミトモ云。安政元年比ヨリ、両端象牙、或蒔金無地ナレドモ央ヲ細クシテ、髻ニサス時、太キ分一方ヌキ、央ノ細キ所ヲ髻ニ挟シ、而后ニ一方ヲサス。号テ、杵形ト云

杵形中差

右図ニ似タル形ニテ、牙《ぞうげ》ノ小口ヲ、梅、櫻等ノ花形ヲ彫シ、匂（色づけ）ニハ小珊瑚用ヒタルヲアリ。牙ノ全躰、花形ニ應ジ鐫《きる》之。

利久

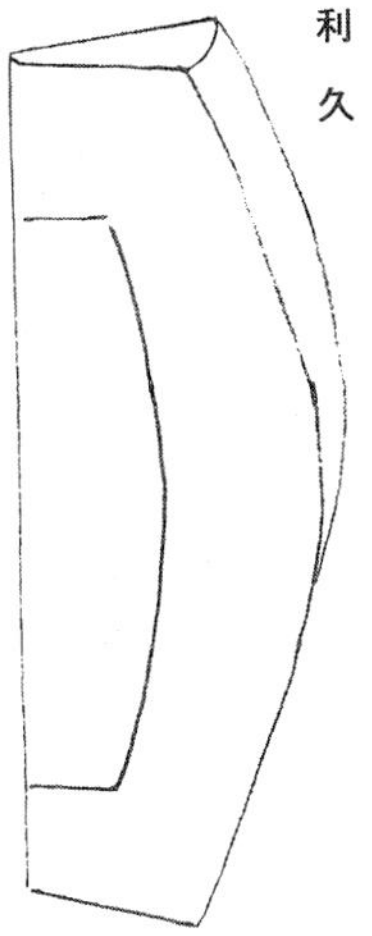

此形、鼈甲製ニテ、木櫛ニハナシ。歯同前、又緒ヲ付テ髻ニ結ヒ止ムモ同前。

三日月トモ云

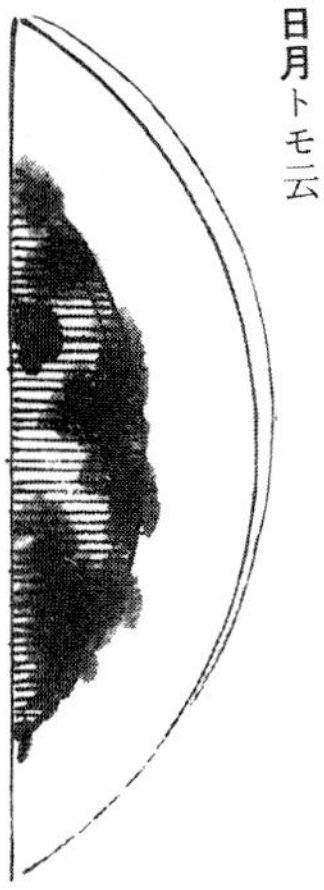

此形、鼈甲ニモ木櫛蒔繪、又ハ黄楊ノ素《きじ》ニモ有之。是ハ鼈甲ニテモ、緒ヲ付ズ。全白ノ甲モアリ。又ハ、歯ノ所ニ黒点アルモアリ。又、全クニ黒班アルモ、稀ニハナキニ非ズ。

図66-1 三代歌川豊国画「今様見立士農工商　商人」（部分）前髪止めの小櫛

此形ハ、木ノ蒔繪櫛ニアルノミ。

妻形

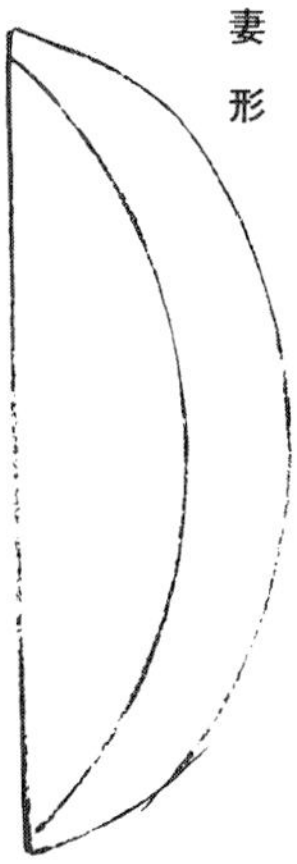

「鼈甲「木ニ蒔繪「黄楊トモニ有之。鼈甲モ、礼、晴ニハ用ヒズ。或ハ、晴ニハ用之モアリ。

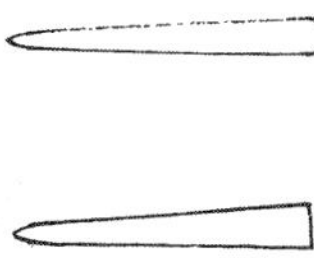

丸字

角字

式正用ノ櫛ハ、角ムネヲ専トス

今世、江戸ニテ鼈甲及び木ノ蒔繪櫛、トモニ裡直ニ表ノ棟、上図ノ如クナルヲ製ス。号テ貝棟ト云。蛤殻一片ナル時、乃チ如此故ノ名也

貝字

又、表裡同クスルモアリ

図66-2 『新編鎌倉志』「政子形櫛」

十二《ノ》手匣《テバコ》　臺合　小道具は不備。箱の内に圖の如なる櫛三十あり。櫛の徑三寸八分餘、高さ一寸二分、厚さ三分。櫛の背に淺く鑿たる穴十三あり。元青貝を入たる物にて、今ぬけたる跡なり。間《マ》青貝の見ゆるもあり。穴のくばり、皆三二三二三とあり。木はいすと云ふ。

図66-3 『玳瑁貨図説』「光輪櫛」東京国立博物館蔵

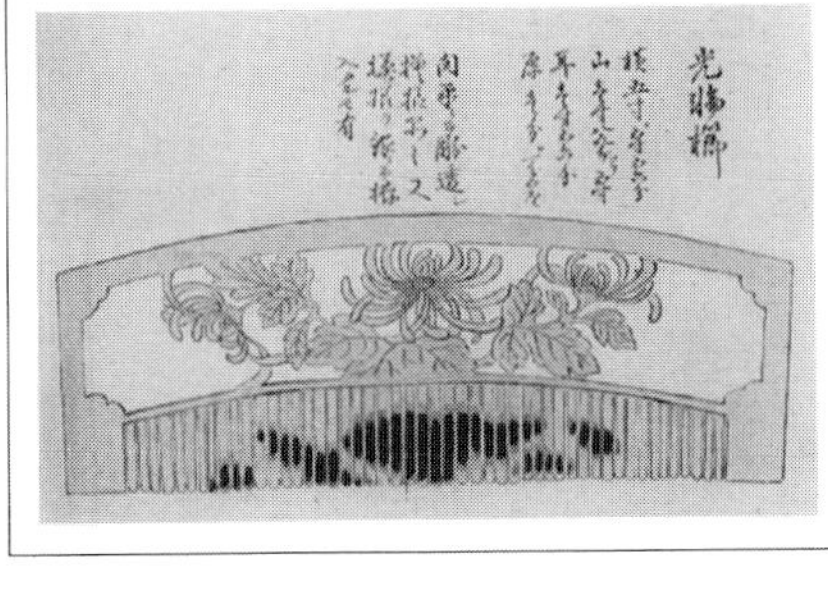

前ニ云如ク、天保前ハ、三都トモニ、鼈甲簪ヲ前後ニサス。京坂ハ、今モ如此、江戸ハ、近年、鼈甲簪ニテモ、背ニ一本ノミ、前差ヲ用ヒズ。又、三都トモニ、褻ニハ専ラ銀簪ヲ用ヒテ、鼈甲ヲ用ヒズ。銀簪ハ、三都トモニ、背差ノミ、前後ニ用フ者元ヨリ稀也。

今世、江戸婦女、簪一、笄一、或ハ中差ヲ以テ笄ニ代ル。櫛一也。其簪ヲ、ウシロザシト云。大畧、髻ヨリ一寸バカリ下ニサス、図ノ如シ。

三都トモニ、褻ニハ、黄楊ノ櫛ヲ専ラ差櫛ニ用フ。蓋、梳櫛ノ三ツ櫛ヨリハ、太ダ小形ノ物ヲ用フ也。大畧、三寸バカリノ物ニテ、形種々アリ。江戸、平日ハ専用之。京坂ニ及バズ。天保頃、江戸小民ノ婦女、丸曲島田トモニ、黄楊ノ小櫛ヲ正中ニ指ス。或右、或ハ左ノ鬢ニ差タリ。コレヲ横櫛ト云、今ハ廃セリ。

安政ノ始頃、江戸小民ノ婦女、島田丸曲トモニ、髷ノ背、黄楊小櫛、或ハ髪掻、櫛等ヲ差ス者アリ。是ハ、始メ梳テ、両、再日モ経テ、髱《たぼ》ノ乱レ毛ヲ掻キ上ゲ、再ビ髪毛ノ散ザル為ニ掻上ゲタル櫛ヲ、其侭差置シ也。夫モ、去年アタリヨリ、スル歟。先年ハ、更ニ不見ルコト也シガ、今ハ、往々見レ之。又、未ダ乱レザル髱ニモ差ス歟、ト覚ユ。是、未曽有ノ風ニ非ズヤ。今、嘉永五年也。

天保中、黄櫛流布ノ頃、童謡ニ「ツゲノヨコグシ伊達ニハサヽヌ、キレタ前髪トメニサス」。横櫛、ウシログシ、トモニ野卑ヲ好ム者、為レ之也。

図67 歌川国貞画「今風化粧鏡」静嘉堂文庫美術館蔵　一本足に粧う衿白粉

江戸白粉ノ粧《よそおい》

文化頃ハ甚ダ濃ク、近年平日、素顔多ク、又、晴、褻トモニ白粉ヲ粧スアリ。又、式正ニモ素顔モアリ。所詮、近年ハ淡粧ヲ専トス。然レドモ、濃粧モアリ。人々随意唇紅モ准之。江戸モ、文化文政頃ハ粉粧、京坂ト相似タリ。然レドモ、二本足ヲ一本足ト云。是ハ、京坂ニ二本ト云ハ、髪足二ツ故ニ号ケ、三本モ准レ之。京坂ノ三本足ヲ、江戸ニテ二本ト云。近年、二本足稀ニアルノミ、専ラ一本足也。

江戸島田曲、正背頸ノ白粉ヲ、一本足ト云ニ、粧フタル図也。

江戸ハ、従来、中ノ塗リ上ゲタル、京坂ヨリ短ク、又廣クス。上僅ニ細ク、下廣ニス。又、近年ハ、頸、額トモニ、白粉ト膚ト際立ズ、幽《かすか》ニ塗ル者モアリ。娼妓ハ、幽ニスル者多キ歟。然ドモ、坊間ニハ、キツト、キハダテタルト際立ズ、カスカニ粧タルト、半々ナルベシ。十女ニ四人素顔、三人ハ幽粧、三人ハ際立テヌル。御殿女中ハ、此形ニテ粧フ者多シ。

再考スルニ、江戸ニテハ、二本足三本足ト云ザル歟。三都トモニ、普通ノ者ハ前図ノ粧形也。稀ニ、此形ノ如ク中ニ本ニ粧ヲ、江戸ニテ三ツ襟ト云。

図68 喜多川歌麿画「衿白粉」

團扇簪《うちはかんざし》ハ、古キ物也。俗ニ、アタボ簪ト云。

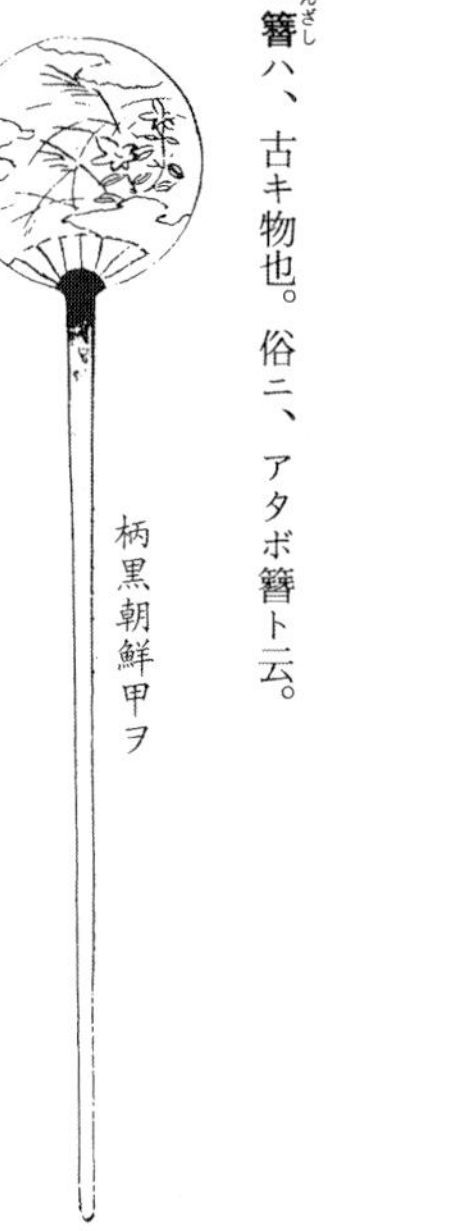

文政以前、江戸ニテ再ビ行レシ由ヲ聞ク。天保以来ハ廃シテ、今モ黒点アル鼈甲製ニハ有レ之、十二、三以下ノ女童ニ用フノミ。黒鼈甲團扇、極薄クス。蒔画アリ。

銀製芒簪《すすきかんざし》

文政末年、江戸ニテ流行ス。處女、娼妓、トモニ用フ。團扇ト此芒ノ簪ハ、今モ芝居ニテ、田舎娘ニ扮ス者ハ用レ之。蓋、芒ヲ専トスル也。

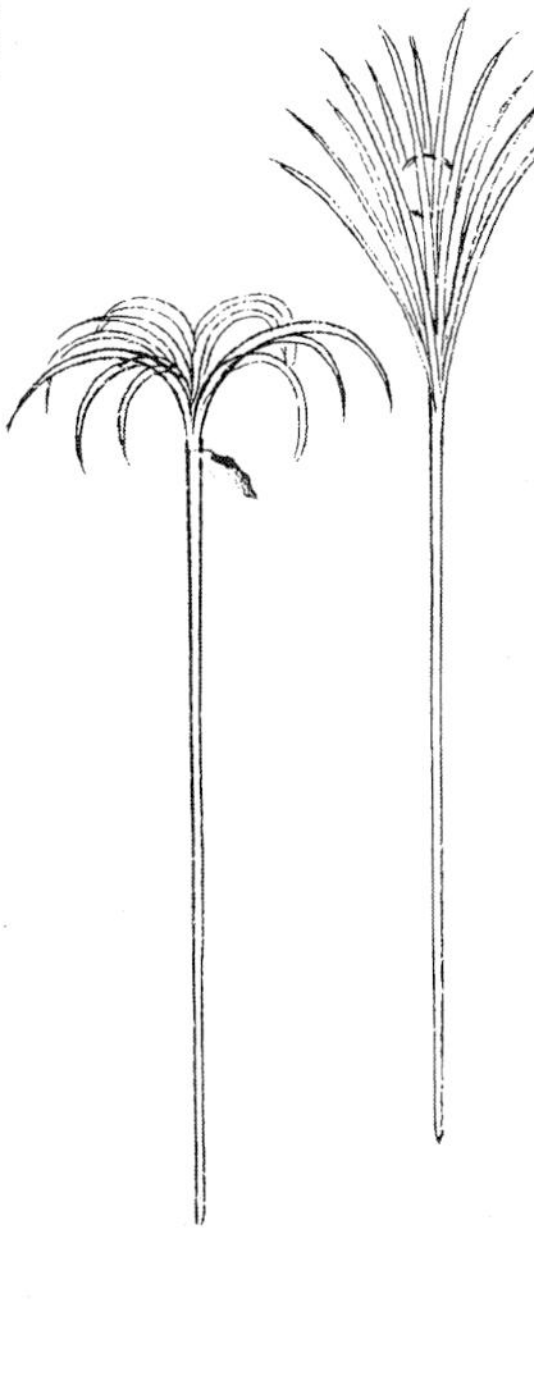

銀製葵簪《あおいかんざし》

天保七、八年頃、江戸ニテ流布シ、處女及ビ娼妓トモニ用レ之シ。

武蔵野簪

天保十一、二年頃、江戸ニテ暫時流布ス。竹簪ニ鳥ノ羽ヲ属タリ。處女、娼妓モ用レ之ト雖ドモ、銀製ノ物ノ如クニ非ズ。唯一時ノ興ニ差スノミ。

賣レ之ハ、専ラ行人多キ所ニ天道見世《てんどうみせ》、又ハ路上ニ賣リ歩クノミ。賣之詞ニ、深川名物、武蔵野簪ト云シガ、不日シテ深所（深川、本所）等ノ娼妓ヲ禁ジ（天保十三年、岡場所二七か所取払い）、其家ヲ壊ツ。時人、後ニ此簪ヲ賣リシハ先兆カト云リ。

江戸銀釵《ぎんさい》　今世風

江戸銀簪、大畧四寸前後也。古製ハ五六寸、今製、短キヲ専トス。

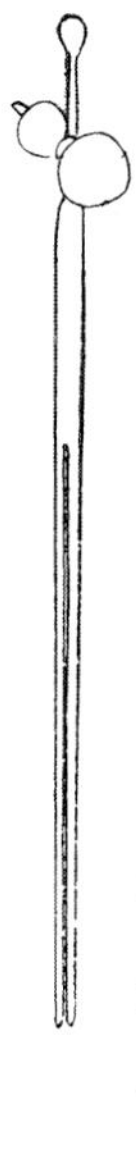

珊瑚或ハ砂金石ノ丸、又ハ瓢簞《ひょうたん》等ヲ製シ付ル。又ハ、銀ニテ種々ノ形ヲ、模スモアリ。又、更ニ付物ナキモアリ。

江戸モ、近年、銀釵ニ流金ヲ専トス。或ハ、素銀モアリ。又、半以上ヲ赤銅ニ金象眼ノ有紋、半以下ノ髪掻ノミヲ素銀ノ物モアリ。

三都トモ、真鍮釵《しんちゅうさい》モアリ。然ドモ、貧家ノ婦女モ用レ之者稀、鄙客《ひなきゃく》ノ買レ之、或ハ、鄙《いなか》ヨリ来リ仕フ、炊婢、小婢ノミ用レ之。彼輩モ、江戸ニ久ク住ス者ハ、又用レ之者稀也。

銕釵《てっさい》ノ上製ハ、却テ風流ノ婦モ用レ之。蓋、是亦、半以上銕以下銀ノ髪掻也。或ハ、全銕モアリ。

花簪

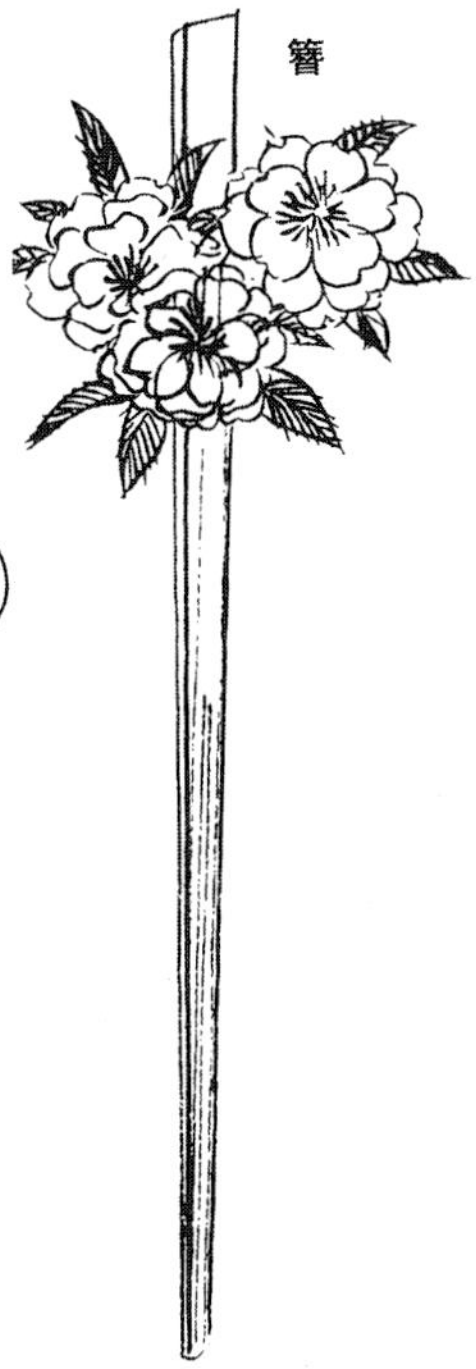

花簪ハ、三都トモ、小間物店ニ賣レ之。又、稠人《ちゅうじん》ノ街ニ立テ、小賈賣レ之。花見遊山ノ所モ亦、賣レ之、皆幼女ノ所用ノミ。然モ、野歩ニハ中途買之、妓婦等モ、往々戯ニ差レ之者アレドモ稀トス。

又、江戸、茶道、及三絃ノ師家、男女、門弟ノ童男、童女ヲ携テ、花見ト号シ、向島其他諸所ニ往ク時、群童ヲ携フ故ニ、其群ヲ離レ迷ンコトヲ恐テ、皆必ズ、此花簪ヲ頭ニ差テ標《しるし》トス。

両天簪

京坂ニハ両差ト云、リヤウザシト訓ズ。江戸ニテ、リヤウテント云。江戸モ、先年専ラ用レ之、今モ右図ノ如クナリ。往々褻及畧服ノ時ハ、笄ニ代テ用之。

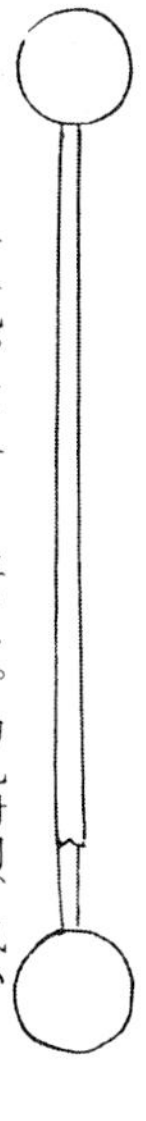

中銀製也。京坂ヨリ短カシ。両丸珊胡、或ハ瑪瑙ノ類也。先年ハ珊胡流布、近年、砂金石流布也。男子提物、押目（緒締《おじめ》）ニモ流布之トス

全ク銀製也。又、鼈甲製モアリ

御殿女中の扮と髪型・髪飾り

堂上女房

俗ニ、御所女中ト云。余、未ダ京師ニ住セズ。適、彼地ニ遊ビテ観レ之ト雖ドモ、上婢ハ、各必ズ被衣《かつぎ》スル故ニ、其髪形ヲ知ルコトヲ得ズ。下婢モ、亦、白綿ヲ載ク。故ニ、是亦其形ヲシラズト雖ドモ、片ハヅシ、或ハ下ゲ下地、又ハ島田クヅシノ類カ。後日、彼地ノ人ニ問テ詳レ之。或人曰、堂上ノ割髻《わりつと》ハ、武家風ヨリ短ク、形相似テ、背ニ押出スト云リ。宝暦頃ノ形ニ似タル歟。

此女、衣服ハ櫻ノ立桝（枡）モヤウ也。頭ヨリ着タルハ、カヅキ也

下婢ノ綿帽子、カムリタル形、蓋、白綿也

今世　御殿女中扮

御殿ト云ハ、柳営ヲ指ノ称ナレドモ、今俗ハ、大名等ノ女房達ヲ惣名シテ、御殿女中、或ハ御《ご》主殿風《しゆでんふう》ナド云也。御主殿ト云ハ、幕府ノ姫君ノ大名ニ嫁シ玉ヘルヲ云。蓋、是ニ二品アリ。上ヲ御主殿、次ヲ御住居ト云。差別ノ制アルコト也。又、今俗ハ、自他ノ妻ヲ女房ト云、堂上女房ヲ御所女中、武家女房ヲ御殿女中、ト云習セリ。

享和三年印本、『芝居訓蒙図彙』所載かたはずし髱今世ト少シ異ナルガ如ク見ユ。

此図、片波津志《かたはづし》曲也。褻ニモ、必ラズ髩指《ビンサシ》ヲ用フ。長髻《ナカツト》、俗ニ、椎茸髱《タボ》ト云形ヲ以テ、異名スル也。履物ハ、無ヘリ雪踏《せつた》、坊間女ト同制ノ物ヲ、専用ス。又、江戸モ、御殿女中ノミ、往々縁ドリ重ネ草履ヲ用フ。京坂ハ、坊間女モ用之、江戸ハ、坊間女不用之。

腰帯必ラズ平絎《ひらぐけ》、白絞縮緬ヲ専トス

図69　西川祐信画『絵本常盤草』（享保15）

カタハズシ
長髱
正背図

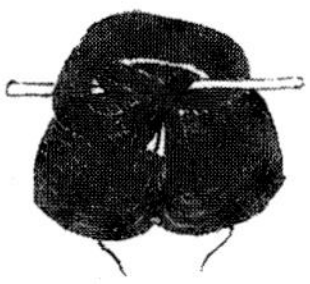

全左側図

全右側ヨリ見ル図

上輩、平日片外シ、式正下ゲ髪
下輩及小禄ノ家ハ、式正ニモ下ゲ髪ニセズ。
又、片外ヅシニ似テ「サゲシタジ」ト云アリ。図デ分難《わけがた》キ故
ニ畧レ之。下げ髪、臨時ニ是ヲ自手ニトリアゲ、笄、簪等ヲ
以テ頭上ニ止レ之、形、片外シニ似タリ。笄ヲ除キ去レバ、
下ゲ髪ニ復ス也。

吹輪《ふきわ》
古名也
今、吹曲ト
云

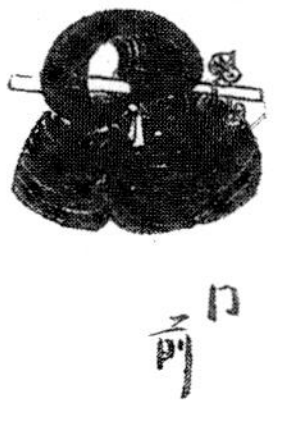

片外ハ匍匐《ほふく》シ、吹曲《ふきわげ》ハ
輪曲ノ背ヨリ前ニ直ナ
ルヲ云

大名等ノ娘、鉄漿《かね》ヲツ
ケ、眉未剃ノ時、専ラ
此形ノ幅廣キニ結ブ

幕府及ビ大名ノ女中、トモニ、上輩ハ外出モ褻ニモ片外シ、下輩ハ島田崩、一名志之字上
ゲ、ト云物ヲ専トシ、又ハ、紅葉上ゲト云モアリ。
幕府大名トモニ、末婢《すえひ》ヲ指テ、オスヱト云、御末也。彼輩、此之《しの》ノ字上ゲ也。又幕府宗室
ノ老女、中老、又ハ、幕府及ビ御主殿御住居ノ上臈《じょうろう》ト云アリ。仕レ之ノ陪婢《ばいひ》ヲ、俗ニ、マ
タモノト云。又者ハ、志ノ字上ゲ也。
又、大名ノ老女以下ノ女中ニ仕フ陪婢ヲ、部屋方女、ヘヤカタモノト云也。部屋方女ハ、
曲、鬢、髱トモニ、坊間ト同風也。
又、勤仕ニ島田崩ナル者モ、私ノ外出ニハ、密ニ片外曲ニ結ブモアリ。公ニ非ズト雖ドモ、
亦不レ咎レ之也。

島田崩曲
一名、志之字上
ゲ、兕（四の古
字）之字歟、上
ゲハ、ワゲノ訛
ナルベシ。

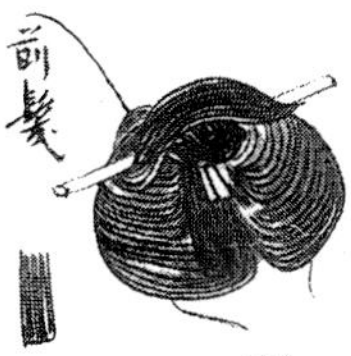

志之字曲《しのじわげ》、左右側
面無異也

鬢表ニ、此コトク出タルハ、前髪ノ末也。或右或ハ
左ニ出シ、鬢附油ヲ以テ、鬢ニ付テ離チ出サズ。故
ニ、側面ヨリハ見ヘズ。又、前髪末、髻ニ納メ、背
ニ出サヾルモアリ

御殿女中ノ島田曲、髻ヨリ前ハ大ニテ、背ハ小也。鬢、髱ハ、片外シト同製也。

御主殿
島田

息女、媵婢《ようひ》トモニ、白歯ノ時ハ、皆此曲ヲ専トス。蓋、市
中ノ島田ニハ、更ニ笄ヲ用ヒズ。御主殿ノ島田ニハ、笄ヲ
モ用フル也。唯、花笄ナリ。簪モ、鼈甲ノ差込アルモノ也。

御主殿
児髷

御殿女中ノ稚《わか》キ者ヲ、御小姓ト云也。近仕ノ小媵《しょうよう》也。小
姓ノ時ハ、専ラ前髪ノミヲ分チテ、鬢、髱ヲ分チ出サズ。
俗ニ云、ヒツコキ、江戸ニ云、グルリヲトシ也。曲ハ児曲《ちごわげ》、
図ノ如ク大同小異、毎家風アリ。飾ニハ、是ニモ甲《べっこう》ノ花
簪ヲ専用トス。

因云、内室息女出駕ノ時、従レ之。又、御歩行ノ時ハ、二小姓並、前立テ、其一小姓、御
守刀ヲ赤地錦ノ袋ニ入テ、捧ケ持等多シ。

片ハヅシ、高島田トモニ、浮世繪ニハ、専ラ真ヲ写サズ、左図ノ如クニ、片外シ匍匐《ほふく》セズ。
島田モ前高、背低《うしろ》ナラズ。反レ之テ繪ク。是、其画面ノ美ヲ専トシテ、真ヲ失ス。後世ノ
人、今世ノ繪ヲ以テ真ト思ハバ、其違アルコトヲ患ヘテ、特ニ図之。

浮世繪
片外曲

又、浮世画ニ、片外《かたはずし》、島田、児曲ノ三品ハ画ケドモ、紅
葉上ゲ、島田崩ヲ画ケルモノ未レ見レ之。画面美ナラザルノ
故也。

同
島田曲

殿上眉、江戸ノ俗ハ、ボウ〳〵眉ト云、茫々眉歟。諸武家、
上輩ニ非レバ不レ画レ之。又、平日不レ画レ之。式正ノ日、或
ハ画レ之、又、毎家其形小異アリ。或書曰、眉ノコト、大
内ニハ拂フト云、地下《じげ》ニハ作ルト云。公家ノ男子ノ眉、右
ヨリ拂ヒ、女房ハ左ヨリス。眉ノ名、鴬眉、朏眉《みかづきまゆ》、
諼眉《わすれまゆ》、霞眉、大形眉、崖立眉《きしたて》等アリ。崖立眉ハ幼キ人、
唐眉ハ年長《たけ》タル人ニ作ル云々。

武家ノ室《しつ》、息以下媵婢《ようひ》、御殿風ニ結フ者、或ハ此苍《はな》笄ヲ用ヒ、或ハ無レ苍ヲモ用フ。簪ニモ有レ之、相似タル故ニ別ニ図セズ。苍《はな》簪大形ノ物ハ、笄ト同ク別ニ差貫ク。小形ノ物ハ、初ヨリ足アリテ、簪ニ付タリ。苍《はな》簪ハ、市中ノ處女十二、三才以下用レ之也。

花笄図

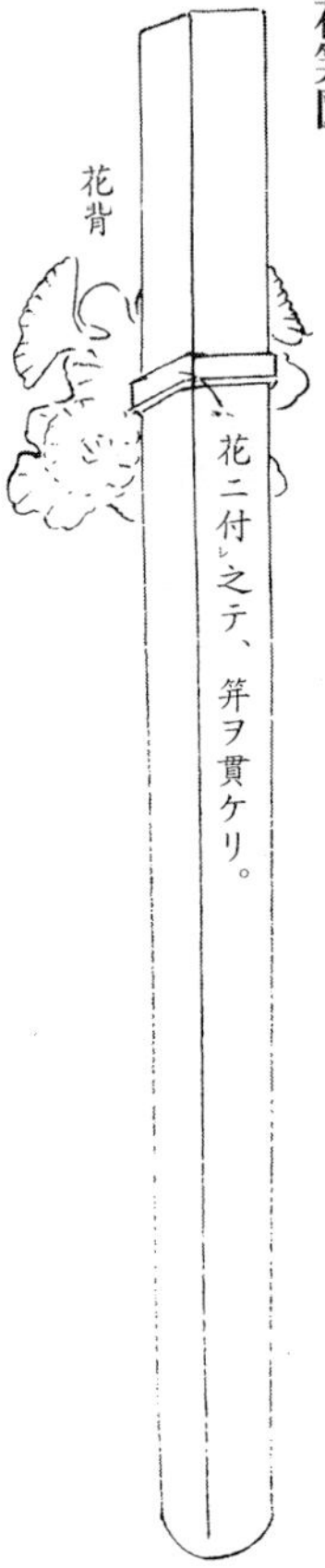

笄ニ苍ヲ付ルハ、御殿女中ノミ。市間ニハ無レ之、又、京坂ニモ更ニ無レ之。

苍笄、武家下婢モ用レドモ、先上輩ノ専用トス。

苍笄粗製ハ、朝鮮《ちょうせん》甲《べっこう》ノ模物アリ。或ハ笄ノミ、真ノ鼈甲、苍ハ模物アリ。又、笄苍トモニ真物ヲ上製トス。

此苍ノ如ク差貫クヲ、京坂ニテ、サシコミト云也。差込ト書ク。

花笄ハ、苍アル方ヲ右ニ、苍ナキ方ヲ左ニス。

苍菊ノミニ非ズ、諸苍有レ之。又有因ノ物ヲ附タルアリ。譬バ、菊ニ枕（邪気を払うといわれる菊枕）ノ類也。又甚タ大形ナルモアリ。
此図ハ、笄ニ付ル苍ノ小形ナル物也。

銀釵

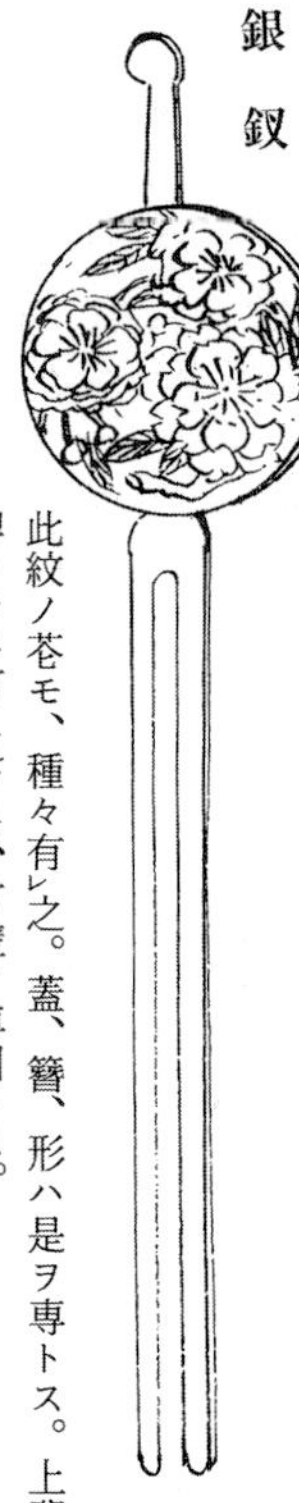

此紋ノ苍モ、種々有レ之。蓋、簪、形ハ是ヲ専トス。上輩、下婢トモニ有レ之ドモ、下輩ノ専用トス。
又、此丸ヨリハ小形ナルモアリ。
御殿女中、簪ニ右ノ銀簪其他ヲ用フレドモ、用レ之ハ稀也。多クハ、耳掻ナシノ、大畧此図ノ耳掻ヲ除キ去リタル如キ、銀ノ髪掻ヲ筥セコ（筥迫《はこせこ》）ト云、懐中嚢ニ刺納《さしいれ》テ持之。頭ニハ、笄ノミノ者ヲ専トス、ト思ヒシガ、夫モ誤ニテ、形ハ種々アレドモ、大畧左ノ如キヲ髻辺、髷ノ内ニ差ス、故ニ、他ニハ見ヘ易カラズ。

銀釵
形種大小不同

御殿女中ノ前髪ハ、幅廣ク、坊間ノ風ト大異也。京坂ハ、円形ナレドモ、コレヨリハ小形ニ分ツ。江戸坊間ハ、京坂ヨリモ小形ニテ角也。

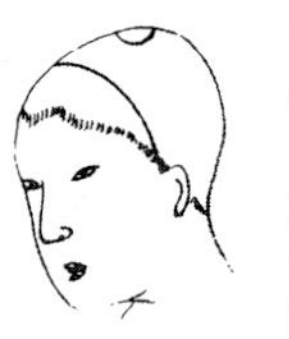

前髪如此ニ、耳辺ヨリ分ル也

繪元結《えもっとい》図

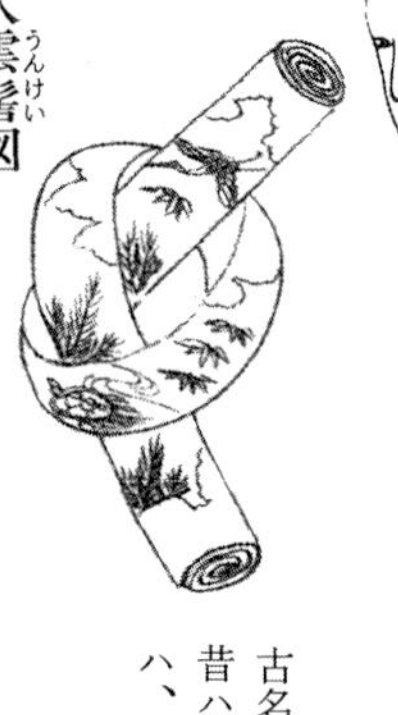

古名、入レ髻《もとゆい》、又名、大元結トモ云。昔ハ、官家ノ童形モ用レ之ト云リ、今ハ、官家武家ノ婦女用之ノミ。

清朝婦人雲髻《うんけい》図

雲髻

戴ニ包頭ノ図

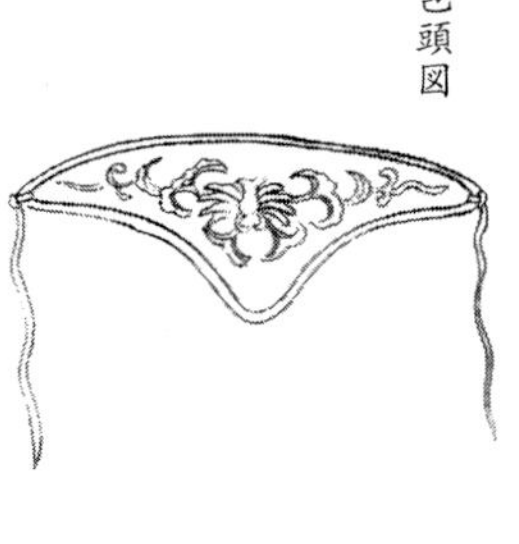

包頭図

彼国今俗、許家（許嫁・いいなづけ）聘納《へいのう》（婚約の結納）ノ後、吉日ヲ擇ビ、始テ笄ヲ用フ、是ヲ上笄ト云。先レ是未ニ許家ノ時、既ニ雲髻ヲツケ、包頭ヲ用フル也。

安政横濱開港後、観彼婦女ニ、此図ト髷形及簪、笄トモニ、甚ダ異也。

是亦時々沿革アル故歟。

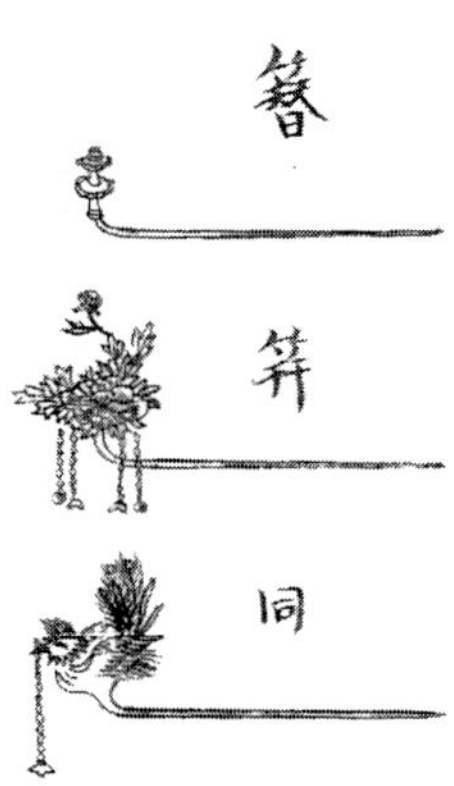

辮子《べんし》（辮髪《べんぱつ》）ト云

清国ノ男子ハ、元服後、頭ノ央《なかば》ニ髪ヲ長《ながく》シ周リヲ剃ル。髪ハ三ツ組ニシテ、背ニ垂ル。是ヲ辨ト云。『法苑珠林』ニ云、周羅髪歟。

守貞謾稿巻之十三　男服

男子の礼装

直垂《ひたたれ》ノ図

布直垂ハ布幅狭キ故ニ、袖二幅也。綾、精好《せいごう》、紗等ハ、幅廣ナルガ故ニ、一幅半ナリ。

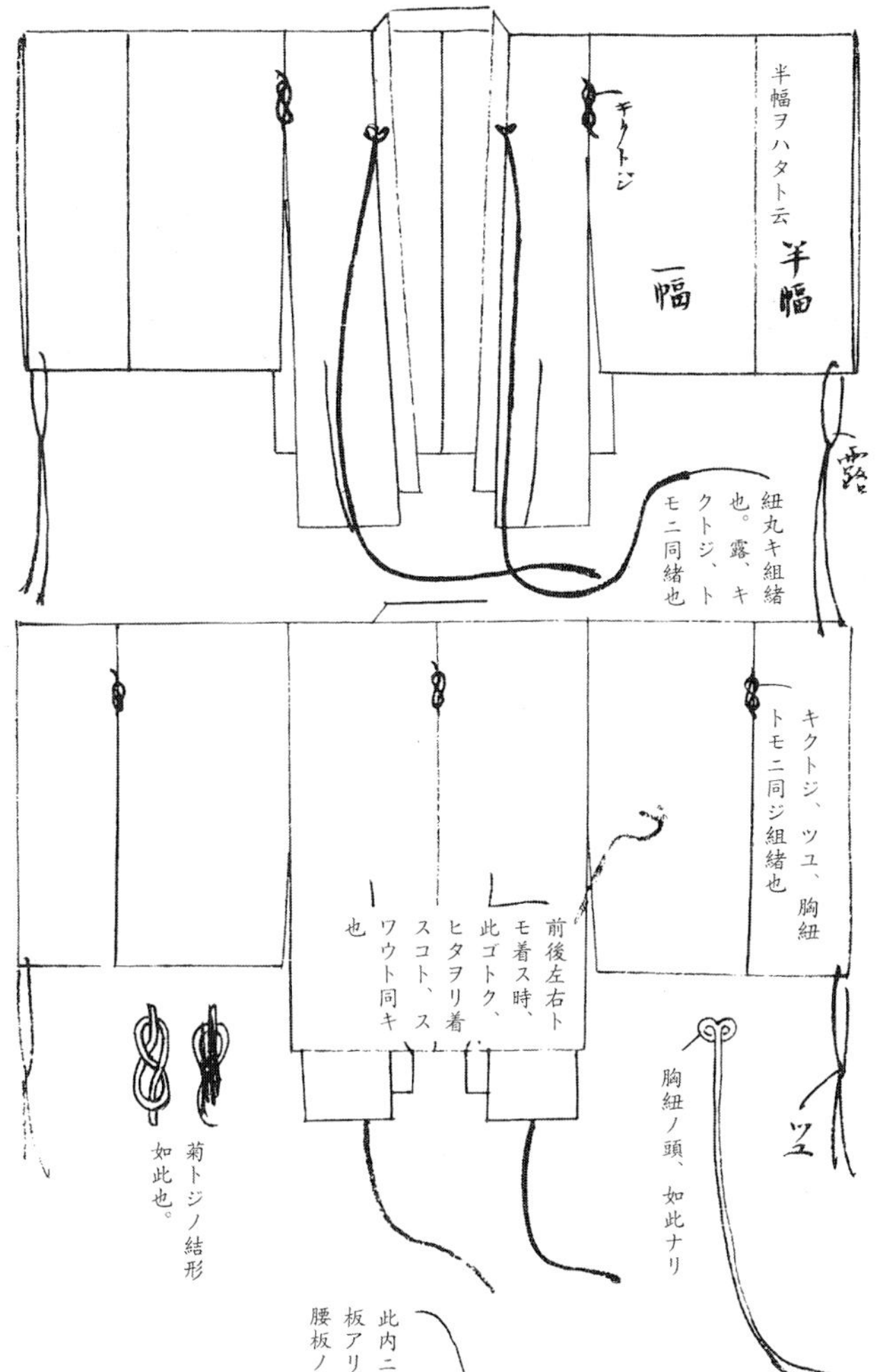

半幅ヲハタト云
半幅
一幅
キクトジ
露
紐丸キ組緒也。露、キクトジ、トモニ同緒也
キクトジ、ツユ、胸紐トモニ同ジ組緒也
前後左右トモ着ス時、此ゴトク、ヒタヲリ着スコト、スワウト同キ也
ツユ
菊トジノ結形如此也。
胸紐ノ頭、如此ナリ

大紋ハ、布直垂ニ記號（家紋ヲ云）描ケルヲ云。大紋ト、素襖ト、相似テ紐及ビ、キクトヂ（菊綴じ）、露トモニ大紋ハ組緒、素襖ハ革也。『東牖子《とうゆうし》』ニ云、官家ノ大紋ニハ石帯《せきたい》アリ。武家ニハ石ノ帯ナカリシ歟云々。

直垂袴ノ図　長袴也

上刺糸、大針五ツ、小針四ツ。白キ太糸二スジ、ナラベサス。

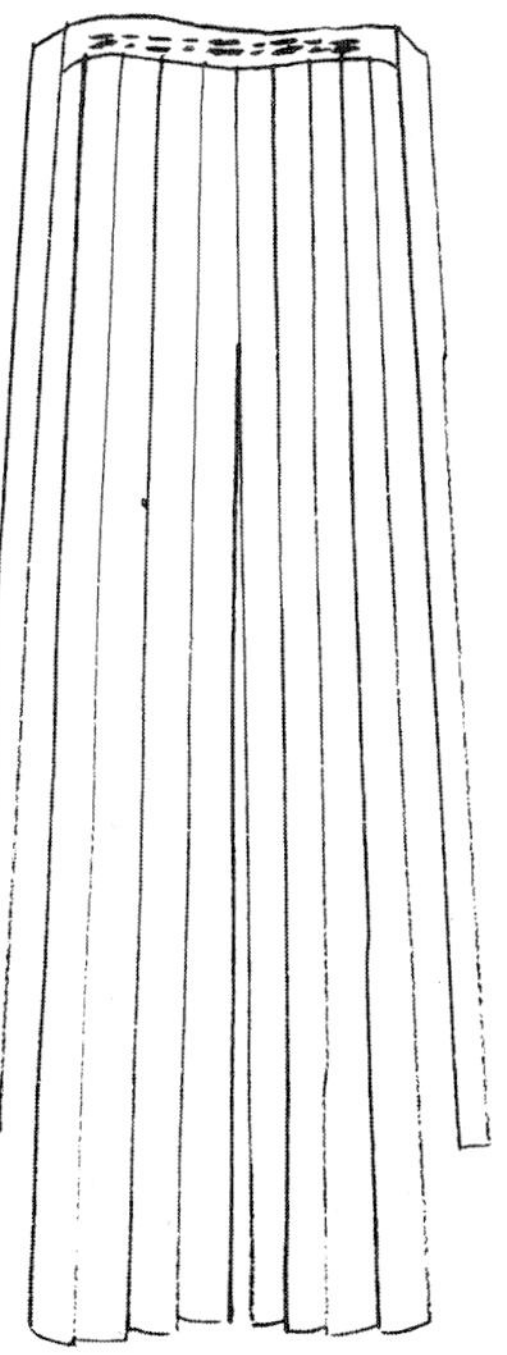

同背

直タレノ袴ノ下ニ、大口ヲカスヌル也。大口カサネザルヲ、スヒタタレト云。

紐末、筆労ヲ略ク

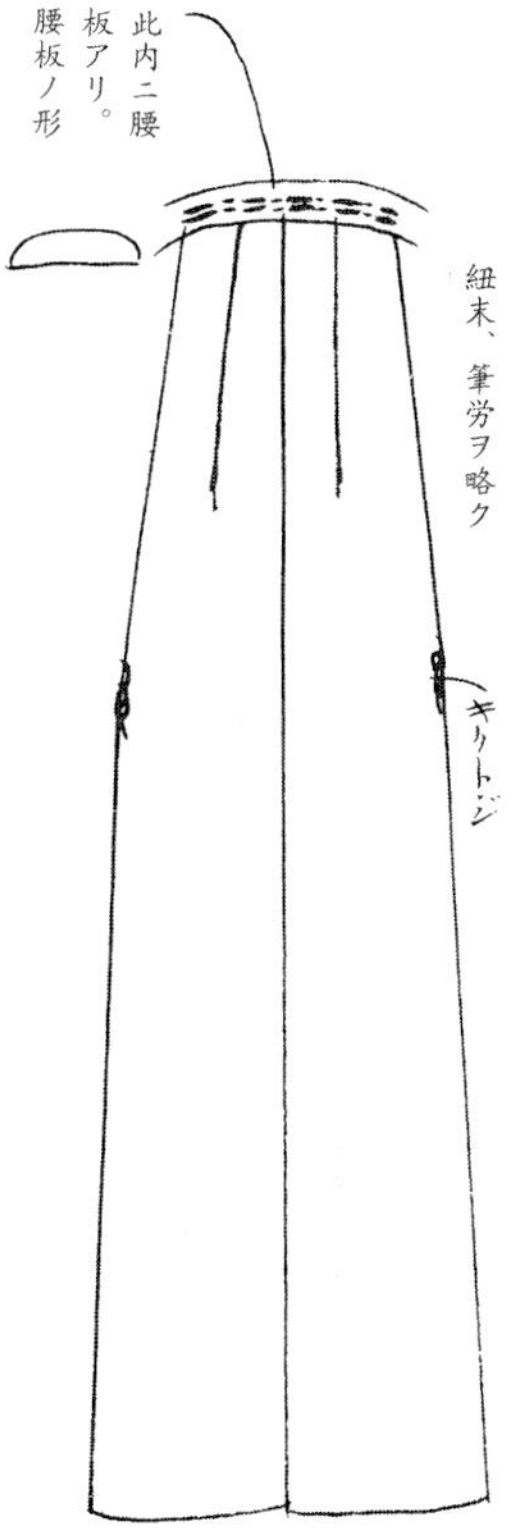

此内ニ腰板アリ。腰板ノ形
キリトジ

直垂及ビ、素襖トモニ、左右ノ袖ノ前ノ方ニ襞積《ヒダ》ヲトリ、糸ニテ、トヂツクルコトアリ。略ト雖ドモ、手ヲツカウニ便ナルガ故ニ、如此ヲ可トス、号テ衣紋（エモント訓ス）ヲ取ルト云。

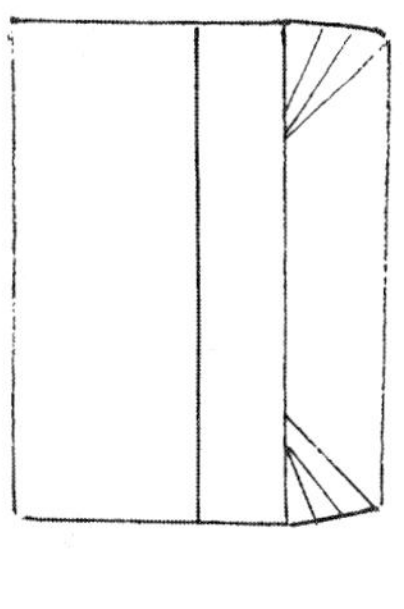

図70　三代歌川豊国画「今様望月」　国立劇場蔵　歌舞伎の武家の礼服

大口、長ケ足ノ甲ニ至ルヲ期《かぎり》トス。或ハ三尺、アイビキ（相引）七寸、マチ（襠）九寸、マチノヒシ七寸、四寸、前後トモニ、ヒダ口伝アリ。申楽者ノ用フル大口トハ、聊縫裁《ほうさい》異也。大口ハ直垂袴ノ下ニハク也。

大口之図

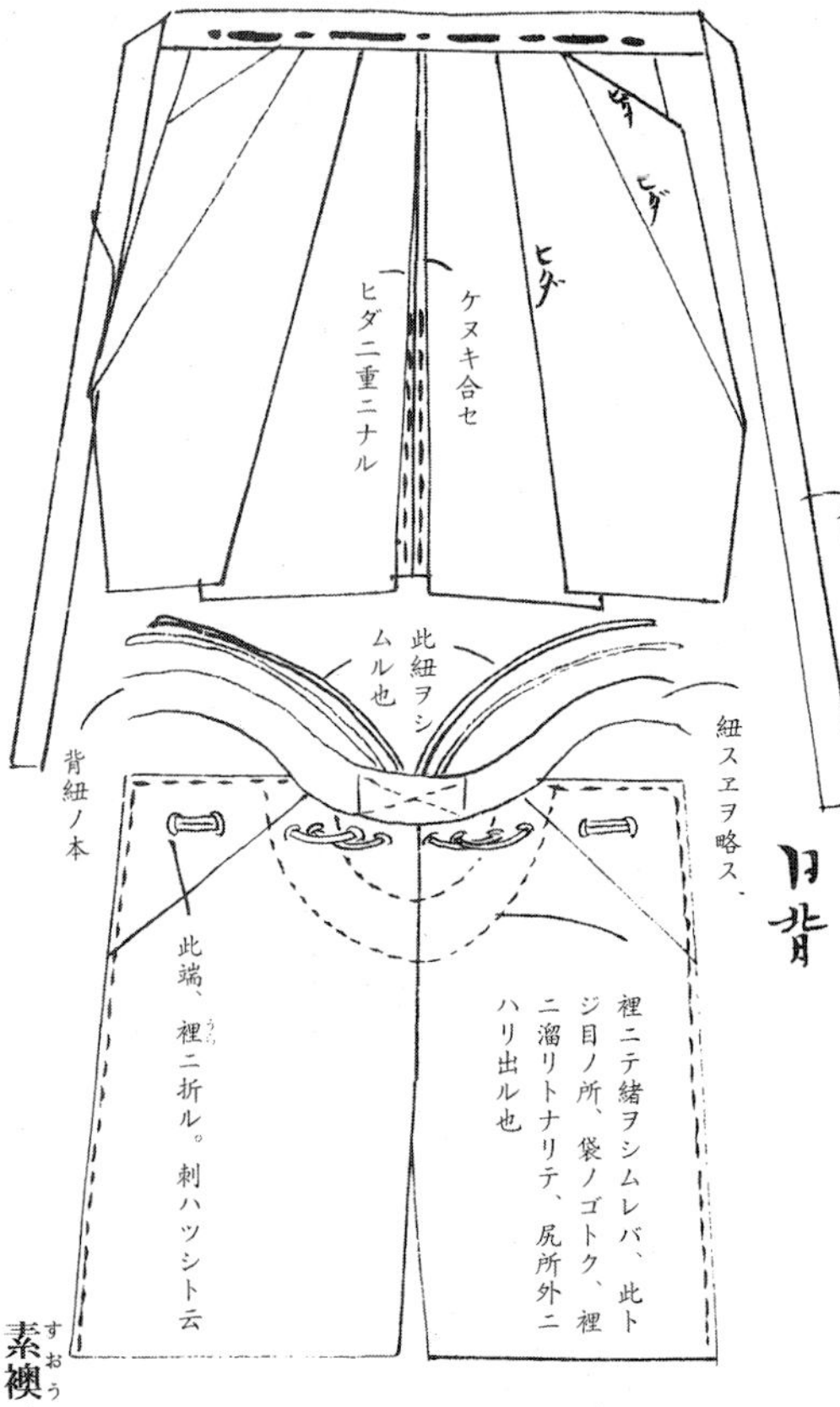
ケヌキ合セ
ヒダ二重ニナル
ヒダ
ヒダ
前ヒモ
此紐ヲシムル也
背紐ノ本
紐スヱヲ略ス
背
裡ニテ緒ヲシムレバ、此トジ目ノ所、袋ノゴトク、裡ニ溜リトナリテ、尻所外ニハリ出ル也
此端、裡《うら》ニ折ル。刺ハツシト云

素襖《すおう》ノ図

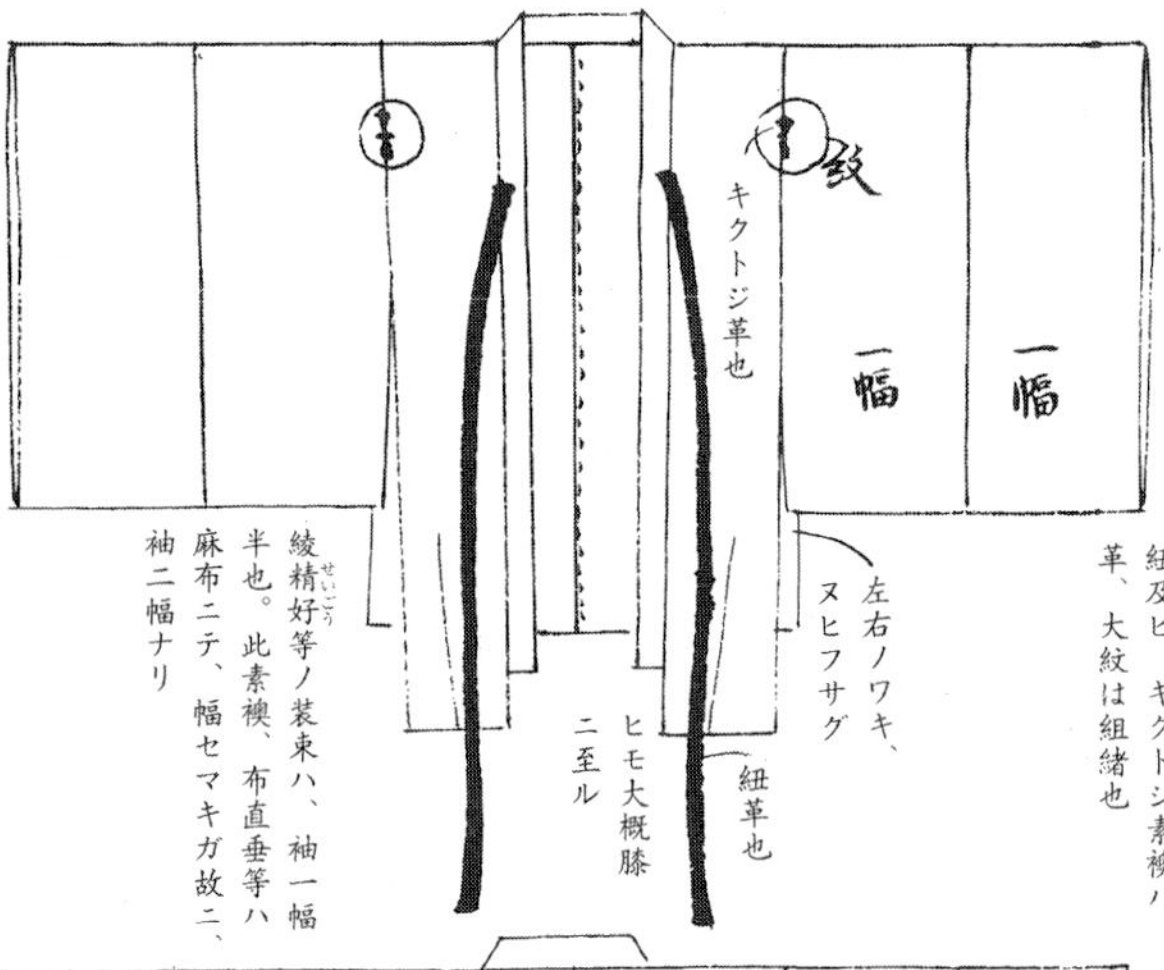
紋
キクトジ革也
一幅
一幅
紐及ビ、キクトジ素襖《すおう》ハ革、大紋は組緒也
左右ノワキ、ヌヒフサグ
ヒモ大概膝ニ至ル
紐革也
綾精好《せいごう》等ノ装束ハ、袖一幅半也。此素襖、布直垂等ハ麻布ニテ、幅セマキガ故ニ、袖ニ幅ナリ

同背

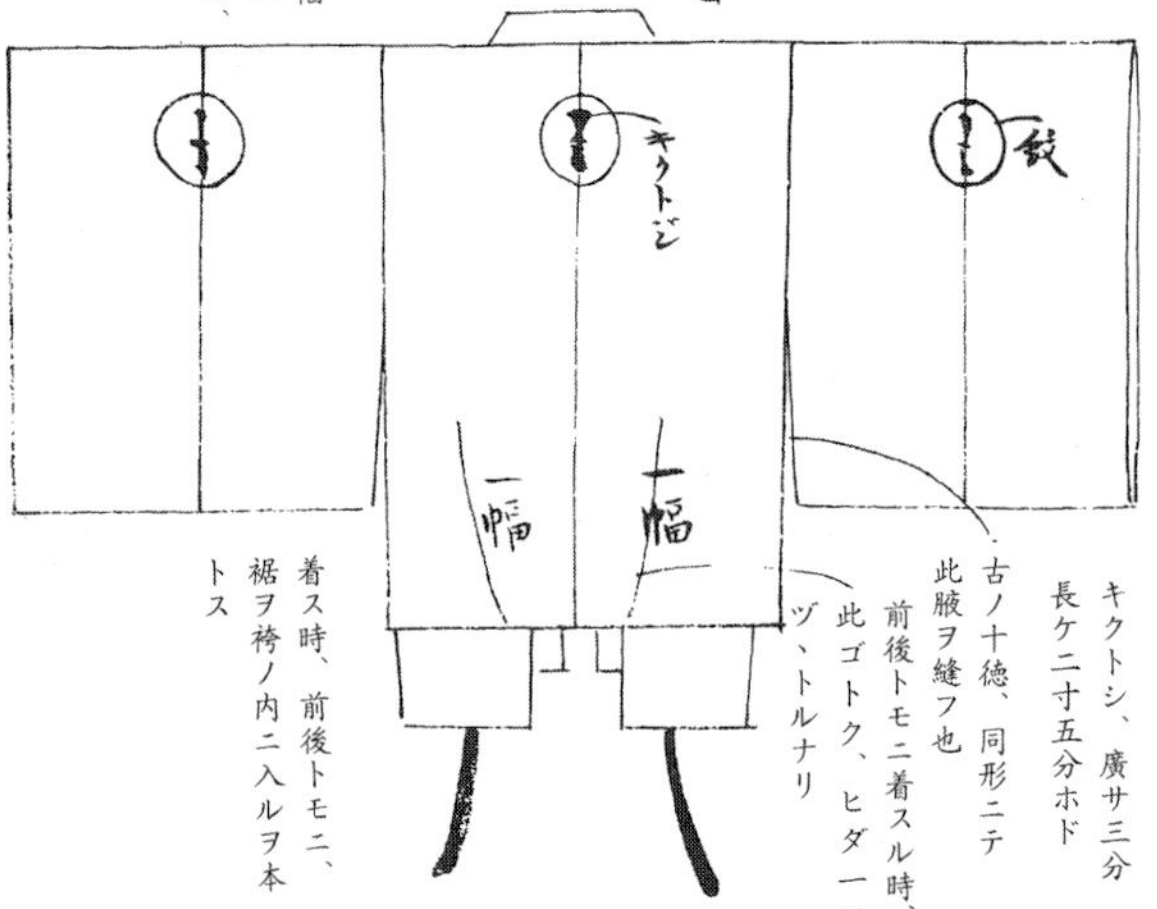
キクトジ
紋
一幅
一幅
キクトジ、廣サ三分長ケニ寸五分ホド
古ノ十徳、同形ニテ此腋ヲ縫フ也
前後トモニ着スル時、此ゴトク、ヒダ一ツヅ、トルナリ
着ス時、前後トモニ、裾ヲ袴ノ内ニ入ルヲ本トス

図71　歌川広重画「名所江戸百景　大伝馬町こふく店」　大工の棟梁の素襖姿

素襖袴ノ図

前四布《よの》ナリ。マチヲイルル。長《た》ケ、爪サキヨリ長キコト概一尺也。

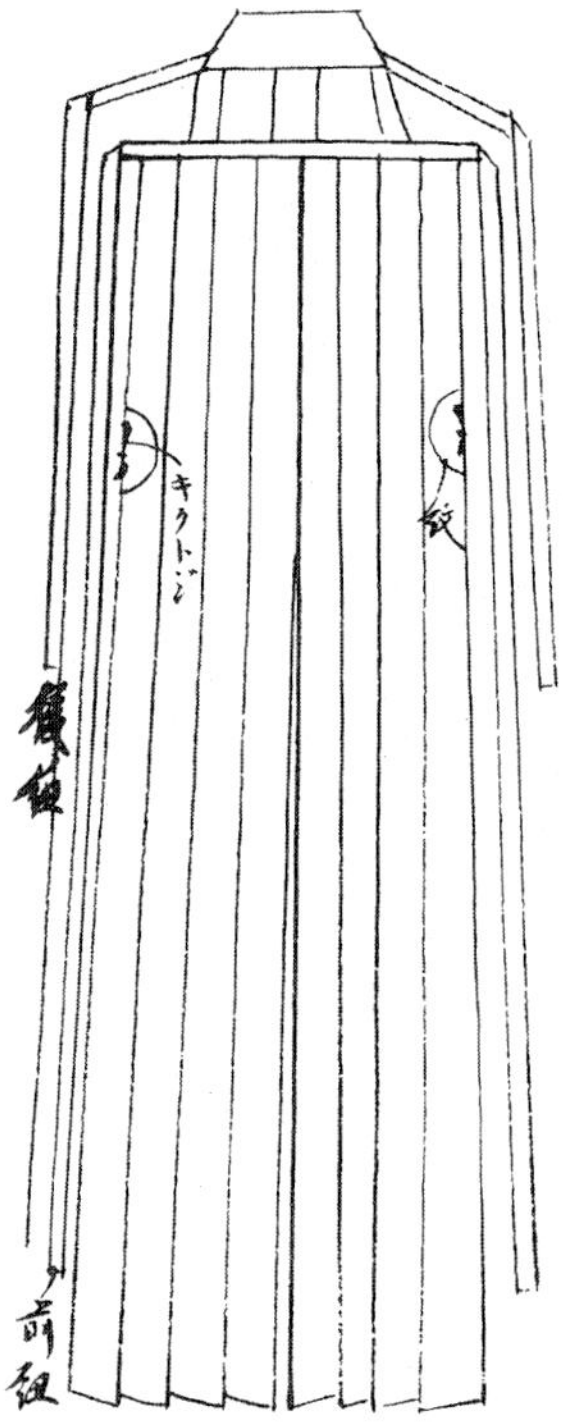

今世劇場ニテ、大名等武家禮服ニ扮スル者、下図ノ如シ。

此烏帽子、俗ニ立烏帽子ト雖ドモ、真ノ立烏帽子ニ非ズシテ、此烏帽子ハ、申楽ニ用フル烏帽子ヲ、劇場狂言ニモ用レ之来レリ。

又、禮服モ、俗ニ大紋ト云名ニ因テ、記号ヲ背ト、肩ハ、平常ノ素襖ノ大サニシテ、袖紋ノミヲ太《はなは》タ大形ニ描ケリ。

劇場ノ大紋、如此、又紐、キクトジ、或ハ組緒ヲ用ヒ、或ハ革ヲ用ヒ、名モ或ハ素襖ト云、或ハ大紋ト云。

申楽ノ素襖ハ、本製也。唯、劇場ノミ如図。又、劇場ニテハ、或ハ麻布、或ハ織紋、或ハ縫紋等、更ニ定製無之。

今世、繪本其他ノ俗画ヲ見ルニ、専ラ劇場ノ扮ヲ以テ図スル者多ク、特ニ烏帽子、大紋ノ人ヲ図スル物、芝居ノ扮ニ非ル物、甚ダ稀也。故ニ図レ之、解レ之テ後世ノ人、今図ノ正図ニ非ルコトヲ告ル。

同背

後口《うしろ》ハ二幅也。

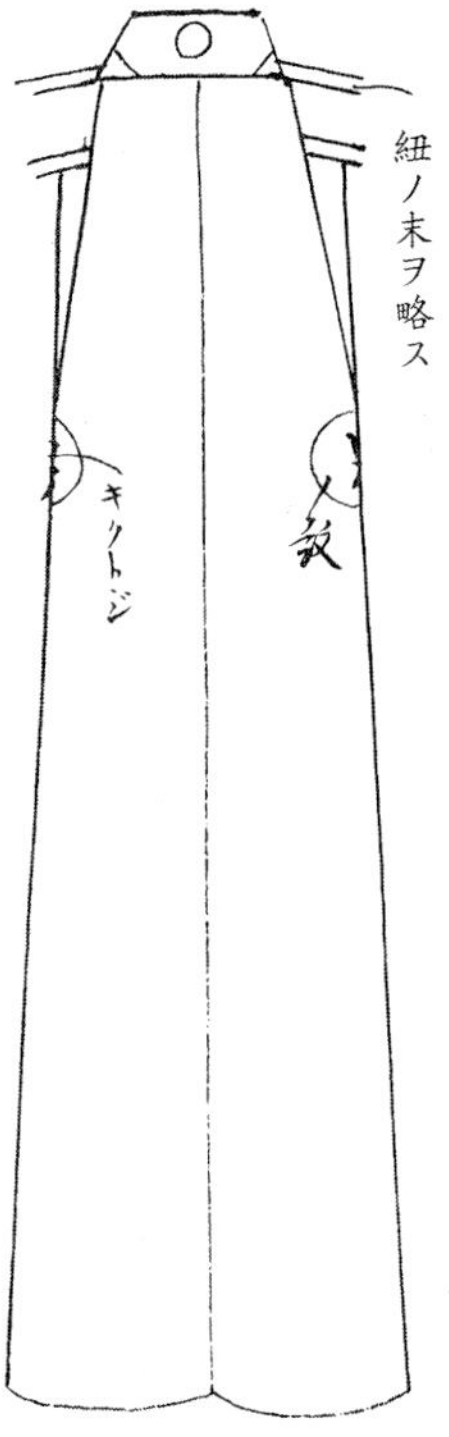

狩衣《かりぎぬ》及ビ布衣《ほい》ノ図

織紋アルヲ、狩衣ト云。織紋ナキヲ、布衣ト云也。

単アリ、袷アリ。表裡同品ヲ、二重カリキヌト云。異ナルハ、種々名アリ。

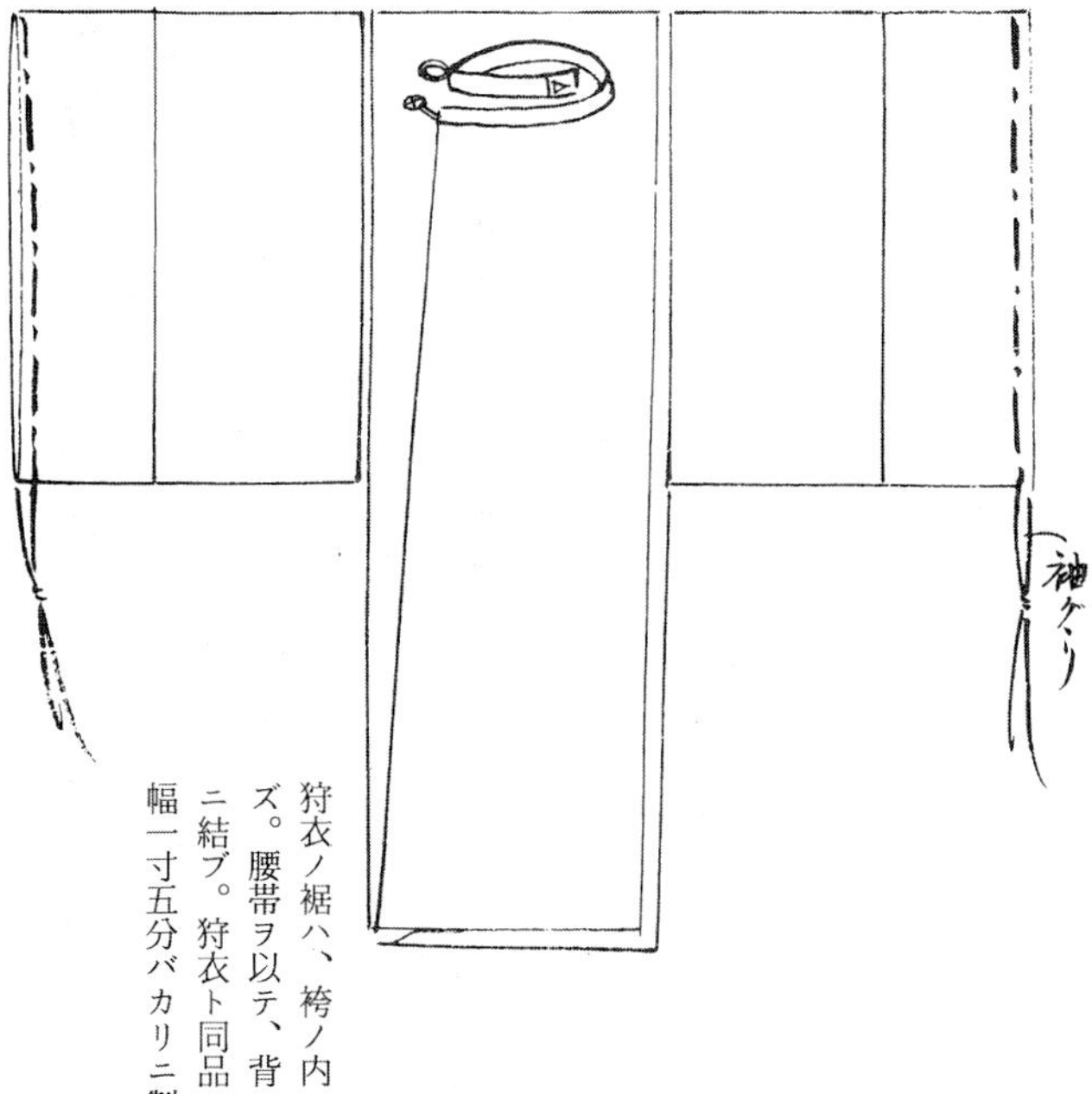

狩衣ノ裾ハ、袴ノ内ニイレズ。腰帯ヲ以テ、背ヨリ前ニ結ブ。狩衣ト同品ニテ、幅一寸五分バカリニ製ス。

指貫《さしぬき》ノ図

狩衣ヲ着ス時ハ、サシヌキヲハク也。縉紳家《しんしんけ》ハ、織紋ヲ用ヒ、色浅葱ナリ。

上ニ、ウハ
ザシアリ
下エク、リ
アリ。ク、
リ緒ハ、白
組緒也
武家モ、色
浅黄無紋ノ
平絹也
同背、腰板ナシ

刺ヌキアル故ニ、指貫ト云。奴《ぬ》袴《ばかま》ト云ハ、本名ニ非ズ、私名也。今ハ、公卿モ用レ之、何ソ奴ノ名アランヤ

図72	歌川広重画「東都大伝馬町繁栄之図」(部分)	上下姿の武士

七十一番職人盡歌合所載
番匠《ばんじょう》図

繪ハ土佐刑部大輔光信朝臣
此番匠ノ形ニ似テ、烏帽子、布袍《ふほう》着タル者、鍛冶、檜皮葺《ひわだぶき》、刀研、塗師、檜物師《ひものし》、車作、鍋賣、油賣、莚賣、烏帽子折、蛤賣、弓造、土器賣、ホウロミソ賣、紙スキ、傘張、蒔繪師、貝磨、沓造リ、銀細工、鏡磨、塩賣、蔵廻リ、櫛挽、畳刺、矢細工、蟇目クリ、ムカハギ造リ、庖丁士、布直垂賣、薬賣。以上其扮、番匠ニ似テ、或ハ脚半ヲハキ、或ハ草鞋ヲハキ、或ハ片膚ヲ脱ギ、或ハ諸膚《もろはだ》ヲヌグアリ。

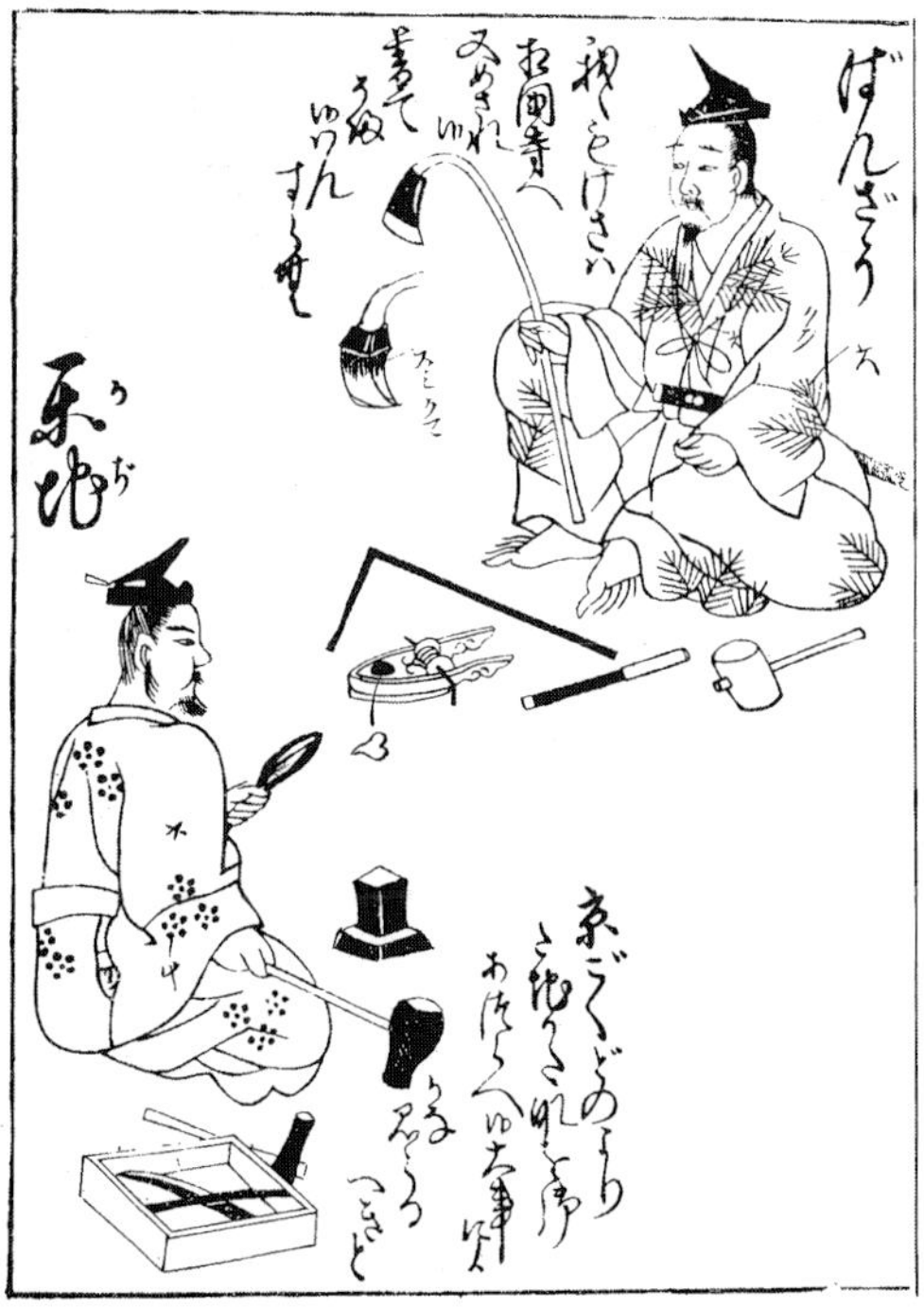

図73	土佐光信画　伝東坊城和長書『七十一番職人盡歌合』	番匠

裃と袴

上下《かみしも》

古上下図　或大名所蔵、金襴ヲ以テ製レ之。

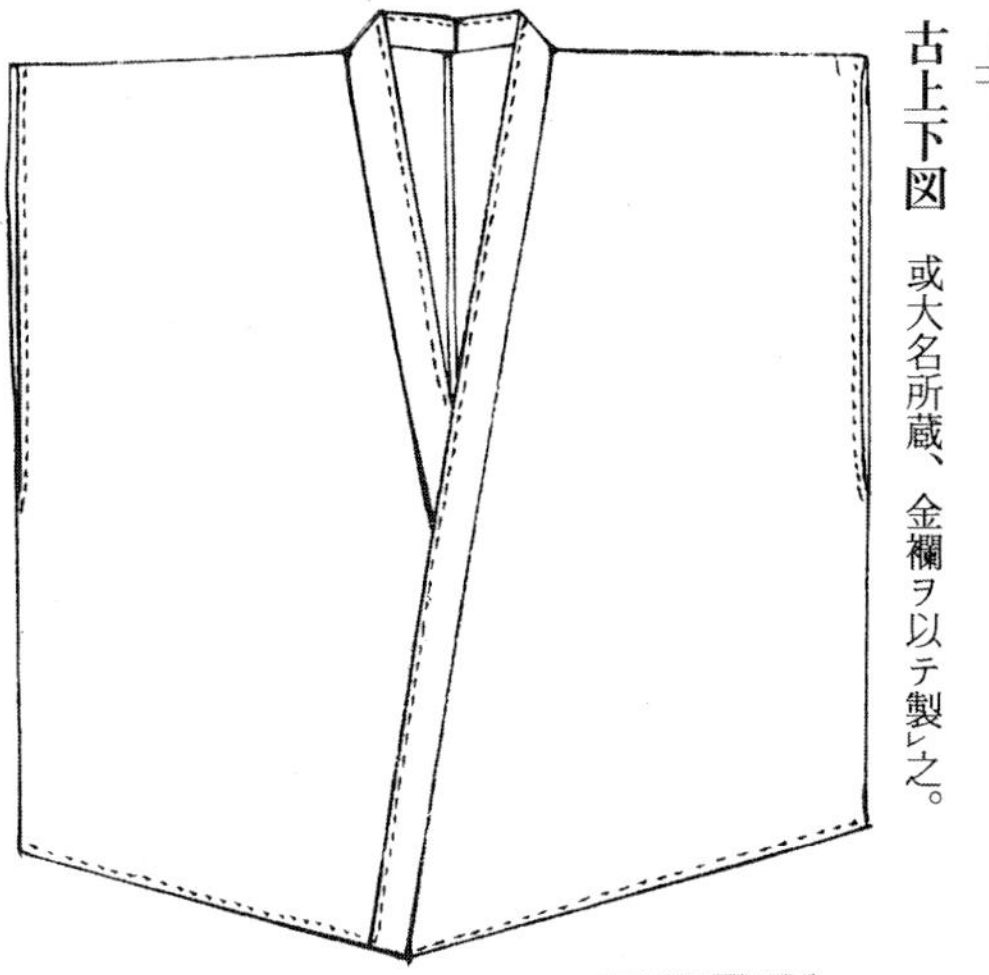

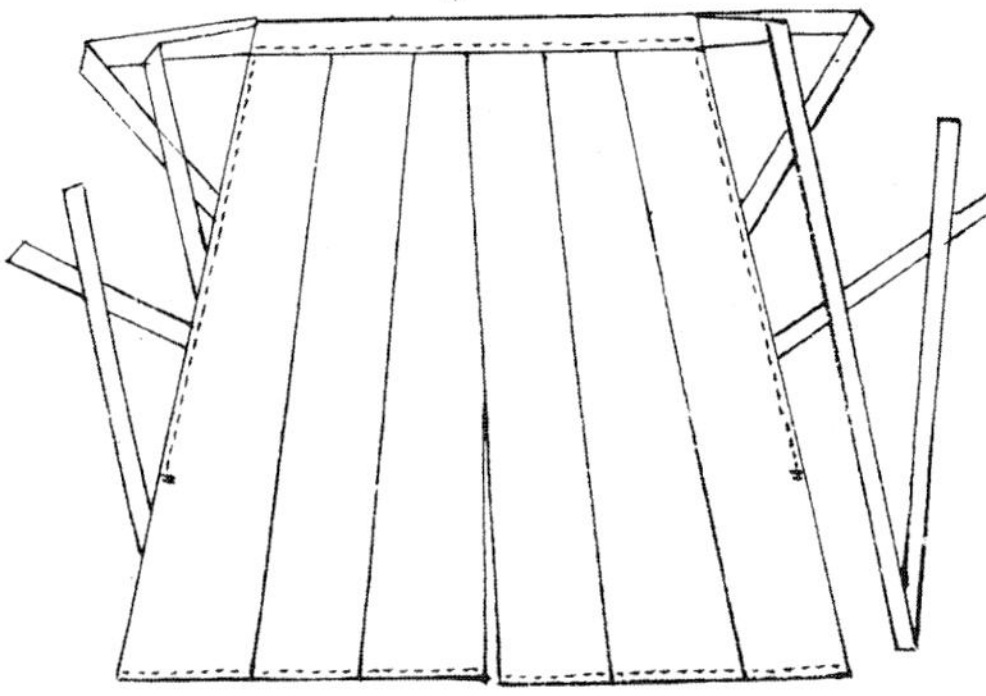

今製𧘕𧘔《かみしも》之図　或人曰、正徳以来此形ヲ専用スト也。

𧘕、衣服ト同ク、正背ニ一記号アリ。𧘔ノ腰板、表ニ一記号アリ。𧘕𧘔惣テ四所紋也。

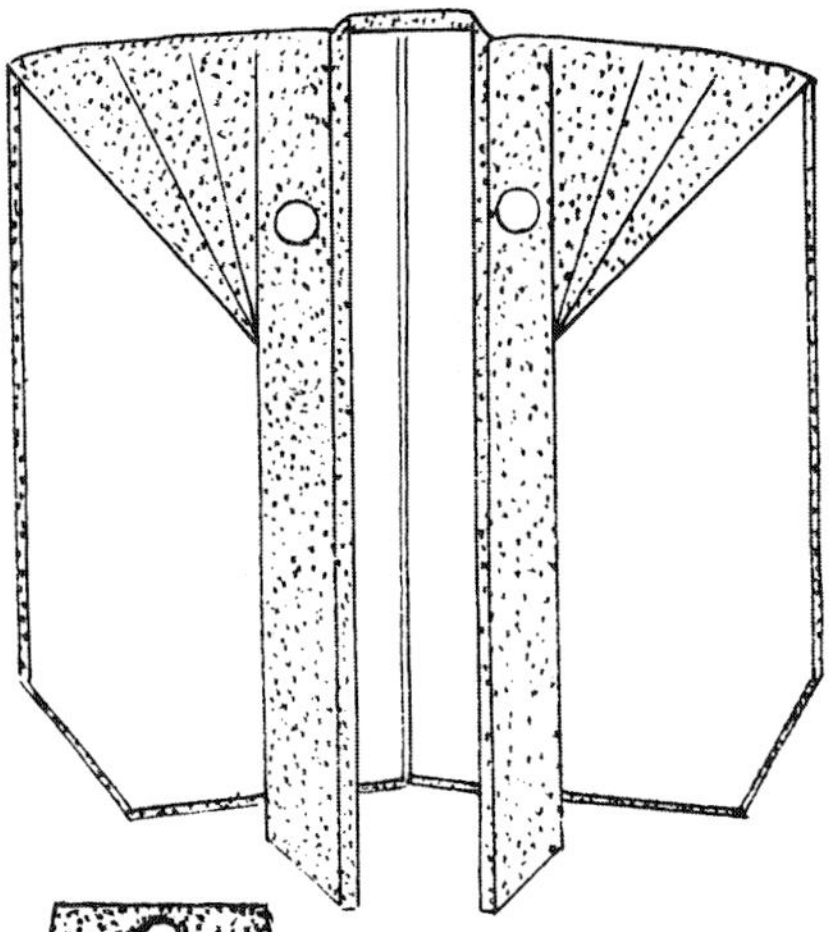

腰板ノ表ニ、一紋
上下合テ四記号ヲ画ク

又、今世流行ニ、左図ノ鷗裁《かもめだち》ヲモ用レドモ、右図ヲ普通トス。

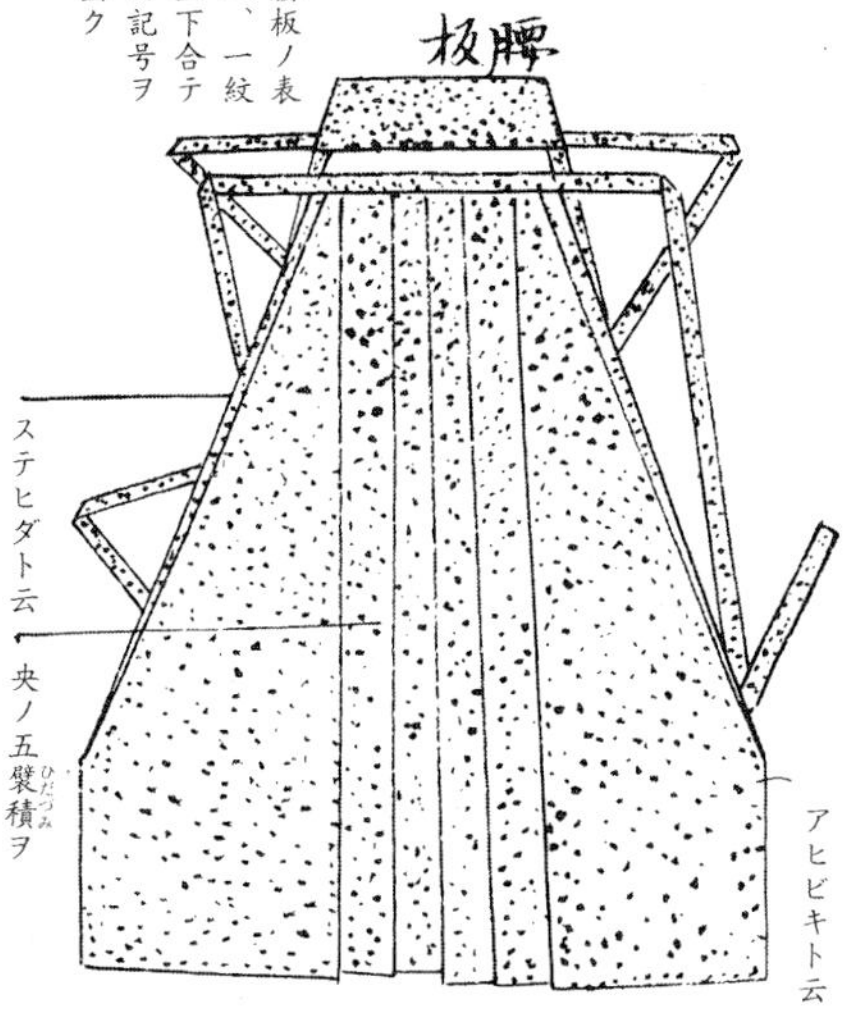
央ノ五襞積《ひだつみ》ヲヨセヒダト云

正徳以前ノ𧘔ハ、図ノ如ク捨ヒダナシ。又、寄襞積《よせひだ》モナク、全幅ニ、ヒダヲ配セリ。

𧘔ノ本製ハ、上ノ方ニテ、幅前八寸、背六寸六分ヲ本ニスレドモ、今製ハ、コレニ違フモアリ。

旦、前ヨリ背ヲ、二寸五分長クスルヲ常トス。

鷗《かもめ》仕立《じたて》之図

近世、𧘕ヲ図ノ如ク製シ、号テ、カモメ仕立ト云、流行也。

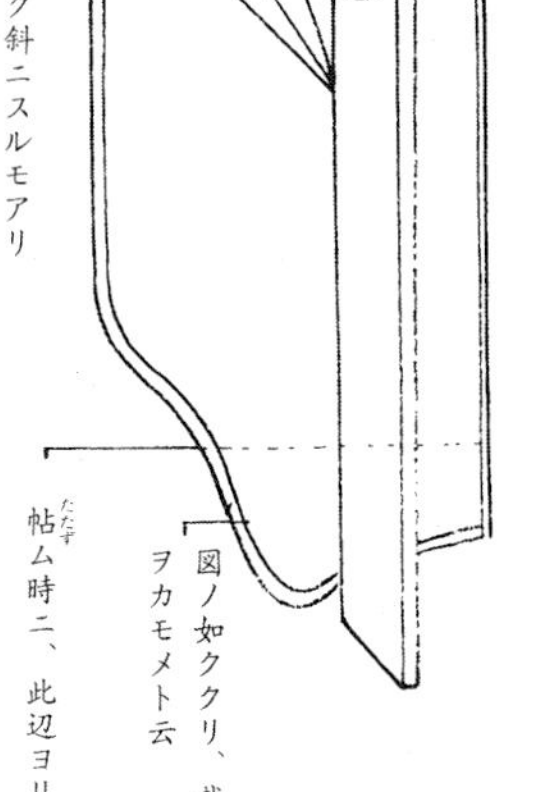
又肩ヲ多ク斜ニスルモアリ
帖《たたす》ム時ニ、此辺ヨリ折ル

𧘔《しも》裾《すそ》ヨリ見ル図

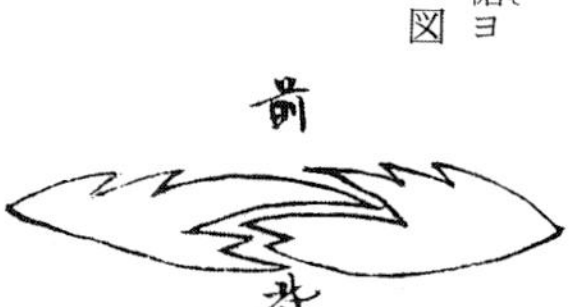

今世ノ播州姫路城主、酒井雅楽頭ノ所用、此古制ヲ用ヒ、藩中ノ士モ皆用レ之也。𧘕モ、普通ヨリ一襞積《ひだ》多ク、左図ノ如キ也。

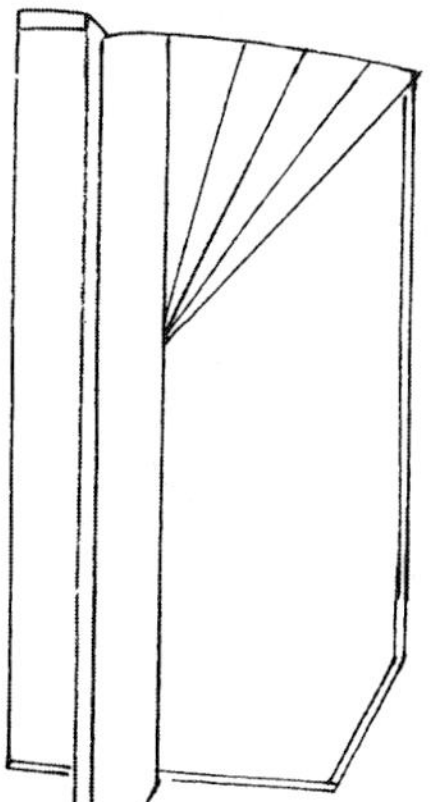

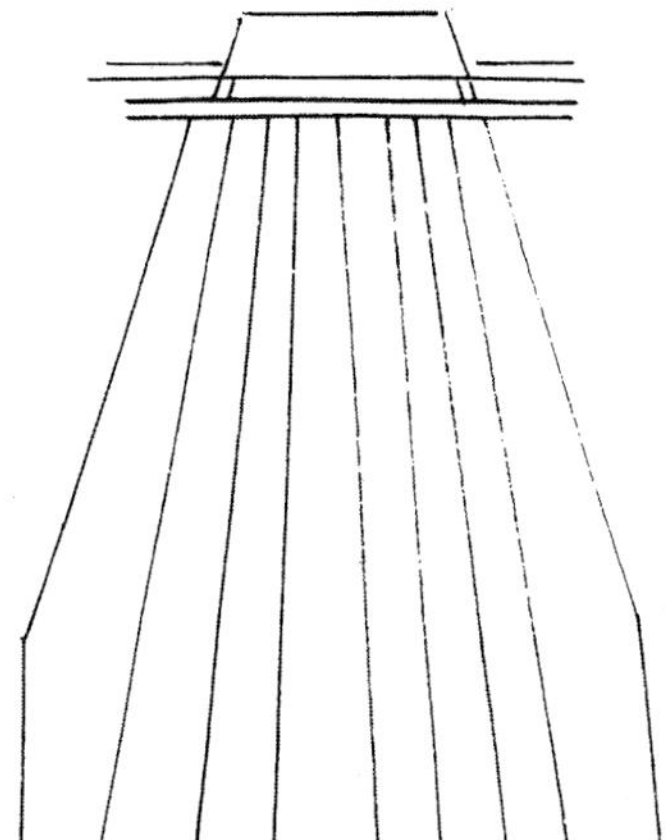

或人曰、今世、武家婚姻ノ時、夫ナル者ノ着用スル素襖及ビ社裃ノ肩ニ、図ノ如ク、太筋ト細筋ヲ白ク染ル也。今俗、此大小筋ヲ、子持筋ト云也。又、猪熊筋《いのくますじ》トモ云コトハ、猪ノ熊大納言ト云人、装束ニ用レ之。其人、子孫多キガ故ニ、祝テ学之トモ云リ。然トモ、此事詳ナラズ。足利将軍ノ時、無二此制一。後代ノ物也。今、無地熨斗目《のしめ》衣服ニ、子持筋ノ上下ヲ、婚礼ノ通用トスルナリ。

野　袴

裃及ビ普通ノ袴ト、縫裁、更ニ無レ異也。唯、裾ニ黒天鵝絨ヲ以テ、縁ヲ付ル。或ハ、裁法、縫法、大同小異ノ物アリテ、踏込袴、フンゴミト云。或ハ裾細袴、スソボソト云アリ。襠、マチト訓セリ。

野袴図《のばかま》

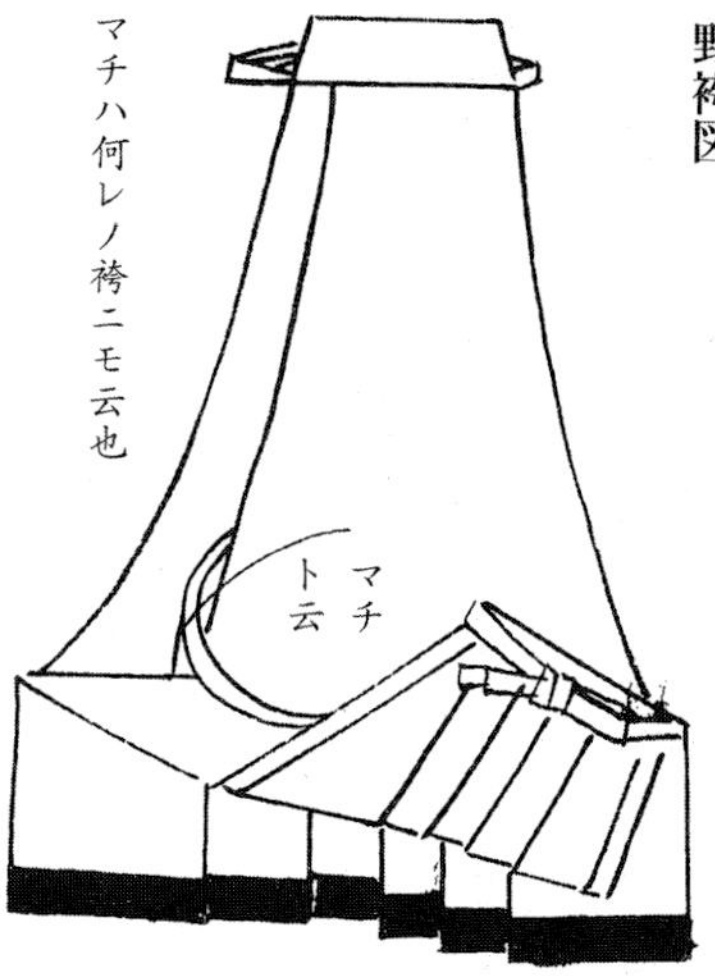

マチハ何レノ袴ニモ云也

普通ノ袴裾ヲ下ヨリ見ル図

袴ノ襠《まち》ヲ除キタル略物、下ヨリ見之図

武士、旅行、駕ニ乗ル者ハ、黒チリメンノ羽折ニ、此袴ヲ着ス。此袴ヲハクモノハ、惣テ、紺足袋ヲハク也。

歩行ノ士ハ、股引、脚半ヲ専トス。此袷ノ野袴ニハ、純子、錦等ノ類、上輩専レ之。又、縞織ノ物ヲモ用ユレドモ、下輩ノ用トス。

又、幕府御用達ノ町人、平日、出仕ノ時、羽折、野袴也。是ハ、皆縞物ノミ、平日用レ之ハ、営中ニテ、士ト混ゼザルノ標《しるし》トス。士民トモニ、火事装束ニテ、袴着ス者ハ、必ラズ野袴也。惣テ、騎馬、歩行ノ人ニモ、扮ニ應テ製レ之。馬上ニハ馬袴ノ縫裁也。

馬袴図《うまばかま》

本名騎馬袴《うまのりばかま》ナルベシ

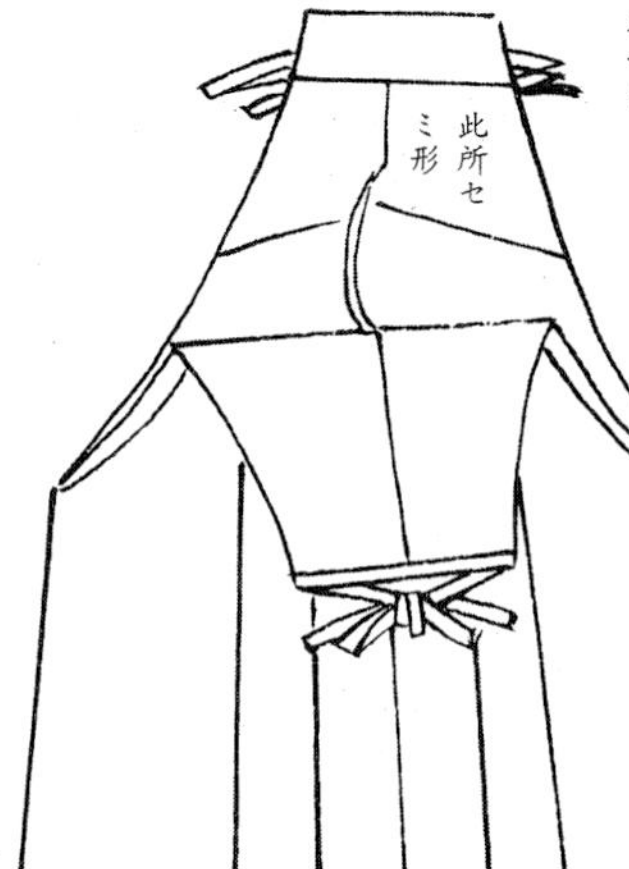

馬袴ニハ、図ノ如ク、背ノ上ノ方ニ〔〈此形ノ薄板ヲ用フ。是ヲ、鞍越ト云。俗ニハ、蟬形《せみがた》トモ云。馬袴モ、常ノ袴ト襞積等ハ、異ナルゴトシ。唯、襠《マチ》高ク、馬上ニテ脛ヲ顕サルヲ要ス。半馬ト云テ、歩行ノ時着ス、馬袴ハ、襠ヲ本馬袴ト、常ノ袴ノ半ニスル也。相引モ、准レ之テ、本馬袴ハ、甚ダ高シ。

馬袴、半馬袴トモニ美ナル者ハ、純子、織紋《おりもん》ノ類ノ袷也。是等ニハ、必ラズ、黒天鵝絨ノヘリヲ付ル也。野袴ノ如クスル也。廣桟《ひろざん》、唐桟等ノ者モ、袷スル也。ヘリハ、有無トモニアリ。麁《そ》ナルモノハ、小倉木綿ノ竪茶縞ヲ専トス。是ハ、夏冬トモニ多クハ、単ヲ用フ。夏ノ馬ニ、仙臺以下、平ヲ用フモアリ。

四季トモニ、木綿単袴ヲ着シ、上ニハ、縹絹《はなだぎぬ》ノ記号アル単羽折ヲ着セリ。俗ニ、此羽折ヲ、ペロ〳〵羽折ト云ハ、単絹ナルガ故ニ、風ニ吹レテ、ペロ〳〵スルヲ云也。袴ハ、茶ノ無地、或ハ白ト茶ノ竪縞也。トモニ、茶ノ浅色也。三本杉菖蒲革ハ、緑色ニ黒ヲ兼《あわせ》タル者也。三本杉、左ニ図ス。

三本杉形ト云。地革色、紋白ナリ。又、真ノ菖蒲革ハ、紋黄ニ似タリ。是革ノ素色《もとよりのいろ》也。故ニ、民間所用ノ木綿、紬等ニハ、紋、黄ニス。

肩《かた》衣《ぎぬ》

豊臣太閤ノ肩衣図

『瓦礫雑考』ニ所載

後ロニ舞ル鳳凰ノ模様アリ。長、幅曲尺《かねじゃく》ヲ以テ注レ之。

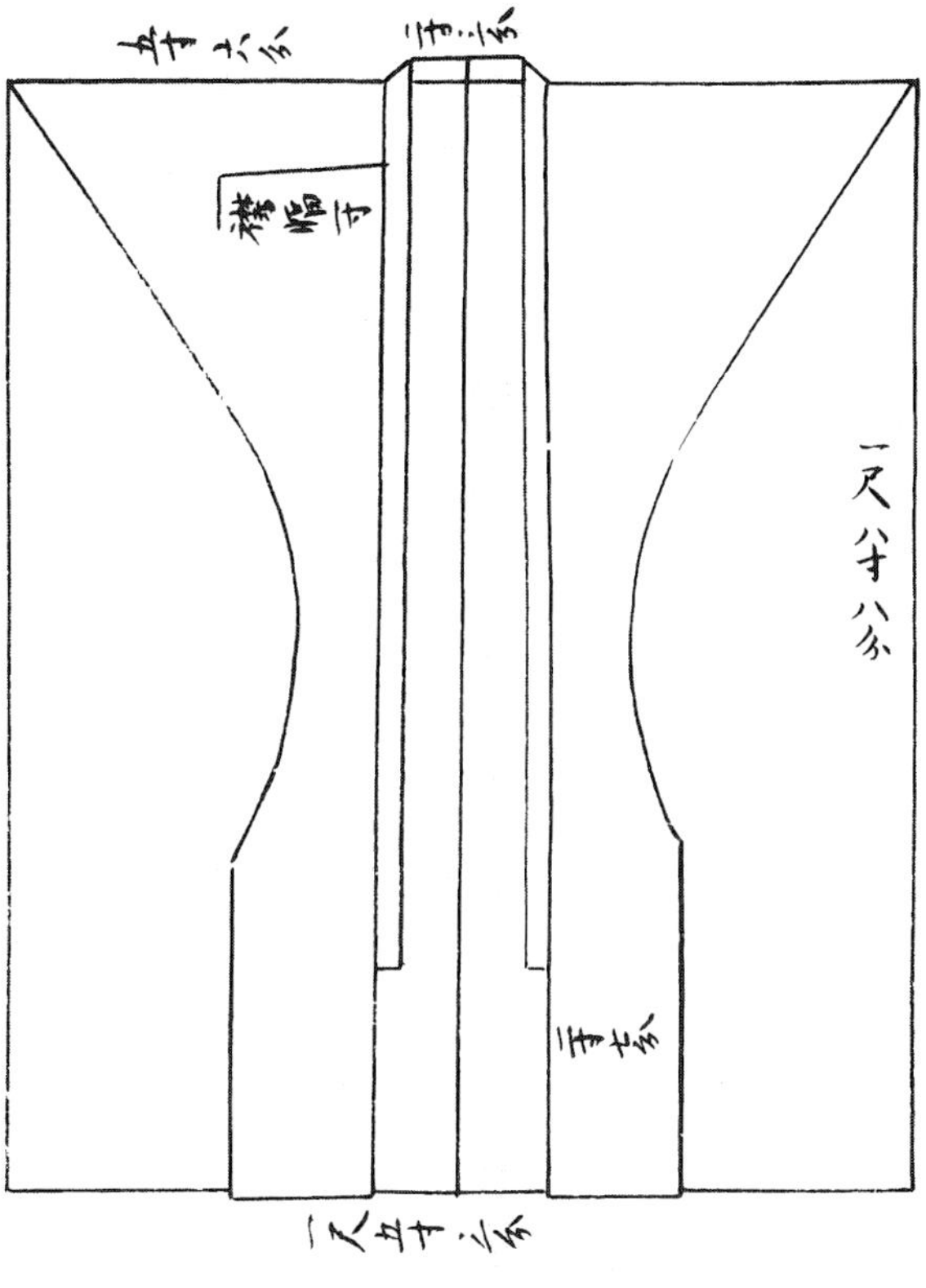

古代ノ肩衣図

『犬追物図』所載

画工名詳ナラズト雖、足利時代ノ古画也。肩衣ノミ着シテ、袴ヲ着セズ、乃《すなわ》チ賎夫ノ服也。

正徳中、武家、平日、肩衣袴ヲ用フコト、白無垢条下ニ、『名君徳光録』ノ文アリ。

図74　「織田信長像」 長興寺蔵

「梶川高盛像」常福寺蔵

上下図とも武士の肩衣姿

又、諸国トモニ、親鸞宗ノ門徒タル男子、佛参、佛拝ニ、社祚ヲ着セザル者ハ、必ラズ、懐中肩衣ヲ出シ、着レ之テ、佛拝スル也。羽折ノ上ニモ着之也。稀ニ、愚昧《ぐまい》ノ者ハ、上下ノ表ニ重着レ之者アリ。可笑ノ甚シキ也。右ノ懐中肩衣ハ、絽ノ単也。黒ヲ専トスル也。

親鸞派門徒懐中肩衣図

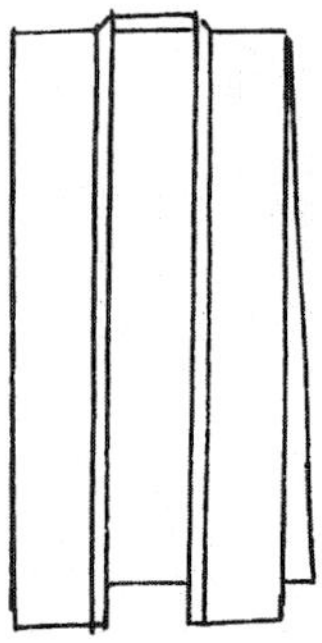

黒絽、正背ニ一記号ヲ染出ス。絽一幅、前半ヲ裁テ、衿形ヲアケ、細ク襟ヲ付ル。佛拝終レバ、小ク帖《たた》ミテ、懐中スル也。因云、婦女ハ、拝佛ニ、必ラズ帽子ヲカムル也。他宗ニハ、更ニ無レ之。

袴、三ツ折ニシテ、又、腰板ヲ折返ス。紐ノ結形《むすびがた》種々アリ。一定ナラズト雖ドモ、民間、専ラ図ノ如ク、左右トモニ前後ノ紐ヲ一ツニヨセ、前紐ヲ三折ニシテ後、紐ヲ添打テ、図ノ如ク結フ。或ハ、前紐ノミ、図ノ如ク結ビテ、左右ノ元ニ結ヒ納ムモアリ。如此コト、小事ト雖ドモ、後年変革アランコトヲ思ヒテ、却テ小事ヲ筆ス也。

一閑張上下挟ミ《いっかんばりかみしもばさ》

一閑張、諸器物ニアリ。薄板ノ心ヲイレ、紙ヲ以テ重ネハリ、黒漆ニヌル也。木形ヲ以テ、全體ニ菊花等ヲ印シテ、其紋ノ所、凹ニナル也。裡ハ、青紙張也。四方ヨリ折ル畳紙《たとう》也。京坂、今モ専ラ用レ之。江戸ハ、近年不レ用レ之。

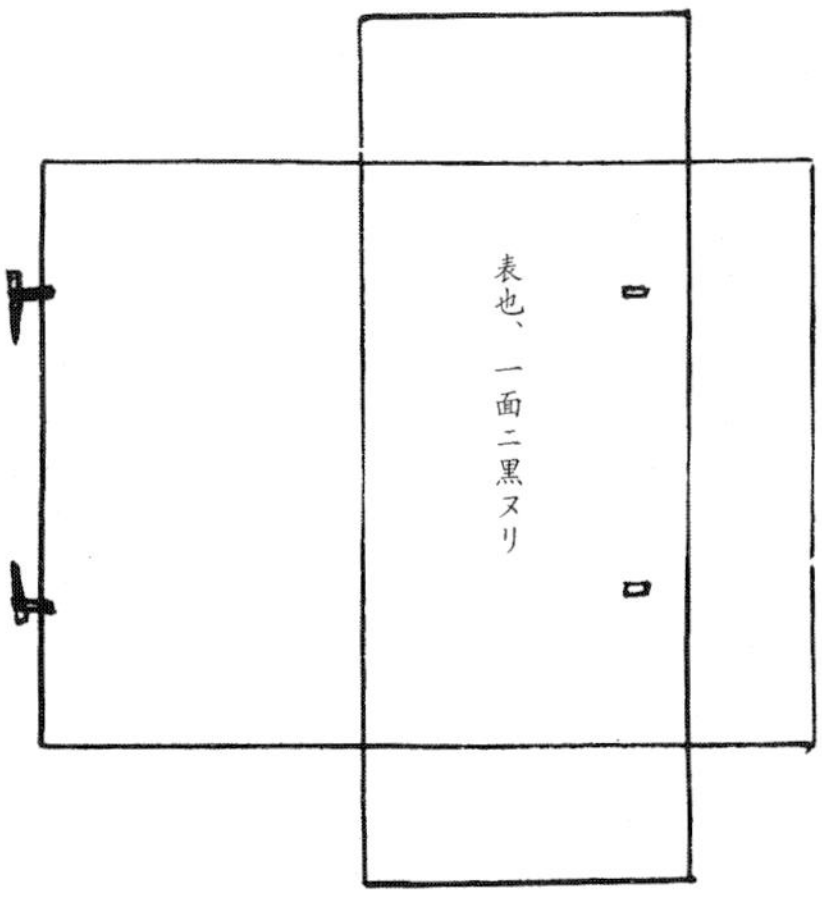

上ノ上下挟ノ上ヲ縞、或ハ無地記号ツキノ木綿風呂敷ニ包ミ、真田打ノ紐等ニテ、中結ヒヲスル。風呂シキハ、廣ザントメノ、紺ニスワウ(蘇芳・黒みをおびた赤色)ノ三筋立ジマ、紐ハ、モヘギ(萌葱)、サナダ(真田)絹糸織ヲ専トス。

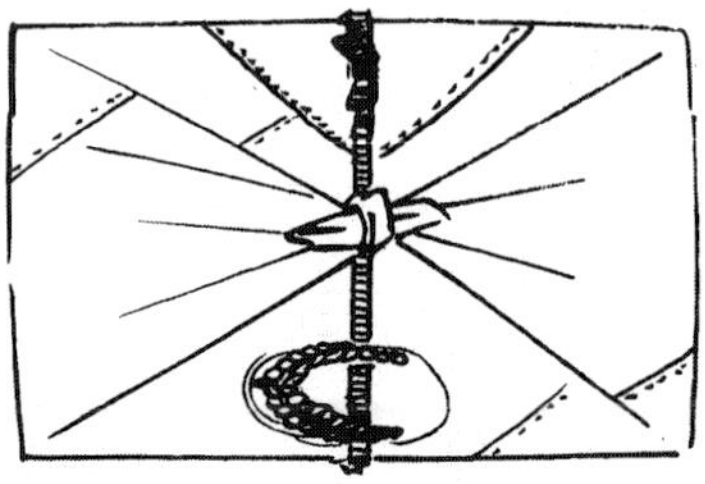

京坂ノ市民、僕ヲ従フ者ハ、其上下挟ノ中括リニ、中ヌキ草履ヲ挟ムコト、今世ノ習風ノ如シ。丁児ニ持レ之ス時ハ、此草履ナキ也。京坂ハ、中括ニ手ヲカケ提ル。江戸ハ、背負フ也。

中ヌキ草履　『我衣』に「女草履之部　中ヌキ、小ブリヲコシラヘタリ。京ゾウリ、ハナヲ緋ヂリメン黒ビロフド、或緋黒ノナイマセ、花色茶チリメン、前ヲモミ(緒紅絹)。元禄比《ころ》、皆女中用レ之」とある。(編著者注)

一閑張上下入レ

江戸ノ官吏等、専ラ下図ノ筥《はこ》ニ荷ヲ納メ、紺木綿風呂敷ニテ、僕(下僕)コレヲ背負也。今世、市民モ前図ノ畳紙ヲ用ヒズ。専ラ、用レ之。或ハ、大サ、概如二此形一。柳合利《やなぎごうり》ヲモ用フ。

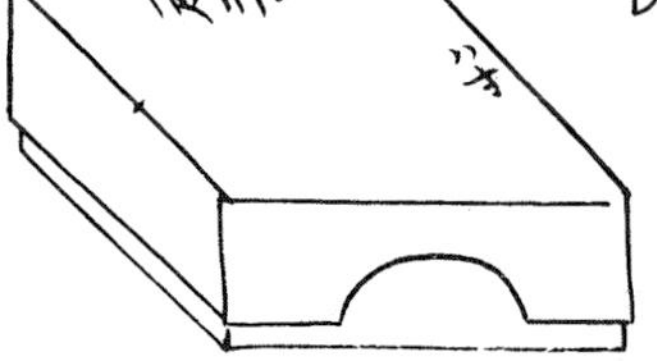

此筥ニハ、先ヅ上ヲ竪二ツ折ニテ、横ニ入、次ニ、袴ノ相引《あいびき》ノ処、両辺ヲ折テ、入レ之。其上ニ社《かみ》ノ餘リヲ覆ヒ納ム也。袴ノ折形ハ、前図ニ同キ也。

襷杉《かるさん》　カルサン、ト、カナヲ付タリ。

本名、伊賀袴ト云也。カルサン袴ハ、百年前、武士旅行等ニ専ラ用レ之歟。又、百年前バカリノ画本ニハ、番匠等専ラ用レ之タリ。下ノ図ハ、安永ノ印本ニアリ。山師ノ樹立《じゅりつ》ヲ量ル図也。今、江戸ノ呉服店大戸ナルモノノ、三井、大丸屋、岩城屋等其他数戸、洒掃《さいそう》(水まきと掃除)及ビ暖簾ヲ掛除キスル等ノ下僕ハ、必ズ、常ニコレヲ用フ。京坂ニハ、大戸ノ下僕モ不レ用レ之。

文久元年ノ頃、江戸、新ニ講武所ヲ建ツ。此所ヘ出テ、習兵ノ士、用之。同三年始之、未ダ其正名備ラズ。多クハ、舶来ノ紺ゴロフクリンニテ作之。上ノ方、腰板ノ袴ニ同ジク、下ノ方ハ股引ノ如キホソ筒也。慶應中ニ至リ、コレモ廃シテ、衣服、帽覆《ぼうふく》、全ク西洋風ヲ用フルニ至ル。

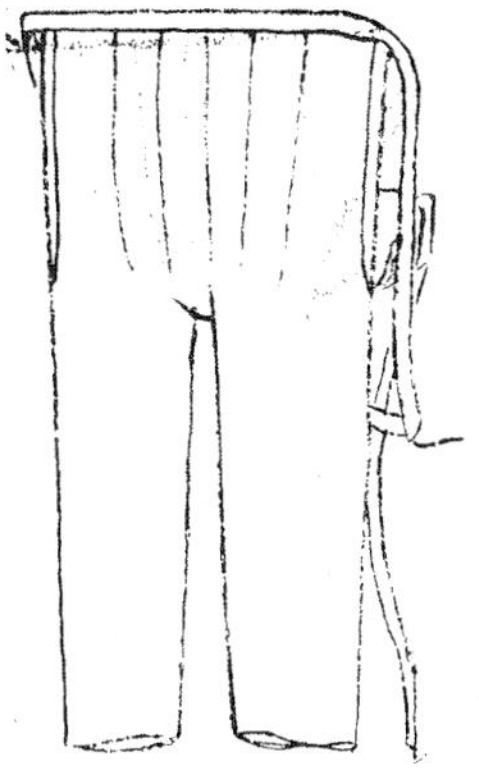
本名未詳
俗ニダンブクロ、或ハトビコミ袴ナド云

衣服裁縫図

古製衣服ノ図

大古ノ制ニ非ズ。大略二百年前ノ制也。男女トモニ如此也。

祛《きょ》　袖口ノ本字
格《らく》　袖下ノ本字

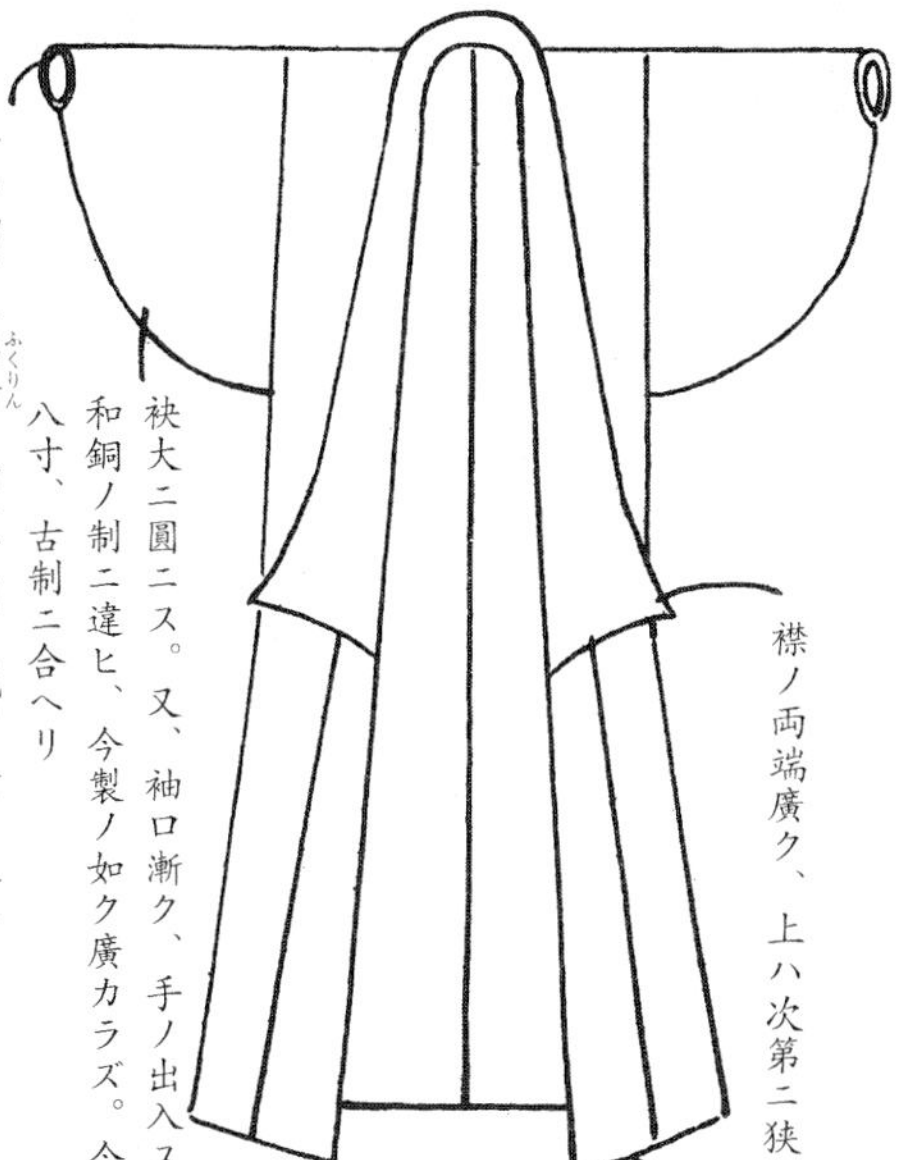
襟ノ両端廣ク、上ハ次第ニ狭ク、斜ニ裁ツ
裾、表裡トモ、同尺ニシテ、今俗ノ云、毛ヌキ合ノ、フキ無シ也
袂大ニ圓ニス。又、袖口漸ク、手ノ出入スルノミニテ、和銅ノ制ニ違ヒ、今製ノ如ク廣カラズ。今製ハ、大略八寸、古制ニ合ヘリ
昔ハ袖口ニ幅輪《ふくりん》ト云テ、別ノ裁ヲ表ヨリ付タリ

此図ニヨレバ、最《もっとも》、筒袖ニ甚ダ近シ。今ヲ以テ、観之トキハ、是ヨリ以前、万邦ト同ク、筒袖ヲ本トスル歟。蓋、王制ニ袖口ノコトアリト雖ドモ、是ハ、官服ノミナリ歟。所詮、筒袖ヲ廣、狭ノ風トノミ思フハ、唯、今風ノミ知ル故ナルベシ。

今制衣服裁縫図

大畧、中人ニテ、長ケ三尺七、八寸、身幅、前七寸、背八寸、衽《おくみ》四寸、襟付ヨリ漸ク上ヲ斜ニス。襟長ケ、左右惣テ四尺五寸、襟幅三寸六分也。裡《うら》ヲ付ケ、後、二ツ折ニシテトヂ付ル也。女子ノハ、着ス時ニ、二折ニシテトヂズ。追書、衽妻ニテ四寸、ヱリツケニテ三寸五分也。袖長ケ一尺三寸、或ハ四寸、袖口ノ明キ八寸穿ツ。袂ハ、僅ニ圓ニス。肩ノ行《ゆき》、江戸ニテ一尺八寸、或ハ、一尺七寸五分、京坂ニテハ一尺六寸。

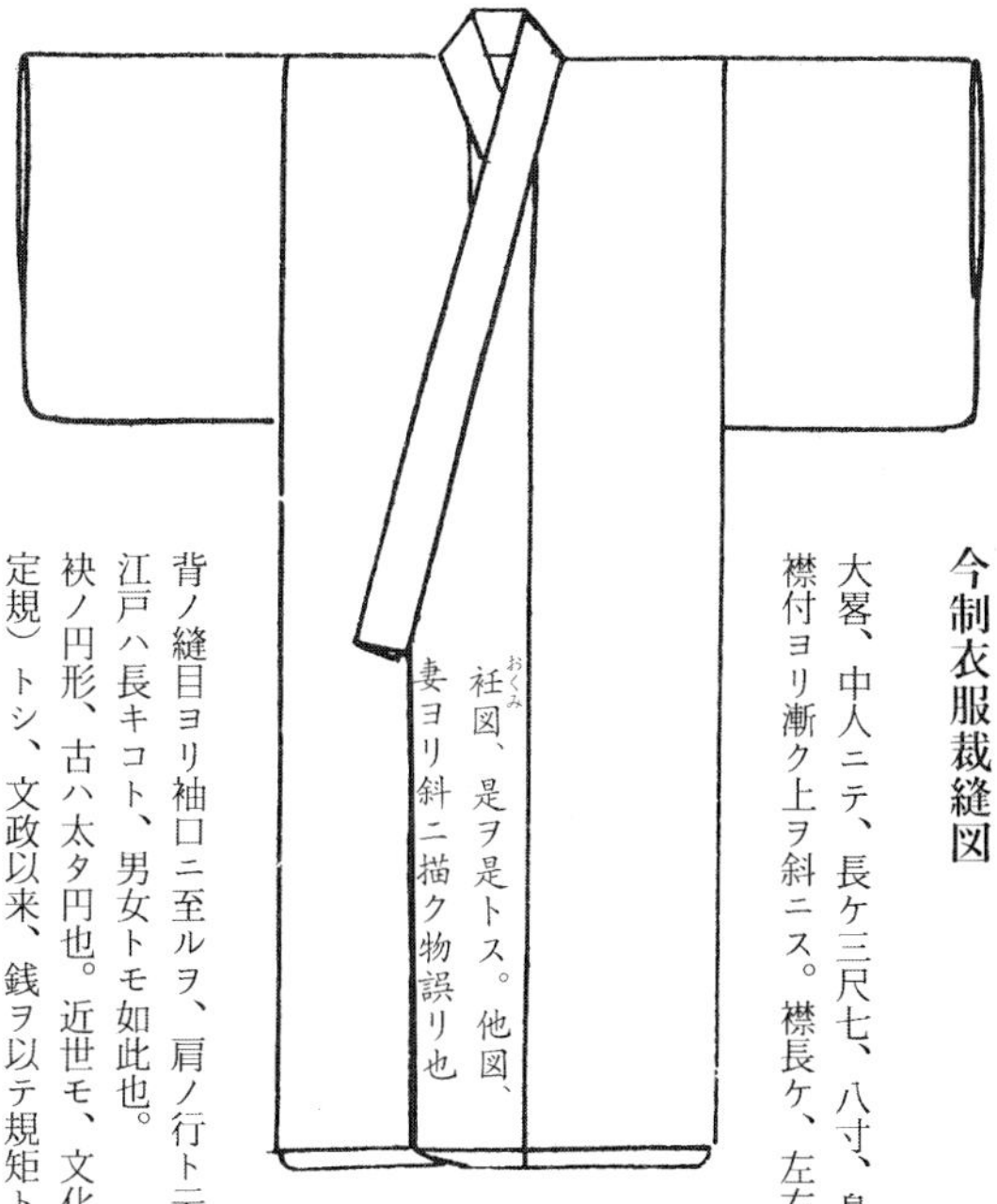

衽《おくみ》図、是ヲ是トス。他図、妻ヨリ斜ニ描ク物誤リ也

背ノ縫目ヨリ袖口ニ至ルヲ、肩ノ行ト云也。此肩行ノミ、京坂ハ短ク、江戸ハ長キコト、男女トモ如此也。袂ノ円形、古ハ太タ円也。近世モ、文化以前、茶碗ヲ印テ規矩《きく》（手本・定規）トシ、文政以来、銭ヲ以テ規矩トス。号テ銭丸ト云。袖口八寸ヲ普通トシ、賤夫ハ、九寸、一尺モアリ。

『世事談』曰、袖縁《そでべり》、又袖口ハ、細川三斎始メラレシ也。始末ノ為ニ非ズ。其頃ハ、専ラ紅裏《もみうら》ヲ用フル也。袖口ヘ、紅色見ユルヲ忌テ、別ノ色ニ覆輪《ふくりん》ヲトラレタル也。自然ノ風情トナリテ、今専用レ之云々。当時ノ製、今ト同キ歟。又、フクリント云ハ、表裡トモニ、袖口ヲ上ニ覆ヒタル歟。今製ノ袖口ハ、左図ノ如クニ、単衣帷子ニ袖口ヲ付ルコト、男子ニハ稀也。婦女ハ、専用之。

祛、袖口ノ本字
綿入袖口、袷准レ之。

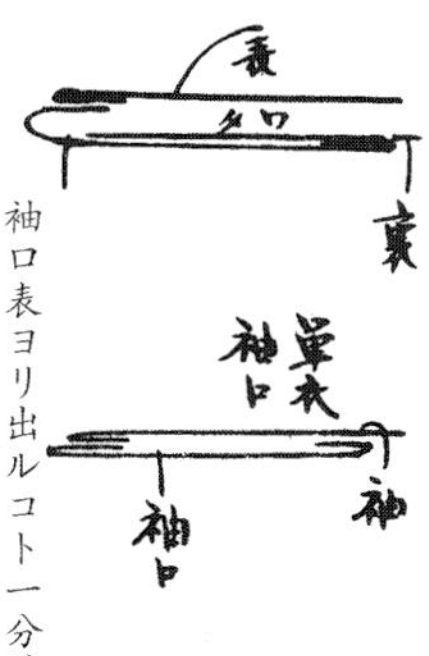

袖口表ヨリ出ルコト一分許也

古ハ、男女トモニ、衣服ノ幅、甚ダ廣ク、下図ノ如クニ、襟ハ、背《うしろ》ニ及ベリ。古図、皆必ズ如此也。是、威儀ノ正シキ故也。女モ帯、廣《ひろか》ラサレドモ、衣服廣キ故ニ、裾ノ開カザル也。

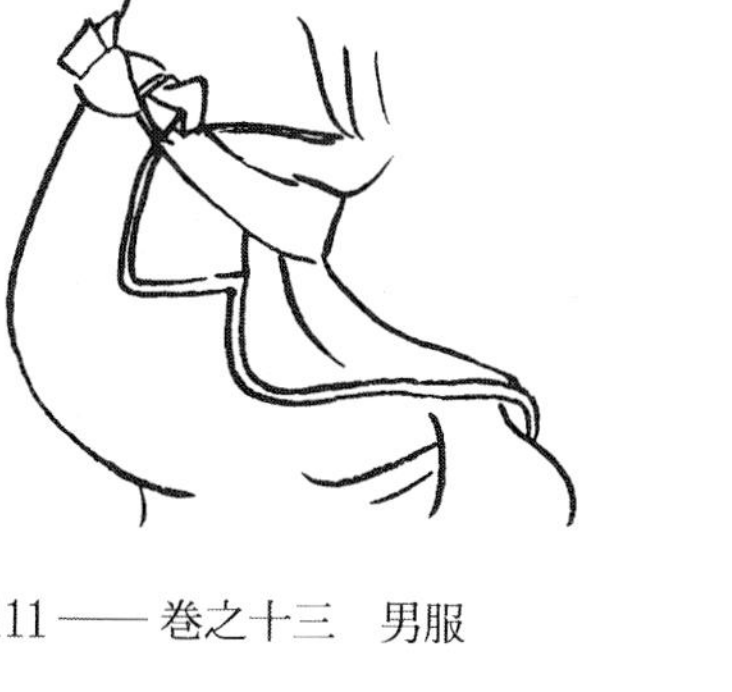

今製熨斗目《のしめ》ノ図

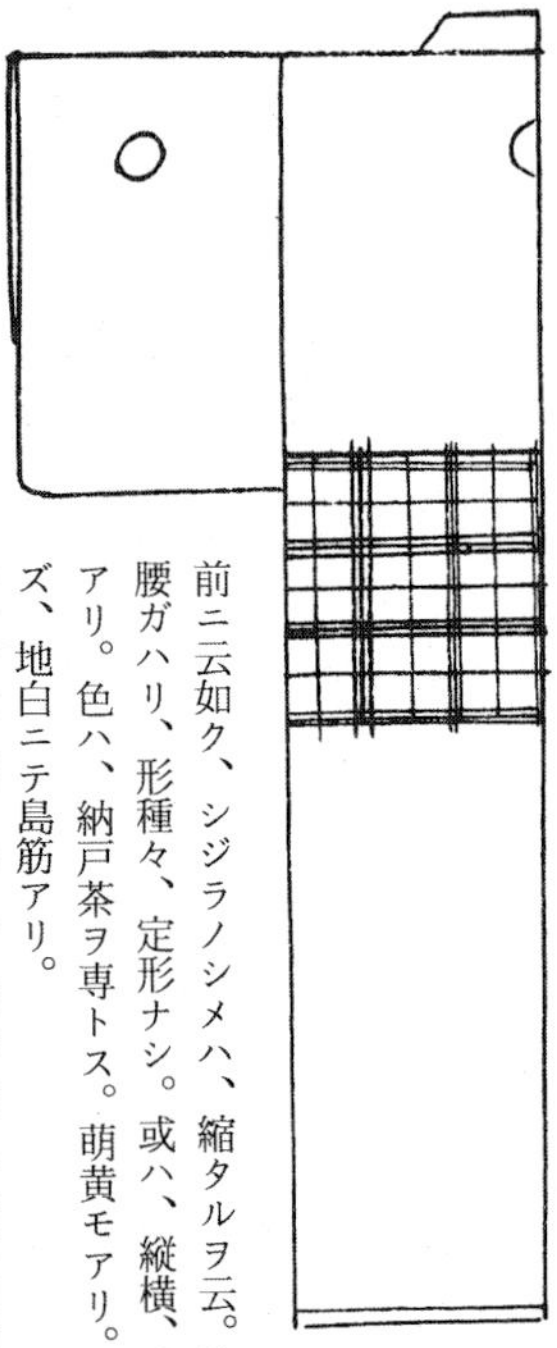

前ニ云如ク、シジラノシメハ、縮タルヲ云。縮サルヲ熨斗目ト云。腰ガハリ、形種々、定形ナシ。或ハ、縦横、或ハ横島、或ハ太ク、或ハ細筋アリ。色ハ、納戸茶ヲ専トス。萌黄モアリ。黒ハ無レ之。腰替ノ所ハ、必ラズ、地白ニテ島筋アリ。

今世、仕入物ト云テ、呉服店兼テ、熨斗目数品ヲ織ラセ蓄フ者アリ。記号ハ、買人ノ好ミニ應テ、織成ノ如ク、縫紋ニスル也。是ハ特ニ、命シ製ス物ハ價高ク、仕入ハ價廉ナルト、又、急用ヲ便スト云ニアリ。

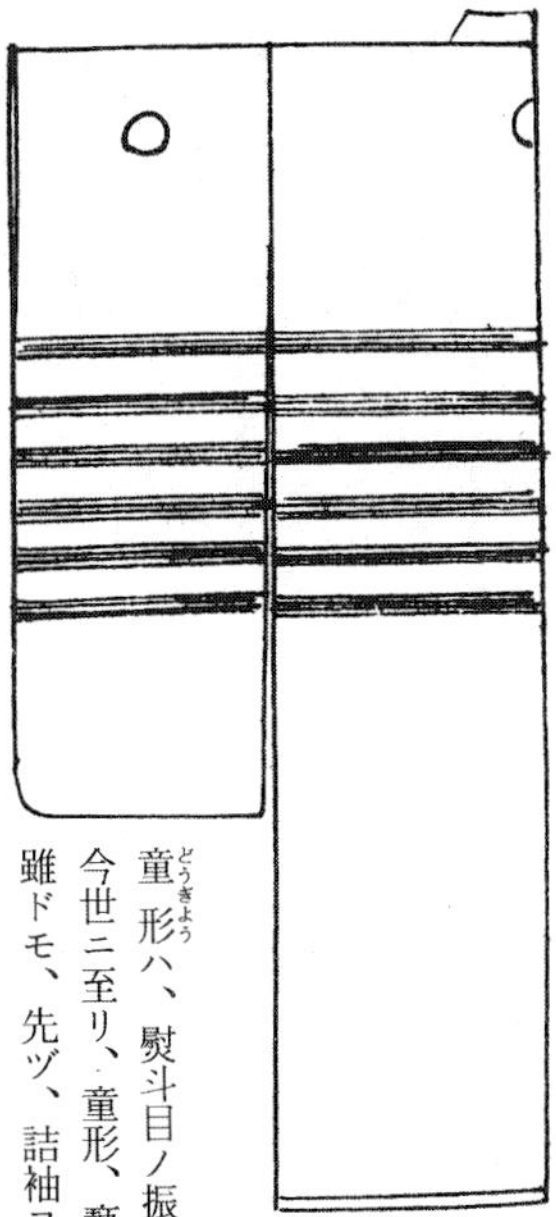

童形《どうぎよう》ハ、熨斗目ノ振袖ヲ、式正ニ着ス也。色、島等同前也。今世ニ至リ、童形、麴、畧ノ服ニモ、振袖ヲ用フコトアリト雖ドモ、先ヅ、詰袖ヲ専用ス。

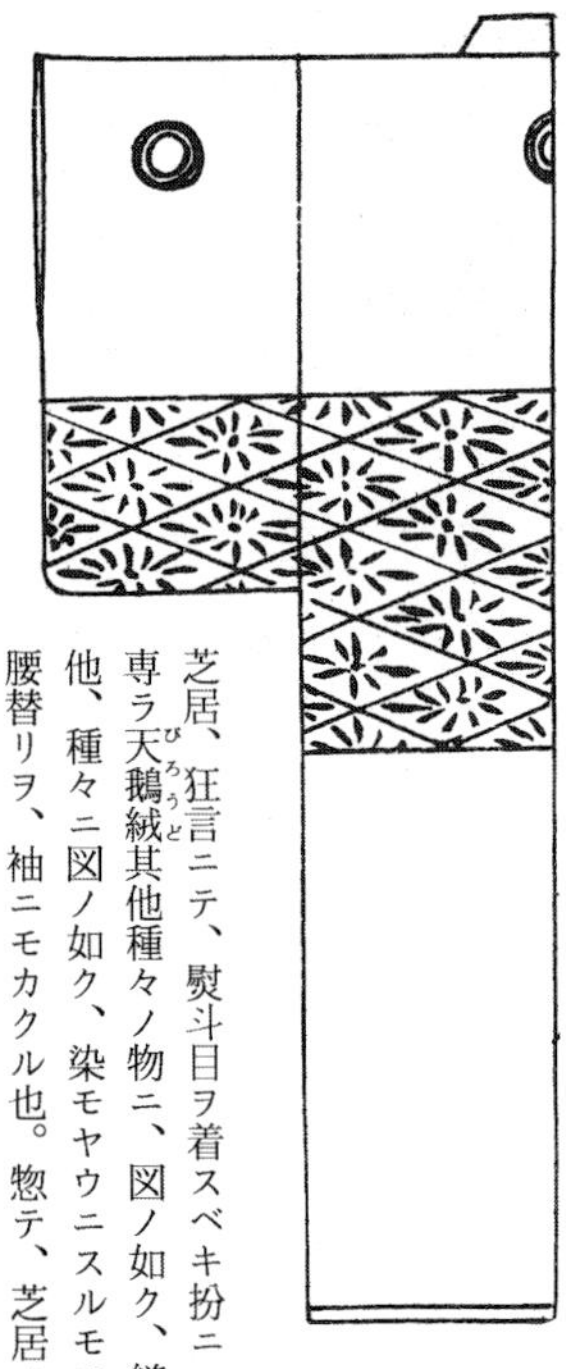

芝居、狂言ニテ、熨斗目ヲ着スベキ扮ニハ、織筋ヲ用ユルコト稀ニテ、専ラ天鵝絨《びろうど》其他種々ノ物ニ、図ノ如ク、縫模様ヲ用ヒ、或ハ、縮緬其他、種々ニ図ノ如ク、染モヤウニスルモアリ、唯、腰替ニ擬スルノミ。腰替リヲ、袖ニモカクル也。惣テ、芝居ノ衣服袖長シ。文久府命後モ、俳優芝居ニハ、不廃之。

記號付衣服之図

記号、俗定紋、或ハ家紋ト云。畧テ紋、トノミ云。故ニ、記号付小袖ヲ紋付ト云也。

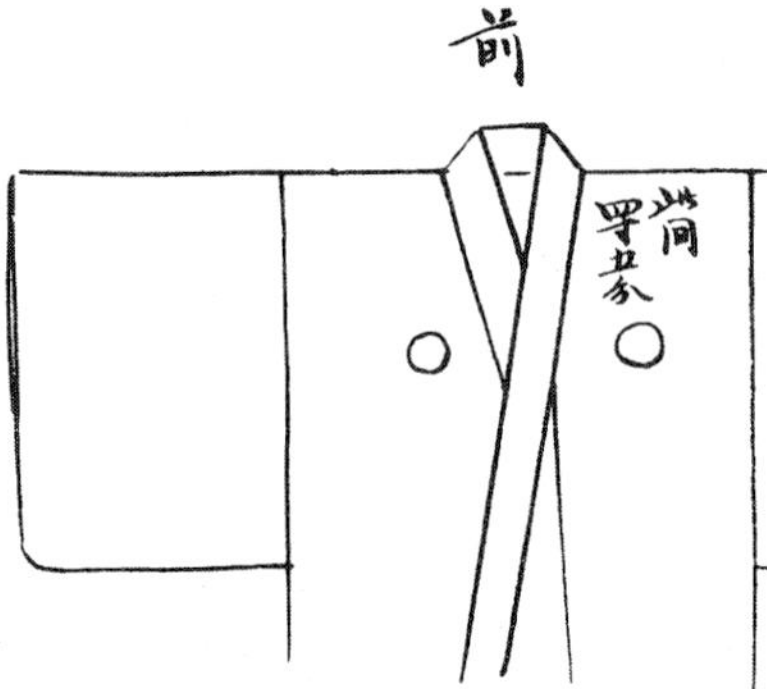

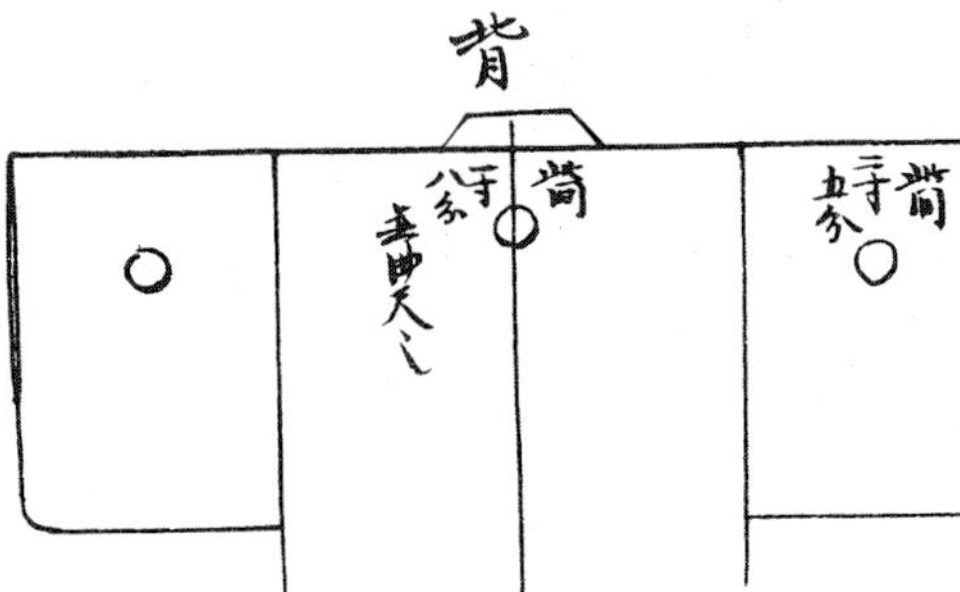

前二紋、背三紋、凡テ五所ヲ普通トス。衣服ニハ、三都トモ必五紋《いつつもん》也。羽折《はおり》ニハ、或ハ五紋、或ハ背一紋、前二紋、凡三所、或ハ、背三所ノミ。又ハ、正背一所モアリ。蓋、貴人ハ羽折モ必五紋也。

紋大サ、亘リ一寸二分許リヲ普通トス、曲尺也。

婦女ハ、一寸一分許也。

武士ハ、一寸三、四分モアル歟。蓋、更ニ無定制。

高貴ヨリ臣下及其他ニ給フ衣服、垢付《あかつき》ト云ハ、普通ノ紋付也。

時服拝領ノ物ニハ、紋大形、概二寸許也。

下着

京坂ニ云 回リ下着
江戸ニ云 額無垢《がくむく》図

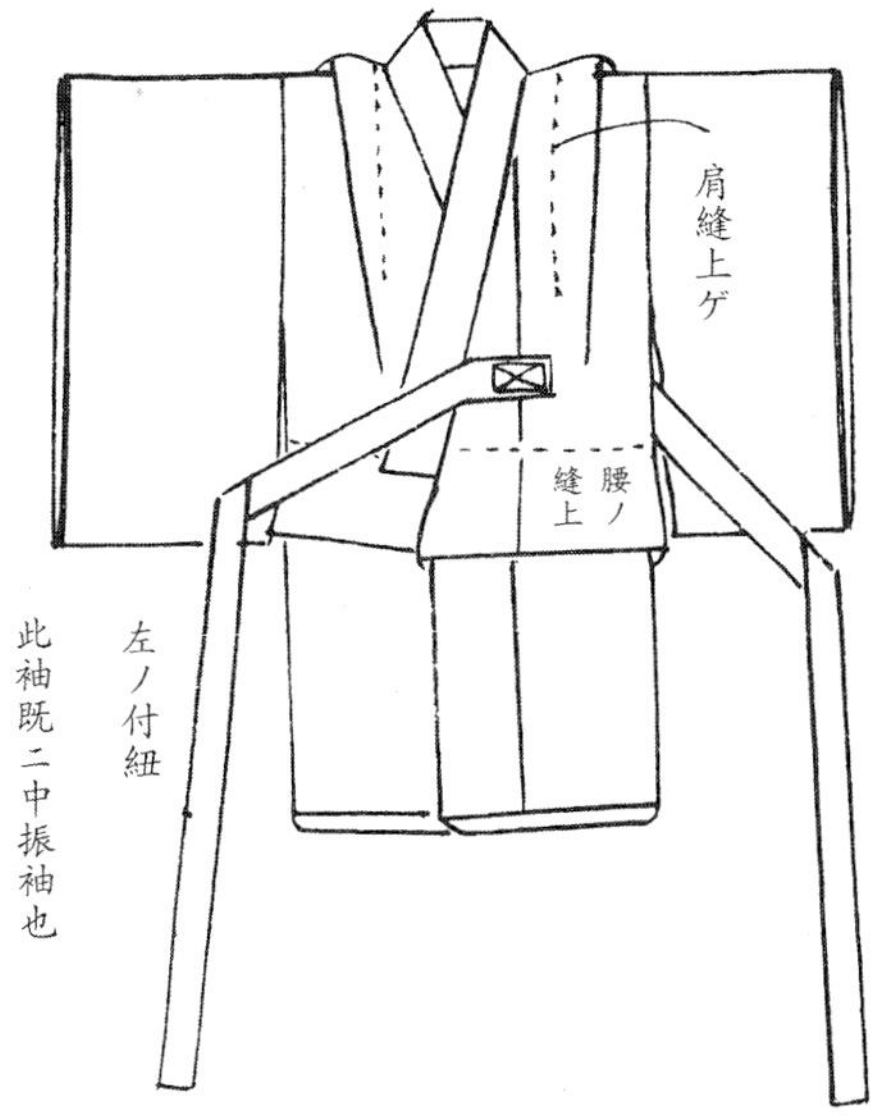

今製 小児衣服図

図ノ如キ下着、男女トモ用レ之トモ、婦女特ニ専レ之。男女トモ、周リニハ細密ノ物、央《なか》ニハ華ナル物ヲ、専トス。又、男子ハ、周リト央ト、二品ノミヲ以テ製シ、女服ニハ、周リ一品ナレドモ、央ヲ種々ノ小裁《こぎれ》ヲ縫合テ、用レ之モアリ。俗ニ、央ヲ胴ト云。裡モ図ノ如ク、上下二品ヲ継用フヲ、上ヲ、胴裏ト云。裡ノ周リヲ、京坂ニテハ「ハッカケト云、八掛ト書ス。江戸ニテハ、裾廻ト云。又、三都トモニ、スソマワシトモ云。

三都トモ、男女児六、七歳以下ハ、図ノ如ク、絳紐《こいあかひも》ヲ左右ニ付テ、先此付紐ヲ結ビ而後《そのあと》ニ帯ヲ用フ。付紐ハ、縮緬ヲ専トス。トヂ糸ハ、黄或ハ赤也。紐ト異色ノ糸ヲ以テス。右方ノ付紐ハ、左腋《わき》ノ明《あ》キヨリ出ス。腋アケヲ、京坂ニテ人形、江戸ニテ八ツ口ト云。

付紐ハ、背ニテ此ゴトク諸輪《もろわ》ニ結ブ。衣服二三領、重ネ着ス者モ、各々ニ結ハズ。八ツ口ヨリ、一ツニ出シ此ゴトク一結ニス。

児服ニ、一ツ身、四身《よつみ》ト云アリ。一幅ヲ身トシテ、左右ヲ兼ルヲ一ツ身ト云。背、縫目ナキ故ニ、図ノ如ク衣ト、異色ノ糸ヲ以テ縫レ之。或ハ、此類ヲ縫モアリ。又、江戸ハ、緋縮緬等ノ小裁ヲ以テ、袷ニクケ、如此結ビ、背ニ付ルモアリ、トモニ定紋ノ坐ニ付ル也。

図75 鳥居清長画『彩色《さいしき》美《み》津《つ》の朝《あさ》』(天明7)
肩縫上げをした子供服

守貞謾稿巻之十四　男服

羽織

蝙蝠羽織《こうもりばおり》図

『骨董集』、前編上帙ニ所載　杏花園蔵

此繪筆者ハ、詳ならずといへども、画風を以て、時代を考るに、寛永正保の頃の、古画にやあらん。其時代の繪に合せミてしが、いづれハ、おほむねハ、たがふべからずとおもハる。

羽織之古図

当時ノ羽折、長ケ太夕《はなは》長ク、袖狭ク、行キ短シ。

又、記号大ニシテ、衿ヲ黒ニシ、或ハ、裾ニ横筋アル等ハ、今世ノ火事羽折ニ似タル歟。

又、或ハ無記号ニテ、大横縞ニ描ケルモアリ。

萬治印本所載　原本　江戸

元禄印本所載　原本　江戸

慶安二年の印本『尤之双紙《もっとものそうし》』上の巻に、みじかき物の品〳〵をいへる条に「袖ふくりん、かハぼりはおり云々」とあれバ、蝙蝠羽織といふことふるし、此繪の羽おりのみじかきハ、当時の蝙蝠羽織なるべし云々。袴の文様ハ、田字草也。これ『本草綱目』の蘋《ヒン》ウキクサなり。

今ハ、花かつミといふ。

今世ハ、蝙蝠羽折ハ廃シ、蝙蝠半天、近年有レ之シ也。

図76　岩瀬京山・喜多武清・歌川豊広画　山東京伝著『骨董集』（文化10）ポーラ文化研究所蔵

蝙蝠羽織「洛中洛外図」（舟木本）
四条河原遊女歌舞伎（部分）
東京国立博物館蔵

蝙蝠羽織（こうもりばおり）
延享・寛延ごろ流行の長羽織のあとをうけて宝暦ごろ流行。短羽織《みじかばおり》ともいった。丈は二尺一寸、坐ったとき羽織の裾が折れないで疊につくくらい短く、大きい目の角袖、丸みはわずか五分ばかり、というのが特徴。そのあと明和ごろから再び長くなり、寛政ごろ、丈は二尺七八寸、前二、三寸下りとなった。（編著者注）

文政前　京坂羽折之図

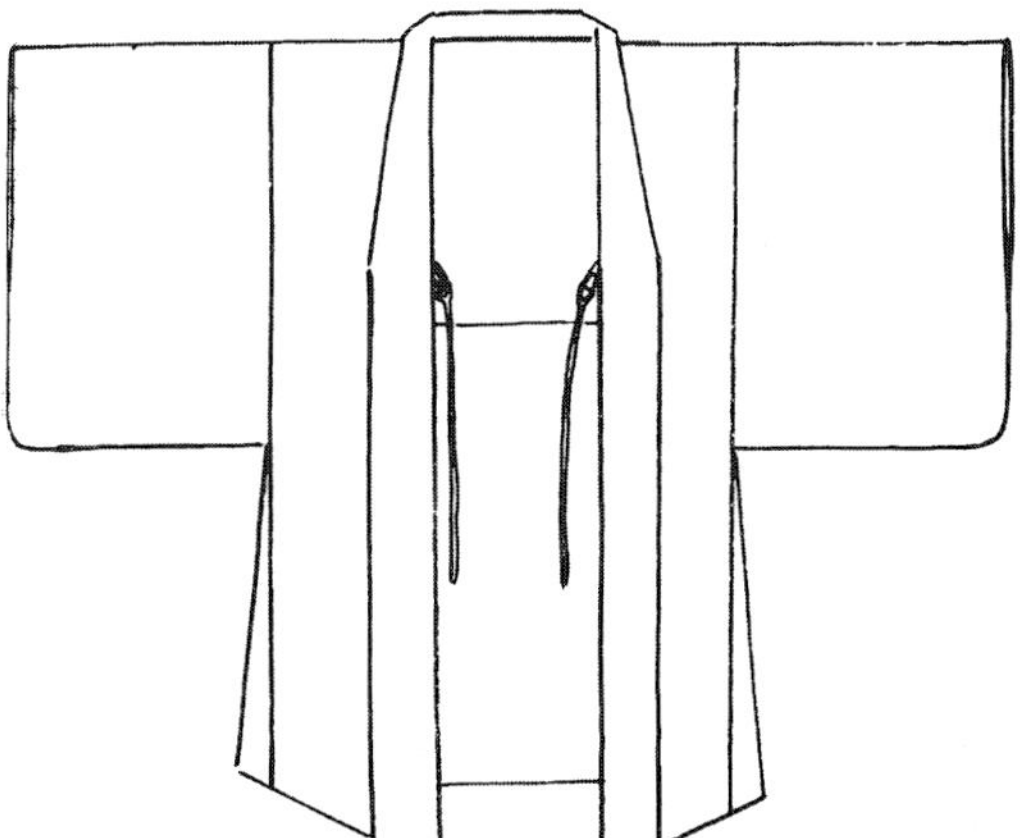

江戸ハ、文化末年、長羽折廃シテ、左図ノモノヲ用フ。京坂ハ、文政末年、長羽折廃スレドモ、亦《また》、猶《なお》、長羽折ヲ用フル人モアリ。今ハ、三都トモ、上図ノ長羽折用フル人絶タリ。蓋、市民ハ、三都トモ、長《たけ》二尺五分、或ハ二尺一寸ナレドモ、今モ、武士、医者ノハ、市民ヨリ一寸モ長キヲ用フ。
上図ノ長羽折、長ヶ概二尺四、五寸、前サカリ二寸、或ハ二寸五分、肩行一尺六寸。半合羽長ヶ准レ之。図ノ如ク、上、半裡ノ物ヲ裡ト云ズ、羽折ノスラシト云也。

今製　江戸羽折之図

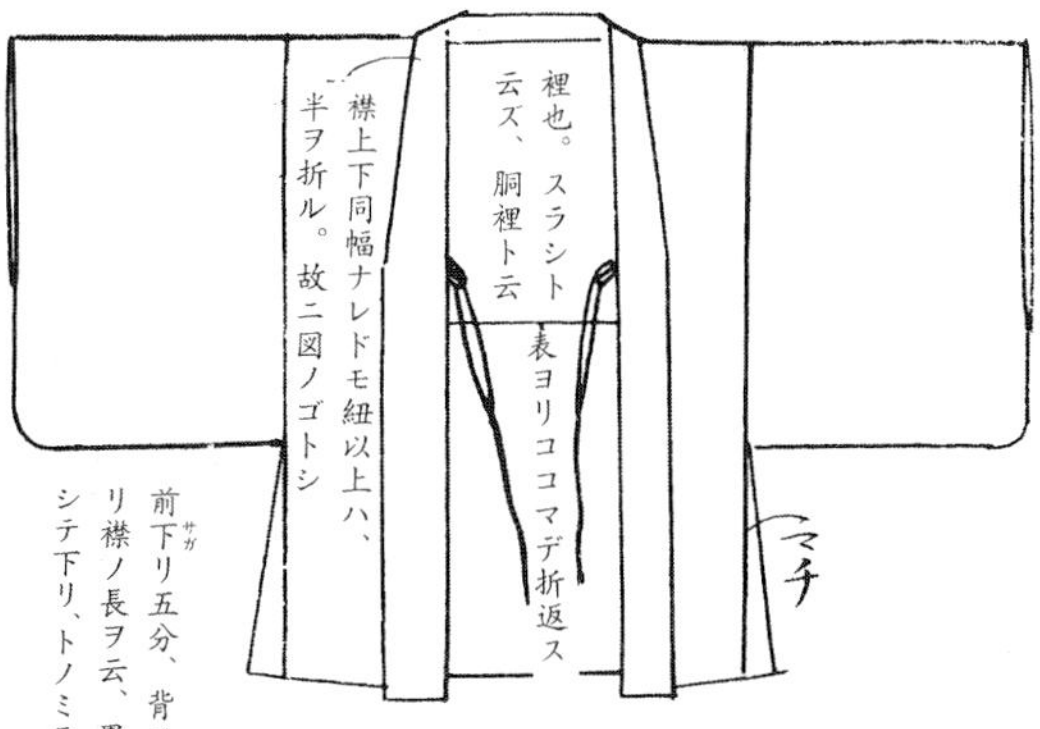

江戸モ、文化ノ初ハ、長キヲ着ス。文政以来、今ニ至リテ、短キヲ好トス。蓋、中人ニテ、概長ケ二尺五分、或ハ二尺一寸、身幅前五寸、背八寸、マチ下ニテ、幅二寸、或ハ一寸八分、襟幅二寸、或ハ一寸八分、袖長ヶ、衣服ヨリ五分長クス。肩行、衣服ト同キ也。乳《ち》、付紐《つけひも》ヲ付ルノ用也、上ヨリ八寸下ル。
紋付ニスルニハ、紋居処、衣服ト同制也。蓋、羽折ニハ、一紋背中ノミ。三紋背一紋、前二紋或ハ背三紋前無紋、五紋ハ、衣服ニ異ナルコトナシ。貴人ハ、必ラズ五紋也。中民以下三紋、或ハ一紋アリ。

羽織胸紐

古製ハ、羽折ノ同裁ノ綷《くけ》紐也。何レノ時ヨリ、組紐ヲ用フル歟。『我衣』曰、「羽折ノ紐ハ、元来供裁《ともぎれ》之綷《くけ》紐也。十徳ノ畧也。天和迄ハ八ツ打、貞享ヨリ元禄迄、廣キ平打、宝永ヨリ、平打、牡丹《ぼたん》ガケ、正徳ハ、黒ノ短ク狭キ牡丹掛、武家ハ、綾打ヲ用フ。享保末ヨリ、太ク、少シ長クナル。元文、長キ紐ヲ、四重ニトリテ、片紐也。又、結ビテ、帯ノ下迄下ルモアリ、見苦シ。其頃、市村座帳元ニ、庄左ヱ門ト云者、縄ノ如クナヒテ、牡丹ガケニシタリ、然ドモ、世上ニ知ル人ナシ。寛保三年ヨリ、世上ニ流布ス。延享ニ至テ、糸屋ニテ製シ、店ヘ出シ置ク。」

庄左ヱ門所製、黒糸ニテ如此ス。延享ノ頃ヨリ賣物ニハ、茶天鵝絨《ビロード》。

其後二重ニ製シタルモアリ。蓋、左右二條也。一條図ヲ畧ス。

文化文政ニハ、京坂、黒ノ八ツ打丸紐也。

八ツ打丸紐

武家ハ、三都トモ今ニ至リ、紫ノ八ツ打、上図ノ如キヲ用フ者多シ。民間更ニ、紫ヲ用ヒズ。小児ニ、アルノミ。

同年、江戸、未考。

天保中ヨリ今ニ至リ、京坂、平打長紐、幅狭ク、色種々、刀ノ下ケ緒ト同制。京坂モ、近年ハ、平打ニテ、左図ノ如ク、長尺三寸ノ上五寸、輪下八寸、一條紐ヲ用フ。専ラ、交糸組也。

同時、江戸ハ、八ツ打丸紐、左図ノ如ク、半以上ヲ輪、半以下一条トス。

長ケ一尺三寸曲尺也。其上、五寸ヲ輪トシ、下八寸太ク。

文政中、京坂ニ行ル。八ツ打ヨリ細ク、況ヤ上輪ノ分イヨ〳〵細シ。天保中、色、媚茶《こびちゃ》、弘化後、菖蒲革色《しょうぶがわいろ》。今、嘉永三、四年ヨリ、形、右図ノ如ク、上五寸輪ノ物ニテ、色紺ヲ専トス。八ツ打モアレドモ、紺ノ縄捻《なわより》ヲ流行トス。以後、変革、左ノ餘紙ニ誌スベシ。

羽織紐、図ノ如クニ結ブ也。又、羽折紐ヲ胸紐ト云也。因記、羽折ノ紐ヲ付ル、乳ノ大サ、従来幅二分長サ六、七分並曲尺也。然ルニ、今、嘉永三四年頃ヨリ、幅曲尺ノ一分、長サ四分許ノ小形トナル。如此乳ノ大ナルハ、見ルニ宜《よろし》カラザリシガ、果シテ、コヽニ至ル。実ニ、如斯ノ小事ニモ、今、人ノ心ヲ用フコト如此也。又、京坂ノ人ハ、江戸ニ及バズ。江戸、先如レ此一事ヲ以テ、万事ヲ可察也。

武家羽折図

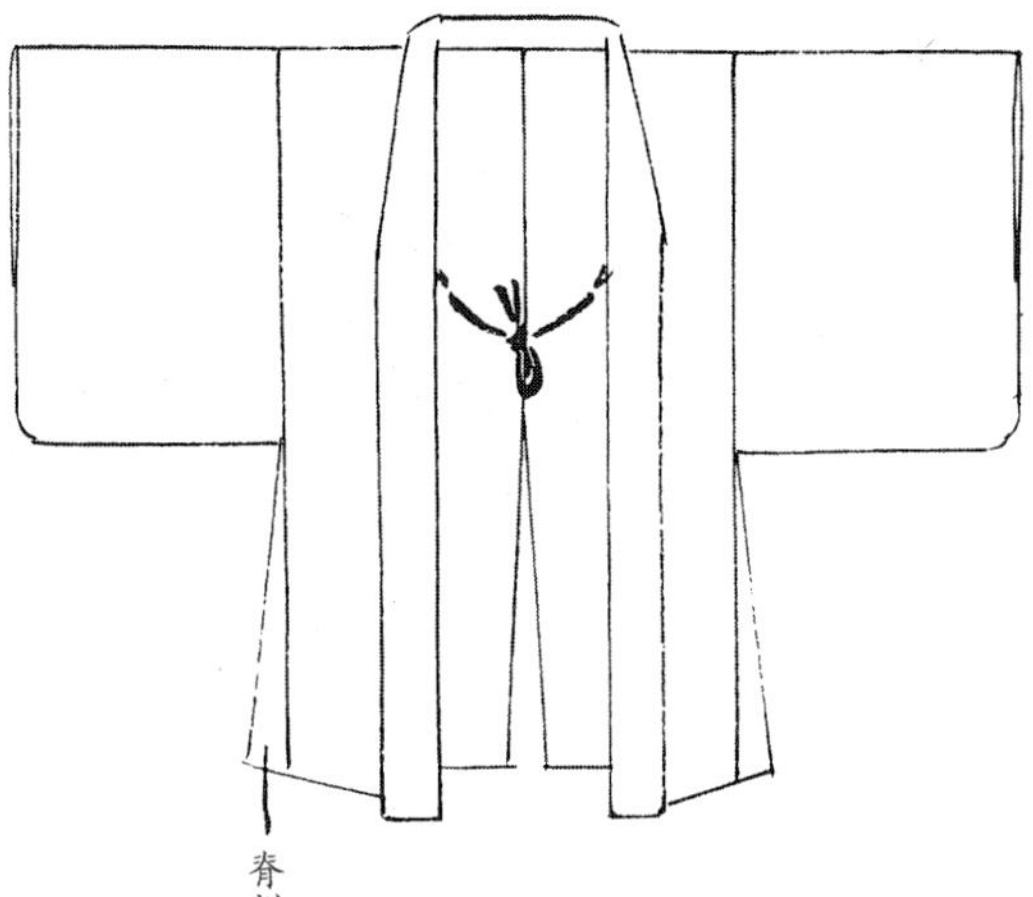

俗ニ、ブッサキハオリト云。武家裂羽折ノ畧歟。其詳《つまびらか》ヲ知ラズ。又、振裂羽折歟。所詮《しょせん》、脊背《せはい》ノ縫目、腰下ヲ裂テ、縫合セズ、故ニ号クル也。武士、野行ニ専用トシ、平日モ畧服ニ用レ之。大身モ、潜行ニハ用レ之。大身モ、小身モ、浅黄、織色木綿ノ表ニ、海気絹《かいきぎぬ》ノ裡ヲ専《もつぱら》トス。他品モ、往々随意用レ之トモ、紋付ハ無レ之。又、有トモ甚ダ困窮ノ人ノミ。定紋付ノ古キヲ以テ、製レ之者ハ、稀ノ至也。又、縞小紋等モ、無ニ非ズ。

脊割羽織、マチナシ、此図、予一時ノ誤リ也

夏ハ、越後縮布等、凡テ麻布ヲ以テ製之。此、武家羽折ハ、必ラズ惣裡《そううら》也。スラシト云、半裡ヲ用ヒズ、又、脊割羽織ト云。

市民、用レ之コト甚ダ稀トス。江戸、名主等ハ往々用之。京坂モ、巨戸《きよこ》及ビ武家ニ出入スル輩ハ、野行等、往々用レ之アリ。火事羽織、皆、背ノ中以下ヲ裂ク、其製、火事装束ノ条ニ詳ニス。

標目《しるし》　革羽織図

此図ハ、江戸鳶之者、二番組ノ内、ろ組ノ徒ノ所用如斯。背ノろ字ヲ大紋ト云。裾周リハ、二番ノ二字ヲ縦横ニ描キ、襟ノ胸紐、乳辺ニ二番組ト画ケル。他組ノ者モ准レ之。

又、市店ニテ、鳶夫ニ授与シ、或ハ自家ノ奴僕、雇夫等ニ用フ者ハ、倣レ之テ、大紋裾周リ、襟文トモニ、記号、標目、或ハ家号ノ字等ヲ描ク。又、小戸ノ者、業ニ因テ自用スル者モ、亦右ニ准ス。

如此、雑夫所用ハ、太タ大形也。長二尺七、八寸、袖長ケ、尺四、五寸、襟幅三寸餘、トモニ鯨尺也。色必ラス熏《ふすべ》革、紋白也。

紐ハ、黒八ツ打、太ク長キ者ヲ用フ。乳付ノ処、衿ト身トニ一寸許リ縫除キテ、胸紐、表裡ニ通セリ。臨時、裡ヲ表ニ反シ、用フコトアレバ也。常躰、羽折モ同レ之。

右図ノ如キ革羽折、鳶ノ者、寒風日、平生モ用レ之レドモ、晴服ノ時、専ラ用之。又、諸黨、會合等ノ時、専ラ用レ之。

又、江戸市民、正月、年始礼ニ回ルニハ、必ラズ年玉ヲ呈ス。扇子、其他諸品ヲ挾筥《はさみばこ》ニ納メ、携レ之ニ鳶ノ者、或ハ家僕、或ハ日雇夫ヲ用フ。此挾筥持ニハ、専ラ右図ノ如キ、革羽折ヲ着セシム。

右図ノ如キ、革羽折、價大畧金三両許也。

火事装束

今世　武家火事羽織ノ図

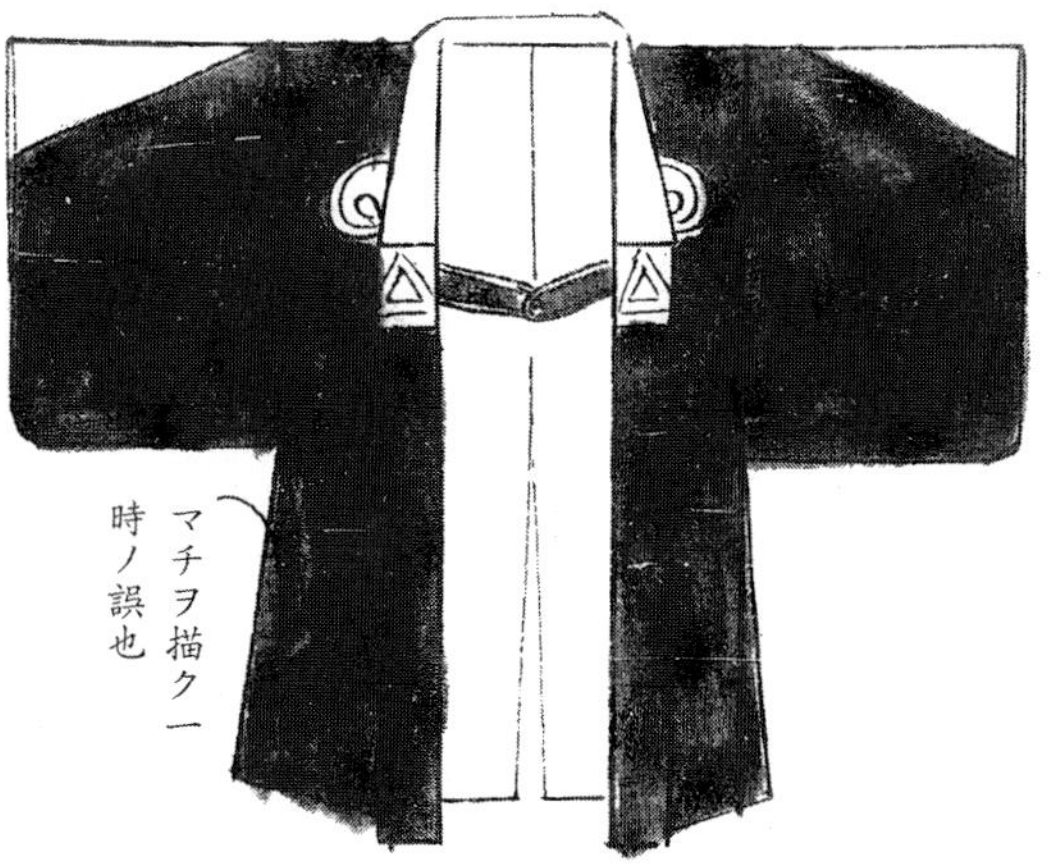

武家所用ハ、表羅紗、裡小純子《どんす》、其他織紋ヲ専トス。表羅紗、青、黄、白、黒等也。其他、種々ノ色アレドモ、地赤無レ之。図ノ如ク襟ノ上ハ、白ヲ専トス。又、紐付ノ処ニ △ 等アルハ、其主人ノ記号也。定紋ニ非ズ、合印ト云物也。又左右袖ノ上斜ニ、白クスノ如キ、其家ノ標目也。定紋ハ、其人々ノ累代ノ記号、武士ハ、専ラ前後五所ニ、白羅紗ヲ以テ、切付紋ニ製ス故、定紋ハ、人々異也ト雖ドモ、紐付辺ノ合印ト、袖ノ標目ハ、同藩ノ士ハ、必ズ同製。唯、士ノ上下ニ因テ、精粗ト美、悪アルノミ。

標目、或ハ袖、或ハ裾ノ周リニ有レ之テ、其制種々ヲ以テ、其藩ヲ別テリ。

大名、籏本トモニ、主人ハ、標目ヲ製スニ及バズ、大禄ト雖ドモ、藩中ノ士ハ製レ之。下僕ハ、木綿ハッヒ（法被）ニ記レ之セリ。

此図モ、マチヲ除クベシ。

火事装束之胸當図

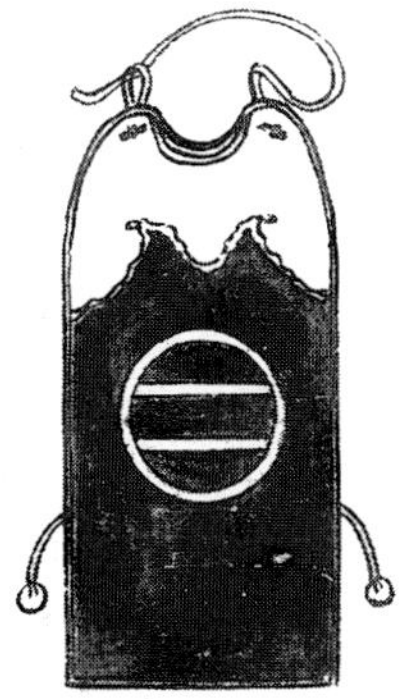

胸當ハ、専ラ火事羽折ト、同物、同色、同製也。羅紗以下ヲ以テ造レ之。或ハ、羽折ト異色ヲ用フモアリ。武家ハ、胸当ノミ、地緋羅紗ヲ以テ、製スモアリ。

武家ハ、定紋及ビ上ノ方ヲ、専ラ白ニス。市民ハ、上ノ方ヲ他色ニシ、定紋ヲ縫ニスルコト、羽折ト同キ也。

腰ハ、両辺ノ紐ニ丸ヲ付テ、帯ニ挾ム也。

武家ハ、各必ラズ用レ之也。蓋、ハッピヲ着ス奴僕ハ、不レ用レ之也。

火事装束 石之帯之図

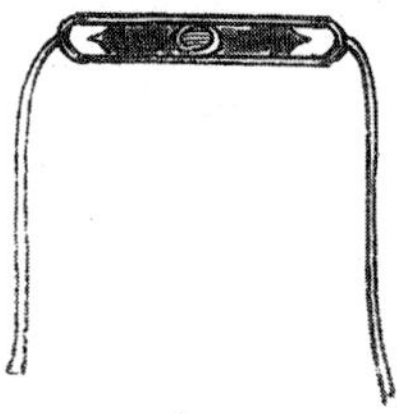

石帯ニ、定紋或ハ有レ之、或無レ之モアリ。火事羽織ノ上ニ、此帯ヲ締ル也。放裾《はなちすそ》ニテハ、火場ニテ動クニ便ナラズ。物ニ触ル厭《いと》フガ故ニ、士民トモニ多クハ用レ之。
武士モ、騎馬ノ人ハ不レ用レ之人多ク、歩行ハ用レ之者多ク、又、江戸ノ市民、常躰羽折ヲ着ス者ハ、不用之者多シ。

火事羽折ノ、背ノ下裂タル物多クハ、縫目ノ所ニ種々ノ形ヲ縫製等ニシテ、切付タリ。蓋、其上下ノミヲ、羽折ニ縫付テ、其間ヲ石帯ヲ通シ、前ニ結ブ也。又、此物ナキモアリ。

火事装束 兜頭巾《かぶとずきん》図

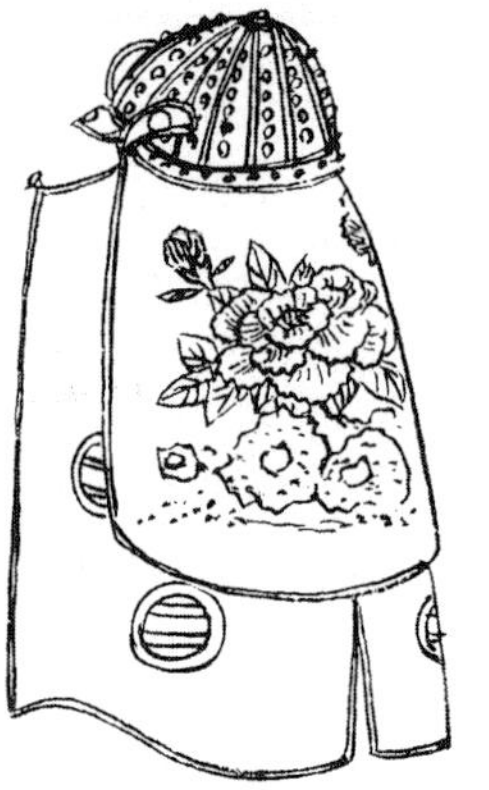

盔《はち》、銀鉑《ぎんぱく》ヲ専トス。又、銕錆《てつさび》等モアリ。又、形モ種々アレドモ、上輩ノ士ハ、此形ニテ銀鉑物多シ。

火場、騎馬ノ士、此頭巾ヲ用フ。盔ハ、百重《ももえ》張《ばり》制ニシテ、形真ノ兜ノ如クシ、専ラ銀鉑ヲ押タリ。錣《しころ》ハ、羅紗ヲ以テ製レ之。種々華美ノ繍《ぬい》ヲスルニ、彩糸ヲ用ヒタリ。或ハ図ノ如ク、二枚錣ノ物ハ、表錣ヲ彩糸ノ縫物ニシ、下錣ヲ、白羅紗、切付ノ定紋散ニスルモアリ。其制一ニ非ズ。種々随意、或ハ地緋羅紗ニスルモアリ。其他色種々、此錣ハ、華ヲ専トスル者多シ。

歩行ノ士モ、用レ之者多シ。蓋、江戸ニテハ、歩行ノ士ニモ、用レ之者多ク、京坂ニテハ、騎馬ニハ用レ之レトモ、歩行ノ士用レ之者太タ稀也。

江戸モ、幕府ヨリ火所ニ駈行《かけゆき》テ、其様ヲ将軍ニ報スノ近侍ノ士ハ、馬上ニモ、必ラズ百重張陣笠也。陣笠表白タタキ（敲《たたき》・漆塗で、細かい皺を寄せた仕上げ）、裡、金鉑ナリ。故ニ、裡金ト云テ、他ノ士ハ、大身ト雖ドモ、用レ之コトヲ許サズ。

又、騎馬ノ士ニモ、陣笠ヲ用ヒテ、頭巾ヲ用ヒザルモアリ。陣笠モ、上輩騎馬ノ士ニハ、徒々錣ヲ付タルアリ。下ニ図ス。

錣付之陣笠

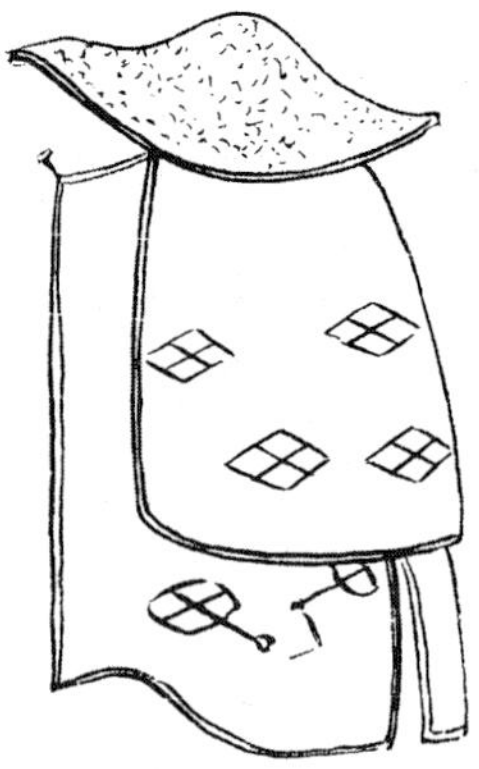

錣同前、羅紗ヲ専トス。又、繍《ぬいとり》モ種々彩糸ヲ以テ、種々ノ形縫モアリ。又ハ、白ラシヤ、定紋ノ散シ等モアリ。随意ニテ無レ定也。
上図ハ、白タタキ陣笠也。其他、黒漆、又ハ銕錆、其他種々、無錣ノ陣笠モ同レ之。
白タタキ、裡、金陣笠ニモ、錣ノ有無随意也。
黒漆陣笠等ニテ、表ノ前ニ金紛ヲ以テ、定紋描ク物モ多シ。

兜頭巾之図

江戸ハ市民モ用レ之。
京坂ハ市民不レ用レ之。

下士及ビ御用達町人、或ハ町名、或ハ武家ニ出入ノ市民モ、図ノ如キ頭巾ヲ用フ。

盔、百重張ノ黒漆、或ハ溜塗《ためぬり》、又ハ銕錆等也。又、百重張ノ表ヲ革包ニ制スモアリ。士民、相通ジテ用レ之ト雖ドモ、武家ハ、漆ヌリ、銕サビ等多ク、市民ハ、革包ヲ専トス。

錣、黒ノ羅紗、黒革ヲ専トス。是亦、市民ハ革ヲ専トス。

漆盔《うるしばち》ニハ、革錣アリ。革盔ニハ、錣モ革ヲ専トス。


右等ノ頭巾、又陣笠ヲ着ス者ハ、背下ノ裂タル羽折ニ、胸当ヲ用ヒ、又、専ラ野袴ヲハク也。野袴モ、上輩ノ士ハ、純子、錦ノ類也。下士、民間ニハ、縞物ヲ専トス。下士モ、純子ハ用フ者アリ。市民ハ用レ之コトナシ。

又、下士市民ニハ、フンゴミ袴、裾ボソ袴、カルサン等ヲ用フモアリ。

兜頭巾図

此処ニモ記号等ヲ或ハ付レ之、或ハ付ズ

武家、足軽ハ、頭巾、羽折、胸当、袴トモニ、淡墨革、又ハ黄革ヲ以テ、同制ニシタルヲ用フ。頭巾、羽折、胸当トモニ、其藩ノ記号、標目ヲ白ク染メヌキタリ。此輩ノ頭巾ハ、多クハ、百重張ノ表ヲ包マズ。革ノミヲ以テ盔トス。故ニ、蓄フ時ハ、横ニ押平メテ納ム也。

市民モ、名主、或ハ用達ハ、黒ヲ専トシ、其他モ、黒ヲ用フルアリト雖ドモ、稀ニシテ、熏革《ふすべがわ》ヲ専トシ、或ハ菖蒲革色モアリ。緑ノ黒キ物也。是亦、百重張ノ表ヲ裹《つつ》ミ、或ハ革ノミヲ以テ製レ之テ、盔ノ堅カラザルモアリ。

又、記号、標目等ノ有無随意也。

市民、革頭巾ハ、表裡、無地、或ハ表無地、裡小紋形、又ハ筋紋染モアリ。

又、図ノ如ク、覆面ヲ兼タル錣モアリ。或ハ覆面ナキ錣モアリ。

京坂市民ハ此頭巾ヲ用ヒズ。陣笠ノミヲ用フ。

右ノ革頭巾着ス者等ハ、羽折背ヲ裂ズ。又、野袴等ヲ用ヒズ、股引ヲ相應トス。右図ノ如キ兜頭巾ノ盔ニ細キ紙捻《こより》ヲ以テ、編ミ製シタル物アリ。柿渋ヌリ、或ハ漆ニシテ用フ。紙捻盔ノ物、多クハ木綿錣也。袴ヲ着スホドノ人、此盔ニモ黒革、或ハヘルヘト等ヲ錣ニシ、袴ヲ着セザルホドノ人ハ、紺木綿ヲ用フ、或ハ糸刺、紺木綿モアリ。

猫頭巾

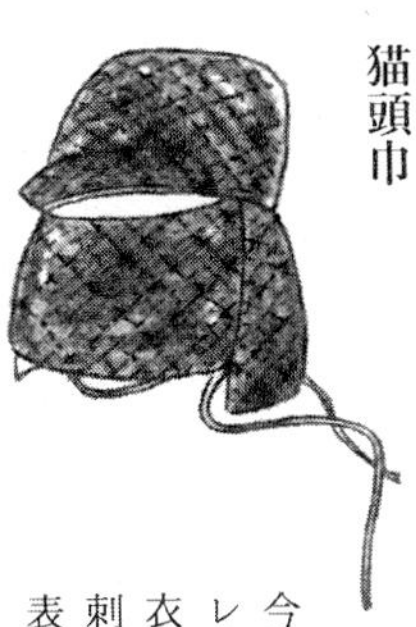

今世、江戸防火夫、及ビ市民火場用之。盔ニハ、木綿《ワタ》ヲ納レ、錣及ビ覆面ハ、袷ニス。惣テ木綿《モメン》製也。火ニ近《ちかづ》ク時ハ、衣類及ビ此頭巾トモニ、全ク水ニヒタシ用フ。図ノ如ク絲刺ニスルモアリ。水ヲ多ク含マセンガ為也。

表紺無地、或ハ左ノ類ノ染形、裏ハ、茶色、或ハ、萌木色。

下頭巾

シタ頭巾モ亦、火場用也。猫頭巾ニ重用スル故ニ名也。然モ、火ニ近ク迄ハ、下頭巾ニノミヲ用フモアリ。其時ハ、猫頭巾ヲ腰背ニ着ケ、紐ヲ前ニ結フ。

此頭巾ハ、天保頃ヨリ始テ製之。左右ニ垂タルヲ以テ、頬《ホウ》ヲ包ミ、寒風ヲ防グニ備フ。全木綿袷製也。

法被と半天

法被ト書ス
ハッピ之図

武家ノ中間ト云奴僕ハ、平日モ用レ之。火場モ、亦着レ之。木綿単ノ半身服也。地縹色、記号、標目ハ白也。記号、標目、家々ニテ不同、其制種々。ハッピノ紐ハ、同裁ノ絆紐也。

江戸モ、市中ノ奴僕、火場ニ、文化以前ハ、右図ノ如キヲ用フテ、ハッピト云。今世ノ半天ハ、色紺ニシテ、記号ノ描風、自然ト異ナル所アリ。又、半天ハ袖細シ、ハッピハ、袖衣服ト同寸ヲ用ヒ、染色モ紺ニセズ、縹、或ハ茶色ノ物多シ。文化以来、市民ニハ、其製廃テ、今用ノ半天トナル。武家中間ハ、今モ、縹染ノハッピヲ用フ。江戸ニテ、火場等ニ用フ。紺木綿、印半天ハ、下ノ半天ノ条ニ記ス。

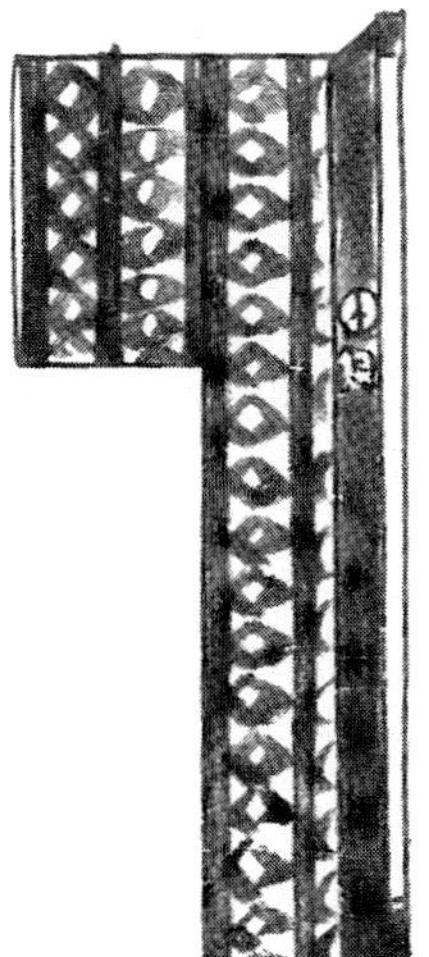

江戸　長半天図

鳶之者、平日モ、所業ニハ用レ之コトアリ。火場ニハ、専ラ着レ之。或ハ是ノミヲ着シ、或ハ着レ之テ、表テ、印半天ヲ重ネ着ス。長半天ニハ、必ズ三尺帯ヲ締ル也。

袖半天ト同ク、衣服ヨリ細ク、長ハ印半天ヨリ長ク。衣服ヨリハ、大畧五六寸短クス。無衽《おくみなし》ニシテ襟裾ニ至ル。

表、其黨ノ記号、標目染タル、其他ノ物モ用レ之、多クハ、地萠、紋紺也。襟ハ全ク紺ニテ、央ニ図ノ如ク、記号等白ニス。左右トモニ有レ之。

長半天、必ズ木綿袷也。裡、萌木木綿、或ハ茶木綿也。縹ハ稀トス。又、全體ヲ紺木綿糸二條ヲ以テ、刺レ之。或ハ縦横、或ハ麻葉、或亀甲等、種々刺タルモアリ。又、刺ザルモ多シ。

市民モ着レ之レドモ、火場ヲ専トス。染形等専ラ倣《ならう》之也。

蓋、市民モ糸刺ヲ用ヒ、或ハ、不刺ヲ用フ。鳶人足ハ、専ラ刺タルヲ用フ。是防火ノ時ハ、必ラズ全身ヲ水ニ濡シテ、火気ヲ凌グ故ニ、糸刺ニ非レバ、水ヲ含ムコト少キガ故也。鳶ノ者、火場ニハ、必ラズ猫頭巾也。猫頭巾、下頭巾ノ条ニ図ス。

京坂市店ノ火事ハッピ之図

半天《はん》《てん》

綿入半天之図

綿入半天ハ、縮緬、紬等ヲ以テ製之。或、木綿モアリ。縞ヲ専トス。安政以来、呉絽《ごろ》フクリン、袷半天用フ、色黒、或ハ紺也。

半天ハ、両腋ノ裾ヲ裂ズ、胴着ハ裂也。又、男用ハ、ハッロヲアケズ

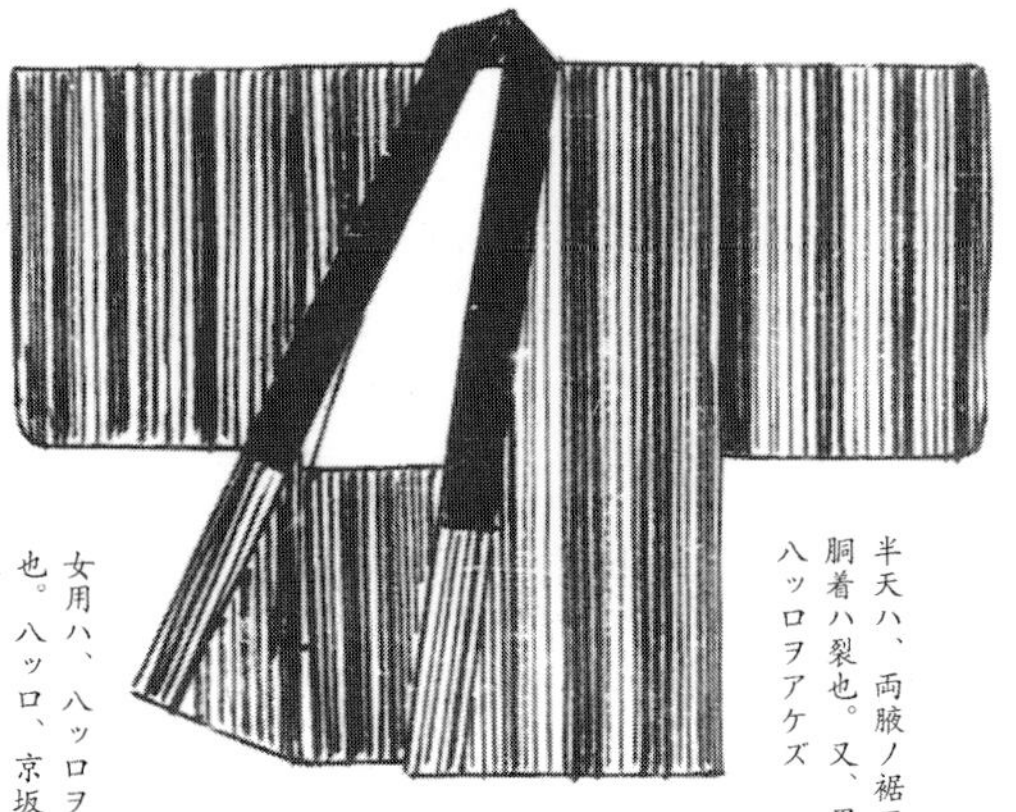

女用ハ、八ッロヲアクル也。八ッロ、京坂ニテハ、人形ト云也

綿入及蝙蝠トモニ、半天ニハ、胸紐ヲ用ヒズ。

近年、京坂市店モ、江戸風ノ半天ヲ模制スレドモ、猶未ダ用レ之家稀ニシテ、従来ノハッピヲ用フ家多シ。

京坂市店ノハッピ、木綿単ニテ、地縹色、正背ニ記号ヲ描キ、裾ニ、種々ノ標目ヲ描クト雖ドモ、図ノ如ク、波ヲ画ク物十ニシテ八、九也。

胸紐ハ、同ク浅木木綿ノ絣紐ヲ付ル。

防火夫ハ、近年専ラ江戸ニ倣テ、紺半天ヲ用フ。

又、黹地ニ紺紋モアリ。

蝙蝠半天《こうもりばんてん》図

蝙蝠半天ハ、縮緬、紬等モ用ユレドモ、専ラ木綿ノ物多ク、旅商等、文政天保ヨリ、引回合羽ニ代テ着之。

三度飛脚宰《さい》領《りょう》モ、此半天ト引回ト重ネ着ス者多シ。旅人等ノ用レ之物ハ、茶、紺、辨慶縞木綿ヲ専トス。此図乃チ、辨慶縞也。

後考、此図誤り。胴着ハ、如此ナレドモ、半天、前幅羽折ノ如ク裾廣ニセズ。上下同寸也

蝙蝠《こうもり》ト云ハ、短キ故ニ名トス也。昔ノ、カハホリ羽折同意也

綿入半天、男子モ用レ之ト雖ドモ、女子用レ之者太ダ多シ。女服ノ条ニモ、可図《ずすべき》ナレドモ、畧レ之テ茲ニ断ルノミ。

又、羽折ハ、襟ヲ外ヘ折反シ着ス。半天ハ、襟ヲ折反サズ。

綿入半天、近年ハ、羽織ノ如ク、襟付ノ竪ヲ直ニシ、又聊《いささ》カ羽折《はおり》ノ如ク、前下リニスル物多シ

革半天図

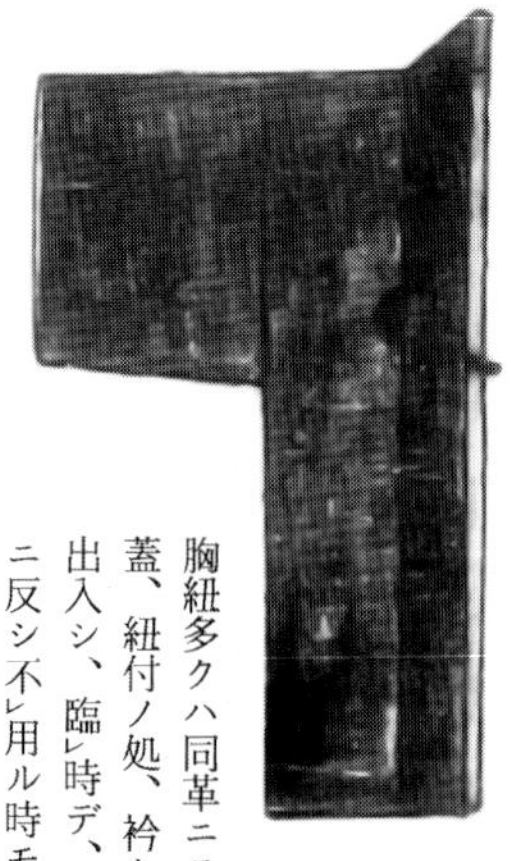

胸紐多クハ同革ニテ長六、七寸、幅四、五分ノ物ヲ縫付ル。

蓋、紐付ノ処、衿ト身ノ間ヲ穿チ、縫除キテ、紐ヲ表裏ニ出入シ、臨レ時デ、或ハ裡表ニ反シ着スニ備ヘ、又、表裡ニ反シ不レ用ル時モ、専ラ紐ヲ外ニ出シ、襟ノ表ニ紐ヲ結ブ。半天ニ胸紐アルハ、革ノミ也。

背、一所家紋、亘《わたり》二、三寸ニ染描キ、或ハ蛇腹糸縫《いとぬい》ニスアリト雖ドモ、専ラ家号及ビ俗称ノ一字ヲ、左図ノ如ク、方形ニスルモアリ。

友之字也。正篆《せいてん》ナルヲ、如此半天等ニ書スル物、書法、多クハ正シカラズ。楷書ヲホシイママニ、屈曲シタル也。他モ准レ之。

次頁ノ木綿半天ハ、江戸市民ノ火場ニ遣ル雑夫ニ用之。又雇夫《こふ》等ハ、平日モ、専ラ著レ之。

近年、京坂ニモ此風ヲ伝ヘ、染縫テ、雇夫著レ之者アリ。

蓋、京坂ニテハ、平日着レ之者、雇夫ト雖ドモ、甚稀トス。江戸ハ、雇夫手業アル時、専ラ著レ之、諸工モ業ニヨリ、平日着レ之。商人等ハ、平日不レ用レ之。路上ノ小《こ》賈《あきない》ハ又用レ之者アリ。最賤夫ノ服也。三、五歳以上、小児用モ縫製テ賣レ之。賤民ノ児、用レ之、紋、福、寿等ノ字ヲ描ク。

木綿半天図　シルシ半天ト云

背ノ大紋ハ、大略、前ノ革羽折ト、同制也。

縫裁無定ト雖ドモ、大略長ケ二尺二、三寸、袖一尺、蓋、標《ひょう》（袖口）ノ方漸ク細ク、標ニテ九寸餘ニス。店《たながかえ》抱防火夫、及ビ駈付夫《かけつけふ》等ニ与フ者、乃チ是也。或ハ自家ノ下僕ニ用ヒシムモアリ。防火夫ニ与フ者ハ、専ラ単《ひとえ》、下僕ニ貸者等、往々給モ有之、巨戸ハ、毎冬、単半天ヲ、大工、仕事子、左官、屋根葺等ニ与レ之コト、江戸ノ習風タリ。京坂ニハ、稀トス。

十徳／被布

大工以下雇夫ニ、巨戸ヨリ与之者ヲ、仕着セ半天ト云。革半天モ、形与レ是レ同、専ラ黒無紋、或ハ菖蒲革色、或ハ薫色《ふすべいろ》。木綿半天、袷ノ時ハ、裡、茶、或ハ萌木木綿。単半天、袖口ノミ白或ハ茶木綿。

十徳《じっとく》

『瓦礫雑書』ニ、此事ヲ諸證書ヲ引テ、詳カニ論レ之リ。長文ナル故ニ略テ、其要ヲ云ノミ。十徳ハ、直綴ノ畧製ニシテ、初メ其名ヲ誤リ訛リ、後遂ニ異物トナル。昔ハ、士民トモニ着レ之。今ハ、俗人不レ用レ之。蓋、本《もと》是、道家ノ服也云々。

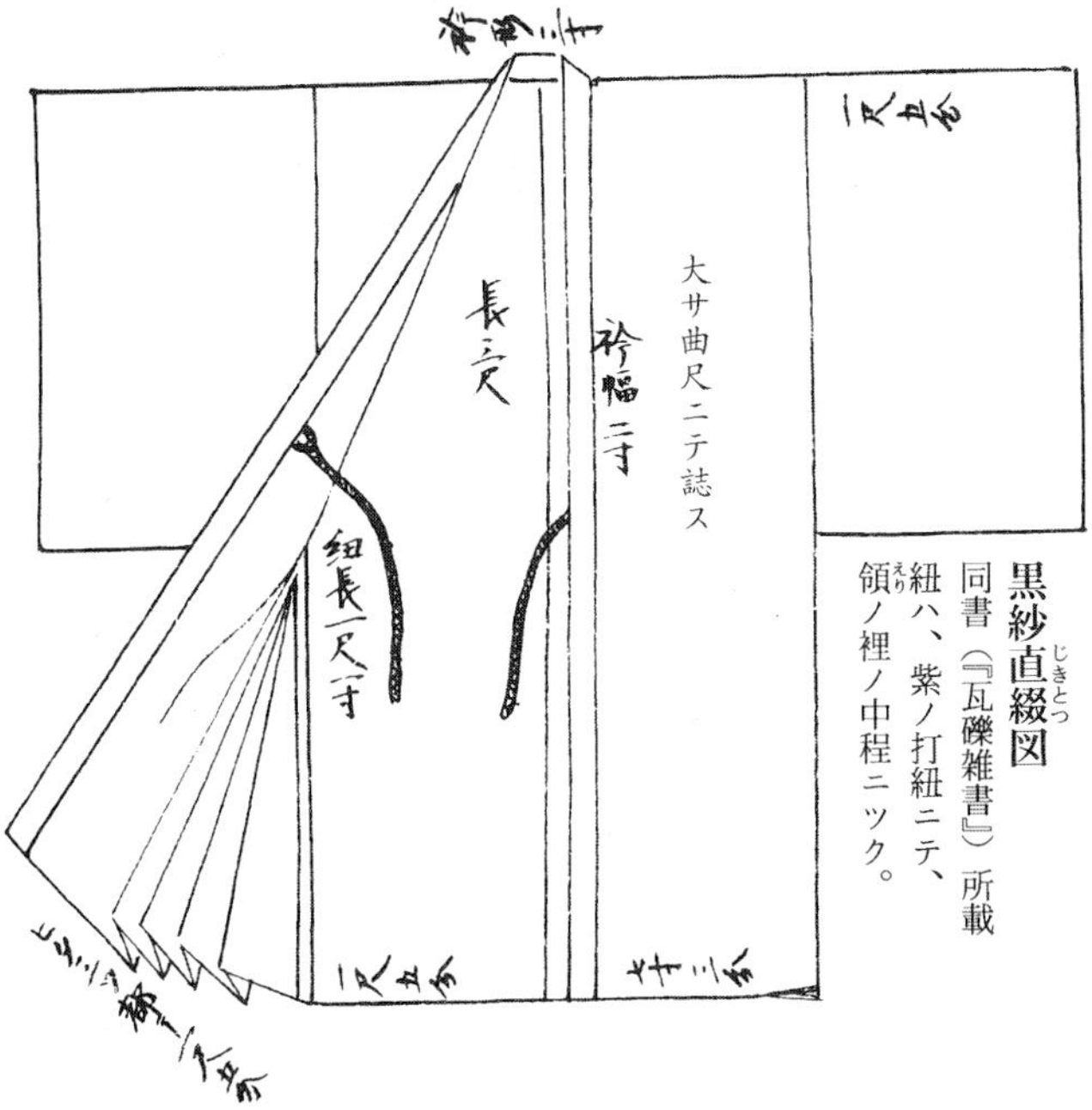

黒紗直綴《じきとつ》図

同書（『瓦礫雑書』）所載
紐ハ、紫ノ打紐ニテ、領《えり》ノ裡ノ中程ニツク。

被布《ひふ》図

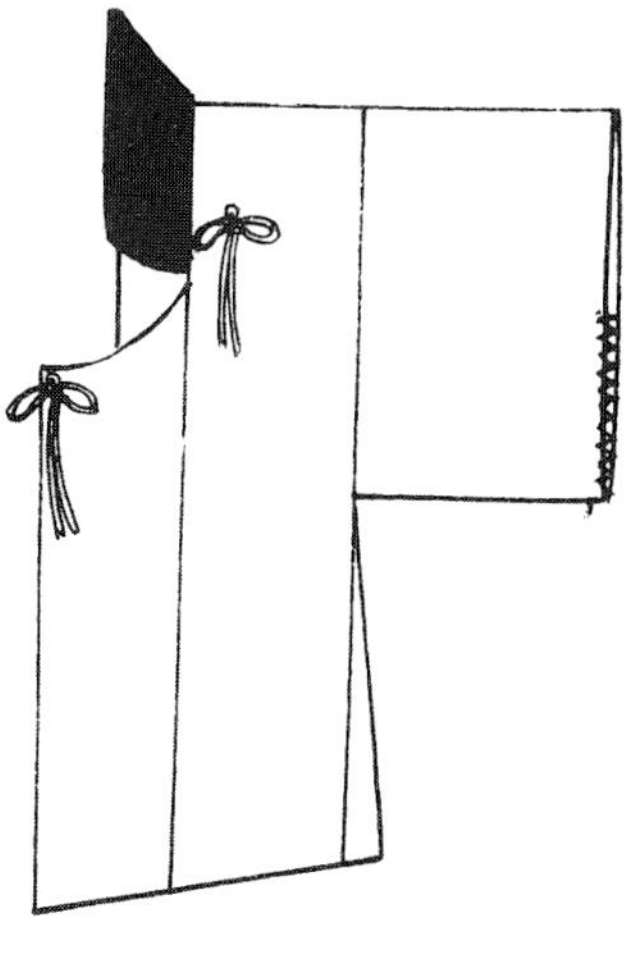

裁縫、大畧、半合羽ニ似テ襟廣ク、又、襟ノ両端ヲ円形ニス。而モ、合羽ハ衿ヲ立テ着シ、ヒフハ、衿ヲ背ニ反シ着ス。又、合羽装束ノ如ク、鈎鈕《こうちゅう》（こはぜぼたん）等ヲ用ヒズ。角総《あげまき》等ヲ紐緒ニ製シ用ヒ、又、腰辺ニ無レ紐也。是、合羽ト異ナル所也。袖モ或ハ廣袖ノ袂《たもと》ヲ縫合セズ。

浴衣《ゆかた》

浴衣ハ、白地ヲ専トシ、又、晒シ木綿及真岡木綿ヲ用フ。近年、浴後ノミニ非ズ。卑賤ノ者ハ、単衣及ビ帷子《かたびら》ニ代ヘ用フ。浴衣ノミ用フル者ハ、袂ヲ縫ズ、廣袖也。単衣ニ代ル者ハ、常ノ如ク袂ニス。蓋、円袂ニハ製セズ、方形也。京坂ノ浴衣、及ビ単衣ニ代ル者モ、男女トモ専ラ白地ニ、藍小紋ノ極テ細密ナル者ヲ用フ。婦女ハ、特ニ秋草等ノ形也。是當今、専ラトスル所也。或ハ大形紋ヲ用フモアリ。或ハ白地ニ藍縞、或ハ鳴海絞リ、柳絞リヲ用フ。紋ヲ用フルハ卑賤ノ小民ニ多シ。

鳴海絞《なるみしぼり》、廣袖浴衣図

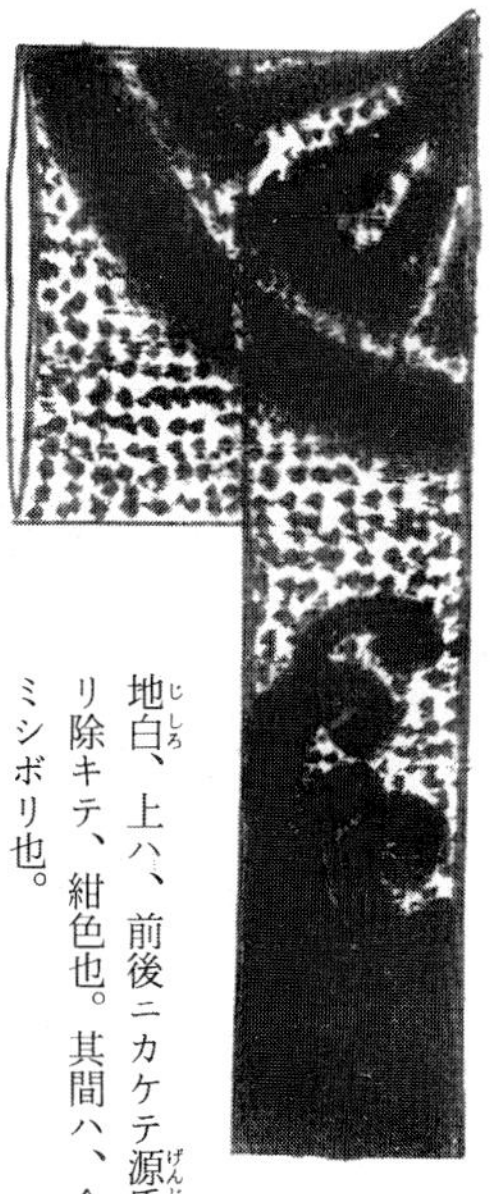

地白《じしろ》、上ハ、前後ニカケテ源氏車《げんじぐるま》、下ハ、立浪トモニ絞リ除キテ、紺色也。其間ハ、全ク目結《めゆい》、江戸ニ云、ムキミシボリ也。
ムキミシボリニ大紋アル者、車ニ浪、或ハ上ヲ傘骨ノ如クニシ、下ヲ海老、船ノ碇《いかり》等ヲ専トス。大紋ナク、目結ノミノモノモアリ。婦女ハ、大紋ナキヲ用フ。

近年、図ノ如ク角袂ニ縫アリ。婦女ハ、狩衣ノ袖ノ如ク、袂ヲ縫フコト、婦女単衣ノ条ニ図ス。

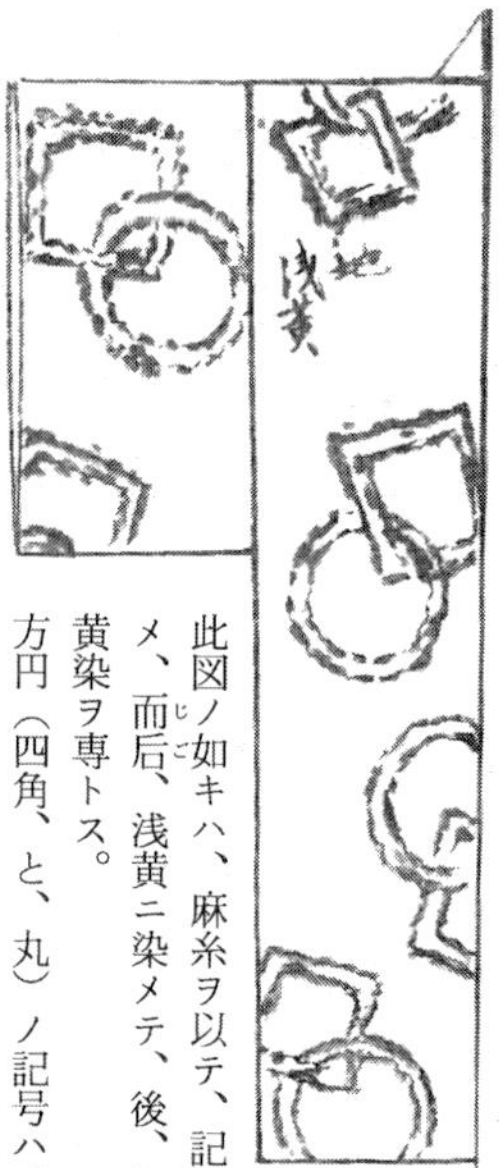

此図ノ如キハ、麻糸ヲ以テ、記号ヲ縫テ、其糸ヲヒキシメ、而后《じご》、浅黄ニ染メテ、後、初メ糸ヲヌキ去ル。全浅黄染ヲ専トス。方円（四角、と、丸）ノ記号ハ、一番組ノ内、い組ノ印トス。纒ノ頭ニモ用之、ろ以下各記号アリ。

又、此輩ノ浴衣ハ、更ニ袂ヲ縫ハズ。必ス廣袖ナリ。

又、他業ノ者モ、如此浴衣ヲ着ルアリ。トモニ卑賤、小民ノ輩也。廣袖ナレドモ、単衣ニ代ヘ着テ、他行ニモ用レ之。他業ノ者ハ、己ガ記号ヲ描ク。

右二図ノ如キハ、更ニ京坂ニ用フルコト甚稀也。又、江戸ノ男子、細密ノ小紋ヲ用ヒズ。

又、三都トモ縞ハ用フ。白地紺縞ヲ専トシ、紺地白島モ用フ。蓋、他服ノ如キ細微ノ縞ヲ用ヒズ。専ラ大縞ヲ用フ。

又、他服ニ格子縞ヲ用フコト稀也。ト雖ドモ、嶋ノ浴衣ニハ、格子モ用フ。白紺ノ大形、弁慶島等モ用フ。

縫テ絞リタル物、詳ニ図スレバ如此ナリ。

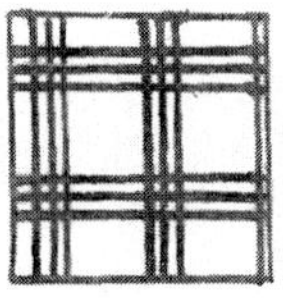

三舛《みます》格子ノ図、團十郎縞トモ云。江戸俳優、市川團十郎ナル者ヨリ始ム。ツイニ号トス。團十郎記号回、又、三舛ト号ス。侠客、幡随意長兵衛ニ扮スル時ノ半合羽、必茶地ニ三舛格子。

浅黄地ニ、白ノ三舛格子等浴衣ニ用フ。婦女ニハ稀也。白地紺縞モアリ。此他ノ格子嶋モ用之。

丹前

京坂ノ服名、ドテラ、江戸ノ服名也。トモニ下民ノ褻服也。

江戸ノドテラハ、トヂ糸ナシ。用品、男女トモ丹前ト同シ。

又、江戸ノ賤業ノ夫ノ長トモ云ベキ輩ハ、他行ニモ用之。表ノ衣服ヲ着セズ。ドテラヲ以テ、代レ之也。此輩、常ノ帯ヲ用ヒズ、三尺帯ノ類ヲ用フ。是等ノドテラニハ、鳶ノ者ナラバ、紺地ニ丱紋ノ組合印ト云。其黨ノ標目ヲ染ル。

図77　三代歌川豊国画「今様三十二相　さむ相」　縞のドテラを被り、暖をとる女。

丹前、ドテラ、一図ヲ以テ二物ヲ兼ル。袂ナシ廣袖也。袖口黒ノ幅三寸餘ナルヲ用フ。袖口、表ニ出ルコト五、七分也。

此図、袖ハ、無綴糸、組合印ノドテラ也、身及ビ襟ハ、糸綴也。丹前也。全體、衣服ヨリ大形ニ製ス。

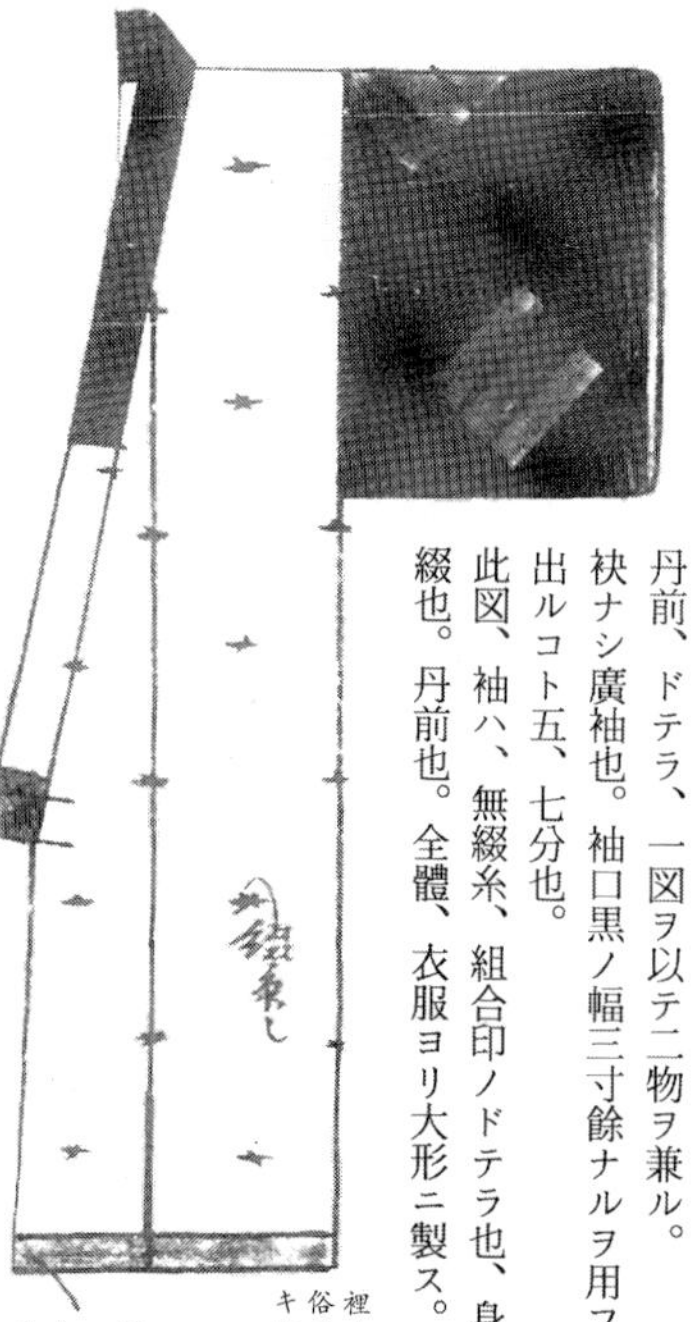

裡ノ表ニ出ル、大略一寸餘也。俗ニ、フキト云。衣服ノ、フキハ、大略四分

褄ノ端ヲ方ニスル。衣服ニ円ニス。丹前、ドテラ、トモニ方ニスルハ、夜着ヨリ起ルニ似タリ

江戸ニテモ、臥具ニ用フハ綴糸《とじいと》アリ。号テ、カヒマキト云、掻巻也。小民ハ、燕居《えんきょ》（家でくつろいでいるとき）ニモ、又近隣他出等ニモ、此カヒ巻ヲ着ス者モアリ。カヒ巻ハ、乃チ夜巻ノ僅ニ小形ニテ、綿モ僅ニ薄キヲ云也。然ドモ、ドテラヨリハ、聊カ大形ニテ、厚キ物ヲ云也。

合《かっ》羽《ぱ》

カッパト訓ズ。『貞丈雑記』日、合羽ト云モノ、古ハ無キ物也。合羽ハ、近代ノ物也。古ハ、士モ蓑《みの》ヲ着シケル也。『条々聞書』日、御供ノ衆モ、蓑ヲ召シ候トアリ。カッハト云詞ハ、阿蘭陀ノ詞也。阿蘭陀人ノ上ニ着ル衣服ニ「カッハ」ト云物アリ。其形ヲマネテ作リタルヲバ、坊主合羽ト云。始ハ、是ヲカッハト云シガ、後ニ袖ヲ付タル合羽ヲ、造リ出シテ、始ノヲバ、坊主合羽ト云也ト云々。

坊主合羽図

京坂ニテ、引廻シ合羽ト云。

守貞、後日追注、桐油紙《とうゆし》ヲ以テ製スヲ、坊主合羽ト云。木綿ヲ以テ製スヲ、引廻シト云。

此合羽ハ、専ラ表紺ノ大縞、或ハ紺カスリ木綿。裡、茶木綿等、蓋《けだし》、表裡ノ間ニ揉タル厚紙ヲ挟ミタリ。衿、紋派《もんぱ》、或ハ羅紗等、又、此合羽ヲ裁《たつ》ニハ、全幅ヲ、左図ノ如ク斜ニ裁テ、各細キ方ヲ上ニ縫也。

近世、江戸人用之者甚稀也。京坂ノ人モ、漸ク少ト雖ドモ、未レ廃レ之。馬上ニテ、往還スル三度飛脚ノ宰領ト云者ハ、各、必ズ用レ之。蓋、三都トモ、市中ニハ、不用之、旅行ノミ用之。又、旅中モ、雨ニハ不レ用レ之。雨中ニハ、桐油紙合羽ヲ用フ。此形ト同キ紙合羽ヲ、袖ナシ合羽、又ハ坊主合羽トモ云。因曰、袖アル桐油紙合羽ヲ、豆蔵合羽ト云。三都トモ、古キ小児ノ弄物ニ、豆蔵ト云モノアリ。江戸ニテ與次郎兵衛ト号ク。其形ニ似タルヲ以テ、豆蔵合羽ト云。

頭書 与次郎兵ヱ。略テ與次郎ト云。

豆蔵図

江戸ニテ

ヤシロベイト云

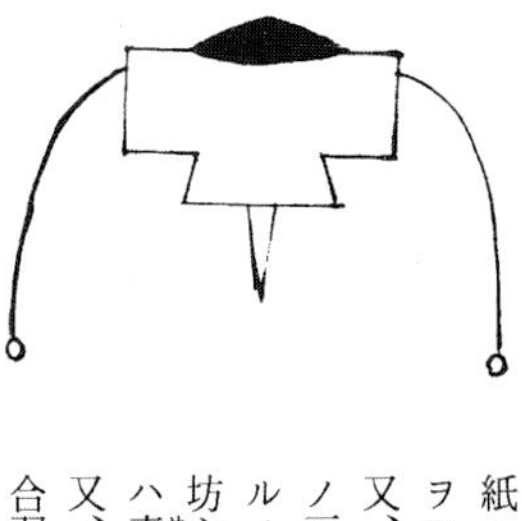

紙ニテ製之。両辺ニ、細割竹ヲツケ、其先キニ白豆ヲツケル。故ニ豆造ノ名アリ。又、一串ヲ以テ、足トス。是ヲ指頭ニ置クニ、両方ノ豆ノ鎮《しず》ニテ、能立テ倒レズ。袖合羽、此形ニ似タルノ名也。

坊主カッハ、袖合羽、鎧《よろい》合羽等、紙合羽ハ、白或ハ青漆《せいしつ》、或ハ弁柄《べんがら》ヌリ、黒等也。

又、単アリ、袷アリ。武家及ビ同奴僕等ハ、必ズ袖合羽ノミヲ用フ。特ニ奴僕ニハ、専ラ赤色ニ黄ヲ以テ、記号等ヲ描ケリ。

鎧合羽図《よろいがつぱ》

桐油紙製也

京坂市中、雨天ニ用レ之。蓋、笠ヲカブラズ。専ラ、傘ニテ裾ノヌレザルヲ要トスル也。色専ラ黒、或ハ青漆《せいしつ》也。

江戸ニハ、不レ用レ之。皆、木綿袖合羽ヲ着ス。

江戸ニテハ、惣テ桐油紙ヲ、トウユト云。京坂ニテハ、唯ニ、カッハト云テ、桐油紙ノコトトモス。

半合羽之図

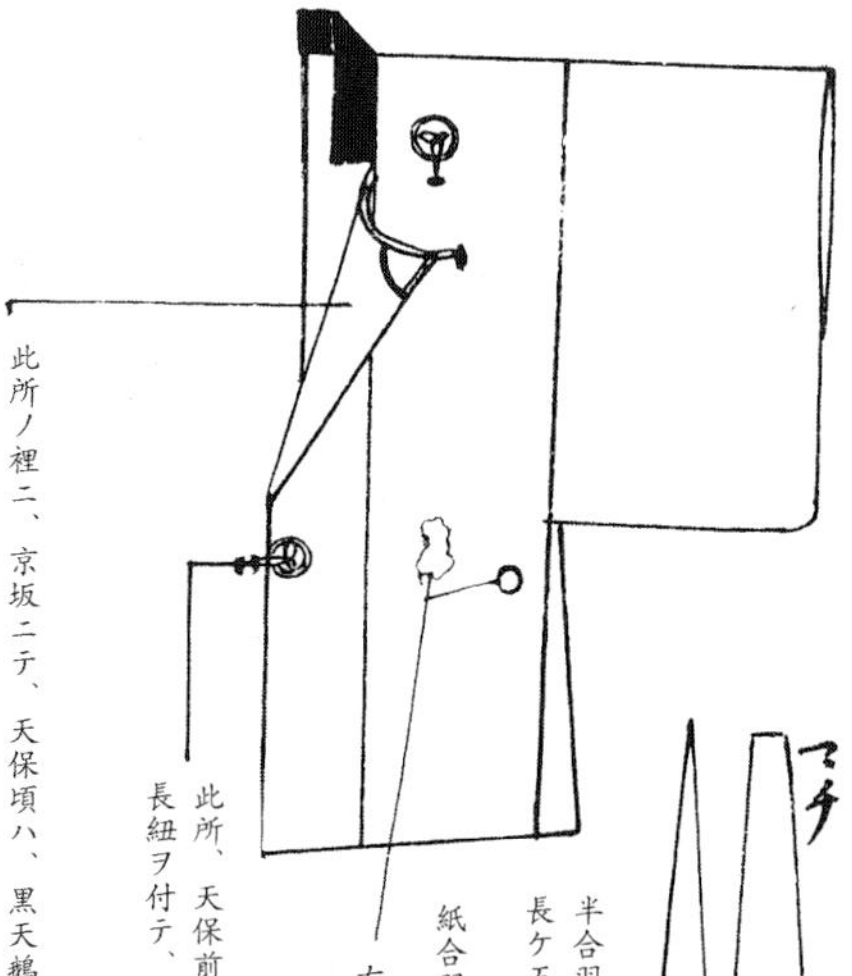

マチ
掖《わき》イレ合羽ハ、此ゴトク是ヲ合羽ヅケト云
羽折ノワキイレハ、上如此也。オクビヅケト云
半合羽ノ長短等、毎時羽折ノ長短ニ准ズ。蓋、羽織ヨリ、長ケ五分長ヲ良トス
紙合羽ハ、羽折ニ准ゼズ。今モ、甚ダ長キヲ用フ
右ハ、装束此辺ニ付ル
此所、天保前ハ牡丹掛ヲ用ヒズ。長紐ヲ付テ、結ビタリ。今ハ、水牛角の牡丹ガケヲ用フ
此所ノ裡ニ、京坂ニテ、天保頃ハ、黒天鵝絨ヲ付タリ。或ハ此半幅裡、全クニ用レ之。或ハ上ノ方五六寸ニ用レ之。此コト今ハ、廃ス。江戸ハ、従来無レ之

如此左右トモ、

襟、黒ラシヤ、ラセイタ（羅背板《らせいた》・ラシャの一種）、トロメン（兜羅綿《とろめん》・綿糸に兎の毛を混ぜて織った毛布の一種）、八丈等、種々。色、黒ヲ専トスレドモ、紺モアリ、茶モアリ。今ハ、江戸、黒八丈絹ヲ専トシ、或ハ革色木綿モ専用ス。合羽装束ハ、皆、麁《そ》ナルヲ流布トスルニ似タリ。

図78　磯田湖龍斎画「青楼名婦八景」　長合羽の男

長合羽ノ図

表、浅黄ノ織色、及ビ紺木綿ヲ専トス。裡ハ、八丈、平絹ノ類定ナシ。蓋、裡ヲ全ニツケズ。上半身ノミ袷《あわせ》、下ハ単《ひとえ》ナリ。前後ニ大小二刀ノ孔ヲ穿チ、市民ノハ、脇差ノ孔ノミナリ。

江戸ノ市民、更ニ用レ之者稀也。蓋、豪賈《ごうこ》及ビ名主等ハ、長（合羽）ヲ着ス。
婦人用レ之コトナシ。甚ダ稀ニアルノミ。江戸、女児ハ、用レ之モアル歟。
江戸ノ俗ハ、此形ヲ坊主合羽ト云歟。

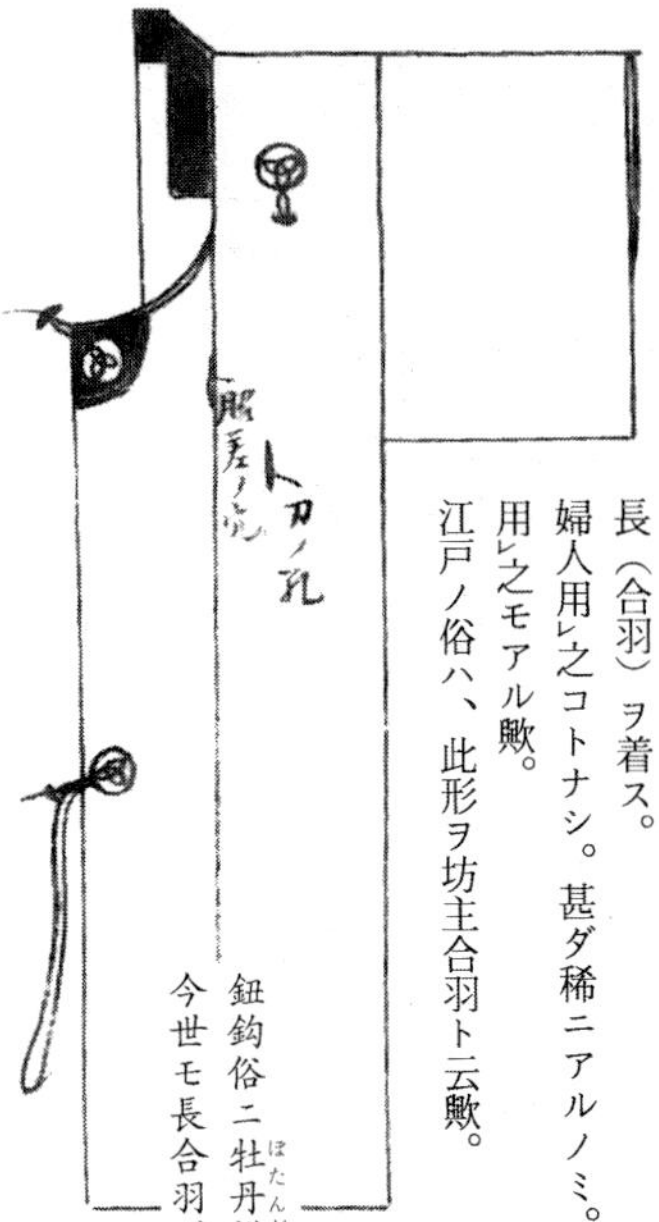

鈕鈎俗ニ牡丹掛《ぼたんがけ》ト云
今世モ長合羽、此装束ハ長紐ノミ

長合羽、冬用ニモ全ク袷ニシ、或ハ裾半、単。上半ト袖裡ノミ袷ニスルモアリ。是ハ、冬夏兼用ニスル也。
又、夏ハ、全ク単モアレドモ、全単ハ、表木綿等故ニ、スベリ易カラズ。裡、絹ヲ用ヒタルヲ良トス。故ニ、合羽、羽折トモニ、半裡ヲスラシト名付ル也。

装束ノ事

元文頃ヨリ、男女トモニ牛角、鹿角、水牛角ノ具ヲ用フ。正徳頃ハ、真鍮、或ハ黒目銅ヲ用フ。其後ヲ詳カニセズ。今世亦、水牛角製ヲ専トス。

天保以前、三都トモ装束、糸渦ヲ専トシ、又下ノ装束前図ノ如ク長紐多シ。京坂今モ用レ之。江戸ニモ往々無レ之ニハ非レドモ左図ヲ流布トス。

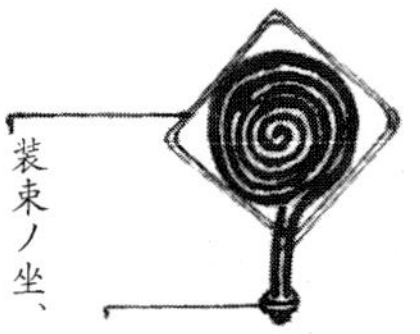

左図ノ牡丹ヲカケ、以レ之テ押ヘル也。牛角也。糸黒也

装束ノ坐、羅紗ヲ専トシ、黒紺等也。周リニ笹ベリヲ付タリ。又、当時ハ、角ヲ専トス
牡丹掛也。是亦水牛角也

今世、江戸、渦廃テ、此類ヲ専トス。天保前、渦ハ、黒糸、今ハ、紺糸ヲ流布トス。下ノ装束ニモ、長紐ヲ用ヒズ。与之同制

今ハ、坐円形流布、又羅紗等ヲ用ヒズ、革色小倉木綿ヲ流布トス。サ、ベリハ、如レ此同前也

先年、所用銅具ノ物、図ノ如ク、下ノ欠輪ヲ上ノ全輪ニカクル也

牡丹掛テ、押ヘタル所也

余所蔵、父ノ遺物也。文化中ノ半合羽ニ用レ之タリ

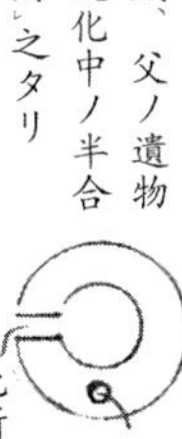

此所ヨリ上ノ全輪ニ掛ル也。此形ニテ、水牛角モアリ

京坂富民ノ僕

俗ニ字《あざなし》テ久三ト云者

主人ニ従フ時ハ、紺木綿《こんもめん》、半合羽ヲ着ス。其襟モ、紺毛綿《こんもうめん》ヲ以テ製レ之。蓋、綿《わた》ヲ納テ肉トシ、表ヨリ横ニ刺レ之、号テ、生海鼡衿ナマコヱリト云。

図ノ如ク凸凹ノ形、生海鼡《なまこ》ニ擬スノ名也。

今、嘉永五年、此一、二年来、更ニ結ハズ。此ゴトキ装束流布ス。地革色、小倉木綿、笹ベリトリ、緒ハ、紺糸ブヨ打ト云。柔カナル八ッ打也。牡丹ガケ水牛角也。

守貞謾稿巻之十五　男服

襦　半

ジュバン、膚着《はだぎ》也。男子ハ、半服、左図ノ如シ、女子ニハ、半服アリ。又、長ク衣服ニ均シキモアリ。

袷襦半ハ、大畧、形胴着ト同シ、故ニ畧シテ図セズ。蓋、胴着ハ綿ヲ入レ、又、縞或ハ小紋、或ハ中形等、種々用レ之。襦半ハ、単或ハ袷ノミ、綿ヲ入ルコトナシ。又、縞ヲ用ヒズ。左図ハ絞リ木綿ノ、単襦半也。

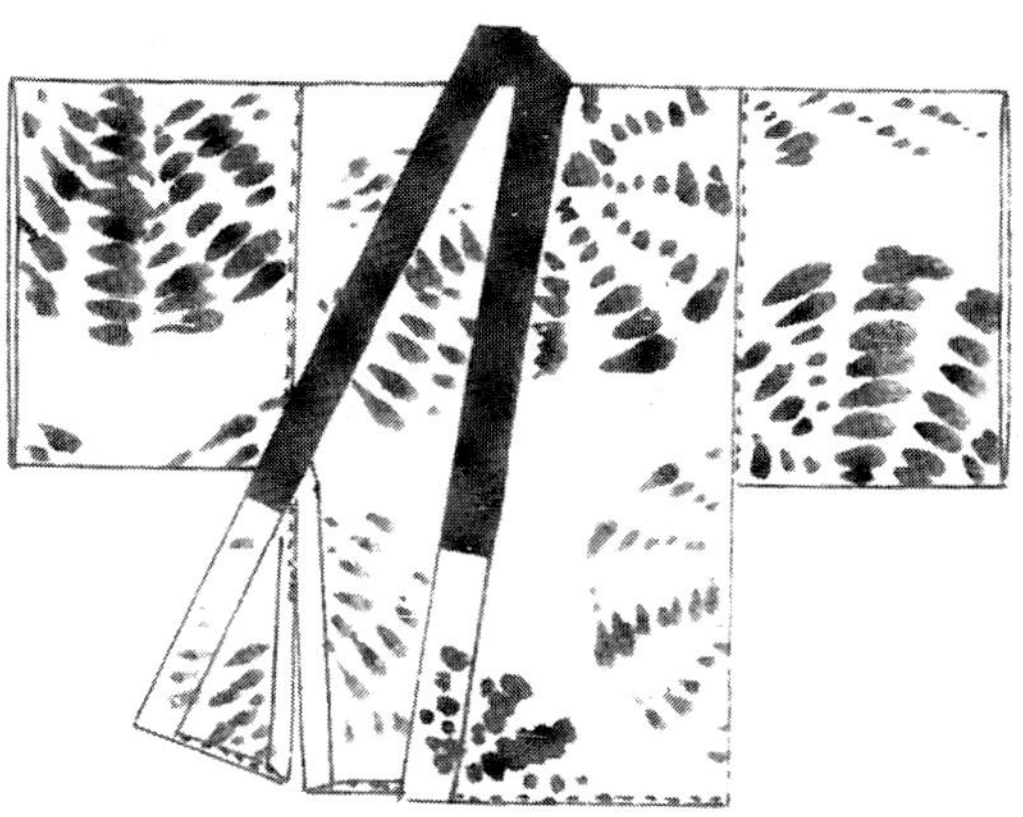

木綿ノ単襦半、京坂ハ、形染ノ小紋、或ハ中形、又ハ絞リヲ用フ。江戸ハ、絞リヲ専トシテ、小形中形等ノ形染ヲ稀トス。

又、三都トモニ丁児等ノ用ニハ、無地アサギ木綿ヲモ用フ。

又、三都トモニ、単襦半、胴木綿、或ハ太織紬ヲ用ヒ、袖ノミ縮緬等ニスル者アリ。又、胴木綿ニテ、袖ノミ太織紬ヲ用モアリ。袖ニハ、無地染、或ハ小絞リ、小紋等種々、縞モ其織風ニヨッテ用レ之也。

又、袷、襦半ニモ胴ト袖ト異色ノ縮緬ナル物アリ。三都トモニ用レ之。蓋、胴ハ華ナルヲ用ヒ、袖ニハ華ナラザル物ヲ用フ。

文政中、京坂ノ士民、来舶ノ華印布《かいんふ》ヲ襦半ニ製テ、専ラ用レ之。単襦半也。華印布、俗ニ唐サラサト云。此製、江戸ニハ更ニ不レ用レ之。

又、京坂ニテ、全體木綿ノ単襦半ニ製シ、袖端ノミ左図ノ如ク、幅三四寸、縮緬ヲ以テ袖ノ表裡ヲ覆ヒ縫テ、号テ装束襦半ト云也。後、江戸モ亦用之。

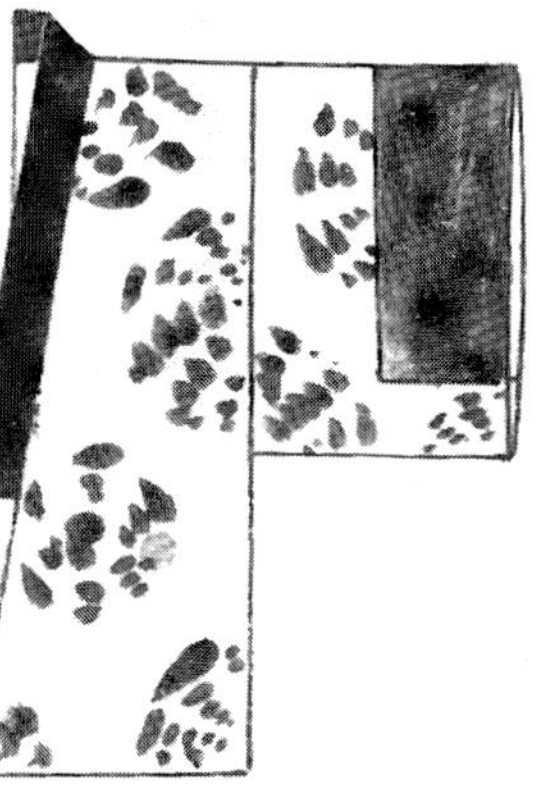

近世、大坂産神六月祭祀ニ、神輿太鼓、或ハ段尻《だんじり》（山車におなじ）ヲ出シ、従レ之者、種々ノ扮アリト雖ドモ、木綿紅地白、中形紋染ノ襦半、同股引ニテ、踊躍シテ遣レ之。染紋、其黨ノ記号ヲ専トス。堂島米賈ハ、紅地、或ハ藍地紋ニ、濱ノ字ノ篆ヲ描ク。他准レ之。

大坂ノ魚賈、泉堺、摂ノ尼ヶ崎ノ魚賈、右ト同形ニテ、白地、紺、大名縞、掛衿無之物、夏月ハ、着レ之テ、衣服ヲ用ヒズ。角《すみ》取《とり》腹当ノ上ニ襦半ヲ着シ、紺麻布前垂ヲナス者多シ。或ハ彼輩、夏月襦半ヲ倒《さかさ》ニシテ、裾ヲ上ニ襟ニ代ヘ、衿ヲ裾ニ着スアリ。

筒袖襦半図

江戸ニテ、ツッポト云。京坂ニテ、銕炮《てつぽう》襦半ト云。

三都トモ、近年、筒袖襦半ヲ用フ。蓋、下男、下婦ノ畧物、小民ノ専用ナレドモ、今ハ、中民モ用レ之。

胴、専ラ木綿也。用品同前、襟、亦准レ之。袖口モ、定無之也。

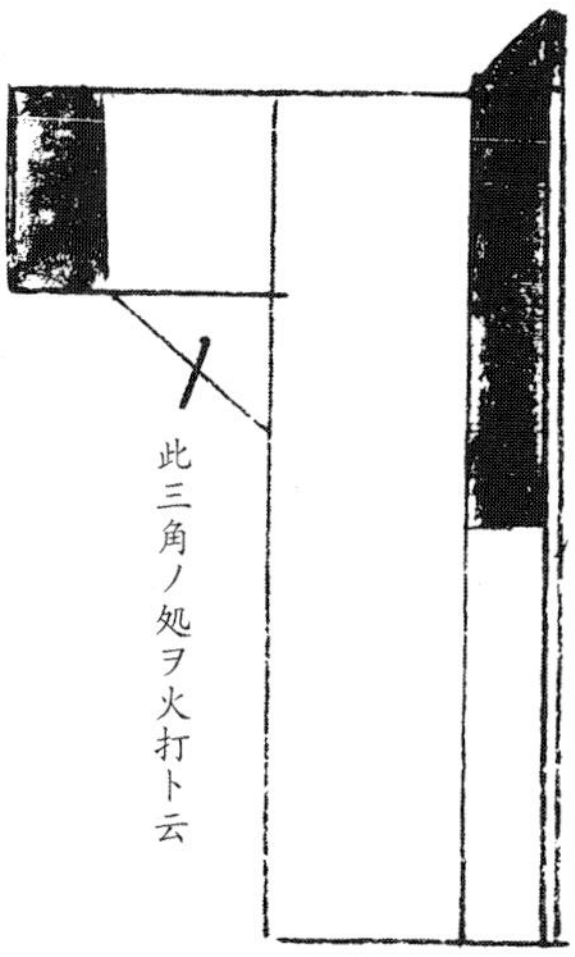

江戸ノ魚賈、夏日、是一領ヲ着ス者多シ。浅黄織色木綿ヲ専トシ、稀ニ、柿渋染ヲモ用フ。其他ヲ用ヒズ。渋染ヲ畧テ、カキソ（柿衣《かきそ》）ト云。黒ノ半襟ヲカクル也。袖ニハ、他物ヲ用ヒズ。

夏襦半

夏ノ肌着ハ、全ク白晒麻布ノ半身ヲ本トスレドモ、汗ニ濡テ、肌ニツキ、不快ナルガ故ニ、近世ハ、左図ノ如ク、木綿ノ綟織《もじおり》ヲ製シ、皇国ニ製スレドモ、異製ナルガ故ニ、号テ阿蘭陀織ト云也。襟ト両袖ハ、白晒麻布ヲ用ヒ、胴ノミ、ヲランダオリヲ用フ也。外見ニハ、全ク麻布ト見ヘテ、風ヲ透シ、肌ニ付キ易カラズ。故ニ、コレヲ専用シテ、全ク麻布ハ稀ニナルコト、凡二十年来也。

紅夷織図《オランダおり》

本名綟子《モジ》織也。

頭書綟子

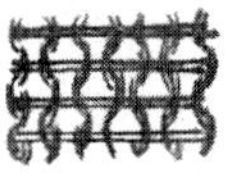

緯《よこ》一糸、或ハ二糸ニシテ、直也。経《たて》ハ、必ラズ二糸ヲ並べ合セテ、各互ニ捻《ひね》リ織ル。

織法、詳ニセント、仮ニ大図ス。真ハ、是ヨリ細ニテ、下図ノ如シ。

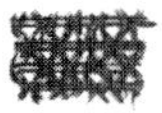

紅夷オリ、大畧、此大サ也。

又、褻、畧ニハ、夏襦半ヲ用フ者、甚稀也。用之者ハ、多ク白ヲ用ヒズシテ、浅葱木綿、半身無袖ヲ用フ。襟モ浅葱也。夏襦半、男用ハ黒掛襟等ヲ用ヒズ。女用ハ、白リンズ、紗等ヲ掛衿スル也。

又、夏、麻晒布、襦半ハ、襟ノヨレ易ク、表服ヨリ内ニ入ルヲ、余モ患ヒテ、鯨髭ノ心ヲ用ヒハ、可ナラント思ヒナガラ等閑ニ過シガ、頃日、日本橋北、木屋某ト云店ニテ、賣之也。衆心ノ一ナルト、万物ノ不備ルコト無ヲ感心スルニ至ル。蓋、是、昇平《しょうへい》ノ餘沢也。

鯨製襟心ノ図

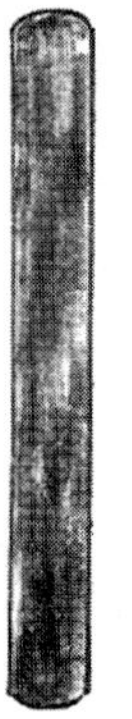

鯨髭ヲ、厚紙ノ如ク削リ、形図ノ如ク、長ケ二尺餘、幅一寸五、六分、價、銀六匁五分、襟ノ一方ヨリ差納レ着シ、常ニハ抜去テ、蓄フル也。

又、汗取ト云テ、白紙ヨリヲ、亀甲形ニ編ミ、無袖ニテ、襟ハ白布ヲツケ着ス。

又、鯨髭ヲ削リ、方四五分ノ格子ニ製シタルアリ。又、篠管ノ長ケ四、五分ナルヲ、麻糸ヲ通シ、亀甲或ハ格子ニ、編ムモアリ。此二品ハ、襟ニ袖モナキ也。紙製以下三品ハ、用フ人稀也。

四ツ手図

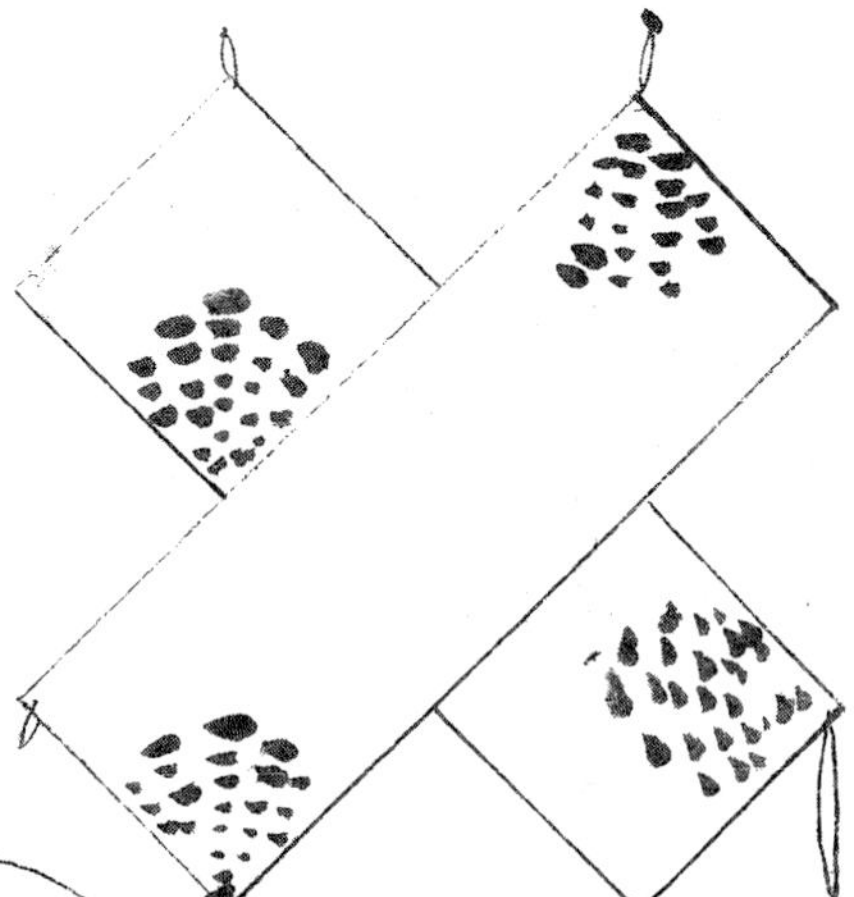

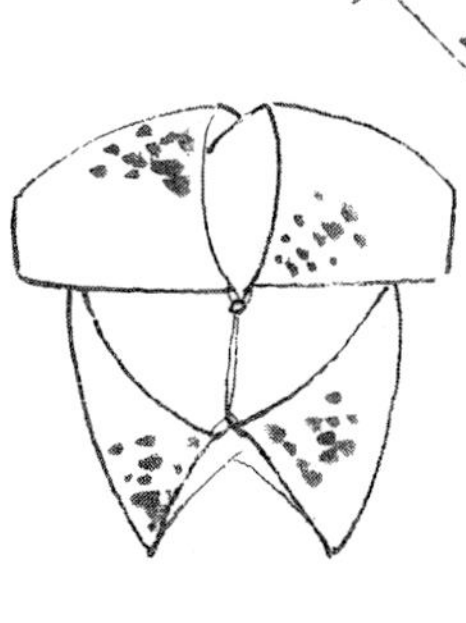

四ツ手、四隅ヲ胸ニ集ムル図

又、文政以来、彼オランダおり、又ハ、サイ布（細布《さいみ》）ヲ以テ、汗取ヲ製ス。図ノ如クシ、号ケテ四ツ手ト云。紙製以下特ニ畧物ノ内、当時コレヲ専用ス。

男子帯ノコト

帯、古製、女帯ノ条ニ詳カニス。古帯ノ製、男女ノ差別ナク、又、今製ノ如ク、男用モ帯幅ニ織成ノ物ナク、廣幅ノ織物ヲ裁テ帯トス。

守貞、幼年ノ時、京坂市民ノ息子ハ、博多帯ヲ用フト雖ドモ、丁児ハ、巨戸《きょこ》（大店）ト雖ドモ、黒紗綾ノ帯ヲ必用トシ、中民ノ息モ、用レ之。

今世ハ、小戸ノ丁児ト雖ドモ、紗綾ヲ帯ニ用ヒズ。博多ノ摸造ヲ用フ、博多ハ、摸物モ能締リ、紗綾ハ柔ニシテ、締、好シカラズト雖ドモ、当時ハ、黒紗綾ヲ男帯幅ニ織成シテ、博多独古筋《はかたどっこすじ》ノ如ク、白或ハ茶ノ一筋、或ハ子持筋ヲ織出セリ。今ハ、京坂モ、用レ之者稀也。江戸ハ、初ヨリ稀歟。

今世三都トモ、男帯ニハ、貴賎、貧富、老少ヲ擇バズ、筑前博多織ヲ専用トス。真物ヲ本博多ト云。價、概金一両一、二分以上、用レ之者稀ニシテ、多クハ、贋物《がんぶつ》摸造也。摸造ハ、京都及ビ甲州等ニテ製ス者、真物ニ劣リ、價金三分バカリ、上野（いまの群馬県）ニテ製ス者、價金一、二分ノ物アリ。

追書、安永二年『江戸（当世）風俗通』ノ書ニ、「極上息子、博多巾二寸ヲ限トス。古風ハ、黒紗綾ニテ、巾廣也云々」。江戸モ百年前ハ、黒サヤ専用ニテ、博多、貴《き》トス。

博多織ノ図

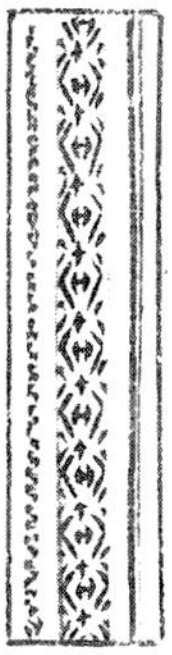

図ハ、白地黒紋也。央《なか》ノ紋ヲ独鈷ト云也。文形《あやがた》佛具ノ独鈷、三鈷ニ似タル故ニ名トス。博多織、此文ヲ専トス。此文、一條ナルヲ一本独鈷、二本ヲ二本独鈷ト云。或ハ、独鈷筋ノ外ニ、縞筋ヲ交ヘタル者アリ。或ハ、大小独鈷二筋アルアリ。其製定リナク種々アリ。又、地色、紋形トモニ種々アリ。又、地色ト文色ト同色モアリ。同色ヲ供独鈷《ともどっこ》ト云。白地、今ハ、用フ人稀也。

博多帯、表裏、同色同紋アリ。或ハ表裏、異織色、異文アリ。弘化中ハ、紺地ニ紺ノ一筋独鈷、流布ス。是ハ、真物ニモアレドモ摸物ニ多シ。嘉永、流布、紺地左ノ物也。

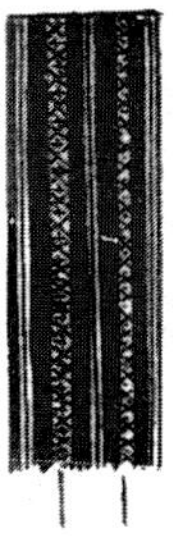

此細独鈷《どっこ》ト其他ノ筋ハ、白糸也。
此独鈷筋、茶糸也

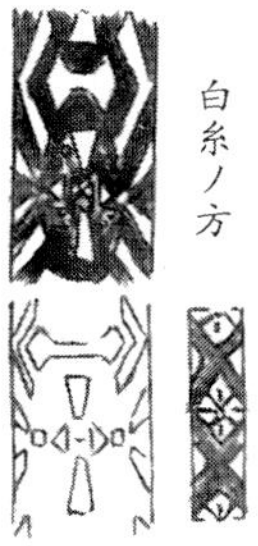
独鈷形

右ハ献上形ト云。真物、多クハ此形也。地色、紺、赤、萌木《もえぎ》等種々アリ。今、流布ハ紺ノミ、又、元ヨリ赤、萌木、白地等ハ、市民ノ用ニ非ズ。赤ハ、相撲取用、其他ハ武士用之。

嘉永五年ヨリ、左図ノ物流布シ、献上形ト並ビ用フ、蓋、此形従来アリ。献上形ハ、真物ニモ多ク、此形ハ真物ニ稀也。

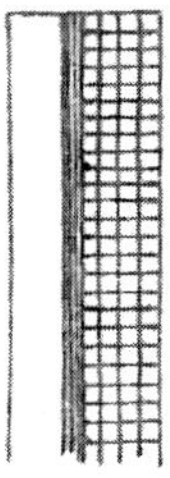

地紺也。今筆労ヲ省ヒテ、白地ニ描クノミ。

船越形ト云。或ハ船格子トモ云。

此中央ノ筋ハ、白或ハ茶ヲ交ヘ、一片ハ紺無地、一片ハ紺地ニ白糸ノ格子也。未絣《いまだくけ》ザル時ハ、中央格子、左右無地也。絣テ後図ノ如キ也。是ハ、昔時、幕府ノ武臣船越某ノ好ミ製ス所也。故ニ名トス。或亦、船格子也トモ云。

安政ニ至リ、此形廃シタル如ク、献上形ノミ、尚、流布ス。嘉永比ヨリ、江戸市中ニ小店ヲ設ケ、男帯地、博多摸造ヲナス物、十戸斗《ばか》リモ諸所ニ在之。先年ハ、京師、或ハ上州其他ニモ、織工多キ所ヨリハ、摸織スルコト勿論ナレドモ、大坂及ビ江戸ニハ、無之リシニ、近年此行アリ。文久中、江戸ニテ、表裡異色、異文、其片面ヲ、亦、船格子ノ如ク、片単色片紺ニセリ、流布ス。

襘　オビノムスビメト訓ズ

安永二年印本、『当世風俗通』所載図
帯結ビ、猫ジヤラシ

手ニ持何品未考

図79　恋川春町画　金錦佐恵流（朋誠堂喜三二）作『當世風俗通』（安永2）佐藤要人氏蔵

男子ノ帯ヲ腰ニ繞《まと》フコト、左図ノ如ク、一丈帯ヲ三回シテ、概二尺餘ル。其餘レルヲ、程ヲ計テ折返シ、背ニ結フ、是今風也。古人ノ帯、古画ニ據レドモ、其詳カナルヲ知ルコト能ハズ。

追書ス。安永二年、『当世風俗通』曰、巾廣サ鯨尺一尺八、九寸（一寸八、九分ノアヤマリ）、真ヲ至極柔ラカニ入テ、颯《さつ》ト結テ、端ヲダラリトサゲル。其サマ、御局ノサゲ帯ノ如シ。是ヲ、俗呼デ「オサラバムスビ」又「猫ジヤラシ」トモ云、云々トアリ。特ニ後ノ頭巾ノ条下ニ、同書ノ中ノ図ヲ写ス。帯端、羽折ノ下ニ出ヅ。其姿、粗見ルニ足ル。今世ト甚異。

餘レルヲ折返ス

右端ノ折返シタル方也

男帯　貝之口結之図

今世、三都ノ士民、専此形ニ結ブ。

左端ノミ、竪二ツ折ニシテ、結レ之。繞初ノ端也。女子モ、繞初ノ方竪折ニス。男女トモ、繞初ノ方ヲ手ト云

同神田結之図

江戸ニテ、神田結ト云。京坂ニテハ、又折貝之口ト云。又折ハ再折ノ意也。左右トモニ、竪折ニスル也。

左端ノ初メ、折返シタルヲ、再ビ竪折ニスル故也。

士商等、結ニ之者稀也。武家ノ手廻リト云、雇夫、陸尺《ろくしやく》ノ類、又ハ、船人、車力等、結レ之。手廻陸尺モ、供奉ニハ、不レ用レ之。船人、車力、平日ハ三尺帯也。唯、手廻以下、晴服遊行ノ日結レ之。彼徒モ博多帯モ用フレドモ、専ラ黄羅紗、萌木ラシヤ、或ハ八端織《はったんおり》ノ茶縞、黄縞ヲ好メリ。是等ハ、幅二寸餘ニ製セリ。

右図ノ貝ノ口ハ、専ラ両端ヲ上ニシ、神田結ハ両端下ニ向フ也

今世モ、京坂人ハ、餘ル方ヲ僅ニ折返シテ、下図ノ如クニ結ヒタリ。京坂ニ名ナク、江戸ニ、コレニ結ハズシテ、名アリ。也《や》ノ字ト云。やト字ニ似タル故也。京坂モ、工匠等ハ貝ノ口也。

今、嘉永中、太ダ横長ニ結ブ。此風貴人ノミ、工匠ハ今モ、貝ノ口神田結也

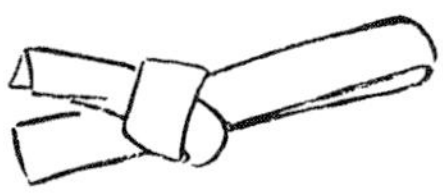

従来堂島ノ米買、横長ナレドモ、此如キニ及バズ

堅結　又駒下駄結トモ云

武士ハ、専ラ結レ之也。腰ニ繞《まと》ヒテ後、直ニ両端ヲ折テ挟ムアリ。或ハ、腰ニ繞ヒタル所ニ、両端ヲ各一ツ巻テ、後、並ベ挟ムモアリ。是ハ、袴ノ腰板ノ直カラン為也。平士ハ、貝之口ニモ結ブ也、貴人ハ、必ラズ、駒下駄ニ結ナリ。

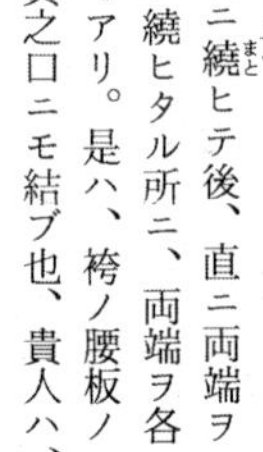

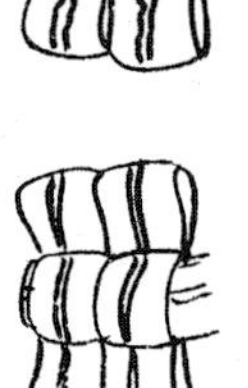

僧ハ、白或ハ浅黄、又ハ、鼡ノ無地也。筋縞等アルヲ用ヒズ。地ハ、綾、其他種々ナルベシ。僧ハ、背ニ結ハズ。必ズ前ニ結ブ。図ノ如ク、片端ヲ前ニテ、巻納ム也。

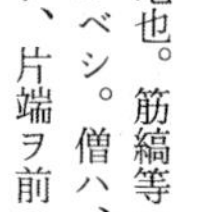

胴　着

ドウギ、冬春ノ間、襦半ノ上、下着ノ下ニ着ス。綿入ノ下服也。上體暖、下體軽ク、費半ナルガ故ニ、今世ノ士民、専用スルノ雑服也。粗ナルハ木綿、美ナルハ縮緬等ヲ用ヒ、大畧、用品下着ニ准ス。男女トモニ用之。男子ハ、掛半襟及ビ袖口黒ヲ用ヒ、女子ハ、襦半ト同シ。半襟等ヲ用ヒ、袖口モ黒繻子、紫チリメン等、種々ヲ用フ。

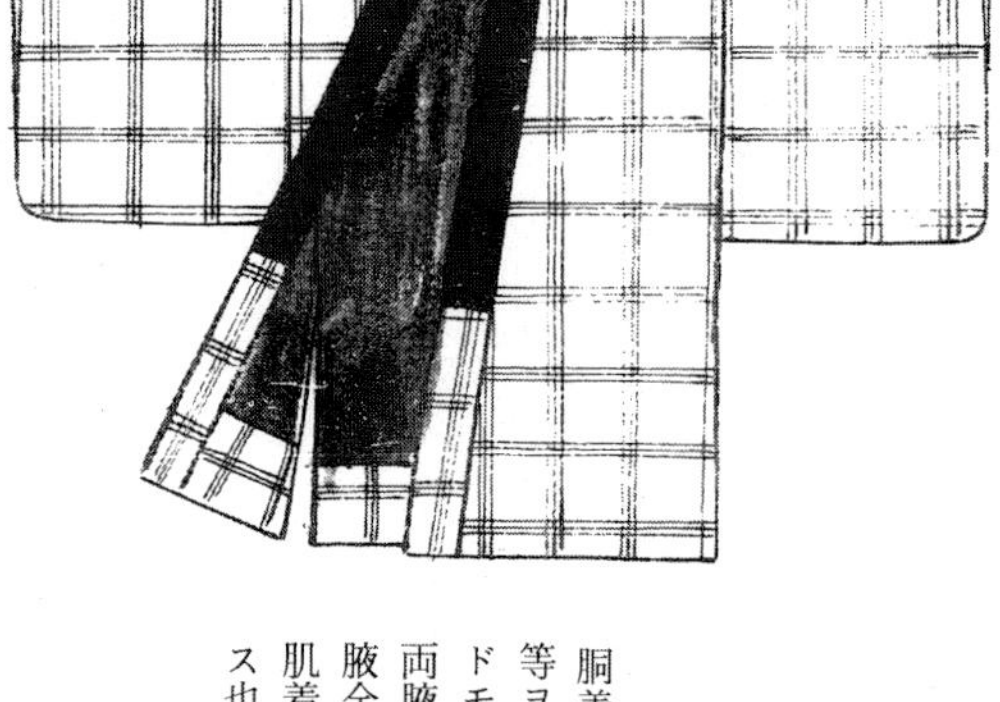

胴着ト、半天ト、トモニ、絹紬《けんちゅう》、縮緬等ヲ以テ、製シタル者、粗相似タリト雖ドモ、唯胴着ハ、図ノ如ク、左右袖下ノ両腋、三寸許ヲ裂テ縫セズ。半天ハ、両腋全ク縫ヒ合スヲ以テ、差別ス。胴着ハ、肌着ノ上ニ着シ、半天ハ、衣服ノ表ニ着ス也。

吾妻《あずま》胴着《どうぎ》図

又、筒袖ノ胴着アリ。形、筒袖、襦半ニ同キ故ニ、畧テ図セズ。用品ハ、前ノ胴着ニ准ズ。

又、吾妻胴着ト号テ、近年、京坂用レ之。然ドモ、江戸ニテ、不レ用レ之。唯、吾妻ノ名目ヲ冒スノミ。用品縮面ヲ専トス。筒袖胴着。吾妻胴着等ハ、襦半ノ下ニ着シ、肌着ニスル也。

又、三都トモニ、無袖胴着ヲ用フ者アリ。無袖ノコト、羽折ノ条ニ記ス。

亀之甲《かめのこ》半天《ばんてん》

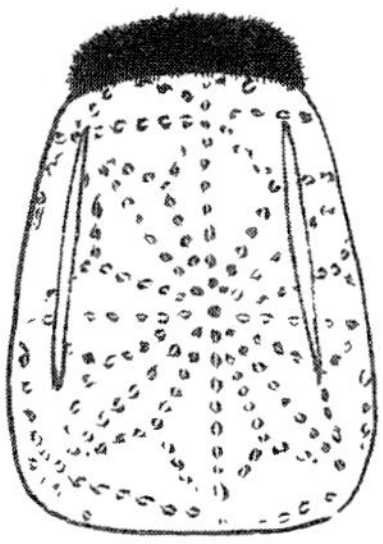

是ハ、半天ノ条ニ入ルベキヲ、誤テ、ココニ記セリ。半天ハ、衣服ノ表ニ着シ、胴着ハ、衣服ノ下、襦半ノ上ニ着ス。蓋、アヅマ胴着ハ、肌ニ着ス。昔ヨリ有之歟。恐クハ、文政、天保以来ノ製ナルベク、又、古ヨリ有レ之トモ、当時ニ至リテ、専ラ用レ之歟。

今世、江戸ニテ、四五歳以下幼児、専ラ用レ之物、緋縮緬ノ絞リ染、或ハ形染等、其他縞及ビ小紋モアリト雖ドモ、児用ナル故ニ、赤色ヲ用トス。唐更紗、或ハ織物、錦ノ類モ用レ之也。裏、多ハ紅絹《もみ》、或ハ、無地ノ緋縮緬等ナリ。

褌《ふんどし》

天正前ハ、麻布等、長ケ四五尺ナルヲ、其半ヲ二ツニ裂キ分チ、コレヲ腰ニ巡シ、前ニ結ヒ、股下ヲ全幅ノ方ヲ通テ、前ニ挟ム。今ノ越中褌ニ似タリ。

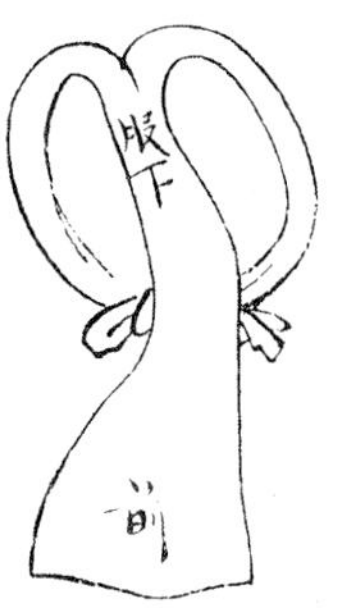

慶長以来、今製ノ六尺褌ヲ専用ス

此夫ノ著タル物、形チ今ノ半股引ニ似テ、而モ袴ノ制アリ。此他ニモ、同シ制ノモノヲ着タル図、一、二ヲ載タリ。褌《ふんどし》ヲ小袴《こばかま》ト訓ズヲ見レバ、是等ヲ褌ノ原制トスル歟。今世、更ニ此制ヲ見ズ。

同書所載

此図、菱川師宣ガ、『和国百女』ニ所載、花見女ノ従者也。師宣ハ、天和貞享頃ノ浮世画師也。

古今集ニ

　下帯の道のかたノ〵わかるとも行めくりても逢んとぞおもふ

此歌ノ心ニテ、天正前ハ、麻布半ヲ割テ用ヒシコト、明カ也。

図80　菱川師宣画『和国百女』（元禄８）

今世、フンドシ、貴人ハ白羽二重、士民ハ白晒木綿ヲ本トス。長六尺、呉服尺也。士民、白木綿ヲ本トスレドモ、中以上ハ、白加賀絹ヲ用ヒ、又、美ヲ好ム者ハ、大幅或ハ小幅織ノ縮緬、又ハ白龍紋等ヲモ用フ。

又、江戸ニテ、三四十年前、侠気アル徒等ハ、緋チリメン用フ。今世、三都トモニ小児ハ、往々用レ之。

又、三都トモニ、文政中、賤業ノ者、美ヲ好ムハ、紺縮面、平日、紺木綿等ヲ用ヒシ。又、紺絞リモ用ヒシ也。

今世、三都トモ、白木綿ヲ本トスレドモ、或ハ、絞リヲ用フモアリ。小紋中形等用ヒズ。

又、今世、京坂ハ、縮緬以下、木綿褌、トモニ両端ヲ細ク折テ、縫レ之。号ケテ、石突《いしづき》ト云。江戸ハ、不レ縫レ之。因云、綿褌、京坂ハ、洗レ之者、洗後糊ヲ解テツケ乾ス。江戸ハ、糊ヲ用ヒズ。

石ツキノ図

越中褌

紐ヲ通シタル方ヲ背ニシ、紐ヲ前ニ結ビ、無紐方ヲ前ノ紐ニ挟ム也。

越中褌背ノ図

六尺褌背図

六尺褌 越中褌 前面同

褌餘ヲ三角折テ挟ム

簣褌

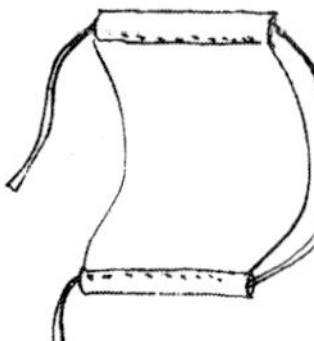

モッコフンドシト云形、簣《もっこ》ニ似タル故也。前後ヲ縫テ、是ニ紐ヲ通シ、或ハ左、或ハ右ニ結ブ。女形俳優等ニ用レ之由ヲ聞ク。

図81 歌川広重画「東海道五十三次細見図会」(部分)
神奈川県立歴史博物館蔵
川越人足の六尺褌

頭巾

上代 是ヲ**角頭巾**ト云

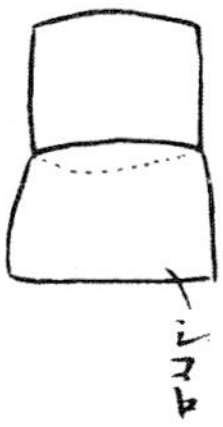

シコロナシ **キヌ頭巾**

守貞曰、宝永、正徳中、流布ス物、黒縮緬ヲ以テ製レ之。裏ハ、紅絹也。今世ハ、老姥及ビ乞丐《きつかい》（こじき）ノ僧尼等、浅木木綿ヲ以テ製レ之用フ。

丸頭巾

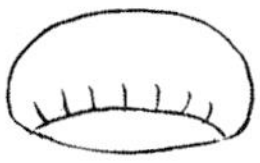

慶長頃ヨリ始ル

丸頭巾錣付

ホクソ頭巾

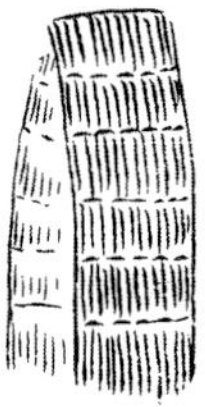

織田信長着ス。尤モ古キ製也。苧《からむし》（麻の一種）ヲ以テ作ル、故ニ苧屑《ホクソ》也。元文頃迄ハ、山家ノ者多ク用レ之。鷹匠ナド用レ之モ、田家ノ者ト、鳥ノ見違ユル為ニ、仕タル物歟云々。今世ハ、鷹匠モ不用之、木綿頭巾ヲ用フ。

天和ノ頃、鼻トモニカクシタル頭巾、流布ス也。其頃、綱吉公ノ御妾おでん殿ト申ハ、黒鍬《くろくわ》（江戸城内の人夫）ノ娘ニテ、部屋方へ召出サル。後、甲府附トナリ、御妾ニ成タリ。綱吉公御治世ニナリテ、おでん殿ヨリ奉願ハ、私、親ハ小山田彌四郎ト云浪人者ニ討レ侍ルマヽ、御威光ヲ以テ、御吟味也。依レ之、弥四郎住所ナク、此頭巾ヲカムリテ徘徊シ、或ハ茶屋ニ泊ル。右故、此頭巾、御停止也。端々ノ茶屋女モ御停止也。

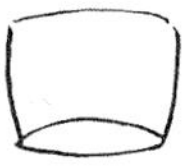

黒縮緬、宝永ノ末、正徳頃ヨリ此風、流布ス。小山田以後ハ、裏紅絹ヲ絶テ鍜頭巾《しころづきん》トナル。

此頭巾ハ、道心者、或ハ出家ナド、縮緬ニテ作リカムリタリ。享保ニ至リテ、武士、町人トモニ用ユ。然ドモ、若キ者ハ、角頭巾ヲ用フ。丗歳以上用之。守貞、今世防火夫ノ用ユル、猫頭巾ノ形ニ似タリ。

元文中ヨリ、鍜長キ頭巾流行ス。表チリメン裏紅、是ヲ熊坂ト云。鍜ニテ紋見ヘズ。

気侭頭巾《きままづきん》

寛保ノ頃ヨリ、鼻口ノ所へ切《きれ》ヲ垂レテ、面部ヲ覆ヒ、目許《ばか》リ出ス。黒縮緬、裏紅絹《もみ》、気侭頭巾ト云。鍜長サ二尺餘。

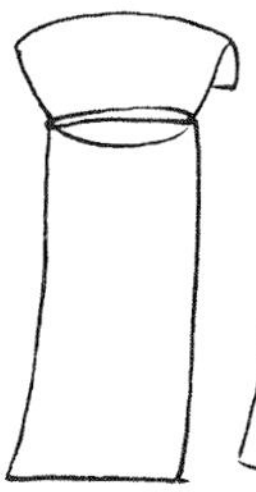

寛保頃ヨリ、如此、前一幅ヲ垂テ、目バカリ顕《あらわす》モアリ。

気侭《きまま》頭巾《づきん》ノ異製也

守貞云、婦女ノ気侭頭巾、一名、奇特頭巾ハ、貞享頃ヨリ専用ニテ、男子ノ気侭頭巾ハ、寛保中初テ製ス歟。而モ、女用トハ其形太ダ異也。

頬冠り

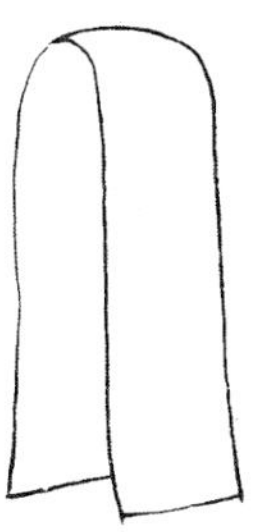

如此背ロヲ縫テカムル也

表小紋ノ縮緬、或ハ、表黒裏紅、長ケ三尺餘、頬冠リニテ、下ニテ結ビ下ル。

昔ヨリ、大坂芝居狂言ニテ、「浪華男伊達」云、侠客ノ内、獄門ノ庄兵衛ト云ニ扮スル時ハ、必ラズ、如此頭巾ヲ被レリ。木綿製、色革色、或ハ茶ノ類ニテ、四ツ目ノ紋ヲ白ニ染ヌキ、縫ニモスル也。頭巾ノ形ハ、仕丁ノ着ス烏帽子ニ似タル物也。何頭巾ト云歟。其名追考スベシ。

安永二年刊本、『当世風俗通』ト云小冊子ニ所載図、上ノ息子風ト云条ニ云、黒縮緬ノ大坂頭巾是ヲ世俗、竹田頭巾ト云。又、亀屋頭巾トモ云。浪華ノ戯場ニテ、冠リシニヨッテ云尓。

與作頭巾

与作頭巾ハ、島琥珀（島の琥珀織）等ヲ専用ス

竹田頭巾

本名大坂頭巾、又カメヤ頭巾トモ云

守貞云。竹田頭巾、大坂頭巾ト云ハ、浪速ノ戯場ニテ用ユトアルハ、歌舞伎芝居ニハ非ズ。浄留里ノアヤツリ芝居ニテ用ヒシ物也。故ニ、竹田ノ名アリ。今世ノ浄留里芝居、人形遣ト云者ハ、三都トモニ、此形ナレドモ、頭ヨリ覆面迄、一幅ノ製也。黒麻布ノ単ナル故ニ、眼ヲ出スニ及バス。因云、人形ツカヒ、服モ黒麻布ノ筒袖ヲ用フ。冬ハ、木綿也。

図82　恋川春町画　金錦佐恵流(朋誠堂喜三二)作『當世風俗通』(安永2) 佐藤要人氏蔵

以下、今世所用男用也。

宗十郎頭巾

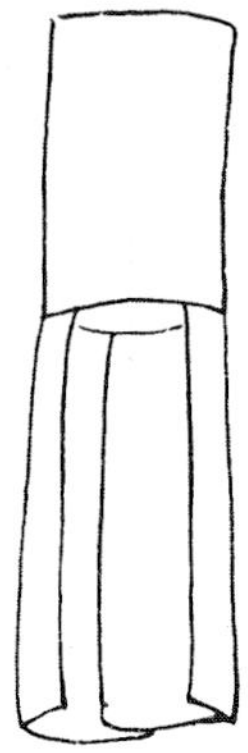

是亦、芝居俳優沢村宗十郎ヨリ製シ始ム故ニ、今ニ至リ名トス、ト聞ク。宗十郎モ数世同名アリ。何ノ年ノ宗十郎歟、又、弥々始レ之歟。其詳ナル伝ヲ知ラズ。唯口碑ニ云ノミ。或書曰、寛延中ヨリ流布ス、ト也。

黒縮緬、袷製也。角頭巾ノ二幅錣《しころ》ナル物也。武士、専ラ用レ之。蓋、江戸ノ武士ハ不レ用レ之歟。今、江戸ニテ、士民トモニ不レ用レ之。江戸モ、武士ニ稀ニ用レ之歟。京坂、武士専ラ用レ之。又、市民モ黒チリメン羽折、或ハ上下ヲ着ス人ハ、必ラズ専ラ用レ之トス。

頭巾ノ餘リハ、大畧、図ノ人ノ如ク折テ、額ニ挟ミ、或ハ周リヲ立テ、凹ニ押入ル也。錣ハ、左右トモ前ニトリ、襟ニ挟ミ、或ハ頰カムリトス。昔ハ、錣ヲ背ニ垂レイルベシ。

山岡頭巾

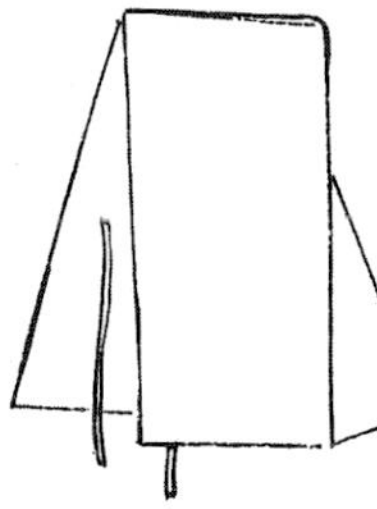

京坂ニテ帽子、江戸ニテ頭巾ト云。昔、手細ト云、此形歟

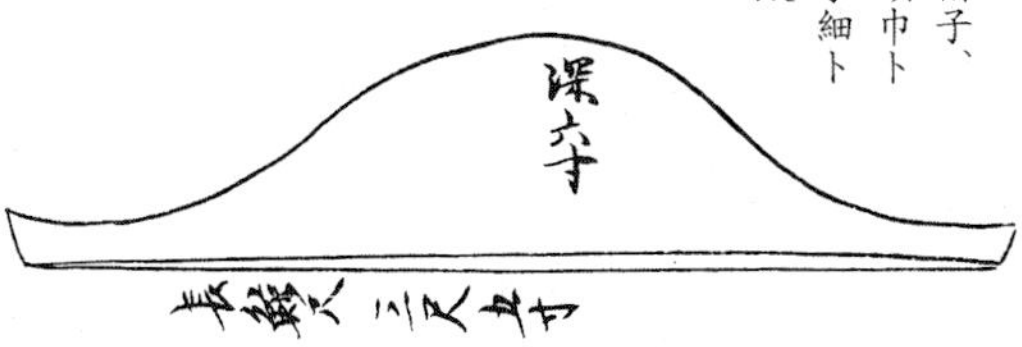

江戸ノ武士専ラ用レ之、八丈絹ノ黒、或ハ納戸茶等、袷也。黒天鵞絨、単ノ表毛アル方ヲ内ニ、裡ヲ表ニ出シ用フモアリ。市民ノ用フルハ、専ラ八丈絹也。縮緬ハ、コレニ製セズ。京坂ノ市民、武士トモニ、往々用レ之、八丈絹等也。又、天保中、京坂小民ハ、表紺木綿、裏同茶ヲ以テ製レ之。或ハ縞、或ハ形染モアリ。平日モ用レ之。又、専ラ火所、旅行ニ用レ之。八丈絹製等ヨリ形僅ニ小也。又、幅二三寸ノ同裁《ともぎれ》ヲ横ヘテ、覆面ニシタルモアリ。是、近年ノ製也。

江戸、今俗、船底ノ頭巾ト云、是也

図83 石川豊信画 禿帚子作『絵本江戸紫』(明和2)
宗十郎頭巾

上ノ頭巾ヲ被リタル図

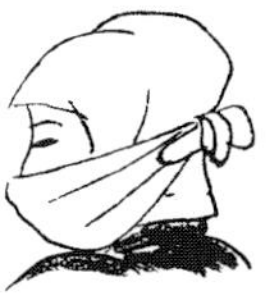

右両端ヲ背《うしろ》ニ回シ、結ブ也。両眼ノミヲ出シ、面部ヲカクス。三都トモ如斯。江戸、必ラズ如此。京坂ハ、左ノ如ク、頰カムリニスルモアリ。

江戸ニテハ、頭巾ヲ上ノ如クニ結ビ、又、其上ヨリ手拭ヲ以テ、再ビ結ブモアリ。チリメンノ解ケ易キ故也。

非也

腮《あご》ニテ打合セ、左右トモ耳辺ヲ挟ム、京坂ノ風也。近年ハ、背ニ結ビ、又、再ビ手巾《てぬぐい》ヲ用フモアリ、トモニ倣二江戸一也。

近年、江戸ニテハ、図ノ如ク牡丹掛ニ製シテ、結ビ止メザル者、往々有レ之。牡丹或ハ山岡也。左ニ図ス。

安政ニ至リ、コハゼガケ山岡ヲ専トス。船底ト並ビ用フ。地絹、緬綸《ふくりん》、或ハ壁チヨロ、色紺ヲ専トス。裡黒八丈。

下図ト同時流布ノ左右牡丹カケ、右ヲ左ニカケ、左ヲ右ニ掛ケル。縮面、紬、川越織、地性不定。且、無地ヲ専トス。縞モ稀ニ、無ニハ非ズ。無地ハ、鉄納戸《てつなんど》、革色、紺ノ類。

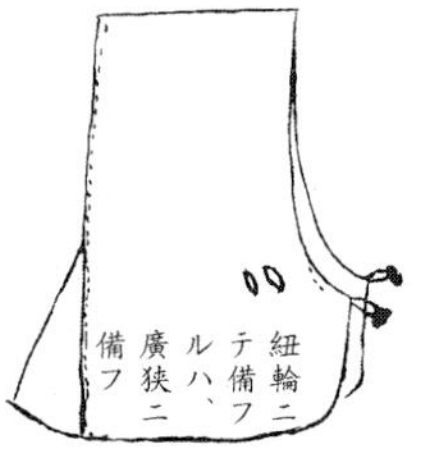

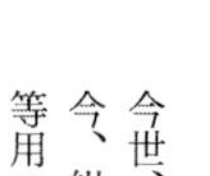

今世、鷹匠用、浅葱木綿也。今、紺木綿、手巾様ノ物ニテ、頰冠スルモアリ。前ニ出ス、ホクソ頭巾等用フル鷹匠無レ之。

浮田秀家画賛、八丈島宗福寺蔵。『柳営雑筆《りゅうえいざっぴつ》』ニ所載也。今、縮図ス。

綿ほうしさわらは落ん
古あたま、さぞ寒からめ
西の山風　秀家

此形、焙烙《ほうろく》頭巾也。焙烙頭巾、今製、黒縮緬ノ綿入也。他ノ頭巾ハ、多ク袷ナルニ、此頭巾ニ綿ヲ入ル故ニ、是、古ハ、綿帽子ト云シ歟。然ラバ、今ノ真綿ヲ以テ、船底形ニ造リ、布苔《ふのり》ヲ以テ、表ニヒキタル綿帽子ト云ハ、後ノ製歟。秀家八丈島ニ謫《なが》セラレシハ、慶長八年也。然ラバ、慶長比ハ、是ヲ綿帽子ト云シ也。

焙烙《ほうろく》頭巾

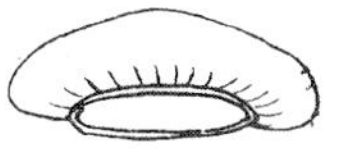

古ノ丸頭巾、鮹頭巾《たこづきん》ハ此類歟。或人曰、焙烙頭巾、慶長中ニ始テ製レ之ト、或書ニ云リト也。然バ、昔ヨリアリテ、丸頭巾ト異物歟。又、同物二名歟。

今世、僧ノ所用也。黒縮緬ヲ以テ造ル。

因云、昔ハ、蕩郎花街《とうろうかがい》ニ遊ブニ用レ之歟。今モ、源太景季ノ遊里通、又、椀久《わんきゅう》（大坂御堂前の豪商椀屋久右衛門）ト云蕩郎狂乱ニ扮ス者、必被レ之也。

再出
猫頭巾

今世、江戸防火夫、及衆民火場ニ所用也。此他、革頭巾アリ。又、武士ハ兜頭巾ヲ用フ、トモニ火事装束ノ条ニ図ス。猫頭巾、図ノ如ク、糸刺ニスルハ、水ヲ含ムヲ要ス。又、刺ザルモアリ。地、紺木綿、或ハ、鳶ノ者ノ標目紋ヲ染ル、盔《はち》綿入、太タ綿ヲ厚クス。綴覆面ハ袷也。

抛《なげ》頭巾

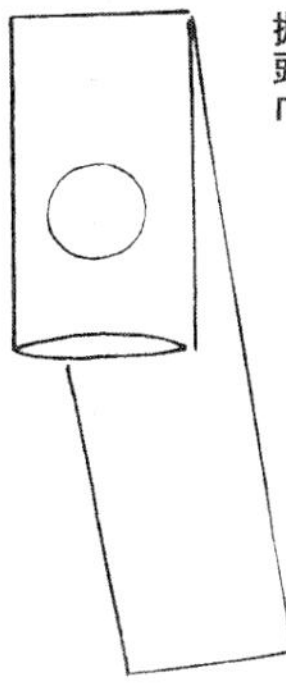

緋縮緬ヲ以テ、製レ之。単ニテ四尺許リモアル也。其大畧、三分ノ一ニ厚紙ヲ納レ、図ノ如ク立テ、其餘ヲ背ニ垂ル、長キ袋ノ如キ也。

図84　下河邊拾水画『絵本満都鑑《えほんまつかがみ》』（安永8・序）　焙烙頭巾

僧侶《そうりょ》ノ焙烙頭巾《ほうろくづきん》

焙烙頭巾、僧ハ、此他ヲ用ズト思ヒシハ非也。尤、法衣ヲ着ス僧ハ、専ラ用レ之。又、法衣ヲ着セズ、長合羽等着ス時ハ、宗十郎頭巾、又ハ、山岡ヲモ用フ。色ハ、必ラズ黒也。僧、法衣ヲ着セズ、往来スルニハ、晴天ニモ合羽ヲ着ス者多シ。今世僧侶ノ焙烙頭巾ニハ、錣付多シ。或ハ錣ノミ。又ハ、錣廣ク、覆面ヲ兼ルモノモアリ。乃チ下ニ図ス。

韮山《にらやま》頭巾

亦、号二講武所頭巾一。是モ左ト同ク、西洋炮ヲ学ブ士専用ス。西洋炮術韮山住人、江川某ト云代官、能之ニヨリ門人多シ。故ニ名之、黒天鵞絨製多シ。

突盔頭巾《とっぱいづきん》ト云歟

黒木綿製、錣付鉢巻白木綿、惣テ紙心ヲ用ヒタリ。江戸ニテ、武夫、西洋炮術ヲ学ブ者用之、笠類ニテハ、炮ニ触レ、自由良シカラザルヲ以テ、用之。嘉永末、米里《めり》ケン来船以来、頻リニ西洋炮ヲ学ブ。然リト雖ドモ、其始メハ不用之。安政二三年ヨリ用之。蓋、古画ノ木曽ノ巴女《ともえ》（巴御前）、及ビ板額女（鎌倉時代の勇婦）等ノ女武者、用之コトヲ描キ、用之者、近世不見之也。此両三年、学西洋炮者ノミ専用之。然レバ、古ヨリ、此形ハ有ルナルベシ。

手拭被リ

安永二年印本『風俗通』、中息子ノ条下ニ云、「手巾《てぬぐい》、晒木綿ノ白ト、浅黄ニ染分タルヲ用ユ。是ヲ頭ニ纏テ頭巾ノ代リトス。冠様《かむりよう》、種々アレドモ、右ニ一図ヲ出ス。ワルク冠ルトキハ、石踏直《せったなおし》ニ紛う間、能々工夫スベシ。猶口伝アリ」云々。

手拭頬冠

頬冠リ多クハ、手巾ノ両端ヲ、左ニテ捻《ねじり》テ挟《はさ》ム也。此図ヲ良トス。

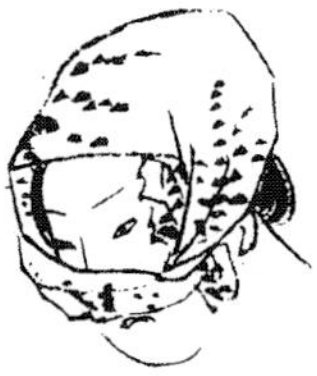

或ハ、鼻上ニ掛テ、左頬ニ捻リ挟ム。卑賤中ノ卑賤風也。

手拭頬冠リ

図ノ如ク手拭ヲ以テ、頬カムリスルコト、今世専ラ也。頭巾、帽子等ヲ用フトモ云トモ、先ホウカムリト云ハ、手巾ヲ用フコトトスル也。蓋、下夫ノ所為也、暑寒トモニ禦《ふせぐ》レ之也。

手巾、全幅ノ侭カムリ、或ハ背ノ方三、四分テ、髷尻ヲ僅ニ出ス也。

又、芝居ニテ、男女情死等ニ往クヲ、道行ト云也。其男ニ扮ス者ハ、必ラズ手拭、頬カムリヲナス者多シ。是ニハ、専ラ全白ノ手巾を用ユ。

『我衣』ニ曰、三尺及ビ五尺ノ物ヲ、今世頬冠リニ用フコト、更無レ之。唯、帯トスルノミ。蓋、三尺、五尺トモニ、三尺帯ト云。五尺ノ物ヲ二重廻リノ三尺ト云也。トモニ稀ニテ、麻ヲ用ヒズ。

手拭大臣冠リ

江戸ニテ、吉原カムリト云。

三都、士民トモニ野歩等ニ為之、或ハ薄暑《はくしょ》（初夏の少しの暑さ）ヲ避ケ、或ハ塵埃《ちりあくた》ヲ禦ク。

大臣ト云ハ芝居大尽ニ扮ス大名等ノ扮ニハ、紫巾ヲ以テ月代ヲオヽフ。以レ之ガ故ノ名ナルベシ。

手巾二ツ折、背ノ両隅ヲ、髷後ニ一ツ結ビ止ム。

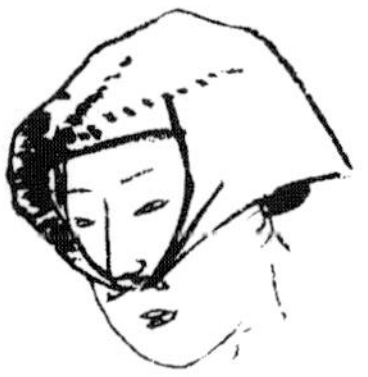

江戸天保中、暫ク流行ル手拭、是モ二ツ折ニテ、前ノ両隅ヲ、鼻ニ掛テ結ビ止メ、笠ナキ人、薄暑ヲ防グ、盛暑ニモ、無笠ハ為レ之。

図85 恋川春町画 金錦佐恵流（朋誠堂喜三二）作『當世風俗通』（安永2）佐藤要人氏蔵

手拭米屋冠リ

手拭ノ、或ハ左、或ハ右ノ端ヨリ頭ニ巻キ、上ノ方ヲ寄セテ、巻終リノ端、前隅ヲ挟ム也。京坂ハ、初メ眼ヲ覆フ許リニ巻キ被リ、終リニ隅ヲ額ニ出シ、眼ヲ覆ヒタルヲ、上ニ引返シ挟ム也。乃チ上図ノ如シ。

江戸ハ、初ヨリ目上ニ巻キ被リ、終リニ前隅ヲ、下図ノ如ク額ニ挟ム。

手拭喧嘩冠リ

米屋ト云コトハ、図ノ如ク被リテ、埃ヲ除クヲ専トシ、米屋ハ特ニ埃多キ賈ナル故ニ、専ラ為レ之。故ニ名トス。其他モ、業ニ應テ為之也。

喧嘩冠リハ、右或ハ左ヨリ巻被リ、巻初ノ端ト巻終ノ端背ノ両隅ヲ髷尻ニ掛ケ結ビ止ム。喧嘩冠リト号スハ、江戸、防火夫等黨ヲナシテ、争イドムコトアリ。其時、半紙二三十枚ヲ水ニヒタシ、頭ニ当テ、其上ヲ、図ノ如クニ手巾ヲ冠レバ、鳶口ト云具ヲ以テ討ルトモ、深疵《ふかきず》ヲ負ズト云リ。是等ノ事ヨリ、名トスルナルベシ。

手拭

テヌグヒト訓ズ、手巾也。晒木綿一幅ヲ、長ケ鯨尺二尺五寸ニ裁テ用フ。木綿ハ、播州木綿ヲ専トス。

手拭ニ種々ノ染形ヲ用フ、縞ヲ用ヒズ。

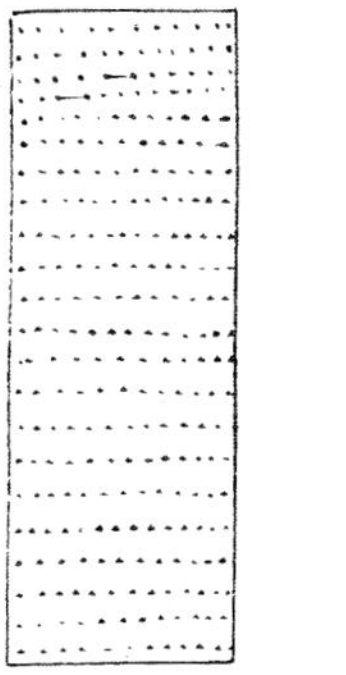

芥子玉絞《けしだましぼ》リト云。手拭ニ多キ形也。地白ニ藍絞リ也。京坂ニテハ、シラミシボリヲ専名トス。木綿買ハ、ケシタマト云也。江戸ハ木綿買ニ非ル人モ専ラ芥子玉ト云。シラミハ虱《しらみ》也。絞リ紋、小ニシテ、虱ノ大サ故ニ名ク。板シメ染也。又、形、芥子玉ニ似テ、絞リ文ノ大ナルヲ、豆絞リト云。絞文、豆ノ大サ故ニ名ク。

半染手拭ト云。図ノ如ク、半斜《はんぶんななめ》ニ片白、片藍ノ無地、或ハ片白、片水浅葱、或ハ片白、片浅葱ニ小紋アル物等、小紋ハ白也。

右ノ二品等ヲ専トス。其他、種々ノ紋ヲ染メ、或ハ絞リ用フ。

又、手巾ニ、江戸ニテ、カメノゾキト云アリ。極テ淡キ水藍染ノ無地也。手巾全クヲ水浅木ニ染ル也。藍瓶《あいがめ》ヲ覗《のぞ》クノミト云意ニテ、名付ク。

種々ノ模様ヲ染メ、或ハ絞ル物、地白、文藍、或ハ地藍、紋白モアリ。京坂、祭祀等ニ出ル衆人ハ、紅染ヲ諸人一様ニスル等アリ。其黨ノ有因、紋ヲ描ク也。江戸ニテハ、更ニ紅染ヲ用ヒズ。祭祀等一様ノ者モ、藍染ニ坊名等ヲ書ケリ。鄙《いなか》ニハ、常ニモ紅文交ヘタル手巾ヲ用フ者アリ。

城州（山城の国・いまの京都府の南部）、小原女ノ黒木賣ノ用フル所ハ、地、瑠璃紺ニシテ上図ノ如ク、両辺ニ和歌ヲ書ケリ、字白也。是一種ノ手巾、稀ニ他人モ用レ之テ、好数トス。

大坂、堂島ノ米買所用ノ手巾、地白ニ、模様大形ニ紺染也。専ラ筆意摸セリ。摸様種々、大畧図ノ如ヲ専トシ、他准之也。

前垂

本字韍韠《ふつひつ》マエダレト訓ズ。別種也（韍韠は胡服《こふく》の膝《ひざ》かけ）。京都幕府〔俗ニ云、足利時代也〕ノ時ハ、所レ無レ之。『職人盡歌合』ノ繪ニハ、不レ画レ之。何ノ時、始ル歟。始テ見、明暦ノ画ニ画レ之コトヲ。今世、市中ノ男女、平日ハ専ラ用レ之テ、衣ノ垢ヲ除ク。

京坂ノ男子ハ、花色ノ織色木綿二幅《ふたの》、紐同物、或ハ茶木綿、縫目ノ下二寸バカリヲ裂ク。紐左右トモ一タビ背廻シ、前ノ真央《まんなか》ニ結ブ。蓋、三都トモ、前タレヲ用フル男子ハ買人（商人）ノミ。農工ハ不レ用レ之。女子ハ農工商ノ家ニモ用之。又、京坂、魚買及ビ庖厨《ほうちゅう》ノ夫ハ、麻布二幅、図ト同シ。紺染ニテ、片端隅ヲ絞ル。下ノ図ノ如シ。

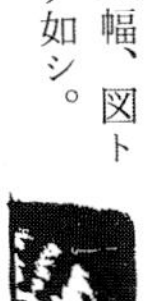

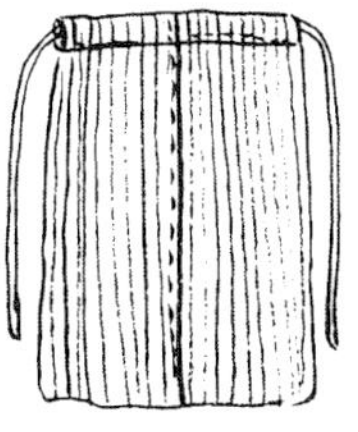

文政中、京坂ノ男女トモ、縞木綿ヲ二幅合セ、上ヲ筒ニ縫ヒ、紐ヲ通テ用フ。上ノ方皺ヨリテ、袴ニ似タリ。故ニ、袴前垂ト云。婦女専ラ用レ之。男子ハ坐工《ざこう》（坐わり職人）等用レ之。蓋、男女トモ用人ハ十ノ一ノミ、四五年ニテ廃シタリ。

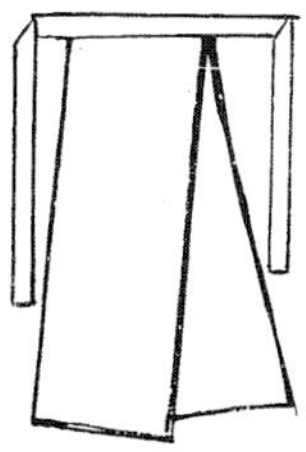

京坂、買物ヲ車ヲ以テ遣リ、或ハ倉ノ出入スル等ノ庸夫《ようふ》ヲ、仲士《なかし》ト云。其庸夫ハ、雲斎《うんさい》木綿ノ長サ四尺斗ナルヲ、半ヨリ斜ニ折テ、図ノ如ク端ヲ左右ニ開カシテ、折タル方ニ紐ヲツケ、前垂トス。白ヲ専トシ、或ハ浅黄モアリ。買物ヲ肩ニ載ル時、一片ヲ肩ニ当ル也。号テ仲仕前垂ト云、馬士モ用之。

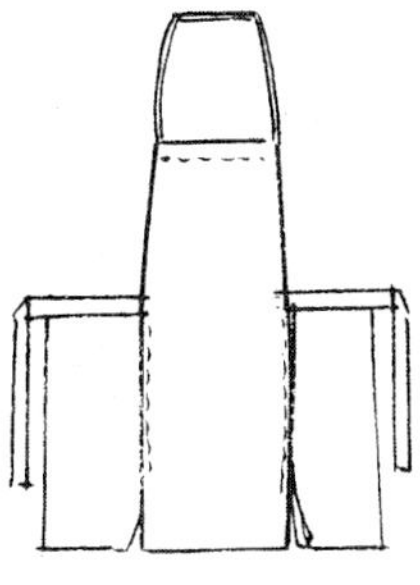

酒、醤、塩、噌ノ買ハ、奴僕等中㝵《の》長胸当ヲ兼ネ、両端二㝵《の》ハ、半幅ヲ用フ。専ラ渋染毛綿ナリ。江戸モ同買ノ徒ハ用レ之。蓋、原買《もとうり》ノ問屋ト云モノハ不レ用レ之、小買店ノミ。

江戸男前垂

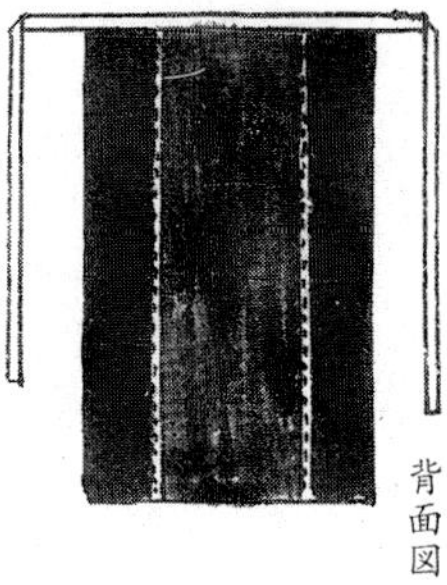

背面図

文政以前、大坂堺筋ノ砂糖買ノ前垂ハ、形チ常ノ如ク、浅黄、乃、花色木綿二幅也ト雖ドモ、縦横斜ニ白糸二糸ヲ以テ、刺レ之、久ク堪ルヲ要ス也ト雖ドモ、竹輪及ビ釘等ニカヽリ、却テ裂易キヲ以テ、近年更ニ不レ刺レ之テ廃ス。

刺糸、概方寸ノ格子形也。


江戸、男用、紺目クラ縞木綿二幅ノ両端ヲ折リ、背ノ中間ニ同色、或ハ縹《はなだ》、又ハ萌木木綿半幅ヲ用ヒ、図ノ如ニスルアリ。

表全紺ニテ、正中ニ縫目アリ。図、畧レ之。

又、二幅両端ヲ折リ、裡半幅ヲ用ヒズ。表裡正中ニ縫目アル物アリ。

又、一重一幅ニテ縫目ナキ物アリ。是ニハ、暖簾木綿ト云、厚キ物ヲ専トス。


右三種トモニ、紐、同木綿、或ハ茶、萌（木）ヲモ用ヒ、又、専ラ袋織木綿、真田紐ヲ用フ。右ノ前垂、買人ノ専用也。工、及ビ他行モ稀ニ用之レドモ、多クハ、前垂ヲ用ヒズ。

酒買用

三尺帯也

是、酒買用ノ前垂ニハ、鍋島毛氈《もうせん》ト号クル。肥前（佐賀県）ノ鍋島ニテ製ス処ノ太キ木綿糸ヲ以テ、図ノ如キ種々ノ華文《けもん》ヲ織タル地白、紋紺ニ赤等ヲ交ヘ、表ノ方ニハ毛ノ如ク四五分ヲ綿糸出テ、然モ螺《ら》ホツノ如ク縮メリ。

メリヤス図

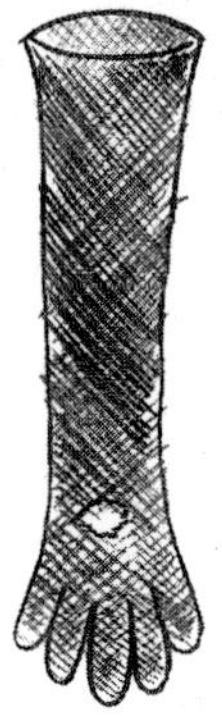

手袋　長概曲尺一尺二寸

白木綿糸、二糸ヲ並ベ、手ノ形ニ織成シテ、原ヨリ縫裁ノ製ニ非ズ。
表裡、表裡如此編ミ製シニ、左右ノ別ナシト雖ドモ、縮伸自由也シヲ、自ラ左手右手ニ合ヒ、又、大小トモニ寛狭ナシ。手甲ニ◇形ヲ織出シテ掌ト混ザルノ標トス。メリヤスハ、専ラ、馬上歩行トモニ、武夫ノ用トス。平民モ一刀ヲ帯ル者ハ、用レ之。無刀ノ者ハ、用レ之テ、見易カラズ。蓋、定制アラザレドモ、自ラ風俗ニ合サルノミ。又、四時トモニ用フレドモ、炎暑ト寒風ノ専用也。

手甲

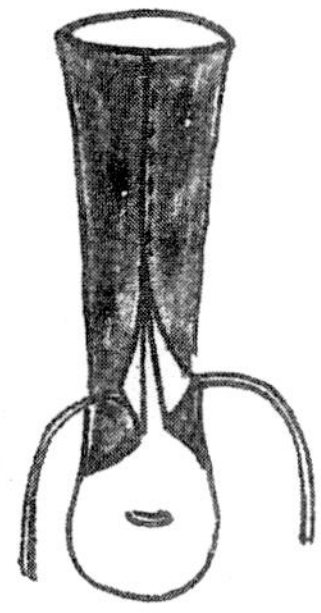

テカウ、ナレドモ、俗言必ラズ「テッカウ」ト云也。手甲ハ、皆袷ニテ縫裁ノ製ナレバ、大小長短、其人ニ應ジテ製レ之。
左右同形ナレドモ、縫目ノフセヲ以テ、別レ之、左右ノ紐ハ、手首ノ表ニ結レ之、或ハ紐ヲ用ズ。コハゼガケモアリ。又、甲ノ央ニ、紐ヲ付テ、中指ヲ貫レ之。

手甲ヲ用フルハ、旅人ニ多シ。浅黄、或ハ表紺。裡、浅黄木綿也。傭夫ノ輩モ用レ之。

江戸、女太夫ト云非人女ハ、三絃ヲ弾テ乞レ銭ヲ輩ラハ、必ラズ用レ之也。其製又異也。図左ニ出ス。

又、芝居狂言等ニテ、西国順礼ノ娘等、又ハ、小原女ナドニ扮ス者、浅黄光澤絹《ぬめきぬ》ヲ以テ、製シ用フ。

江戸女太夫所用

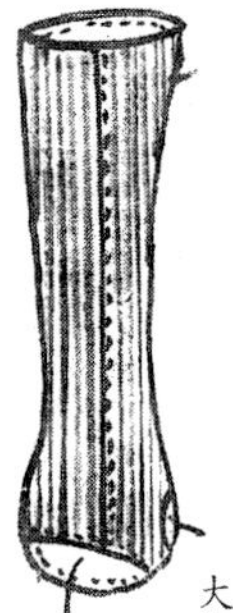

左手図、右手反之

大指ヲ出ス

四指ヲ出ス

四時トモ必ズ用レ之。紺、茶、竪縞ヲ専トス。

腕貫

右手図、左手反レ之。

ウデヌキ、袷ノ縫裁也。上ニ絎紐《くけひも》ヲ付テ、背ニテ左右ヲ結ビ合ス也。

手首ノ所ハ、紐ヲ用ヒズ、コハゼガケ也。

傭夫ノ所用也。表紺、裡浅木等ノ木綿製也。

文政ノ末、天保初比、京坂ノ工夫及ビ商家ノ丁稚等用レ之コト流布セリ。必ラズ、表紺ノ織色、裡浅木モメン也。江戸ニテハ、当時ヨリ今ニ至リ、用レ之者甚稀也。

芝居狂言ニテ、武将及勇士等ニ扮スル者、往々用レ之。蓋、白絹製也。又、美少年等ニ扮ス者、往々用レ之。少年ニハ、緋縮緬製也。三都トモ然リ。武夫、少年トモニ、太刀打或ハ旅装等ニ用レ之也。

足袋《たび》

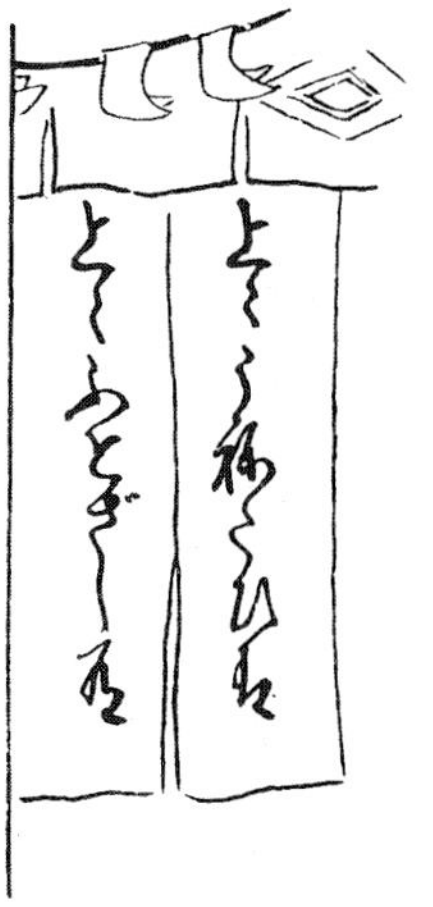

『京雀』所載、足袋店暖簾也。

『女用訓蒙図彙』ニ所載也。

又、絹足袋ハ、貞享頃ヨリ始ル。昔ノ足袋ハ、皆必ラズ筒太《はなは》夕長シ。今世ノ筒長ト云物モ、是ニ及バズ。

古ノ畦刺《あぜざし》ハ、如何形ニ刺歟。
今世ノ刺足袋或ハ刺底タビ、上ノ如ク、二糸ヅヽニテ刺之。木綿三子《みこ》糸《いと》ト云テ、三糸合ノ木綿糸也。江州（近江国）大津名製ノ甲掛ナド、皆此刺法ナリ。

又、江戸、白、㡀、千種足袋ハ浅沓《くつ》也。京坂ノ如キ筒長ヲ用ヒズ。紺ハ、染紺モ目クラ縞モ、専ラ筒長也。是、紺足袋ハ、居家、市中往来ニモ、用レ之レドモ、野行旅行ノ物ナル故ニ、浅沓ハ、脚半ト隙アル故ニ、江戸モ紺足袋ノミ筒長也。又、紺ノ浅沓モアリ。

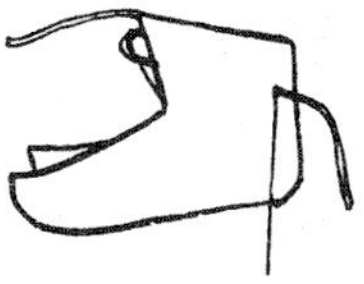

紐穴、此所へ穿チ通ス物多シ。又、左ノ如キモアリ

京坂白、紺トモニ此ゴトク筒長也。江戸ハ、紺ノミ筒長也。長サ七寸五分ノ物、深サ四寸五分アリ。他准レ之。又、左足ノ図也。右足畧レ之、下倣レ之。

三都トモニ紐ヲ用ヒズ、図ノ如ク、コハゼ掛アリ。四季、用レ之トモ、夏用ヲ専トス。夏日、埃ヲ除ク為也。京坂コレヲ「セチメンタビ」ト云。コハゼガケニハ、白ノミ。右足図、左足畧レ之。

紐穴ヲ穿タズ。背ノ縫目ヲ、紐通ス所縫除キ通スモアリ

京坂、浅沓ナシ。江戸、白、㡀、千種、此浅沓也。長七寸五分ノ物、背ニテ深サ三寸。他准之。

江戸、近年又図ノ如ク、片紐ノ物アリ。短紐ヲ付ベキ方ニ紐ヲ付ス。隅ニ、一孔ヲ穿チテ、長紐ヲコヽニ通シ挟ム也。

又、和州（大和国）ノ奈良ニテ一種ノ製アリ。奈良足袋ト云。全體表裡ノ間ニ、薄ク真綿ヲ納タル白足袋也。底モ納入也。中楽《さるがく》俳優、舞台ニテ用レ之テ、寒ヲ防ニ備ヘタリ。
今ハ、他ニモ賣ル。因ニ云、大坂玉造辺ニ、足袋賈アリ。三十二人ヲ定額（定数）トシ、其黨ヲ紅梅組ト云。皆、概半年江戸ニ下リ、伝馬《でんま》、塩町《しおちょう》、石町、銀町ニ旅宿シテ、府内ニ商フ也。蓋、此足袋、市民ニ用フル者稀也。武家ヲ専トスル歟。
今世、三都トモ、足袋及ビ草履、下駄、雪踏等、大小ヲ云ニ、寸ヲ以テ云ズ。京坂ハ、何モン、江戸ハ、幾モント云。何文、幾文也。一銭ノ大サヲ云也。然ドモ、文銭ヨリ大ニ当ル歟。余ハ、常ニ八文半ノ足ヲ用フ、呉服尺ニテ六寸二分アリ。他准レ之。
又膏《あぶらあし》足ノ人ハ、糸瓜《ヘチマ》ヲ乾テ下図ノ如ク裁《たち》テ、足袋中へ入テハク。此物、和薬店、及近年ハヤル瓢簞店、或ハ竹細工店等ニテ賣レ之也。又ハ、日本橋、親父橋上ニテモ、擔ヒ箱ノ上ニ置テ賣之。

股引《もも ひき》

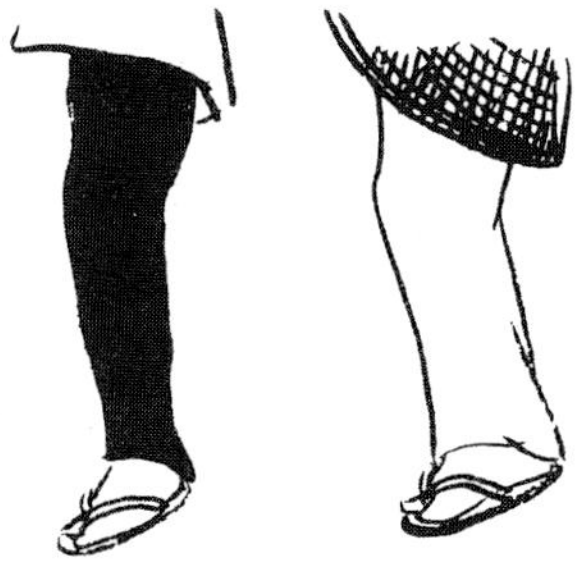

京坂ノハッチハキタル者如図、江戸モ、文化前、タルミ股引ノ時ノ図、似レ之。

今世、江戸ニテ、川ナミ股引ハキタル、如此ナリ。賈人ハ、股引モ亦聊《いささか》寛《ひろ》クシ、坐スルコトヲ得タリ。又、行ヲ専トスル者ハ、膝下ヲ、背ニテコハゼガケニスルモ稀ニアリ。

三都トモ絹パッチハ、花色ヲ専トシ、又、不易ノ物トス。近年、縮メンニテ製ス。紺或ハ㡀等也。江戸、茶器賈ハ、ハッチ革色等ヲ用フ。他賈ニ稀ニ用之。木綿パッチ江戸ニ云、モヽヒキ、賈人ハ、千種色、浅黄等也。古諺ニ〈浅黄ノ股引色男〉ト云コトアリ。工及ビ庸夫ハ、紺目クラ島ヲ用フ。三都トモ同制也。又、三都トモ、火所ニハ、専ラ紺ヲ用フ。又、大坂堂島ノ米賈ハ、細密ナル白地、藍小紋ヲ用フ。上ニ云千種、アサギ、堂島ノ小紋ハ、トモニ真岡木綿也。真岡ノ産、他産ト異ニシテ上品也。江戸ニテハ、小紋ヲ用フル者更ニナシ。

パッチ

江戸製パッチ　前

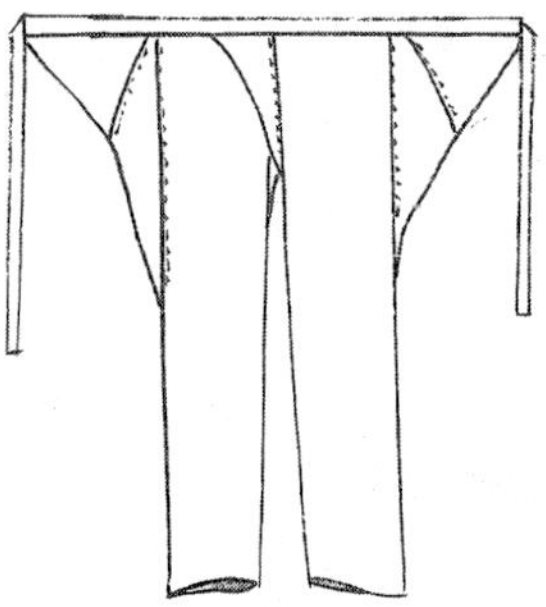

同背

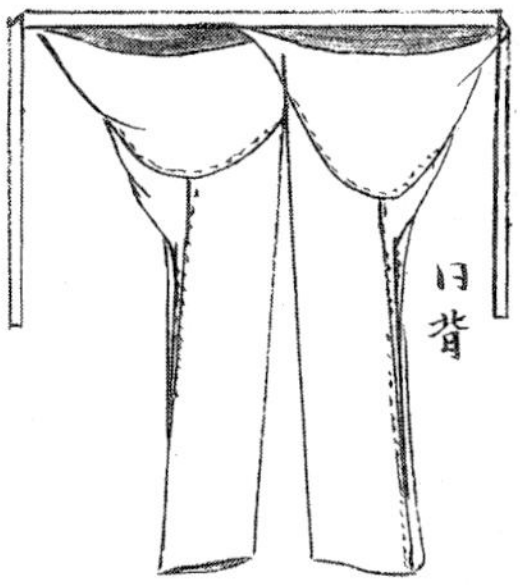

三都トモ、縮緬及ビ絹ノ物ハ、必ズ袷也。木綿ノ物ハ、或ハ袷或ハ単也。又、前通シト云アリ。前ノミ袷、背単也。今世、江戸火所ニハ、必ラズ紺モゝ引、京坂ハ、地凧、或浅木、又ハ茶ニ紺ノダンダラ染、其他形染ヲ用フ。江戸モ昔ハ用之。今ハ廃ス。又、革色パッチ、茶器賈等准レ之。人品ノ人用レ之。紬或ハ木綿股引モアリ。

京坂ノハッチ　ハ、上ノ方横一幅ヲ用フ。

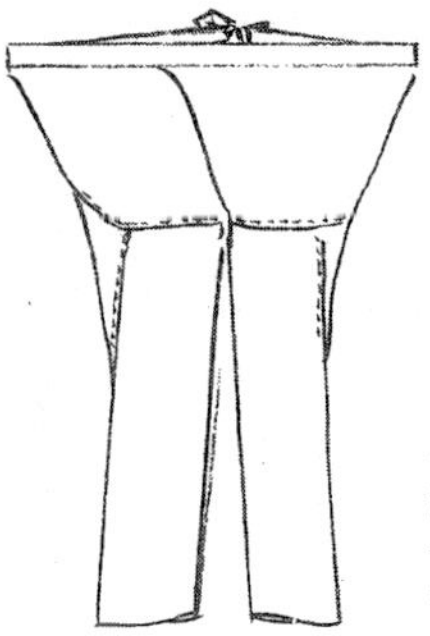

京坂　火事パッチ

木綿地、凧紺ノ横筋染、京坂ニ云、ダンダラ、江戸ニ云、手綱染。今ニ至リ、火事場ニハ、防火夫及ビ市民ノ奴僕等用之。上躰、前ニ図、裾周リニ浪ナド染タル法被《はっぴ》也。蓋、ハッヒ及ビ此ハッチ、火場ノ外、更ニ不レ用レ之。

江戸　昔ノ火事股引

京坂之、段ダラ筋、江戸ノ釘貫ノ他、形モ有レ之ト雖ドモ、先京坂ダンダラ、江戸クキヌキツノギヲ専トスル也

是亦、木綿地、凧紺ノ釘貫繋《くぎぬきつな》キ形、大畧文化以前、火場用レ之。鳶人足ナドハ、平日モ用レ之。市民奴僕ハ、火場ノミ用レ之。文政以来廃テ、火場平日トモ、更ニ無用者トナル。今モ、定火消役、俗ニ御同役トモ云。御籏本ノ火消役ナル家ノガエン（臥煙）ト云、奴僕ハ、用レ之。其他モ、武家屋敷ノ防火夫ハ、往々用レ之。防火夫、三都トモニ、火消人足ト云。

脚半

古ハ、「幅キ」ハバキト云。今モ尾張人ハ「ハバキ」ト云。

大津脚半

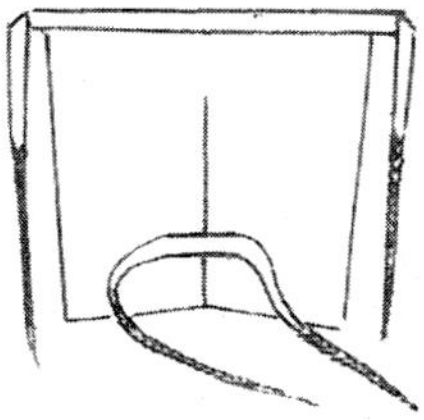

諸国ニテ製レ之ト雖ドモ、大津脚半名アリ。江州（滋賀県）ノ大津駅、今モ多ク賣。京坂ト同制也。紺木綿ヲ以テ製ス。白、浅黄モアリ、単也。京坂ノ人用之、木綿一幅ノ下ニ、一ヒダトリテ、下ヲ狭クス。長サ七寸餘也。鯨尺也。紐ハ、木綿幅五分バカリニ織テ、両端ヲ組紐ニ製シタル織成モノ也。又、雲斎《うんさい》木綿ニテ、製シタルモアリ。三度飛脚宰領（監督）等、必ズ用レ之。紐ハ木綿、脚半ト同物也。宰領ハ必紺也。其他ノ旅客モ、紺ヲ専トスル也。浅黄稀也。

江戸脚半、右脚ノ図

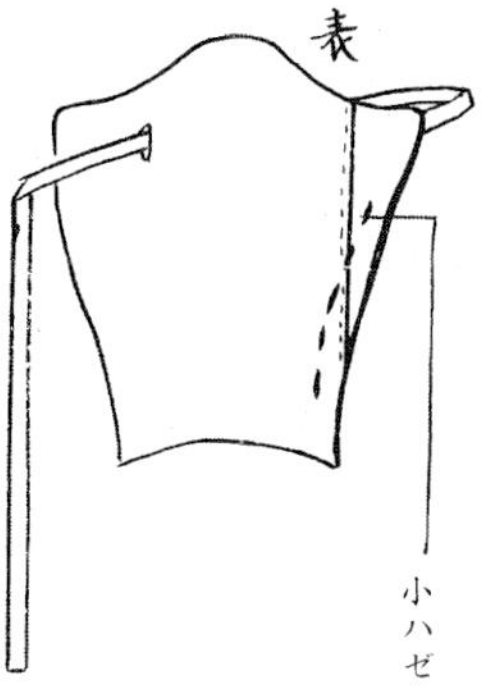

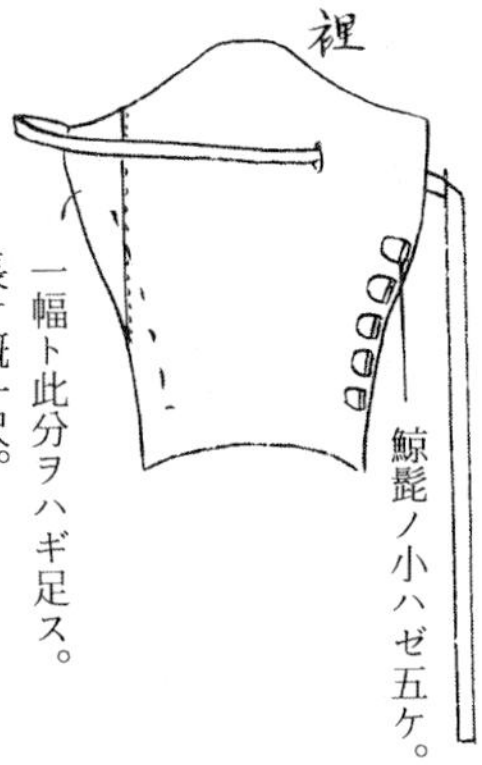

江戸ノ制、京坂ト大ニ異ナリ。山付ト云。表紺、目クラ縞。紐、同盲縞、片紐也。

裡ハ浅黄木綿。左脚、返之ノミ、故ニ畧ス。

図ノ如キモノ、江戸ニテ、普通ノ制也。或ハ、稀ニ京坂ト同制ノ物モ用フルナリ。又、武士ハ専ラ凧地藍小紋、細微ノ小紋也ヲ用フ。京坂モ同キ也。高貴ノ武家ハ、羽二重及ビ絹裡ヲツケル也。蓋、表ハ必ラズ木綿也。

甲掛

旅行ニ用レ之。足袋ヲモ用ヒ、或ハ古足袋ノ底ヲ除キ代レ之モアリ。武士ハ、旅行ニモ専ラ紺足袋也。然モ下輩ハ用レ之モアリ。遠路足ヲ痛ザル、コレヲ良トス。民間ハ専ヨ用之。京坂、旅行必ラズ用之。江戸ハ、士民トモニ、足袋ヲ専トスレドモ、京坂ニ上ル等、路遙ナルニハ、又、専レ之トスル也。諸国製レ之トモ、江ノ大津駅製ヲ良トス。紺木綿、周リ紺糸刺、上ハ刺ズ。是亦右足ノ図、左ヲ畧ス。象頭山《ぞうずさん》（香川県、琴平山《ことひらさん》の別称）詣ノ者ハ、白モ製ス歟。多クハ、白古足袋也。製シテ賣ル物ハ、必ラズ紺ノミ。

腹当

京坂ニテ、ハラアテト云。江戸ニハ、ハラカケト云。而モ三都トモニ、何年ヨリ製レ之歟。其初ヲ知ル人ナシ。京坂、男子長幼トモ、所用ノ腹当、単也。

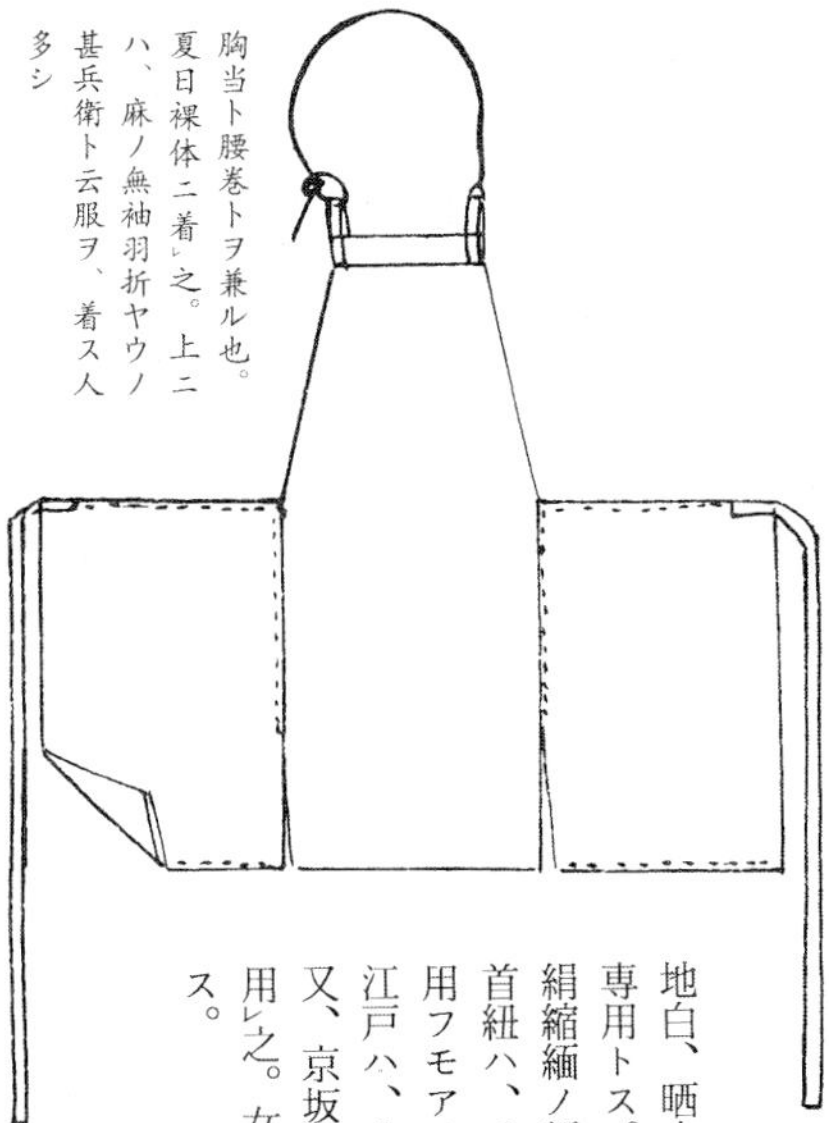

胸当ト腰巻トヲ兼ル也。夏日裸体ニ着レ之。上ニハ、麻ノ無袖羽折ヤウノ甚兵衛ト云服ヲ、着ス人多シ

地白、晒木綿、藍ノ小紋、中形等ヲ専用トス。胸ノ一文字及ビ乳ニハ、絹縮緬ノ類ヲ用フ。腰紐モ准之也。首紐ハ、八ツ打緒也。又、クケ紐ヲ用フモアリ。江戸ハ、此形ヲ更ニ用ヒズ。又、京坂男児モ、礼、晴服ニハ不レ用レ之。女児ハ用レ之。女服ノ条ニ載ス。

スッポリ腹当

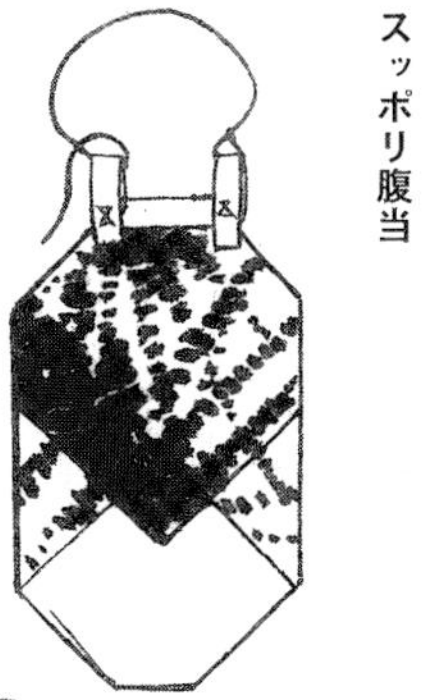

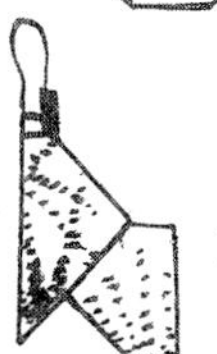

スッポリ側面図

筒腹当也。袷也。表、専ラ縮緬ノ絞リ、或ハ板ジメ、又ハ中形也。色種々アリ。藍ヲ専トス。裡、紅木綿ヲ専用トス。是又、長幼トモニ用レ之。又、長幼トモニ、夏ノ夜、臥床ニモ着レ之者アリ。

隅取腹当ト云。

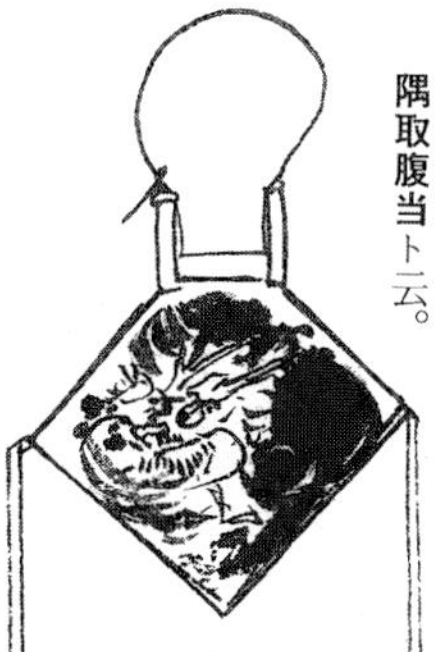

角《すみ》腹当也。表、生平《きびら》ノ麻布ニ墨繪ヲ画キタルアリ。或ハ、縞及中形染、縮緬モアリ。裡ハ紅木綿ヲ専トス。京坂、幼長男子用レ之。江戸モ、此形ハ往々用レ之。小児ハ専レ之トス。緋縮緬ノ絞リ、或ハ繍《ぬいとり》シタルモアリ。一文字ト乳ハ、黒ビロウドヲ専トス。

左ニ図スル、今用、江戸之腹掛ト云物、古キ製ニ非ルベシト思ヘドモ、八十餘歳ノ老人ニ聞レ之ニ、其始ヲ知ラズ、原《もと》ヨリ有レ之ト云。又、宝暦頃ノ古図ヲ見ルニ、着レ之ベキノ賎夫、裸體ニモ不レ着レ之。是、假用ノ具ニテ用レ之トモ、画図ニハ、筆セザル歟。猶後考スベシ。今世モ正風ノ画ニハ、如此ヲ画カズ。浮世画ニハ、其輩ニハ、其扮ヲ図シテ、如此モ必ラズ画ケリ。是真ヲ写スモ浮世画、又、花美ヲ旨トシテ、虚ヲ図スルモ浮世画也。

江戸之腹掛

表紺織色木綿

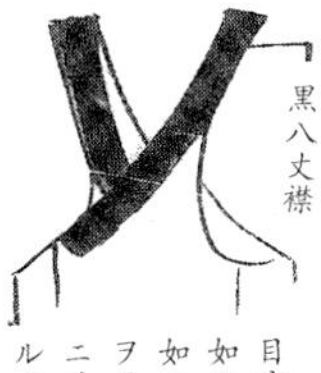

黒八丈襟

目盲縞ノ上ニ、図ノ如ク、黒八丈ヲ襟ノ如ク掛タルハ、外見ヲ忍ビテ、衣服ノ下ニ着ル也。襦半ニ矯ル也

裡浅黄木綿

此図ハ小ハゼガケ也。又、長キクケ紐ヲツケ、前ニ結ビモノ多シ。又、近年、隠シト号テ、裡必銭袋ヲ制ス

是隠ノ口ニシテ、中間《の》ニ袋ヲ制ス

隠ノ底此所也

印半天ヲ着ス者、此腹掛ヲ着ザル者更ニナク、必ズ着ス

江戸医者ノ僕用レ之。

今世、江戸医師ノ舁夫《かごかき》、陸尺《ろくしゃく》ト云、畧テ、医者六ト云。形常ノ腹掛ニテ、僅ニ長ク、其医師ノ苗字ヲ、篆書ノ如ク竪ニ連ネ、概一布四五行、紋紺、地浅黄、或ハ紋花色、地黒等染テ用之。医者陸尺、皆此腹掛ニ半合羽ヲ着ス。合羽ハ、紺毛綿《もうめん》ナリ。腹掛四時トモ、必ズ用レ之。京坂ハ、医者僕モ不レ用レ之。

守貞謾稿巻之十六　女服

因云、官女ガ五ツ衣ト云テ、着用ノ次第ハ、先下ニ白小袖、次ニ緋之袴、次ニ単、次ニ五ツ衣、イツツキヌハ、五領トモニ同色、同紋練貫袷、裡紅絹也、次ニ表衣ウヱノキヌハ上臈織紋《おりもん》、中臈、下臈綾也。次ニ唐衣、カラキヌハ上中下臈トモニ織紋ヲ用フ、次ニ裳也。如此次第ニ着ス。是ヲ俗ニ十二単トモ云也。堂上にも云レ之也。『房通公装束抄』（一條房通著『唯心院装束抄』）及ビ『増鑑』ニモ十二単ノ名アリ。又上衣青衣トモ及ビ唐衣ヲ着ザル時ハ小褂ヲ着ス。小ウチキハ、廣袖也。地綾ヲ用ヒ、表裡ノ色、四時ニヨリ数品、蓋、小褂ノ時、前ニ云ル如ク、男子ノ小袖袴ニ准ス也。且用ナキ物ナレドモ、序故ニ、十二単ト云物ヲ左ニ図ス。是近制也。又曰、『嬉遊笑覧』ノ文、女子ノコトノミヲ云ニアラザレドモ、又、専ラ女服ナルヲ以テコヽニ載ツ。

十二単之図　前

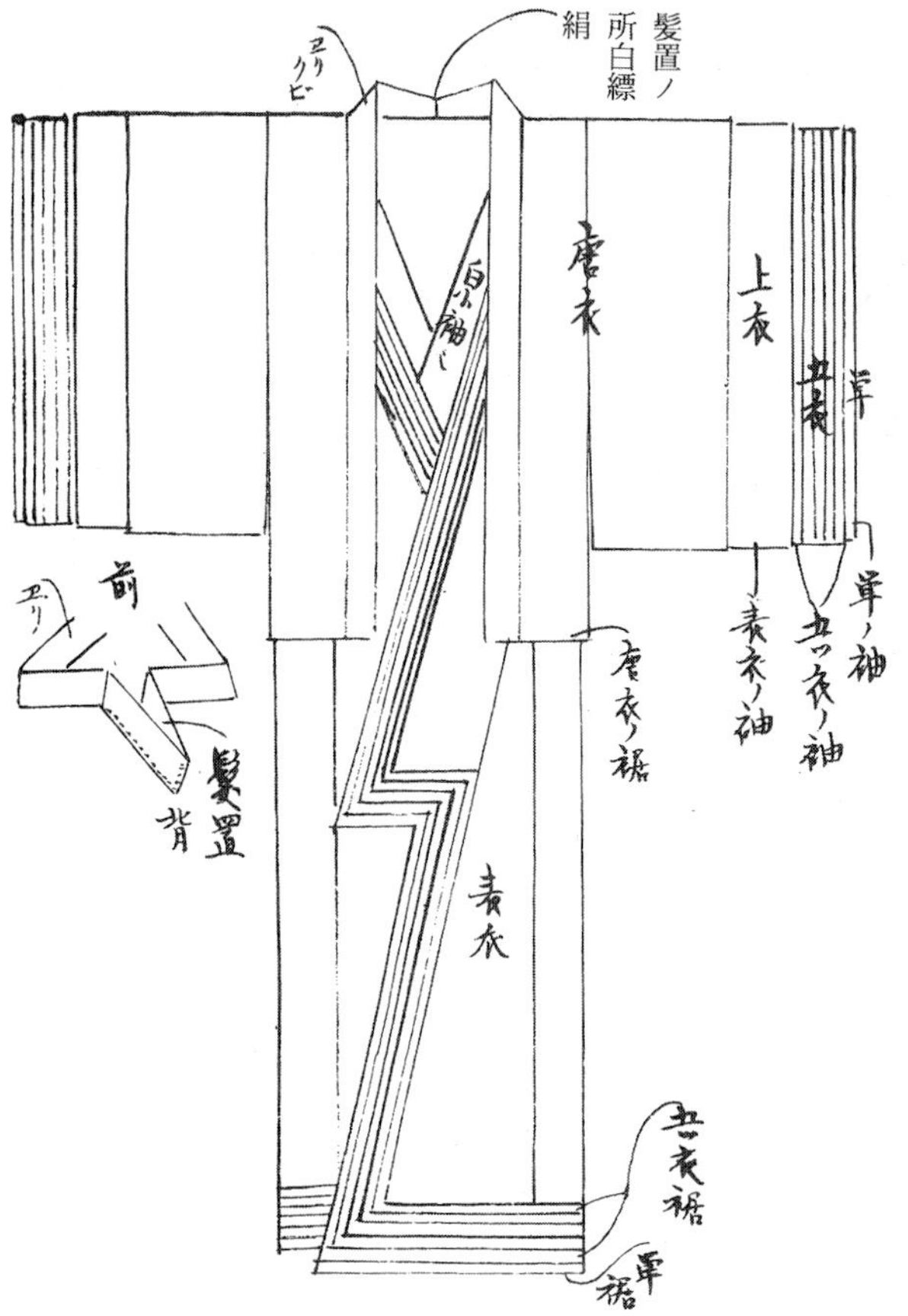

図86　『住吉物語絵巻』静嘉堂文庫美術館蔵

同背

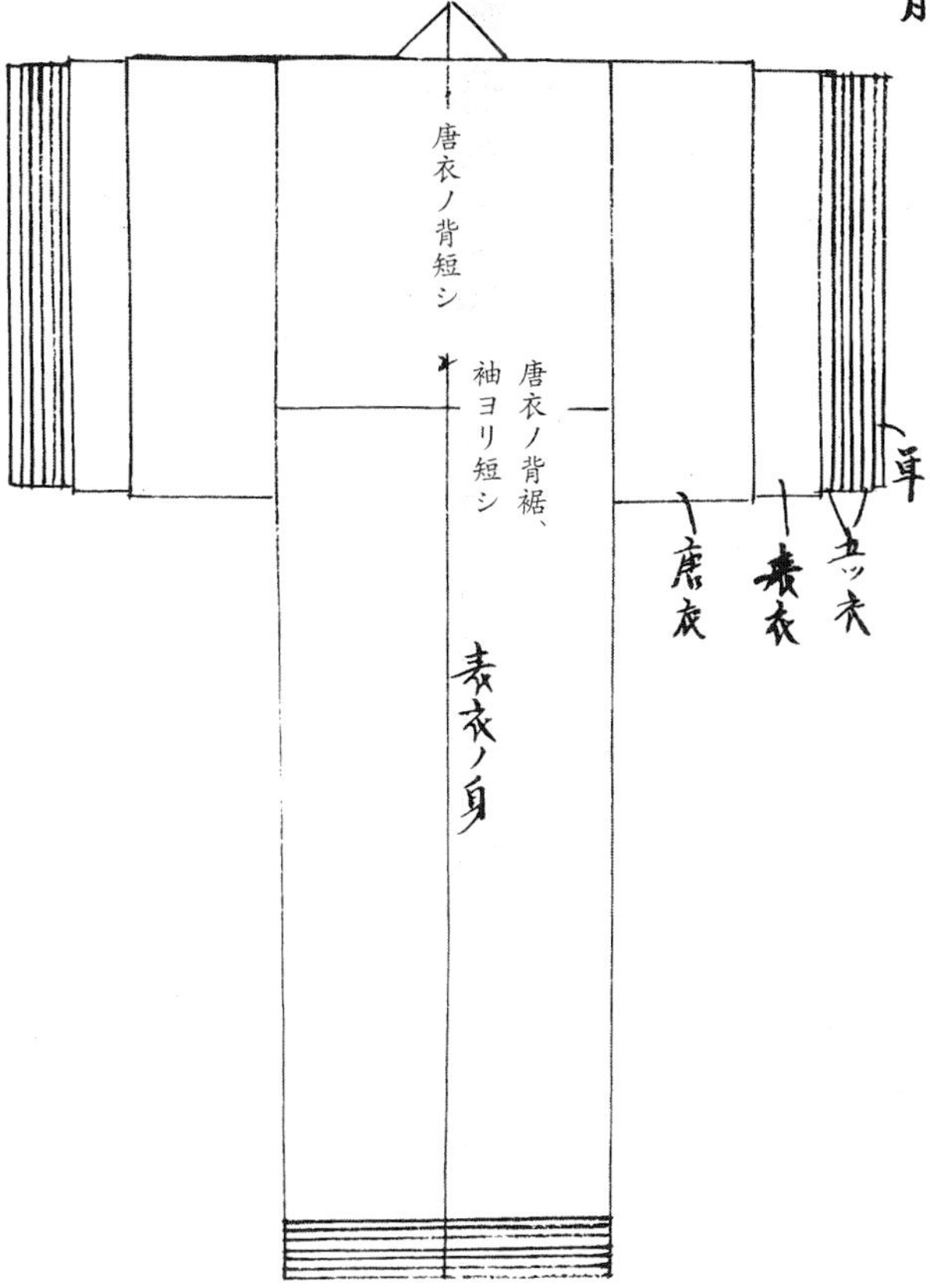

同袴之図

俗ニ云、緋ノ袴也。板引ニ張タルヲ、張袴ト云。打テ柔カニスルヲ、打袴ト云。

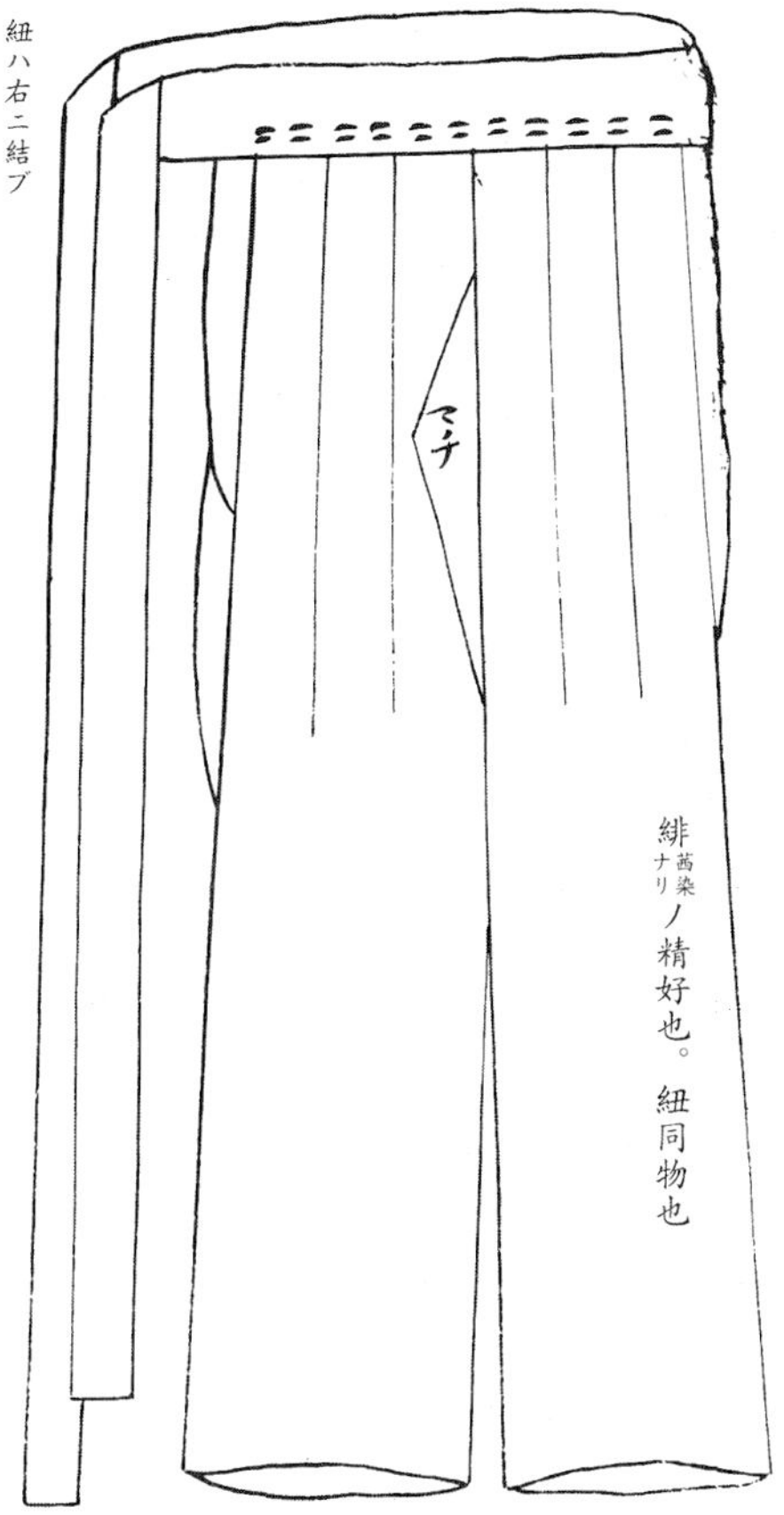

裳之図

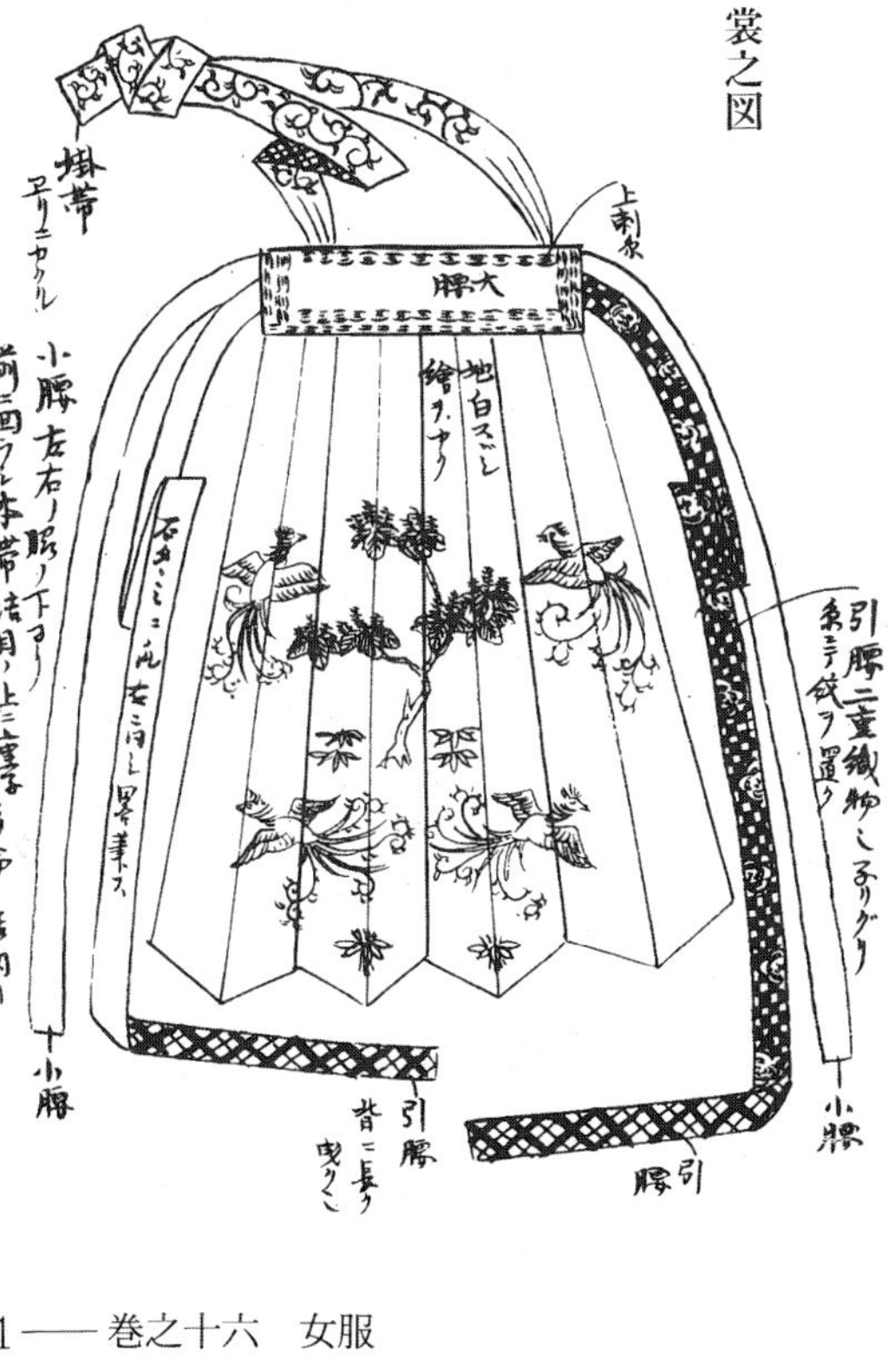

繍箔《ぬいはく》及ビ摺箔《すりはく》ノ図

繍箔、摺箔トモニ、其模様種(々)也ト雖ドモ、概如図

縫箔ニハ、散楓ヲ五彩ノ絲ヲ以テ、繍トシ、浪ヲ、金箔、或ハ銀箔トスルノ類、或ハ虫喰ノ楓ヲ、箔ニスルノ類也、其、好ミニ任ス。摺箔ニハ、縫ヲ用ヒズ。無地ノ上ニ、模様、皆スリハクニシ、或ハ染モヤウヲモ交ヘ、スリハクニス。又、地色モ、定リナク、綸子、平絹ヲ用ヒ、或ハ染模様ヲ除キテ、地ヲ全ク、摺箔ニスルモアリ。

又、縫箔ト云縫ハ、繍ノ假字也。縫ハ、縫裁ノ字ナリ。

箔、亦假字也。箔、スタルト訓ズ。簾ノ類也。金銀ニハ、鉑ヲ正字トス。

摺鉑古裁レ

是ハ、或人ノ所蔵セル、古表具に用ヒシ古鉑小袖裁也。地色、紫ノ所ト、浅葱ノ所トアリ。鶴亀ノ丸模様ハ、彩糸ノ繍ト絞リトヲ交ヘ、又、麻葉形ノ鹿子絞リヲ交ヘ、其間ハ、一面ニ図ノ如ク、矢筈形《やはずがた》ニ、摺鉑シタリ。

『昔々物語』ニ、六七十年以前ハ、女中、地ナシト云小袖持タヌハナシ。人ヲ仕フホドノ女中ハ、上着、小袖、数ハ揃ハズトモ、持(地《じ》)ナシハモツ。惣身ヲ金鉑ニテ、一面ニ松川菱ノヤウニ鉑置タル小袖也。祝言事、又ハ正月、兎角《とかく》男ノ熨斗目着ル時、女ハ地ナシ也。女ノ熨斗目也。其比、供ノ針妙《しんみょう》ハ被衣《かつぎ》セシ云々。

茲ニ、六七十年前ト云ハ、延宝ヲ指ス也。松川菱ト云ハ、上図ノ如キヲ云歟。又ハ、異ナル歟。因云、無地、ムジ、ト読ム時ハ、何色ニテモ、全體一色ニテ、更ニ、紋、及模様ノナキヲ云也。又、ジナシト云ハ、紋、及模様モアリテ、地ヲ摺箔ニシタルヲ云也。又、混スベカラズ。又、昔ハ、摺箔ト云、今云、印金《インキン》ノコト也。

延寶 天和頃ノ金絲入タル繍模様ノ図

図87 歌川広重画「東都本郷月之光景三枚続のうち松皮菱模様の小袖の女」神奈川県立歴史博物館蔵

衣服の模様

今世御殿女中惣模様衣服図

今俗、武家ノ腰婢《ようひ》ヲ指テ、御殿女中ト云。本ハ、女房ト云也。今ハ、妻ヲ女房ト云。

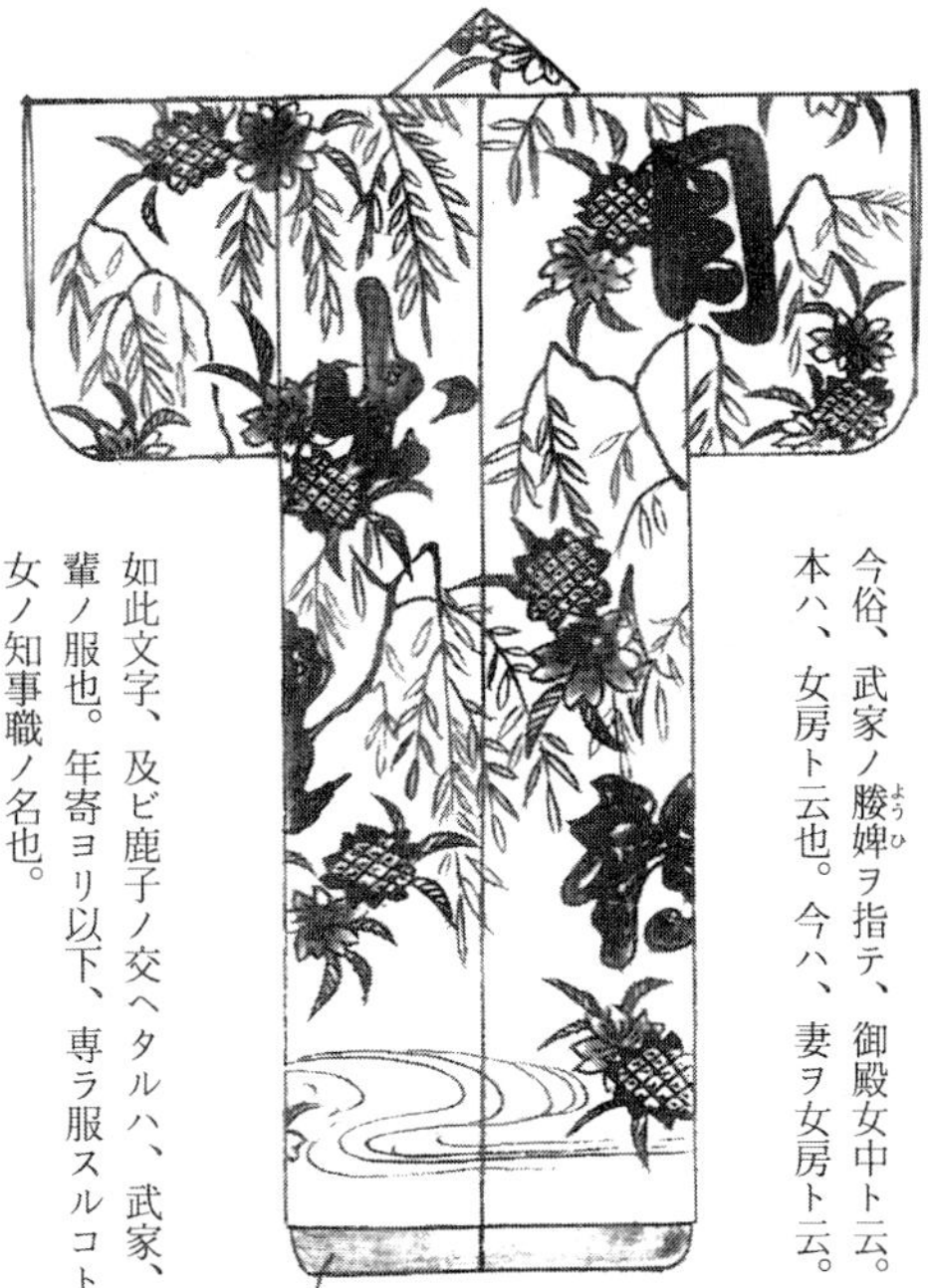

裡、紅絹、吹二寸モアリ
市民ヨリ、フキ多クス

如此文字、及ビ鹿子ノ交ヘタルハ、武家、内室、側室、年寄等、上輩ノ服也。年寄ヨリ以下、専ラ服スルコトヲ許サズ。年寄役ト云ハ、女ノ知事職ノ名也。

或曰、此文字入リハ、小禄（国）大名ノ家ノミ用レ之。幕府、及ビ大国大名ハ不レ用レ之。而是ヲ野トス。

地綸子アリ。縮緬アリ。縮メンヲ、帛紗《ふくさ》モヤウト云。染色、緋、白、黒、ヒワ茶等、種々アリ。染模様ノ上ニ、鹿子、及び金糸、彩糸ノ繡ヲ、交ヘタル也。

同上（右）

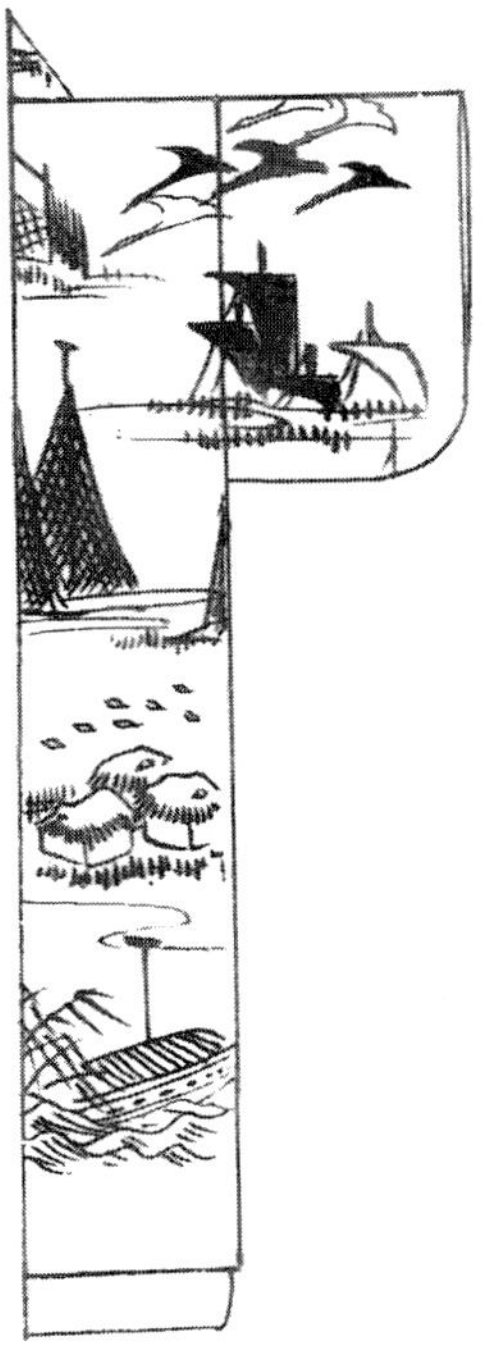

文字、及ビ鹿子ヲ交《ま》セサルノ惣模様也。染色、同前。是亦、染模様ニ、金糸、彩糸ノ繡ヲ交ヘ製ス。又、鹿子、交ヘタルモアリ。

同腰模様ノ図

其制同前

振袖ニ非ル物ハ、必ズ、八ツクチヲアケズ。故ニ市民ヨリ少ク袖ヲ短スベシ

以上三図ノ袂《たもと》、形誤レリ。今世円形、惣體ニ比セバ、大形也。今、僅ニ円形ヲ減テ可也。蓋、今世モ、御殿ノ袂、民間ノ制ヨリハ大円也。

図88 尾形光琳筆「白綾地秋草模様小袖」（通称冬木小袖）東京国立博物館蔵

同裾模様ノ図

此図モ、袂ノ円形大ニシテ誤レリ。惣體ニ比スレバ、下図ノ如シ

守貞、追書《おってがき》ス。以上図ノ袂、再考スルニ誤リニハ非ル也。今モ古風ヲ守リテ、円形大也。

惣模様、中模様、腰モヤウ、裾模様、記号《モンツキ》付無二模様一、無二記号一ノ、腰モヤウ、無二記号一ノ裾模様等、専ラ職ニヨリ時ニ應テ、差別アリ。又、家々ノ定制アリ。蓋、惣モヤウヲ上トシ、中模様ヲ次トシ、腰裾ト次第ス。惣模様以下、皆染模様、金糸、彩糸ノ繍アリ。裾模様、詰袖ノ惣モ、概如レ図。惣模様以下、振袖ノ物モ同レ之。裡ハ、必ズ緋羽二重、及ビ紅絹《もみ》ノミ、表ハ綸子ヲ上トシ、縮緬ヲ次トス。是亦、職ト時ニ應テ差別ス。又、模様種々無レ定。大概図ノ如ノ類也。

辻染帷子《つじぞめかたびら》図

荊婦《けいふ》（愚妻）所持、奈良晒、地白、染模様ニ、鹿子ト、彩糸、金糸繍ヲ交ヘタリ。絞ハ、皆異ナリト雖ドモ、染風、大約如此也。

追考、茶屋辻、今ハ晒麻布ノ惣モヤウヲ云也。

辻、及ビ茶屋辻ハ、夏ノ禮服也。其次ハ、奈良晒、及ビ越後縮ノ染模様、或ハ繍ヲ交ユ。次ニ、羅、絽也。模様、略服、及ビ、上輩、褻服ニハ数奇屋縮ヲ用フ。スキヤ縮ハ専ラ縞也。下輩ハ、越後縮ノ縞ヲ用フ。白地ニ紺縞、或ハ白地ニ紺カスリ、必ラズ、白地ナル物ヲ専用ス。

茶屋染ノコト、昔ノ芦手模様也。歌ノ一首ヲ文字ト画ヲ交ヘ、模様ニ染ル事ト、或人ノ云リ。

前図ノ如ク、定紋ト、模様トアル物ヲ、畧語ニ、紋裾ト云。大概、式正ニモ用レ之ト雖ドモ、定紋アルヲ略トス。譬、腰裾等ノ模様ナルモ、定紋（記号ヲ云）ナキヲ、礼服ノ本トス。

武家ノ媵婢《ようひ》ノ略服

或ハ下婢ノ、端下女也。今俗、御末ト云、オスエト訓ズ。又、上媵ノ仕フ陪婢等ノ類也。晴服ニ、図ノ如キ白地ニ紺ト、紫ノ縞ニカスリ交ヘタルヲ専用ス。**縞縮緬**也。図再出。又、茶地、黄ガケノ茶ニ紺ノ格子、或ハ経縞ノ**八丈織**ヲ専用ス。右二品モ紅絹裡也。

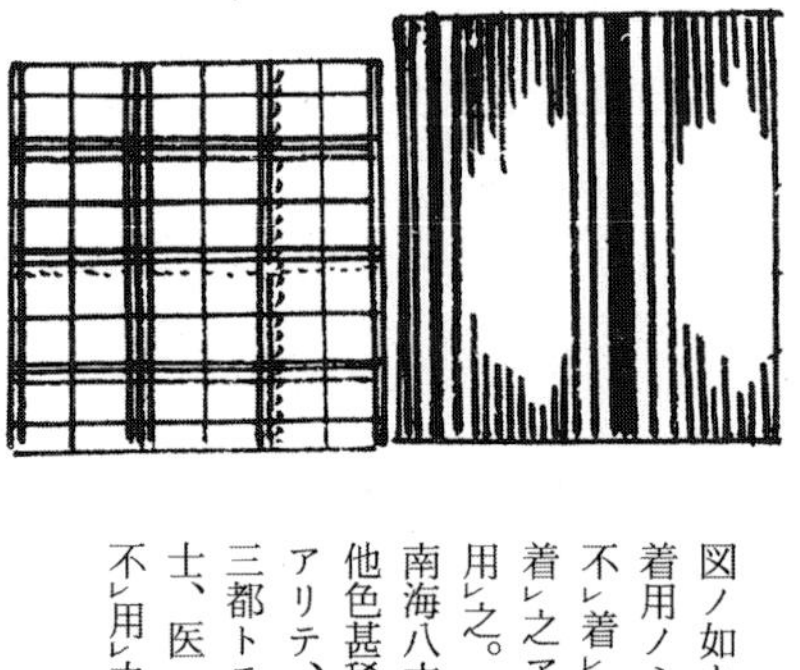

図ノ如キ縞縮緬、江戸武家女ノ着用ノミ。三都トモ、市中女ハ不レ着レ之。蓋、京坂ノ娼妓ハ着レ之アリ。江戸ノ娼妓ハ不レ用レ之。

南海八丈島ニ所製。地色茶也。他色甚稀也。其染法彼島ノミニアリテ、他所ニ染レ之事ヲ得ズ。三都トモニ市中婦女不レ用レ之。士、医ハ、用レ之。其他男子ハ不レ用レ之。縞形種々アリ。

右二図ノ縮緬、八丈トモニ、市民ノ男女不レ用レ之。又、御殿女ハ、略服及ビ木綿服ニモ、黒ノ掛襟セズ。

付帯ノ図

一名下ゲ帯ト云。錦ノ心ナシ、平絎ニテ、両端結ビ餘ル所ニハ、厚紙心ヲ納レテ、筒ニスル也。背ニ結ビ、付帯ニハ褂ヲ着ズ。今世、両端ノ垂ザルヲ良トス。下ゲ帯ノ名、虚名ナレドモ、今ハ、専ラ下ケ帯ト云。

付帯ノ名、天文永禄以来有之。

寛永ノ付帯、幅僅ニ八分、今製ハ、概三寸也。寛永ノ大帯ヨリ廣シ。

提帯《さげおび》は、本来、室町時代武家の婦人礼服である腰巻に用いていた。太宰春臺《だざいしゅんだい》の『獨語《どくご》』に「四月より八月まで、婦女の礼服は、錦にて廣さ鯨尺二寸ばかりなるを、後《うしろ》に結びてたるゝをつけ帯といふ」とあるように江戸時代になり、夏の帷子《かたびら》用の帯となっても垂れていた。元禄以降、下図のようにはね上っても提帯とよんでいたことは川柳でもうかがえる。
提帯といへ共ぴんと成て居る　（四九25）
解せぬ名ハつつぱる物を御提帯　（一二二一3）
（編著者注）

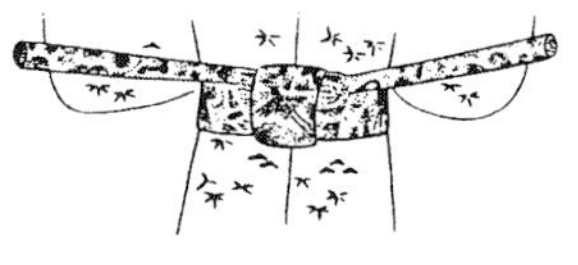

〈南紀徳川史〉

衣服裁縫図

中古　三都婦女衣服裁縫図　寸尺鯨尺ヲ用ユ。

江戸ハ文政前、京坂ハ弘化前、女袖、大畧一尺一寸、或ハ一寸五分、故ニ、婦ハ人形ト云腋《わき》ヲ明ケズ。今モ、江戸御殿女中ハ袖大也ト雖ドモ、古風ヲ守テ、八ツ口ヲ明ケズ。

其比ハ、袖短キ故ニ、衣服、惣長《そうたけ》ハ今ヨリ長キ也。又、其比迄ハ、袂大ニ、円形ニス。今ハ、僅ニ円形ニス。

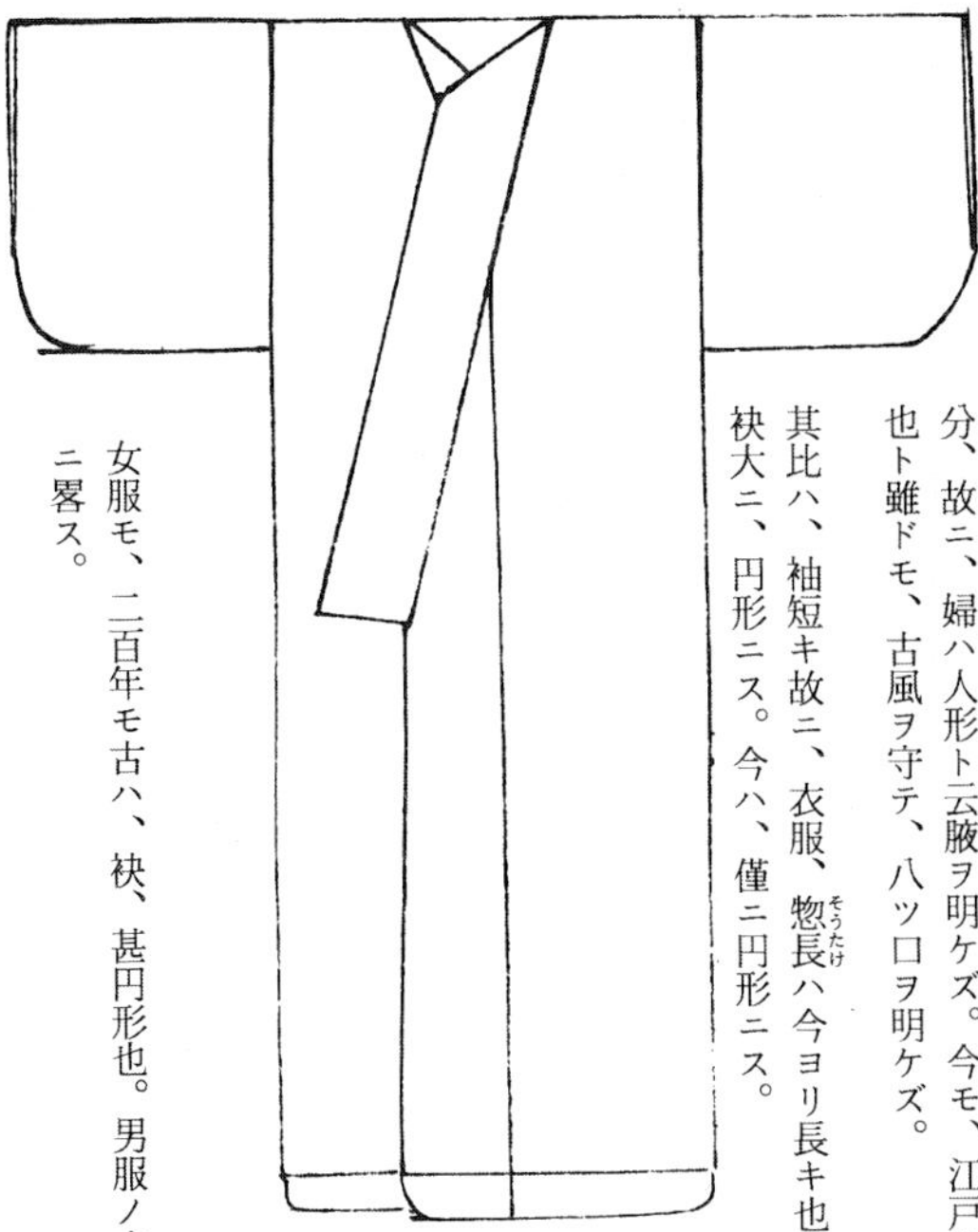

女服モ、二百年モ古ハ、袂、甚円形也。男服ノ古図ト同キ故、茲ニ畧ス。

今世　婦女衣服裁縫図

寸尺鯨尺ヲ用フ、衣服、男女トモニ倣之、又、大概中人ノ用ヲ云。大小准レ之也。

文政前、長ケ四尺二、三寸、今ハ四尺、身幅背左右各七寸五分、前左右各六寸五分、肩行一尺五寸五分、是京坂也。江戸男女モ肩行長ク一尺六寸五分。

袖長ケ、文政前、一尺寸五分、今ハ、一尺二寸五分、或ハ三寸也。

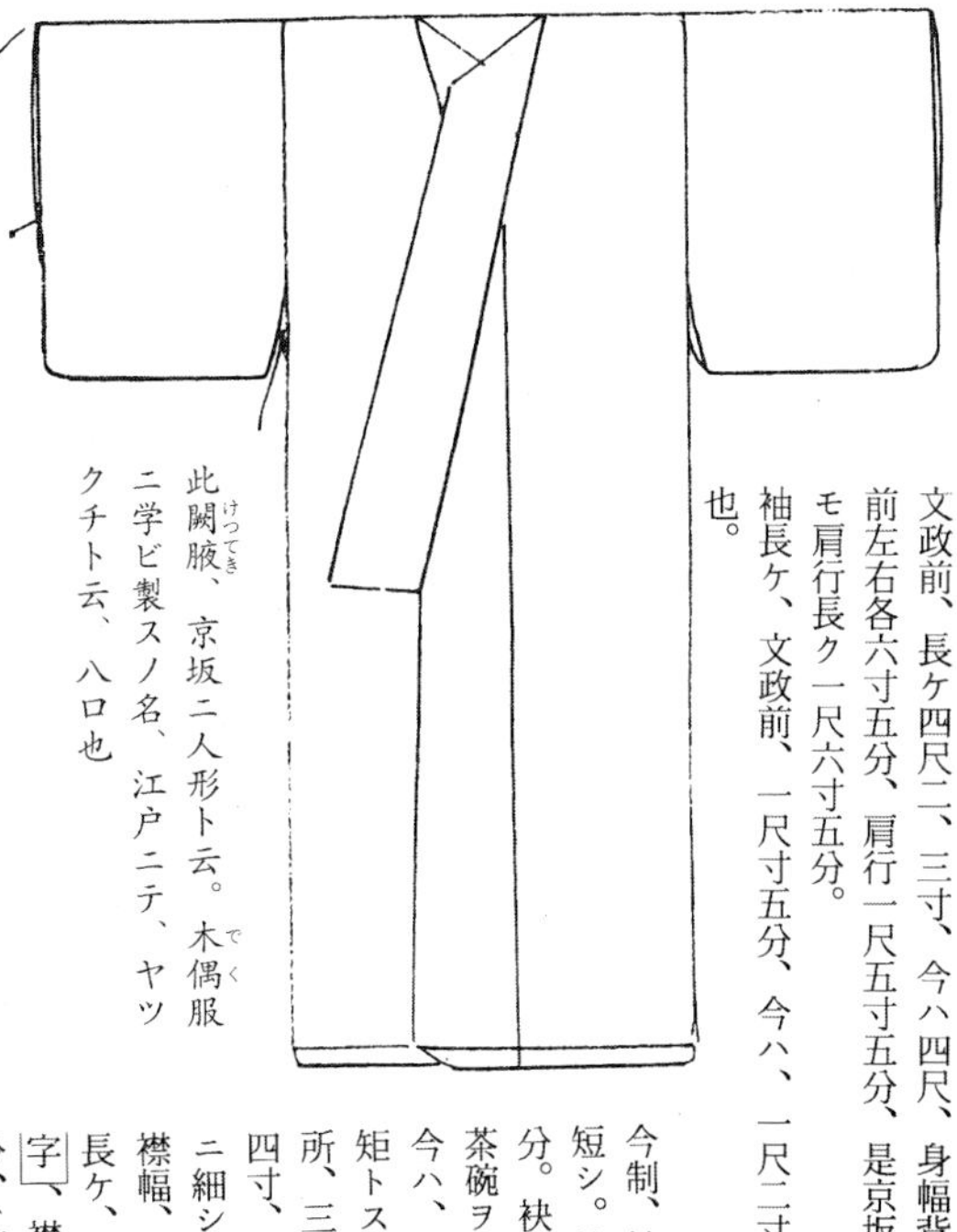

安政中、女袖口、六寸五分、弐寸、男八寸ヲ常トス

此闕腋《けつてき》、京坂ニ人形ト云。木偶《でく》服ニ学ビ製スノ名、江戸ニテ、ヤツクチト云、八口也

今制、袖長ク、身長ケ短シ。袖口空、六寸五分。袂、文化前、大円茶碗ヲ印テ、規矩トシ、今ハ、小円、小銭ヲ規矩トス。衽《おくみ》ハ、襟端ノ所、三寸五分、褄ニテ四寸、襟付ノ所、上斜ニ細シ。

襟幅、三寸六七分、襟長ケ、五尺許、襟形空字、襟幅、三寸六七分、二ツ折之ニ而着ス也。吹《ふき》、先年一寸五六分、今ハ、礼晴用一寸五分、畧、褻一寸。安政、文久ニ至リテハ、江戸婦人、袖弥々《いよいよ》長ク、大概一尺五寸、昔ノ振袖ニ等シ。

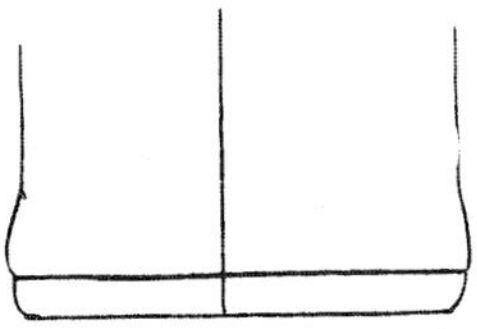

男女トモニ、縫裁ハ直ナレドモ、裾周《すそまわ》リニハ、全體ヨリ綿ヲ納ルコト多ク、婦女ハ、愈多ク納之。吉原遊レ之ハ、（遊女）多レ之スルコト、他ニ十陪ス。

蓋、民間婦ハ、女ヨリ漸クニ薄クス。蓋、近年ハ、裾綿、先年ヨリ減ジ、吹《ふき》（袘《ふき》・衹《ふき》）モ准レ之テ、減セリ。御殿女中ハ坊間ヨリ多ク納レ之。

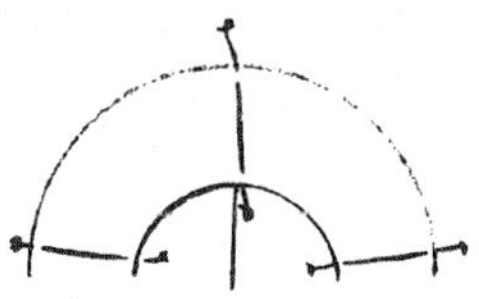

今世、江戸ノ婦女、襟ノ頸辺《くびあたり》ニ、一所或ハ三所、黒大糸ヲ以テ上下ヲ刺縫如クシ、両端ヲ結ヒ止メ、筥《はこ》ニ納メ、蓄フニハ襟ヲ折ズ披レ之。着スニ臨テ二ツニ折之、右ノ糸ヲ引シメ結ヒテ、折タル襟ノ披カザルニ備ヘリ、京坂未レ設レ之。如此小事、不誌トモ、ト欲ス人モ、アランナレドモ、余ハ、小事ノ亡ビンコトヲ歎ズ。大事ハ、諸書ニモ載スベシ。蓋、用レ之コト江戸近世ノコト也。

今世　三都之婦　禮用裾模様ノ図

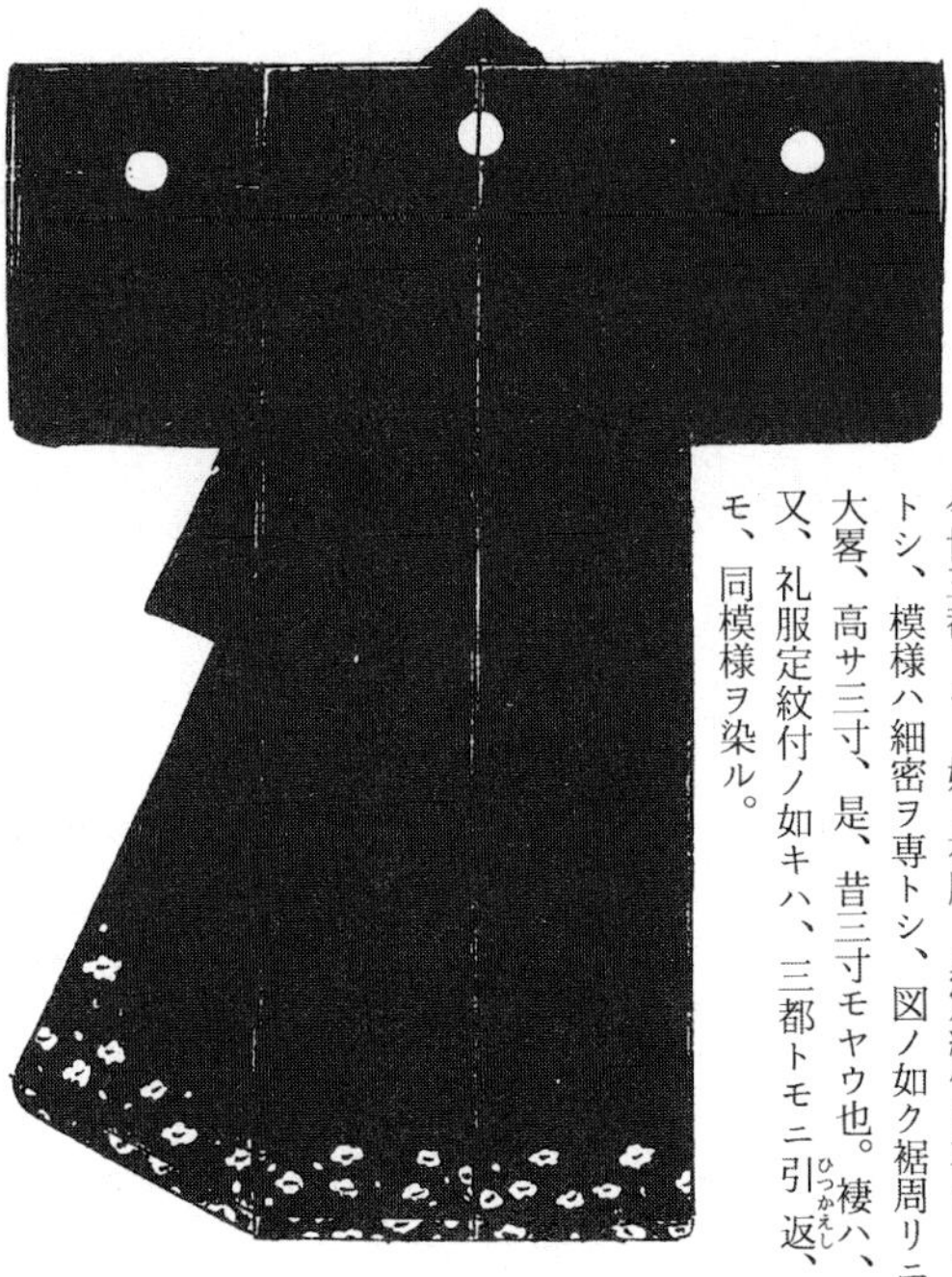

今世三都トモ、婦ノ礼服、黒定紋付ヲ専シ、又、裾模様ヲ専トシ、模様ハ細密ヲ専トシ、図ノ如ク裾周リニ描ク。大畧、高サ三寸、是、昔三寸モヤウ也。褄ハ、模様ヲ高クス。又、礼服定紋付ノ如キハ、三都トモニ引返《ひっかえし》、同裡《どううら》也。裡ニモ、同模様ヲ染ル。

江戸モ、如此ニハ、変リ裡ヲ専《もち》ヒズ、供裡《ともうら》也。唯、御殿女中ハ、模様服ニモ必ラズ紅裡ヲ用フ。

京坂　娼妓ノ裾模様ノ図

是亦、其好ミ一定ナラズ。特ニ、千変万化ノ物ヲ染ルト雖ドモ、専トスル所、大概如此。是則チ曙染《あけぼのぞめ》、夕禅《ゆうぜん》模様也。夕禅ハ誤、有禅《ゆうぜん》歟。

處女《むすめ》ノ裾模様似之。

江戸ノ藝者（歌妓ヲ云）、天保前、裾模様ヲ着ルト雖ドモ、此類ニ非ズ。前ニ、市中婦服、裾モヤウノ類ノ華ナラザルヲ用フ。或ハ紋ノミ染テ、又紫等ヲ好マズ。多クハ、黒歟。縞小紋等ヲ専トス。府命後、町藝者中絶二、三年来、再ビ有之。イヨ〱不レ用レ之。適々、無模様、黒紋付ノミヲ着ス。

單衣《ひとえ》・浴衣《ゆかた》

浴衣ハ、自ラ異也。縞、カスリトモニ、大形、或ハ白地、浅葱地等ノ物、又、中形、小紋トモニ、地白ヲ専トス。又、絞リヲモ用レ之。褻ニハ用レ之レドモ、外出ニ不レ用レ之ヲ本トス。偶々、賎婦ハ、外出ニモ用レ之。婢ハ、褻ニモ、着之コトヲ許サズ。

浴衣、或ハ袂ニシ、或ハ廣袖ニス。稀ニハ、下図ノ如ク、黒紛ヒ糸ヲ以テカガリタルアリ。極テ稀ナレドモ、褻ニ不レ用レ之。船行、納涼等ニ着スノ類ニアリ。通例ハ、角袖、内縫也。又、江戸ノ如ク、刺縫ニスルコト更ニ無レ之。又、内縫モ、浴衣ハ角袖ト云テ、円形ニセザル物多シ。

江戸モ、縮緬、紬等ノ単衣ハ、自ラ、浴衣トハ格別ナレドモ、木綿単衣ニ至リテハ、縞カスリ、形染ノ大小濃淡ヲ擇《えら》バズ、或ハ単物ト云、又ハ浴衣ト云。元来、単衣ハ、浴衣ヲ畧用スルノ意ナルベシ。此故ニ、縮緬等ノ単衣ハ、袂ヲ円ニ内縫ニシ、假令、濃色細微ノ縞カスリタレドモ、木綿ハ、左図ノ如ク、外ヨリ刺縫ニスル也。

刺糸、黒ヲ専トシ、或ハ茶、白モアリ。糸四、五條、或ハ十糸バカリ、年長数少、處女《むすめ》ハ、数多シ。

江戸、女用ノ褻、褻ノ帷子、及ビ木綿単衣ハ、袖ノ前後ヲ合セ、図ノ如ク、大針ト小針ト一ツ挟ミニ刺縫、袖口際ニ至リ、前ヲ除キ、背一重ヲ斜ニ二針刺テ止ル。此コト、京坂ニ更ニ無レ之。尾州（尾張国・愛知県）以東専ラ此制也。袖裡ヲ用ヒズ。

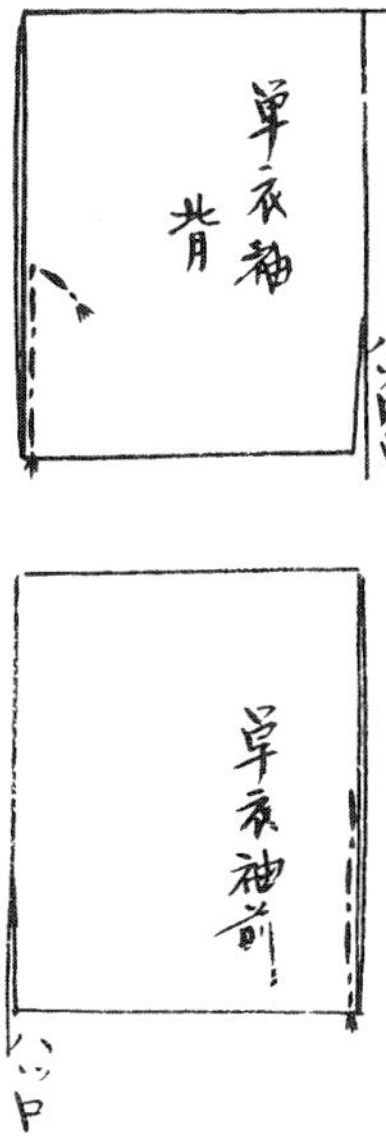

江戸モ、縮緬、紬等ハ、小紋巣地、紺紋等、細密ノ物モアレドモ縞ヲ専トシ、又、カスリモ、細キハ往々用レ之。

絞リハ不レ用也。

木綿、単物モ同前ナレドモ、外出ニハ縞ヲ専トシ、細《ほそき》ヲ専トシ、色濃ヲ専トス。是ヲ専ラ単物ト云。浴衣ニハ、白地、浅葱地ヲ専トシ、縞、形染、カスリ、トモニ、大《ふとき》ヲ専トス。実用ノ浴衣ノミニ非ズ。又褻ノ服ニ用レ之。

又、江戸婦女ハ、小紋形染ヲ用フコト、絞リヨリ少ク、浴衣ニハ絞リヲ専トス。京坂ハ、絞リモ用フレドモ形染ヲ専用ス。蓋、江戸モ、先年ハ形染多ク、天保以来絞リヲ流布トス。又、江戸モ、稚女ハ形染ヲ専トシ、絞リ次レ用ス。

真岡木綿、地白、藍小形紋、上図ノ如キヲ専トス。稚女浴衣ニ多ク、處女ニモ往々有之。婦ニハ稀トス。京坂ハ、婦女トモニ、上下四図等ノ物通用ス。

是モ、白地小紋ナレドモ稀也

此ゴトキ江戸ニテ用ヒズ

京坂ハ用フ

長襦半《ながじゆばん》

今世ノ婦女ハ、礼服、晴服ノ時長襦半ヲ着ス。襦半ハ肌着也。男子、及ビ御殿女中、必半身也。市中婦女ノミ長襦半アリ。半身本ナルベシ。然ドモ、今、晴ニハ長（襦半）、褻ニハ半身也。表、縮緬ノ緋、紫等ノ無地、又ハ山蚕《やまご》（天蚕《てんさん》）イリ、又、絞リ、又、中形染等也。裡ハ紅絹モ用フ歟。専ラ紅木綿也。（江戸ニ云、桃色モメン也）。

長襦半図

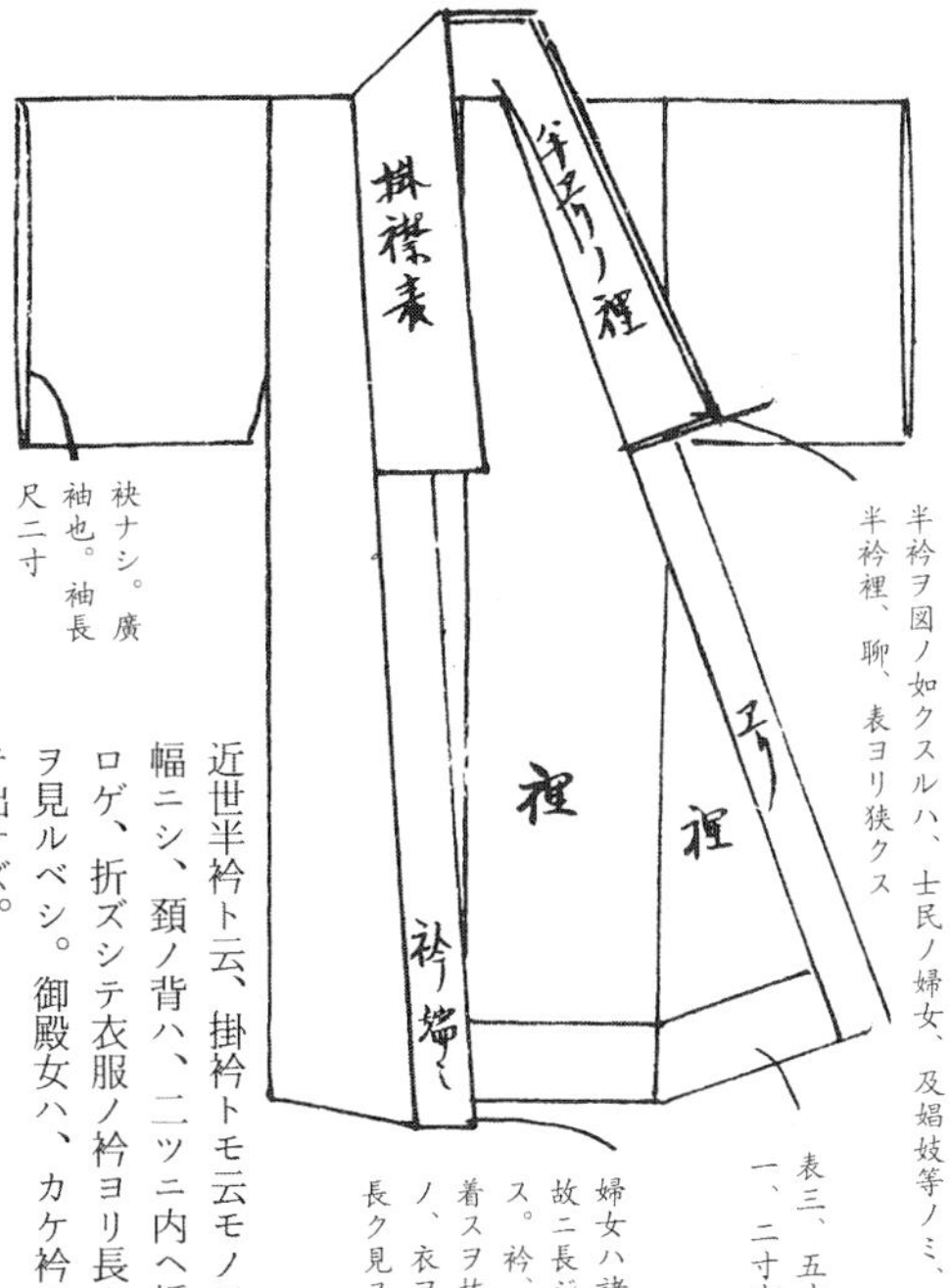

半衿ヲ図ノ如クスルハ、士民ノ婦女、及娼妓等ノミ、半身ノ襦半モ同形也

半衿裡、聊、表ヨリ狭クス

袂ナシ。廣袖也。袖長尺二寸

表三、五寸、内ニ折返ス。袖口モ一、二寸内ニ折返ス

婦女ハ諸服、ヌキエリニ着ス。故ニ長ジュバンノ前ヲ少ク長クス。衿、背ニ押出シ、クツロゲ着スヲ抜衿ト云。髪油、白粉等ノ、衣ヲ穢《よごす》ヲ忌ム也。又、頚ヲ長ク見スルノ意モアリ

近世半衿ト云、掛衿トモ云モノヲ、本衿、二陪ノ幅ニシ、頚ノ背ハ、二ツニ内ヘ折テ、下ハ漸クヒロゲ、折ズシテ衣服ノ衿ヨリ長ク出ス。婦女ノ図ヲ見ルベシ。御殿女ハ、カケ衿モ本衿ノ形ニクケテ出サズ。

襦半の襟

安政二年三月ヨリ、江戸、新婦等、襦半ノ襟ニ、地、藤色縮緬ニテ、遠紋《とうもん》ノ如ク、二、三所雲形、或ハ松皮菱ノ類ニ、染除キ、其所ニ淡色ノ茶、又ハ、巣、革色等ノ色モテ、青海波、麻葉等ノ類ヲ染タル物流布ス。二、三所、各々色ト紋ヲ異ニシ、地ハ藤色、此形先年ヨリアリテ、今年初テ流布ス。安政五、六年ニ至リ、巣地ヲ専トス。巣ハ、則チ淡黒、古ク鈍色ナリ。

図ノ如ク、種々ノ形アリ。乃チ、更紗染也。華紋布《かもんふ》。万延元年頃、江戸婦女襦半襟ニ、黒或ハ藍色ノ天鵞絨ヲ用フ。京坂ハ従来用之。

襟裡《えりうら》

「長襦半「半襦半トモニ、表地、三都トモ、處女、新婦等、専ラ緋縮メン、或絞リ、或ハ無地、或ハ鹿ノ子、或ハ山蚕入、又、三都トモ、近年流布セシ石垣形、板シメ絞リ縮面也。嘉永ニ至リ廃ス。同時、麻葉形モ用ヒタリ。二品トモニ、女褌ニモ用之。又襦半、褌トモニ、無地、緋チリメンハ、不易ノ専用也。

石垣形

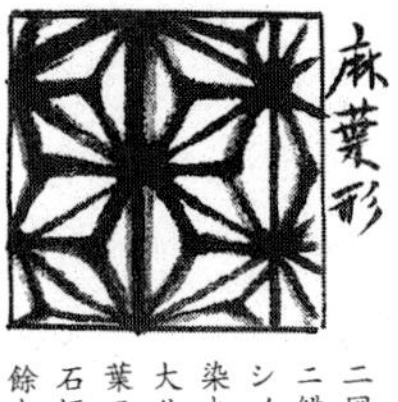

麻葉形

二図トモニ緋、板シメ絞リ染也。紋、大サ、麻葉三四寸石垣二寸餘也

婦ハ、紫等ヲ専トス。緋縮面モ用フレドモ、胴ヲ緋ニ周リヲ、他色ニス。則、額製也。下着ノ製ニ准ズ、故ニ図セズ。又、全ク緋ヲ用ヒザルモアリ。或ハ紺絞リ等、紺無地ヲ用ヒズ。紫ハ、無地モ、絞リモ、山蚕入等モ用ㇾ之。其他無二定色一、蓋、襦半及ビ褌ニハ、縞ト小紋ヲ用ヒズ。

木綿襦半ニモ、襟ハ同前也。又、木綿襦半、女用ニハ袖口ノ方ニ、縮緬ヲ覆フ、表紫等、紋以下同前、同裡ヲ紅絹、緋縮緬等ニス。概、幅三寸バカリ也。裡准之。蓋、表一、一寸内ニ折返ス。又、木綿襦半ニ一種ノ製アリ。小民ノ婦女、晴服ニモ略服ニモ、全ク縮緬ノ襦半ヲ製コト能ハザルモノハ、図ノ如ク、襟ノ周リト、八ツ口ノ辺ニ、聊ヅヽ緋縮緬キレヲ覆フテ、衣服ノ隙ヨリ、僅ニ見ユルコトアレバ、緋縮緬全製ト見ユル也。襟、袖口ニ用フルハ、普通也。

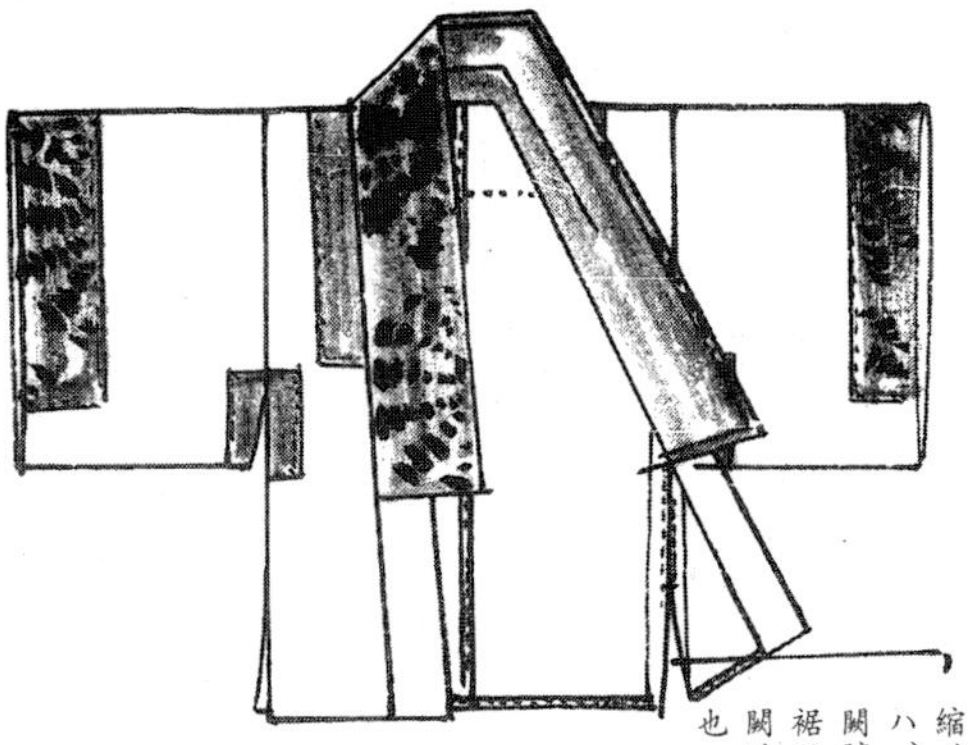

縮メン木綿トモニ、半襦半ハ、脇ヲ図ノ如クニ闕ク也闕腋也。裾マデ縫ツヽケズ裾ヲ縫合セヌ也。男女トモ闕腋也。胴着モ同ㇾ之闕腋也

江戸女太夫ト云テ、三弦ヲヒキ、門戸ニ銭ヲ乞者アリ。其徒ノ襦半必ラズ此製也。故ニ、江戸ノ俗ハ、此製ヲ乞食仕立ト云

白ノ処ハ木綿、薄墨ノ処ハ縮メン也

振袖ハ、昔時無二其製一。而後有二振袖一テ止袖ノ名出ツ。振袖ニ對ス言也。又、振袖ヲキルヲ止ルト云、故ニ名トス。蓋、小児ハ、気熾《さかん》ナルガ故ニ、古来、小児ノ服ハ腋ヲ闕《あけ》テ、〔今ニ云ワキアケ、京坂ニ、人形ト云、江戸ニ、八ツクチト云〕、気ヲ洩ス。腋アケ有アルガ故ニ、漸クニ袖ヲ長クス。長袖ハ、特ニ振リ動ク故ニフリ袖ト云。振袖長ケ、始メ概尺五寸、左ノ図乃チ是也。

六尺袖ト云ハ、一尺五寸、左右前後ヲ惣テ六尺、故ニ名トス。或云、舁夫《かごかき》、陸尺ト云、其袖長シ。似ㇾ之ガ故ニ六尺ヲ名トス。又、ソギ袖ト云ハ、袂、太ダ円ニシテ、ソギタルガ如シ、故ニ名トス。因云、当時民間ノ女童モ、下髪ヲ専トスル也。同、画、皆然リ。又、此帯幅、当時ノ風ニハ、廣ク過タリ。画師ノ誤リ歟。

万治ノ古画也。是ヲ六尺袖ト云。又、ソギ袖ト云。当時コレヲ大振袖トス

万治二年印本『世諺問答』

貞享以来、概二尺、下図、乃是也。此図、稍形チ大ニ、帯ハ狭シ。乃チ是ヲ是トス。当時、帯、結形、粗可ㇾ見之。当時、髪ヲ曲テ、島田ニ結ベリ。

貞享ノ古画

貞享中印本『御身拭物語』

正徳享保以来、二尺四、五寸也。左図、乃チ是也。

ササゲ

又、宝永以来、袖口ノ下ヲ、惣テ縫合セズ。今云、廣袖ノモノアリ。左ニ附図ス。

正徳ノ古画

正徳年間刊『発句百入染』

如此ニ袂ヲ縫ズ。袖口ノ所ニ、総角《あげまき》ノ如キヲツケタリ。是、花街ノ禿ト云。童女ノミ也。組ノ紐ニハ、非《あらず》シテ、緋チリメン等ノ、クケ紐歟。文化前ハ、京坂ノ女童、于蘭盆踊等ノ服ニ、緋チリメン振袖ノ袂ヲ縫ズ。此総角ノ所ニ、五彩ノチリメンヲ、幅二分バカリニクケ、十餘條ヲツケタリ。号《なづけ》テ「ササゲト云。十六大角豆《ささげ》ト云モノニ、似タル故也。此総モ、其類ヒナルベシ。

守貞謾稿巻之十八　雑服

丹前図　再出

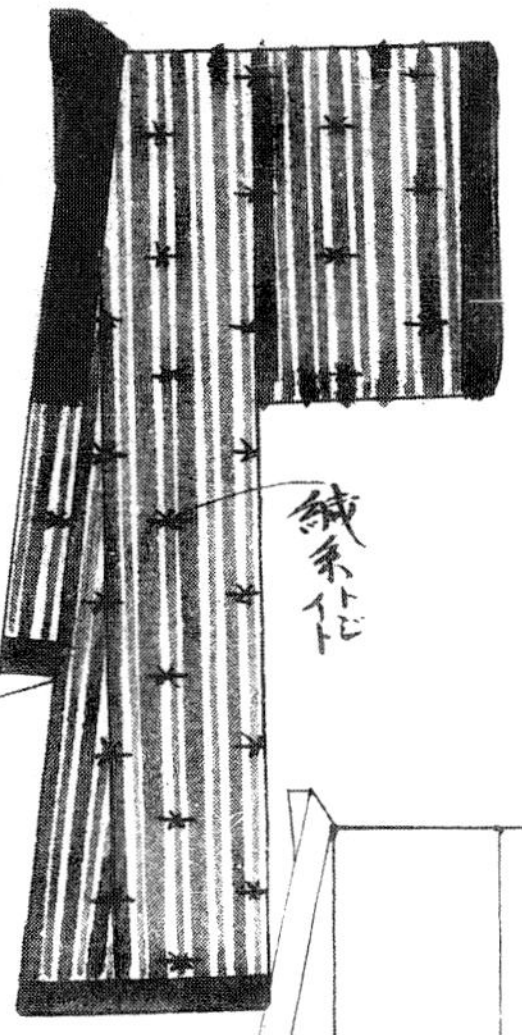

衽《おくみ》ハ襟端ノ所ヨリ以下裾ニ至リ、幅大畧《およそ》四寸、直也。襟端ヨリ以上ヲ斜ニスル也。今誤テ、褄ヨリ斜ニス。改画《えあらため》ント欲ニ、冊成テ易カラズ。他図も倣レ之。

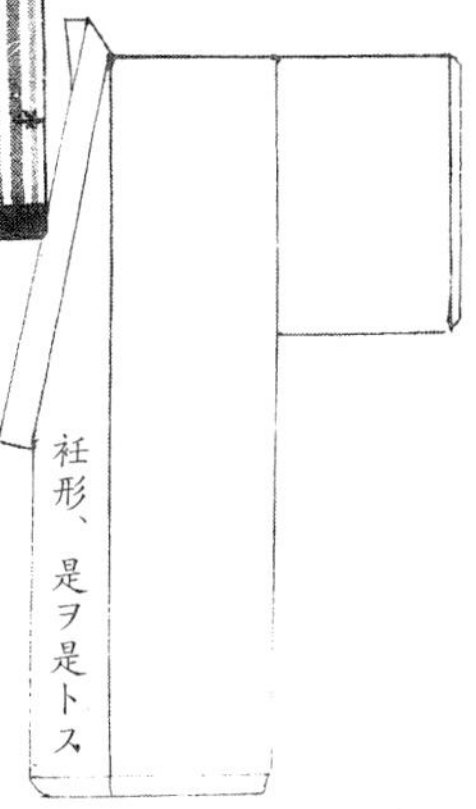

ドテラ

江戸ノ服名、其制、丹前ニ似テ綴ズ。夜着ヨリ小ニ、衣服ヨリ僅ニ大ニ、僅ニ綿ヲ多ク用フ。寒風燕居《えんきょ》（くつろいでいるとき）ノ服也。蓋、縮緬以下絹紬《けんちゅう》ノ類ヲモ用レ之。又着レ之者、公ニ用レ之ハ賎業ノ徒也。鳶ノ者及諸工等、臨時、コレヲ晴ニ次デ、用フルアリ、彼徒、用レ之テ晴トスル時、結城紬等ノ衣服ノ上ニ着ス。又着レ之ヲ晴トスルノ徒ハ、浴衣ヲ以ヲ襦半ニ代ル者アリ。燕居ニハ、コレヲ放著《はなちぎ》シ、他行ニハドテラ、表ニ帯ス。着レ之ノ徒ハ、絎帯《くけおび》ヲ用フ者太ダ稀ニテ、専ラ六尺帯ヲ用フ。ムキミ絞リ、木綿シゴキ他。或ハドテラ表ニ縞ヲ用ヒ、或ハ、組合記《じるし》ヲ染ル。左図ハ、乃チ鳶ノ者ノ組合ジルシヲ、紺地、巣紋染成ルドテラヲ図ス。

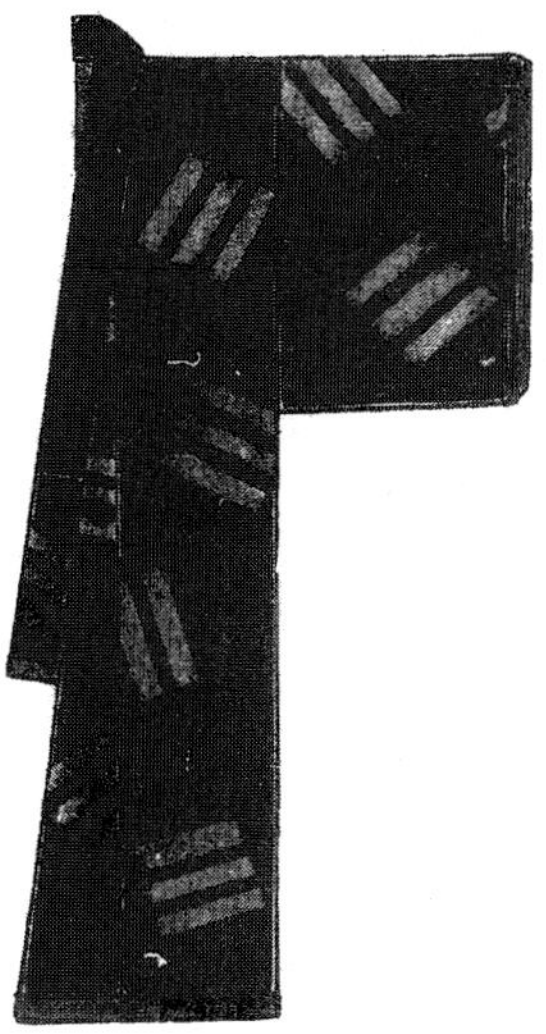

古歌ニ「楽ミハ夕顔棚ノ下涼ミ男ハテテラ女《メ》ハ二布《の》シテ」。此歌、萬葉ニアリト云ハ非也　雖《といえ》ドモ、古クヨリ云傳ル歌歟。男ハテテラ、今ノドテラト云ハ、テテラノ訛歟。蓋、ドテラハ冬服、テテラハ夏服也。襦半ノ類歟。妻ハ二布シテ、二布ハ今モ女褌ノ名トス。

掻巻

カヒマキハ、夜着ヨリ小ニ、ドテラヨリ大ニ、又綿ヲ多クス。縫裁、夜着ニ似テ小ナルノミ。夏月臥具《しんぐ》ニ、或ハ用レ之者木綿及麻布ヲ以テ製レ之。又、四時《しじ》（春・夏・秋・冬）、昼臥《ひるね》等ニ用レ之コトアリ。或ハ、寒風時、夜着ノ下ニ累《かさ》ネ臥スコトアリ。又、小児ヲ負フ者、冬月ハ、半身ノ掻巻ヲ用フ者下図ノ如クス。

江戸ニ有レ之。京坂不レ用レ之。

江俗、号レ之テ、ネンネコ半天ト云。江俗、嬰児、赤子等ヲ、ネンネト云ニヨリ号之也。

図89　久隅守景《くすみもりかげ》筆「納涼図屏風」（部分）東京国立博物館蔵

図90　歌川国貞「雪のあした」（部分）

夜着蒲團

『和漢三才図會』曰、「被、音陛、フスマ。ヨギ、衾《ふすま》、音 金、寝衣、和名不須万、大被曰レ衾単被曰レ濶、蓋被名始二于漢一」、『三才図會』所図、被形似二蒲團一、既ニ寝衣アリ。可レ有二襟袖一、皇国ノ夜着ハ如二常衣一而濶大《かつだい》、長ケ一身布半。

今世、夜着フ用フ。大畧遠州（静岡県の西部）以東ノミ。三河（愛知県の東部）以西京坂ハ、襟袖アリ。夜着ト云物ヲ用ヒズ。然ドモ昔ハ、京坂モ用レ之歟。元文等ノ古画ニ有レ之。今ハ、下ニ三幅《みの》ノ布團ヲシキ、上ニ五幅《いつの》ノ布團ヲ着ス。寒風ニハ、五幅布團ヲ重ネ着ス。布團、蒲團、トモニ、フトント訓セリ。元来、蒲團ト云ハ、臥具ノ名ニ非ズ、今ノ圓坐ノ類也。然ラバ今、京坂ニ用フ坐蒲團ト云者、古風ニ近キ也。

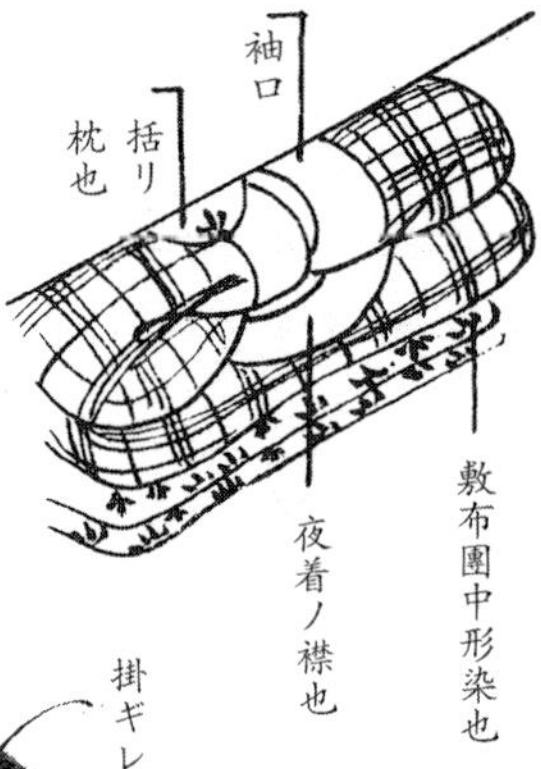

此夜着ノ縞、今モ夜具ニ専用ス。地縹、縞白也。

夜具ハ夜着布團ノ惣名也。

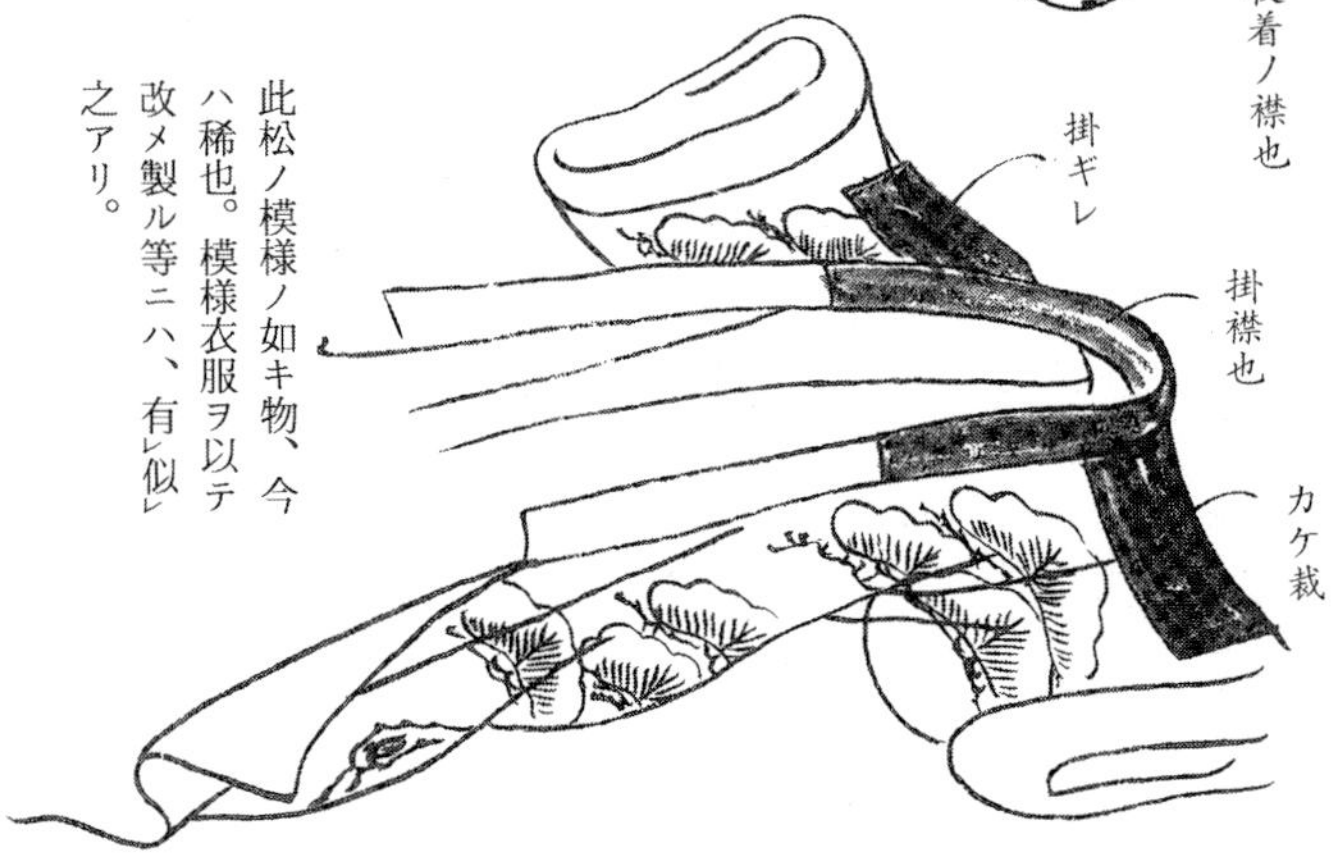

此松ノ模様ノ如キ物、今ハ稀也。模様衣服ヲ以テ改メ製ル等ニハ、有レ似レ之アリ。

元文中、京師画工京師刊本ニ載、夜着ノ図也。今江戸ニ所用ト異ナルコト無之。然ラバ昔ハ、京坂ニモ用レ之、其後廃ス歟。又ハ、中以下不レ用レ之。上輩用レ之シコトアル歟。

今世夜着《よぎ》、平日用ニハ図ノ如ク、他裁ヲ以テ、掛ヱリ、カケギレ〔掛裁〕ス。汚ルル時、先是ノミヲ洗フ也。掛襟、カケ裁ハ、木綿ノ夜着ニモ絹、海氣《かいき》等ヲモ用ヒ、又木綿ヲモ用フ。原本掛襟、裁無レ之。今様ヲ示サントテ今加レ之。

三布《ミノ》敷布團ノ図ハ、今図スル所也。夜具ニハ、此菊唐草等ノ形甚多シ。形染ハ此類、島ハ前図ノ類ヲ専トス。

又、大布團、敷布團トモニ図ノ如ク、表小、裡大ニ裁テ、額仕立《がくじたて》ヲ専トス。美物、愈此製也。大布團モ亦、多クハ此製、唯粗製ノ敷布團ニハ表裡同ク、或ハ、表全クシテ裡ト周ノ端ニテ、縫モアリ。又、夜着、布團トモニ、必ラズ綴糸アリ。小図故ニ畧之。

又、**坐布團**ニモ額製アリ。或ハ、表裡同物、或ハ、異色種々、又四隅ヲ中ニ寄テ縫モアリ。是亦、表裡同色也。

二幅ノ物ヲ四隅ヲ寄セ合ス也。

図ノ如ク、縮緬等ノ物ニ絎紐《くけひも》ヲ付テ、脊ニ負フ也。又同時、浅木、綿帽子ヲ是ト同ク負ヘリ。

図91 「蚊帳美人喫煙図」（部分）享保頃
たばこと塩の博物館蔵

幮《とばり》

俗ニ蚊帳ト云。或ハ蚊屋トモ云。『三養雑記』曰、蚊帳ト云モノ、今ハ家毎ニ無テ、カナハヌ物ナレド、古書ニハ蚊遣火ヲコソ和哥ニモヨメ。蚊屋ノ名ハ、僅ニ『太神宮儀式帳』、『延喜式』ニ見ヘタリ。

古制蚊帳釣法図

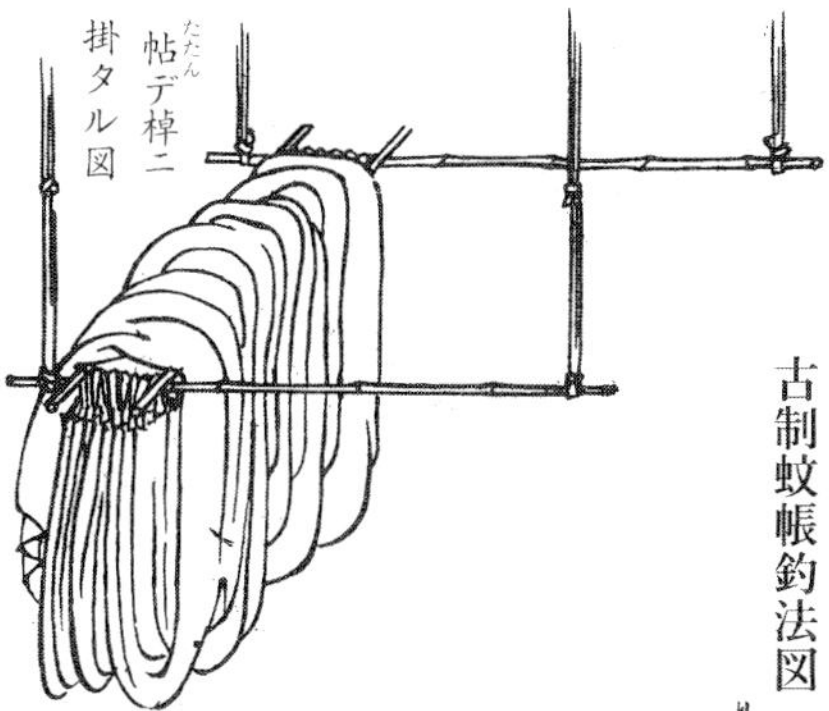

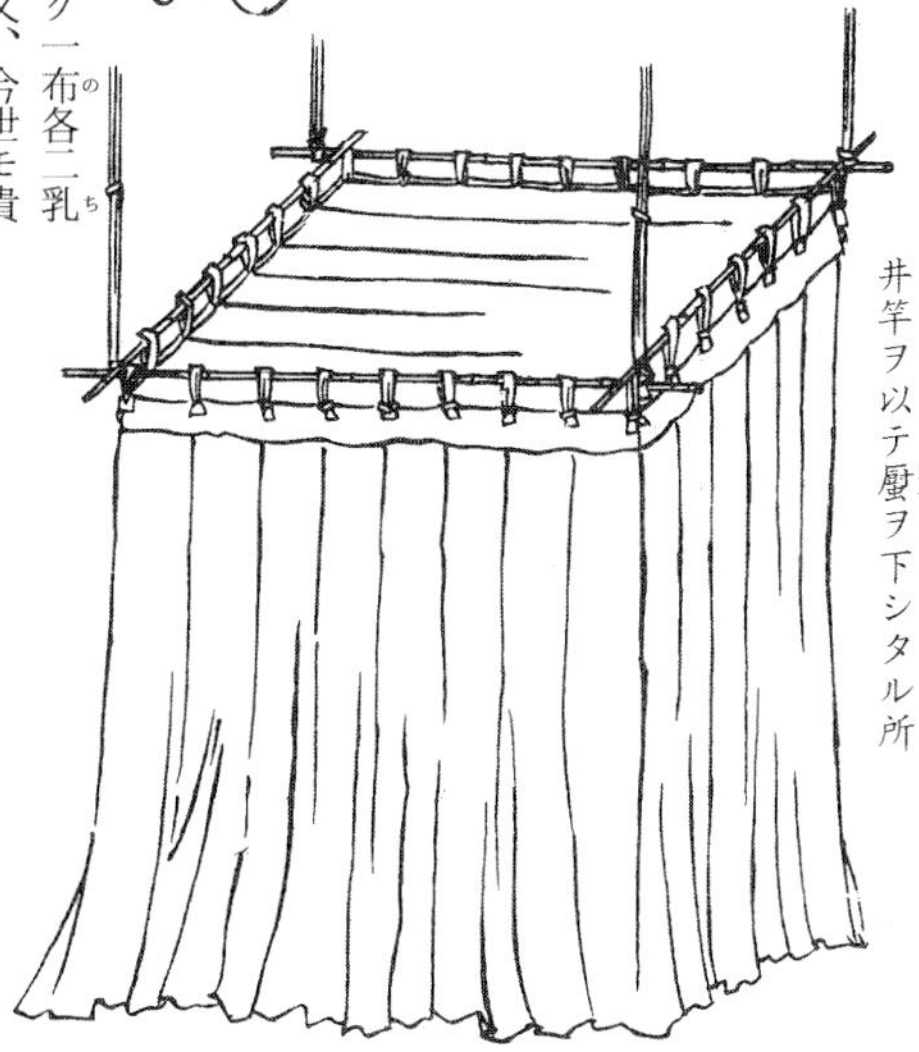

古製ハ、図ノ如ク一布《の》各二乳《ち》ヲ用ヒタルカ。又、今世モ貴人ノ所用ハ如此歟。民間所用ノ物ハ、乳四隅ニアルノミ。大ナル者ハ其間ニモ付レ之。或ハ六乳或ハ八乳トス。

昔ハ、蚊帳ノ四隅ニ、匂袋ヲツケタリ。香嚢《こうのう》ノ形未詳。浮世嚢ヲ用ヒシ歟、追考スベシ。唯、是ニ匂袋ヲ付シコト、明暦及ビ万治ノ誹書ニアリ。当時、コレノミニ非ズ。専ラ香嚢ヲ用ヒシ故ニ、蚊帳ニモ用レ之歟。其前ヨリ用レ之ニハアラザルベシ。

今制ノ蚊帳、高貴等ニハ紗《しゃ》等ヲ以テ製レ之。民間普通ハ麁《そ》布《ふ》ヲ用フ、近江国産ヲ専用トス。染色同前萌木ノミ、稀ニ素《しろ》ヲ用フ物ハ粗製ニ多シ。大サ大略竪六布、横五布ヲ小トス。江戸ニテ是ヲ五、六ノ蚊屋ト云。竪八布横六布ヲ京坂ニテハ八、六ト云。ヤロクト訓ス。江戸ニテハ六、八ト云。ロクハチト訓ス。

五六萌黄蚊帳図

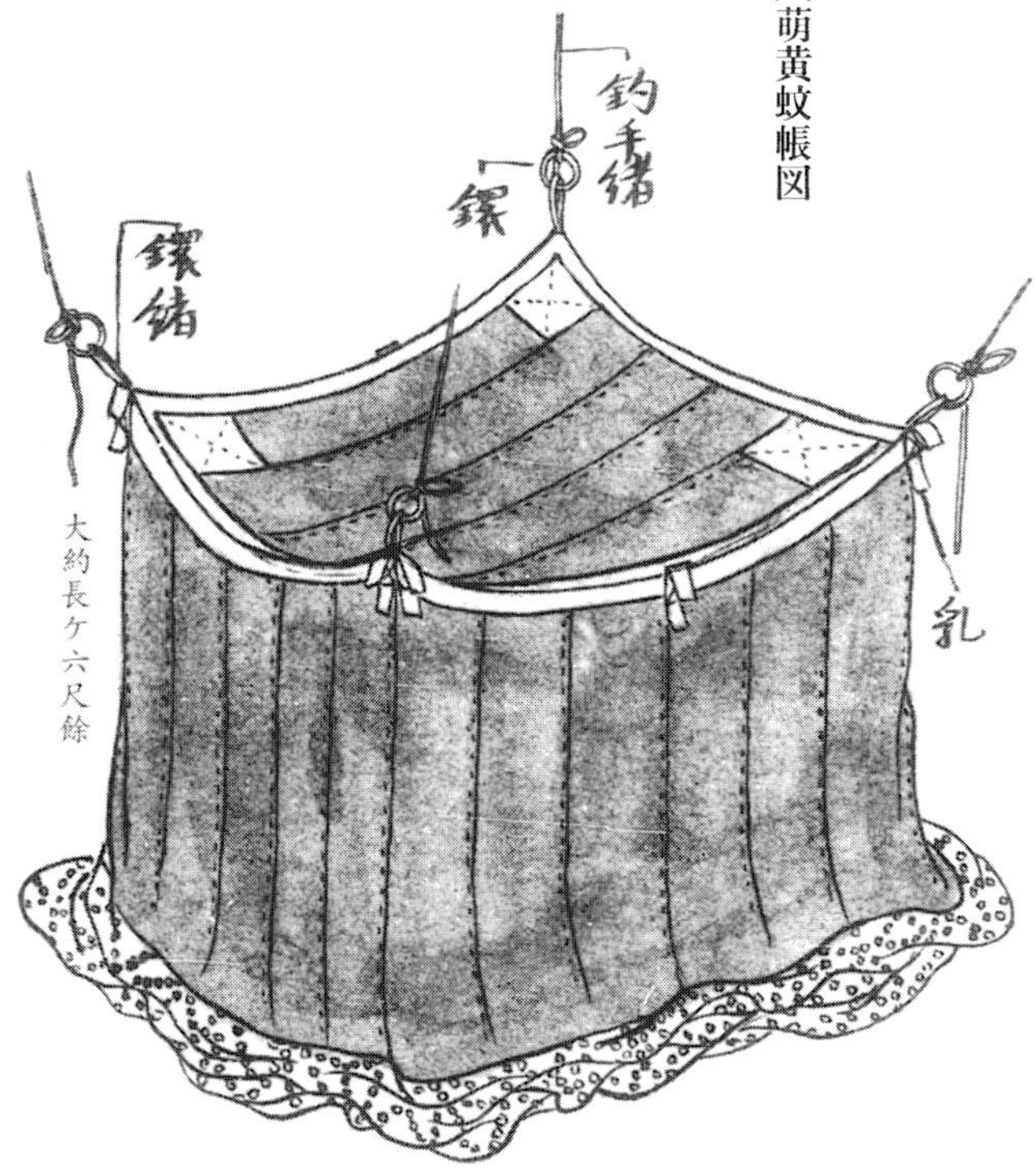

縁《へり》及ビ乳四隅ノキレ必ズ一色、緋縮緬或ハ紅絹、粗製ノ物ニハ茜木綿。鐶《かん》、銅或ハ真鍮、鐶ノ緒、萌木糸組、或ハ麻ノ組、又革。裾ノ周リニ、毛綿ニテモ縮緬ニテモ、一幅ヲ横ニツケテ、鎮《しづ》トスルアリ。或ハ無レ之モアリ。此図ハ鎮付也。

三都トモニ九月朔《ついたち》後、未ダ蚊去ザル時ハ、紙ニ雁ヲ描テ、四隅ニ付之。諺曰、〈蝈《ちゅう》内ニ雁声ヲ聞者ハ災至ル〉、ト。故ニ、雁ヲ画テ兕ニ除《まじないのぞく》之一。或曰、今世、雁ヲ画テ蚊張ニツクルハ、非也。蜻蛉《せいれい》ヲ画クヲ本トス。蜻蛉ハ蚊モ食カ故ニ兕トスト、何レカ是非ヲ知ラズ。如此雁ヲ画テ、四隅ノ鐶ノ緒ニ結ブ。

母衣幮

ホロガヤ。京坂ニテハ、芋虫ト云シ歟ト覚ユ。竹骨ノ上ニ、麻織ノ蚊張ヲ覆フ也。色萌黄、鎮紅染木綿ヲ専トス。蓋、サラサノ如ク、紅ノスリコミ也。本染ニ非ズ。

母衣蚊帳図

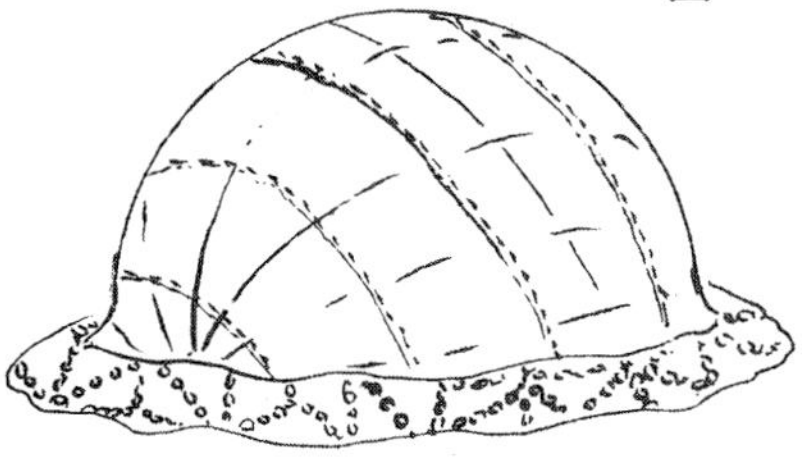

廣ケタル座ニテ橢円也。此ホロカヤ大ナルハ、大人昼寝ニ用ヒ、小形ナルハ幼稚ニ用フ。

同骨

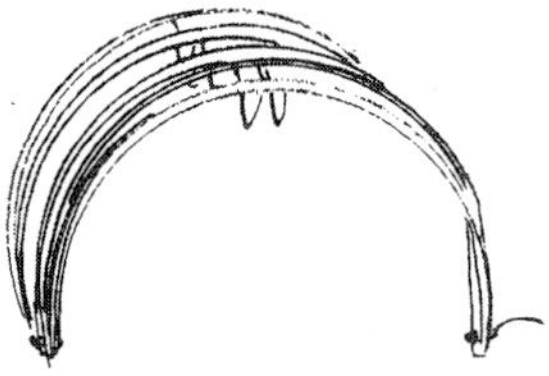

竹要《たけのかなめ》ニテ止之。

竹骨、此如ク寄テ蓄ヘ用フ時ニ披レ之。

紙張《しちょう》（紙帳）

紙幮《しちゅう》也。昔ハ、三都トモニ賣歩行キシコト、寛文、延宝、元禄等ノ俳諧ニ出タリ。是亦、今京坂ニハ、更ニ不レ賣レ之。江戸ニテハ、見世賣アルノミ。

又、富民ノ好テ製レ之者アリ。白紙ニ墨画等ヲ描カシ、所々ヲ地紙形、團扇形等ニ窓ノ如ク切除キ、コレヲ、紗ヲ以テハリフサゲリ。

又、困民ハ、綿張ト云テ木綿製ノ幮モ用フ者、稀ニ有之。江戸賣物ノ紙張ハ、図ノ如ク上狭ク下濶《ひろき》也。自製及別製ハ、上下同尺ニモスベシ。

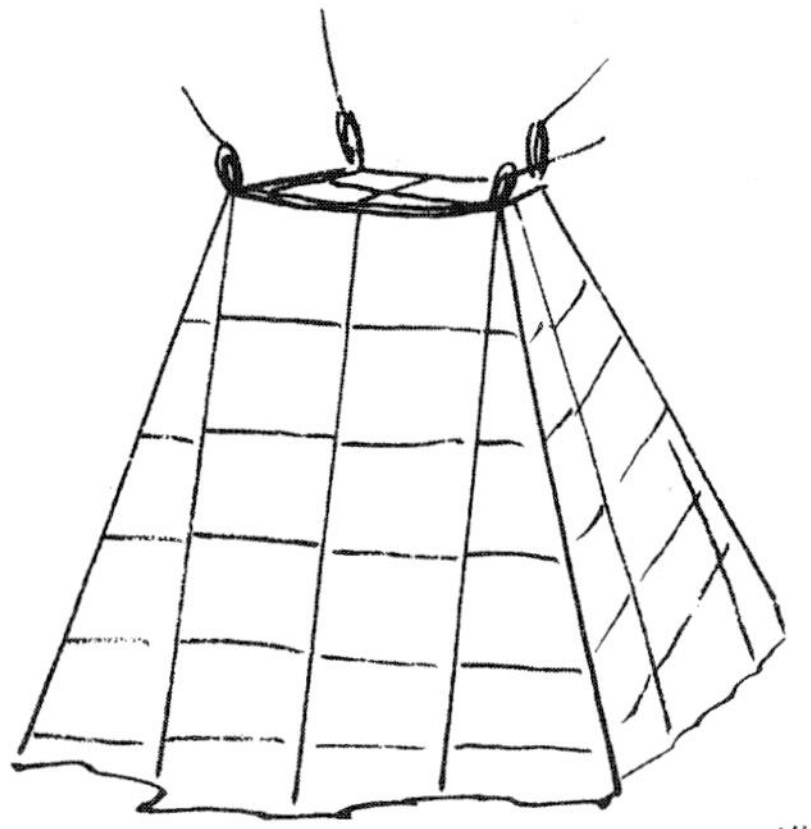

図92 喜多川歌麿画「母衣蚊帳」東京国立博物館蔵

京坂枕蚊屋骨

准《なずらえ》レ骨テ蚊屋ヲ製ス。

是亦大ナルハ大人、小形ハ小児、昼寝等ニ用フ。

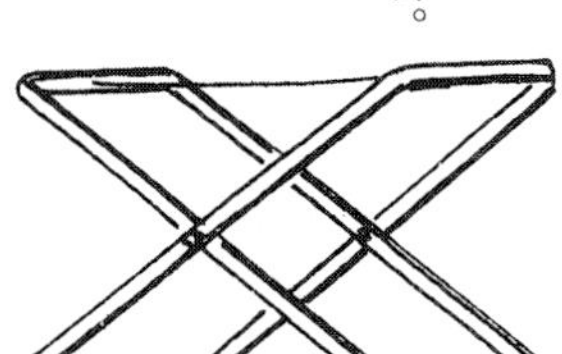

以下、図ノ物ハ、大形ナク小形ノミ。大人ハ顔頭ノミニ覆ヒ、小児ニハ全身ニ掩フ。

江戸枕蚊帳骨

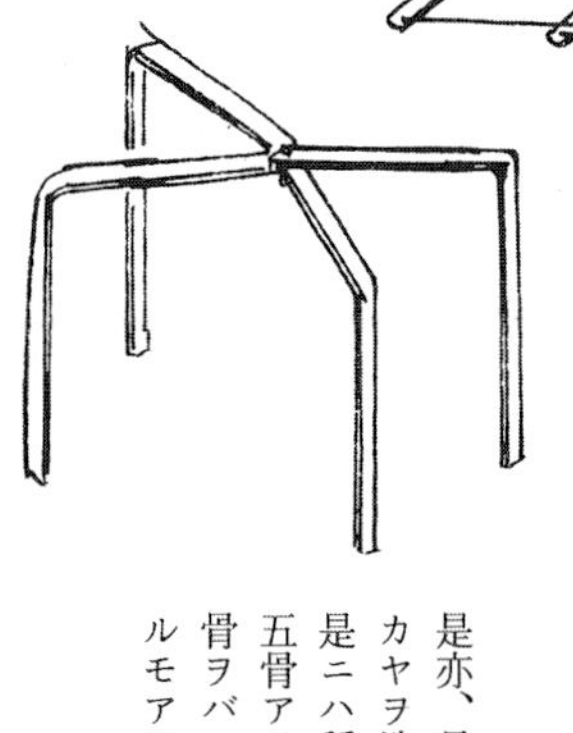

是亦、骨形ニ准テ、カヤヲ造ル。

是ニハ種々アリ。五骨アリ、或ハ三骨ヲバ一双繋ギタルモアリ。

守貞謾稿巻之十九　織染

一五三①

縞

昔ハ織筋ト云、今ハシマト云、島字ヲ仮用ス。昔ノ織筋ハ横ヲ専トシテ、又大筋多シ。前ノ熨斗目《のしめ》ノ条ニ詳カニス。今ノ島ハ竪ヲ専トシ、又丈ナルアリト雖ドモ、男女ノ衣服ニハ細密ヲ専用トス。

万筋島《まんすじしま》

微塵島《みじんじま》

万筋ニハ、白ニ紺、白ニ茶、茶ト紺、紺ト浅木、種々アリ。紺ト浅木ヲ藍万ト云、下畧也。外、倣《ならう》レ之。蓋、機工二糸ヲ一ト羽ト云、一ト羽毎、色ヲ隔ツヲ万筋ト云。二タ羽隔ヲ千筋ト云。木綿ニモ縮緬、紬等ニモ有レ之。下倣之。

ミヂンハ、経緯トモニ、万筋ノ如ク各二糸ナルヲ云。茶ミヂン、藍ミヂン等アリ。又、濃淡ノ藍、或ハ紺ト白ヲ片羽交《かたはがい》ト云テ、経緯トモ各々一糸隔ニオルヲ刷毛目ト云。自ラ表裡縦横トナル。

大名島

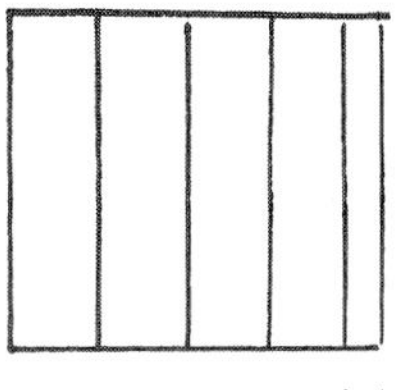

碁盤島

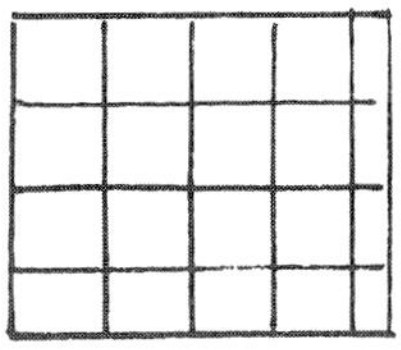

今ノ格子島

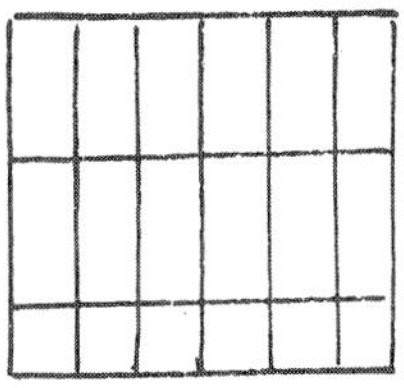

三品、地白ニ紺島、或ハ地紺ニ白縞其他種々。今ノ碁盤島ハ、古ノ格子筋也。

弁慶島

経緯図ノ如ク織ヲ弁慶ト云。白紺或ハ紺茶、又、紺ト浅木等、紺茶ヲ茶弁ケイ、紺浅木ヲ藍弁慶ト云。小ナルハ二三分ノ筋、大ナルハ一幅ヲ半白、半紺、緯准レ之アリ。異名シテ豆腐縞ト云浴衣ニアリ。

棒縞

棒島、白紺、茶紺、紺浅木、種々、又大小不同ナレドモ、千筋等ヨリフトキ故ニ、棒ト云。

三筋立

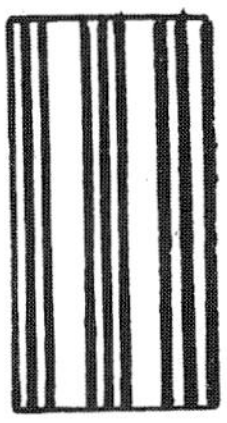

三筋竪色同前、蓋、唐棧《とうざん》ニアルハ、紺地ニ蘇方《すおう》ノ三筋ナリ。緯ハ皆紺也。先年、幕府コレヲ奥ニテ製レ袴テ召玉フ。故ニ、此島ノ唐ザンヲ奥島ト云。京坂誤テ唐棧ノ惣名トス。

又同形ヲ、廣ザン、木綿ニ模造アリ。又、文化文政頃、中買及同手代ハ、コレヲ晴服、褻服ニ用フ。今ハ廃シテ、風呂シキニ用フノミ。安政中、江戸男服是冬トモニ、紺ト浅葱ノ三筋竪縞物流布ス。

頭書　紺地ニ赤三筋ノ唐棧ヲ、奥島ト云。絹買ハ、黒手島ト云。寛文中、舶来の黒船持来リシ故ノ名也ト云リ。

子持島

大小筋ヲ云。色同前。万筋以下是等ヲ有名ノ縞トシ、又不易ノ用トス。猶此他ニモ有名アルベシ、畧之。又、種々無レ名ノ縞ヲ号テ、カワリジマト云。織糸二三色、或ハ五六色交ユモアリ。紺、浅葱、縹、茶、黄等ヲ交へ、又藍或ハ茶ノ一色淡濃アリ。凡テ替リ島ト云。又、大小筋交ユモアリ。

カスリ縞

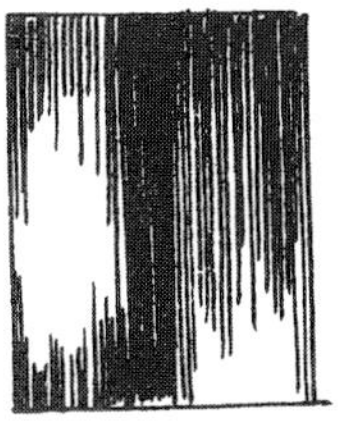

此竪島ニ、竪カスリ交ヘタル縞、縮緬ニ多シ。紺ト紫、白ヲ交へ、或ハ白地紫ヲ専トス。江戸ニテハ、御殿女中褻服、同下輩ノ晴服ニハ、是ヲ専トシ、又黄八丈ヲモ着ス。

京坂ニテ、天保前、娼妓着レ之。又、越後絹上布等ニアリ、同着之。又、木綿ノハ、正民男女トモニ浴衣ニ用ヒシガ、今ハ廃ス。

地白、紺島也。

ヤタラ島

ヤタラハ、万《よろ》ツ無二節度一ノ江戸俗言也。此島、経糸多少、廣狭不同、更ニ節度ナキ故ニ名トス、縮緬以下木綿ニモ有レ之。天保中江戸ニテ、大ニ行レ、女用ヲ専トス。弘化ニ至リ、京坂ニモ行ル。色同前、又単色ノ縞モ行ル。

織《おり》色《いろ》
盲《めくら》縞《じま》
味噌漉縞《みそこしじま》

京坂ニテ織色ト云。江戸ニテハ、浅黄ヲ織色ト云。紺ヲメクラ島ト云。紺、浅葱トモニ、経、緯トモ糸ヲ染テ、後ニ織ヲ云。蓋、幅ノ両端一分バカリ内ニ、白糸一、二糸ヲ経ニ交ユ。是、織後不染ノ証トス。紺メクラ島ハ股引、脚半、腹掛ノ類、必ラズ用之。

ミソコシ島ハ、味噌ヲ汁ニ煮《に》ル時、漉《こし》テカスヲ除クノ具、削竹《そぎたけ》ヲ編タルニ似タルヲ以テ、名トス。此縞従来無レ之。今、嘉永五年、始テ製レ之歟。浅葱地ニ紺縞ヲ専トシタル縮緬ニ多ク、流行ヲ好ム婦女ノ服トス。袷綿入、共ニ用之。

カスリ

字未詳。如奈《いか》ナル字ヲ用フル乎。併ノ字等ヲ書ト雖ドモ、未慥《たし》カナラズ。カスリモ、縞ノ一種ナルヘク、又、古ヨリ有レ之歟。古キ物ニ其名ヲ聞ズ。又、カスリ、種々ノ形アリ、白地ニ紺カスリアリ。紺地ニ白カスリアリ。白地ニ藍カスリ、白地ニ茶カスリアレドモ紺地ニ白カスリ多ク、白地ニ紺カスリ次之、稀ニ有之。

白地紺カスリ図

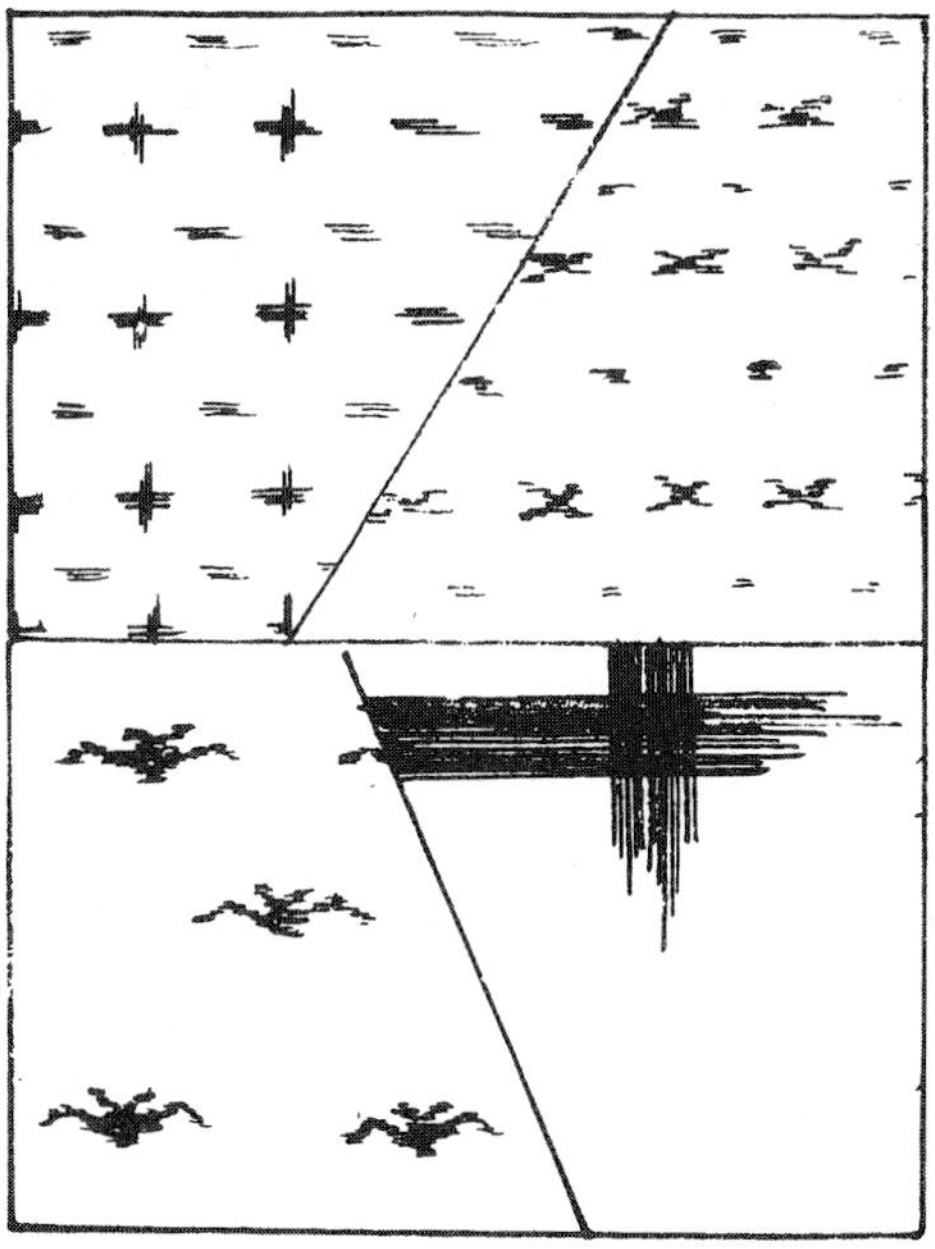

カスリ図ノ二、三ヲ挙グ。紺地白カスリ反之而已《のみ》。小形ナル物ニハ、✕ニ ロ 十 等ヲ一、二ヲ交ヘ、或ハ三、四ヲ交ユ。大形ノ物ニハ 十 ロ モアリ。◇ ✕ 卄 卅 大形、中形ノ物ニ、種々花蟲等ノ形ニスルモアリ。又、縞筋ニカスリ交ユルモアリ。

模様

大畧百五六十年ヨリ上ノ古画ヲ観ルニ、女子童子ノミ非ズ、丈夫《じょうふ》（一人まえの男）モ、専ラ大形ノ裾模様、或ハ惣模様《そうもよう》ノ物ヲ着セリ。是、筆労《ひつろう》ヲ省クノミニ非ズ。凡織筋ト云、今ノヨコシマモ、皆大島ナレバ、模ヤウモ大形ヲ用ヒシナラン。其模様種々無究ト雖ドモ、立浪、渦、魚網、轡《くつわ》、輪違《わちがい》、櫻花、楓葉《ふうよう》等ノ類ヲ専トス。又、**水車**ノ様模甚ダ多シ。其形左ノ如ク、今日家ニ用フ物トハ異也。

今、童子《どうじ》、筆学ニ、『商賣往来《しょうばいおうらい》』ト云アリ。上畧、所々染入紋、縫散シ、籬《まがき》ノ菊、立浪、雪折レ笹、水車、御所車、澤瀉《おもだか》、地扇、菱、輪違、九曜、四ッ目結《ゆい》、菊桐、柏、藤、巴、蔦、唐草、女童之好模様、格好、可心得云々。

丸盡シ模様

慶安、承應、明暦、万治、寛文ノ間、婦女之衣服ニ専ラ流布ス。

『新撰雛形』寛文六年印本也。所載

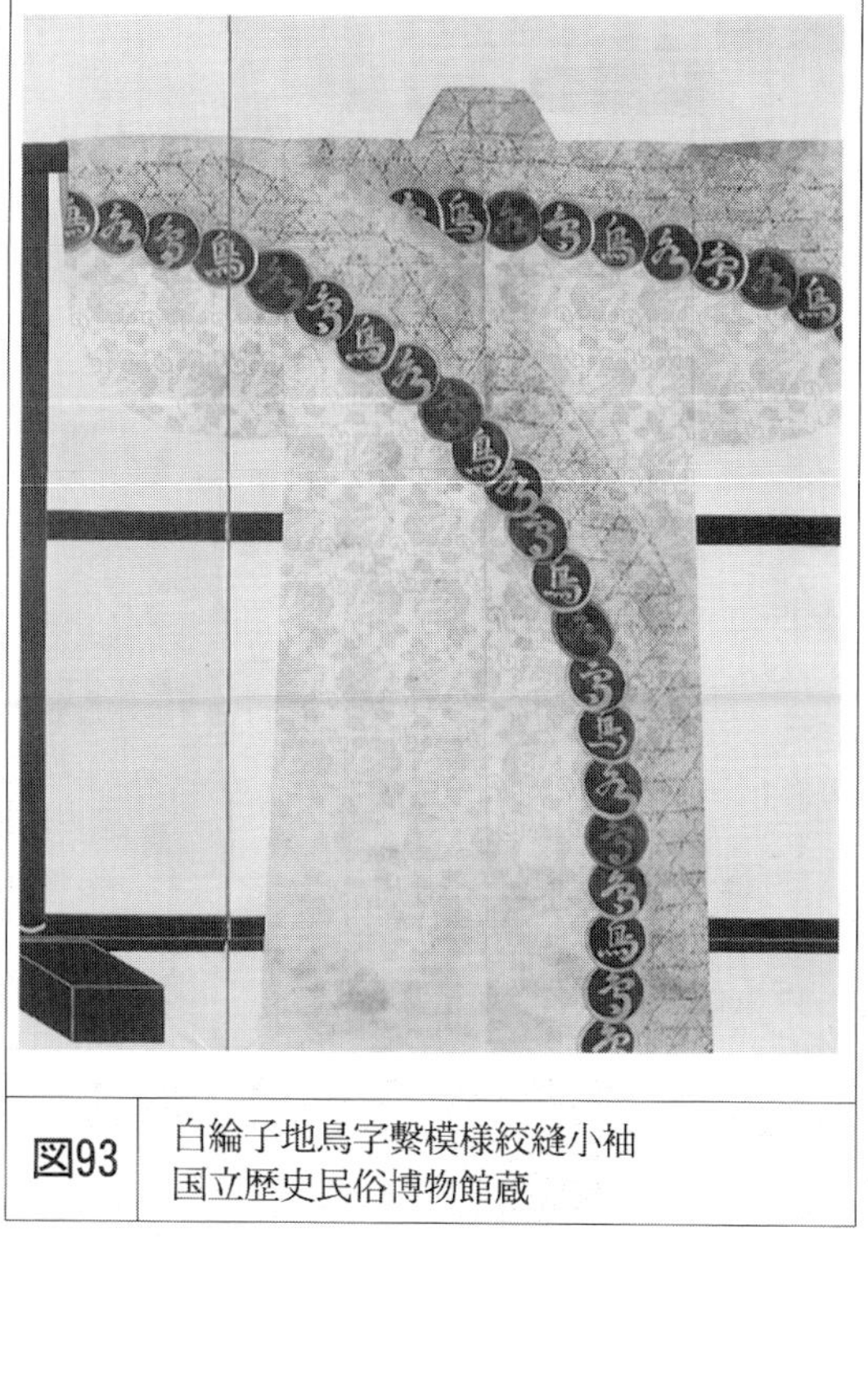

図93 白綸子地鳥字繋模様絞縫小袖
国立歴史民俗博物館蔵

幸　菱《さいわいびし》

万字繫《まんじつなぎ》

麻　葉《あさのは》

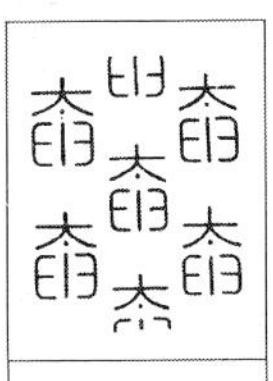

甃《いしだたみ》

幸菱ハ、綾ノ紋ニ多シ。故ニ、俗ニ綾形ト云。専ラ白地ノ白ノ浮紋ナリ。他ノ紋モアリト雖ドモ、幸菱ヲ専トシ、官服ニモ用フル也。又、幸菱ヲ綸子ニモ織リ、万字ツナキヲ、綾ニモ通シ用テ織ト雖ドモ、名ヲ呼ブモノ専トスル故ナリ。

万字ツナギ、京坂ノ俗ハ綸子形ト云。江戸ニハ紗綾形《さやがた》ト云。綸子及ビ紗綾トモニ、専ラ此紋ヲ織ル。白地ニ白ノ浮紋也。幕府、臣下ニ給フ物ハ綸子、サヤ、縮緬等也。時服《じふく》ト云。大サ二寸五分バカリノ記号ヲ染メ、黒及ビ納戸等也。綸子、紗綾ニハ、必ズ此万字ツナギニ、アヤメ花ト椿ノ花ヲ散シ紋ヲ織タルヲ用ヒ玉フ。又、三都トモ、婦女礼服ノ時ノ襦半襟等、専ラ此紋ノ綸子ヲ用フ。今世、綸子ニハ有紋多ク、紗綾《さや》ニハ地紋アル物少シ。

麻葉、京坂ノ俗ハ麻形トモ云。万字繫、麻葉等ノ形ハ、専ラ諸品ノ紋ニ用フ。宮殿等ノ彫物ニモ用之コト多シ。又、羽折等之小紋ニハ、万字繫、麻葉其他類レ之ノ形ヲ、細微ニ極テ小星ヲ連ネ描ク物多キ也。前ノ重ネ菊モ此類也。万字繫、麻葉等ハ不易ノ紋ト云ベシ。文政ノ季年、嵐璃寛《あらしりかん》ト云俳優、大坂芝居ニテ、「染模様妹脊門松」ノ狂言ニ、處女阿染《おそめ》ニ扮スル時、終日屢々《しばしば》衣服、帯ヲ更ルト雖ドモ更ニ他紋ヲ用ヒズ。必ズ麻葉ヲ用フ。因之、京坂、大ニ行レ、婦女、時ニ号テ於染形ト云。

△江戸三十間堀材木賣ニ、太申《たいしん》ト者、宝暦八年（十一月一日）名ヲ弘メント、森田座ニ太申櫻ト云大名題《おおなだい》ヲ出サセ、太申染ト云ヲ……伝九郎ニ着セシム。世人、太申ト云ズ伝九郎染ト云。

太申染とも伝九郎染ともいう。材木屋和泉屋甚助が自分の号太申の篆書を意匠にして染めさせたもので、宝暦から明和にかけて流行。「又、横竪筋違に筋を立て、其内に玉を大小いくらも交へ染たるを伝九郎染という」と『賤のをだ巻』にある。（編著者注）

石畳、江戸ノ俗ハ、今ニ市松ト云。元文中ノ俳優、佐野川市松ト云者、諸服専ラ此形ヲ用フ。市中婦女、学之、大ニ流行ス。以来、今ニ市松形ト云。蓋、今ハ更ニ廃シテ、用フルコトナシ。三、四十年前、行レシコトアル歟。天鵞絨ノ女帯ニ、白紫ノ甃ナルモノ、古ク持伝ヘタル人アリ。今用レ之モノハ、青楼、妓院、茶店、食店ノ畳表ハ、必ズ黒藺《いぐさ》ヲ交ヘタル市松莚ナリ。其他更ニ不レ用レ之、蓋、官服ノ差貫ニハ有之。

頭書　市松ハ大坂役者ナリ。寛保元年、江戸中村座ニ下ル。

図94

小紋型紙　［上右］三筋立（引彫）［上中］ヤタラ縞（引彫）［上左］麻の葉（一枚突）
［下右］紗綾形（錐彫）［下中］変り市松（道具彫）［下左］亀甲（道具・一枚突）

花ガツミ

文化文政ノ頃、江戸俳優、坂東三津五郎ト云モノ、諸服専ラ用レ之。時ノ婦女、学レ之、府内大ニ行ハル。
又同時、大坂俳優中村歌右衛門ト云モノ、假ノ記号ニ捻梅《ねじりうめ》ヲ描ク。其捻梅ヲ重ネ列テ、花カツミニ似タル紋ヲ諸服ニ用フ。京坂ノ婦女専ラ学之。上国（かみがた）ニ行ハル。号テ取タスキト云。略万字繋ノ紋也。
原《もと》、此紋ヲトリタスキト云。

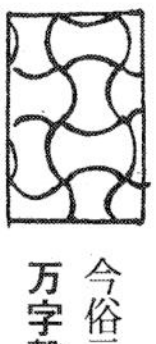

今俗云**取タスキ**。原名、**略万字繋**。

今俗、**業平菱**ト云。

筥紋図《はこもん》　大概如此

古ノ筥紋ト云、草木其他何品ニテモ、方形ニ描クヲ云。

小　紋

小紋ハ形染也。極細密ノ物、三都トモニ男子ハ裃《かみしも》必ラズ用レ之。夏ノ単羽折、地、絽、絹竜文ノ類用レ之。袷羽折ニモ与之《これと》、島ヲ交ヘ用フ。又、男女晴、褻ノ衣服ニシ、無地文付ノ下着ニハ小紋ヲ専トス。

鮫小紋《さめこもん》

図ノ如ク、縦横正列スルヲ行儀鮫《ぎょうぎざめ》ト云。乱レ連ルヲ乱レザメト云。行儀、乱、通シテ、通シ小紋ト云。三都トモ用レ之コト、前言ノ如クナリシガ、今ハ上下《かみしも》ニ用ヒテ、羽折ニ用レ之稀也。京坂頃日《けいじつ》（このごろ）廃シ、江戸ハ廃テ十餘年ヲ経。

大納言

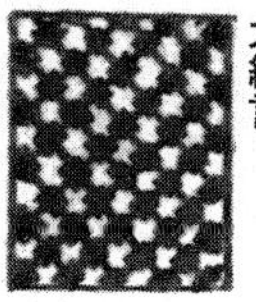

此形、江戸ニ用ヒズ。京坂モ、天保初流布ス。大坂豪冨加島屋某、初テ専用レ之テヨリ行ル。故ニ、一名加島屋小紋トモ云。

重ネ菊

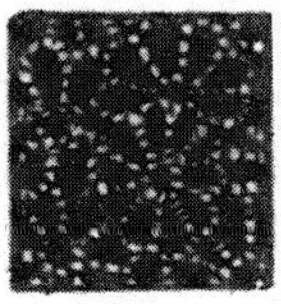

是ハ、江戸ニテ天保中大ニ行ル。小点ヲ列ネテ、菊形トス。故ニ累菊《かさねぎく》ト云。又、臼ノ目形、雷盆《らいぼん》形、相二似之一タリ。是等ハ上下ニ用ヒズ。羽折ト男女ノ衣服ノミ。

臼ノ目

印目ヲ小点ヲツラヌ也

鮫小紋以下地黒、或ハ憲法色等、茶モアリ。小紋、白或ハ鼡、又ハ浅木、又淡茶等、惣テ地色濃、小紋淡色也。京坂先年ヨリ今ニ至リテ、小紋白ヲ専用ス。江戸モ、天保中小紋白、或ハ、極淡色、其後漸クニ濃ク、今ハ地、極濃キ色ニテ、小紋ワヅカニ淡ナル、遠見ニハ無地歟ト見ユルヲ、流布トス。多クハ、地黒、小紋濃鼡也。地黒、小紋鼡ヲ、三都トモニ、ネツミガヘシト云。

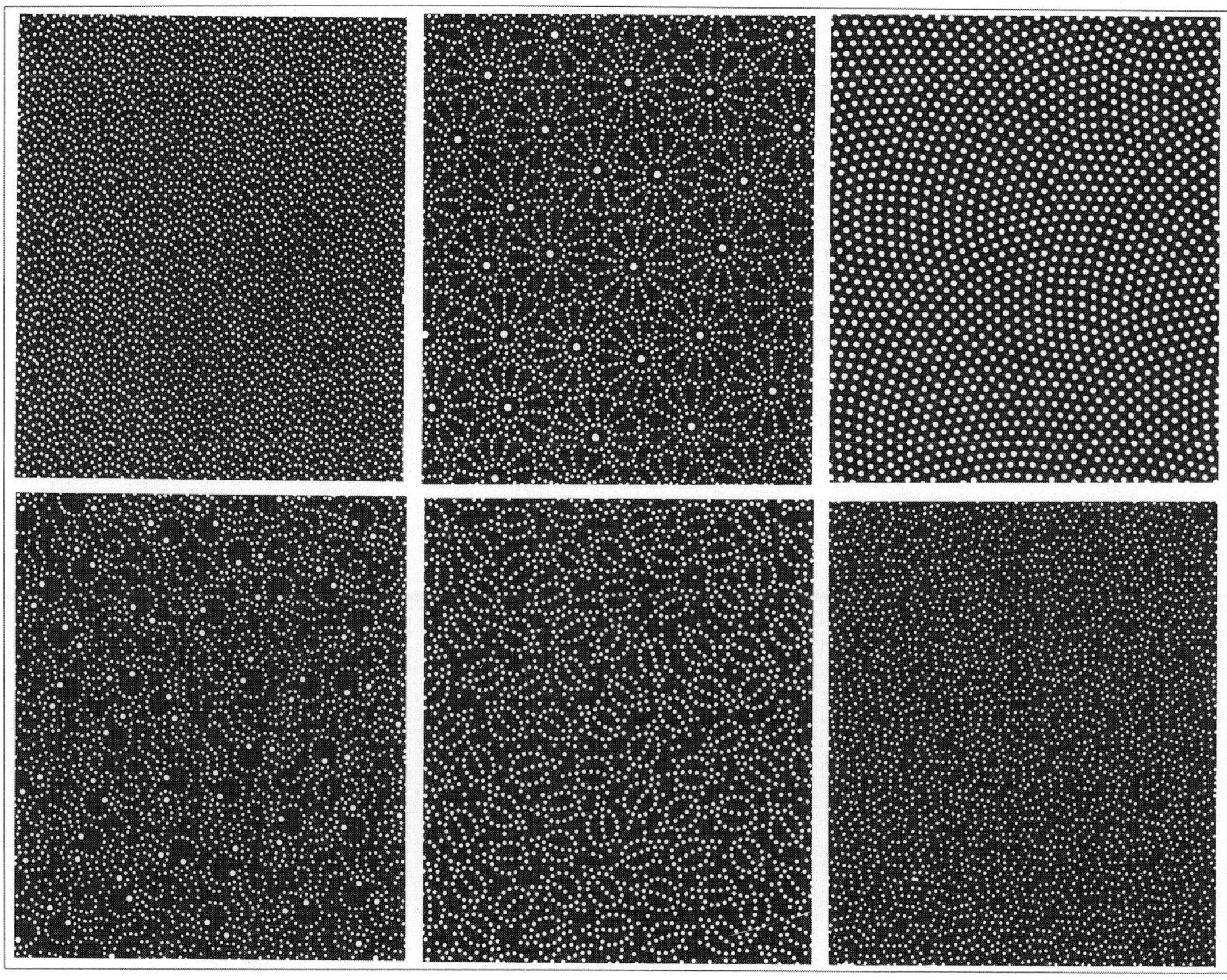

図95

小紋型紙　[上右] 鮫小紋（錐彫）[上中] 菊（錐彫）[上左] 青海波（錐彫）
[下右] 毘沙門くずし（錐彫）[下中] 亀（錐彫）[下左] 蛸（錐彫）
岡巳(株)衣裳資料館蔵

染

八ツ藤

中形染メ　種々無際限

天保初年、三都トモニ八ツ藤行ル。地紫、或ハ藤色、紋白ヲ専トス。女用ニ専トス。縮緬、絹等ヲ染ル。女婦ノ襦半ヱリ、帯、其他ニモ用レ之。衣服ニハ、木綿地白、紋藍ヲ用フノミ。

元来此紋ハ、官服ニ所織也。今ノ縉紳家、多クハ藤氏、故ニ此織紋ヲ用フモノ歟。八ツ藤ハ正形ヲ画キ、又菊桐ヲ衣服ノ小紋中形ニ、或ハ染メ、或ハ織ル。又、金具及ビ蒔絵ニモ多ク画レ之トモ。多クハ正形ヲ憚リテ、左図ノ如ク変形スル者多シ。

此他種々無究其一、二ヲ図ス。

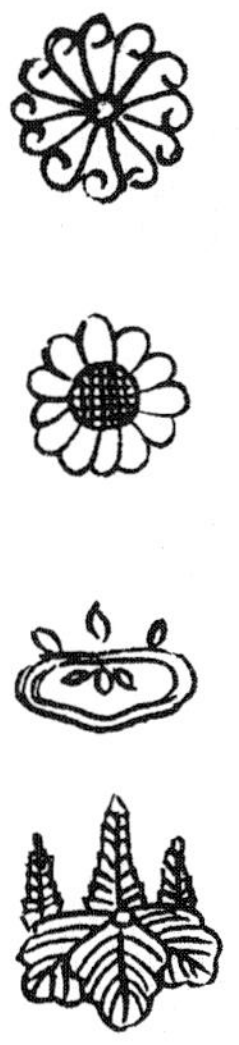

近年江戸ニ、風流ナル一種ノ染物アリ。地縮緬、唐毛綿、金巾木綿、紬、太リ紬等種々、地色専ラ革色《かわ》、菖蒲革色《しょうぶがわいろ》ナリ、黒ヲ含ム色也。緑ニ種々ノ形ヲ染除キ、其模様ニ唐藍ト茶色ヲ交ヘ、其彩アリ。専ラ此二彩ノミ、他色ヲ交ヘズ。或ハ単色ノ彩モアリ。又、地色藍ナル物モアリ、其模様形チ密ナラズ。自ラ筆意存シ染ル也。

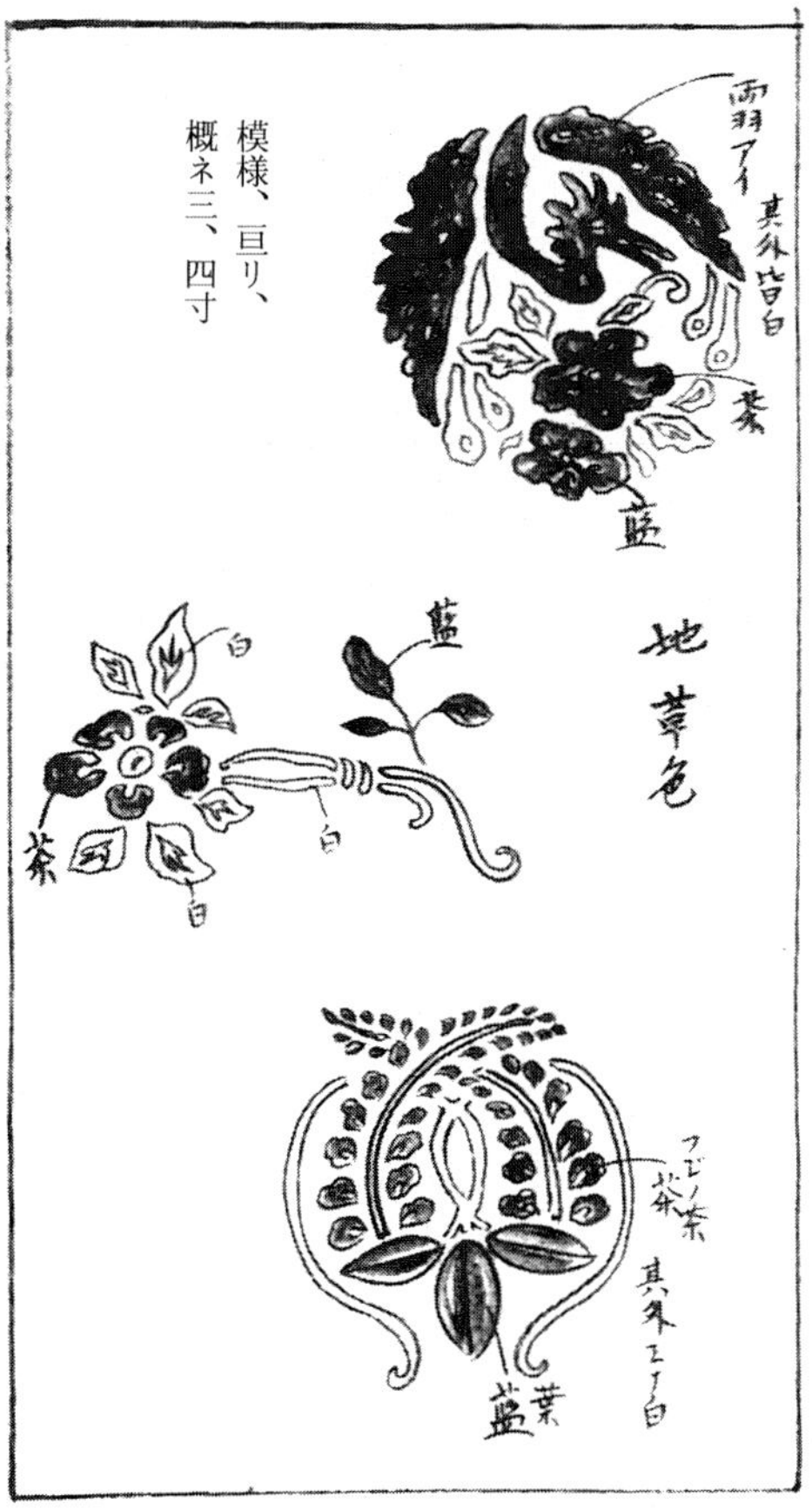

模様、亘リ、概ネ三、四寸

伊豫染

『世事談』曰、備前ノ国主（池田侯）、始之、染之云々。文化中江戸ニテ大流布ス。コレヨリ昔モ、一度流布ノヨシヲ聞ク。文化後ハ廃セリ。

頭書　文化中、江戸テ伊予染、或ハ路考茶ハヤル。路考ハ女形ノ名。

取リ染

古名也。今俗、京坂ニテ、タンダラ染ト云。段班（ダンマダラ）ノ畧ナリ。江戸ニテ手綱染ト云。馬ノ手綱ニ多クアル形故也。

同図

古ノ取染ハ、数彩ヲ押寄セタル横筋染ヲ云。今製モ、数彩ナルモアレドモ、多クハ白地藍筋也。白ト藍ト同ジ大サニ横筋染也。蓋、大小ハ不同アリ。手綱ハ、晒麻布ノ白地藍筋也。下輩ノ用也。上輩ニハ紫チリメンナドヲ専ラトスル也。

又、民間ニハ、大畧三、四十年前迄ハ、旅客ノ上締帯《うわじめおび》ハ必ラズ用レ之。木綿藍染、白藍トモ五分バカリ也。木綿幅四ツ五ツニ折テ絎《くけ》ズニ上締ニス。二、三十年廃テ、小倉帯ヲ以テ代之レドモ、猶今モ用レ之人モアリ。

又、大坂新町ノ遊女ニ、長柄傘ヲサシカザス下男ハ、必ラズ此帯也。又、縮緬ニ細密ナル此形ヲ、京坂婦女ノ抱帯《かかえおび》ニシゴキ用ヒシコトアリ。

右、幅廣木綿ノ物ハ、専ラ風呂敷ト云。平包ニ用ヒ、小幅木綿、藍ノ地色ナルハ、女子ノ浴衣等ニモ用レ之。縮メン、紬等ハ、児童ノ衣服ニス。大人ノ衣服ニ用フル物ニ非ズ。婦女ノ帯ニハ用フル歟。

譬ヘバ、輪ヲ描クニモ、筆勢ヲ模シテ上図ノ如クス。下図ノ如クニセズ。凡テノ模様准レ之也。

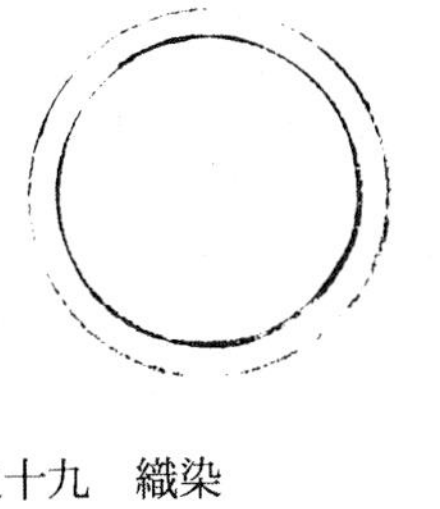

絞り

鹿子及ビ有松絞リ、緋藍トモニ散テ、真物図ノ如ク分明ナラズ。幽ナル者ナレドモ、画図ニハ下ノ如ク必ラズ分明ニ描ク也。

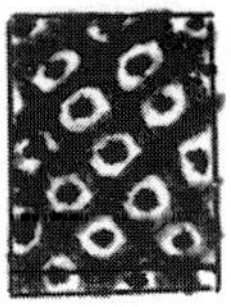

真ノ鹿子側ヨリ見ル図

繪ノ鹿子

四ツ目結

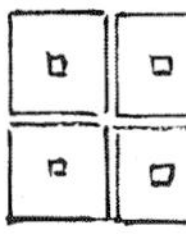

又昔モ紅巻染ト云アリ。布ヲ糸ニテ巻テ、紅染ニシテ後、糸ヲトキ退クレバ、今云、紅絞リ也。是ハ、縦カ横歟未詳。今ノ竪絞リニ、大形ヲ滝絞リ、細キヲ柳絞リト云モ、巻染ノ類也。瀧絞、柳絞リ浴衣又ハ襦半等ニ用ㇾ之。

又天保末年、真岡木綿、瑠璃色、紺地ニ一、二寸、或ハ三、五寸、花形其他種々白ク絞リタルヲ、博多絞リト号シ、浴衣ニ用フ。男女用レドモ、婦女ヲ専トス。三、四年ニテ廃ス。又、紺地ニ亘五、六分ノ円形ニ絞リタル羅纏《らせん》シボリト云テ、用フ者モアリシ。羅纏（ラシヤを毛氈のようにした毛織物）ニ似タル故也。花形ニ絞ルアリ。

又、天保中、江戸ニテオツコチ絞ト云者、縮緬木綿トモニ流布ス。女帯等ニ用フ。甚ダ行レ、後京坂ニ移ル。地色、藍鼡等ノ淡色ノ中形染ニ、所々花心等ニ紅、紺等ノ絞リ染也。唯遠紋ノ如ク絞リタル所ノミヲ、濃染ニスル也。又手巾ニハ、芥子玉《けしだま》絞《しぼ》リ、俗ニ虱《しら》ミ絞リトモ云。古来有ㇾ之、不易ノ形トス。

再云、右図ノ如キ惣鹿子ハ、昔ノ目結《めゆい》也。鹿子ト云ハ、所々ニ散シタルヲ云。今専、目結ノ如ク連ネテ、麻葉形等ノ物アリ。是鹿ノ子也。鹿ノ毛色ノ、所々ニ白ク円カナル形ノアルニ似ル故ノ名ナレバ、散シ放レタルヲ鹿子ト云冝也。

オツコチ絞リト云ハ、天保中江戸ノ方言ニ、恋情及ビ情人ヲオツコチト云リ。同時、此絞リ流行ス。故ニ名トスノミ。染風ニ據《きょ》アルニ非ズ。又此絞リハ、当時ノ新製歟ト思ヒシニ、余ガ実家石原氏ニ、文化ノ初年製シタル暖簾ニ、右ノ形アリ、梅花ヲ心ノミ紺絞リニシ、地ハ、浅葱ニ白キ梅枝ヲ形染ニシタリ。是、天保ノオツコチ絞也。然レバ、昔ヨリ有ル物ナレドモ行レズ、天保ニ初テ大流布ス物也。

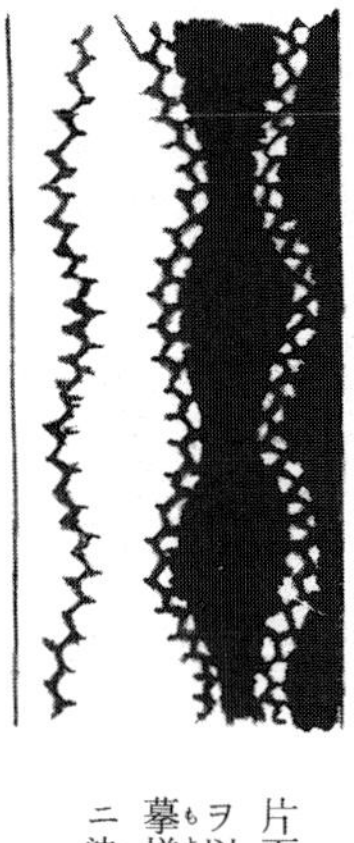

片面紺地、片面白地、実ニ有ニアラズ。今一図ヲ以テ二品ヲ示スノミ。摹様《もよう》ハ種々アレドモ、〰此ゴトク縫目ノマヽニ染ルコト、皆然リ。

又、右ノ如ク、所々ニ花形等ヲ縫ヒ、其所ノミヲツカミ、紺絞リニシテ、地白紺ノ遠紋ノ如クナルモアリ。

紋様

又竜紋ト云、本ハ綾紋也。線ニ稜アル故ニ、綾ノ字ヲ用フ。稜、綾トモニ、カドアル故ニ此字ヲ用フ也。竜文モ、綾ノ一種也。今ハ専ラ、織紋アルヲ、アヤ、無地ヲ竜文ト云也。今ノ竜文ハ、緜ニ稜ナク、平絹ノ太糸ナル物也。

アヤノ地ハ、緜ニ稜アリテ、織テ後図ノ如ク、凸凹ニナル也。織紋ナキ稜ニ似タル絹ヲ、綾紋ト云ナルベシ。今ハ、平絹ヲ羽二重、又絹ノ太緜ヲ竜文、其他ハ加賀絹、秩父絹等、専ラ地名ヲ称ズ。蓋、今世絹ヲ多ク産スルハ、加賀ト秩父也。衣服ノ裡ニハ、秩父絹ヲ専用トス。

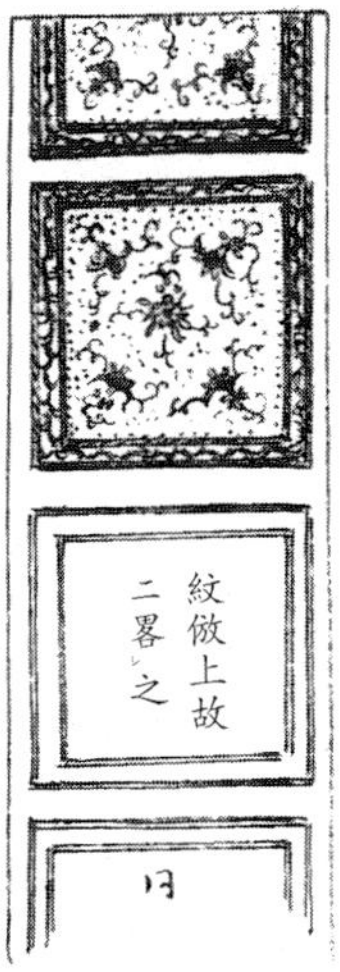

此風呂敷地ニ囲ミ染ルハ、天保頃ヨリノ来舶也。

或人曰、従来図ノ如キ一囲ツヽノ物ヲ、来舶スレドモ稀也シガ、近年多ク持来ル也。長崎ニテ、カブリ、ト称シ、夷人《いじん》、下司《げし》是ヲ以テ頭ヲ裹《つつ》ム也。故ニ、カブリト云ト也。

浮織

浮紋織ノ畧也。白絹ニ細微ノ織地紋アル也。此浮織ニ、数品アリ。江戸ニテハ、男子礼服ノ無地定紋付、同羽折ニ用ㇾ之。女用ニモ無地紋付、或ハ小紋ニモ染テ用ㇾ之レドモ、京坂浮織ハ男女トモニ更ニ不ㇾ用ㇾ之。

御所絹

川越織

カメアヤ　亀文也。綾ニハ非ズ。

浮織絹ノ紋種々ト雖ドモ、多クハ此類也。地紋トモニ白也。染テ縫裁ス。此形ヨリ小ナルヲ専トス。大ナルハ無ㇾ之。

守貞謾稿巻之二十　妓扮

中世～貞亨の遊女

今嘉永中ヨリ大畧五百年前遊女之図

『鶴岡職人盡歌合』所載

遊女之図

河瀬より影さす月の、ミなれさほ舟もなかれの波のよる〳〵われなから、たのまれかたき契かな、おもひ定めぬ人をこひつゝ

江口君之図

土佐廣行筆、應永始ノ体也

二妓トモニ胸ニ守ヲ掛タリ。

『七十一番職人盡歌合』ニ載ル所ノ

立君ノ図　今ノ婦嫁《そうか》（惣嫁・上方で最下級の娼婦）ノ類歟。

立君ノ詞書ニ

春ハ御覧ゼヨ、ケシカラズヤ

男ノ詞ニ

能見マウサン、清水迄入ラセ玉へ

因記、同書図《づす》ル。スア井女モ立君ト扮、相似テ、二人トモニ被衣ヲカムリ、又二人トモニ、被衣上ニ此笠ヲモカムレリ。二人ノ内一人、嚢《ふくろ》ヲ携ヘタリ。其詞曰御用ヤサフラフ。

ハキ物ハ板金剛也

同書ニ所載、

辻子君ノ図

辻子或ハ厨子《ずし》トモ云、トモニ、ヅシト訓ス。今モ、京師ニ辻子ト云坊名多シ。

辻子君ノ詞ニ、見知リ申テサフラフゾ、入セ玉へ。男ノ詞ニ、鄙人ニテサフラフ。

今一人ノ辻子君詞ニヤ、上臈イラセ玉へ。

此ヤ上臈ト云ハ今云ヲヤ、旦那ト云ニ同意歟。ヤ。ヲヤ、トモニ発語又驚ノ意。

天文頃游女之図

『名画苑』巻二ニ所載、画工土佐光茂ハ光信ノ子而《にて》天文頃ノ御繪所タリ。

当時京師ノ花街、西洞院《にしのとういん》ナル歟。或又、未ダ西洞院ニアラズ。他所ニアリシ歟。廓口ニ柳ヲ植ルコト、既ニ久シキヲ知ルベシ。今ノ京師島原ノ口ニモ有レ之。出口ノ柳ト号ス。江戸吉原廓口ニ在ルヲ、見返リ柳ト云。大坂新町ノ口ニハ不レ栽《うえ》レ之。

髻名未レ詳

当時游女、掛ヲ着セズ

承應万治中游女ノ図

兵庫髷、今ノ云竪兵庫曲《わげ》

当時帯幅概二寸五分

吉原京町壱丁目三浦屋四郎左衛門カヽエ、名妓高尾ノ像也。廓中花明園ニ蔵スト。肖像ハ土佐家ノ筆歟。上ニ高雄自筆ノ色紙、及ビ小堀侯ノ詞書ヲ粘ストトモニ、『花街漫録』ニ載タリ。

貞享中　游女之図

『女用鑑』ニ所載也。原本此図ヨリ小也。当時ノ女帯、既ニ幅廣シ。

島田髷

此風ハヤツシ島田是歟。蓋、『嬉遊笑覧』ニ云、ヤツシ島田トアルハ、今ニ云島田クツシニヤ云々。

同書ニ云、抛島田《なげしまだ》ハ、ナゲ首ナドノ抛ト同意ナガラ、是ハ背ロヘ倒ルル方ヲ云トアレバ、此形ヲ投島田ト云歟。

図96	鈴木其一画 西村藐庵著『花街漫録《かがいまんろく》』(文政8)	高尾太夫

万治二年印本『私可多咄《しかたばなし》』所載

元和年中元吉原ノ時雨中図

下男ハ皆、茶筌髪也
ヤリテニ眉ヲ画キシハ、予が誤写也

享保五年記、『異本洞房語園』曰、元和年中、元吉原ノ頃、雨ノフル時ハ、遊女ドモ揚屋へ通フニ、下男ドモニ負レテ行キケリ。負レヤウハ、六尺ハ縄ヲ以テ帯トシ、両ノ手ヲ背《うし》ロへ組テ、遊女ハ長キ小袖ニテ足ヲ包ミ、モスソヲ長ク垂レテ、両ノ膝ヲ六尺ノ手ノ上ニノセテ、臂《ひじ》ヲ張リ、衣紋カヒツクロヒテ、背ロヨリ長柄ノ傘ヲ、サシカケサセタル躰《てい》、中々品ヨク見ヘシ云々。

六尺トハ奴僕ヲ云也。縄帯ニハ井戸縄（井戸のつるべ縄）ヲ用フト也。

遊女ノ袖ハ六尺袖ト云、是也。又、衣服ノユキ短シ。

図97

菱川師宣画　中川喜雲作『私可多咄《しかたばなし》』（万治2）

岩瀬京山・喜多武清・歌川豊広画　山東京伝著『骨董集』（文化10）ポーラ文化研究所蔵

井原西鶴著『諸艶大鑑』（貞享元）天理図書館蔵

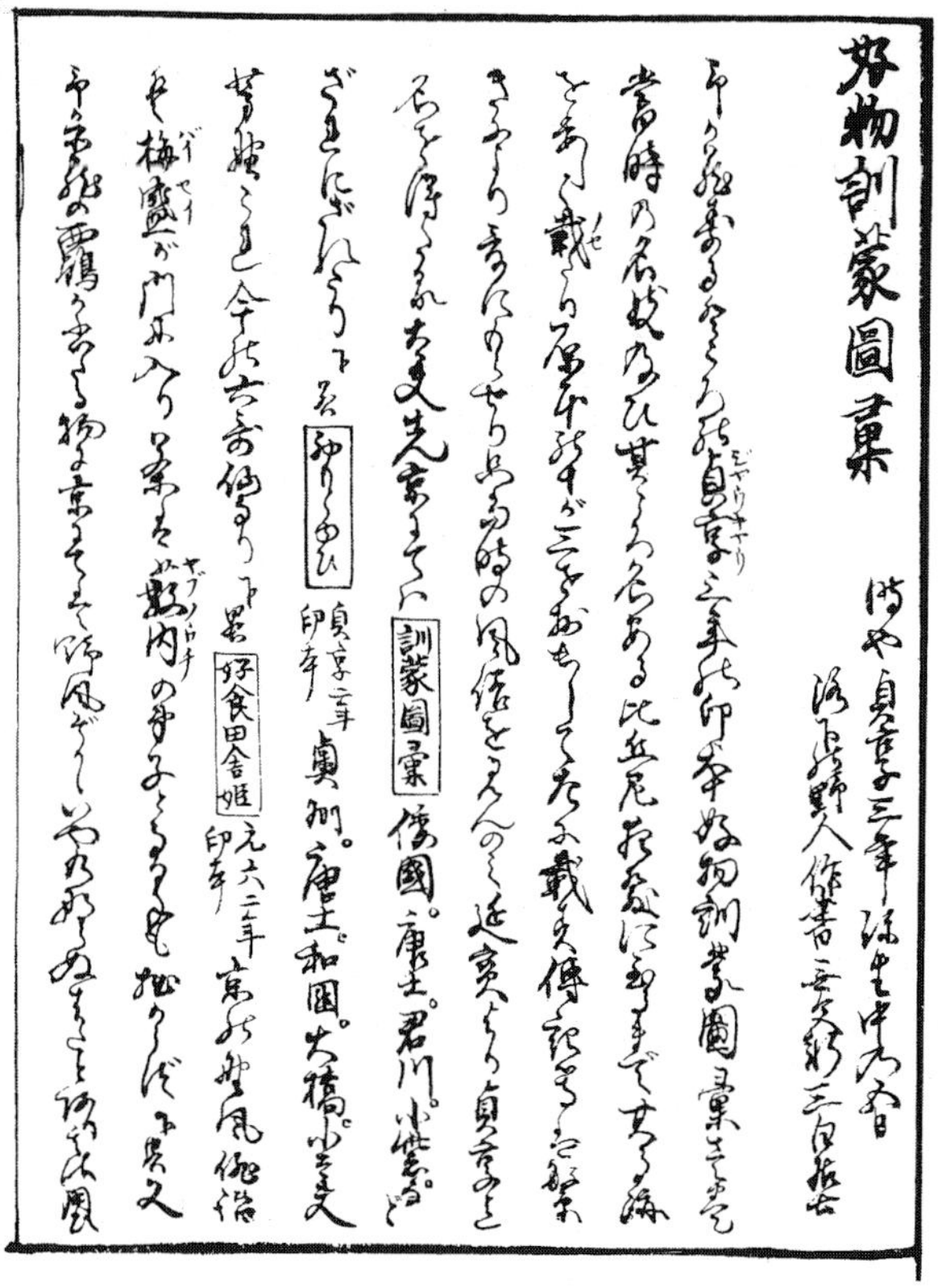

『好物訓蒙図彙《こうぶつくんもうずい》』
時や貞亨三年弥生中《やよいなか》の五日
洛下の野人作書、無文形三白居士

予が蔵するところの 貞享《ジャウキャウ》三年の印本『好物訓蒙図彙』壱巻、当時の名妓及ひ、其ころ名ある比丘尼、夜《や》発《ほっ》に至るまで、其子跡を委しく載《ノセ》たる原本の十が三を抄出して、左に載す、伝記等は繁きにより爰にもらせり、只当時の風俗を見んのミ、延宝より貞享迄名を得たる太夫、先、京にては 訓蒙図彙 倭国、唐土、君川、小紫などざれにざれたり。下畧。初もとゆひ 貞享二年印本、奥州、唐土、和国、大橋、小太夫、芳野、これ今の六哥仙なり。下畧。好食田舎姫 元禄二年印本、京の野風俳諧は、梅盛《バイセイ》が門に入り、茶は藪内《ヤブノウチ》の弟子となるにも拙からず。下畧。又予が所蔵の西鶴が書たる物に、京にては野風ぞかし、いやのならぬはたとあり、其比用ひられ、時のきたりと見へたれども、今知る人なし。延宝の和州家隆は書を能せり。此比江戸にて名を得しハ、紫一本 に、太夫は、小和泉、花紫、八重桐、薄雲、唐土とて五人あり。高尾、小紫ハ、今ハなし。下畧。

傾城太夫《けいせいたゆう》 吉野太夫

訓蒙図彙 に、松屋野風は、ことにうつくしき御姿なり、此君より廿八匁と三匁まし給ふ、いかなる故かあらん、凡夫の及ばぬところ也。下畧。又 紫一本 に、格子にハ小主水、小さつま、玉葛、しか崎、加瀬山、對馬など、いふが骨切なり。下畧。

天神格子《てんじんかうし》 松屋のかせ

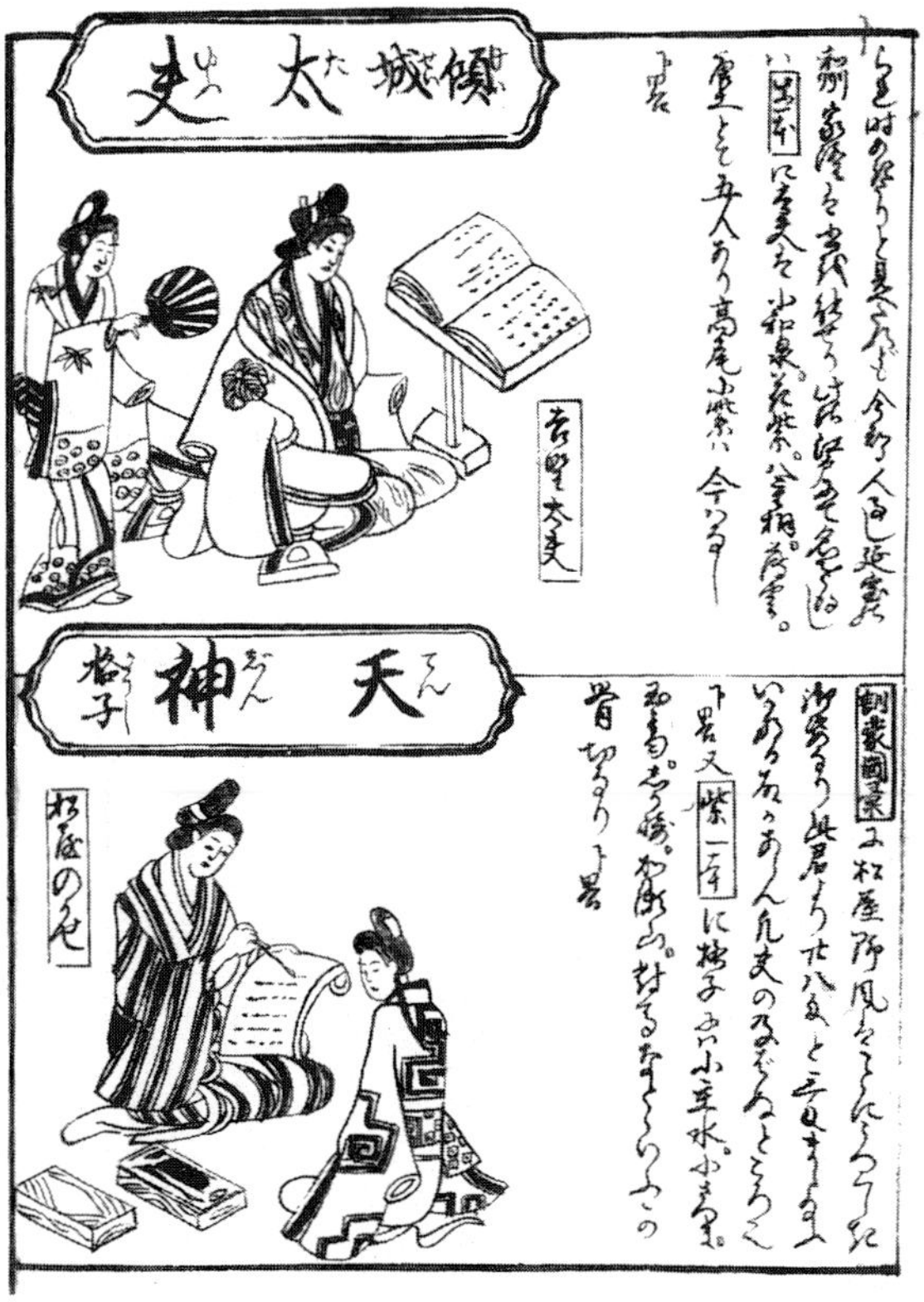

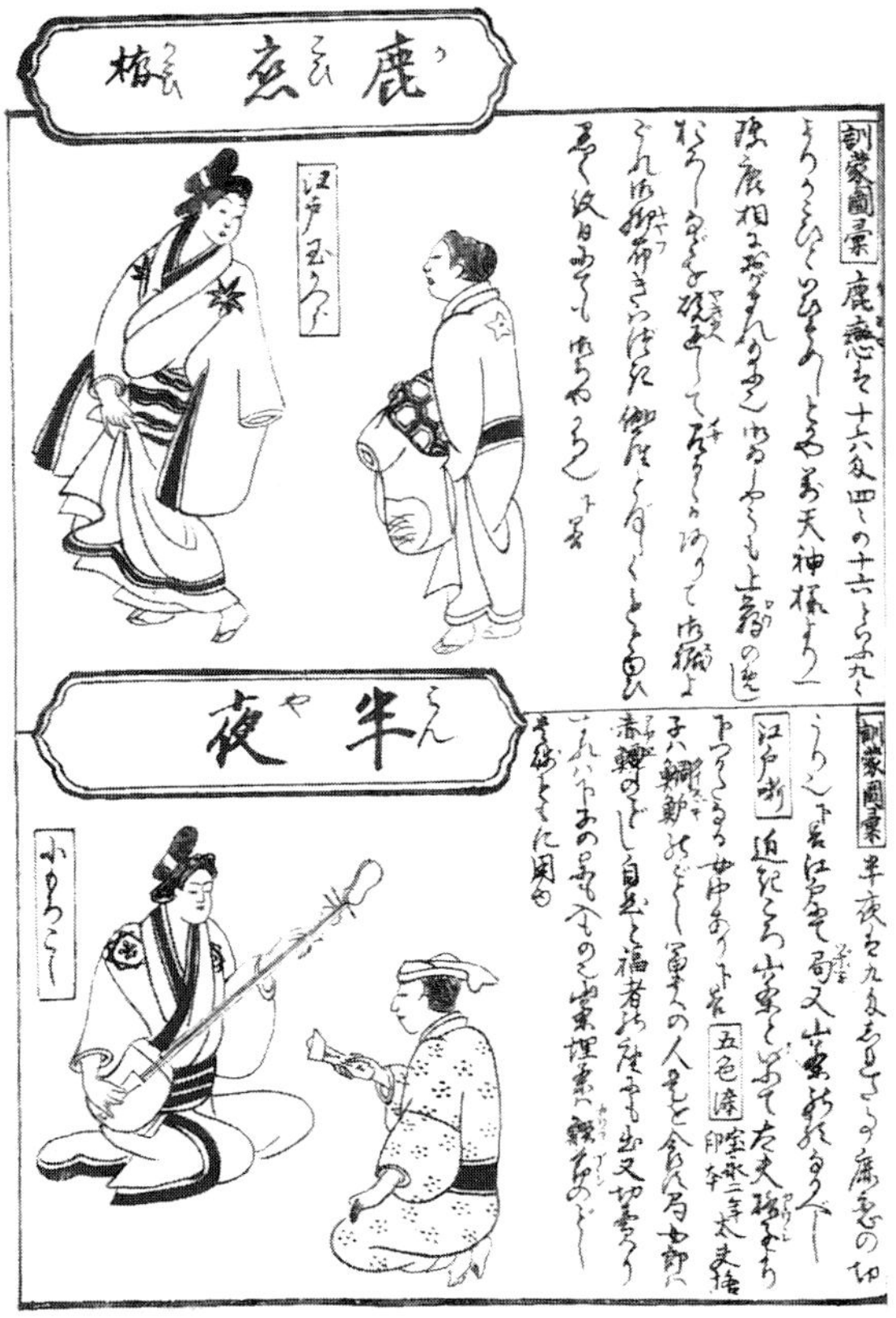

訓蒙図彙 鹿戀《カコヒ》は十六匁、四〻の十六といふ。九〻よりかこひと、いひそめしとかや。萬天神様より一際鹿相におがまれ給に也。御ゐしやうも上臈《ロウ》のめしおろしなどを、焼返《ヤキカヘ》して召《メサ》るゝかありて、御裾《スソ》よごれ御脚布《キヤフ》きハづき、伽羅《きやら》とぼしく、もとゆひ黒く、紋日にても御ちやかち也。下畧。

鹿恋《かこひ》、**椛**《かこひ》 江戸玉かつら

訓蒙図彙 半夜は九匁しれた事、鹿恋の切うり也。下畧。江戸にて局《ツボネ》又山茶の類なるべし。江戸噺 近きころ、山茶といふて、太夫格子《カウシ》より下つかたなる女中あり。下畧。五色染 宝永二年印本、太夫格子ハ鯛《タイ》、鱸《スズキ》のごとし、冨貴の人是を食す。局女郎ハ赤鱏《アカエ》のごとし、自然と福者の座にも出、又切賣りすれバ下子の口にも入もの也。山茶、埋茶ハ鰹節《カツオブシ》のごとし。貴賤ともに用ゆ。

半夜《はんや》 小もろこし

訓蒙図彙 端は局に立給ふ御方なり。端居の義。化契《ケチ》とハ、かりの御ちきりにて、小銭づかひの衆生に御結縁あるゆへなり。

端《はし》、**化契**《けち》 わちかや浮舟

訓蒙図彙 北向は北方の横町にあたりて、鳩のこやのうちにすミて、夏冬なしにすゝはなをたらし、無常迅速を観したまふ。下畧。

北向《きたむき》 八疊敷の小よし

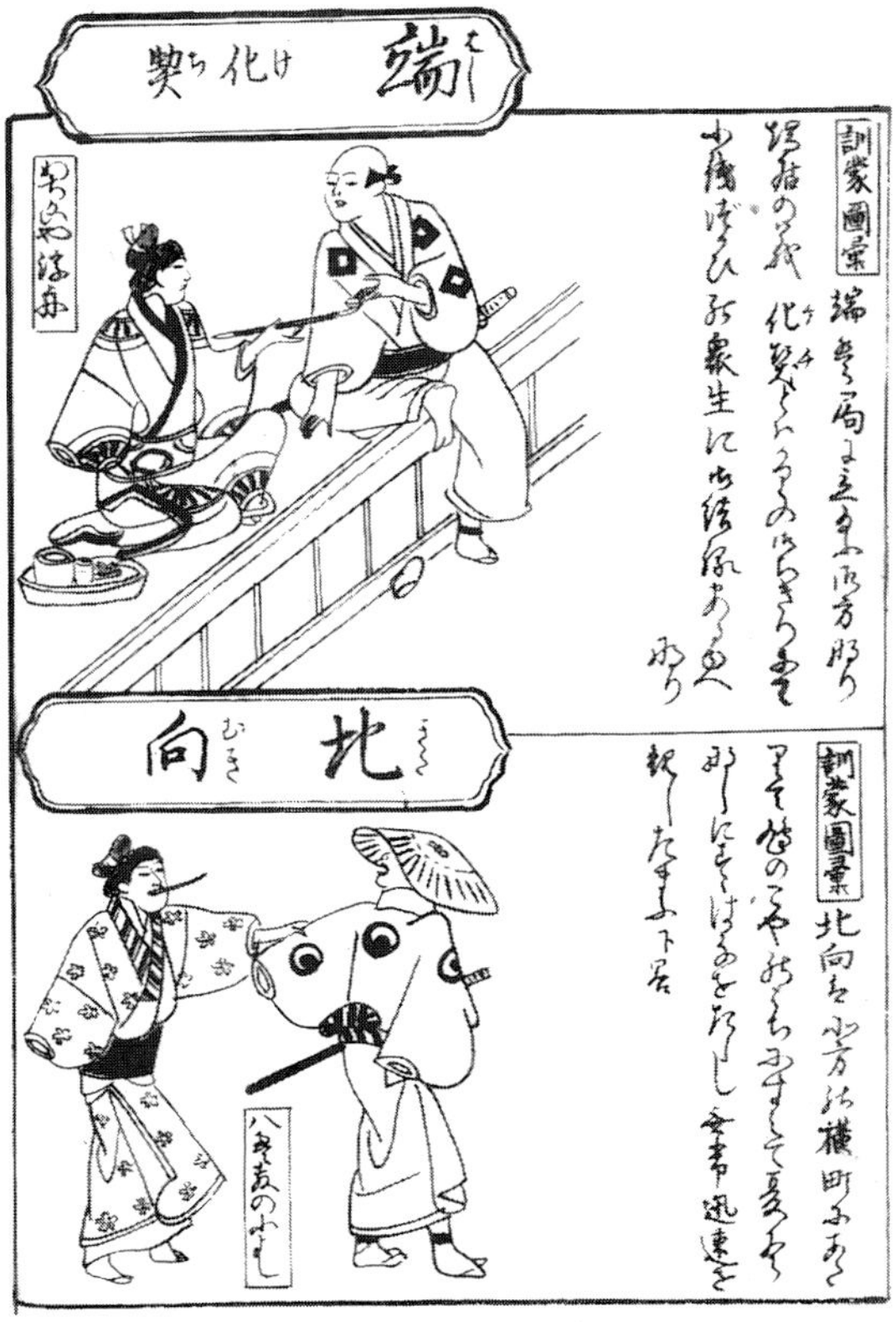

訓蒙図彙 風呂やもの、す〻竹、玉子色の木綿衣装に黒い半襟、亀田のさし櫛つま高く、袖ゆたかにひんとし、しやんとして、物いひも風俗やかまし。烟管《キセル》、手に離《ハナ》さず、酒ふり節分に豆まくやうにして、なげぶし調子高く、世つき曽我の道行しらぬハなし。下略。淡海に、寛永十四年江戸中の風呂共、遊女三人宛置りとあり、ふろやものハ古《イニシヘ》より有けるにや。西鶴織留に、或ハ風呂や白人を忍ひつれと。下略。『難波鶴』貞享一年板。風呂屋株十四けんあり。

湯娜《ゆな》、風呂屋物《ふろやもの》 猿《さる》 紅葉風呂 藤

訓蒙図彙 いつのころよりか、歯は水晶をあさむき、眉《まゆ》あほく墨を引、くろい帽子もおもハくらしくかづきて、加賀笠にばらをの雪駄に、哥をよすがにしてくハんく〳〵むといふ、しほの目もとに、わけをほのめかせ。下略。紫一本に、永玄、お姫、お松、長伝、永恩などゝいふ比丘尼の名とりをいだせり。

比丘尼《びくに》、丸女《まるた》 とりへの〻よし

訓蒙図彙 今の名とりの上ものハ、大和のさん、五条のきち、さやまちのはつ、しりふりのまん、六条のさんがかゝ、松原のかめ。下略。これらは、当時の名家なるべし。

想嫁《そうか》、想与女《そうよめ》、賣女《ばいた》、夜發《やぼつ》 下立賣のなき六

人置口鼻《ひとをきがか》 のこきりばゝ はなすゝりの市

『好物訓蒙圖彙』は『国書総目録』には収載されていない。しかし内容は都立中央図書館蔵『好色訓蒙図彙』（吉田半兵衛画、無色軒三白居士作、貞享3刊）と同じものであった。守貞がここに載せた六頁は原本からでなく、『睡餘小録』（藤原吉迪著、文化3年刊）からの転載であろう。（編著者注）

元禄・享保〜寛政の遊女

『和国百女』ニ所載

上図ノ女郎ハ島田曲、下図ノ女郎ハ玉ムスビ、新造ハ勝山髷、禿ハ男曲ノ類歟。又ハ島田歟。

『昔々物語』ニ曰、「遊女、昔ハ紋付、無地、島類ヲ着タリ。常ノ女ト風俗替ルベキ為也。又帯シテ、是モカハルベキタメ也云々」ト云ニ、右ノ図合ヲ、女郎ハ、二人トモニ無地ノ紋付ヲ着セリ。模様等ヲ用ヒザリシ歟。新造ニハ、モヤウヲ描ケリ。

享保中　島田曲

或曰、取上ゲ島田曲也。

或書曰「生地ヲ見セテ悦ブハ、傾城ノコト也云々」。生地ハ紅粉ヲ粧ハズ。素顔ヲ云也。

当時遊女、素顔ヲ良トシ、市中女、従来紅粉ヲ粧ヒ、当時ハ游女ノ粧ヲ学ビテ素顔モアリ。

図98 菱川師宣画『和国百女』（元禄8）

享保頃之遊女図

吉原町花明園所蔵、画工山崎竜女筆、是亦『花街漫録』ニ載タリ。
島田髷、元文ト相似タリ。
又坊間ノ處女モ、同風也。
又京坂モ、江戸モ同風歟。

享保中　京坂太夫　天神ノ扮

前図ト相似テ、唯此図ハ二枚櫛ヲ画ク。

此処ニ禿ヲ画ケリ。右図ノ禿ト髷及衣服トモニ、全ク同扮ナル故ニ畧図ス

引舟

当時引舟モ二枚櫛ヲ差タリ。今ハ一枚ノミ
引舟ニ櫛ヲ挟ズ

当時ノ引舟ハ、晴天ニハ雪駄ヲハク歟。今世ハ、晴天ニモ低キ日和下駄《ひよりげた》ヲハク、黒漆也

図99　鈴木其一画　西村藐庵著『花街漫録』（文政８）

西条高尾の図

享保中

㚖《ハク》人《ジン》

大坂島之内ノ遊女ヲ、白人ト云。大坂非官許ノ遊女ト最上也。当時、帯前結、又雪踏ヲハキシ歟。今ハ必ズ、背結レ帯、晴雨トモニ下駄ヲハク。

妓《マヒ》女《コ》

当時ノ若衆曲ニ、櫛サシタル也。又、当時舞子ヲ挙テ、藝子ヲ挙サルハ、未タ無レ之歟。又ハ、藝子ヲモ、舞子ト云歟。今ハ、十二、三歳以下小妓ノミヲ舞子ト云。

享保中

中居及茶屋女トモニ、前帯ニ結ヘリ、当時ハ皆、必ラズ前帯ヲ専トスル歟。茶屋女ノ曲ハ、竪兵庫曲ナルベシ。

中居

笄曲也。笄上ニ反リタリ。

野郎

茶屋風

今ノ男色也。京坂ニ若衆ト云。江戸ニテ、カゲマト云者也。当時、針打ノ男曲ニ、額帽子ヲ当タルハ、月代アル歟。今モ、女形俳優ハ、狭クモ月代スル故ニ、必ズ額帽子ヲ用、色紫也。号テ野郎帽子ト云。

寛政七年印本所載　游女ノ図　画工江戸

丸髷

横兵庫曲

三図トモ髩刺《びんさし》ヲ用ユ。京坂ト異ルコト見ルベシ。

横兵庫ノ図、古クハ不見之。当時ノ流布カ。蓋、此髷ハ游女ノミ、他婦コレニ結ズ。今世、游女モ亦不ㇾ結ㇾ之。往々芝居ノ游女、高尾、揚巻等ニ扮スル者、コレニ結フ。又今世、幼女往々結ㇾ是者アリ。

宝暦中　傾城ノ図　原本画工江戸

今云、竪兵庫曲

当時ノ遊女、皆必ズ兵庫曲ニ、アルベカラズ。島田曲等モアリシナラン。

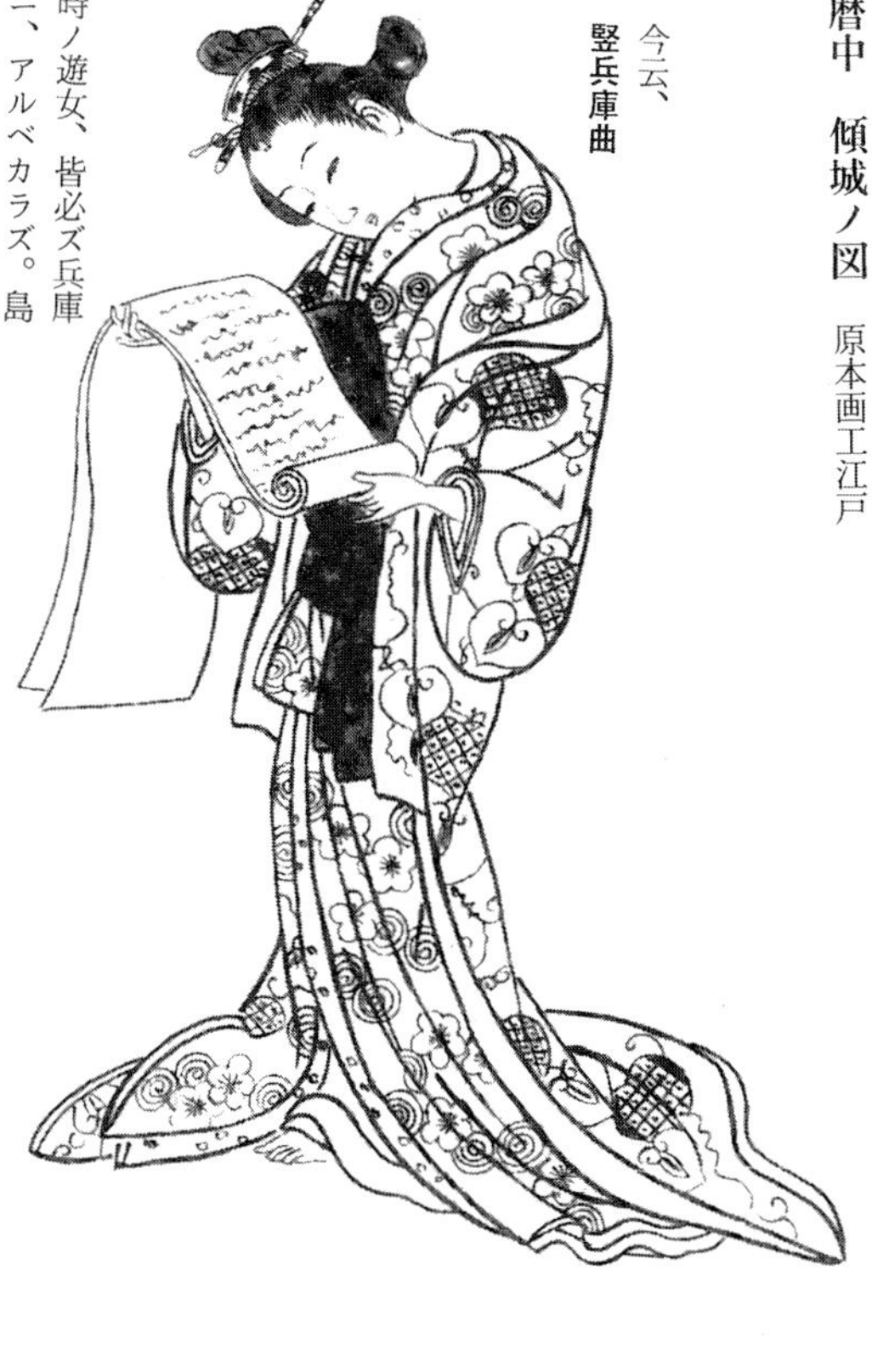

安永中游女之図　原本画工江戸

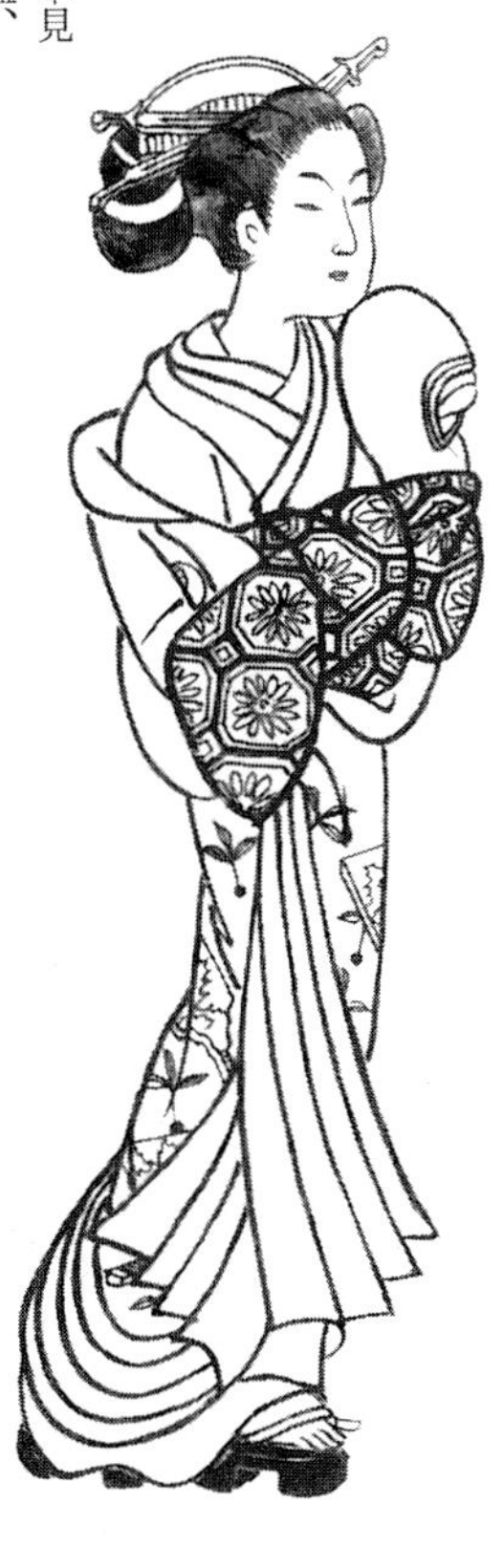

禿也

十四才童、京師田春林画
此図原本如此ノ媿婦《きふ》（はずかしい女）ニハ非ズ。唯其形ヲ写スノミ。画事ヲ学ザレバ、拙キハ看許シ玉ヘ。
江戸ト同時ニ丸曲行レシナレドモ丸曲ト云シ歟。今世似之ヲ勝山ト云バ是ヲ当時モ勝山ト云シ歟。

寛政ノ印本ニ所載、当時京坂ノ太夫ニモ、丸曲アリシト見ユ。蓋、髪、髷、古風。左ノ江戸ノ図ト異ナルヲ見ルベシ。
江戸今世ノ丸曲ハ、眉ヲ剃タル婦ニ非レバ、結バス。蓋、武家ハ、未剃眉モ、歯ヲ黒メタルハ、丸曲ニ云。吉原ノ妓ハ、染歯多ケレバ、武家ノ半元服ト同キ歟。京坂ハ廓ニ非ルモ、娼妓専ラ黒歯也。

同十三年印本所載　画工江戸

丸髷　僅ニ六年ヲ経テ、形ヲ異ニス。此曲、太タ廣シ。

当時ノ傾城ハ、簪、前サシ六筒ヲ描キ、背ロ《うし》挾《ざし》ヲ描カズ。今世ノ傾城、必ラズ前後各六ケ、或ハ各八ケヲ挾《させ》リ、又当時ハ、江戸游女モ、今ノ如ク簪ノ末ヲ離シ着ス。一文字同様ニ挾《はさ》ム歟。

図100　三代歌川豊国画「廓《さと》の明暮《あけくれ》」 名古屋市博物館蔵　吉原の朝、制裁されている浮気客。

今世三都の遊女

今世　京師ノ島原　及ビ大坂新町　太夫職游女之扮

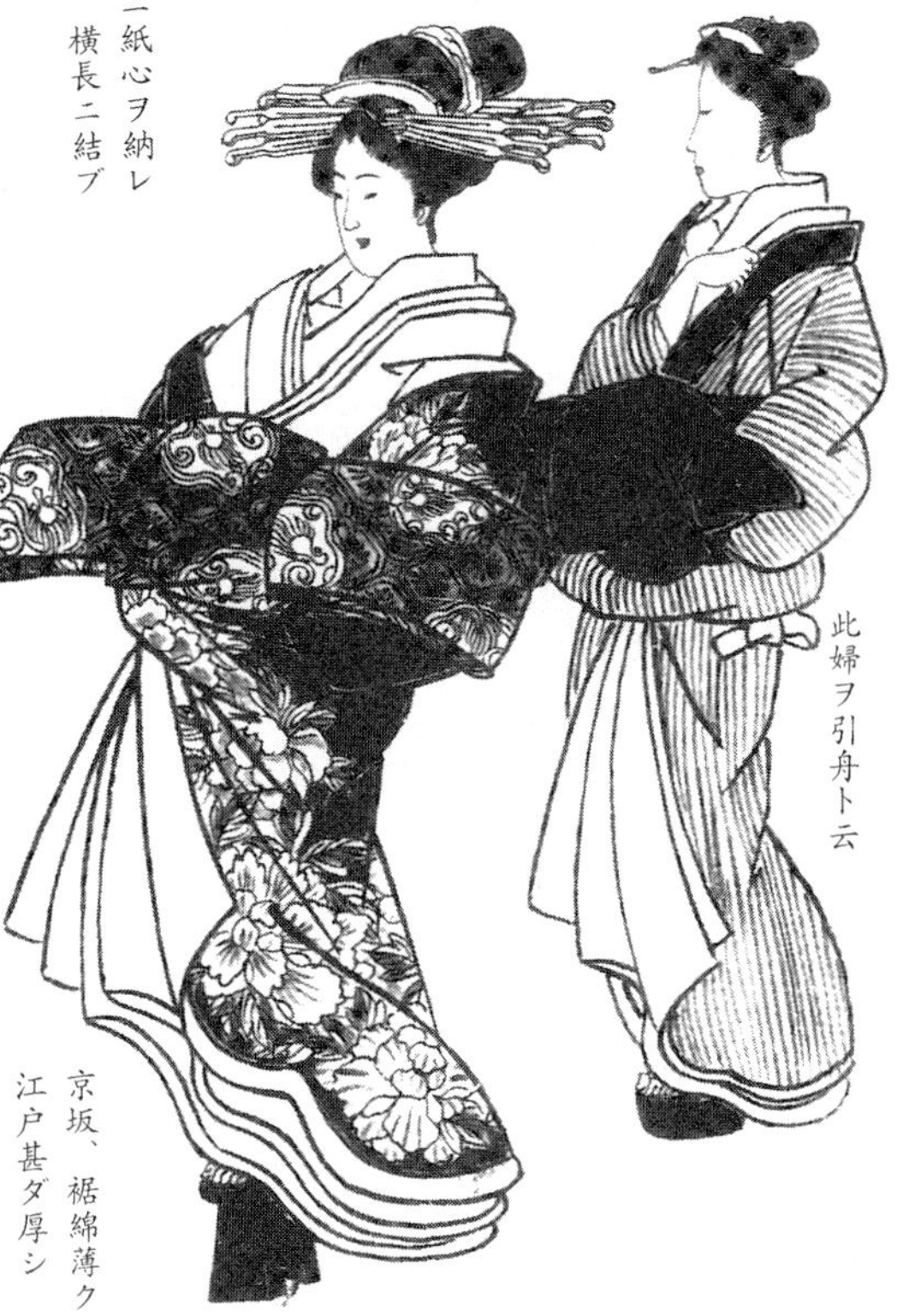
帯ニ紙心ヲ納レテ、横長ニ結ブ

天神職ノ遊女与之同扮也。京坂今世、二枚櫛ナキニ非ズ、極テ稀ナルノミ。江戸モ、必ラズ二枚ト云ニ非ズ。稀ニ二枚用フノミ。簪ハ、京坂無紋ニテ、図ノ如ク、数皆一文字ニ挟ム。是ヲ霞ニサスト云。江戸ハ末ヲ開キテ挟シ、仏像ノ後光ニ似タリ。紋ノ有無挟様、両地必ズ然リ。追考、新町ノ太夫、天神トモニ、帯ノ結ヒ形、図ノ如ク、島原ハ、天神ハ、此図ノ如ク、太夫ハ左図吉原遊女ノ結形ニ似テ、結ビ下ス也。余、京師ニクラキ故、今知之テ追書ス。

游女ノ丸髷ニ結ビシハ、頃年《けいねん》（近年）ノミニテ、久シキコトニハアルベカラズ。

文化頃ノ図ニ所載　横兵庫

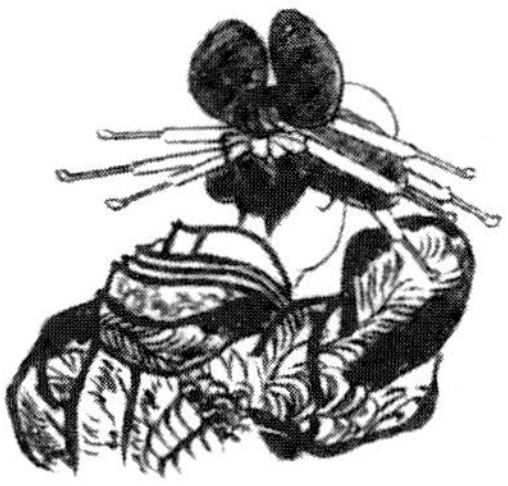

今世江戸吉原游女之図

下駄、三都トモ、二枚歯ヲ専トス。三枚歯、今モ用フル歟。三都トモ、繪ニノミ見之、真未見之

昔ハ、太夫ト称ス歟。今ハ、花魁ト書キ、オヒラント訓ス。蓋、是私制ノミ、又見世ニテ、客待ツ格子女郎モ、中ノ町ニ行クコトアル時ハ、与レ之同扮也。

図101　歌川国貞画「吉原時計二編見立八景　鏡台の秋月」　文化〜天保頃の横兵庫髷

今世官許遊女　褻之扮

三都トモ、官許遊女モ、平絎、畧帯ヲ用ヒザルニ非レドモ、先ツ専、緋、無地、或ハ絞リ、又ハ浅葱縮緬ノ引シゴキ帯ヲ、褻用スル也。

島田曲、二枚櫛、長笄一ツ。簪前ニ、背六ハ畧也。前後各八本、凡テ十六ヲ本トスレドモ、又如此ニ減シ畧スコト無ニ非ズ。特ニ褻ニハ、笄ノミヲ差テ、櫛、簪悉《ことごと》ク不差コトモアリ、外出ニハ、必ラズ差之。

此図ノ吉原ノ扮也。京坂モ、シゴキハ用フレドモ、簪ヲ横直ニ挟シ、又衣服ニ緋縮緬、掛襟セズ。此掛衿ヲ用フ、吉原遊女ノミ也。

吉原振袖新造之扮

禿《かむろ》漸ク年長スレバ、是ヲ振袖新造トスルコト、十五、六歳以下ナルベシ。夫ヨリ年長スレバ、或ハ花魁、或ハ格子女郎ニ出シ、又ハ袖ヲ止メテ、番頭新造ニモスルコトナリ。番頭新造、振袖新造トモニ、帯必ラズ前ニ結ビ垂ル也。蓋、帯ノ巻始ノ端ノ、手ト云方ハ、腋《わき》ヨリ背ニ出スルコト下ノ図也、此図背向キ、特ニ帯ヲ垂レ、又振袖ナルカ故ニ、衣服ヲ褰《かか》ゲ持ルコトヲ見ヘズト雖ドモ、凡テ遊女新造トモニ、腰帯ヲ用ヒズ。裾長ク曳レ之。外出ニハ、手ニ持テ褰ケ歩行ス也。

　番頭新造モ、其扮同之。唯年長シ、袖ヲ止メ、振袖ニ非ルノミ、眉ハ剃ラズ。

「廓の明暮」　名古屋市博物館蔵

右端が楼主のいる内証、一階の土間は客を送り出す後朝の情景。

今世娼妓之扮

娼妓ハ、帯ヲ長ク結ビ垂ル也
晴天ニモ、専ラ下駄也。然ドモ、時ニ應ジテ裡付ヲモハク

此図ハ、大畧江戸藝者ノ扮ナレドモ、又非官許ノ地ノ遊女藝者トモニ、似此扮也。吉原モ、藝者ハ如此ナレドモ、官許地故ニ遊女ノ扮ハ与之異ナリ。又又、京坂、官許非官許ノ地ノ遊女藝子トモニ、此扮也。唯、島原ト新町ノ太夫、天神ハ非此扮、カコヒハ、島原新町トモニ此扮也。蓋、太夫、天神モ、廓ヲ出テ他ニ行ク時ハ、此扮也。江戸吉原ノ遊女ハ、廓外ニ出ルコトヲ許サズ。京坂ノ娼妓ハ鼈甲簪三、四本モサス。江戸ハ、大畧一、二本ニ過ズ。全體ノ風姿、江戸ハ華ナラズ。京坂ハ華也。然ドモ、江戸モ、常ノ女ヨリハ華也。又千差万別也。又三都トモニ、藝子、藝者ハ意気ナリ、意気ニ非ズ。此図ノ帯ニ挟メルハ、江戸ノ二徳ト云鏡嚢《きょうたい》也。京坂ニテハ、鏡袋《かがみぶくろ》ト云、京坂ノハ、ク

図103	歌川国安画「花」	江戸の芸者

今世遊女褻之扮

三都トモ、非官許ノ遊女ノ褻ノ扮、能写シ得タリト云ベシ。原本画工貞季也。

官許ノ遊女モ、太夫、天神、吉原ニテ、オヒラント称ス者ハ、皆各簪ヲ十餘ケ差スト雖ドモ、又時ニヨリテ抜去タルモアリ。下娼ハ、官許ノ地ト雖ドモ、非官許ト大異無之。

図102	三代歌川豊国画

右ノ娼ハ、ムスビ結髪ニテ、口ニ小揚枝ヲクワヘ、左娼ノ如ク巻帯ト云畧帯ノ表ニ、表服ヲ着セリ。是ハ、袿《うちき》ニ非ズ。常ノ表服也。京坂モ、着レ之コトアレドモ稀ニテ、江戸ニハ、巻帯ノ上ニ、表服ヲハオルコト専也。

左娼ハ、ツブシ島田髷ノ背面也。衣服ノ周リニ、縞ヲ用ヒ、胴ニ鹿子緋縮緬ヲ用フ。所謂、額仕立也。額仕立、坊間ニハ、下着ニノミ用ヒ、娼妓ハ、表服ノ如ク褻ニ着レ之。然モ、別ニ表服アリテ、或ハ、右娼ノ如ク、是ヲ放チ着ス。右娼モ、恐ラクハ額仕立ノ上ニ畧帯シ、其表ニ表服ヲ着セシナラン。此額仕立、或ハドウヌキトモ云、胴抜也。

又左娼ハ、五枚重ノ、ウハゾウリヲ履リ。廓下ニハ専ラ用レ之、ナレドモ、新娼ハ不レ得レ履之也。

■編著者略歴■

髙橋　雅夫（たかはし　まさお）

1929年東京尾下谷生まれ。早稲田大学理工学部応用化学科卒。㈱パピリオ研究所入所、宣伝部・総務部を経て退社。日本風俗史学会創立に参加、常任理事。戸板女子短期大学非常勤講師等を歴任。日本化粧学会、香道文化研究会、近世文化研究会、守貞謾稿研究会を設立、代表。ビューティーサイエンス学会理事長。

著作論文

『都風俗化粧伝・校注』（平凡社・東京文庫）。『化粧ものがたり―赤・白・黒の世界』（雄山閣出版）。「江戸時代の化粧書」（『江戸の芸能と文化』吉川弘文館）。「江戸の流行と芸能」（『日本の近世』№11、中央公論社）。「世界の化粧品事情」（『世界の化粧品』朝日新聞社）。「江戸の髪型と化粧」（『名品揃物浮世絵第二巻』ぎょうせい）。「浮世絵にみる化粧」（『化粧文化』№1、ポーラ文化研究所）他。

本書は、弊社より刊行した『守貞謾稿図版集成』（2002年1月10日初版）を二分冊した〈普及版〉の上巻です。なお〈普及版〉発行に際し一部内容及び構成を改めました。

2012年6月25日 初版発行　　《検印省略》

守貞謾稿図版集成《もりさだまんこうずはんしゅうせい》【普及版】　上巻

編著者　髙橋雅夫
発行者　宮田哲男
発行所　株式会社 雄山閣
〒102-0071　東京都千代田区富士見2-6-9
TEL　03-3262-3231㈹／FAX 03-3262-6938
URL　http://www.yuzankaku.co.jp
e-mail　info@yuzankaku.co.jp
振替：00130-5-1685
印　刷　亜細亜印刷株式会社
製　本　協栄製本株式会社

ISBN978-4-639-02228-2 C3021
192p　27cm